中国烟草
CHINA TOBACCO

龙岩烟草工业有限责任公司发展史
（2012—2021）

龙岩烟草工业有限责任公司发展史编纂委员会　编

方志出版社
Publishing House of Local Records

图书在版编目(CIP)数据

龙岩烟草工业有限责任公司发展史：2012—2021 龙岩烟草工业有限责任公司发展史编纂委员会编.—北京：方志出版社，2023.10
ISBN 978-7-5144-5836-7

Ⅰ.①龙… Ⅱ.①龙… Ⅲ.①烟草企业—概况—龙岩—2012-2021 Ⅳ.①F426.89

中国国家版本馆CIP数据核字（2023）第204891号

责任编辑：王娜
责任校对：张玉霞
责任印制：梅中英
出 版 者：方志出版社
地　　址：北京市朝阳区潘家园东里9号（国家方志馆4层）
邮　　编：100021
网　　址：http://www.zgfzcb.cn
发　　行：方志出版社图书营销中心（010-67110500）
印　　刷：龙岩市日升彩印有限公司
开　　本：787毫米×1092毫米 1/16
印　　张：18
字　　数：648千字
版　　次：2023年10月第1版
印　　次：2023年10月第1次印刷
定　　价：360.00元

《龙岩烟草工业有限责任公司发展史（2012—2021）》编纂委员会

《龙岩烟草工业有限责任公司发展史（2012—2021）》编辑室

各章责任编写人员

总纂 编辑室

凡例、概述 编辑室

大事记 编辑室，各章编写人员

第一章 企业发展战略

刘佳莉

第二章 党的建设

杨　佳　刘鹏志　张　韬

第三章 卷烟生产、过程管理与流通

张俊俊　游艺蓉　陈满金　张美玲　贺志华　林　玥

江　晴　李珮珺　吴小淦　柯梦雅　蒋剑清　张聪生

章　虹　谢喜珍

赖　丹　吴少军　曾祥文　刘理建

第四章 企业管理创新与技术创新

张俊俊　何兴昌　王书豪　张　韬　廖和滨　蓝占明

郭　沁

第五章 行政后勤管理

郭　沁　林　莉　廖　燕　廖美莲　姜帆航　王　琳

连　彬　曹晓琳　姜裕坤　徐　昱　卢婉舒

第六章 人力资源管理

张建伟　黄小鸥　赖志娟　张光垚　黄爱炜

第七章 企业精神文明建设与企业文化

廖晓明　陈刚毅　余硕宁　吴少军　曾祥文

第八章 民主管理与群团组织活动

毛昱澄　郑　露　唐弘慧

附　录 刘春金　黄小鸥　赖志娟　曾詩潔

后　记 编辑室

成功从古田开始

龙岩烟草工业有限责任公司全景（郭哲煜　摄于 2021 年）

公司党委书记、董事长姜志强（办公室　供图）

公司党委副书记、总经理钱继春（办公室　供图）

公司党委领导班子成员

左起：王晔（党委委员、副总经理）、饶伟（党委委员、副总经理）、詹灿芬（党委委员、纪委书记）、张益兰（党委委员、副总经理）、姜志强（党委书记、董事长）、钱继春（党委副书记、总经理）、巫洪海（党委委员、副总经理）、邱晓弢（党委委员、副总经理）、苏东冬（党委委员、副总经理、工会主席） （办公室 供图）

领导关怀

2012 年 2 月 6 日，国家烟草专卖局党组书记、局长，中国烟草总公司总经理姜成康（前排中）到龙烟公司调研（余硕宁　摄）

2019 年 5 月 17 日，国家烟草专卖局党组书记、局长，中国烟草总公司总经理张建民（右二）到基层联系点龙烟公司调研（邓旭锐　摄）

2020 年 12 月 21 日，国家烟草专卖局党组书记、局长，中国烟草总公司总经理张建民（右二）到龙烟公司调研（余硕宁　摄）

2021 年 12 月 24 日，国家烟草专卖局党组书记、局长，中国烟草总公司总经理张建民（右二）到基层联系点龙烟公司调研（余硕宁　摄）

2016 年 8 月 18 日，福建省人民政府副省长周联清（前左一）到龙烟公司调研（邓旭锐 摄）

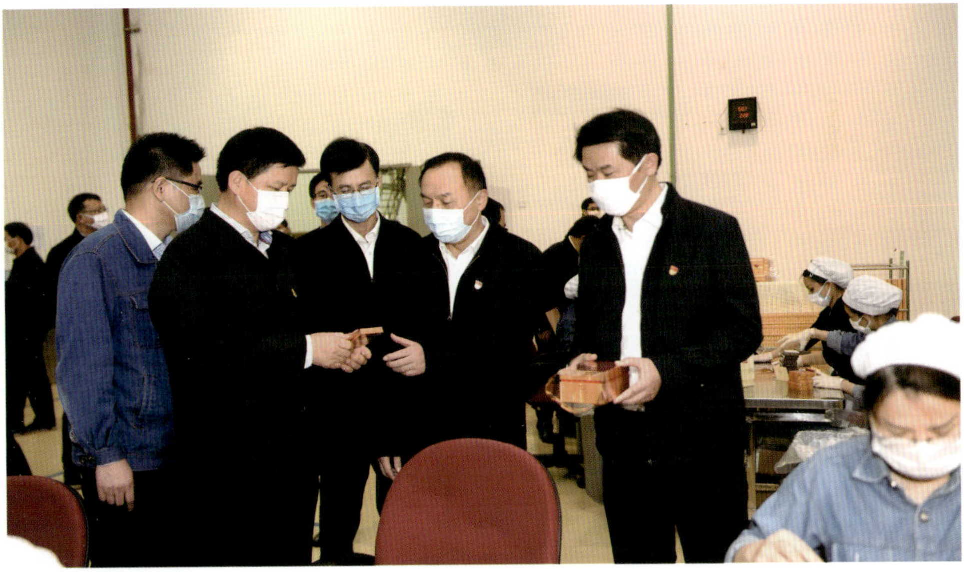

2020 年 2 月 21 日，福建省政协副主席、龙岩市委书记许维泽（前排左四）到龙烟公司一线督导新冠疫情防控工作（余硕宁 摄）

2015 年 11 月 17 日，国家烟草专卖局党组成员、副局长徐瑄（左二）到基层联系点龙烟公司调研（余硕宁　摄）

2016 年 11 月 17 日，国家烟草专卖局党组成员、副局长段铁力（左前二）到龙烟公司调研（赖志祥　摄）

2015 年 3 月 23 日，福建省烟草专卖局（公司）党组书记、局长、总经理张永军（中）到龙烟公司调研（余硕宁　摄）

2017 年 12 月 18 日，福建中烟党组书记、总经理李跃民（前排左二）到龙烟公司调研（余硕宁　摄）

2019年1月29日，福建中烟党组书记、总经理王志江（前排左二）到龙烟公司调研（姚义　摄）

2021年12月7日，福建中烟党组书记、总经理夏开元（主席台）到龙烟公司开展学习贯彻党的十九届六中全会精神宣讲（余硕宁　摄）

2015 年 5 月 28 日，龙岩市委书记梁建勇（前排左二）到龙烟公司调研

（余硕宁　摄）

2016 年 4 月 11 日，龙岩市委书记李德金（前排左二）到龙烟公司调研

（余硕宁　摄）

2017 年 5 月 17 日，龙岩市委书记林国耀（前左二）到龙烟公司省重点项目“红坊片烟醇化库建设项目”工地调研（邓旭锐　摄）

2018 年 8 月 17 日，龙岩市委书记许维泽（左二）到龙烟公司调研

（余硕宁　摄）

2021 年 8 月 31 日，龙岩市委书记李建成（前排右二）、市长胡盛（前排右四）一行到龙烟公司实地察看 5G 和人工智能技术应用项目（闽西日报社供图）

2014 年 7 月 31 日，龙岩市委副书记、市长池秋娜（前排中）到龙烟公司调研

（余硕宁　摄）

2017 年 2 月 6 日，龙岩市委副书记、市长林兴禄（前排左三）到龙烟公司调研

（邓旭锐　摄）

2020 年 9 月 16 日，龙岩市委副书记、代市长张国旺（前排中）到龙烟公司调研

（余硕宁　摄）

序

2021年11月15日，龙岩烟草工业有限责任公司（以下简称龙烟）迎来创办70周年纪念日。为了庆祝这个重要的日子，全面回顾总结近10年来龙烟改革发展的历程，续写企业发展史，为后人留下可资借鉴的史料和经验，龙烟党委决定编纂2012—2021年企业发展史。

过去十年，是中国特色社会主义建设进入新时代的头十年，也是龙烟发展史上具有特殊意义的十年。十年来，世界正处在百年未有之大变局中，国内卷烟市场进入“大品牌、大市场、大企业”的发展格局，精细化加工、均质化生产、敏捷化制造、智能化控制、数字化转型，成为卷烟生产企业竞争的焦点，而管理创新、降本增效、人才吸引、文化赋能和社会责任，则成为卷烟工厂的“软实力”。所有这些都构成了新时代卷烟生产制造型企业的最大机遇与挑战。

龙烟始终坚持以习近平新时代中国特色社会主义思想为指导，牢记“国之大者”，发挥闽西红土地的政治、人文优势，坚持和加强党的全面领导，推进全面从严治党向纵深发展；聚焦党中央、国家烟草专卖局的战略部署和福建中烟各个时期的目标任务，认真分析、梳理企业外部环境和内部改进机会，确立“生态体验型精品卷烟制造基地”的愿景，引进卓越绩效管理模式，打造“四精工程”、构建“三大平台”，开展“三大技改”、推进精益生产、进行流程再造、强化文化赋能、履行社会责任等等，企业生产经营的主要经济指标不断提升，综合实力不断增强，高质量发展取得显著成绩。先后荣获“全国文明单位”称号（连续六届），省、市政府质量奖，行业精益十佳等称号。

“傍溪种篁竹，十年望成林。”回顾这十年的奋斗历程，我们深刻感受到，龙烟取得的每一项成绩、每一步跨越，根本在于习近平新时代中国特色社会主义思想的科学指引，在于行业主管机关的正确领导和社会各界的关心支持，也离不开全体龙烟人的艰苦奋斗与默默奉献。艰难困苦，玉汝于成，当这部凝聚了全体龙烟人智慧和心血，用十年奋斗汗水写就的企业发展史呈现给大家时，希望能为广大读者展示责任龙烟、法治龙烟、活力龙烟、实力龙烟和奋进龙烟。

岁月不居，时节如流；七十之年，忽焉已过。具有艰苦创业、永不服输光荣传统的龙烟，将牢记初心使命，一如既往地秉持红土情怀、蓝海梦想，紧跟时代步伐，坚定不移推动高质量发展、推进高效能治理、造就高素质队伍，奋力谱写龙烟高质量发展和现代化建设新篇章，在中国式现代化伟大征程中展现更大作为。

龙岩烟草工业有限责任公司

董事长、党委书记 夏志强

党委副书记、总经理 钱继春

二〇二三年十二月

凡　例

一、《龙岩烟草工业有限责任公司发展史（2012—2021）》是龙岩烟草工业有限责任公司主办，由龙岩烟草工业有限责任公司发展史编纂委员会编纂出版的书籍。是在1951年11月企业创办以来、已出版的四本厂史（发展史）的基础上，本着传承创新的原则，集中展示2012—2021年龙烟变化与发展概况的第五本综合性资料文献。

本书上限始于2012年1月1日，下限截至2021年12月31日，个别有因果关联的人和事，时间适当上溯或下延。

二、本书以马克思列宁主义、毛泽东思想、邓小平理论、“三个代表”重要思想、科学发展观、习近平新时代中国特色社会主义思想为指导，坚持辩证唯物主义和历史唯物主义的立场、观点和方法，全面、客观、系统地记载2012—2021年度龙烟党的建设、生产经营历程及经验教训，以期达到“存史、资政、教化”之目的。

三、本书框架结构由章、节、目组成（第四章第三节例外）。章节专业横排为主，辅以历史编年顺序记述。全书由序、述、记、正文、照片、表格、附录及后记等组成。行文一律采用规范化的语体文。全书分八章共52节，约65万字。

四、本书文字、标点符号、计量单位的使用均依国家现行规范。计量单位中的烟叶数量依据烟草行业规定，以担为单位（50公斤=1担）。为记述方便，除序、大事记、附录外，正文中，国家烟草专卖局简称国家局、福建中烟工业有限责任公司简称福建中烟或省公司，龙岩烟草工业有限责任公司（包括公司改制前的龙岩卷烟厂）简称“龙烟”或“龙烟公司”。

五、本书资料来自公司综合档案室和相关职能部室及直属企业。书中数据经核实后均以国家统计标准记述。

六、本书第四章第三节第一目“干冰膨胀烟丝生产线技术改造项目”的内容中，补写的2010—2011年的相关工作，属于2007—2011年龙烟公司发展史的缺漏部分。

目　录

概　述

厚重龙烟，芳华七秩；卷帙浩繁，浓墨十载。

龙烟创办于 1951 年 11 月 15 日，在漫长曲折的历史进程中，代代龙烟人发扬“艰苦奋斗，永不服输，争创一流”的优良传统，赓续红色血脉，锐意开拓创新，在闽西红土地上创造了辉煌业绩，为国家和地方经济建设做出巨大贡献，成为国有企业的一面旗帜。

流金岁月，弹指划过；时代新程，砥砺奋进。2012—2021 年，是我国进入新时代的头十年，龙烟乘着新时代的东风，开启建设数字化、智能化、精益化卷烟工厂的进程。十年来，龙烟以习近平新时代中国特色社会主义思想为引领，牢记“国之大者”，深入探索企业管理体制机制的改革创新，深化运用卓越绩效管理模式，打造“精益生产、精细管理、精英团队、精睿文化”的“四精工程”，实施以“干冰膨胀烟丝生产线技术改造”为代表的三大技术改造，推进“精品制造、文化体验、组织成长”三大平台建设，坚定不移地推动高质量发展、推进高效能治理、造就高素质队伍。2021 年，公司实现销售收入 176.07 亿元，税利总额达 137.19 亿元，其中利润 11.06 亿元，分别比 2011 年增长 63.1%、58.3% 和 32.5%。企业蝉联六届“全国文明单位”荣誉称号，入选行业智能工厂首批 5 家试点单位之一，荣获省政府第四届质量奖、中国质量协会“全面质量管理推进 40 周年杰出推进单位”称号等。与此同时，一大批中高端新产品如七匹狼（古田金中支）、七匹狼（古田金细支）、七匹狼（鼓浪扬帆）、七匹狼（观海中支）、七匹狼（银中支）接连在龙烟问世，创造了新的消费需求，提升了企业的综合竞争力，龙烟各项事业步入高质量发展的新时代。

加强党对企业的全面领导。中共十八大以来，全党大力加强党的建设，国有企业党的领导得到全面加强。龙烟认真贯彻落实党中央和国家局、省公司关于加强党的建设的一系列重大决策，把强化党的领导和完善公司治理统一起来，以高度的政治自觉和行动自觉加强党的政治建设、思想建设、组织建设、作风建设和纪律建设；完善治理结构，提高党建工作质量，将党对国有企业的全面领导制度化和具体化；开展党建与生产经营的融合，一体推进“三不腐”机制建设，充分发挥国有企业的政治优势，党的建设质量不断提高，从而有力引领和促进公司高质量发展。

制定并实施“十二五”“十三五”“十四五”发展战略规划。2012—2021年这十年，龙烟的发展，横跨三个“五年规划”。2012—2015年，公司紧紧抓住“十二五”的良好开局，继续围绕省公司“‘七匹狼’上水平”的总体规划，坚持“生态型精品卷烟制造基地”，以“提升龙烟制造水平来打造福建中烟的制造品牌”为定位和方向，启动并完成CO_2干冰膨胀烟丝生产线技术改造和一区生产线的技术改造；创新性地构建并运行“卓越1.0”管理系统，实施“精益生产、精细管理、精英团队、精睿文化”的“四精工程”，把精益管理理念传导到企业内部的每个层级，着力改善员工心智模式，提高企业运营效率与运行质量，企业核心竞争力明显增强。“十二五”末，公司继续保留“全国文明单位”荣誉称号，获得福建省政府质量奖、行业卷烟工厂标兵单位称号、行业精益生产领域“精益十佳”标兵单位称号等荣誉。

进入“十三五”发展阶段，公司聚焦“质量变革、效率变革、动力变革”，借鉴“工业4.0”的先进理念，深化卓越绩效管理体系，推进精益管理向纵深发展；完善供应链协同管理，健全安全防控体系，接续三大技改，使数字化、智能化、精益化工厂建设大大推进。公司继续保留“全国文明单位”荣誉称号，获得福建省“工业信息化龙头企业”，行业“精益十佳课题”，龙岩市2018年度、2019年度“制造业‘十强’企业”等荣誉称号。

“十三五”期间，龙烟坚定不移贯彻新发展理念，实施以“1422”为路径的发展规划，即聚焦“一个核心”（提升精益智造能力），着力“四大指标”（质量指数、效率指数、物耗指数、响应时间），立足“两大路径”（挖掘人力资源潜力、挖掘制造资源潜力），强化“两大保障”（基础管理保障、关键技术保障）。为此，龙烟坚持把创新驱动摆在企业发展的突出位置，锚定“卷烟制造”的职能定位，持续推进技术创新、管理创新、文化创新、人才机制创新并形成创新合力，为企业发展注入新动能，为“十四五”开局起步奠定坚实基础。

“十四五”发展战略规划的制定和实施，以福建中烟“18310”高质量发展目标为指引，以建设“生态体验型精品卷烟制造基地”为长期发展方向，完整准确全面贯彻落实新发展理念，坚定不移推进龙烟高质量发展，积极融入烟草行业新发展格局。通过坚持创新发展，深化动力变革，把创新作为引领发展的第一动力，构建良好创新生态，从而增强企业高质量发展新动能；通过坚持共享发展、价值共生，全面推进龙烟数字化转型，增强数据感知与赋能，积蓄企业高质量发展新能量；通过坚持协调发展、绿色发展和开放发展，聚焦质量变革、效率变革、动力变革，加快推进“精品制造、文化体验、组织成长”三大平台建设步伐。

实施三大技术改造。龙烟自改革开放以来，经历多次重大技术改造，每一次技改都使企业的综合实力跃上新台阶。为了实现“数字化、智能化、精益化卷烟工厂”的目标，从2012年开始，龙烟相继开展三大技术改造，分别是“干冰膨胀烟丝生产线技术改造”“一区生产线技术改造”“红坊片烟醇化库建设”。

干冰膨胀烟丝生产线技术改造，包括建设一条生产能力为1140千克/时的干冰膨胀烟丝生产线，以及为其配套的3000千克/时膨前烟丝制丝小线；同时建设一套成品膨胀烟丝箱储柜物流系统，将成品膨丝根据不同需要进行装箱、存储以及生产相关的辅助应用。项目于2012年8月28日开始正式施工，2013年7月10日通过竣工验收。投资总额32444.28万元，投资回收期2.06年。项目建成后，企业生产加工的精细化程度和生产组织的柔性化水平进一步提升，主要原辅材料消耗呈下降趋势，经济运行质量有了很大提高，各项技术经济指标达到行业较先进水平，极大地满足了龙烟适应市场需求变化，实现减害降焦目标的要求。

一区生产线技术改造，以“减害降焦，加快新技术新工艺的转化与应用，满足产品多样化需求”为建设目标，高起点规划，高水平设计，高标准实施。项目于2015年5月28日开始正式施工，2016年3月竣工验收。总投资额为24854.75万元，投资回收期1.73年。通过实施一区生产线技术改造，工艺流程得到优化，工艺设备布局得到合理调整，部分制丝设备和控制系统有了更新，工艺技术水平和产品质量控制水平得到提高，满足卷烟均质化生产的需要。

红坊片烟醇化库建设，是为弥补烟叶仓库库容缺口和提升片烟贮存技术，以适应智能化、精益化卷烟工厂需要而实施的。该工程属于辅助生产项目，其主要投资效益包含减少片烟的燥碎、霉变，提高烟丝档次进而提高卷烟产品质量，降低外租库房费用及管理成本等方面。项目于2018年1月30日开始正式施工，2021年6月16日通过福建省龙岩市住房和城乡建设局主管部门备案，2023年4月初完成总体竣工验收。项目总投资29127.74万元。经过此次烟叶醇化库技改，龙烟的片烟仓储库容进一步得到扩充，年租用仓库费用和烟叶损耗大幅降低，隐含的利润增量可观。

实施卓越绩效管理系统和精益管理。龙烟以政府质量奖创奖为契机，着手构建“卓越1.0”管理系统。该系统基于卓越绩效模式七大类目内容构建“IS-PDCA”（I为情报系统，S为战略策划系统，P为运营指挥系统，D为运营作业系统，C为测量分析系统，A为改进创新系统）总体管理架构，其探索和实施过程，有力地推动了卓越绩效模式在龙烟的深度落地。

随着行业和福建中烟深入推行精益管理以及管理体系的整合升级，龙烟在“卓越 1.0”基础上，融入精益理念和工具，对“IS-PDCA”管理方法作进一步优化，管理系统升级为“精益 2.0”。即以情报知识管理平台、精益流程管理平台、生产绩效分析平台三大信息化平台作为运行支柱，围绕“人、流程、数据”三大管理要素，以流程管事、用数据说事、促全员创新，形成战略落地、企业运营、精益推进三位一体的综合性管理系统，推动企业管理水平持续提升。

2019 年，龙烟围绕高质量发展目标，推动“质量、效率、动力”三大变革，通过持续深化卓越绩效的应用，推进“IS-PDCA”管理框架建设，促进了组织治理体系和治理能力的现代化。同时，龙烟融合精益思维和方法，以及“流程、职责、标准、绩效、风险”五大管理要素，设计并建立“卓越 3.0”管理系统，并在应用实践中持续优化。

十年间，龙烟围绕卓越绩效管理体系建设，完成从思维变革到流程再造，再到模式创新的“三级跳”，这是企业管理思想的一次进步，它的导入与实施，有力地推动了企业高质量发展的进程。

*加快信息化建设步伐。*2012—2021 年，龙烟信息化建设经历“十二五”信息化建设规划、“十三五”信息化职能规划、“十四五”信息化专项行动方案三个发展阶段。信息化建设思路从“支持和保障生产经营业务”向“驱动企业高质量发展”转变，建设内容从以“夯实基础、健全系统、完善体系”为主逐步转变为“两化融合、数据挖掘、创新应用”为主。2018 年提出“智慧龙烟”设想，企业从“制造”向“智造”升级，推行智能工厂建设。“十四五”规划中，提出“建设场景化、模型化、平台化的数据赋能体系”目标，全力驱动企业数字化转型。经过十年的努力，龙烟信息系统自上而下，分层建设，与生产经营深度融合，基本实现生产过程高度自动化和运营管理全面信息化。先后受到中华全国总工会、工信部和福建中烟的表彰奖励。

*融入新发展格局和高质量发展战略。*从 2021 年起，龙烟按照国家局关于“推动高质量发展，推进高效能治理，造就高素质人才”的部署，立足新发展格局，强化“以人为本”的价值导向，从推进“三大变革”、夯实基础管理、优化机制体系、推进智能制造、打造人才队伍等方面，全力推动企业高质量发展。

新发展格局是国家面对世界百年未有之大变局，作出的发展阶段的判断。龙烟主动适应新形势、新格局，按照福建中烟“四期叠加”（高端突破的关键期、市场布局的窗口期、增速换挡的调整期和企业治理的攻坚期）的研判，制订行动计划和实施意见，转变发展方式，推动供给侧结构性改革，完善供应链、资金链和价值链。通过应用大数据技术、加强“大”质量观和差异化高端化产品研制等质量变革，提升高质量发展成色；通过“云大物移”前沿技术、构建衡量效率的测量指标体系和大数据与人工智能技术，以及信息架构的变革等效率变革措施，增强高质量发展活力；通过弘扬创新文化、优化顶层设计和机制与平台创新等动力变革，点燃高质量发展引擎。

龙烟的高质量发展，追求的是发展质量的高水平状态，是以新发展理念为指导的企业发展，主要着眼于培育新动能、创新引领改革、抢抓智能制造制高点和推动组织人员共同成长四大领域。

人力资源管理的多项改革。人力资源始终是“第一资源”。十年间，龙烟持续加强人力资源管理的改革与创新，从坚持倡导“共鸣、共识、共担、共享”的龙烟价值观入手，强化绩效考核的公平与效率；搭建多种平台，让人才在各种岗位上脱颖而出，营造“海纳百川，敢拼会赢”的良好氛围。

2012年以来，先后开展“构建‘服务于员工成长’的职业发展体系”项目，编写《员工职业发展手册》，深化运用岗位胜任素质模型，完善非行政高级别岗位聘任体系，构建试点岗位关键绩效指标体系，制订并完善《中层干部选拔任用工作纪实办法》，实施《党委专项奖励管理办法》等，使龙烟的人力资源管理更加科学、更具活力，从而促进了工作效率的提高和人才的成长，因此涌现出一大批能工巧匠和中高级优秀管理人员。

强化精神文明建设。精神文明建设是国有企业必须坚持的一项战略性任务，也是企业管理的重要内容。龙烟的精神文明建设，坚持以中共十八大、十九大精神为指针，认真履行举旗帜、聚民心、育新人、兴文化、助扶贫、展形象的使命，突出文化引领，深化文明创建带动，提升全员思想道德素质和企业整体文明素养，为企业的做强做大提供有力的思想保证、强大的精神动力和良好的文化氛围。

十年来，龙烟深入持久且形式多样地开展学习宣传贯彻习近平新时代中国特色社会主义思想，推动社会主义核心价值观进部门、进车间、进家庭，深化社会公德、职业道德、家庭美德、个人品德“四德”建设，树立先进典型，丰富职工文体生活，实施职工关怀计划和履行社会责任等，使精神文明建设成果不断彰显。龙烟已连续六届保持“全国文明单位”荣誉称号，先后涌现出全国劳动模范和一大批省市表彰的先进英模人物。

为充分发挥企业文化的导向和激励作用，龙烟把企业文化建设列入“四精工程”，创造性地构建“基于卓越绩效的企业文化管理体系”，通过举办教练式企业文化培训班，把文化建设与卓越绩效、精益管理融合在一起，起到了统一思想、转变思维、凝聚人心和激励精神的作用。

积极履行社会责任。十年间，龙烟先后派出6人次、拨出专项资金挂钩帮扶武平、永定4个村，为脱贫致富和乡村振兴事业做出重大贡献。此外，龙烟还积极参与捐资助学、市政建设、助残救困和防疫抗疫等社会公益活动，十年捐助社会各项公益事业的资金超1.4亿元。

民主管理与群团活动。龙烟不断加强企业民主管理，进一步健全以职工代表大会为基本形式的企业民主管理制度，丰富和创新企业民主管理形式，保障职工参与企业管理和监督的民主权利。每年按期召开职工代表（工会会员）大会，坚持办事公开、民主管理，加强工会建设，健全工会维权机制，做好集体合同工作，强化班组建设；充分发挥共青团组织的作用，做优、做强“青年品牌”，确保广大职工对企业改革和生产经营的知情权、参与权、表达权、监督权，激发广大青年团员的干事创业激情，从而充分调动职工，特别是青年团员的积极性、主动性和创造性，凝聚广大职工的智慧和力量，推动企业不断守正创新、行稳致远。

抗击新冠疫情。2020年初，新型冠状病毒疫情突袭而至。为打赢这场战役，龙烟认真贯彻落实党中央和上级党委政府的决策部署，严格落实“外防输入、内防反弹”各项举措，统筹做好常态化防控和企业生产经营的各项工作。2020—2021年期间，先后制订、修订、印发5版《疫情防控常态化实施方案》，做到了科学防疫未对生产经营造成大的影响。

十年砥砺奋进，十年硕果累累。回望来时路，我们激情满怀，展望新时代，我们信心百倍。在建设中国式现代化的伟大征程中，龙烟更要牢记初心和使命，践行“两个至上”的行业价值观，紧紧依靠党的领导，不断提升企业治理水平和竞争实力，为实现中华民族伟大复兴的中国梦贡献龙烟力量。

大事记

2012 年

1 月，龙烟与赣南、张家口卷烟厂开展合作生产“七匹狼”品牌卷烟，合作生产的产品均由福建中烟回购销售。

2 月 2 日，龙岩市委、市政府下发《关于命名第二批“龙岩市和谐企业”和保留首批“龙岩市和谐企业”的决定》，龙烟保留首批“龙岩市和谐企业”荣誉称号。

2 月 6 日，国家烟草专卖局党组书记、局长、中国烟草总公司总经理姜成康到公司考察，姜成康一行听取龙烟的工作汇报，走访干部职工，深入车间、技改工地详细了解精品“七匹狼”卷烟专用生产线建设情况。

2 月 10 日，龙岩市人民政府下发表彰决定，表彰龙烟产值“超百亿”，充分肯定龙烟在推动龙岩市经济社会发展、增加财政收入等方面所做出的贡献。

2 月，龙烟下属企业福建贝森蜂窝新型材料有限公司开展纸滑托盘产品研发，开发适合福建中烟工商整托盘联运需求的便捷运输产品。

3 月 19 日，中国烟草总公司下发表彰决定，授予龙烟“全国烟草行业离退休干部工作先进集体”荣誉称号。

4 月 5 日，在“福建省 2011 年度纳税百强企业表彰大会”上，龙烟以年缴纳税金 80.38 亿元，荣登福建省 2011 年度纳税百强榜首位。

4 月 26 日，公司总经理廖材河获得“福建省五一劳动奖章”。

4 月，财务部代表龙烟作为特邀单位，参与编写国家局《卷烟工厂制造过程成本控制即时化实施指南》。

5 月 11 日，龙烟举办 1140 千克 / 时干冰膨胀烟丝生产线技改项目奠基典礼。

5 月 16 日，龙烟被授予“龙岩市‘十一五’经济发展突出贡献企业”称号。

5 月 16 日，省政协副主席、省委统战部部长雷春美一行考察精品“七匹狼”卷烟专用生产线。

5 月，龙烟开展全过程质量风险项目。应用 FEMA（潜在失效模式与后果分析）工具，初步建立了质量风险管控机制和管控体系。

6 月 12 日，首届龙岩市政府质量奖评审结果揭晓，龙烟荣登榜单。

6月，龙烟依据“创新2.0”理念，构建由管理创新、科技创新和知识创新组成的创新平台。

是月，龙烟对大部分烟用材料实施公开招投标采购，发布《自行采购供方名录》。

7月3日，龙烟“精睿文化”教练式管理项目正式启动，并举办首期培训班。

8月6日，福建中烟发文任免干部：张益兰任龙烟公司副总经理，李文铫任龙烟公司副调研员。

8月13日，龙烟召开干部大会，宣布姜志强任公司党委书记、副总经理；刘禄涛任公司党委副书记、纪委书记；李海民不再担任公司党委委员、党委副书记、纪委书记。

8月31日，龙烟召开一区生产线技术改造工艺方案初步评审会。

9月15日，精品“七匹狼”卷烟专用生产线首次投料生产，首批生产牌号为“七匹狼（通仙300）”。

9月，龙烟试运行财务信息管理与服务平台，实现财务信息资源的跨部门共享。

10月18—19日，龙烟召开一区生产线技术改造项目工艺流程及整体布局评审会。

10月19日，浙闽烟草工商座谈会在龙烟召开。

是月，龙烟主办福建中烟“通仙杯”第一届物流岗位技能竞赛。

11月27—29日，龙烟顺利通过中国质量协会质量保证中心审核组对公司质量管理体系的再认证审核。

11月，公司办公楼、车间一区和二区大堂分别设立公共触摸式显示屏，将公司企业文化、办事公开民主管理和公开栏等有关信息，统一并入公共触摸式显示屏，以完善办事公开民主管理信息的传播。

12月18日，福建省第十九次见义勇为英雄模范表彰大会在福州召开，物流部李大辉被评为福建省“见义勇为先进分子”（一等奖）。

12月28日，龙烟举行精品“七匹狼”卷烟专用生产线技改项目生产辅助配套设施项目总体竣工验收会议。

是月底，龙烟企业资产管理系统（EAM）上线运行，标志设备管理进入全生命周期管理新阶段。

是月，精品“七匹狼”卷烟专用生产线辅助配套设施项目室内装饰工程获福建省2011年度“闽江杯”优质工程奖。

是月，龙烟建立OEE统计分析模型。依托卷包数采系统，基于OEE（设备综合效率）计算规范，建成车间设备停机管理系统。

是月，龙烟与龙岩市人民检察院联合下发《关于加强联系协作开展廉政共建的意见》，建立检企合作机制。

2013 年

1 月，龙烟启动《龙岩烟草工业有限责任公司发展史（2007—2011）》编纂工作。

3 月 6 日，1140 千克 / 时干冰膨胀烟丝生产线技术改造项目举行工艺设备安装启动仪式。

3 月 22 日，龙烟启动合同能源管理项目。

3 月 27 日，龙烟召开“基于卓越绩效模式的企业文化管理体系”项目启动会。

4 月 25 日，“龙岩市劳动模范表彰大会”在龙岩人民会堂召开，卷包车间蒋景强获此殊荣。

5 月 3 日，龙烟启动“以流程梳理优化为基础的管理体系整合”项目，引进 eBPM（卓越业务流程管理）卓越业务流程管理方法和 ARIS（流程管理平台）业务流程管理工具。

是月底，龙烟移动办公平台上线运行，实现在手机上进行公文批复、业务办理、通知通告、收发邮件等功能，开启企业移动办公的进程。

6 月 14—15 日，龙烟举办第十届职工运动会。

6 月 28 日，卷烟工商联运纸滑托盘应用规范行业标准启动会在龙烟召开。

7 月 31 日，中共龙岩烟草工业有限责任公司第一次党员代表大会胜利召开，大会审议通过了原龙岩卷烟厂党委、纪委工作报告，并选举产生中共龙岩烟草工业有限责任公司第一届委员会委员和第一届纪律检查委员会委员。

7 月 24—27 日，龙烟举行“通运杯”第一届维修职业技能竞赛。

8 月 1 日，1140 千克 / 时干冰膨胀烟丝生产线技术改造项目进入设备联动调试和投料调试准备阶段。

是月，龙烟成立薪酬福利管理委员会。

10 月 25 日，1140 千克 / 时干冰膨胀烟丝生产线技术改造项目建成并交付试生产。

是月，龙烟构建并实施“卓越 1.0”管理系统，将企业管理手册更新为卓越绩效管理手册。

是月，龙烟信息安全防护体系建成上线，经福建省网络与信息安全测评中心现场测评，11 个定级系统的等级保护符合率均在 92% 以上，超过国家烟草专卖局 80% 的要求，信息安全水平在行业内以及福建省内处于领先地位。

是月，龙烟公司以福建中烟集团统一申报并通过安全生产标准化一级达标企业的首次评审。

11 月 13 日，第四届福建省政府质量奖企业现场评审专家组进驻龙烟，开展为期三天的现场评审。

11 月 28 日起，龙烟有序推进卷烟包装箱循环利用工作。

12 月 6 日，龙烟召开“以流程梳理优化为基础的管理体系整合项目”一期验收会。

是月，龙烟被评为“2009—2012 年度福建省厂务公开民主管理工作先进单位”“2009—2012 年度福建省厂务公开民主管理工作示范单位”。

2014 年

3 月，根据中央和行业统一部署，龙烟深入开展以“为民务实清廉”为主要内容的第二批党的群众路线教育实践活动。

是月，以完善“卓越 1.0”管理系统建设为主线，持续推进基于流程梳理的管理体系整合，构建生产绩效多维测量平台，建立情报知识管理系统。

9 月，龙烟处置位于漳州市东山县的土地资产，该土地资产由东山县政府收储。

10 月 15—16 日，龙烟承办首届“通仙杯”福建烟草工商物流技能竞赛，并荣获团体冠军。

是月，龙烟通过能源管理体系认证。

11 月，龙烟下属企业福建红狼实业有限责任公司取得安全生产标准化二级企业（工贸其他）证书。

12 月 30 日，龙烟（卷包车间）一区生产线技术改造项目通过初步设计评审。

12 月 31 日，生产信息门户系统全面上线运行。

是年，龙烟举行 4 期教练式企业文化管理培训，编写并发布新版企业文化手册《狼的智慧》（2013 版）、《企业文化管理体系手册》，构建基于丹尼森组织文化的企业文化落地指数测评模型。一套理念体系、一支内训师队伍、一套培训教材、一批班组试点、一个企业文化管理标准的“五个一”目标基本实现。

是年，申请专利 98 件，获得授权专利 87 件，其中发明专利 5 件；承担制定的行业标准发布 1 项，在研 3 项。

2015 年

1 月，在“精益 2.0”管理平台的框架之下，进一步推进 Aris（流程管理平台）流程管理平台、生产绩效多维测量分析平台、情报知识管理平台三个信息系统的优化和升级。

2 月，龙烟第四次保留“全国文明单位”荣誉称号。

4 月，原料搬运装卸业务转同舟济公司外包，搬运单价大幅下降。

5 月，龙烟成立“郑东文劳模工作室”。

6 月 5 日，龙烟获得第四届“福建省政府质量奖”。

是月，龙烟启动“三严三实”专题教育。

8 月，“一区生产线技术改造项目”安装调试阶段顺利结束，经评估达到了“优质、高效、低耗”的实施目标。

11 月 30 日，龙烟荣获“烟草行业精益生产领域‘精益十佳’标兵单位”称号。

是月，龙烟启动“十三五”总体规划编写及评审工作，明确实现“生态型精品卷烟制造基地”愿景的总体部署和基本路径。

是月，成品纸滑托盘 RFID（射频识别）系统完成验收，开启工商托盘联运新模式，为《卷烟工商联运纸滑托盘应用规范》行标建设提供重要支撑。

2016 年

1 月，卷烟批次质量管理系统正式上线运行。

2 月，由龙烟主持编制的行业标准《卷烟生产过程质量追溯 基本原则与基本要求》《卷烟生产过程质量追溯 信息分类与要求》发布实施。

3 月，“十三五”规划正式定稿并发文，11 月完成总体规划和子规划滚动调整方案。

是月，完成红坊片烟醇化库建设项目立项申请报告初稿编写，并经福建中烟董事会同意上报，7 月通过国家局项目评审论证。

是月，龙烟在全体党员中深入开展“学党章党规、学系列讲话，做合格党员”学习教育活动。

4 月，一区生产线技术改造项目总体竣工验收准备工作全部就绪；干冰膨胀烟丝生产线技术改造项目通过总体竣工验收。

5月，龙烟编制《基于卓越绩效的企业文化管理成熟度评价手册》，完成多层级企业文化理念体系构建工作，形成公司、部门、班组的文化理念体系以及员工岗位座右铭体系。

是月，“郑东文创新工作室”被评为市劳模工作室。

9月，根据《国家烟草专卖局关于行业驻京办集中清理工作的通知》（国烟办〔2016〕161号）精神，龙烟对北京花市枣苑的六套房产及一个车位开展集中清理工作。

9—11月，龙烟开展庆祝建厂65周年系列活动。

10月，制丝车间苏兴亮获聘国家烟草专卖局职业技能鉴定指导中心“烟草行业职业技能鉴定专业专家”。聘期自2016年7月至2019年6月。

是月，龙烟“精益生产绩效指标模型设计及应用”课题荣获烟草行业“精益十佳”课题称号，卷包车间蒋景强荣获烟草行业“精益十佳”个人称号。

是月，根据中国烟草总公司批复，龙烟将北京金贸大厦5套房产无偿上划福建中烟。

11月5日，龙烟举办第十一届职工运动会。

12月，龙烟在“卓越1.0”基础上，融入精益管理理念和工具，对“IS-PDCA”管理模型进一步深化，升级为“精益2.0”管理系统。

是月，龙烟公司以福建中烟集团统一申报并通过安全生产标准一级达标企业复审。

2017年

2月27日起，卷包车间试运行“四班三运转”生产人员排班组织模式。

4月，一区生产线技术改造项目通过整体竣工验收。

是月，卷包车间蒋景强、郑东文被评为福建中烟第一批“精工带头人”；制丝车间林天勤、黄闽龙，卷包车间邱勇杰、黄建龙4人被评为福建中烟第一批“精工能手”。

5月，制丝车间、卷包车间、动力车间、物流部、质管部、供应部6个部门开展“我为品牌保驾护航”大讨论，历时近一个月，参与人数近1200人。

是月，“郑东文创新工作室”扩建为“共享＋”创新工作室，并被评为省劳模工作室、市技能大师工作室。

6—9月，龙烟全面参与龙岩市创建全国文明城市工作，以全体动员、广泛行动的方式在创城攻坚工作中发挥了“创城先锋”作用。

8 月 25 日，福建中烟党组发文任免干部：林郁任龙烟公司调研员兼副总经理，孔跃任龙烟公司调研员。

10 月 13 日，全省卷烟工业系统“勇立潮头、勇挑重担、勇往直前”主题实践活动推进会在龙烟召开。

10 月 19 日，福建中烟党组发文任免干部：熊淦源任龙烟公司副处级领导干部，免去其龙烟公司副总经理职务；方军任龙烟公司副总经理，免去其省公司财务管理处副处长职务。

10 月 19 日，福建中烟党组发文任免干部：罗旺春任龙烟公司副总经理，巫洪海任龙烟公司副总经理，詹灿芬任龙烟公司纪委书记。

是月，龙烟实施“锅炉系统油改气改造”项目，实现锅炉设备油气两用功能。

是月，龙烟实施一区成品件烟线技改，分拣能力从15件/分提升至25件/分。

11 月 23 日，福建中烟党组发文任免干部：游国深任龙烟公司副调研员。

是月，龙烟统计调查的结果表明：1982—2005 年的 24 年间，龙烟共生产和销售的卷烟品牌 54 个、卷烟规格 612 个、产生数据 7252 个。

12 月 20 日，省重点项目红坊片烟醇化库建设项目顺利开工。

12 月 25 日，中央文明办继续授予龙烟“全国文明单位”荣誉称号。至此，龙烟已五次蝉联此荣誉。

12 月 26 日，中共龙岩烟草工业有限责任公司第二次党员代表大会召开。大会审议通过上届党委、纪委工作报告，选举产生中共龙岩烟草工业有限责任公司第二届委员会和第二届纪律检查委员会。

2018 年

1 月 30 日，龙烟实施项目化管理。

是月，新产品古田（金中支）在龙烟成功投料生产。

2 月，龙烟启动构建党建多维评价体系，并于第四季度在基层党支部季度目标考核中试运行。

3 月，龙烟发布《中共龙岩烟草工业有限责任公司委员会贯彻落实中央八项规定实施细则的实施办法》，在制度上明确了改进调查研究、精简会议及文件简报等相关要求。

是月，龙烟参与《基于电子标签的片烟物流跟踪系统数据交换规范》行业标准制定。

4 月 3 日，制丝车间曲修虎荣获“龙岩市金牌工人”称号。

5 月，龙烟被选定为烟草行业 5 家智能工厂试点单位之一。

5—12 月，按照国家局和福建中烟“三供一业”（供水、供电、供气，物业）分离移交工作相关要求，开展“三供一业”物业分离移交工作，于 12 月底顺利完成分离移交各项工作。

8 月 15 日，龙烟启动设备布局优化及工艺提升项目。

8—11 月，龙烟开展“古田杯”职业技能竞赛暨烟机设备机械电气维修职业技能竞赛。

10 月 13—25 日，龙烟举办第十二届职工运动会。

是月，“共享 +”创新工作室被评为省技能大师工作室。

11 月，龙烟组织开展管理诊断试点评价工作。

2019 年

2—5 月，龙烟开展职工投资入股的清退工作。

3 月，龙烟印发《企业年金方案》，经第二届职工代表大会第五次会议审议通过，并完成福建省人力资源和社会保障厅备案审核工作。

4 月 23 日，龙烟制丝车间一区乙班荣获 2019 年“全国工人先锋号”称号。制丝车间一区乙班班长张俊俊作为“全国工人先锋号”获奖代表赴北京领奖。

4 月 25 日，国家局党组印发《关于建立 2019 年党组成员基层联系点的通知》（国烟党〔2019〕123 号），国家烟草专卖局党组书记、局长，中国烟草总公司总经理张建民联系龙烟公司党委。

4 月 29 日，公司党委副书记、总经理姜志强被授予“龙岩市劳动模范”称号。

是月，制丝车间林天勤被评为“全国烟草行业第七届劳动模范”。

5 月 14 日，《烟草行业工业控制系统网络安全基线技术规范》正式发布。该标准由龙烟牵头实施，填补了行业工控网络安全标准空白，为全行业各单位进行工控系统安全建设提供指导和帮助。

5 月 17 日，国家烟草专卖局党组书记、局长，中国烟草总公司总经理张建民到基层联系点龙烟调研，要求全力推动高质量发展，确保基层联系点各项工作走在前、做在前。

7 月 12 日，龙烟召开干部大会，宣布福建中烟对龙烟主要领导干部调整决定：廖材河不再担任公司党委书记、董事长；姜志强担任公司党委书记、董事长。

7 月 16 日，龙烟启动员工帮助计划（EAP）项目。

7 月 26 日，龙烟在第九届福建中烟职业技能竞赛暨“七匹狼杯”第二届烟机设备操作职业技能竞赛中喜获佳绩，包揽 A1、ZJ17、PROTOS—M5、ZB45、ZL22 5 种机型比赛项目的冠军，并收获各类机型二等奖 6 个、制丝和卷接及成型方向的团队奖 2 个。

7 月，制丝车间苏兴亮获聘国家烟草专卖局职业技能鉴定指导中心“烟草行业职业技能鉴定专业专家”。聘期自 2019 年 7 月至 2022 年 6 月。

8 月，龙烟获得中国质量协会“全面质量管理推进 40 周年杰出推进单位”称号。

9 月 18 日，龙烟启动“不忘初心、牢记使命”主题教育。

10 月 16 日，卷包车间王启兵荣获“全国青年岗位能手”称号。

10 月 30 日，技术改造办公室李晓刚受聘福建中烟高级工程师，蒋景强、郑东文受聘福建中烟首席技师。

是月，龙烟启动政治生态突出问题全面整改工作。

11 月 11 日，龙烟召开干部大会，宣布省公司党组的任职决定：钱继春担任公司副总经理（主持生产经营日常工作），罗旺春调任厦门烟草工业公司副总经理（主持生产经营日常工作）。

12 月 13 日，龙烟召开党员代表大会，选举增补钱继春为中共龙岩烟草工业有限责任公司委员会委员。

2020 年

年初，新冠肺炎疫情突袭而至（疫情持续 3 年之久），龙烟按照“外防输入、内防扩散”的方针，强化疫情防控网格化管理，切实保障复工复产、平稳有序和职工群众身心健康。

3 月 2 日，福建中烟党组发文任免干部：林东任龙烟公司副调研员。

是月，龙烟被评为 2019 年度“龙岩市制造业十强企业”，公司党委书记、董事长姜志强被评为 2019 年度“龙岩市突出贡献企业家”，公司党委委员、副总经理张益兰被评为龙岩市 2019 年度“产业发展项目建设年”活动成绩突出个人。

是月，制丝车间罗伟明荣获福建省总工会“福建省金牌工人”称号。

4 月 1 日，卷包车间生产排班组织模式切换为“三班三运转”。

是月，龙烟公司开展党员干部“树立正确政绩观”专题教育活动。

5 月 2 日，新产品“七匹狼（鼓浪扬帆）”在龙烟成功投产。

是月，“共享 +”创新工作室被评为省示范性劳模工作室。

是月，烟箱视觉装置运用在制丝二区片烟箱、烟丝装箱和 C 线切丝后杂物识别场景、FY117 废烟支烟丝回收设备上。

6 月 24 日，福建中烟党组发文任免干部：林郁任信息中心主任；免去其龙烟公司调研员兼副总经理职务。

是月，龙烟推进退休人员社会化管理工作，12 月底完成 1185 人（其中党员 159 人）退休人员的档案移交工作。

7 月，卷包车间王启兵荣获“全国青年岗位能手”称号。

8 月，龙烟将富健幼儿园和利来山幼儿园改制为非营利性质的普惠性幼儿园。

8 月 10 日，福建中烟党组发文任免干部：饶伟任龙烟公司副总经理。

10 月，龙烟开展新一轮中层干部调整和选拔任用工作。

是月，龙烟被中华全国总工会、应急管理部、国家卫生健康委员会联合授予“2018—2019 年度全国‘安康杯’竞赛优胜单位”称号。

是月，龙烟构建基于卓越绩效的“五维一体”运营体系。

是月，5G+ 智能联合实验室建成运行。

11 月 4 日，新产品“七匹狼（古田金细支）”在龙烟成功投产。

11 月 24 日，卷包车间郑东文被授予“全国劳动模范”荣誉称号。

12 月 1 日，龙烟荣获“全国厂务公开民主管理先进单位”称号。

12 月 10 日，新产品“七匹狼（观海中支）”在龙烟成功投产。

12 月 20 日，国家烟草专卖局党组书记、局长，中国烟草总公司总经理张建民到基层联系点龙烟调研，要求把思想行动统一到中共十九届五中全会和中央经济工作会议精神上来，贯彻新发展理念，构建新发展格局，推动高质量发展。

2021 年

1 月 8 日，“5G+MEC 建设及应用项目”入选 2021 年福建省工信厅 9 个省级“5G+ 工业互联网”应用试点示范项目，该项目为龙岩市唯一入选项目。

3 月，卷包车间实行“三班二运转”排班模式。

4 月 17 日，新产品“七匹狼·银中支”（宽版中支）在龙烟成功投产。

是月，龙烟开展“学党史、悟思想、办实事、开新局”党史学习教育。

是月，龙烟发布首版《企业安全文化手册》。

5 月，龙烟举办“红古田”杯第二届职工岗位技能竞赛。

6 月 23 日，龙烟启动生产一区贮丝房改造项目。

是月，新产品“七匹狼（锋芒甜版）”在龙烟成功投产。

是月，烟用彩色印刷膜首次用于“七匹狼（锋芒）”。

6—7 月，龙烟举办庆祝中国共产党成立 100 周年系列活动。

7 月 30 日，福建中烟党组发文任免干部：钱继春任龙烟公司党委副书记、总经理；熊淦源任龙烟公司一级业务经理，免去其龙烟公司党委副书记、委员职务。

8 月，厂级 IIOT（工业互联创新平台）建设项目获得批复。

9 月，龙烟被评为行业“十三五”科技创新工作先进集体，仅有 2 家卷烟工厂获评。

11 月 15 日，龙烟与龙岩市委文明办、文旅汇金集团联合共建的“龙岩新时代文明实践红古田基地”在龙津湖举行揭牌仪式。该基地有藏书 1 万余册，设有新时代文明展示区、亲子阅读区、志愿者服务区等公益活动场所。该基地也被市民亲切地称为“龙津书房”。

是月，龙烟举办庆祝建厂 70 周年系列活动。

是月，龙烟发布“十四五”总体规划，提出“13—33”发展思路框架，通过打造精品制造平台、文化体验平台、组织成长平台，着力打造“生态体验型精品卷烟制造基地”。

12 月 3 日，“5G+ 视觉 AI 创新应用项目”荣获工信部第四届“绽放杯”5G 应用征集大赛工业互联网专题赛优胜奖。

12 月 23 日，卷烟工业企业以转型升级为导向的生产流程优化管理项目荣获第二十八届全国企业管理现代化创新成果二等奖。

12 月 24 日，国家烟草专卖局党组书记、局长，中国烟草总公司总经理张建民到基层联系点龙烟调研。张建民一行参观了龙岩新时代文明实践红古田基地、龙烟厂史展厅，深入了解龙烟党建工作和生产经营情况，并宣讲中共十九届六中全会精神。

第一章　企业发展战略

第一节　“十二五”发展战略规划编制的回顾及实施

一、“十二五”发展战略规划的编制

形势与环境背景　“十二五”时期是指2011—2015年。进入21世纪第二个十年之初，国家局把“卷烟上水平”作为今后一个时期行业工作的基本方针和战略任务。“卷烟上水平”的内涵是品牌发展上水平，主要支撑点是原料保障、技术创新、市场营销和基础管理上水平，战略目标是全面提升中国烟草整体竞争实力，主要途径是以培育“532”品牌（产量超过500万箱、300万箱和200万箱的品牌）和“461”品牌（商业销售收入超过400亿元、600亿元和1000亿元的品牌）为导向，促进烟草资源在全国范围内合理流动和优化配置。

福建中烟由于总体规模、品牌规模、产品结构等与强势企业和品牌相比，还有明显的差距，正处于“奋力爬坡”的关键时期。因此，在制定“卷烟上水平”发展总体战略时，确定如下战略思路：继续实施“一优一特”品牌发展战略，做强做大“七匹狼”品牌、提升品牌价值，凸显“金桥”特色、提升结构。将“七匹狼”品牌打造成全国性强势卷烟品牌，中高档中式卷烟代表品牌之一，进入“532”和“461”大品牌行列，到2014年产量实现200万箱、销售额突破400亿元；将金桥打造成为中式混合型卷烟的代表品牌之一，2015年实现产量25万箱的目标。

福建中烟的战略目标既为龙烟的战略发展提供上规模、调结构的机会，又对产品质量保障、生产订单的实现提出更高的要求，因此，成为龙烟确定战略目标的基本依据。

“十二五”战略规划的制定　2009年下半年，龙烟根据超前谋划的思路及福建中烟制定品牌发展战略要求，提出制定“十二五”战略规划，根据年初生产经营工作会提出的“精品基地”战略定位，将“十二五”规划愿景拟定为“精品卷烟制造基地”。2009年9月18日，龙烟下发《关于下发“精品卷烟制造基地”战略规划实施方案的通知》（岩烟企〔2009〕124号），实施方案提出编制战略规划的指导思想，确定发展目标、基本原则和编制依据，建立组织机构，包括领导小组、“四精”（精品制造、精品管理、精品团队、精品文

化）专业工作小组和编制小组，明确工作安排和工作要求。根据实施方案的安排，2010 年 4 月 30 日，“十二五”规划编制小组完成规划初稿。

在规划编制过程中，国家局提出要把“卷烟上水平”作为行业工作的基本方针和战略任务，福建中烟提出编制“卷烟上水平”及“十二五”发展规划的要求，同时，龙岩市提出编制龙岩市烟草工业产业规划，要求龙烟负责规划编制工作。根据行业及地方政府要求，公司认真做好规划编制工作，不以实施方案的时间要求为限，把规划做细做实。此后，“十二五”规划编制小组，对规划内容不断补充完善。2010 年 6 月 11 日，龙烟召开“十二五”投资规划编制会议，会议明确投资规划属于“十二五”规划的组成部分。7 月，按照龙岩市政府要求，龙烟在前期编制的规划初稿基础上进行修改完善，完成龙岩市烟草工业产业规划初稿，提交龙岩市经贸委。12 月 6 日，“十二五”规划编制小组与北京国家会计学院教授贺颖奇就完善“十二五”规划进行沟通交流，精益生产、精细管理、精英团队、精睿文化“四精工程”就此诞生。2011 年 1 月 15 日，总经理廖材河、副总经理肖建、工会主席刘禄涛、北京国家会计学院教授贺颖奇及“十二五”规划编制相关人员对规划进行再次讨论，在此次讨论会上将愿景由“精品卷烟制造基地”提升为“生态型精品卷烟制造基地”，次日，把“十二五”规划提交生产经营工作会讨论，会后根据讨论结果再次修改。同年 3 月 18 日，龙烟以《关于印发“十二五”发展战略规划的通知》（岩烟企〔2011〕31 号）下发实施。

二、“十二五”发展战略规划的实施

“十二五”时期，龙烟紧紧抓住发展要务，围绕福建中烟“七匹狼”上水平总体规划，牢牢把握“以提升龙烟制造水平来打造福建中烟的制造品牌”定位，明确了“龙烟品质、成就价值”为企业使命，“共鸣、共识、共担、共享”为价值观，“生态型精品卷烟制造基地”为愿景，积极实践四个“转化”，实现四个“同步”，通过实施精益生产、精细管理、精英团队、精睿文化的“四精工程”，以构建“卓越 1.0”管理系统为主线，注重管理手段和方法创新，全面推进“四精工程”向企业内部纵深发展，着力提高企业运营效率与运行质量，实现了整体经营绩效的稳步提升，企业综合竞争力明显增强。2015 年，龙烟获得福建省政府质量奖、全国文明单位（连续四届）、行业卷烟工厂标兵单位、行业精益生产领域“精益十佳”标兵单位四大荣誉，树立了企业新形象。

（一）主要经济指标实现情况

2015 年，龙烟实现销售收入 138.81 亿元，税利 113.02 亿元，利润 9.47 亿元，如表 1–1 所示。与 2010 年相比，企业的产量增长 14.15%，年均增长速度

2.83%；销售收入、税利和利润分别增长 56.48%、64.14 和 6.98%，年均增长速度分别为 11.30%、12.83% 和 1.4%。

2010—2015 年公司主要经济指标实现情况表

表 1-1

类别	单位	2010 年	2011 年	2012 年	2013 年	2014 年	2015 年
销售收入	亿元	88.71	107.92	122.42	127.48	134.54	138.81
税利总额	亿元	68.86	86.95	99.39	103.84	108.77	113.02
利润	亿元	8.85	8.52	12.39	12.28	11.99	9.47
单箱收入	元	10122.13	11771.45	12795.18	13140.81	13818.39	14133
单箱税利	元	7856.69	9484.6	10387.65	10704.07	11171.16	11508
单箱利润	元	1010.08	929.83	1294.89	1265.82	1231.75	964

（二）“十二五”时期主要成效

精益生产水平持续提升 建立了以客户价值需求为导向的质量管控体系，突出工艺质量的过程管控和产品质量安全，产品质量管控和质量风险防范能力明显提升（顾客抱怨率、生态生产情况）。深化应用“制丝批次质量管控”成果，将批次质量管控拓展至原料、辅料、卷包等环节，推动建立卷烟产品全过程质量追溯标准体系，全面提升质量管理水平。不断研究和推广烟叶原料仓储养护技术，持续提升烟叶原料醇化质量。

深化运用高级自动排产技术，提高生产组织效率，深入推行 TnPM（全面规范化生产维护），加强设备维护，持续降低生产各环节的衔接损失，设备综合效率 OEE（设备综合效率）从 47.5% 提升到 62%；优化库存管理，提升辅料交货与生产计划的匹配度，商标纸库存周转次数从 17.85 次提升到 25.14 次，香精香料库存周转次数从 5.26 次提升到 10.05 次。持续推进节能减排，建立能源管理体系，引进合同能源管理，卷烟综合能耗五年下降 9.2 个百分点。对标指标中消耗类指标在 80 万箱以上规模工厂中综合平均排名进入前 8，并荣获行业“卷烟工厂标兵单位（2012—2014 年度）”称号。

持续推进重大技术改造，1140 千克 / 时干冰膨胀烟丝生产线技术改造项目于 2011 年 7 月 4 日获得国家局批复，2012 年 5 月 11 日正式开工，2012 年 9 月 28 日主体结构封顶，2013 年 10 月 25 日投入试生产，2015 年 5 月通过总体竣工验收。一区技术改造项目于 2013 年 7 月获得国家局批复，2013 年 10 月完成工艺方案评审，2014 年 3 月完成施工图评审，2015 年 6 月实施，2015 年 9 月 1 日投产。项目重新优化了 6000 千克 / 时叶丝线、3000 千克 / 时叶丝线和 2000 千克 / 时梗丝线三条生产线的工艺流程，更新了部分关键设备，升级了制丝控制系统。干冰线和一区技改项目的实施，全面提升了工艺加工水平和产品质量控制水平，为公司朝柔性化、均质化、智能化发展奠定基础。

精细管理水平系统提升 深入推行卓越绩效管理模式，公司以申报政府质量奖为契机，从 2011 年开始策划，2012 年稳步推进卓越绩效模式在公司的深化应用，卓越绩效模式日渐深入人心，在公司各层级得到推广应用，企业管理成熟度从 460 分提升到 480 分，公司先后获得龙岩市首届（2012 年度）政府质量奖、福建省 2014 年度政府质量奖，企业自我诊断和持续改进能力不断提升。

创建灵活高效的运营管理系统，以 IS-PDCA 方法论为指导，构建了“卓越 1.0”管理系统，将卓越绩效模式七大类目的内容融入“IS-PDCA”总体框架。以争创行业“精益十佳”为目标，将精益管理与卓越绩效有效融合，由“卓越 1.0”升级为“精益 2.0”，通过构建基于 ARIS（流程管理平台）平台、以流程优化为基础的综合整合管理体系，促进流程、职责、标准、绩效“四位一体”协同；深化应用生产绩效测量平台，加强数据多维分析，快速精确定位短板；深化应用情报知识管理系统，打造全员改善升级版，加强创意孵化管理，实现创意过程的互联互动，推动公司从职能管理向流程管理转变，从局部优化向系统最优转变，从个体改善向群智创新转变。

创新改进能力持续加强，搭建由管理创新、科技创新和知识创新组成的创新平台，以项目推动创新和精益改善为主要手段，鼓励员工成为创新的主体，推进创新成果转化为生产效益。“十二五”期间，共申请专利 334 件，授权专利 271 件，其中授权发明专利 29 件；参与制定了行业标准 11 项，另有 1 项国际标准、7 项行业标准处于制订阶段；完成 62 项重大科技项目、66 项管理创新项目；全员创意改善率由 30% 提升到 65%。

精英团队建设步步为营 建立人才多通道成长机制，公司从解决员工队伍的创造力和主动性入手，构建了“服务于员工成长”的职业发展体系。通过制订岗位路线图，优化岗位管理体系和加强人力资源管理评价，完善后备人才培养、竞争性选拔人才、非行政高级别岗位聘任、生产经营骨干与党员间的“双向培养”等多种机制，将员工绩效评价、改进创新、知识共享、先进评选与员工职业发展有机结合，促进员工朝职业化方向发展。

营造公平、协作、和谐的氛围，以推动企业与员工共同成长为导向，制订《生产经营责任制考核管理办法》，全面推行公司组织绩效管理。探索构建试点关键岗位关键绩效指标体系，初步贯通公司—部门—岗位绩效体系。

精睿文化建设硕果累累　构建传承历史、融入上级的企业文化体系，提炼“龙烟品质、成就价值”的使命、“生态型精品卷烟制造基地”的愿景和“共鸣、共识、共担、共享”的企业价值观，并将使命职责化、愿景目标化、价值观行为化，使其符合公司实际和长远发展。

创新文化管理，开展“教练式”文化管理培训，2013年起，实施“构建基于卓越绩效模式的企业文化管理体系”项目，通过构建一个与企业管理相适应、相融合的公司、部门、班组、岗位多层级企业文化理念体系；打造一支企业文化管理内训师队伍；撰写一份企业文化管理培训教材；开展一批班组文化管理体系建设试点；形成一套企业文化管理标准，使“IS–PDCA”系统思维在公司得到深植，用同一种管理思维、管理语言开展工作的习惯逐步形成，促进了企业文化推动管理进步、管理进步支撑企业发展、企业发展促进文化繁荣的良性循环。

开展企业文化管理成熟度评价工作。为进一步加强企业文化宣贯深植工作，寻找企业文化管理工作改进机会，实现卓越绩效的深化和落地、企业文化管理工作与“精益2.0”管理平台深度融合，龙烟公司组织开展企业文化管理成熟度评价工作会。

评价工作围绕企业文化的环境信息、战略策划与结构、计划管理、过程管理、测评与激励、持续改进与创新等7个方面，邀请中质协专家与龙烟企业文化项目小组共同组建评价工作组，尝试运用龙烟公司最新研究成果——《基于卓越绩效的企业文化管理成熟度评价准则》对龙烟企业文化管理状态予以自我评价。该准则以《基于卓越绩效的企业文化管理手册》为蓝本，对管理手册中IS–PDCA的六个环节作出相应评价要求。并结合卓越绩效评价方法，明确了从定性和定量两个方面进行评价。

评价工作组通过会前动员、查阅记录资料、撰写评语、四场落地验证会、两场干部职工座谈会、评价合议等环节，对23项条款进行了评价与评分，在详细列举优势与改进机会的同时，提出了28条改进措施与建议。并经工作组合议，按各条款要求分别给予相应的分数以及形成龙烟企业文化管理成熟度评价报告，报告凝练了五大优势及四项改进机会。

从2014开始的两年多时间，龙烟公司以实现企业管理与企业文化深度融合为目标，搭建IS–PDCA企业文化管理体系，制定《基于卓越绩效的企业文化管理体系手册》和《企业文化职能规划》，并对丹尼森文化模型进行改进和优化，实施两次龙烟文化落地指数测评。在2014年启动企业文化管理成熟度评价研究项目，该项目研究工作在国内，特别是烟草行业处于起步阶段。经过两年多的努力，龙烟公司企业文化管理成熟度评价相关探索研究工作，已进入成果转化的实质性阶段，随着研究工作的深入推进与应用，将逐步实现企业文化管理从口号引导到 KPI（关键绩效指标）引导的“量变”、从改进“无门”到改进“有路”的“质变”。

精神文明建设与公益活动持续深入开展。公司持续深入开展企业精神文明建设，积极履行社会责任，以地方经济、教育文化、扶贫济困和捐资赈灾为重点，系统策划公益活动，连续六次获得“全国文明单位”荣誉称号，企业职工文明素质、道德文化素质和企业社会形象不断提升。

（三）存在的问题与不足

现有资源利用不足　虽然具备了全过程追溯和全供应链管理的技术基础，但到目前为止，在公司的相应管理需求上，仍未得到充分应用；存在信息“孤岛”的问题，数据价值没有得到充分利用。

人力资源发挥不够　基于分类管理的员工职业成长通道以及岗位胜任力素质模型的构建，具备了促进员工成长的长效基础，但尚未得到充分有效的应用；公司为员工搭建了发挥智能的三层级创新体系，但参与改进创新的人员较为有限，而且参与者的知识、能力也有局限，员工的智慧在广度和深度上没有得到充分的挖掘。

团队素养与技术能力匹配问题　在教育培训上积极投入资源，但更加侧重于从人才本身的角度，对团队素质进行提升，对于从用好技术工具、生产资源的角度提升团队素质的意识不足，对新方法、工具应用的培训不够；团队的整体素养以及管理需求，与现有装备技术能力、信息技术水平不能很好匹配。

第二节　“十三五”发展战略规划的编制及实施

一、“十三五”发展战略规划的环境分析

战略环境　随着企业管理水平的不断提升，龙烟更加注重用现代管理方法和工具开展战略环境分析，从“十三五”开始，龙烟以制造力竞争环境作为主要研究对象，在进行相关资料收集与梳理的基础上，运用 PEST（宏观环境分析）分析、对标分析等战略分析工具，系统评估宏观环境、行业环境以及福建中烟发展环境，结合本企业的实际，识别“十三五”时期公司面临的关键机会与挑战；同时，运用 KSF（关键成功因素）分析企业内部资源条件的环境变化因素，提炼关键优势与劣势；综合运用 SWOT（优势、劣势、机会、威胁）分析，组合

出企业“十三五”可行的战略方案。

形势背景　从关键机会上看，行业发展的总体政策环境稳定，“七匹狼”品牌结构提升仍有空间；烟草行业发展战略转型，由规模速度型向质量效益型转变；品牌将围绕主导规格发展，细分市场将成为新增长点的突破口，低焦油卷烟特别是细支烟发展前景较好，技术储备充足；行业加速推进新一代智能制造技术的集成实施，“工业 4.0”“两化融合”（信息化和工业化融合）等先进理念的研究与应用，将推动智能制造单元、智能车间、智能工厂和智能制造系统升级；互联网技术、大数据技术快速发展，为制造企业转型升级提供技术支撑。

从关键挑战上看，控烟浪潮下，卷烟消费呈现“稳中有降”，卷烟结构提升速度趋缓，生产计划增量空间变小；“市场化取向”改革，对卷烟工业企业建立市场驱动的敏捷生产模式和快速响应的货源保障机制，提出了更高的要求；市场需求的频繁变化，增加了订单需求的不确定性和计划排产的复杂性，对卷烟工业企业满足市场个性化与多样化需求能力，提出了柔性生产的挑战；卷烟消费者对产品质量、服务体验提出更高要求；国内竞争对手品牌规模与制造力实力快速提升，竞争加剧。

从内部的关键优劣势看，主要优势：制造装备处于国际、国内领先水平，拥有定制化制丝生产线以及国际先进的高速卷接包设备，同时配备全程自动化物流装备，实现卷烟制造全过程的自动化、智能化管控，设备制造能力留有充足的发展空间；在生产制造系统建设中，全面引入 ISA S88、ISA S95 国际标准，构建基于批次管理的制丝集控系统，实现了制丝加工过程批次谱系跟踪、批次配方设计、自动排程、批次控制等关键技术，建立以批次管控为中心的集柔性和智能于一体的现代化管控系统；建立卷烟产品批次质量评价和追溯系统，《卷烟企业生产全过程质量追溯通用原则和基本要求》《卷烟企业生产过程质量追溯信息分类与要求》行业标准获批准发布，在制丝、卷包等关键过程实施批次质量管控，通过工序能力分析、QI（质量指数）指标综合评价和 SPC（统计过程控制）异常报警，实现对过程质量控制水平的动态监控，确保产品质量稳定性。多年来致力于应用程序的开发和信息系统建设，现已建立包括生产过程数据集控系统、生产执行系统以及管理和办公自动化系统的三级信息化系统，与上级公司集成，实现过程工艺、质量、物流等数据的及时采集、分析和传输，并通过 MES（生产信息化管理系统）系统实施生产过程管控，为生产组织的柔性化和过程管控的精细化提供高效的数据平台；构建原料、烟用材料的批次标识标签，并延伸应用至供应商环节；持续推进卓越绩效模式，致力于创新和全员持续改善，构建情报知识系统，生产绩效多维分析系统，ARIS 流程管理系统，深入推进“三个转变”；连续四届蝉联“全国文明单位”荣誉称号，为企业科学发展、跨越发展提供了强大的思想保证、精神动力、舆论支持和文化基础；持续开展基于卓越绩效的企业文化管理体系建设，取得一系列成果；独具特色的原料养护技术；节支降耗取得成效，构建基于作业的即时化成本管控系统，成本管控不断细化；职业发展通道构建，持续建设培训管理体系，培训投入充足。

主要劣势：受税利同增、产品布局、设备产能配置、人员配置等综合因素影响，存在一、二区产品结构与产能不平衡、生产区域的产品线定位固化等现象，影响生产组织柔性化；生产计划编排与分解下达过程，需要人工确认环节过多，过分依赖生产调度人员本身能力，造成生产信息不对称，系统信息更新滞后等矛盾；新产品、小牌号生产组织不够顺畅，协同度不足；辅料适应性研究有待深化；公司引入的先进制造技术，对管理提升的带动作用发挥不足，新技术的应用要求与岗位人员素质不匹配，造成先进设备与技术未能充分发挥其作用，帮助员工掌握新技术、方法和工具的针对性培训体系有待完善；人员结构与岗位需求匹配不充分，员工学习能力与职业化精神有待加强，人才队伍活力和团队协作氛围还需要进一步调动，员工价值与人员能力评价方法和手段系统性有待提升；在提高应用集成与业务协同，消除“信息孤岛”与数据冗余、发挥“两化融合”优势等方面具有较大的可为空间；用现代企业制度管理供应商的理念有待建立，与供应商关系尚停留在一般交易层面，与供应商的联合改进项目较少，深入合作、信息共享等机制有待加强；基础数据质量不高，数据的规范性、全面性、准确性亟待完善，基层人员对数据的利用能力偏弱，不能充分利用信息数据提高管理水平，数据分析应用能力有待加强；文化建设与企业战略、运营管理的协同融合，有待深入探索。

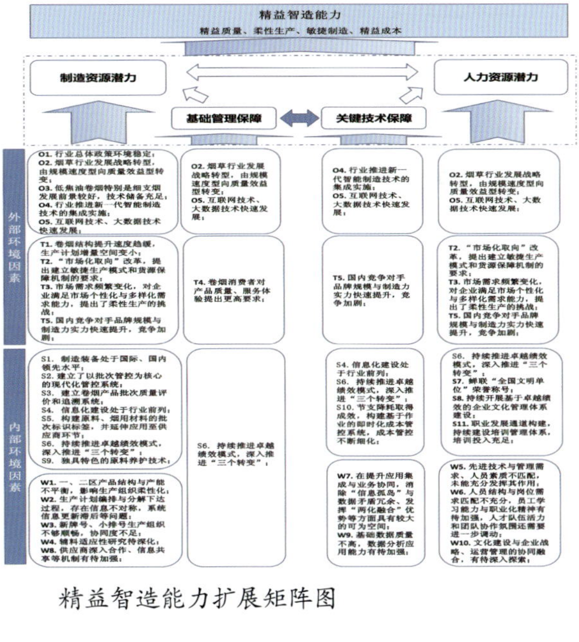

精益智造能力扩展矩阵图

二、“十三五”战略规划的制定

2015 年 4 月，“十三五”战略规划制定工作正式启动。在此次规划制定过程中，龙烟创新管理形式，采取项目管理，制定项目实施方案及进度计划，通过 WBS（工作分解结构）工作任务分解至具体责任人，确保“十三五”规划编制工作有序推进。项目组以福建中烟战略总体框架为指导，系统思考公司“十三五”战略方向。运用战略分析工具进行科学分析，充分洞察企业所处环境，构建 SWOT（优势、弱点、机会、威胁）扩展矩阵分析推导战略，提出“十三五”时期“1422”发展思路以及“1+1+6”规划架构。先后参加 4 轮中烟规划评审，确保“十三五”规划满足福建中烟规划输入要求。组织多轮开放式沟通，进一步推动战略路径的贯彻和延伸，制定关键绩效指标及战略举措，编制总体战略规划文本。各职能规划小组围绕公司总体规划的发展思路与目标，结合职能定位和职能分工，从关键职能支撑的角度细化分解出未来 5 年行动计划。2015 年 12 月中旬，完成职能规划评审工作。2016 年 1 月至 3 月期间，项目组继续开展“十三五”规划编制后续工作，保障“十三五”开局切实落地。前后通过 4 轮评审会对“十三五”编制稿进行评审、校对。伴随 2015 年度各类年度数据出炉，项目组及时修订编制稿，将相应数据内容更新为年度值，同步修订“十三五”战略 KPI 目标值，保证规划科学合理。2016 年 3 月，“十三五”战略规划正式定稿并发文。

“十三五”期间，以实现产品价值为目标，以满足福建中烟提出的战略支撑、经营管理等要求为关键点，定位自身价值点，借鉴“工业 4.0”的先进理念，将智能基因融入公司生态制造系统，以精准的数据分析能力和柔性敏捷的生产能力，打造一个灵活、高效、智能的生产系统和运营系统，努力将龙烟建设成为数字化智能工厂；力争通过一系列提升举措，到 2020 年末，达到行业 80 万箱规模以上工厂对标指标综合排名第 5 名，与 2015 年末相比，实现 QI 提升 1% 以上，物耗指数降低 1% 以上，OEE 提升 5 个百分点以上，订单相应时间缩短 12.5 个百分点以上。

结合企业发展定位和内外部战略环境分析，确定“1422”发展规划：聚焦一个核心（提升精益智造能力），着力四大指标（质量指数、效率指数、物耗指数、响应时间），立足两大路径（挖掘人力资源潜力、挖掘制造资源潜力），强化两大保障（基础管理保障、关键技术保障），坚持“IS-PDCA”管理理念，深入实践精益管理，升级打造“精益 2.0”管理平台，精益推进、战略落地、平台建设三位一体，集约整合、最大化资源价值，支撑福建中烟和“七匹狼”品牌发展，推进龙烟“生态型精品卷烟制造基地”愿景实现。

三、“十三五”发展战略规划的实施

“十三五”时期，在国家局“1+6+2”高质量发展政策体系和福建中烟“1186”高质量发展规划的指引下，龙烟坚定不移贯彻新发展理念，奋力推进“1422”发展规划落地，完成“十三五”规划各项目标任务。

“十三五”规划指标完成情况　“十三五”规划中期调整以来，制订了12项规划指标，总体完成情况良好，12项指标全部完成，目标完成率为100%。

2016—2020年公司规划指标实现情况表

表1-2

指标维度	指标名称	单位	2018年目标值	2018年实现值	2019年目标值	2019年实现值	2020年目标值	2020年实现值
制造资源挖潜	顾客抱怨率（生产环节）	PPM	≤0.09	0.059	≤0.083	0.05	≤0.05	0.023
	质量指数（QI）	分	≥93.5	94.7	≥94.0	94.54	≥94.23	95.28
	小牌号订单响应时间	天	≤31	30.65	≤30.8	29.47	≤28	23.29
	设备综合效率（OEE）	%	卷包高速机设备综合效率≥68%	70.27	≥57.5	59.74	≥59.59	60.3
人力资源挖潜	支部战斗力指数	分	指标构建	完成	≥99	106.41	≥85	90.46
	改进创新指数	分	≥24分	28.98	≥24	39.7	≥36	43
	中高级专业技术资格人员占管理团队比例	%	≥65.5	66.67	中高级专业技术资格人员增长数≥25人	31	≥75	75
	国家三级以上职业资格人员占生产团队比例	%	≥33.6%	37.28	国家三级以上职业资格人员增长数≥29人	29	≥41	45.75

续表 1-2

指标维度	指标名称	单位	2018 年目标值	2018 年实现值	2019 年目标值	2019 年实现值	2020 年目标值	2020 年实现值
基础管理保障	生产物耗指数	分	≤ 101.75	101.42	≤ 101.75	101.23	≤ 101.26	100.82
	烟用材料库存周转次数（不含丝束）	次	≥ 14	16.59	≥ 16	17.04	≥ 16.65	17.18
	流程审核得分	分	≥ 95.5	96.1	≥ 96	96.91	≥ 96.50	96.57
关键技术保障	万支卷烟综合能耗	公斤标煤	≤ 2.53	2.38	≤ 2.48	2.25	≤ 2.16	2.1

“十三五”时期取得主要成效 “十三五”时期，通过升级创新管理体系，构建激励约束机制，探索人才创新管理模式，吸收借鉴智能化技术，推动动力变革。通过深化卓越绩效管理，推进精益管理，持续优化生产组织模式，完善供应链协同管理，健全安全防控体系，推动公司效率变革。通过深化批次质量管控，强化原料养护保障，落地设备卓越绩效管理，开展关键技术研究，推动公司质量变革。

历经不懈努力，通过实施有利于促进质量变革、效率变革、动力变革的一系列重大举措，进一步夯实了发展根基，有力地推动了新旧动能转换，为开启新征程、奋进“十四五”奠定了坚实的基础。“十三五”时期，龙烟继续保留“全国文明单位”荣誉称号，获得全国烟草行业“精益十佳课题”，福建省工业信息化龙头企业，龙岩市 2018 年度、2019 年度“制造业‘十强’企业”等荣誉称号。

持续加强党的建设。以高质量党建引领企业高质量发展，从党和国家工作大局中找准定位，不断巩固深化“不忘初心、牢记使命”主题教育成果，严格落实全面从严治党政治责任，持续探索党建与生产经营深度融合的路径与载体。形成了“1136”龙烟党组织建设规划，通过规划研究编制工作，把党的领导融入企业治理各环节。构建了基于“IS-PDCA”的全面从严治党工作管理体系，通过系统施策，策划构建落实全面从严治党管理体系、“五维一体”（管理职责、业务流程、标准文件、绩效指标、风险管理）党建管理体系，贯彻落实基层党组织标准化规范化建设的任务要求，夯实党建制度体系基础，促进加强党的领导和完善公司治理相统一。构建党委领导力、支部战斗力、党员模范力三级联动考核评价指标体系，推进党建工作改进提升，持续对制度进行滚动调整和完善，推动层层压紧压实主体责任，不断提高党建引领生产经营的制度化、规范化、科学化水平。“红土地”国企党建标杆作用愈加突出，党的组织优势有效转化为加快推进高质量发展的强大动力，党业融合的路径与载体逐步清晰。

制造资源潜力挖掘成效明显。“十三五”时期，龙烟聚焦产品制造能力，立足资源现状，提升生产组织效率，深入挖掘各类制造资源潜力，有效提高生产制造的数字化、智能化、柔性化水平。

批次管控向全价值链拓展深化，持续推进批次质量管理系统推广应用，优化数据驱动型层级式批次稳定性量化评价模式，并探索“三头一尾一过程”全价值追溯链的完整技术实现。深入生产价值链各环节，探索建立全价值链 QI 管控，建立烟用材料质量控制前移模式，全面推广应用烟用材料上机扫码技术，实现产品批次质量的源头追溯。

设备智能化管理初具雏形，以最佳实践促进设备卓越绩效管理和 TnPM 有效融合。以 PROTOS1-8（卷烟机组型号）为试点，探索烟机智能化应用。广泛融合应用各类自动化设备，实现对生产线、仓储设备和物流运输设备的自动化控制，提升智能化水平。从多个维度出发，统筹规划设备布局，改造制丝烘丝机、贮丝进料、风选机等设备，调整卷包设备布局，持续进行设备优化改造和有序转换，实现精细化管理，为满足生产需求提供装备保障。

创新生产组织管理模式，敏捷生产组织稳步推进，实现制丝二区“工段制”和卷包“三班三运转”。深化面向大数据的卷烟生产过程智能化控制技术应用，推进 MES 系统自动排产优化改造和生产计划执行跟踪系统建设。牵头开展国家局精益管理课题生产过程全要素管控模式探索项目的研究，探索构建快速响应、高效协同、优质低耗的智能生产管理模式。

红坊片烟醇化库建设项目工程施工全面完成，为智能仓储物流提供更广阔的施展平台，使智慧物流建设更上一层。基于 RFID 的纸滑托盘在卷烟工商联运中持续深化应用，开展 AGV（自动导引车）国产化与智能化的研究与应用，片烟及烟箱智能识别系统建设，为物流设备智能化实现夯实了基础。按平台化理念，优化应用架构，升级高架库自动化物流系统，构建全仓库仓储管理系统，补齐平库仓储管理短板，推动仓储物流业务移动化，提升了仓储物流智慧化管理的整体水平。

人力资源潜力获得显著开发。“十三五”时期，龙烟着力构建创新氛围浓厚、环境友好、分享主动、能力渐强的“创新龙烟”，不断提升人力资源与制造资源的匹配度。

坚持创新是第一动力，模式机制体系化。通过健全创新管理体制机制，形成“创新项目—精益活动—全员改善”三层级创新体系架构。建立基于专业委的创新管理组织架构，强化日常维护运行、创新过程管理、课题策划指导，助力创新质量提升。构建项目化、科研经费、众包等创新管理模式及相应管理机制，营造创新创效良好环境。覆盖参与全员化，构建以改善创意为主线的“情报知识管理平台”，推进全员改善活动，打造创新蓄水池。引入“群智”“众创”理念，探索推进具有龙烟特色的众包项目管理。在“十三五”时期，公司取得发明专利 132 项，实用新型专利 285 项；参与行业标准 8 项；发表科技论文 141 篇；取得省部级科技奖三等奖一项；省公司科技奖一等奖 1 项、二等奖 3 项、三等奖 7 项；省公司管理创新一等奖 3 个、二等奖 3 个、三等奖 8 个。

坚持人才是第一资源。深入推进干部选拔任用制度改革和劳动用工、人事、分配三项制度改革。系统构建员工职业成长积分管理体系和分类人才培养体系，构建面向价值的员工激励约束机制，不断强化人力资源管理与各项职能活动之间的相互协调和内在逻辑联系，提升公司人力资源管理成熟度，提高公司人力资源水平。“十三五”时期，公司人力资源管理水平不断提升，控员增效成果显著，公司主业在岗职工总数由 1593 人下降至 1529 人，实现控员 64 人；员工高等教育学历、中高级职称、高级职业技术资格占比大幅提升，公司大学本科以上学历职工占比由 46.5% 增长至 59.5%，增长 27.96%，中高级职称职工占比由 20% 增长至 24.9%，增长 24.5%，高级以上职业技术资格 16.1% 增长至 23%，增长 42.86%；多人受聘省公司高级别岗位，其中，3 人受聘为省公司高级工程师、首席技师，9 人受聘为省公司专业带头人、技术专家、精工带头人、精工能手；员工在各类创奖活动中表现优异，公司获得地厅级以上集体荣誉称号 9 项，获得地厅级以上荣誉称号 10 项，获得地厅级以上各项竞赛奖项 105 项。

关键技术应用得到深化。“十三五”时期，龙烟立足生产制造，以产品实现、产品保障、绿色制造为方向，深化各类关键技术的落地和应用。智能化技术方面，扎实开展行业智能工厂建设试点工作，持续推进厂级物联网和数据采集平台建设，打牢工业互联网平台应用基础；通过“建立两个平台、实现五个仿真、建立一套标准、推动二级创新”，将 CPS（全球定位系统）技术、工业互联网平台、大数据分析相结合，有力推动了基于 CPS 的卷烟智能工厂建设实践，为推进行业智能制造进程打下坚实基础；积极推进新一代信息技术的应用研究，与龙岩市电信公司共同组建“5G+ 智能”联合实验室，研究孵化应用场景；完善网络安全管理，提升网络安全技术，强化安全运维，牵头编写的《工业控制网络安全基线技术规范》（YC/T 580—2019）行业标准正式发布，填补了行业空白。

工艺保障技术方面，持续开展生产区域、原料仓库的虫情综合防治，推动虫情防治技术创新和突破，建立虫情防治长效机制；深化院企技术研究合作，中细支卷烟关键制造技术研究取得重要成果；针对烟叶养护、中细支卷烟制造，持续开展项目研究、装备改造，顺利完成“七匹狼”锋芒、鼓浪扬帆、观海、银中支以及古田金中支、金细支等一批新产品落地生产。

节能环保方面，通过开展动力压缩空气智能能效系统的研究与应用，燃气介质下锅炉系统尾气余热回收技术应用、空调智能控制研究与应用、动力污水风机节能改造、锅炉系统节能技术研究与应用等一系列节能改造项目，累计实现产值节能超过 2000 吨标煤，节能率超 15%。

监测诊断方面，开展制丝线 PID（进程标识符）性能的智能评估及整定系统研究与应用，提升分布式智能控制水平，持续探索、落地在线质量检测技术和管理模式应用，为工艺质量控制进一步精细化和及时化保驾护航。

基础管理水平进一步夯实。体系管理方面，通过“两化”融合管理体系认证；强化流程运营管理，运用 Aris 工具全面梳理企业运行流程，推进基于流程的“五维一体”管理体系构建，形成 L1—L4 层级分明的流程和管理体系架构。

目标管理方面，推行项目化管理，运用项目管理方法，建设项目化管理平台，对重点工作和实时任务进行科学、系统的管理，创新与项目化实现有机结合，以项目化推进组织变革不断深化、全员创新意识转变和创新实施能力提升；坚持价值导向，系统构建组织绩效激励及约束机制，推动绩效管理变革，探索建立“项目、流程、任务”三维组织绩效评价模式。

风险管控方面，构建基于流程的全面风险管理，形成组织架构健全、职责边界清晰的风险治理结构，强化全员“底线思维”和风险合规意识；持续深化安全生产责任体系与双重预防机制的“1+2”协同管理机制落地，稳固提升隐患排查治理成效和企业安全风险管控水平；一体推进“三不”机制建设，稳固提升廉政风险日常监督和长效管理水平；着力质量风险管理机制固化及“静态 + 动态”双轨评估机制深化落地，夯实质量风险管控基础，提高质量风险管控的灵敏度和时效性，确保产品质量风险得到有效控制。

洞察分析方面，构建业财融合管理机制，推行定额管理，深化成本管控，促进财务会计职能向管理会计职能转变；持续推进生产绩效指标的构建、应用、数据采集和结果分析的模型化，设计 OEE、生产物耗指数等模型化、体系化的综合指标，推进指标深化应用，《以目标为导向的制丝 OEE 系统构建与运用》入选国家局核心竞争力提升典型案例，主导完成行业标准《卷烟工业企业设备综合效率测评导则》制订；探索构建数据管理体系，在批次应用基础上，面向智能制造、全过程质量跟踪与生产追溯，基于业务最小任务单元（批次），设计形成规范化批次数字模型，为数字化转型和洞察分析深化打好了基础。

经过全体职工的努力，企业“十三五”时期生产经营取得了可喜的成果。在 2020 年卷烟产销量相比 2015 年略有下降的行业大背景下，工业产值、工业增加值、税利总额、销售收入等多项内涵扩大再生产的指标，达到历史最高水平。其中，税利总额增长 12.3%；单箱销售收入增长 21.3%；国有资本保值增值率增长 11.9%；成本费用利润率提升 28.1%。

内部运营方面，相比“十三五”初，质量指数 QI 提升 3.2%，顾客抱怨指数 CI、虫情指数 PI 分别下降 78.7%、73%，订单响应时间缩短 12.5%。与此同时，公司节能降耗水平持续提升，“十三五”末期，万支卷烟综合能耗 2.15 公斤标煤，较 2015 年下降 9.3%，在行业卷烟工厂对标中名列前茅。

2016—2020 年公司主要经济指标实现情况表

表 1-3

指标	2016 年	2017 年	2018 年	2019 年	2020 年
销售收入（亿元）	128.21	131.84	137.32	154.38	160.66
单箱销售收入（元 / 箱）	14345	14531	15291	16138	17143
税利合计（亿元）	103.37	103.38	106.95	118.49	126.89
利润总额（亿元）	7.53	5.77	5.15	6.39	11.5
成本费用利润率（%）	14.56	11.9	9.49	12.16	24.42

四、“十三五”时期取得的成功经验

坚持党的全面领导。始终以习近平新时代中国特色社会主义思想为指导，切实增强“四个意识”、坚定“四个自信”、做到“两个维护”，贯彻落实党中央重大决策部署、重大战略思想、重大战略安排，在党的政策方针、思想方法引领下，编制了“1136”龙烟党组织建设规划，持续推进党建与业务深度融合，以高质量党建引领公司高质量发展。

坚持创新驱动。坚持把创新驱动摆在企业发展的突出位置，聚焦卷烟生产职能定位，持续推进技术创新、文化创新、管理创新、人才创新，不断优化创新机制，营造创新氛围，挖掘创新资源，拓展创新渠道，形成创新合力，推进人才成长，为企业发展注入新动能，为“十四五”发展打开了新局面。

坚持深化改革，不断完善现代企业治理体系，在“十三五”管理体系创新的基础上，坚持以“高质量发展”为引领，持续探索建立和完善高效协同、有效制衡的运营管理机制，不断完善企业资源配置方式，提升人力资源素质和各类资源配置效率，提升企业管理效能。

坚持系统观念，把发展融入“两个大局”，将“整体大于局部，整体决定局部”系统思维深植于员工行为、发展举措和管理制度中，在行业和福建中烟发展的整体框架下，聚焦制造主体的价值发挥，在危机中育先机，于变局中开新局。在系统观念下坚持平台思维，以平台建设为抓手，提纲挈领，保证生产经营各项创新和变革，在平台上高效、集约、有序、系统地落地和推进。

“十三五”时期企业发展成果和实践经验，为“十四五”时期发展奠定了良好基础。面对新形势、新任务、新挑战，进一步谋划好企业改革发展新举措，着力增强原则性、系统性、预见性、创造性，不断开创企业高质量发展新局面的底气和定力。

第三节　“十四五”发展战略规划的编制

一、形势与环境

“十三五”时期，龙烟紧扣高质量发展主题，贯彻新发展理念，认真落实“1422”发展规划思路及举措，始终坚持党的全面领导，紧紧抓住卷烟生产制造这一价值创造中心，坚持创新驱动和深化改革，持续推进精益智能制造和精细化管理转型升级，企业经济效益稳固提升，生产经营绩效持续良好，党建与业务融合初具雏形，制造、人力资源挖掘更加充分，管理、技术保障更加巩固。然而，龙烟作为福建中烟卷烟生产主价值链上的重要一环，发展仍处于重要战略机遇期，但机遇和挑战都有新的发展变化。基于福建中烟“四期叠加”的态势研判以及企业自身定位、内外部环境分析，龙烟意识到当前和未来一个时期是发展的至关重要期，因此，主动跳出日常运营的舒适区，勇蹚体制改革的深水区，敢闯开拓创新的无人区；着力把握“人是决定性因素，组织是关键性保障”，在理念层面、实践层面和目标层面把握推动解放思想再出发的时代要求，打破经验主义、惯性思维和主观偏见，强化自我突破、自我变革，坚持解放思想；结合公司发展现状和方向，优化生产力和产能布局，提升生产柔性化水平，突破关键技术瓶颈，加快数字化转型，赋能“七匹狼”品牌价值，深化改革创新，推动企业精益管理，培养高素质职业化队伍，全面提升企业整体竞争力。

二、“十四五”战略规划的制订

2020年9月，“十四五”战略规划制定工作正式启动。在此次规划制定过程中，龙烟系统策划、精心推进“十四五”规划编制。结合省公司“十四五”规划编制工作计划和公司各项相关工作节点，制定龙烟“十四五”规划编制工作方案；搭建“十四五”总体规划“13—33”总体框架，开展两次“十四五”规划专题研讨，收集意见建议并修订，形成“十四五”规划初稿；开展高质量发展及发展规划宣贯，相关内容在《龙烟人》上分4期宣贯，编制知识手册并组织全员学习，通过简道云平台组织全员参与线上测试，加深全员对高质量发展、公司发展方向和2020年公司生产经营方针相关知识的掌握。2021年9—10月，相继完成总体规划和职能规划评审工作；11月，“十四五”战略规划正式定稿并发文。

“十四五”期间，龙烟将立足新发展阶段，以福建中烟“18310”总体发展目标为指引，以建设“生态体验型精品卷烟制造基地”为长期发展方向，完整准确全面贯彻落实新发展理念，坚定不移推动高质量发展、推进高效能治理、造就高素质队伍。坚持创新发展，深化动力变革，把创新放在龙烟发展全局的突出位置，积极构建良好创新生态，增强企业高质量发展新动能。坚持共享发展，追求价值共生，全面推进龙烟数字化转型，立足数据感知与赋能，积蓄企业高质量发展新能量。坚持协调发展、绿色发展和开放发展，聚焦质量变革、效率变革，着力推进“精品制造、文化体验、组织成长”三大平台建设。以铸就高品质产品、优化高效益产出为主题，打造精品制造平台，形成敏捷、绿色、智能的生产系统，提升产品制造力。以成就高价值品牌、强化高效率联结为主题，建设文化体验平台，形成开放的企业生态系统，提升文化赋能力。以造就高素质队伍、深化高效能治理为主题搭建组织成长平台，形成关键岗位“能进能出”、高级别聘任“能上能下”、员工收入“能增能减”“三能”长效工作机制，提升组织运营力。通过三大平台建设系统推动企业治理体系和治理能力现代化，不断提升企业核心竞争力，努力实现更高质量、更有效率、更可持续的发展。

2021年12月30日，龙烟公司在龙岩侨声大剧院举行2021年度表彰大会暨建厂70周年文艺汇演

（姚义 摄）

第二章　党的建设

第一节　党委工作

2012—2021年，龙烟认真贯彻中共十八大、十九大关于全面从严治党、强化党的政治引领以及国有企业党的建设工作会议精神等一系列重大决策部署，明确国有企业党组织把方向、管大局、促落实的定位和要求，通过开展第二批党的群众路线教育实践活动、“三严三实”专题教育、“两学一做”学习教育、“不忘初心、牢记使命”主题教育、党史学习教育等党内集中教育以及行业政绩观专题教育，严格落实中央八项规定精神和一体推进“三不腐”机制建设等反腐倡廉重大举措，强化政治思想建设。通过开好党员代表大会、民主生活会、组织生活会，做好党委满意度测评、党建考核、党员教育管理，落实好党委委员基层联系点制度、党支部标准化规范化制度等重点工作，强化基层组织建设。引导广大党员干部职工更加紧密地团结在以习近平同志为核心的党中央周围，增强“四个意识”、坚定“四个自信”、做到“两个维护”，切实推进全面全严治党向纵深发展，有力促进企业党的建设再上新水平。

一、党的政治建设和思想建设

政治理论学习　龙烟公司党委按照“重视学习、务求实效、服务中心、推动发展”的工作思路，抓好党委理论学习中心组学习。2012—2016年，以学习宣传贯彻中共十八大精神为主线，认真制订理论学习计划，落实党委理论学习中心组学习制度，坚持领导带头学，每季度召开一次党委理论学习中心组学习会，为全面开展党的群众路线教育实践活动营造浓厚氛围。2015年组织召开“三严三实”研讨会3次、发放电子学习材料80余篇，收集心得体会52篇；2016年紧密结合“两学一做”学习教育、“五大发展理念”培训教育的相关要求，发放电子学习材料75篇，收集心得体会近70篇。

2017—2021年，以宣贯中共十九大精神为主线，突出“抓好关键少数、坚持以上率下”。其中，2017年，结合“两学一做”学习教育相关要求，共组织4次中心组学习，发放电子版学习材料85篇，篇幅达27万字，收集交流学习心得103篇。党委委员前往各基层党建联系点，通过上党课、交流会等形式对中共十九大精神进行面对面宣讲；2018年，共组织13次中心组学习，共计发放学习材料85篇，采取“专题研讨＋专家讲座”做法，举办6场专题讨论，每季度组织一次专题研讨交流活动，共收集71篇学习心得；2019年，坚持原原本本学习习近平总书记关于“不忘初心、牢记使命”主题教育的重要讲话和重要指示批示精神，共组织15次中心组学习，发放学习材料76篇。其中，围绕党的政治建设、全面从严治党、宗旨性质等八个专题，中心组开展了9次集中学习、5次专题研讨，学习组成员撰写心得体会52篇；2020年，专题学习中共十九届五中全会精神，常态化开展党委会“每周一学”、党委中心组“每月一学”，全年共组织开展29次中心组集中学习，其中6次专题讲座、6次电化教育、2次现场教学、2次专题读书班、13次专题研讨，共收集心得体会80篇。结合政绩观专题教育活动，组织党委委员开展8次专题党课。2021年，结合党史学习教育，运用党委会“每周一学”“每日早课”等新模式，组织21次党委中心组集中学习，“每日早课”学习168篇，党委会“每周一学”精学38篇，开展13次专题研讨，撰写学习心得148篇。

公司党委以基层党组织为学习单位，坚持抓好“三会一课”等基本学习制度的贯彻落实。2012—2016年，围绕中共十八大和十八届三中、四中、五中全会精神等内容开展专题学习。其中，2012年共发放学习读本8000余册，整理发放电子学习材料51篇，启动“好书漂流活动”，购买并发放各类书籍近70册；2013—2014年，特邀市委讲师团教授开展中共十八届三中全会精神等专题讲座；2015年，以深入学习贯彻中共十八届四中、五中全会精神为主线，组织开展13次党支部书记党课观摩活动，持续开展“时代光华”网络教育，1287人接受网络教育；2016年，以“两学一做”学习教育为主题，以支部为单位抓好党员集中学习和个人自学。以庆祝中国共产党成立95周年为契机，各基层党支部上党课并开展15次相互观摩学习，充分利用“中国烟草网络学院”网络培训平台进行网络学习教育，1336人接受网络教育。持续开展读书漂流活动，全年共购置图书600余本。

2017—2021年，公司党委按照既定方案，通过举办党务干部专题培训、支部大会、党小组会、讲党课、发放学习资料等形式，组织广大党员职工做好中共十九大精神的学习教育。2017年，将学习宣传中共十九大精神列为支部考核的关键项目，层层推动学习贯彻中共十九大精神进支部、进小组、进部门、进班组、进机台。举办党务干部学习贯彻中共十九大精神专题培训班，邀请市委党校专家作专题辅导讲座，并组织前往瞿秋白纪念馆、杨成武纪念馆和福建省苏维埃政府旧址参观学习。购置并发放学习材料3000余册。2018年，组织96名党员干部参加全省卷烟工业系统同步进行的中共十九大精神闭卷考试。抓紧抓好《中国共产党支部工作条例（试行）》（以下简称《条例》）学习贯彻工作。公司党委通过召开座谈会、工作调研、监督检查等方式，对贯彻落实

《条例》不力的按有关规定严肃追责问责。2019 年，22 位党支部书记参加“不忘初心、牢记使命”主题教育党课，各基层党组织通过主题党日、“微党课”竞赛、微信助学、上门送学等形式做好学习宣贯。全年编发 12 期政治学习材料选编，推送党员应知应会“每日一学”190 条。2020 年，围绕中共十九届五中全会精神开展学习，采购下发各类读本 2000 余册，编制学习汇编材料 12 期。2021 年，落实党史学习教育要求，以支部党员大会“集中学”、普通党员“自主学”、兄弟单位“联动学”等多种形式，开展多层次交流研讨和基层党支部书记党课观摩活动，全方位推进学习教育的开展。

党内集中教育　2014—2015 年，开展第二批（中央部署全国分二批，龙烟公司属第二批，下同）党的群众路线教育实践活动。2014 年，以动员带动、学习互动、宣传推动、学工联动为“四轮驱动”，按照“照镜子、正衣冠、洗洗澡、治治病”的总要求策划学习方案，紧抓学习人员、学习时间、学习内容、学习效果的“四落实”，突出领导带头学、全员普及学习“两个坚持”的相关内容，开展革命历史题材专题讲座、专题党课、演讲比赛、观看革命题材电影、参观革命遗址、参观博物馆感受红色新风等主题活动。制定下发《关于做好教育实践活动落实整改、建章立制的通知》，明确整改目标，着重强调解决“四风”问题、解决关系群众切身利益问题和联系服务群众，详细列明制度建设、正风肃纪的要求。公司党委先后召开征求意见专题座谈会 21 场次，共征集 485 条意见建议，其中有过半来自车间一线。制定《领导班子整改方案》《开展“四风”突出问题专项整治的工作方案》，组织召开“回头看”专题会议，对分类梳理后的问题和意见提出整改措施。党委领导班子带头查摆“四风”突出问题，召开公司领导班子专题民主生活会，提出了 190 多条相互批评意见；2015 年，围绕第二批党的群众路线教育实践活动加强基层服务型党组织建设的要求，在全体党员干部中开展“纠正不良习气、树立清风正气”教育活动并组织演讲比赛和漫画展。各基层党支部举办学习贯彻中共十八届四中全会精神专题党课，为“三严三实”专题教育营造氛围。

2015—2016 年，开展“三严三实”专题教育。2015 年，结合第二批党的群众路线教育实践活动要求，制定下发《关于在公司级党员领导干部中深入开展“三严三实”专题教育实施方案》。活动期间，围绕“严以律己”“严以修身”“严以用权”主题共组织、筹备、开展 3 场研讨会，收集、交流学习心得 36 篇，公司党委班子成员向广大党员、职工讲授“认真践行‘三严三实’，做到忠诚干净担当”专题党课。组织党员前往革命教育基地参观学习 9 次，参与党员 300 多人次。“七一”建党节活动期间，举办践行“社会主义核心价值观，传播清风正气正能量”演讲比赛，220 名职工旁听演讲。

2016—2018年，开展“两学一做”学习教育。2016年，制定“两学一做”学习教育方案，党委分别以创新、协调、绿色、开放、共享的新发展理念为专题，召开5次专题研讨会，收集、交流学习心得43篇。以“庆祝建党95周年、建厂65周年”为主题，举办“两学一做”学习教育暨厂史知识竞赛，车间、机关、三产等共8支队伍24人参加竞赛。购买下发学习材料近4000册，40余名专兼职基层党务干部参与党工委党建第六片区组织的学习贯彻龙岩市第五次党代会精神专题学习，80余名专兼职基层党务干部参与中共十八届六中全会精神专题学习。2017年，制定推进“两学一做”学习教育常态化制度化实施方案，全年发放学习材料9000余册，各基层党组织开展自选教育活动30余项。2017—2018年，部署“勇立潮头、勇挑重担、勇往直前”主题实践活动，组织相关支部开展“我为品牌保驾护航”大讨论，涵盖基层员工、中层干部、公司领导，参与人数近1200人，共提出改进建议300多条，识别隐患或问题90多处。编辑印发《党章党规应知应会200题》，组织全体党员开展3期“学党章 知党规 明党纪”网络知识竞赛。部署开展党员承诺践诺工作，持续开展“亮党员身份、做合格党员”系列活动，打造“红土先锋党员工作室”特色品牌。

2019—2020年，开展“不忘初心、牢记使命”主题教育。2019年，运用主题教育整体进度表、学习计划表、专项整治清单表“三张表”工作法，推进理论大学习、基层大调研、发展大讨论、岗位大练兵、风险大排查和作风大整顿“六大抓手”，结合企业实际落实党委“五个一”活动和基层党支部“五个一”活动。坚持学习贯彻习近平总书记关于主题教育的重要讲话和重要指示批示精神，开展9次中心组集中学习、5次专题研讨，22位党支部书记上主题教育专题党课，形成领导带头学、支部跟进学、全员学先进的学习模式。党委委员深入一线开展33次实地调研，提出基层党支部标准化规范化建设、职工队伍建设、维修工激励约束机制等16个现实课题，形成13个专题调研报告。公司党委逐一对照、查找各种违背初心和使命的问题，通过召开座谈会、印发意见表、公开电话、邮箱等方式，领导班子和班子成员共收到内外部意见建议120条，整合梳理成27条，党委委员立行立改16条，最终并入党委委员检视清单中整改落实。

2020年，开展政绩观专题教育。一体推进“抵制和反对‘小圈子’文化”“‘天价烟’问题集中整治”“整治‘景观亮化工程’过度化、‘政绩工程’‘面子工程’问题”等工作，党委委员对照“九个有无”开展检视反思并撰写心得体会。组织开展“树立正确政绩观，践行文化新理念”主题演讲比赛、“以正确政绩观助推高质量发展”征文活动，引导党员干部牢固树立正确政绩观。推行党建工作任务清单管理模式，建立政绩观专题教育任务清单，定期持续跟踪，确保逐项落实。

2021年，开展党史学习教育。通过集中学习、线上答题、线下讲座、现场教学、党性锻炼等方式，抓好“四个时期”党史、习近平总书记“七一”重要讲话精神、中共十九届六中全会精神等专题学习。先后前往古田、延安、深圳开展专题读书班学习，党委班子成员结合工作开展6次专题研讨、撰写学习心得60余篇，各级基层党组织开展多层次交流研讨和基层党支部书记党课观摩，29个基层党组织召开党史学习教育专题组织生活会；围绕《党委“365”工作调研清单》，党委委员每季度开展专题调研，共输出116项任务，各项任务均已反馈；识别企业改革创新“卡脖子”问题、职工群众急难愁盼问题以及基层业务积案堵点，形成专题调研报告15份，建立“为群众办实事”具体实施举措清单，形成具体举措36条，形成《“硬骨头”问题清单》，努力破解8项职工“硬骨头”难题；以职工需求为切入点，通过深化“三项制度”改革，“选优树优”工程等一些改革机制，系统落实职工最关心的台子（赛道赛事）、票子（薪酬分配）、孩子（入学教育）、面子（荣誉表彰）、房子（人才公寓）“五子”难点堵点；深入开展“我为党旗添光彩”“我为基层服好务”活动，组织志愿服务活动及基层深度保养活动。

二、组织建设

公司党委领导班子建设　2013年7月，中共龙岩烟草工业有限责任公司第一次党员代表大会召开，大会以“回顾总结过去五年的工作，部署今后五年的工作任务；选举产生新一届党的委员会和纪律检查委员会。动员广大党员和

2013年7月31日，中共龙岩烟草工业有限责任公司第一次党员代表大会胜利召开（余硕宁 摄）

干部职工认清形势，明确目标，开拓进取，不断提升企业核心竞争力，为打造‘生态型精品卷烟制造基地’，有力支撑‘七匹狼’上水平而努力奋斗”为主要任务。大会选举产生公司党委、纪委第一届委员会，规划“实践‘四个转化’，实现‘四个同步’”的发展思路，部署公司党组织建设工作。2014年，推行党代表提案制，形成20条针对改进公司生产经营工作和党组织建设工作的意见和建议；2015年，发布党代表履职情况统计分析报告，为充分发挥党代表的标杆作用寻找途径与方法。

2017年12月，中共龙岩烟草工业有限责任公司第二次党员代表大会召开，大会以“贯彻落实党的十九大精神，回顾总结过去四年多的工作，部署当前和今后一段时期的工作任务；选举产生新一届党的委员会和纪律检查委员会。围绕新思想、新要求、新部署，动员全体党员和干部职工认清形势，明确目标，开拓进取，为把龙烟打造成为‘生态型精品卷烟制造基地’而努力奋斗”为主要任务。大会选举产生新一届党委、纪委；结合中共十九大精神及公司“十三五”发展规划发布“1136”龙烟党组织建设规划。

2012—2021年，公司党委持续贯彻落实全面从严治党要求，落实领导干部双重组织生活。2012—2013年，在完成上年度公司级领导干部民主生活会材料汇编及整改措施落实工作的基础上，组织召开以“学习贯彻党的十八大精神，保持党的纯洁性”“践行党的群众路线，为民务实清廉”为主题的公司级党员领导干部民主生活会，通过职工座谈、党代表会议、OA（办公自动化）公告、电话约谈和电子邮件反馈等多种形式广泛征求干部职工对公司领导班子的意见和建议。其中，2012年，职工在生产经营、人力资源管理、关心职工、思想政治工作四方面共提出10个问题及不足；2013年，职工在生产经营、人力资源管理、企业管理、关心职工、思想政治工作五个方面共提出13个问题，公司党委均一一制定整改方案，落实整改措施。2014年，党委领导班子带头查摆“四风”突出问题，召开专题民主生活会，针对提出的190多条相互批评意见制定整改方案，落实整改措施。2015年，督促各有关部门就职工提出的领导班子在生产经营、人力资源管理、企业管理、关心职工、思想政治工作五个方面的15个问题或不足，制定整改方案、落实整改措施，并组织群众路线落实整改专项工作检查，整改完成率100%。2016年，开展“三严三实”专题民主生活会，共收集基层群众意见建议29条，并针对梳理出的18条可行性建议制定了相应的整改方案、落实措施及时间。2017年，召开2016年度公司级党员领导干部民主生活会，共征集50条建议，涉及八个方面，最终总结归纳出涉及三大方面13条群众意见建议，整改完成率达100%。2018年，以“认真学习贯彻习近平新时代中国特色社会主义思想，坚定维护以习近平同志为核心的党中央权威和集中统一领导，全面贯彻落实党的十九大各项决策部署”为主题，召开 2017 年度公司级党员领导干部专题民主生活会，针对征集到的七个方面 17 条群众意见，及时制定整改清单，明确责任人、责任部门、整改措施、整改时限，实现整改完成率 100%。2019 年，针对上年度民主生活会意见反馈落实情况、巡视巡察、基层调研问题等，列出 4 份整治清单，提出 69 个问题，制定 132 项整改措施。召开“不忘初心、牢记使命”专题民主生活会和专题组织生活会，专题民主生活会量化评分结果在全省卷烟工业系统中排名第一。主题教育专题民主生活会会后整改清单中的 28 个问题、39 项整改措施，2020 年 12 月已全部整改到位。2021 年，召开 2020 年度民主生活会，形成民主生活会会后整改清单 9 份。

2013—2021 年，持续开展公司党委满意度测评，并根据测评数据撰写和发布党委工作满意度报告，通过测量党员职工对党委各项工作的满意程度，以滚动对比方式，发现各项工作优劣势并提出相应改进意见。历年满意度呈波动上升趋势，其中，公司员工对 2021 年度党委工作的总体满意度为 92.82%，为历年最高。

2016 年起，推进落实公司党委委员基层联系点制度。2016—2017 年，在“两学一做”学习教育中，9 位党委委员分别与 15 个基层党支部（2016 年）、12 个基层党支部（2017 年）建立挂钩联系点，过好“双重组织生活”，做好调查研究，强化对联系点学习教育的督查；2018 年，调研收集基层 119 条问题，公司党委定期进行跟踪反馈；2019 年，汇总党委委员基层调研意见建议 120 条；2020 年，建立健全公司党委委员基层联系点制度，党委委员在挂钩联系所在党支部开展课题调研，形成调研报告 8 份。

2019 年 9 月 26 日至 10 月 1 日，龙烟公司党委举办“不忘初心、牢记使命”主题教育专题读书班暨党委理论学习中心组 2019 年第十一次学习会。图为在永定暴动旧址金谷寺，中心组成员重温入党誓词（邓旭锐　摄）

基层党组织建设　逐步完善基层党组织组织设置。2012 年，下发《关于做好基层党支部换届选举工作的通知》，并于 10 月完成基层党支部换届选举工作。2016 年，开展党员组织关系集中排查工作，排查覆盖每个党支部、每名党员。2018 年，指导基层党支部优化组织设置，制丝车间党支部、卷包车间党支部升格为党总支，其中，制丝车间党总支下设 2 个党支部，卷包车间党支部下设 5 个党支部。成立 4 个离退休党支部，配齐配强各党支部委员会委员。同年，组织各基层党支部和党员开展"党员 e 家"电子信息采集，规范党员组织关系接转。做好在职党员进社区工作，共 521 名在职党员加入常住小区"兼合式"党组织，其中处级干部 12 人，科级干部 59 人。同时，积极配合曹溪街道、西城街道，成立曹溪街道利来山庄联合党支部和莲花社区第五联合党支部，小区党支部书记、委员均由公司在职党员担任，切实让在职党员在居住小区亮身份、亮服务。2019 年，根据"支部建在部门上"的原则优化基层党支部设置，撤销原有 6 个机关党支部，以部门为单位成立 17 个党支部，实现一个部门一个党支部。为进一步理顺党组织隶属关系，8 月，按照省公司党组党建专项巡察的整改意见，将鑫利来酒店党支部、三华彩印公司党支部整建制转移到福建鑫叶投资管理集团有限公司党委。2020 年，优化基层党组织的组织机构设置，将卷包车间党总支升格为内设机构党委，将制丝车间党总支下设党支部根据业务分工由原有的 2 个支部增设为 3 个，后勤党支部设立支部委员会，同时，对 156 名离退休党员基本信息台账、党员档案进行整理、校对和修订完善，完成离退休社会化管理党组织关系接转工作。

自 2012 年起，严格按相关要求做好组织生活会及民主评议党员工作。2016 年 6 月，公司党委组织召开民主评议党员工作，共 749 名党员参与评议，评选出优秀党员 36 名、合格党员 713 名。12 月，在 15 个基层党组织中开展"两学一做"专题组织生活会，党支部平均查找问题 3 条，支部书记平均查摆问题 4 条。2018 年 7 月，组织 19 个基层党组织（包括 2 个党总支、17 个党支部）开展"牢固树立'四个意识'，坚定'四个自信'，提升基层党支部组织力和战斗力"专题组织生活会。各基层党支部共开展会前谈心谈话 136 人次，发放征求意见表 17 份。会后，汇总上报支部整改清单 17 份 99 条，支部委员整改清单 65 份 209 条整改项，其中公司领导整改清单 12 份 42 条整改项。2019 年 3 月，公司党委在 22 个基层党组织（包含 2 个党总支、20 个党支部），共 654 名正式党员中组织开展 2018 年度组织生活会和民主评议党员工作。此次组织生活会共收集或查摆出 96 条意见或问题，汇总形成整改项 66 项，形成整改清单 541 份（基层党组织班子 22 份、党员 519 份）。其中各基层党组织书记查摆出问题 113 条，汇总形成整改项 73 项。此次民主评议党员定格为"优秀"的党员有 203 名，占比 30%，定格为"合格党员"的党员 381 名，没有党员被评为“基本合格”和“不合格”等级，其中 14 名预备党员不参与定格。2019 年 12 月，公司党委组织 32 个基层党组织（包含 2 个总支，30 个支部）开展“不忘初心、牢记使命”专题组织生活会及民主评议党员。此次组织生活会，各基层党组织共计开展会前谈心谈话 686 人次，各基层党组织和在职党员共形成整改清单 502 份。其中各基层党组织书记查摆出问题 132 条。通过全体党员评议和支部审定，公司 2019 年度定格为“优秀”的党员有 168 名，占比 27.72%，定格为“合格党员”的党员 438 名，无“基本合格”和“不合格”党员，其中 25 名预备党员不参与定格。2021 年 8 月，29 个基层党组织（包含 1 个内设机构党委、1 个党总支、27 个党支部，正式党员 488 名，预备党员 10 名）召开党史学习教育专题组织生活会。各基层党组织共计开展会前谈心谈话 889 人次。公司党委制定《2021 年度党史学习教育专题组织生活会质量督促指导量化测评标准》，形成 26 条可评价标准，由党委委员率队，组建 8 个督导组，实施全面覆盖的质量督导。会前，各基层党组织共计开展会前谈心谈话 991 人次。公司党委制定《2021 年度组织生活会质量督促指导量化测评标准》，形成 18 个模块、共计 23 条可评价标准，分 7 个督导组展开督导。

公司党委建立实施《基层党支部季度目标管理办法》和《党员目标管理考核办法》，强化压力传导。2012 年全年共检查、考核基层党支部 39 次，平均得分 98.1 分。2013 年全年共检查、考核基层党支部 49 次，平均得分 99.62 分。2014 年全年共检查、考核基层党支部 48 次，平均得分 99.48 分。2015 年全年共检查、考核基层党支部 46 次，平均得分 100.72 分。2016 年完善了《基层党支部季度目标管理考核办法》，在各部门、各党支部绩效考核中，细化量化党风廉政建设考核项目和权重，对重点任务和工作责任分解细化、责任到人，形成横向到边、纵向到底、覆盖完整、责任落实的责任体系，全年共检查、考核基层党支部 54 次，平均得分 99.61 分。2017 年，在原有《基层党支部季度目标管理办法》和《党员目标管理考核办法》的基础上，探索包含党委向心力、支部战斗力和党员先锋力三个层级的党建工作管理体系，根据考核结果对支部工作提出改进意见建议，并在党建工作例会上通报相关情况，共提出 21 项改进意见建议。2018 年 4 月，根据党建达标检查标准，重点围绕落实“三会一课”制度、组织生活、发展党员等方面先行组织开展自查工作，共查找问题 18 个，提出整改要求 17 项。5 月，积极配合并认真总结省公司党建达标检查，对检查反馈“三会一课”制度落实不到位等 5 个问题，立行立改，修订完善相关制度及记录。7 月，采用交叉考核方式，从车间基层党组织和机关基层党组织中各抽取两名党务干部，与党建工作部一同参与二季度支部季度目标管理考核，针对“三会一课”开展情况、发展党员工作、《党员学习笔记本》等方面提出五大类存在问题和整改建议。9月，依据支部季度目标管理考核情况，从各支部工作中提取6项特色工作亮点。10月，积极配合省公司党建专项巡察；2019年，优化升级“支部季度目标管理考核”，在支部战斗力考核评价指标体系设置上，做到量化任务目标、细化考核评价标准，为基层党支部列出任务清单。同时，增加支部工作在围绕企业生产经营目标、部门重点难点工作开展成效方面的设置，引导基层党支部工作向“好不好”转变。在考核方式上，将集中审核与过程管控相结合，将支部中心工作、日常工作融入考核，注重日常考核、过程管控。2020年，省公司党建工作考核得分96.82分，全省排名第一。2021年，开展基层党组织党建达标创优半年考核，全面检查29个基层党组织党建工作，输出问题48项，通过任务管理平台跟踪整改督办。根据国家局、省公司关于基层党组织达标创优的最新验收标准，修订《各基层党组织党建工作考核评分细则》。

为强化基层党组织标准化、规范化建设，公司党委开发“龙烟党旗红”云平台，下设“聚焦新思想、党务公开、‘三会一课’、主题党日”等12个专栏，使用范围涵盖全体党员。该平台通过对政治理论学习、中心组、“三会一课”等学习计划和内容的及时发布，确保党员实现及时学、系统学、跟进学、联系实际学；通过扫描上传中心组学习、“三会一课”、组织生活会、党员领导干部民主生活会的有关记录，实现公司各级党组织政治生活情况的及时有效了解和监督；通过集中发布公司党建标准化文件、全面从严治党主体责任清单完成情况等内容，实现基层党建随身随时可查看；通过各级党组织工作方法的图文展示，实现党员之间、党组织之间、党员和党组织之间的相互学习、借鉴和促进，将封闭资源转化为共享资源。

公司党委扎实开展党支部标准化规范化建设工作，制定下发包括《“1236”党建工作管理制度》《党支部主题实践活动项目管理实施方案》《党员骨干“双向培养”工作方案》等在内的多项标准化文件，从制度层面提升党建管理水平；2018年起，构建党委领导力、支部战斗力、党员模范力考核评价指标，落实《基层党支部季度目标管理办法》，采取交叉考核方式，将党建多维评价体系、支部季度考核与党建职能审核相融合。印发《关于进一步规范和加强基层党支部“三会一课”制度的通知》，制订《“三会一课”制度实施细则》标准化文件，新建支部党员大会召开流程、支部委员会会议召开流程、党小组会召开流程等6项党建标准化流程。新建《落实全面从严治党主体责任实施办法》《基层党组织主题党日活动实施办法》《党务公开实施办法》等5个党建标准化文件，修订完善《党费收缴管理使用及党组织工作经费管理实施细则（试行）》等 8 个党建标准化文件，进一步推进党建工作标准化、制度化。组织公司党委书记与基层党组织书记签订《落实全面从严治党主体责任责任书》，基层党组织书记与党小组长及党员签订《落实全面从严治党主体责任责任书》，强化压力传导，促进责任落实。2019 年，贯彻落实《关于新形势下党内政治生活的若干准则》，围绕国家局推进基层党组织标准化、规范化建设工作，重新梳理党建制度流程，编制形成《党支部标准化规范化制度汇编》，优化党建审核形式，对发现问题实行任务闭环管理，实现考核监督与责任落实相结合。2020 年，编写印发《党支部标准化规范化制度汇编（2020 版）》，为基层党组织厘清工作程序。组织制定完善各基层党组织《落实全面从严治党主体责任清单》，健全担责追责机制。结合"五维一体"党建管理体系建设工作，整合党建制度体系 13 份，梳理 84 条党建业务流程，分解 39 个流程绩效指标。2021 年，深化"五维一体"党建管理体系建设，完成 12 份 L2 级党建业务管理文件制度评审工作，明确 18 条党建类通用流程，分解 90 个 L4 层级流程绩效指标，进一步修订《党支部标准化规范化制度汇编》。

党员教育管理　龙烟始终遵循"坚持标准、保证质量、改善结构、慎重发展"的发展党员工作方针，坚持"有计划发展、严把质量关、入党自愿、个别吸收"原则，做到成熟一个、发展一个。其中，2012 年，检查发展党员程序 13 次，组织召开党委会研究入党积极分子 22 名、考核转正党员 24 名、延期转正 3 名、取消预备党员资格 1 名。2 月，组织 14 名新党员前往古田会议旧址举行入党宣誓仪式及党员教育活动。4 月，推选 18 名员工参加市直机关党工委举办的入党积极分子培训。根据市直机关党工委工作部署，完成重新完善、校核党员信息库资料工作，并继续开展 2007 年以来发展党员情况汇总及自查。2013 年，开展党员发展 SOP（标准作业程序）管理创新项目，重点梳理党员发展标准、程序及要

2021 年 4 月 26—30 日，公司党委组织中心组成员、"两优一先"和标兵代表前往延安红色教育基地举办党史学习教育专题读书班。图为学员们在南泥湾参观大生产主题展览馆（邓旭锐 摄）

点。2月，组织11名新党员前往古田会议旧址举行入党宣誓仪式，4月，选送22名员工参加入党积极分子培训；2014年，选送25名员工参与入党积极分子培训，全部合格；2015年，培养入党积极分子20名，发展预备党员13名，预备党员转正47名，选送13名员工参加入党积极分子培训，全部合格。2016年，参加入党积极分子培训22人，预备党员转正14人，发展党员16人。2017年，参加入党积极分子培训8人，3名管理技术骨干发展成为预备党员。2018年，参加入党积极分子培训19人，新吸收14名同志为入党积极分子，新发展19人为预备党员，16名预备党员考察期满按期转正。2019年，新发展党员总数为23人，其中35周岁及以下的党员21人，全部为中大专及以上学历。2020年，新发展党员12人，均为35周岁及以下青年党员，大专及以上学历。2021年，新发展党员20人，35周岁及以下青年党员16人。

公司党委坚持做好专兼职党务干部培训工作。其中，2016—2017年，以学习贯彻中共十八届六中全会及中共十九大精神为主题，组织60名专兼职党务干部在长汀红色革命教育基地开展党务干部培训工作。2018年，以党章修改内容及高质量发展为主题，组织党支部书记、党务干部共28人参加福建中烟基层党务干部培训，开展公司级党务干部培训，受训党务干部近150人，各基层党组织外出开展党员培训活动30余次。2019年起，探索党员教育培训新模式，打造“点线面体”学习型组织，开展党员外出培训活动45次，其中，分3批组织党务干部120人前往长汀红色教育基地以及在公司内部开展集中轮训，选派27名基层党务干部参加龙岩市直机关党工委基层党支部书记培训。2020年，通过“理论学习＋现场教学”方式，开展党员外出培训活动、党务干部集中培训、参加省公司基层党务干部培训，受训党务干部总数近230人次。2021年，制定《2021年党员教育培训工作计划》，分层分类开展党务干部培训，组织党支部书记、党务干部共30余人参加省公司基层党务干部培训。开展组织委员、纪律检查委员、宣传委员专题培训和党员集中轮训，受训党务干部达300余人次。打造“专家课堂”“现场课堂”“线上课堂”等“三个课堂”，全年组织党员外出培训活动23场次。

党建工作部集体照（姚义　摄于2023年）

第二节 党建与生产经营融合

2012—2021年，公司党委努力提升“大党建”格局的科学化和特色化水平，通过全面从严治党管理体系、党委“365”工作机制、党委三力评价体系、“五维一体”党建管理体系的打造，强化党委领导力建设。通过基层党支部主题实践活动及党建品牌的打造，推动支部战斗力建设。通过生产经营骨干与党员双向培养机制的打造，推进党员模范力建设。公司党委坚持拓宽工作思路、创新工作方法、改进工作方式，多渠道、多形式、全方位推动公司党建与业务深度融合、推动全面从严治党向基层延伸，扎深国企党建的“根”和“魂”，努力实现以高质量党建推动龙烟高质量发展。

一、党委领导力建设

党建工作规划 2013年7月，中共龙岩烟草工业有限责任公司第一次党员代表大会经过充分讨论，一致通过中共龙岩烟草工业有限责任公司上届委员会作的题为《实践四个“转化”，实现四个“同步”，为打造“生态型精品卷烟制造基地”而奋斗》的工作报告。报告客观实际地回顾了上届党委的各项工作，并明确提出今后五年党委工作的指导思想和总体要求，即“以邓小平理论、‘三个代表’重要思想和科学发展观为指导，全面贯彻落实党的十八大精神，紧密围绕打造‘生态型精品卷烟制造基地’中心要务，着力实践把政治要求转化为战略要求，实现与公司战略同步规划；把政治资源转化为企业资源，实现与中心工作同步运作；把政治优势转化为文化优势，实现与企业文化同步构建；把政治工作转化为管理要素，实现与企业管理同步促进，全面提高公司党的建设科学化水平，为推动龙烟科学发展、跨越发展提供重要保证”。“实践‘四个转化’，实现‘四个同步’”党建规划具体细化为四点要求：一是要明确党建战略定位、突出能力建设，把政治要求转化为战略要求，实现与公司战略同步规划；二是要进一步加强党的组织建设、加强领导班子建设，把政治资源转化为企业资源，实现与中心工作同步运作；三是要以社会主义核心价值观培育为核心，加强党建与企业文化创新的理论同构，以民主建设为突破口加强党建与企业文化创新的制度同构，把政治优势转化为文化优势，实现与企业文化同步构建；四是要抓好价值创造、抓好风险管控，把政治工作转化为管理要素，实现与企业管理同步促进。

2017年12月，中共龙岩烟草工业有限责任公司第二次党员代表大会根据中共十九大精神和习近平总书记重要讲话精神，结合行业、企业发展实际，提出当年和今后一段时期党委工作的指导思想和总体要求：以马克思列宁主义、毛泽东思想、邓小平理论、“三个代表”重要思想、科学发展观、习近平新时代中国特色社会主义思想为指导，深入贯彻落实中共十九大和全国国有企业党的建设工作会议精神，构建、实施“1136”龙烟党组织建设规划，即紧密围绕“生态型精品卷烟制造基地”这一中心要务，突出“坚持党的领导，加强党的建设”这一条主线，秉承“创新发展、特色发展、融合发展”三大组织发展理念，实施“增强思想教育实效化、牵引党建管理体系化、力促党员队伍先锋化、提升干部人才专业化、助推企业管理科学化、保持正风肃纪常态化”六大举措，持续深化“大党建”格局，努力提升龙烟党的建设质量，把党建工作成效转化为企业发展优势，不断开创龙烟发展新局面。“1136”龙烟党组织建设规划具体细化为三大要求：一是要突出“坚持党的领导，加强党的建设”这一主线；二是要秉承“创新发展、融合发展、特色发展”三大组织发展理念；三是要实施“增强思想教育实效化、牵引党建管理体系化、力促党员队伍先锋化、提升干部人才专业化、助推企业管理科学化、保持正风肃纪常态化”六大举措。

党建工作管理体系 2017年起，公司党委在已经推行多年的卓越管理“PDCA”的基础上，将信息和知识前置融入目标和方向，形成“IS-PDCA”管理方法论，并以此构建运行党建工作管理体系（后为落实全面从严治党工作管理体系）。该体系由信息管理“I”、规划管理“S”、系统管理“P”、执行管理“D”、测量管理“C”、改进创新管理“A”六大模块组成，形成党建管理关键环节，促进贯彻落实全面从严治党要求的目标引领、过程管控和循环改进。其中，信息管理模块（I）作为管理体系的信息输入、交互及转化中心，以情报知识管理系统等企业信息平台为依托，收集分析上级党组织要求，结合党组织自身发展及公司生产经营需求，梳理识别党建及生产经营的重点、难点，为党建规划、党委工作意见以及支部工作计划的制定提供信息支撑。规划管理模块（S）通过信息输入，运用SWOT、OGSM、绩效评价等方法工具，掌握分析企业党建面临的内外部环境及优劣势，制

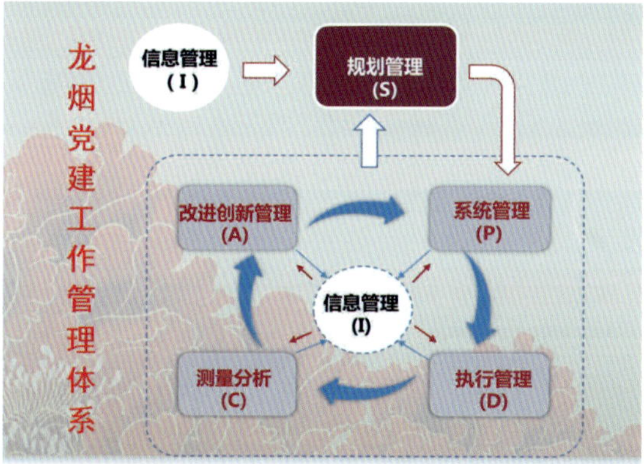

龙烟党建工作管理体系模型图

定党建规划和举措并分解落实到各业务模块当中。同时，每年根据内外部环境和信息的变化，对党建规划进行滚动调整，确保规划与时俱进。计划管理模块（P）通过流程驱动和目标牵引形成党建规划落地及方针目标细化、实施、反馈的路径，推进党建工作与生产经营同部署、同落实、同检查、同考核，从制度上消除党建与生产经营的“两张皮”现象。执行管理模块（D）通过对各级党组织的工作任务进行过程识别、设计、实施，层层压实全面从严治党的责任和要求。测量管理模块（C）通过运用测量载体、分析工具、评价反馈，以及上级党组织的巡视巡察、党建督查等外部考核检查的结果，为党建工作改进创新提供可靠的数据来源和信息支撑。改进创新模块（A）通过识别、提炼过往的好经验好做法，采用不同的改进创新方式加以探索、实践、评价、固化，并鼓励全员参与，实现群智创新、系统提升。

2020年起，为提升党委领导力、支部战斗力、党员模范力三级联动效能，推进全面从严治党主体责任向纵深发展，公司党委启动党建“三力”评价体系构建工作。其中，党委领导力自评体系构建包括两方面。一方面，搭建“党委政治力+党委组织力”模型，各占50%权重。既承接省公司“六抓六看”评价体系，结合公司党委实际，制定公司党委政治力自评细则，又以“年度龙烟公司领导班子经营管理业绩自评”结果作为党委组织力评价结果，突出省公司党建与生产经营“双百分”要求。另一方面，打造“金叶红帆”党建品牌，以党建“五维一体”管理体系建设为主体，巩固建强“责任矩阵建设”与“基层品牌建设”两翼。支部战斗力评价体系构建包括两方面：一方面，承接省公司“四抓四看”，制定下发《各基层党组织党建工作考核评价办法》和《2020年度各基层党组织党建工作考核评分细则》，依此展开党建考核工作。另一方面，结合“五维一体”党建管理体系建设，梳理党建工作制度、流程、表单，从党委领导力、支部战斗力、党员模范力三个层面全面梳理党建标准化制度和相关记录范本，编制《基层党支部标准化规范化制度汇编》，为基层党建工作提供规范性参照。党员模范力评价体系构建方面，遵循合格党员“四讲四有”标准，设置四大类评价模块，将“三讲”（讲政治、讲规矩、讲道德）指标作为

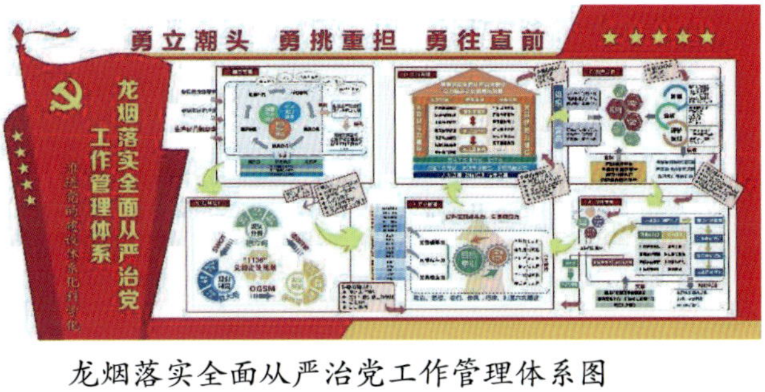

龙烟落实全面从严治党工作管理体系图

党员的“党性体检”指标，“讲奉献”则作为党员“评先选优”指标，主要由职业成长积分的七大类积分构成，各基层党组织根据业务实际，对7大类积分赋予权值，加权求和之后的分数为党员“讲奉献”指标的得分，促进党员思想政治与岗位业务两手抓齐并进。同时，对党员模范力评价结果设置分析模型，通过模范力分值曲线控制图，了解分值的分布以及中位数水平，标出“控制上下界限”为预警线和取优线，了解党员个体所处位置，针对性采取管理教育措施。

2020年起，为给党建工作标准化、规范化提供成熟的方法与工具支撑，公司党委坚持党的建设和企业管理一盘棋，探索“党建+”创新模式，构建“五维一体”党建管理体系。借助ARIS管理平台搭建党建工作系统化管理模式，坚持“IS–PDCA”方法论，将国有企业党组织“把方向、管大局、保落实”的逻辑与内涵具象为党建I–S（把方向机制）、S–PDCA（管大局机制）、I–PDCA（保落实机制）三层运行机制，制定《卓越党建管理手册》，搭建党建IS–PDCA管理框架，通过策划党建工作顶层设计，建立动态党建工作流程。以业务流程为纽带，将党的组织架构、工作要求、记录表单相连接，实现“职责、流程、标准、绩效、风险”五维一体的一体化运行、评价改进常态化管理和制度标准体系信息化支撑的新型党建标准化、规范化管理模式。其中，职责层面，推行党建工作任务清单管理模式，制定公司党委议事规则及各层级落实全面从严治党主体责任清单，使其与相关业务流程挂钩，创建党建职责体系框架，按分级分类管理思路，将职责条款配置到公司党委、内设机构党委（党总支）、基层党支部，确保岗责一致；流程层面，基于党建IS–PDCA管理框架，结合党建工作职责分工与目标分解，建立党建信息和知识管理、党建规划、党建目标管理、党建职能策划、党委落实主体责任、基层党支部管理、宣传工作管理等13个党建管理主流程，以“横向到边、纵向到底”的双向维度进一步细分业务场景，制定84条党建工作业务流程，打通党建工作脉络，贯通党建工作价值链；标准层面，运用标准化管理思维重新定义党建制度文件，将文件内容颗粒度与党建工作主流程颗粒度保持一致，构建党建工作制度体系。通过党建工作制度体系的构建，制定出用于指导党务人员日常工作，可感知、易操作的标准文件范式；绩效层面，综合运用关键成功因素法KSF（关键成功因素法）、QTC（全面质量控制）法则和风险事件量化法，从“多、快、好、省、稳”五大维度提炼ATQCR指标模式，兼顾结果和过程，明确46个量化评价指标，加强党建工作与业务工作融合发展的综合考量；风险层面，建立风险动态评审机制，通过文件与流程分析，识别包括“形式主义官僚主义突出问题”等在内的44个风险点，加强全流程风险防控与风险事件追责问责。2021 年，“五维一体”党建管理框架修订完善，形成党建管理分册、党建业务管理文件制度、党建流程风险防控清单以及基于流程的部门、岗位职责手册。

2021 年起，为深入贯彻落实全面从严治党主体责任，把坚持党的领导、加强党的建设贯穿企业改革发展全过程，公司党委构建并启用党委“365”工作模式，即贯通基本组织、基本队伍、基本制度三大关键要素，深化运用突出“三好”、着力“六重”、贯通“五维”的工作模式，推进落实全面从严治党主体责任，持续推动党建与生产经营深度融合。其中，“三好”指的是把好政治方向、发展方向及改革方向：

在政治方向上，突出“点”（时代热点、理论重点、实践难点）、“线”（党性教育主线、专业能力主线、知识培训主线）、“面”（职工队伍、人才队伍、干部队伍）相结合，打造立体式学习型组织；持续贯彻主题教育“为民服务解难题”目标，坚持办事公开民主管理，落实关爱职工举措，打造服务型组织；加强“三力”考评指标、“党员与生产经营骨干”双向培养机制及“红土先锋”党员工作室建设，开展“不忘初心、敢拼会赢”党建主题实践活动及基层党建与生产经营“双融互促”课题研究，着力打造“金叶红帆”党建品牌，打造创新型组织。

在发展方向上，打造“精品制造平台”，立足生产制造本职，持续提升“快柔稳精”制造能力，为品牌打造提供基础平台；建设“文化体验平台”，探索推进“全员营销”，为顾客提供多维深度体验服务，强化职工“机台连着柜台、现场连着市场”的意识，倒逼生产现场管理提升；搭建“组织成长平台”，挖掘与提升人才价值，以员工成长保障组织成长。

在改革方向上，提升工艺、设备和智能化技术创新能力，提高生产协同和柔性生产能力，提升全要素生产率，保障产品质量提升，实现质量变革；提高文化体验创新能力，通过增强制造环节与消费者的连接，提升品牌传播效率，实现效率变革；构建友好创新生态，引导全员围绕价值创造全过程，科学开展岗位价值分析、部门价值分析，不断推动用工、人事、薪酬三项制度改革，打造自驱动、自适应的人才队伍，实现动力变革。

“六重”指的是重在履行责任、重要事项决策、重点项目推进、重大风险管控、重视人才培养及重于创新驱动：

重在履行责任方面，强调加强责任体系建设，抓紧压实各级党组织责任，形成有效的担责和追责机制，推动全面从严治党向基层延伸；重要事项决策方面，强调坚持加强党的领导和完善公司治理相统一，持续健全完善并严格落实党委工作规则、总经理办公会议事规则和“三重一大”事项决策制度；重点项目推进方面，强调持续应用项目化管理工具，构建项目群管理机制，优化项目分级管理，提高资源配置效率，提升重点项目的战略高度和系统性；重大风险管控方面，强调建立健全“预防—追责—考核”协调统一的全面风险管理体系，构建风险监控预警机制，强化过程控制，构建完整的风险责任链条；重视人才培养方面，强调构建员工职业成长积分体系，动态调整并强化积分运用，统筹推进构建分类人才培养体系，加强人才盘点，分阶段实施各类人才培养工作；重于创新驱动方面，强调建设高效协同的多维分级创新组织，夯实“项目—精益—改善”三层创新载体平台，深化创新人才队伍培养机制和评价模型，驱动企业建立内生逻辑严谨、自主活力强劲的创新生态系统。

“五维”指的是构建涵盖“流程、职责、标准、绩效、风险”五项基本管理要素的“五维一体”协同管理机制，将五大要素有机融合、相互连接、系统集成，推进流程与职责、标准、绩效、风险在同一管理体系中有效对接，驱动公司“IS–PDCA”方法论在部门—班组—岗位层面落地运行，支撑战略落地与价值链协同。2021 年，公司党委集体研究制定并完善《党委“365”重点工作议事清单》，借鉴卓越绩效评价准则“成熟度”诊断法，党委委员每季度围绕《党委委员日常调研清单》《党委“365”工作调研提纲》深入分管领域和相关领域开展开放式调研，定期研判、协调、交流和跟踪议事事项进展情况。2021 年来系统研判和协同解决各类任务 116 项，落实党委全面从严治党主体责任，提升党委议事决策质量与实效。

二、支部战斗力建设

基层党支部主题实践活动 公司党委采用项目制管理机制开展基层党支部主题实践活动，以鼓励创新、紧密结合生产经营为导向，重点加强过程监督与

2017 年 10 月 13 日，全省卷烟工业系统“勇立潮头、勇挑重担、勇往直前”主题实践活动推进会在龙烟召开（赖志祥 摄）

指导力度。2012 年主题实践活动围绕公司“推进两项创新，着力九个重点，实现一种转变”的重点工作开展，14 个基层党支部围绕生产经营、队伍建设、文化管理、企业管理、技术革新等内容分别交流了项目进程、实施效果、活动亮点。2013 年，14 个基层党支部参与主题实践活动结项交流会，通过立项评审、过程考核等环节，评选并表彰一批高质量项目。2014 年各基层党组织共申请 12 个项目，在当年度主题实践活动成果发布评审会中，依据立项评审和过程评审的综合情况，遴选出 5 个项目在会上进行发布和交流。2015 年主题实践活动更加注重成果的巩固、延续与拓展。2016 年，以“两学一做”和企业文化传播为主题，各基层党组织按照项目制管理模式开展 12 项党支部主题实践活动，提升企业文化与基层党建工作的融合度。同年，离退办持续深化“文化养老”，开展“思想常新 理想永存 为党旗再添光彩”支部主题教育实践活动，搭建以老年活动中心为主要阵地、老年社团组织及互联网 e+ 等多渠道的正能量传播学习活动平台及多渠道服务平台。

2017—2019 年，持续推进以“勇立潮头、勇挑重担、勇往直前”为主题的“三勇”主题实践活动。其中，2017 年活动以学习讨论、岗位责任大讨论等七项工作为抓手，坚持理论学习与促进履职相结合，坚持把“做合格党员”落实到提高觉悟、解决问题、岗位奉献上。2018 年，在福建卷烟工业系统“勇立潮头、勇挑重担、勇往直前”主题实践活动成果交流会暨党建工作高质量发展研讨会上，卷包车间党总支《实施“1123”工作法 打造“红土先锋”党员工作室》党建案例获一等奖，动力车间党支部《推行积分制管理 激活党员自驱力》党建案例获二等奖。2019 年，充分利用“众包”、全员改善、项目化管理等模式，做强卷包党总支“构建党员先锋模范岗”、制丝党总支“聚焦党员成长大数据，构建队伍建设生态链”、动力党支部“‘1+2’党员全过程管理”、物流党支部“党员‘5+’新模式”以及质管党支部“构建‘共担质 +’支部联动新模式”等党建创新主题实践项目，创新基层党组织主题实践活动载体，使党员在党建工作与改进创新、项目管理互促共融中作表率、当先锋。

2020—2021 年，组织各基层党组织结合业务特色和工作亮点，开展“不忘初心、敢拼会赢”党建创新实践活动。其中，2020 年承办全省卷烟工业系统党建创新实践成果交流会，公司选送的 5 个案例获得最佳发布奖 1 项、二等奖 2 项、三等奖 1 项、优秀奖 2 项。2021 年，组织提报 12 项党建创新课题，其中卷包车间党委《聚焦“十米产能服务圈”，延伸党员联系群众的“幸福半径”》、企管党支部与党建党支部《基于流程的党业融合新方法研究与应用》、动力车间党支部《构建“我们在，你放心”服务机制，以党建“红心”引领业务“匠心”》分获省公司2021年度党建创新实践成果二等奖、三等奖。

党建品牌打造　2021年起，为强化党建与业务、支部与部门、党员与骨干的纽带连接，狠抓全面从严治党主体责任落实，提升党建引领促发展的内在认同，统一形象符号，打造党建名片，公司党委开展了构建基于党业融合的党建品牌建设项目研究工作，构建起“金叶红帆”党建品牌，打造基层党组织品牌矩阵。“金叶红帆”党建品牌以精神层、行为层和物质层三个层级构成品牌架构，以“责任体系建设”和“基层阵地建设”为两翼，推进“五维一体”工作机制建设，打造“一体两翼”工作框架，通过“一体两翼”框架形成共同的意识理念和思维方法，引导公司各层级基层党组织形成强大合力，以高质量党建引领高质量发展。结合“党建+业务”“党建+品牌文化”“党建+项目”建设，各级基层党组织针对日常审核中发现的问题进行剖析，挖掘问题本质，同时结合党建工作目标和重点工作，建立党建创新实践课题进行攻关，推进党组织活动方式创新。“党建+业务”方面，通过开展“我为高质量发展作贡献”“提质降耗”“安全生产”“树立正确政绩观”等大讨论活动，统一思想、凝聚共识。发挥党建带动作用，运用闽西红色资源以及党员责任区、党员示范岗、党员突击队、党员服务队等形式载体，激发基层党组织和党员的积极性、主动性、创造性，切实把党建工作成效转化为企业发展优势；“党建+品牌文化”方面，挖掘“古田”“鼓浪扬帆”等品牌文化元素，突出红色主题，将“海纳百川，敢拼会赢”的品牌文化与闽西“三红精神”相结合，与纪念古田会议90周年相结合，做好文化宣贯在公司厂区范围内广泛上墙上板，突出文化可视性。构建具有龙烟特色的体验式工业旅游平台建设，增强与零售户、消费者连接，提升企业员工“机台连着柜台、现场连着市场”的意识；“党建+项目”方面，结合项目化管理模式，加强对基层党员工作室、党员先锋岗、党建课题研究的引导和部署，做强“卷包1355党员先锋岗建设”“制丝‘三下机台’工作机制”“动力‘两维三阶’管理机制”“物流党建‘5+’新模式”等党建子品牌建设，切实形成“金叶红帆”品牌矩阵，扩大集群效应，增强党建品牌影响力和辐射力。同时，加强对基层阵地建设的统一指导和过程管理，以劳模精神、工匠精神为引领，党员队伍建设、技术人才培养双线并行，发挥党员践行党的宗旨、联系服务群众、推动科学发展的平台助推作用。“金叶红帆”党建品牌建设工作获得龙岩市“红领行动”市级党建示范点荣誉。

三、党员模范力建设

聚焦“充分发挥党员的先锋模范作用”这一支部工作重点，打造生产经营骨干与党员双向培养机制，不断提升党员的模范力。2015年，一区技改期间，为推动技改工作顺利开展，公司党委以再造精品工程为目标，开展“支部建在项目上”项目建设，组织成立一区技改临时党支部，制定详尽方案，建立指挥部、项目组、党支部“三位一体”的党建融入机制，遵循“把握一个抓手，发挥两个示范，突出三个结合，推进四个转变”的工作方针，以“党建工作项目化”为抓手，开展“党员先锋突击队”“党员献力献策”、党员风采掠影、技改征文等主题活动，鼓励项目参与人员积极融入项目全生命周期管理，高效推进工程建设，实现“身份亮在岗位上、支部建在项目上、党旗飘在工地上”的目标。开展“党员先锋岗”活动，将党员信息及承诺挂上“墙”，让群众成为党员的“质监人”，将党员的政治学习、义务奉献、改善提案等内容“量化”到记分卡，鼓励党员亮身份、树旗帜、创业绩，努力强化党员意识。

2016—2017年，持续在全体党员中开展“亮党员身份、做合格党员”活动，党员佩戴党员徽章上岗，打造基层“党员卓越示范岗”“卓越班组”“卓越党支部”等特色品牌，设立党员承诺公示栏，引导党员尊崇党章，积极履职，更加主动地立足岗位亮身份、当先锋、作表率。其中，2017年部署开展了党员《承诺清单》、党支部《负面清单》工作，要求每位党员列出不少于5项的具体行动措施，全年收集512份《承诺清单》，共计2674条承诺。组织召开表彰会，对先进党支部、优秀党务工作者、优秀共产党员等进行现场表彰，树立标杆意识，推进“选优树先”工程。会上还组织17名预备党员进行入党宣誓，全体党员重温入党誓词。

2017—2019年，围绕党建和生产经营中的痛点、难点问题，紧扣“政治合格、执行纪律合格、品德合格、发挥作用合格”的党员标准，各基层党组织因地制宜开展“党员积分制”探索构建工作，把党建成效体现在生产经营各项指标的提升当中。同时，利用“众包”、全员改善、项目化管理等模式，使党员立足岗位作表率、当先锋。其中，在2019年，有53名党员主导推进公司级管理创新项目、科技创新项目，党员参与项目的覆盖率达100%。有21名职工受到地市级以上表彰或在各类竞赛中获奖，其中党员19人。同年，对卷包、制丝、动力、物流、质管等试点基层党组织基层党建创新活动中的好做法和经验通过标准化予以固化，形成可复制、可推广的模式，有效解决基层党组织间建设不平衡、不充分的问题，切实提升支部的战斗堡垒作用。

2017—2021年，建设集人才培养、科学研究、技术创新、制度创新等功能于一体的卷包、制丝“红土先锋”党员创新工作室。工作室的攻关方向覆盖公司主要生产流程，一方面，通过发挥技能人才团队优势进行技术攻关、技术创新，解决生产技术难题，另一方面，发挥师带徒作用，开展技术交流，为企业培养高技能人才，加快人才集聚，形成技术创新团队。各工作室党员占比均在80%左右，技术人才、党员队伍双线并行、共同发展，2019年1月，工作室被福建省人力资源和社会保障厅评为省级技能大师工作室。截至2021年，工作室已取得省级以上获奖QC（质量控制）项目40余项，获批发明专利和实用新型专利授权90余项。

2020—2021年，紧扣“政治合格、执行纪律合格、品德合格、发挥作用合格”的党员标准，持续推进“卓越党员先锋岗”“党员示范区”“党员突击队”建设，大力弘扬劳模精神和工匠精神，构建党员骨干“精工带头人”和关键岗位轮岗交流机制，以点带面，增强先锋活力，使党员队伍、技术人才“双向培养”、双线并行，一体推进思想淬炼、政治历练、实践锻炼、专业训练。构建党员模范力评价体系，加强评价结果的分析应用，党员各项业绩数值均高于非党员。2020年，党员参与的重点项目占比约81%，参与部门重点工作占比约76%，情报系统创意积分占比超50%。持续建设“党员志愿服务队”“党员突击队”，组织党员参与疫情防控、深度清扫、低碳宣传、消防安全检查等志愿服务活动。2021年以来组织开展100余场次志愿服务活动，1000多人次参与，总时长超1400小时。

第三节　党风廉政建设

2012—2021年，公司党风廉政建设工作坚持标本兼治、综合治理、惩防并举、注重预防的方针，严明党的纪律，加强党的作风建设，切实履行职责，坚决维护党的纯洁性，扎实抓好党风廉政建设和反腐败工作，围绕公司生产经营中心任务，按照全面从严治党要求，结合公司实际，突出政治监督，做实日常监督，加强作风建设，坚持实事求是、依法依规依纪，充分发挥监督保障执行、促进完善发展作用，一体推进不敢腐、不能腐、不想腐机制建设，为持续深化“风清气正，清廉龙烟”建设提供坚强纪律保障。

一、重要工作部署及落实

2012—2021年，每年召开年度纪检监察会议（2012—2018年度为“纪检监察工作会议”，2019年度为“落实全面从严治党主体责任暨纪检监察工作会议”，2020年度、2021年度为“全面加强党的建设工作会议”），会议总结过去一年纪检监察工作，全面部署当年纪检监察工作任务；会后形成当年纪检监察工作要点及任务清单。

2012年，根据福建中烟部署，发布《龙岩烟草工业有限责任公司关于印发清理干部职工投资入股关联企业工作实施方案》，完成94名副科级以上干部和156名外调人员的股份清退工作，上报有关材料，6月顺利通过省公司检查。12月，完成14名新提拔干部和1名外调人员的股份清退工作。2012年10月，根据中纪委《关于加强廉政风险防控的指导意见》(中纪发〔2011〕42号)要求，制定《中共龙岩烟草工业有限责任公司委员会关于下发廉政风险防控工作实施方案的通知》(岩烟委〔2012〕46号)，启动廉政风险防控工作。

2013年，根据《国家烟草专卖局关于开展贯彻落实“三重一大”决策制度和改进工作作风密切联系群众八项规定实施办法情况检查的通知》(国烟监〔2013〕209号)文件精神及福建中烟的部署，组织各有关部门按照文件要求，围绕2010年6月以来“三重一大”决策制度建立、决策范围、程序规范、决策执行、监督检查和责任追究等内容进行自查。2013年7月，根据召开中共龙岩烟草工业有限责任公司第一次党员代表大会工作分工要求，撰写题为《统一思想，凝聚力量，深入推进党风廉政建设和反腐败工作，促进企业更加规范、高效、和谐发展》的纪委工作报告等文件材料并配合做好纪委换届工作。

2014年，开展以“为民务实清廉”为主要内容的第二批党的群众路线教育实践活动整改落实工作。根据《开展“四风”突出问题专项整治的工作方案》，推进5项专项整治工作。根据《在党的群众路线教育实践活动中加强制度建设的工作方案》，以流程梳理优化为基础，对企业制度进行一次全面梳理。2014年，制定《贯彻落实〈中共中央建立健全惩治和预防腐败体系2013—2017年工作规划〉的实施细则》，及时组织办公室、党委办公室、人力资源部、企业管理部、财务部、审计派驻办等部门制定贯彻落实的具体措施，抓好各项任务的分解，明确具体目标、工作措施、责任分工和时限要求，有重点、分步骤地把惩治和预防腐败各项任务落到实处。2014年4月，根据省公司安排，围绕主业，聚焦党风廉政建设，对公司纪委落实“转职能、转方式、转作风”情况进行梳理，填报落实“三转”要求有关情况汇总表，梳理议事协调机构10个；梳理牵头或参与的监督事项7项；建议招标采购活动廉政监督、管理会议决议效能监察两项工作分别转由廉政监督小组、办公室办理；根据省公司的要求，调整纪委书记分管的工作内容。

2015年5月，根据《中共福建中烟工业有限责任公司党组关于深化落实纪检监察“转职能、转方式、转作风”工作的意见》(闽烟工党〔2015〕15号)要求，制定《中共龙岩烟草工业有限责任公司委员会关于深化落实“转职能、转方式、转作风”工作的实施意见》。明确清退的议事协调机构以及保留的议事协调机构，明确纪检监察职责内容和工作方式，制定相关监督检查制度；2015年6月下旬，会同企业管理部开展各相关部门落实文件精神的评审，梳理修订业务工作流程，健全完善办事程序。2015 年 7 月开始，各相关职能部门按照修订后的制度和流程开展各项工作。监察部就“三转”后有关纪检监察工作新制定了《廉政档案制度》《采购活动监察实施细则》《采购供应商函询制度》《采购供应商廉洁准入管理办法》等制度，强化纪检监察再监督职能。

2016 年 7 月，根据《福建中烟工业有限责任公司关于印发工程建设项目专项治理方案的通知》（闽烟工〔2016〕169 号）、《福建中烟工业有限责任公司关于印发全省卷烟工业系统工程建设项目廉政风险责任制的通知》（闽烟工〔2016〕240 号）要求，做好公司工程建设项目廉政风险监管责任落实情况，相关流程建设及制度完善情况，内部监督检查、整改情况及廉政风险点梳理、排查及防控情况的检查考核和责任追究。

2017 年 10 月 30 日至 11 月 17 日，省公司党组第一巡察组对龙烟进行巡察，根据省公司党组统一部署，做好相关配合工作。2017 年 12 月，根据召开中共龙岩烟草工业有限责任公司第二次党员代表大会工作分工要求，起草题为《聚焦主责主业，强化执纪监督，持续深入推进党风廉政建设，为打造更加规范、更富效率的和谐龙烟而努力奋斗》的纪委工作报告等文件材料及配合做好纪委换届工作。

2018 年，根据《中共福建中烟工业有限责任公司党组关于开展集中整治形式主义、官僚主义工作的通知》（闽烟工党〔2018〕84 号），细化制定《中共龙岩烟草工业有限责任公司委员会关于印发开展集中整治形式主义、官僚主义工作实施方案的通知》（岩烟委〔2018〕110 号），开展集中整治形式主义、官僚主义工作（2019 年深入开展相关工作后转至党建工作部牵头负责）。2018 年 3 月，按照《中共国家烟草专卖局党组关于开展巡视整改“回头看”的通知》（国烟党〔2018〕42 号）和《中共福建中烟工业有限责任公司党组关于认真做好迎接国家局党组巡视整改“回头看”准备工作的通知》（闽烟工党〔2018〕19 号）要求，纪检监察部牵头组织相关部门对中央第二专项巡视组巡视国家局党组反馈意见和国家局党组巡视省公司党组反馈意见、国家局审计和内部审计发现的问题等方面认真开展自查。2018 年 6 月，对照国家局党组巡视整改“回头看”反馈意见和省公司督导检查发现的问题，结合公司实际，举一反三，排查存在或潜在的问题，研究制定整改措施，共梳理出了 9 个方面问题、13 项整改措施。2018 年 10 月 24—26 日，省公司党组巡察组对龙岩烟草工业有限责任公司进行党建专项巡察，根据《中共福建中烟工业有限责任公司党组关于印发 2018 年党建专项巡察工作方案的通知》（闽烟工党〔2018〕79 号）要求，做好相关配合工作。

2019 年 1 月，根据《福建中烟工业有限责任公司关于开展样品卷烟专项自查工作的通知》要求，做好自查过程监督及廉洁风险点识别等管理工作，牵头指导各部门梳理识别样品卷烟廉洁风险点，共计梳理出 9 个相关风险。2019 年 4—6 月，根据中央纪委领导同志批示精神、国家局相关要求以及《福建中烟工业有限责任公司关于“天价烟”问题专项检查和集中整治工作方案》要求，组织相关人员对公司 2017 年 10 月以来“天价烟”问题进行了自查，经自查，公司 1725 名职工中有 132 名干部职工的亲属共计 157 名人员从事卷烟经营活动，自查相关情况以报告形式向上级作了汇报。2019 年 5 月，根据《福建中烟工业有限责任公司关于开展盒皮印刷和香精香料采购专项自查的通知》（闽烟工〔2019〕115 号）和《龙岩烟草工业有限责任公司关于开展盒皮印刷和香精香料采购专项自查的通知》（岩烟工〔2019〕51 号），按要求牵头从流程和岗位职责出发，对盒皮印刷和香精香料采购流程的廉政风险点进行排查，共计排查出 22 个相关廉政风险点。2019 年 10 月，牵头做好专项整治侵害群众利益问题工作，根据省公司相关工作要求，制定公司《专项整治侵害群众利益问题工作方案》并组织实施，共排查梳理“漠视群众利益问题”2 个方面 9 个问题，针对存在的问题制定 14 条整改措施。2019 年 10 月，根据行业、省公司的部署要求，启动政治生态突出问题全面整改工作，组织中层以上干部（含转非）参加相关电视电话会议，2019 年 12 月，召开公司政治生态突出问题全面整改工作动员部署会，部署整改工作方案。

2020 年，按照福建中烟党组要求，深入开展“九个有无”自查自纠工作，扎实开展政治生态突出问题全面整改工作，组织全面“起底”中共十八大以来问题线索，推进问题梳理、问题整改及情况报告等，推动各项相关工作要求落实落细。

2021 年，开展“两项整改”专项自查自纠工作，形成自查自纠问题整改清单和自查自纠工作报告、整改报告。省公司党组巡察组于 2021 年 6 月 1 日至 21 日对龙烟进行巡察，根据省公司党组统一部署，做好相关配合工作。根据《中共国家烟草专卖局党组印发关于加强对“一把手”和领导班子监督工作举措的通知》（国烟党〔2021〕212 号）《中共福建中烟工业有限责任公司党组印发关于加强对“一把手”和领导班子监督具体工作举措的通知》相关要求，制定《中共龙岩烟草工业有限责任公司委员会关于印发加强对“一把手”和领导班子监督具体工作举措的通知》（岩烟委〔2021〕119 号），开展相关监督工作。根据《中共福建中烟工业有限责任公司党组关于加强和改进直属单位纪检监察工作的通知》（闽烟工党〔2021〕131 号）要求，推进纪检监察体制改革，落实纪检监察双重领导体制和“两为主一报告”工作要求，深化转职能、转方式、转作风，提升纪检监察工作质量，推动全面从严治党向纵深发展。

二、制度建设

2012年，制定《工程建设项目“五个关口”监管措施的实施办法（试行）》《信访处理及案件调查程序》《采购效能评价办法》《管理决议效能监察实施办法》《办事公开民主管理监督制度》《办事公开民主管理监督制度和问责制度》；完善修订《党风廉政责任制检查制度》。

2013年，制定《廉政风险防控管理暂行办法》《廉政风险防控管理考核暂行办法》，牵头制定《龙岩烟草工业有限责任公司员工违纪违法行为处理规定》。

2014年，制定《党风廉政建设责任制实施方案》，修订《廉政风险防控管理暂行办法》《廉政风险防控管理考核暂行办法》，制定《贯彻落实“三重一大”决策制度的监督管理办法》。

2015年，制定《廉政档案制度》《采购活动监察实施细则》《采购供应商函询制度》《采购供应商廉洁准入管理办法》《招标投标投诉处理办法》。

2016年，制定《廉政档案管理办法》《龙烟公司部门通用KPI—党风廉政建设责任制考核指标》。

2017年，制定《党员干部党内谈话实施办法》，修订《廉政风险防控管理暂行办法》《廉政风险防控管理考核暂行办法》《信访举报及案件处理程序》。

2018年，制定《贯彻〈中国共产党问责条例〉的实施办法（试行）》《党风廉政建设工作联席会议制度》。

2019年，制定《风险事件追责管理办法（试行）》《干部职工谈心谈话工作实施办法》《纪检监察兼职人员工作规范》《监督执纪工作规则》《纪检监察部日常工作规则》《党支部党风廉政建设制度》。

2020年，制定《纪委工作规范》，修订《党风廉政建设工作联席会议制度》《风险事件追责管理办法（试行）》《问责追责工作实施细则（试行）》。

2021年，修订《党风廉政建设工作联席会议制度》。

三、党风廉政教育

组织学习 2012—2021年，每年组织公司领导、中层干部、党员干部和关键岗位人员通过学习中心组、公司年度纪检监察工作会议、党支部会议、部门和班组学习会议，全面学习中共十八大、十九大及历次全会精神和中纪委历次全会精神、全国烟草行业落实全面从严治党主体责任工作会以及全省卷烟工业系统纪检监察工作会等会议精神。通过学习，提高党员干部政治站位，提升

谋划和落实工作的能力。

电化教育　2012年，组织播放《学习贯彻第十七届中央纪委第七次全会精神辅导专题》《保持党的纯洁，迈向伟大复兴》《苏联亡党亡国20周年祭》《忠诚与背叛》等4部电教片，1500余人次参与观看，收到心得体会80余篇。2013年，组织播放《深刻领会党的十八大反腐倡廉精神实质》《大姐书记——陈超英》《先遣连》等3部电教片，近1000人次参与观看，收到心得体会58篇。2014年，组织播放《居安思危》《践行群众路线的好榜样——100部优秀党员教育电视片》等2部电教片，组织观看《周恩来的四个昼夜》《焦裕禄》2部电影，党员干部1500余人次观看，收到心得体会42篇。2015年，组织播放纪录片《作风建设永远在路上》、电影《老百姓的天》；在时代光华网络教育平台上播放《四风之害》《反腐前线——作茧自缚》《点亮清廉　光明一生（1）》等3部电教片。2016年，网络教育平台上播放《点亮清廉　光明一生（2）》，组织部分党员观看电影《破局》；在公司微TV平台播放《阿集小美话条例》，以动漫形式解读《中国共产党纪律处分条例》。2017年，组织电化教育2次，组织播放《车管所窝串案警示》《贪欲铸成不归路》《廖俊波》《抉择》等4部电教片，组织中层以上干部、人财物等关键岗位人员300余人次观看。2018年，组织电化教育2次，播放《巡视利剑》等电化教育片。2019年，组织电化教育2次，播放《权力的迷途》《贪婪的代价》《叩问初心》等3部电化教育片。2020年，组织电化教育5次，播放《致命的决口》《一个市委书记蜕变的灵魂》《贪欲之害》《蜕变的初心》《保密工作宣传片》等5部电化教育片。2021年，组织电化教育3次，播放《正风反腐就在身边（张志南、赵洪顺）》《一个市委书记蜕变的灵魂》《为了政治生态的绿水青山》等3部电化教育片。

专题讲座　2012年11月，邀请福建省纪委第三纪检监察室杜金瀛主任作党风廉政知识专题讲座，公司中层以上干部、党员、重点环节及关键岗位人员共243人参加。2013年12月，邀请龙岩市纪委常委陈晓文作题为《着力廉政风险防控、加强反腐倡廉建设，促进国有企业又好又快发展》的讲座，公司领导、党员干部、人财物等关键岗位人员共220余人参加。2014年10月，邀请龙岩市纪委党风政风监督室主任童以龙作反腐倡廉专题讲座。2016年1月，邀请龙岩市纪委常委陈晓文作《中国共产党廉洁自律准则》《中国共产党纪律处分条例》解读专题讲座，公司领导、党员干部、人财物等关键岗位人员共220余人参加。2017年12月，邀请中共龙岩市委党校副教授沈小璇作《关于新形势下党内政治生活的若干准则》《中国共产党党内监督条例》解读专题讲座，公司领导、中层干部、人财物等部门关键岗位人员共160余人参加。2018年7月，邀请龙岩市委党校副教授蓝艳作《健全权力制约监督 预防职务犯罪》专题讲座；2018年12月，邀请龙岩市纪委副书记、监委副主任罗剑作2018年新修订《中国共产党纪律处分条例》解读专题讲座，公司领导、中层干部、人财物关键岗位人员共计300余人参加。2019年7月，邀请龙岩市委讲师团团长、副教授冯岳作《关于新形势下党内政治生活的若干准则》解读专题讲座。2019年10月，邀请龙岩市直机关党工委宣传部部长罗永祥作题为《增强社会主义意识形态的凝聚力引领力》的专题讲座。2020年7月，邀请龙岩市委讲师团宣讲二室主任张丽萍老师作题为《习近平总书记关于全面从严治党、党风廉政建设和反腐败斗争重要论述》专题讲座。2020年10月，邀请中共龙岩市委党校党性党风党纪（廉政教育）教研部副教授沈小璇作题为《强化廉洁自律意识，守住底线》的专题讲座。2021年6月，邀请龙岩市委党校副教授俞桂海作题为《古田会议与加强党的纪律作风建设》的党史学习教育及党风廉政知识专题讲座。

现场警示教育　2016年11月，分两批组织公司领导、中层干部、人财物等部门关键岗位人员，与采购业务相关人员及采购专家库人员共130多人前往龙岩监狱开展警示教育活动。2017年11月，公司纪委组织20多名党员干部，旁听了新罗区人民法院对原龙岩市财政局刘某玩忽职守一案现场庭审。2019年10月，组织公司中层干部和关键岗位人员近100人前往廉政教育基地永定客家家训馆进行现场警示教育。2021年12月，公司纪委与金叶复烤公司纪委联合组织共计40名党员干部，旁听了新罗区法院对某单位管理人员收受下属和供应商等对象财物的受贿一案现场庭审。

纪检监察简报　2012—2017年，每年编发2期纪检监察简报，共计12期。2018年后不再编发纪检监察简报。

季度纪检监察学习材料　2014年，编发季度学习材料8期。2017—2021年，每年编发4期纪检监察学习材料，共计编发20期。

重要节假日教育　2012年，元旦、春节等节假日期间向全体中层以上干部和关键岗位人员发送廉政短信390人次。2013年，元旦、春节等节假日期间向全体中层以上干部及兼职纪检监察员和党风廉政信息员发送廉政短信进行警示教育；2018—2021年，元旦、春节、“五一”国际劳动节、端午节、中秋节、国庆节等重要节假日前向公司中层以上干部发送廉政短信共计1570人次。2018—2021年，元旦、春节、“五一”国际劳动节、端午节、中秋节、国庆节等重要节假日期间均下发相关廉洁纪律要求及学习材料，组织党员领导干部签订重要节点廉洁自律承诺书。

廉政文化建设 2013年5—7月，举办“清风伴我行”廉政主题征文暨演讲比赛，收到廉政主题征文39篇，共14名选手参与演讲比赛。2013年12月，与龙岩市人民检察院联合举办反腐倡廉图片展。2019年10月，公司纪委开展以“履职尽责，拒腐防变，共营清廉龙烟”为主题的党风廉政建设文化展，12月初，将文化展内容编辑成廉政文化手册，发放至全体员工学习。2019年10月，针对党风廉政建设文化展中相关案例及党规党纪条款内容在公司范围内开展廉政漫画作品征集活动，其间共收到56幅平面作品及1部视频作品；2020年8月，开展“辞辩扬清风，博论颂廉洁”廉政主题辩论赛。2020年中秋国庆期间，公司纪委组织开发制作“清风扬帆，一路廉行”廉洁小游戏在企业微信平台上线运行。

廉政党课 2019年9月，公司党委书记姜志强为公司中层以上干部上《强化风险防控 共筑清廉龙烟》廉政专题党课。2020年12月，公司党委书记姜志强为党员干部上《保持严的主基调，营造风清气正良好政治生态》廉政专题党课。2021年11月，公司党委书记姜志强为公司中层以上干部上《打铁必须自身硬——党的纪律建设永远在路上》廉政专题党课。2019—2021年，公司其他党委委员在所属支部及挂钩联系点所作的党课中包含廉政相关内容。

其他教育方式 2012年，发放廉政周历。2013年，印发《风清气正、清廉龙烟》反腐倡廉宣传册300份。2016年，开展“两学一做”暨厂史知识竞赛，开展重温入党誓词活动，组织《中国共产党廉洁自律准则》《中国共产党纪律处分条例》知识网络测评，参观廉政书画展；2018年，购买《党员干部廉洁从政手册》《党纪政纪处理工作问答》等7类党纪党规相关图书82册，向公司领导、纪委委员、支部书记等人员发放学习。2019年，购买《中央八项规定精神政策新规定》《国有企业反腐警示录（修订版）》等12类党纪党规相关图书104册，向公司领导、纪委委员、支部书记等人员发放学习。2019年，利用《龙烟快讯》、龙烟微TV、“狼的智慧”龙烟党旗红等平台上传各类学习教育材料。2020年6月，公司纪委组织部门负责人及部分关键岗位人员开展廉政风险防控知识测试。

四、党风廉政建设责任制考评

2012年，根据党中央、国务院《关于实行党风廉政建设责任制的规定》，修订公司《党风廉政建设责任制实施方案》。9月，组织公司中层副职以上干部分别与上级领导签订党风廉政建设责任书，共签订责任书115份。2012年，与新进员工签订63份《明示与承诺书》，核对后移交人力资源部归档。

2012—2018年，以支部为单位，每年组织中层干部撰写述廉述纪述作风报告，通过职工测评、自查自纠、支部检查和检查小组考核，对中层干部年度执行党风廉政建设责任进行检查考核。2019 年后，不再单独撰写述廉述纪述作风报告，将其归并到每年中层干部测评的述职报告中。

2012—2021 年，每年根据省公司下达的年度福建卷烟工业系统党风廉政建设考核工作办法中的考核内容和相关要求，收集整理相关材料并汇编成册，次年年初，由省公司考核组通过听取汇报、查看资料、访谈等方式对上一年度公司党风廉政建设工作进行全面检查考核。

2016—2021 年，制定《部门党风廉政建设责任制考评办法》（2016—2018 年为《龙烟公司部门通用 KPI—党风廉政建设责任制考核指标》），每年根据工作重点及目标导向对考评指标进行完善修订，在年底集中开展考核。

五、廉政风险防控

2012 年 10 月，根据中纪委《关于加强廉政风险防控的指导意见》（中纪发〔2011〕42 号）要求，按照省公司的统一安排和部署，经公司党委研究，制定下发《中共龙岩烟草工业有限责任公司委员会关于下发廉政风险防控工作实施方案的通知》（岩烟委〔2012〕46 号），明确工作要求、工作安排和工作措施。10 月，召开动员会。11 月，组织廉政风险防控办公室成员及联络员赴省烟草公司、福州市烟草公司、龙岩市烟草公司、厦门海关等单位学习取经，博采众长。各部门（单位）对各自的各项规章制度、业务工作流程、岗位职责进行了梳理，识别出具有业务处置权的岗位；各部门（单位）通过自己找、领导提、群众帮、集体定等多种形式，查找和分析各业务处置权岗位在岗位职责、业务流程、制度机制、外部环境、思想道德等方面存在的或潜在的廉政风险。12 月，各部门（单位）提交了查找出的廉政风险点并制定初步防控措施。

2013 年 12 月 17 日，龙烟公司与龙岩市人民检察院开展“检企廉政共建”活动（余硕宁 摄）

2013 年，初步建立以岗位风险防控为基础，以加强制度建设为重点，以制约和规范权力运行为导向的廉政风险防控体系。最终确定 111 个风险点，其中 1 级风险 40 个，2 级风险 30 个，3 级风险 41 个。12 月，制定发布《廉政风险防控管理暂行办法》《廉政风险防控管理考核暂行办法》。

2014 年，根据《廉政风险防控管理暂行办法》《廉政风险防控管理考核暂行办法》相关要求，开展第一轮廉政风险防控管理考核，在原来确定的 111 个风险点基础上，梳理管理流程 90 个，形成评审意见 193 项，其中建议制定完善相关制度 48 项，风险点名称更改 18 项；把立项论证、最高限价、谈判前预备会议、标书技术条款确定等关键节点写入制度，植入 NC（预算管理平台）系统。结合公司开展流程梳理契机，组织各部门将廉政风险点、风险防控措施嵌入 ARIS 流程管理。

2015—2021 年，根据公司《廉政风险防控管理暂行办法》《廉政风险防控管理考核暂行办法》（2017 年修订后制度名称分别变更为《廉政风险防控管理办法》《廉政风险防控动态评审办法》），每年组织两次廉政风险防控管理部门自查、动态评审工作，开展廉政风险防控措施执行情况监督检查工作。2021 年，根据省公司下发的《廉政风险管控平台推广应用的通知》，组织公司相关监督检查部门提报各类监督检查信息并进行廉情研判，全年共提报巡察反馈问题、采购规范检查、合同评审等各类监督检查信息 235 条，研判确定具有廉政风险的信息共计 24 条，已反馈相关部门进行整改落实。

六、监察督查和执纪问责

巡视巡察问题整改督查　2016 年，针对中央巡视组巡视国家局发现的八个问题点，公司进行对照自查，共梳理出 28 项整改任务，制定了 31 条整改措施。根据《龙烟公司对照查找整改问题清单》，组织相关责任部门进行认真整改，到 12 月底，28 项整改任务全部“销号”，完成整改目标要求。2017 年，针对中央巡视组巡视国家局指出的整改事项，结合省公司专项检查开展巡视整改回头看，整改任务达到目标要求。针对国家局巡视组巡视省公司指出的整改事项，根据《关于对福建中烟工业有限责任公司党组专项巡视情况的反馈意见》和国家局党组关于巡视整改工作的有关要求，梳理出 12 条整改任务，制定了 15 条整改措施，整改任务全部完成。2018 年，根据《省公司党组第一巡察组巡察龙烟公司的反馈意见》中 4 大方面、14 个具体问题，制定的 35 项整改措施，整改任务全部完成。2019 年，对照国家局党组巡视省公司党组反馈问题清单的六个方面、29 个问题、49 个问题表现形式，结合公司实际，举一反三，共梳理出 48 个问题表现形式，涉及整改措施 73 项。2019 年，根据省公司党组对公司党委党建专项巡察的反馈意见中 4 个大方面问题制定的 15 项整改措施，整改任务全部完成。2020 年，对照国家局党组巡视省公司党组反馈问题清单的六个方面 29 个问题 49 个问题表现形式，结合公司实际，举一反三，共梳理出48个问题表现形式，涉及整改措施73项，12月底，73项已全部整改完成。2020年，根据《省公司党组关于对照中央巡视反馈意见整改工作方案》的要求，对照《省公司党组对照中央巡视反馈意见整改责任清单》中的50个问题95项措施，共梳理出公司应对照整改的任务22项，涉及整改措施39项，截至2020年12月31日，整改完成34项，其余5项2021年完成整改。2020年，根据《省公司党组关于对照中央巡视反馈意见整改工作方案》的要求，对照《省公司党组对照中央巡视反馈问题（规范管理工作方面）整改措施清单》中的5个问题14项措施，共梳理出公司应对照整改的任务5项，涉及整改措施14项，截至12月底，14项全部整改完成。2021年对省公司巡察组反馈的四个方面11个问题点33个具体问题及表现，纪检监察部牵头起草巡察整改工作实施方案，制定并汇总形成77项整改措施，落实巡察整改督导工作，开展13场督导会，对10个主责部门及相关配合部门的整改完成情况、制度宣贯执行情况等进行督导，落实销号机制，截至12月，77项整改措施全部完成。

政治生态突出问题全面整改 2020年，根据省公司整改工作方案的相关要求及省公司优化完善的整改措施，结合公司实际梳理出的18个整改任务，涉及66项整改措施，各项整改措施均已按要求及时落实到位。根据国家局政治生态突出问题全面整改工作第二轮督导检查第五督导组对龙烟公司延伸督导指出的3个方面问题，制定了4项整改措施，全部整改完成。对督导检查发现的问题，运用监督执纪“四种形态”分类处理，第一种形态共处理152人次，其中给予诫勉谈话3人次，批评教育81人次，提醒谈话68人次；第二种形态共处理1人次，其中给予行政记过1人次。

专项效能监察 2012年，对公司申报政府质量奖各项准备工作落实情况、干冰膨胀烟丝生产线技改项目的资金共管账户管理情况、PASSIM（卷烟机型号）落料器改造推广项目投资符合性评价情况开展专项效能监察，提交3份监察报告。2013年，对搬运用工管理开展专项效能监察，提出2条监察建议；对废品烟支管理开展专项效能监察，提出6条监察建议。2014年，对烟叶仓储养护管理开展专项效能监察，提出5条监察建议。2015年，对一区生产线技术改造项目开展专项效能监察。2016年，对红狼公司内控制度有效落地情况开展专项效能监察。2017年，对片烟贮存养护项目开展专项效能监察，提出2条监察建议 。2018年，对红坊片烟醇化库建设项目和公司重点工作实施情况两项工作开展效能监察，2个项目共计提出9条效能监察建议。2019年起不再开展专项效能监察，纳入日常监督或效能督办。

管理决议效能监察 2012年，对“管理协调和创优对标会议”管理决议进行效能监察，提交 12 份监察报告；对 2011 年 1—10 月“管理协调暨创优对标工作会议”决议执行情况进行“回头看”全面检查并提交监察报告。2013 年，对“管理协调和创优对标会议”管理决议进行效能监察，提交 11 份监察报告。2014 年，对“管理协调和创优对标会议（精益管理推进工作会议）”管理决议进行效能监察，提交 6 份监察报告。2015 年，对“精益管理推进工作会议”管理决议进行效能监察，对月度和季度会议纪要的落实情况进行跟踪，提交了 7 份监察报告。2016 年起不再开展管理决议效能监察，纳入日常监督或效能督办。

效能督办　2018 年 3 月起，纪检监察部每月对巡视巡察专项整改、贯彻落实上级重要部署、“一把手”和领导班子监督有关工作举措、重要节假日“四风”问题、采购项目巡查以及总经理办公例会形成的部门任务清单、部门月度职能工作等落实情况进行跟踪检查，形成监督检查情况报告，提出管理意见建议，在总经理办公例会上进行汇报。

“三重一大”决策制度执行情况监督检查　2013 年起，根据《国家烟草专卖局关于开展贯彻落实“三重一大”决策制度和改进工作作风密切联系群众八项规定实施办法情况检查的通知》（国烟监〔2013〕209 号）文件精神及省公司的部署，5 月份组织各有关部门按照文件要求，围绕 2010 年 6 月以来“三重一大”决策制度建立、决策范围、程序规范性、决策执行、监督检查和责任追究等内容进行自查。2014 年，制定《贯彻落实“三重一大”决策制度的监督管理办法》。2015—2019 年，按照《贯彻落实“三重一大”决策制度的监督管理办法》，每年组织两次贯彻落实决策制度情况的自查和监督检查，并形成贯彻落实“三重一大”决策制度情况的报告上报省公司。2020 年起，该项工作纳入年度部门党风廉政建设责任制进行考评，不再单独开展检查。

贯彻落实中央八项规定和作风建设监督检查　2013 年，对领导作风、接待工作、会议活动、文稿发放、出国出访活动等开展监督检查。2014 年，结合党的群众路线教育实践活动，在住房公积金、企业年金整改、车辆管理、楼堂馆所建设清理整顿、宣传促销、因公临时出国（境）、改进会风、文风等方面，加强对各部门（车间）贯彻落实中央八项规定和作风建设的监督检查。2015 年，纪检监察部、审计派驻办、财务部对红狼公司、贝森公司贯彻落实八项规定和九条要求情况进行检查。2017 年 12 月，开展贯彻落实中央八项规定精神及全面从严治党制度执行情况专项检查，形成监督检查报告。2018 年起，在元旦、春节、“五一”国际劳动节、端午节、中秋节、国庆节等重要节假日期间对公务用车“三交一停”、节假日值班情况、车辆 GPS（全球定位系统）记录、工资发放、津补贴科目发放等情况开展抽查式监督检查，2018—2021年检查未发现问题。

专项督查 2017—2021年，每年组织人员根据公司《党委意识形态工作责任制实施办法》要求，对上年度公司意识形态工作开展专题督查。2019年对省公司“不忘初心、牢记使命”主题教育专项整治工作36个问题涉及的67项整改措施完成情况进行督查；对聚焦公司形式主义、官僚主义五大类11种表现形式29个问题提出的61项整改措施开展督查；对2019年国家局经济责任审计提出及对照检查发现的42个问题整改措施完成情况进行督查；对国家局2019年上半年行业安全生产大检查发现的公司10个问题项整改措施完成情况进行督查。2019年，开展“三会一课”执行情况专项督查。2019年，开展谈心谈话工作专项督查。2020年，对上年国家局经济责任审计提出及对照检查发现问题的42个整改措施开展督查。2020年，聚焦党的政治建设、思想建设、组织建设、作风建设、纪律建设、反腐败斗争和专项整改等七个方面内容开展监督检查工作，对检查出的三个方面5个问题点进行了反馈，对相关责任部门制定的11项整改措施进行监督检查。2020年，开展疫情防控期间脱贫攻坚工作任务跟踪。2020年，开展《风险事件追责管理办法（试行）》执行情况专项督查，发现2项问题，提出2条改进建议。2021年，开展公司（含子公司）车辆维修工作专项监督检查，提出5个方面问题及6条整改措施。2021年，开展《风险事件追责管理办法（试行）》执行情况专项督查，发现2项问题，提出2条改进建议。

新冠肺炎疫情防控工作监督检查 根据中央、国家局、省公司及龙烟关于做好新冠肺炎疫情防控工作的文件要求，综合运用现场巡查、专项督查、随机抽查等方法开展疫情防控政策措施落实情况的监督检查，推动公司各部门各岗位在疫情防控期间履职尽责、担当作为，做到疫情防控和生产经营两不误。2020年，督导监察组共计派出378人次（含抽调人次）开展了126次督查，发现148例问题（其中公司员工71例，相关方员工49例，管理问题28例），现场纠正不符合《新冠肺炎疫情防控常态化实施方案》相关行为250人次，以相关平台和工作群为媒介进行共计126次通报，并根据疫情防控工作规定予以相应经济处罚和开展谈心谈话工作；提出57条改进建议。2021年全年，督导监察组共开展68次督察，发现66例管理问题，现场纠正不符合防控措施相关行为340人次，进行经济处罚84人次，通报93次；提出76条改进建议。

办事公开民主管理监督 2012—2018年，根据《办事公开民主管理监督制度》，每年开展2次办事公开民主管理工作检查，全面落实行业关于办事公开民主管理的工作部署，切实保障广大职工群众的知情权、参与权、表达权和监督权。2019 年起，该项工作纳入年度部门党风廉政建设责任制进行考评，不再单独开展检查。

干部选拔任用监督　2012 年，参与公司中层干部的选拔任用考察工作，提交 42 份审核意见。2013 年，参与公司中层干部 21 人次正式任职考核工作，提交 21 份审核意见。2017 年，对拟任部门正职级的 13 名干部、拟任主任管理员的 3 名干部、拟任部门副职级的 14 名干部进行廉政审核，落实干部选拔任用廉政审核制度，做到“凡提必审”；对新选拔任用的 30 名干部开展任前廉政谈话，落实干部任前廉政谈话制度，做到“凡提必谈”；对新选拔任用的干部进行党风廉政知识考试，强化干部任前廉政教育；对拟提拔的干部要求其在认真学习廉政法规的基础上，对照岗位履职要求，撰写对照检查材料。2020 年，做好廉政意见回复和任前廉政谈话。根据公司中层干部调整情况，共出具 29 份廉政意见回复函；开展任前廉政谈话 52 人次。2021 年，根据公司中层新提任及正式任职（2020 年提任）廉政意见征询情况，共出具 34 份廉政意见回复函；根据中层干部调整情况开展任前廉政谈话 11 人次。

廉政档案管理　2016 年，公司制定《廉政档案管理办法》，组织中层干部填报个人信息登记表，完善中层干部廉政档案的建档、整理。2020 年，修订完善《廉政档案管理办法》并更名为《干部廉政档案管理办法》，进一步规范公司中层干部廉政档案资料收集、管理的过程和要求。

采购活动监督　2012 年，参与监督公开招标 139 次、邀请招标 1 次、单一来源采购谈判 215 次、询价 22 次、其他采购方式 15 次。2013 年，参与监督公开招标 125 次、竞争性谈判 5 次、询价采购 10 次、单一来源采购谈判 104 次、其他采购方式 2 次。2014 年，参与监督公开招标 305 次、邀请招标 1 次、竞争性谈判 2 次、询价采购 4 次、单一来源采购谈判 149 次。2015 年，在“三转”（转方式、转职能、转作风）工作落实前，继续加强对采购活动的全过程监督，上半年参与标书评审、开标、商务谈判等经济活动监督 289 次，“三转”后，按《采购活动监察实施细则》，选取采购项目通过现场巡查、专项检查、不定期抽查、采购函询等开展监督。2015 年，按照《采购函询制度》的要求抽取六家供应商作为 2015 年度函询对象，收到回执 2 份，未发现违反廉洁制度的行为。2016 年，根据《采购活动监察实施细则》开展采购专项检查工作，选取 4 个采购项目开展不定期抽查。2017 年，选取 1 个采购项目开展专项检查。2017 年，选取 4 个采购项目开展不定期抽查。2015—2018 年，根据工作需要选取物资采购、工程建设、服务类采购项目关键节点开展现场巡查（备注:

2016年后不再开展采购活动函询，2018年后，不再开展采购活动专项检查和采购不定期抽查，通过强化现场巡查及配合其他牵头部门做好合同评查、采购考评及规范检查等工作加强采购项目再监督）。2019年，全年选取22个采购项目开展现场巡察。2020年，全年选取24个采购项目开展现场巡察；2020年起，根据《全省卷烟工业系统严禁领导干部违反规定干预和插手采购活动规定》（闽烟工党〔2020〕39号）要求，做好相关工作。2021年1月，公司纪检监察部工作人员组成督查组，采取座谈方式，与设备管理部等6个部门开展领导干部违规干预和插手采购活动专题座谈并提出4条改进建议。同时落实好违规行为登记报告制度，每季度督促相关部门提交《领导干部违反规定干预和插手采购活动情况登记表》；2021年，全年选取21个采购项目开展现场巡察。

信访举报及采购活动投诉处理　2012年，完善《信访处理及案件调查程序》，促进信访工作制度化、规范化；设立“廉政信访信箱”，公布举报监督电话；全年收到1件信访件，已按照有关程序办理。2013年，全年收到信访件4件，已按照有关程序办理。2014年，全年收到信访举报件0件、招标采购投诉3件，已按照有关程序办理。2015年，全年收到信访件1件、招标采购投诉1件，已按照有关程序办理（2015年3月起，招投标投诉按公司《招标投标投诉处理办法》办理）。2016年，全年收到信访件3件、招标采购投诉3件，已按照有关程序办理。2017年，全年收到信访件2件、招标采购投诉6件，已按照有关程序办理。2018年，全年收到信访件2件、招投采购投诉13件，已按照有关程序办理（2018年5月份起，信访举报件按省公司下发的《问题线索处置工作程序》办理）。2019年，全年收到信访举报9件次，其中来信投诉6件次，省公司转办3件次；检举控告类2件次，其他类7件次；其他类7件次中5件次为招投标类投诉，已按照有关程序办理（2019年10月起，信访举报件按省公司下发的《纪检监察信访举报和问题线索处置工作程序规定（试行）》要求办理。2019年10月起，采购质疑答复和投诉处理按公司《采购质疑和投诉管理办法》办理，纪检监察部收到采购质疑或采购投诉信访件，受理研判后，将业务范围外信访件转相关部门处理）。2020年，全年收到信访件或问题线索共5件，已按照有关程序办理。2021年，全年收到信访举报6件，作为问题线索处置的共4件，业务范围外2件，谈话2件、函询1件，初步核实1件，已按照有关程序办理。

监督执纪“四种形态”运用　2018年，公司纪委负责人同下级党政主要负责人谈话38人次；开展领导干部任前廉政谈话2人次；根据《党员干部党内谈话实施办法》，1—11月，开展提醒谈话5人次，开展批评教育谈话11人次；

5月起，根据省公司《关于全面推进干部谈话工作的通知》，向中层以上干部统一发放谈话记录本共91本，加强谈话的日常管理、督促及统计工作，公司各层级5—12月开展日常谈心谈话749人次、考核反馈谈话45人次、职务调整谈话11人次。2019年，发布《风险事件追责管理办法（试行）》，进一步落实全面从严治党的要求，加强党的纪律建设，督促各部门认真履行职责，做好职责范围内全面风险管理，规范全面风险事件追责工作，贯通运用监督执纪"四种形态"；整合公司谈话制度，形成《干部职工谈心谈话工作实施办法》，规定7种谈话形式，丰富谈话情形和内容；建立谈心谈话信息系统（简道云），便于谈话的记录、统计及谈话输出任务的闭环管理。督促各级领导干部结合职工思想动态、党员义务、工作职责广泛开展谈话工作，把第一种形态作为重要抓手，抓早抓小。2019年，全年各层级累计开展日常谈心谈话1118人次，考核反馈谈话2人次，职务调整谈话5人次，提醒谈话1人次，新任职谈话3人次，批评教育谈话9人次。2020年，全年公司各层级开展日常谈心谈话807人次，考核反馈谈话545人次，职务调整谈话76人次；共问责1个部门，给予行政记过处分1人次，诫勉谈话3人次，批评教育谈话81人次，提醒谈话68人次。2021年，全年公司各层级开展日常谈心谈话1709人次，考核反馈谈话190人次，职务调整谈话16人次，提醒谈话51人次，批评教育谈话19人次，诫勉谈话4人次，警告2人次，留用察看2人次。

七、队伍建设

党风廉政建设和反腐败工作领导小组　组长由公司党委书记担任，副组长由党委副书记、纪委书记担任，成员由其他党委委员及办公室、财务部、审计派驻办、人力资源部、党建工作部、纪检监察部负责人组成。主要任务是研究公司党风廉政建设和反腐败工作，负责部署、检查、考核、责任追究等重要事项，协调处理党风廉政建设和反腐败工作中存在的重要问题。领导小组下设办公室（挂靠在纪检监察部），主任由纪检监察部负责人担任，负责公司党风廉政建设和反腐败工作的日常管理。

中共龙岩烟草工业有限责任公司纪律检查委员会　配备纪委书记1名，纪委副书记1名（由纪检监察部主任兼任），兼职纪委委员3名（一般在党的工作部门负责人中选任）。

纪检监察部　编制5名专职纪检监察干部。2012—2017年，配置4人，缺编1人。2018—2021年配置5人。2021年，根据龙烟岗位绩效管理要求，重新进行定岗定级，截至2021年12月，配置5个岗位，分别设主任1名，副主任1名，纪检监察管理员1名，党风政风管理员1名，廉政教育管理员1名。

党风廉政建设工作联席会议　2018年7月，建立党风廉政建设工作联席会议机制，党风廉政建设工作联席会议（以下简称“联席会议”）为组织、协调、检查和指导各部门党风廉政建设工作的议事机构。联席会议领导小组由党委书记任组长，纪委书记任副组长，其他党委委员任领导小组成员。联席会议召集人为纪委书记，纪检监察部、财务部、审计派驻办、人力资源部、党建工作部、群团工作部等部门主要负责人为联席会议成员，根据工作需要，可适当进行调整补充（2021年7月，增加办公室、企业管理部为联席会议成员）。联席会议办公室设在纪检监察部，联席会议的日常工作由纪检监察部负责，各成员部门配合。全体成员会议一般每半年召开1次，也可根据党风廉政建设工作阶段性任务和有关部门工作特点、工作需要临时召集；阶段性工作会议一般每季度召开1次。

兼职纪检监察人员　2012—2021年，兼职纪检监察人员主要党风廉政信息员（2019年后不再设置）、部门廉政风险防控联络员、支部纪检委员。

纪检监察干部业务培训　2012年，组织16人次参加中纪委、国家局、省公司举办的纪检监察业务培训；召开纪检监察工作例会，组织兼职纪检员、监察员及党风廉政信息员共106人次学习行业各级领导在相关纪检监察工作会议上的讲话精神和相关内容。2013年，组织17人次参加中纪委、省公司举办的纪检监察业务培训；召开纪检监察工作例会，组织兼职纪检员、监察员及党风廉政信息员共40多人次学习行业各级领导在相关纪检监察工作会议上的讲话精神和相关内容；组织7人次参加招投标监督管理方面的知识培训。2014年，组织25人次参加国家局、省公司举办的纪检监察业务培训；3月，修订发布《党风廉政信息员管理办法（试行）》，明确信息员职责；6月，组织党风廉政信息员参加全省卷烟工业系统党风廉政信息员培训。2015年10月，组织6人次参加省公司举办的纪检监察业务培训。2016年6月，公司纪委在古田会议会址举办专兼职纪检监察干部“两学一做”学习教育培训，公司纪委委员、专职纪检监察干部、各支部兼职纪检员、兼职监察员及党风廉政信息员共30余人参加培训；10月，组织7人次参加省公司举办的纪检监察业务培训。2017

纪检监察部集体照（余硕宁　摄于2023年）

年6月，组织7人次参加省公司举办的纪检监察业务培训；9月，外送2名专职纪检监察干部参加中纪委组织的纪检监察业务学习。2018年5月，外送2名专职纪检监察干部参加中纪委组织的纪检监察业务学习；7月，组织4人次参加省公司举办的纪检监察业务培训。2019年7月，组织6人次参加省公司举办的纪检监察业务培训；10月，外送2名专职纪检监察干部参加中纪委组织的纪检监察业务学习。2020年7月，组织5人次参加省公司举办的纪检监察业务培训；8月，组织1人次参加龙岩市直机关纪委书记培训班学习；12月，外送3名专职纪检监察干部参加中纪委组织的纪检监察业务学习。2021年7月，组织7人次参加省公司举办的纪检监察业务培训。2018—2021年，纪检监察部结合纪检监察工作形势，每月开展两个半天的业务知识学习，学习纪检监察业务相关文件、制度或文章，每次学习后结合工作实际开展讨论交流，共学习516篇纪检监察业务文件、制度或文章，撰写心得体会473篇，通过学习提升纪检监察干部业务能力和履职水平。

第四节　国家局党组成员基层联系点调研

2019年4月25日，国家局党组印发《关于建立2019年党组成员基层联系点的通知》（国烟党〔2019〕123号），党组书记、局长，中国烟草总公司总经理张建民联系龙烟公司党委。截至2021年底，张建民已先后三次深入龙烟公司开展调研指导，龙烟公司广大干部职工备受鼓舞，进一步坚定了“走在前、作表率”决心与信心。

第一次　2019年5月17日，国家烟草专卖局党组书记、局长，中国烟草总公司总经理张建民在基层联系点龙岩市烟草专卖局（公司）、龙岩烟草工业有限责任公司调研，并听取了两家单位关于党建工作的专题汇报。国家局办公室、专卖监督管理司、人事司负责人参加调研。

张建民充分肯定了龙岩市局（公司）和龙烟公司各项工作取得的成绩。他指出，两家单位班子队伍状态好、有冲劲，工作有创新力，生产经营组织有序，烟叶生产、卷烟制造和销售等工作富有特色，对龙岩地方经济社会发展作出了重要贡献。

针对下一步党建工作，张建民强调，要按照党中央、国务院决策部署，全力推动高质量发展，确保基层联系点各项工作走在前、做在前。一要把党的政治建设摆在首位。以党的政治建设为统领，增强“四个意识”、坚定“四个自信”、做到“两个维护”；认真完成巡视整改任务，严肃整治领导干部利用名贵特产类特殊资源谋取私利问题，深入开展形式主义、官僚主义集中整治；深入贯彻落实《中国共产党党组工作条例》，充分发挥党组领导作用，不断提高党组领导水平。二要扎实开展“不忘初心、牢记使命”主题教育。认真学习中央有关文件精神，按照党中央部署及国家局党组安排，结合自身实际抓好主题教育，确保取得实效。三要大力加强基层党组织建设。深入贯彻《中国共产党支部工作条例（试行）》，弘扬“支部建在连上”的光荣传统，增强基层党组织的政治功能和组织力；做好党员教育、管理和监督工作，让每位党员都起到模范带头作用；坚持群众路线，用好党支部做群众工作的“看家本领”，联系服务好群众。四要坚持党建工作与企业生产经营深度融合。把党建工作融入生产经营全过程，坚决反对形式主义、官僚主义，解决基层党建考核多、过度留痕问题，使基层党建与基层实际相结合、党建工作与中心工作相结合，防止“两张皮”。五要充分发挥基层联系点示范引领作用。进一步夯实党建工作基础，了解基层情况，解决基层实际问题，把基层联系点工作做好、做扎实，在行业起到示范引领和辐射带动作用。

第二次　2020 年 12 月 20 日至 21 日，国家烟草专卖局党组书记、局长，中国烟草总公司总经理张建民在基层联系点福建省龙岩市烟草专卖局（公司）、龙岩烟草工业有限责任公司调研。国家局人事司、中国烟叶公司负责人参加调研。

调研期间，张建民深入烟区实地考察了烟叶生产工作，听取了长汀县河田烟草站“五好”党支部工作汇报，参观了金叶先锋收购场“力戒形式主义、反对官僚主义”教育馆，走访了龙岩市部分卷烟零售客户，深入了解了龙岩市局（公司）、龙烟公司党建工作和生产经营情况，与烟农、全国及行业劳模进行了亲切交流，并对有关工作提出了要求。

张建民充分肯定了福建烟草、龙岩烟草工商企业党建及各项工作取得的成绩。他指出，福建烟草工商企业工作体现出“五个新”，即党的建设呈现新亮点、工作思路体现新发展、卷烟打假显现新成果、生产经营展现新成效、企业管理实现新提升；龙岩市局（公司）、龙岩烟草工业公司系统谋划有思路、党建引领有抓手、社会责任有担当，各项工作取得显著提升。

张建民指出，要把认真学习贯彻中共十九届五中全会和中央经济工作会议精神作为当前和今后一个时期的重要政治任务，切实把思想和行动统一到会议精神上来。要贯彻新发展理念，构建新发展格局，推动高质量发展，编制好“十四五”规划；深刻认识面对新冠肺炎疫情、严峻复杂的国际形势和艰巨繁重的国内改革发展任务，“十三五”规划和 2020 年经济社会发展取得的历史性成就，深刻认识“五个根本”的规律性认识，深刻认识明年工作主要目标、政策取向和八项重点任务。

针对下一步工作，张建民强调，要坚持稳中求进，巩固发展成果，推动各项工作再创新业绩、再上新台阶。一要提高政治站位，深入学习党的创新理论。把学习贯彻习近平新时代中国特色社会主义思想同学习中共十九届五中全会精神、中央经济工作会议精神结合起来，进一步用党的创新理论武装头脑、指导实践、推动工作。二要抓基层打基础，切实提高党的建设质量。在加强基层组织、加强基层队伍、落实基本制度上下好功夫，不断加强基层党建工作，全面增强党支部的政治功能和组织力。三要压紧压实责任，持续深化中央巡视整改和政治生态突出问题全面整改。一体推进“两项整改”，做到治标效果不断巩固、治本之策持续发力，推动问题改到位、改彻底。四要发挥好党支部战斗堡垒作用和党员先锋模范作用，让党旗在一线高高飘扬。发挥党支部战斗堡垒作用，不断深化先锋党支部创建、党建项目化管理、联学联建等工作形式，提升党支部组织力，持续建强基层“红色堡垒”；发挥党员先锋模范作用，把党员责任田、党员示范街、党员示范岗、党员工作室等做出特色、打造品牌、形成辐射。五要抓党建促发展，实现党建业务深度融合。以推动高质量发展为主题，做到党建与业务工作同谋划、同部署、同推进、同考核；树立正确政绩观，坚持“总量控制、稍紧平衡，增速合理、贵在持续”方针，深入推进供给侧结构性改革，注重需求侧管理，增强各业务战线的“红色引擎”。六要保持良好精神状态，抓好岁末年初各项工作。守住今冬明春疫情防控关键时期，做好目标任务收官，系统谋划、稳中求进，确保2021年工作良好开局。

第三次　2021年12月23日至24日，国家烟草专卖局党组书记、局长，中国烟草总公司总经理张建民在基层联系点福建省龙岩市烟草专卖局（公司）、龙岩烟草工业有限责任公司调研，并向龙岩烟草党员干部宣讲中共十九届六中全会精神。

张建民（前排右一）调研龙岩新时代文明实践红古田基地，与儿童活动区的少年儿童亲切互动

（余硕宁　摄于2021年）

国家局办公室、人事司负责人参加调研。

调研期间，张建民考察了连城县文亨烟草站、隔川乡新余烟田，调研了新罗区溪南公安烟草联勤工作站，参观了龙岩市党员政治生活馆、龙岩新时代文明实践红古田基地、龙烟公司厂史展厅，深入了解了龙岩烟草工商企业党建工作和生产经营情况，与烟农、基层员工进行了交流，并听取了龙岩烟草工商企业的工作汇报。

张建民对福建及龙岩烟草各项工作取得的成绩给予充分肯定。他指出，福建及龙岩烟草工商企业深入开展党史学习教育，认真学习贯彻中共十九届六中全会精神，不断加强基层党的建设，积极推动党建与业务深度融合，各方面工作呈现出新面貌、新变化、新成效，为当地经济发展、财政增收、社会就业、乡村振兴作出了应有贡献。

张建民指出，要深入学习贯彻中共十九届六中全会精神，把思想和行动统一到全会精神上来。一要全面把握全会丰富内涵，深刻理解全会精神。全面把握党百年奋斗取得的伟大成就、伟大意义、历史经验，深刻领悟“两个确立”的决定性意义，将落实“两个确立”作为党员干部应有的政治信念、政治忠诚、政治立场、政治态度，自觉做“两个确立”的忠诚拥护者和“两个维护”的坚定践行者。二要深刻认识新时代的历史性成就和历史性变革，把“两个确立”真正转化为做到“两个维护”的思想自觉、政治自觉、行动自觉。要增强“四个意识”、坚定“四个自信”、做到“两个维护”，以实际行动坚决维护习近平同志党中央的核心、全党的核心地位，坚决维护党中央权威和集中统一领导；坚持以习近平新时代中国特色社会主义思想为科学行动指南，确保行业始终沿着正确方向前进；坚持和加强党的全面领导，坚决贯彻落实“两个一以贯之”，对党忠诚、听党指挥、为党尽责；坚持全面从严治党，开创行业管党治党新局面，实现行业政治生态的持续净化和根本好转；坚持国家烟草专卖治理体系不动摇，坚持中式卷烟发展方向不偏离，坚持推进科技自立自强和品牌做优做强目标不松劲，全力推动高质量发展、推进高效能治理、造就高素质队伍。三要分层分类学习宣传，推动全会精神深入人心。扛起政治责任，把组织学习贯彻全会精神作为当前和今后一个时期的重大政治任务，作为当前理论武装工作的重中之重，作为党史学习教育的主要内容抓严抓细抓实。党组（党委）要在带头学习上作表率，各级基层党组织要在深入宣贯上下功夫，广大党员干部要在学做结合上求实效。

张建民强调，要慎终如始抓好党史学习教育各项工作任务落实，不断巩固深化党史学习教育成果，把基层党组织建设得更加坚强有力。一要持续深入学习党史，切实强化理论武装。在常态化开展、制度化推进上下功夫，引导广大党员干部把党史学习教育作为必修课、终身课，不断增进对党的创新理论的政治认同、思想认同、理论认同、情感认同。二要持续推动为民办事，矢志践行初心使命。注重总结好经验、好做法，建立和完善“我为群众办实事”的长效工作机制，不断增强烟农、零售客户等服务对象的获得感、幸福感、安全感。三要认真召开专题民主生活会，发扬自我革命精神。精心组织安排，扎实做好会前准备、对照检查、批评与自我批评等各个环节工作，高质量开好专题民主生活会，确保达到目的、开出成效。四要建强建好基层党支部这个“末梢神经”。深入推进党支部标准化规范化建设，不断强化党内政治生活的政治性、时代性、原则性、战斗性，创新工作方式方法，进一步增强党建工作活力。五要推动党建与业务双向融合。找准党建与业务的结合点，坚持党建工作和业务工作一起谋划、一起部署、一起落实、一起检查，切实把党的政治优势、组织优势转化为企业发展优势，以高质量党建推动行业高质量发展。

龙岩烟草工业有限责任公司建厂70周年庆典举行，图为国家烟草专卖局党组书记、局长，中国烟草总公司总经理张建民（左八）与龙岩市领导、福建烟草工商干部合影

（余硕宁　摄于2021年）

第三章　卷烟生产、过程管理与流通

第一节　生产运营及组织实施

卷烟生产是龙烟日常运营的主体，也是实现企业发展目标的重中之重。进入新时代以来，龙烟的生产组织运行在遵循卷烟生产基本规律的基础上，根据各个阶段的形势、任务和品牌开发重点，不断调整生产经营方针，推进生产组织的高效化、科学化和精益化。

2012—2014年，龙烟公司以省公司“通系引领，提升价值，精益求精，推进‘七匹狼’上水平新突破”的生产经营方针为指导，围绕打造“生态型精品卷烟制造基地”的愿景，持续推进精益生产。2015年—2018年，面对严峻复杂的形势，公司主动适应新常态，积极调整新状态，紧密围绕“七匹狼”品牌发展主线，按照“升级一个平台，争创一个目标，再造一个精品，深化三个转变”的生产经营方针，以公司“十三五”规划和生产组织子规划为指导，以产品价值链为主线，聚焦制丝、卷包两大过程，紧紧围绕敏捷制造、柔性生产及精益生产管理等方面水平的提升，进一步提升“精确需求，精准计划，精益生产”水平。2019—2021年，紧扣行业生产制造高质量发展内涵，紧密围绕“三强三优”“三稳三提”年度生产经营方针，以“效率变革”为方向，以“快、柔、稳、精”为目标，坚持问题导向，以项目为抓手，着力构建高质量生产运行系统，着力提升产品实现和保障能力、生产组织协调能力、生产要素协同能力、柔性化生产能力。

一、产量产值

2012—2021年，龙烟公司卷烟产量经历了从稳步提升至峰值到快速回落再到稳中有增的三个阶段。产量在2014年达到峰值。2016年在严峻的控烟压力和持续低迷的经济环境下，产量回落到近10年最低谷；产值则经历了稳步增长至回落再到平稳增长的三个阶段，于2021年达到176.49亿元，平均年增加5.29亿元。

2012—2021 年龙烟产值、销售产值、税利汇总表

表 3—1

年份	产值（万元）	销售产值（万元）	税利（亿元）
2012	1235975.20	1238676.97	99.39
2013	1321152.02	1293444.49	103.84
2014	1462907.20	1369101.25	108.77
2015	1413067.30	1394271.69	113.07
2016	1261008.21	1286103.82	103.35
2017	1290869.33	1320125.49	103.38
2018	1401673.12	1379468.76	106.95
2019	1478597.16	1544171.55	118.53
2020	1594381.66	1610011.22	126.88
2021	1764918.83	1768915.95	137.19

二、生产组织及过程管理

生产计划管理　在生产计划制订时，每年底会对下一年度的整体盘子做好测算，同时提前收集公司生产车间和其他部门的年度相关设备停产检修改造、杀虫、技能鉴定等需求，识别各产品规格产能短板，做好年度各月生产初步策划。考虑月度计划的相对均衡性，为确保完成年度产量，在实际生产上会以在制品的形式进行生产调节。月度主作业计划的制定通过与省公司生产制造中心充分沟通，做好月度内部资源和外部需求的产能匹配，通过“N+2”月度滚动排产模式，为后 3 个月甚至半年的整体生产节拍做好策划，把客户需求转化为公司内部可执行的工作安排，便于各项生产准备工作的开展和生产工作的有序进行，确保按时交货。为确保 1 月“开门红”的

2015 年 11 月 6 日，菲莫国际亚太区生产运营副总裁 Nicolas Floros（中）到龙烟公司参观调研（余硕宁 摄）

调拨需求及完成1月生产计划，在上年12月的生产安排中，基于1月产能不足因素，将部分1月的生产任务提前至上年12月执行，并以在制品形式储备。总体上，从计划控制的合理性、及时性、完整性等要素出发，对计划编制、下达、调整、检查的四个维度建立规范化要求和KPI（关键绩效指标）。在计划管理中，充分考虑生产过程的连续性、均衡性要求。

运用高级排产技术（APS），提高排产质量。2013年按照系统维护项目及计划对系统进行初步维护，达到1分钟左右排产完成，并可每日做重新排产。排产结果按机台能力均衡，排出的批数至少能达到机台能力90%以上。制丝日作业计划可根据卷包期间作业计划，通过人工在MES系统计划排产功能中输入卷包期间作业计划相关信息，实现制丝日作业计划由MES系统自动生成阶段性制丝任务，实现制丝的柔性排产与优化调度。与营销中心搭建互通平台，及时掌握市场订单，利用高级自动排产系统快速准确制订生产安排计划。

2017年，随着市场营销需求的转变，客户订单将进一步向“多品种、少批量、短交货期、多变化”的趋势转变。为提高公司敏捷制造能力，缩短交货周期，提高准时交货率，并建立从市场需求提出到产品交付各个关键环节节点信息充分集成与显性化系统。推进“MES系统自动排产优化改造”、APS及“生产计划执行跟踪系统”OES建设。上半年，两个项目完成系统开发及测试、中烟相关接口的联调、数据初始化等工作，7月起两个系统正式上线试运行。试运行期间，生产管理部与信息技术部及开发商对存在的问题不断进行改善优化，并增加、完善了17项功能。12月8日，APS项目通过验收。APS可自动获取中烟下达的计划及变化情况，按主作业计划编排的相关规则进行运算，自动生成产能匹配表及卷包期间作业计划，并下达给MES系统分解为制丝和卷包的日作业任务。APS提高了生产计划制定的智能化水平，减少人为依赖。同时，OES对生产过程的订单执行情况、各牌号主要信息，如物料库存、预计到货日期、成品库存、辅料检验信息等能进行动态跟踪。但同时，也存在着部分统计数据缺失、统计口径不明朗等问题。

生产管理部集体照（余硕宁　摄于2023年）

2018年，对高级排程系统（APS）与订单跟踪系统（OES）完善和优化。

优化制丝排产，改进排程逻辑，解决制丝排产 13 个 BUG（程序错误），进一步提升制丝自动排产准确率。支持模块烟丝排产，新增根据烟丝贮量进行排产的逻辑，让系统能够根据烟丝贮量的多少动态调整排产量，从而使制丝自动排产能够更加贴近实际的生产情况；优化卷包排产，解决卷包期间作业计划自动排产逻辑 29 个 BUG，简化排产操作，进一步提升卷包自动排产准确性；优化生产计划进度跟踪表，对生产计划进度及时跟踪，为卷包期间作业计划排产提供了更准确的基础数据；优化产能计划相关功能，为卷包期间作业计划自动排产提供了更准确的基础数据。

完善统计分析功能。优化自动排产占比报表，使自动排产占比能更准确地反映出自动排产与实际排产的差异；增加实际生产计划量调整对比，方便生产管理人员对生产计划调整情况进行跟踪；新增进度跟踪表生成记录、物料检查操作记录等统计报表，方便生产管理人员对计划进度跟踪表和物料检查情况进行跟踪；优化订单跟踪和牌号跟踪，对订单生产情况跟踪。

优化辅料信息接口。优化 NC 辅料信息接口，使得辅料信息得到反馈；完成 NC 系统辅料备料跟踪表的开发，增加辅料订单及时率报表，对辅料订单情况进行跟踪。

2019—2021 年持续优化高级排程系统（APS）与订单跟踪系统（OES）。优化制丝排产逻辑、生产计划进度跟踪表、产能计划相关功能、卷包期间作业计划自动排产逻辑、卷包期间作业计划发布功能，优化辅料订单及时率报表、与 NC 辅料信息接口、与 NC 辅料备料跟踪表接口，增加烟丝库烟丝可用天数预警报表等 9 项系统功能。

生产资源调配　为确保生产计划得以顺利落实，从原辅料调配、人员调配、设备调配、动力能源调配四方面组织资源调配工作。在原辅料调配方面，建立适时性、适应性、适量性标准，确保满足生产需求。在人员、设备调配方面，结合公司台班人员与产能的匹配性要求，合理、适度配置。同时配合生产车间的多能工实现率工作开展，以满足生产人员调动的柔性化需求。

生产过程控制　2012 年 1 月开始，新增“月计划进度跟踪表”，每天对生产情况进行分区、分线的数据统计，实时掌控生产动态，对生产过程的进度控制、异常情况处理展开工作，确保均衡、高效、顺畅生产。每周四上午定期召开生产调度例会，已经成为生产过程控制的一项常态化方式。在会前收集参会部门需在调度会上反馈的问题，做好事前调研，会上针对车间、部门提出的问题进行充分讨论后，确定解决方案和牵头部门，并由生产管理部对会议决议进行跟踪落实。2017 年开始调度会所有决议进入“问题管理平台”，确保每个问题都形成闭环管理，得到妥善解决。同时，通过生产排班模式调整、片烟投料、一号工程码段控制、半成品库存控制等具体措施，使生产进度与计划进度保持平行。

生产测量、分析、改进 2012年建立和实施生产过程科学的评价标准与体系，设计合理的评价方法和手段，开展以月为单位的“生产运行分析”，从质量、效率、消耗三个维度，对生产环节的各关键指数进行分析，对评价的结果，实施PDCA循环改进机制。协调相关部门对生产运行绩效指标进行分析改进，促进生产运行质量提升。2016—2017年福建中烟建立了生产运行关键绩效指标，从“效率、质量、成本、交付、库存”五个维度衡量生产运行质量。15个关键绩效指标中，与生产制造环节相关的有13个指标，每月通过横向（与厦烟对比）、纵向（环比）对比，对异常指标协调指标承担部门组织原因分析，并采取有效的改进措施。

2018年推进“优化设备综合效率（OEE）分析模型及应用机制”项目。

完成数据治理。生产管理部完成《设备综合效率（OEE）数据稽核管理办法》。制丝车间完成OEE数据清单、类别、标准、填写要求梳理，完成制丝OEE分析平台数据采集准确性功能校验，制定《制丝车间数据管理考核办法》。卷包车间以61号、62号机组为试点，系统梳理、识别OEE相关数据。完成生产绩效分析平台卷包OEE机组OEE统计、分析功能，制定《卷包岗位数据职责管理办法》。

开展分析改进。2018年3月开始，制丝车间、卷包车间每月完成OEE月度分析报告，并以短板分析、改进方式在月度总办会上汇报；5月开始，制丝车间开展OEE周分析，并形成周报，在每周四生产调度会汇报；6月开始，动力车间、物流部针对制丝OEE、卷包OEE外部衔接损失，展开分析、改进。10月开始，制丝、卷包车间开展最佳实践分析。制丝车间针对“换批时间”开展最佳实践分析。卷包车间针对二区高速机组“换牌时间”进行系统分析。

2019—2021年持续优化设备综合效率（OEE）分析模型及应用机制。

持续开展OEE月度短板分析、开展制丝换批时间、制丝堵断料、卷包台时产量最佳实践分析并运用。完善制丝、卷包OEE数据管理，提升制丝OEE数据及影响因素描述完整性、准确性，优化OEE相关信息系统，提升信息系统人机友好度。

优化OEE指标分析模式，建立公司级、职能级、车间级三层级指标分析，从指标值季度完成情况，指标绩效评价情况，季度关键短板分析三个维度组织开展OEE季度分析。

构建生产衔接损失分析。建立包含动力、信息、物流等方面的生产衔接损失指标及计算公式。建立生产衔接损失录入、确认、统计机制，并建立信息系统功能模块。

生产排班组织模式优化　2012—2015 年卷包车间生产排班组织模式均是维持四班四运转。2016 年在现有资源配置条件下，通过合理策划，在确保完成月度及年度计划前提下，减少每周大夜班工作天数。大夜班生产天数占总生产天数的低于既定目标，实现卷包每周只上 4 个大夜班的目标，提高了卷包员工的幸福感。11 月开始着手策划卷包车间实施“四班三运转”生产排班组织模式。2017 年 2 月 27 日起，卷包车间正式试运行“四班三运转”生产排班组织模式。实行“四班三运转”生产排班组织模式以来，受日开机时间减少影响，日产量由 4000 箱左右下降至 3000 箱左右。为了确保调拨不受排班模式改变影响，通过合理调整台班布局，提高设备运行效率等方式，保障产品交付。2018 年 1—9 月维持“四班三运转”生产排班组织模式平均日产稳定，10 月开始，因年底生产需要恢复“四班四运转”生产排班组织模式，满足对订单的相应需求。2019 年上半年组织生产相关部门，系统调研、分析、评估卷包“三班三运转”生产排班组织模式可行性及配套资源需求，4 月开始组织从生产、质量、设备、后勤保障等维度，系统制定相关模式实施方案、保障方案等，有序推进排班模式切换。2020 年 4 月 1 日开始卷包“三班三运转”生产排班组织模式切换。切换后卷包日产量增加 400 箱左右，由原来约 3000 箱，提升至约 3400 箱。

技改期间生产组织　2014 年，成立项目组，着力构建 2015 年制丝一区整体技改生产准备和组织模式。调研起草总体实施方案并通过中烟各相关部门确定。按照技改前、技改中、技改后，对三个不同时期的工作项目、工作内容、具体要求、实施细则、责任部门、完成期限进行了较全面的梳理。

2015 年，统筹制丝一区整体技改前生产，除完成各月的基本生产任务外，还要统筹考虑储备足够的三、四、五类产品及万宝路产品，供卷包一区 6 月停产时调拨，同时还要为 7 月、8 月卷包恢复生产做好相关制丝生产物料的准备。

制丝一区整体技改前，4—5 月分别组织一次烟丝流转演练并规划物料堆放。为检验梗丝掺配、卸烟丝装箱、运输、倒烟丝进柜等各环节工作准备情况，并及时发现各环节存在的问题，确保 7 月开始二区制丝烟丝转运一区卷包的生产模式有序顺畅，开展模拟演练，对演练中存在的近 30 项问题分别采取了优化改进措施，较好地解决了烟丝流转过程的效率、质量、安全等方面的问题。

制丝一区整体技改前，制丝车间梗线生产任务重，不但要满足一、二区日常生产所需梗丝需求，还要为梗线停产时生产做好梗丝储备，停产前梗线产能已接近满负荷，以及储存场地有限，因此，经福建中烟相关部门及厦门烟草工业公司同意，7月、8月“富健”生产所需的烟丝由厦烟让售以减少梗丝储备量；同时，由于二类烟以上产品所掺配的梗丝有更严的储存期限要求，经福建中烟协调二区生产所需梗丝A也由厦烟让售。从6月4日开始，厦烟每天向龙烟供约6.5吨梗丝A，以及6月底开始至梗线恢复每天约供两批“富健”烟丝，以便厦烟做好统筹生产的安排。制丝车间片烟利用开包后生产留下的片烟箱二次回收使用，来替代新烟丝箱储存梗丝9454个，为梗丝储备做好了充分准备，节约了纸箱成本。

制丝一区整体技改停产期间，卷包7月开始恢复“万宝路（软红）”生产，9月恢复“万宝路（软金）”生产。按照这一需求，在4月20日，已完成万宝路烟丝的生产存储，完全满足制丝线停产期间卷包万宝路产品的生产，也为万宝路储丝房改造争取了时间。6月29日起，制丝二区开始排四班生产，除保证卷包二区烟丝供应，同时生产供应卷包一区生产所需烟丝。卷包一区7月1日早班恢复生产，启动13组翻盖机组及3组软包机组，进入“边技改，边生产”模式。

7月20日梗线开始调试，7月27日梗线顺利完成调试并生产。8月11日开始，制丝小线、大线进入试生产，8月24日制丝一区恢复两班生产。

2020年，整体策划2021年一区储丝房技改期间生产组织模式，提前策划一区贮丝房技改生产组织配套需求实施计划，完成2021年1—5月产能需求匡算（技改前），并相应做好技改前备货生产方案的策划，满足一区储丝房技改期间订单交付。

2021年1—6月，一区储丝房技改前，制定一区储丝房技改前生产组织方案；与省公司制造中心保持沟通，根据库容滚动调整预生产计划，完成一区技改前各产品规格牌号1—6月的备货生产；进行“N+2”的滚动计划排产，共完成16.3万箱实物库存生产。完成一区储丝房技改期间二区生产掺配物梗丝的准备，将原小线生产的模块D烟丝转移至二区B线生产。

2021年7—9月，一区储丝房技改期间，完成《龙岩烟草工业有限责任公司关于9—10月一区技改期间应急生产的预案》的制定，完成《一区卷包应急生产方案》《制丝一区烟丝供给模式方案》，对一区应急生产细节进行确认，并做好相关资源的沟通协调和配置工作，组织卷包车间开展应急生产模拟演练。10月8日卷包正式恢复生产。

制丝、卷包生产力布局优化　制丝生产力布局优化，推进区域、产线间生产平衡。2018年，对制丝一区3000千克小线烘丝机进行改造，实现顺、逆流控制可切换；对制丝一区贮丝房进行局部改造，拆除现有1号贮丝柜，保留2—20号贮丝柜，在原1号贮丝柜区域新增1台翻箱机；将模块柜作为混丝柜使用，进行小线加香后装箱，实现一区小牌号装箱生产以及一、二区产品互通。将二区现有B线烘丝机置换为HAUNI公司KLD烘丝机，实现与A线均质化生产。

2019年实现“七匹狼（土楼1575）”一区就地生产。完成“七匹狼（蓝钻）（省外版）”在制丝一区大线落地制丝生产。

2020年组织完成“七匹狼（通运）”“七匹狼（尚品）”由制丝二区迁移至制丝一区就地制丝。

卷包生产力布局优化，实现集约化机群生产。2017年4月，根据省公司新产品生产准备指令，需生产一款74毫米软包硬化机包产品“七匹狼（行天下）”。由于龙烟没有现成的包装机可生产该规格产品，因此，完成了对现有软包GDX1的改造，并重新调整卷包二区设备布局，形成高档软包2台高速和3台中速机产能布局。

2018年通过对ZJ17卷接机组改造和ZB43包装机组调试，古田（金中支）于5月17日在龙烟卷包车间首次成功生产。

2019年完成23号机组24毫米、27毫米滤棒规格组件快速切换生产。完成“七匹狼（蓝钻）（省外版）”在卷包一区生产。

2020年，补充24毫米滤棒硬盒翻盖产能，置换到货的其中1台ZJ118卷烟机和新增1台ZB45包装机，放13号工位；补充27毫米滤棒软包产能，置换到货的另1台ZJ118卷烟机替换原15号卷烟机和GDX1（原15号包装机），放置67号工位；补充30毫米滤棒中支烟产能，将原63号硬盒规格包装机改为宽版中支烟包装机；补充30毫米滤棒细支烟产能，用一区26号工位一台套翻盖机组与厦烟置换一台套细支烟机组到龙烟，放置在二区50号工位，与现有56号细支烟机组共用喂丝站台，并由福建中烟牵头调剂一台套厦烟细支烟机组到龙烟，放置在二区60号工位，与63号细支烟机组共用喂丝站台。探索卷烟机快速换模式，新增1台PROLAB多规格卷烟机。

2021年组织完成卷包二区2组宽版中支改造验收，形成二区4组宽版中支机组集约化生产布局。完成2组细支机组布局至一区12号、13号工位，为形成一区细支机组集约化生产奠定条件。组织完成中支侧盖机空间布局调整及辅机搬迁。

生产现场管理　2012—2016年，生产现场按属地管理原则，要求各部门确定现场管理控制区域、设备和机组，建立控制要素和检查标准，落实保证措施、责任人及考核标准。共识别、梳理要素595项，其中制丝278项，卷包116项，动力 98 项，物流 103 项，形成岗位生产现场管理控制要素清单。每月对照《生产现场管理控制要素清单》对生产现场进行一次的联合现场检查，对不合格项进行考核，并由责任部门提交检查反馈单，落实整改和预防措施，实现闭环管理。

2017 年，通过专项整改与实施现场改善，改善生产现场存在的老大难等问题。制定生产现场管理月度考核评价表，每月定期组织对四大主体进行考核评价，并运用于组织绩效管理。从 8 月起，现场 6S 检查结合虫情防控需求，改变以往一次性走遍全厂的方式，对检查频次、区域、内容、标准等做了较大的优化调整：以周为频次，以区域为单位，往纵深切入。现场检查不仅仅关注面上的整洁，更侧重于平时看不见的角落，如橱柜内部、除尘房、维修组、电控柜、货架等部位。同时，将检查结果图文并茂在调度会上做专项汇报，促进了生产车间和相关部门在 6S 管理上的积极性、主动性。

2018 年，生产管理部和四大专业部门组织定期与不定期现场监督检查，提升现场检查频次，并持续推进生产现场专项改善。组织开展现场管理“红牌”行动，完成卷包车间、制丝一区生产区域闲置设备、“不要物”的整理，共发现 3 项需清理的闲置设备，组织制丝车间、设备部、技改办、红狼公司针对制丝、卷包零备件房间的“不要物”进行进一步的甄别及处理，按区域逐步开展。

2019 年，构建数字“6S”现场管控机制。组织四大专业部门，重新识别、优化生产现场要素清单，并在基础上完成生产要素的数字编码。基于简道云平台构建数字“6S”功能模块并导入现场要素数据，完成平台试运行，实现“检查—整改—验证”环节的有效闭环管理和移动端的便捷操作。构建“随手拍”平台，完成龙烟“随手拍”统计、跟踪的看板功能构建，实现员工快捷反馈发现的问题，并跟踪问题的处理情况；拓宽公司在生产、现场、设备、安全、质量等问题和风险的反馈途径。此后，持续开展生产管理部牵头、四大专业部门联合组成的联合检查，按照检查计划实施生产现场的联合检查，落实“计划—实施—检查—整改—评价”的现场管理机制。制定《随手拍管理制度》，结合创意积分制定随手拍激励方案，激励员工主动发现问题。

2019 年，按照《卷烟工厂现场管理体系构建指南》（以下简称《指南》），探索建立能源与质量、职业健康安全、环境等各类管理体系有机融合的一体化现场管理体系，制定实施方案。2020 年以“IS-PDCA”管理框架构建《现场管理体系总体框架》，该架构包含了现场管理七大要素，涵盖了现场管理九大过程。编制《龙烟卓越管理 2.0 现场管理分册》并发布，形成现场管理体系要求与职能对照表、现场管理要素与文件对照表、现场管理过程控制要求与文件对照表。完成现场管理综合评价模型的构建，基于《指南》建议的 37 个衡量指标，结合工厂管理现状，建立了以29个指标为基础的指标体系，创新性采用了无量纲化处理及自动修正系数赋权法等多指标综合评价法。

生产管理流程优化及体系整合 2012年继续开展生产管理流程梳理和优化，共完成流程优化方案书37篇，输出流程KPI 196个，修改标准化文件24份，新建标准化文件25个。通过流程优化，建立了一套以订单需求为拉动力、生产响应速度快捷的生产管理流程。

2013年开展以流程梳理为基础的管理体系整合，生产管理部从部门职能和业务职能角度出发，共梳理四大类21个流程，其中生产类14个，品牌合作类3个，分析改进类2个，搬运用工管理类2个。

2014年完成端到端流程的全面梳理和打通。共梳理54个流程。其中生产管理类29个，统计管理类25个，同时对部门数据指标和绩效指标进行梳理匹配流程。利用ARIS系统工具完成部门9个流程性管理文件编写。发布了《生产现场可视化管理制度》《成品卷烟码段管理制度》《生产管理》《搬运用工管理规定》《卷烟品牌合作生产管理手册》《生产现场6S管理制度》等新文件。

2015年按照流程管理“三个一致”原则，对流程、标准、业务进行梳理，确保流程设计和建模规范一致性，流程和标准一致。对《生产管理》《生产现场6S管理制度》《成品卷烟码段管理制度》《卷烟品牌合作生产管理手册》等10个文件，结合实际及ARIS流程进行修订及评审。

2016—2019年持续修订完善部门标准化文件、制度共3份，建立生产管理类流程6个，优化生产管理类流程3个。

2020—2021年，按照“IS-PDCA”管理框架和思维方法论，梳理并输出生产职能框架、文件架构、流程架构，完善了生产管理的职能、管理标准、流程体系，输出生产管理手册。按照业务流程框架清单，完成部门L4级流程梳理优化，完善流程接口、流程范围、流程输入输出等功能，组织梳理及评审生产管理职能219条L4流程的梳理，其中生产管理部66条、制丝车间35条、卷包车间36条、动力车间36条、物流部46条；组织提炼及评审生产管理职能流程的381个绩效指标，其中一级指标4个，二级指标25个，三级指标66个，四级指标286个（生产部78个、制丝56个、卷包40个、动力60个、物流52个），深化生产职能业务的融合应用。

卷烟生产加工制造过程课题研究 2012年继续参与国家局“卷烟生产加工精细化”专题研究项目。公司牵头负责“生产组织”板块材料的编写工作。部门以专题为载体，和其他成员单位互相交流，取长补短，共同分享卷烟生产加工精细化管理经验。全年共参加专题组会议6次、横向交流3次，召开内部讨论会5次。组织专题三组其他成员（宝鸡卷烟厂和许昌卷烟厂）共同编写方案、案例计45篇。历经18个月，在专题组成员的共同努力下，《卷烟加工精细化管理指南》与《卷烟加工精细化管理案例集》2本书正式出版。两本书聚焦卷烟制造过程工艺质量、生产组织、物耗成本等七大板块，梳理和识别出生产过程的33个关键控制项目105个关键控制要素，收集213个精细化管理案例，具有较强的实用性、操作性和借鉴性。

2019年，牵头申报行业生产过程全要素管控模式探索研究。组织北京卓信、厦门邑通、上海滇航&PTC、中软国际、中软海晟、IBM公司、易普优和华中科技大学等单位到龙烟进行需求沟通和技术交流共11次，对技术方案和实施路径进行探讨，初步确定以Thingworx平台为基础，依托工业互联网平台构建智能生产管理系统的实施路径。9月底完成项目实施方案编制，报送国家局。12月与华中科技大学进行咨询交流，确定了课题研究以高级计划与排产框架设计、全要素协同管控模式和全要素生产率测评标准三步骤的研究路径。

2020年，项目组通过与华中科大交流，结合前期研究成果，制定项目详细实施计划，并输出调研报告、APS技术框架、卷烟工厂APS实施指南、全要素协同管控模式指南、全要素生产率测评标准的大纲。开展问卷调查及现状调研，收集思路或方案。针对项目目标、研究思路、研究内容，设计成员单位的课题研究目标认同度、研究内容及思路认同度以及APS框架设计、全要素协同管控模式、全要素生产率测评标准相关内容的调查问卷，形成成员单位问卷调研报告及行业生产管理调研报告；7月在公司内对就生产管理现状，包括工厂工艺布局、生产组织模式、计划管理、制丝及卷包生产执行过程、物料计划和库存管理进行了调研，并于8月开展对济南、南宁、郴州三家成员单位的调研，形成调研报告。开展APS框架设计，夯实理论基础。基于APS基本原理和理论，按照高级计划排程APS前沿领域概述、高级计划排产前景蓝图描述、计划排程参考模型、各模块的功能描述及参考数学模型算法及其应用场景等模块，完成APS框架设计的编制并通过评审。开展卷烟工厂APS实施指南编制，为APS的实施提供理论支撑。结合卷烟工厂生产管控模式、现状调研及APS框架设计，按照前沿的APS基本理论，以APS实施层级、管控要素、模型建立、实施方式、评价改进等维度，梳理实施内容及路径。

2021年，全面梳理生产过程管控要素，输出生产管理透明化方案。设计全要素协同生产管控框架及评价改进一体化闭环管理机制。初步确定生产率测评指标体系，并统计6家卷烟工厂近年来的指标实现值，初步确定指标评价模型。完成以课题研究报告为主体，以《卷烟工厂APS实施指南》《生产过程全要素协同管控模式指南》《全要素生产率测评标准》为成果的课题研究并提交给国家局。

三、品牌合作生产

为持续贯彻落实国家局“放开衔接、适度引导、定向整合、促进发展”十六字方针，龙烟与河北中烟张家口卷烟厂有限责任公司，江西中烟赣南卷烟厂、赣州卷烟厂，四川中烟西昌卷烟厂开展七匹狼品牌合作生产，推进产销衔接模式改革，加强省际卷烟工业的战略合作，以提高七匹狼品牌产量规模和市场占有率。

与河北张家口、江西赣南两厂品牌合作生产持续深入开展　2012—2015年上半年，按国家局要求，龙烟与张家口卷烟厂有限责任公司本着诚实守信、互惠互利的原则，在平等、友好协商的基础上继续深入合作，签订品牌许可生产合作协议。每年合作生产产品均由福建中烟工业有限责任公司回购销售。

2012年，龙烟和江西中烟继续友好合作生产，于2012—2017年均签订合作生产协议。每年合作生产产品均由福建中烟回购销售。

2012年6月，福建中烟技术中心及龙烟质量管理部共同完成《福建中烟龙岩烟草工业有限责任公司关于2011年度合作生产企业（河北中烟）年度测评报告》《福建中烟工业有限责任公司关于2012年度与河北中烟工业有限责任公司卷烟品牌合作生产质量保障规范行业标准执行情况的自查报告》。11月在河北张家口卷烟厂有限责任公司，接受国家局卷烟品牌合作生产质量保障规范行业标准执行情况现场检查。全年在张家口卷烟厂合作生产“七匹狼（红）”卷烟13000箱，“七匹狼（白）”卷烟37000箱。

2012年2—3月协助福建中烟，完成“七匹狼（白）”在赣南卷烟厂落地制丝调研和中试。4—5月协助福建中烟组织完成“七匹狼（红）”在赣南卷烟厂的滤棒中试工作、卷接包中试工作。9月组织中烟技术中心及龙烟质量管理部完成《福建中烟龙岩烟草工业有限责任公司关于2011年度合作生产企业（江西中烟）年度测评报告》《福建中烟工业有限责任公司关于2012年度与江西中烟工业有限责任公司卷烟品牌合作生产质量保障规范行业标准执行情况的自查报告》。全年在赣南卷烟厂合作生产“七匹狼（红）”卷烟18300箱、“七匹狼（白）”卷烟77233.2箱。

2013年1月，配合福建中烟技术中心完成河北中烟张家口卷烟厂质量安全写实评估工作。10月协同中烟技术中心及龙烟质量管理部，完成《福建中烟工业有限责任公司关于2013年度与河北中烟工业有限责任公司卷烟品牌合作生产质量保障规范行业标准执行情况的自查报告》。11月在河北张家口卷烟厂有限责任公司，接受国家局卷烟品牌合作生产质量保障规范行业标准执行情况现场检查。全年在张家口卷烟厂合作生产“七匹狼（红）”卷烟15049箱、“七匹狼（白）”卷烟34924.4箱。

2013年1月协助福建中烟技术中心，完成品牌合作生产江西中烟技术中心及赣南卷烟厂的质量安全写实评估工作。5月中旬起，组织制丝车间、卷包车间、动力车间、物流部、质量管理部，按公司相关培训标准要求共同完成赣南（州）卷烟厂九批制丝、成型、卷包、动力、物流设备操作及维修人员的培训工作，累计培训163人次；另协助接待赣南卷烟厂中层及以上干部交流学习共计两批18人次。10月协同福建中烟技术中心及龙烟质量管理部完成《福建中烟工业有限责任公司关于2013年度与江西中烟工业有限责任公司卷烟品牌合作生产质量保障规范行业标准执行情况的自查报告》。全年在赣南卷烟厂合作生产“七匹狼（红）”卷烟27006箱、“七匹狼（白）”卷烟66700箱。

2014年完成《河北中烟关于卷烟品牌合作生产质量保障规范行业标准执行情况的自查报告》《河北中烟2013年度合作生产测评报告》并上报生产制造中心。完成合作生产厂（张家口厂）生产七匹狼卷烟所需ZJ17卷接机68毫米接装纸长度改造备件6套的协调工作。全年在张家口卷烟厂合作生产“七匹狼（红）”卷烟14969.8箱、“七匹狼（白）”卷烟35030.2箱。

2014年协助福建中烟技术中心完成赣州卷烟厂加工能力写实评估及相关报告编写工作，同时对赣州卷烟厂写实评估改进项目进行交流、跟踪并反馈给福建中烟技术中心。协助技术中心组织子公司相关部门人员完成《赣州卷烟厂七匹狼（白）、七匹狼（红）批量试验工作及相关试验报告》。完成合作生产厂（赣州厂）生产七匹狼卷烟所需部分备件的协调工作，包括GDX2包装机配置专用铝箔纸压花辊12套及小包透明纸切刀和送纸辊各5件、国产PASSIM卷烟机144毫米滤棒改为108毫米滤棒的长度改造备件1套。组织卷包车间完成赣州卷烟厂3批成型技术人员、修理工及电工培训工作，累计培训14人次。完成江西中烟关于卷烟品牌合作生产质量保障规范行业标准执行情况的自查报告、江西中烟2013年度合作生产测评报告并上报生产制造中心。全年在江西中烟赣州卷烟厂合作生产“七匹狼（红）”卷烟21468.8箱、“七匹狼（白）”卷烟45266.2箱。在江西中烟赣南卷烟厂合作生产“七匹狼（红）”卷烟797.2箱、“七匹狼（白）”卷烟5637.2箱。

2015年协调完成龙烟借给张家口卷烟厂使用的检测仪器、压花辊、ZJ17卷接机68毫米接装纸长度改造备件等物资清单的整理与核对工作。协调完成张家口卷烟厂剩余原料、料香及烟用材料的回收工作。上半年在张家口卷烟厂合作生产“七匹狼（红）”卷烟 4628 箱、“七匹狼（白）”卷烟 10488 箱。

2015 年协调借给赣州卷烟厂生产“七匹狼（红）”使用的国产 PASSIM 卷烟机 144 毫米滤棒改为 108 毫米滤棒的备件回收工作。协调提供赣州卷烟厂生产七匹狼卷烟所需的 GDX2 包装机配置专用铝箔纸压花辊 4 套，确保了七匹狼（白）在赣州卷烟厂生产的正常进行。全年在江西中烟赣州卷烟厂合作生产“七匹狼（白）”卷烟 72476.6 箱。

2016 年，在江西中烟赣州卷烟厂合作生产“七匹狼（白）”卷烟 50105.8 箱。

2017 年 3 月，根据国家局关于合作生产计划七匹狼（白）共 2 万箱的批复，4 月起，全力与福建中烟、赣州卷烟厂、公司各相关部门保持密切沟通与协调，快速响应合作生产各项组织与协调工作，积极做好原材料采购协议签订、原材料、香精香料、烟用材料的准备、组织、运输等工作。上半年累计发送七匹狼（白）原料 89 批、膨胀烟丝 437 箱（15295 公斤）及配套香精香料。上半年在江西中烟赣州卷烟厂合作生产“七匹狼（白）”卷烟 19950.8 箱。

首次与西昌卷烟厂品牌合作生产　2020 年 9 月，福建中烟与四川中烟签订了 2020 年下半年品牌合作生产协议，主要内容：2020 年下半年在四川中烟（西昌卷烟厂）合作生产“七匹狼（白）”卷烟 10000 箱、“七匹狼（红）”卷烟 20000 箱。合作生产产品全部由福建中烟回购销售。

2020 年 9 月 7—11 日由福建中烟技术中心牵头、龙烟相关部门人员配合，对西昌卷烟厂开展了实地考察、加工能力写实评估工作，对西昌卷烟厂的企业基本情况、仓储保障能力、设备保障能力、生产组织能力、质量保障能力等方面进行了系统分析和写实，对“七匹狼（白）”的原辅料的上机适应性进行了系统测试，从原辅料及成品仓储、制丝过程、制梗丝、滤棒成型、卷接包过程、质量控制等方面对影响双方产品质量一致性的因素进行分析评估，确定改进要求，合作双方协商明确了进行下一步批量试验及文件编制的相关计划及时间节点要求；西昌卷烟厂对写实评估所提出的未满足合作生产产品加工需求的项目进行了有效改进。

在经技术中心及龙烟相关人员验证确认的基础上，2020 年 10 月 11—19 日，进行“七匹狼（白）”及“七匹狼（红）”在西昌卷烟厂的批量试验、人员培训工作，完成相关叶组、烟用材料配方技术及工艺技术标准的编制与输出；合作双方根据品牌合作生产相关技术及管理文件的要求，密切配合、通力协作，于 2020 年 10—11 月完成“七匹狼（白）”卷烟 10000 箱、“七匹狼（红）”卷烟 2 万箱的生产任务，回购销售于 2021 年元旦起至 1 月 15 日期间执行。

2012—2021 年品牌合作生产产量表

表 3–2　　单位：箱

输入方	张家口卷烟厂		赣南卷烟厂		赣州卷烟厂		西昌卷烟厂		合计
年度	七匹狼（白）	七匹狼（红）	七匹狼（白）	七匹狼（红）	七匹狼（白）	七匹狼（红）	七匹狼（白）	七匹狼（红）	
2012	37000	13000	77233.2	18300	—	—	—	—	145533.2
2013	34924.4	15049	66700	27006	—	—	—	—	143679.4
2014	35030.2	14969.8	5637.2	797.2	45266.2	21468.8	—	—	123169.4
2015	10488	4628	—	—	72476.6	—	—	—	87592.6
2016	—	—	—	—	50105.8	—	—	—	50105.8
2017	—	—	—	—	19950.8	—	—	—	19950.8
2020	—	—	—	—	—	—	10000	20000	30000
合计	117442.6	47646.8	149570.4	46103.2	187799.4	21468.8	10000	20000	600031.2

第二节　制丝生产过程

一、制丝生产概述

龙烟坚持技术引进与自主创新相结合进行制丝设备选型与定制，形成“加工精细、流程简洁、工艺独特”的“生态绵柔香”制丝加工技术和平台，实施应用“保质保香”、“保质去杂”和“去杂增香”专属工艺处理技术，实现三模块并行的制丝分组加工工艺。

根据国家局对精品“七匹狼”卷烟专用生产线建设和“七匹狼”上水平的指示要求，企业通过自主创新，结合与国内外的技术合作成果，采用先进的工艺理念和技术装备，完成了精品“七匹狼”卷烟专用生产线技术改造项目、1140 千克 / 时干冰膨胀烟丝生产线省级技术改造项目和制丝一区国家级技术改造项目。

制丝过程管理流程分为生产计划管理、生产资源调配、烟丝生产等三个模块，将以上模块链接形成制丝过程管理端到端流程（见下图）。建立了制丝生产、工艺、设备、安全等相关制度，保障制丝过程有效实施。

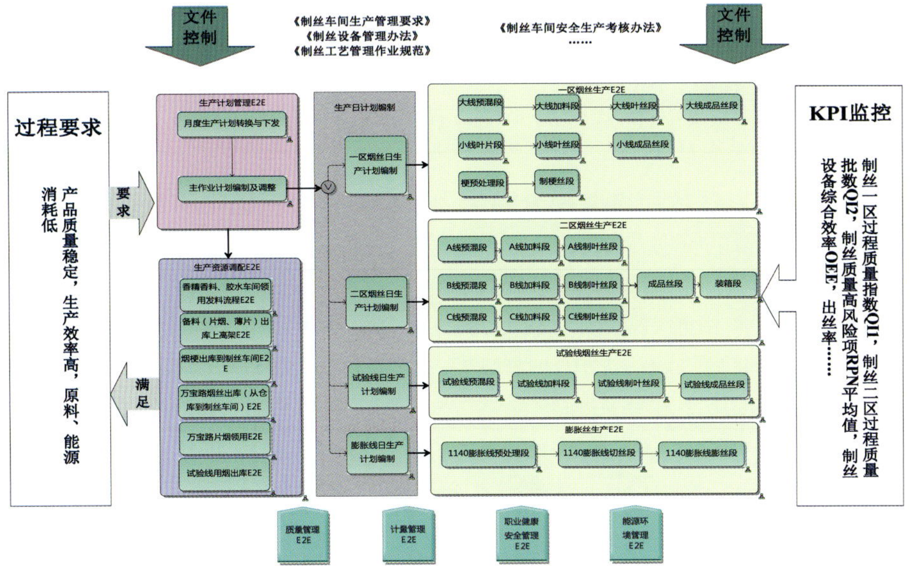

制丝过程管理流程图

二、制丝职能管理

制丝生产管理　生产管理聚焦生产保障，以数据分析为导向，基于 OEE 分析方法的应用，不断提升生产效率。

2012—2013 年，优化调整一、二区生产组织模式，实现了 570 千克 / 时膨胀线与 1140 千克 / 时膨胀线的顺利切换。

2014 年，确定制丝 OEE 分析模式及其计算规则、OEE 数采系统整体开发，构建制丝生产效率分析模式。

2015 年，完成技改期间二区及一区转运烟丝的生产。

2016 年，根据不同的生产任务进行分类分析，建立了制丝排产模型，实现了石狮（软富健）大、小线可同时单独生产。

2017 年，基于卷包四班三运转生产组织模式切换，同步调整制丝生产组织模式。

2018 年，探索“工段制”班组管理模式，构建制丝车间柔性化生产管理机制，完成 OEE 分析模式、出丝率分析模式构建。

2019 年，推进制丝柔性生产模式综合性研究。

2021 年，探索并建立制丝一区“线段制”生产组织模式，探索优化制丝车间生产组织模式，保障卷包实现“三班两运转”生产排班模式。

制丝工艺质量管理　工艺质量管理引入基于批量控制系统标准（ISA S88）的批次控制软件，实现了制丝生产按批次进行管理、控制和分析评价，使产品质量控制符合食品行业的标准。以“三维四环”框架，从方法、组织结构和制度三个维度出发构建全局闭环、技术闭环、保障闭环以及监督闭环的批次管控系统。

2011 年，以区域质量管控分委会为平台，整合、优化质量管理资源，探索产品质量保障的资源配置方式。

2012 年，构建制丝批次质量管控系统，建立全员质量的管理模式。

2013 年，所申报行业标准研制项目《卷烟生产全过程质量追溯规范》获得国家局立项批复，建立了以追溯单元、追溯信息、编码规则为三大主体的标准研究内容，完成了标准的制定。

2013—2014 年，深入推进批次管控模式在制丝车间的落地执行和优化。建立了基于 QI 质量指数的质量运行分析日报、周报、月报制度，从人、机、料、法、环、测全方位分析影响质量异常的因素。根据分析结果提交《故障原因分析及改进措施表》并制定完成期限，同时对到期未完成的整改项目进行考核，促进改进措施完成率的提高。

2015—2016 年，建立以时间、批次为轴向的多维度、多角度的纵向钻取、横向关联的质量指数分析模式，完善生产过程工艺参数实时报警和信息闭环处理机制，实现了现场操作终端工单式工艺自检管理。把虫情控制纳入日常质量管理的关键控制点。

2017—2018 年，开展 OEE 指标、QI 指数、出丝率基础数据分析，建立数据分析机制。

2019 年，推进深化批次质量管理系统的应用，健全质量控制闭环管理机制，完善虫情管控制度建设。

2020 年，开展批次质量指数 QI 的激励考核、落实车间三级管控、深化虫情隐患管控，优化日常保养的隐患点检查机制，优化整改闭环管理，不断深化过程管控。

2021 年，探索工艺质量监测新技术、新方法，优化分级检查机制，推进在线工艺质量监控。持续优化制丝车间工艺参数、设备参数全过程校验及异常报警功能，开展基于机器视觉的烟丝在线宽度检测和异物识别技术的研究应用，开展制丝物料流量稳定性保障研究，深化生产工艺质量分析体系的应用。

制丝设备管理　制丝车间设备管理以设备保障生产、工艺为指导，紧跟行业科技发展动态，全面推进 TnPM 管理模式，持续提升设备管理水平，不断提高生产过程控制精度和设备运行可靠性，为制丝生产稳定运行、质量稳步提供有力保障。

2011—2013 年，推进全面规范化维护管理体系 TnPM 项目，通过 EAM 信息化系统的深入应用，不断推进设备管理信息化建设工作。

2014 年，持续推进全面规范化维护管理体系 TnPM 项目，构建制丝生产效率分析模式。

2015 年，围绕设备状态精确预测、设备的精准维修、信息化管理和精干三支队伍（操作、维修、技术）建设，扎实推进设备精益管理“6+1”活动，逐步夯实车间设备管理基础。

2016—2017 年，结合设备卓越绩效管理提升项目，围绕一区技改设备问题整改和控制优化、全区域跑冒滴漏堵料专项整治工作，系统开展点检、润滑、维修及故障管理工作。

2018—2020 年，创新建立维修工“五阶培养模式”，规范维修工成长路径，缩短培养周期。

2021 年，优化车间设备运行分析机制，优化制丝维修队伍重构方案，建立“四融四提”常态化运行机制，促进制丝设备维护人才梯队建设，提升制丝车间设备维护质量和效率。

制丝安全管理　安全管理围绕“安全生产标准化一级达标企业创建”为主线，促进车间安全生产管理水平稳步提升。

2012 年，推进《安全生产标准化规范》落地运行工作。

2013 年，推进《烟草企业安全生产标准化规范》落地运行工作，10 月 21 日通过安全生产标准化一级达标评审。

2014 年，推进安全信息化系统建设，构建全面描述安全生产标准与规范和安全信息的“基础信息平台”。

2015 年，推进安全岗位达标和信息化系统建设，建立安全管理岗位规范及评价等各项基础数据库，逐条落实到责任岗位。

2016 年，持续推进岗位达标工作，完成车间所有 9 类管理岗位，18 类操作岗位的岗位规范编制、试卷编写及年度评价计划工作。

2017—2018 年，推进风险分级管控，构建隐患排查治理体系，配合公司完成信息化系统落地运行工作，提升车间安全管理信息化水平。

2019 年，开展安全生产标准化规范一级达标企业复评工作，深化双重预防机制建设。完成车间职工安全健康及安全生产标准化规范体系文件的升级换版工作。

2020 年，推进安全生产标准化文件体系升级换版落地运行，重点做好疫情防控期间的安全生产和应急防控工作。

2021 年，开展数字孪生技术在安全防护失效的综合性研究、开展现场管理工作的可视化技术研究、新技术研究运用等，提升车间隐患风险防控水平。

制丝人才队伍培养　持续发挥党建引领作用、聚焦生产制造过程、突出技术与能力创新、回归制度体系建设、加快人才孵化培育，形成了挖掘、开发、培养、提升各类后备人才梯队成长的机制，为车间可持续、高质量发展提供人力资源保障。

2018 年，创新提出维修人员“五阶培养模式”。该模式将机电类大学生从进入制丝车间起就纳入培养对象，按照见习、试用、初级、中级、高级五个阶段进行策划，通过五个阶段逐级培训、考核晋级为一名合格维修工。该模式被列入福建中烟 2018 年管理创新项目。

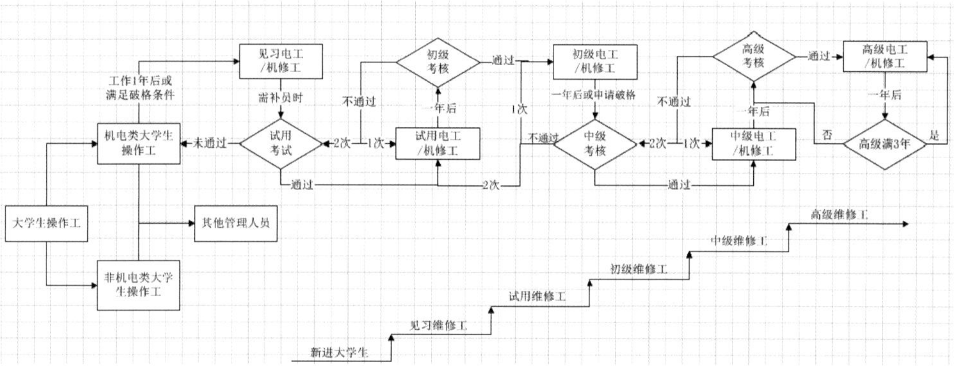

制丝车间设备维修人员“五阶”成长线路图

2019 年，构建操作人员培养机制的整体框架。开发“培养机制”的大部分教材，组建专项培训师队伍，对新进员工进行有关车间生产经营方面系统性培训。

2019 年，在充分识别、分析、评估二区现有岗位的工作强度、人岗适配的基础上，制定工段制实施方案，提升班组的管理效能，打通员工的晋升通道，提高员工技能操作水平，激活员工竞争和团队协作意识。

2020 年，构建岗位评价机制，根据不同的操作群体，分级分类，分为“四个维度”，识别相应的能力清单，同时制定相应的“岗位评价清单”及“岗位考核清单”。

2020 年，建立生产过程“12345”人才培养体系。“1”即建立一套工艺员岗位轮动人才培养体系，“2”即建立技术类与管理类的双轨人才培养体系，“3”即建立车间三层级安全（兼职安全员、安全内训师、注册安全工程师）队伍人才培养体系，“4”即“四维人才”培养机制和“第四维度”的培养路径，“5”即维修类“五阶”人才培养体系。“12345”人才培养体系是一条完备的人才培养路径，形成了挖掘、开发、培养、提升各类后备人才梯队，为车间可持续、高质量发展提供人力资源保障。

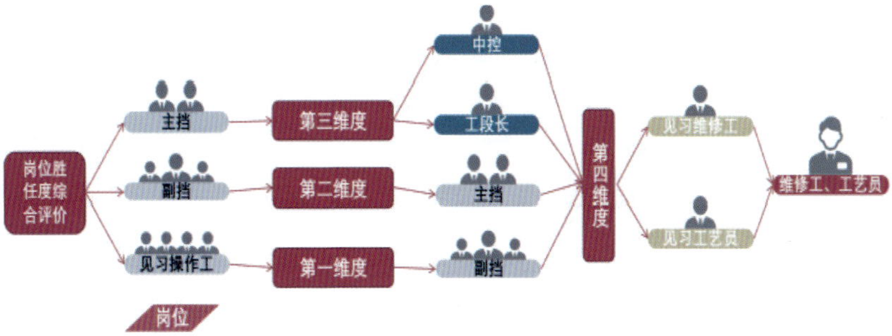

制丝车间“四维培养”路线图

2021 年，开展“四融四提”维修队伍重构，通过维修模式升级、设备维护责权到人、维修与工艺融合、维修区域功能提升、搭建人才培养机制等措施，达到“四融”（机、电融合，维修与生产、工艺、保养融合）和“四提”（提升管理模式、提升区域功能、提升维修技能、提升队伍活力）的目的。

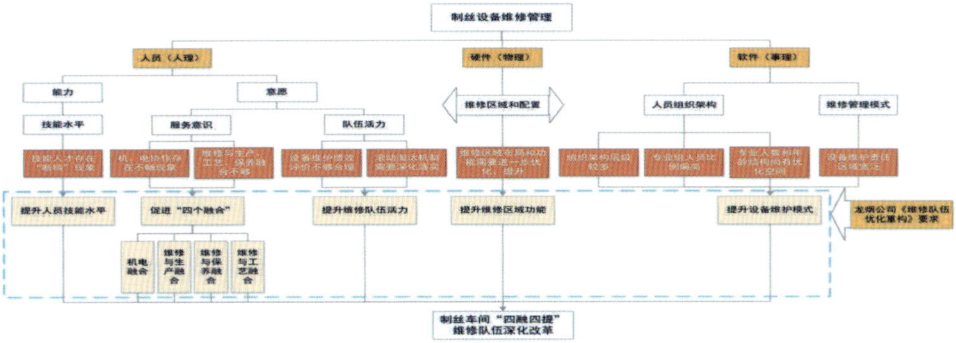

制丝车间“四融四提”维修队伍重构图

制丝绩效管理模式　基于PDCA循环，以“价值导向型部门绩效管理模式”，实现以工作绩效为依据的部门经济责任分配制度和部门绩效指标导向的项目管理制度，实现员工的价值需求。

2013年，着力寻找在公司卓越1.0管理系统引导下的制丝车间生产过程管理模式，在充分消化吸收公司“卓越1.0”管理系统的设计理念后，探索出一种基于PDCA循环，以绩效指标分解体系、部门标准化体系、量化评价体系、测量改进体系为基本举措的“价值导向型部门绩效管理模式”。2013年上半年完成制丝车间职能职责及岗位业务项的梳理，2013年下半年完成基于四体系控制要求的生产过程业务流程梳理，形成车间最终的生产过程业务流程架构图。

2014—2018年开展价值导向型岗位绩效管理，车间将39项部门关键绩效指标分解到各职能副主任，各职能副主任结合本职能所属的流程活动分解到各班组，形成各班组的团队指标；各班组根据岗位业务活动的控制点形成班组员工的个人指标。目前共形成团队指标库指标108个，个人指标库指标170套。

2019年，通过积分制管理模式在车间各项工作中的推广应用，推动了车间各项管理工作的数据化、规范化、科学化。

2020—2021年，扎实推进“五维一体”，提升车间治理实绩。聚焦绩效建设练好“内功”：全面识别提炼关键流程指标，并将流程分解至活动，绩效指标匹配到岗位，做到“人人有事做，事事有指标”；采用横向比较法，分别制定车间操作、管理、技术三类岗位系数模型和绩效系数模型，并运用于车间岗位价值评审和岗位优化；分步、分职能根据公司项目推进进度，在车间内进行基于“五维一体”岗位绩效试运行，并输出改进方案；加强车间体系团队的建设，提高审核技能；策划持有体系员证书的员工开展车间体系运行自查自纠；尝试“五维一体”体系梳理绩效指标与员工成长积分、维修队伍重构等工作的有效融合并运用。

第三节　卷包生产过程

一、卷包生产过程概述

以市场需求为导向，在卷包生产过程应用先进工艺技术装备和柔性生产思路，引入国际一流的M5卷烟机和X6包装机，设计了“一对多”与“二对多”相结合的一轨双机送丝系统、滤棒高架仓储配送系统，实现卷包生产快速响应。

卷包管理流程分为生产计划管理、生产资源调配和卷烟生产等三个模块，将以上模块链接形成卷包管理端到端流程（见下图）。建立卷包生产、设备、工艺、安全等相关制度，保障卷包过程有效实施。

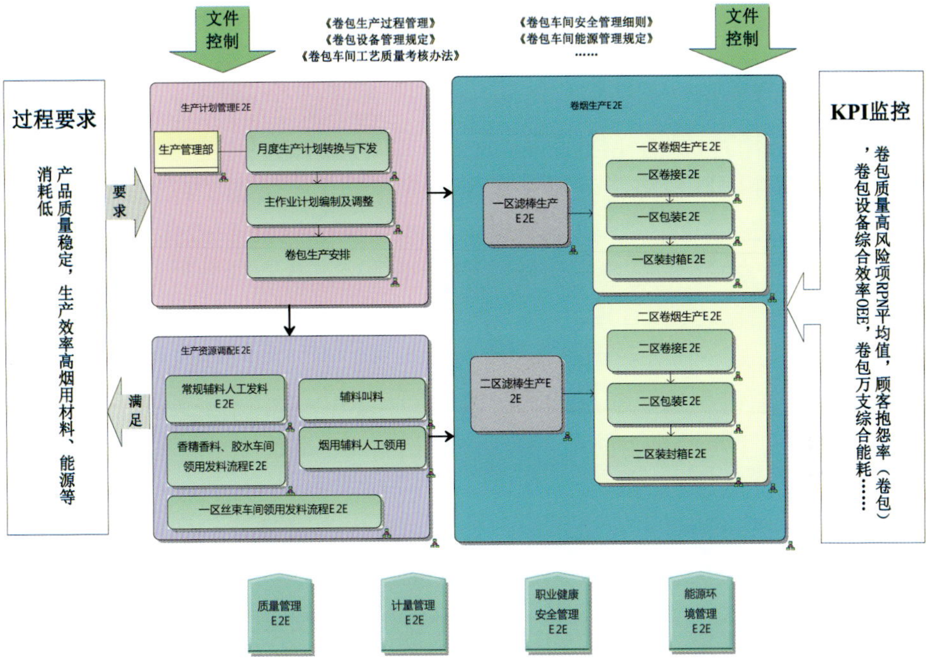

卷包过程管理流程图

二、卷包职能管理

卷包生产管理　2012—2016年期间，卷包车间实行“四班四运转”，员工每月需上一周大夜班。为了进一步优化生产组织方式，提高员工幸福指数，2017—2019年优化为“四班三运转”模式，员工无须上大夜班，且“上六休二”。

卷包质量管理　质量管理体系持续完善，质量控制水平不断提升。2012—2015年建立质量分析体系、质量事件档案，形成闭环管理机制。2015—2017年建立班组和机台“自检”“全检”新检验模式，建立质量隐患、质量事件、异常分析等与质量风险失效模式关联机制，开展关键质量风险点风险评估，为确定重大质量风险点提供数据依据；开展端到端流程梳理，完善相关环节的管理制度，为建立重大质量风险预防方法提供基础。2017—2020年梳理质量管理相关流程，将质量风险管控与卷包批次质量管理融合，推动质量预防管理深入实施。2020—2021年深化智能化新技术的应用，通过开展分布式小包全面视觉检测系统的自主研发与应用、卷烟机组中线技术的研究及推广应用、侧开中支包装设备保障能力提升研究与创新等科技项目，探索深度学习平台在外观质量检测的运用，以技术手段实现外观不合格产品精准剔除，提高产品质量。

卷包消耗管理 构建物料精细化管理体系，2012—2013年物料精细化管理信息系统上线试行，系统试行期间共改进系统设计129项，年内完成系统验收。2013—2017年持续推进物料精细化管理，依托卷包物料消耗日核算系统，保证各班各机台的物料消耗数据的“日清日结”，并依托卷包物料消耗日核算系统，各班组开展精益降耗活动，从生产管理等多个方面消除生产过程中的浪费现象。2017—2021年，建立物耗指数的月分析与管理机制，加强消耗管控系统性管理。2021年起卷包物耗精细化管理体系优化升级，健全完善基于PDCA的卷包物耗全过程管理机制，建立基于场景化的物料消耗分析及机制，深化对标结果应用，持续挖掘降本增效潜力。

建立生产辅料质量异常反馈与解决机制。2012—2013年开展生产辅料质量异常反馈工作，从源头上防范、减少不合格辅料、不适应辅料流入生产环节。2013—2014年开展辅料适应性研究与技术交流，持续改善辅料设备适应性（高速机为主），提高卷包车间设备运行效率和减少辅料消耗。2014—2017年构建对应的辅料管理及生产机制，针对上机适应性出现问题的成批量辅料记录反馈，实行退料冻结、质量评审、指定机台生产、索赔等处理流程及规定。2017—2018年构建卷包车间辅料设备适应性评价机制。2018—2021年强化对辅料上机不适性问题的分析、反馈，并根据省公司《烟用材料供应商考评办法》规定，如实填写烟用材料上机适应性不良报告单，倒逼辅料供应商重视来料质量。

卷包设备管理 以IS-PDCA理念及方法为指导，推进设备TnPM与精益管理。2012年，卷包车间深入推进TnPM设备管理模式，扎实做好基础管理工作，吸收消化新技术，解决M5—GDX6高速机疑难杂症，提高维修人员技术水平，高速机组设备运行效率稳步提高。2013年，针对设备维修管理体系不够明晰、制度不完善，培训方式比较粗放，设备运行状况和数据缺少分析和整理，对疑难问题的跟踪落实没有到位的问题，提出了设备管理双闭环管理机制。根据IS-PDCA管理方法，卷包车间构建“设备管理闭环”和“维修人员管理闭环”相结合的“双闭环”设备管理体系，并通过EAM系统的实施，为管理体系的落实提供支撑。2014—2015年，以公司提出的“6+1”设备管理精益化要求为目标，以EAM系统的实施作为精益化的落脚点，建立设备精益管理小组，梳理设备管理流程，划分设备管理等级，并建立了AA级设备的维修规范和保养基准书，提高了设备精益管理水平。2015年，卷包车间以精益管理为指导，从设备运行效率、质量指标、物耗指标等数据分析着手，建立各机种月度运行分析制度，每月对设备运行状况进行分析总结，加强设备日常运行维护。2017年，推进设备基础管理，以效率为重点，开展设备技能培训。依托台时数据，及时分析工作，建立集控系统和IPC数据分析系统，用来管理设备的台时数据。2018—2019年，车间建立卷包车间高速机组OEE的月分析与管理机制，通过对“计划损失”“外部衔接损失”“内部衔接损失”“故障损失”“质量损失”“性能损失”这6类损失的数据提取和整理，查找短板产生的原因，制定针对性的改进措施，来提升高速机组的生产效率。2020年，卷包车间围绕维修绩效变更与检维修体系优化、落地项目，以服务生产机台为导向，变更车间维修人员组织架构，创新维修模式，明确维修责任，建立维修绩效激励机制。2021年，卷包车间推进产能布局优化工作，优化中细支卷烟产能布局，为“三班两运转”奠定基础。2021年7月起始，以公司《设备维修队伍深化改革行动方案》为指导，推行“能进能出”的维修工竞争上岗机制。

卷包车间人员管理 车间整体控员增效稳步实施。2019—2021年，通过岗位职责梳理及岗位需求识别进行定岗定编，调整各序列各岗位人数，实现岗位减少、人员减少，效率提升。卷包车间操作队伍“徒、工、匠、师、家”五阶建设持续实施，培养和造就出一支技术技能精湛、结构合理的操作队伍，梳理、打通、扩宽人才成长通道。内训师队伍建设取得进展。2019—2020年，成立操作序列“师”级别队伍，车间内部选拔优秀操作人才，负责车间内部培训及重点牌号生产工作；2021年，扩大内训师队伍规模，提升内训师队伍整体素质。课程体系建设取得成效。2018—2019年，完成新进员工ZJ17卷接机、GDX2包装机培训课程开发；2020—2021年，进一步制作开发操作序列教材，教材数量稳步增加，操作序列学习地图制作完成，课程质量提升。维修队伍建设进展顺利。2019—2021年，不断完善维修队伍建设，提升维修工队伍整体竞争力。卷包电气组近五年在全省电工职业技能竞赛、全国青年职业技能大赛、福建省职业技能大赛、工业机器人技术应用技能竞赛中共有9人获奖，维修队伍综合能力得到增强。后备维修培养效果良好，2019—2021年，通过编写各机型维修工培训教材、理论考试题库、实操考试题库，并将这些内容按季度划分进行培训考核，针对性地对各层级的维修学徒进行培训，培训效率稳步提高。

卷包安全管理 安全生产标准化建设持续推进，锐意创新。2012—2013年，建立车间安全工作领导机构，贯彻落实“烟草企业安全标准化规范”，于2013年10月通过了“安全生产标准化一级达标”评审。2014—2015年，大力推进安全信息化建设，提高员工安全意识及技能，深化岗位规范达标创建工作。2016 年，以岗位达标为切入点，构筑岗位级、班组级、车间级三级全面安全防护网。2017—2019 年，更新安全管理制度文件，完善安全体系建设，规范安全工作流程。2020 年，搭建卷包车间安全管理综合平台，使得安全管理工作更加便捷化、效率化。2021 年，推进安全标准化示范班组建设，在福建中烟“安康杯”安全生产标准化管理示范班组考评中，二区乙班、二区甲班分获全省第一、第三的成绩。

卷包现场管理　现场管理不断寻求突破，2012—2013 年持续夯实制度基础，明确车间管理各级人员职责、现场环境、物品摆放、考核办法。2014—2017 年，推进精益现场管理，在属地管理原则上采用“四有”方式，在班组间引入竞争机制。2018 年，创建“创客之家”，引入现场管理众包理念，并完善 ARIS 流程管理。2019 年，构建以“大现场”为目标的管控机制，为打造龙烟五星现场夯实基础。2020 年，系统性建立专卖废弃物处理流程图、处置示意图；在硬件方面，样板化推广“高速区域”，合理化整改“辅房区域”，人性化布置“车间现场”；在软件方面，通过目视化管理，加强对盲区的监督与整理并通过融合现场走动式管理，培育“被动接受—主动维护”的现场文化氛围。2021 年，通过“三措并举”将现场管理向文化体验平台建设延伸，改善物料堆放、优化二区现场感官、标准化现场模型。

创新工作室建设　卷包车间着力推进创新工作室建设，成绩斐然。2015 年，创建“郑东文创新工作室”。2016 年被评为市劳模工作室。2017 年进行扩建，创建“共享 +”创新工作室。工作室以“共同创新，共同成长，分享技术，分享经验”为基本理念，本着精益求精的精神，深入开展自主科技创新。工作室面积扩大至 130 多平方米，配备 PLC 综合试验台、3D 打印机、办公电脑等设备，形成集“红土先锋党员工作室”“郑东文劳模工作室”“技能大师工作室”职能一体的“共享 +”创新工作室，并于同年被评为“省劳模工作室”、市技能大师工作室。2018 年、2020 年，又先后被评为省技能大师工作室、省示范性劳模工作室。

第四节　新产品制造

新产品的落地生产为龙烟加快发展注入新的活力，为七匹狼品牌战略推进做出生动指引。龙烟集中力量，积极响应市场需求，严格执行新产品生产制造技术规程，确保新产品的质与量达到既定目标。

一、“古田”系列产品

2014 年初，国家局提出加快形成以“全国性知名品牌为主导、区域性优势品牌为依托、创新型特色品牌为引领”的品牌竞争发展格局，为特色老牌号卷烟带来了新一轮的发展机会。为响应国家局号召，进一步挖掘市场潜力，拓展高端，开发创新型特色产品，引领消费潮流，经过前期充分的市场调研和测试，福建中烟决定以“古田”为突破口，以充分挖掘老品牌价值，发挥国家级技术中心的优势，集中优势资源，全面升级，精心打造全新的“古田”卷烟。

2014 年 10 月 30 日，古田又迎来历史性的时刻——全军政治工作会议在这里召开，为“古田”品牌的成长创造了新机遇。11 月，“古田 1929”开始投产，2015—2018 年，从“古田（1929）”“古田（光芒）”“古田（红星细支）”“古田（金中支）”相继投产。其中，“古田（金中支）”采取手工包烟的生产模式，体现高端产品的“手工”特色。

二、“中细支”系列产品

2018 年，龙烟“中细支”新型产品卷烟的生产迈出新步伐。2018—2021 年，除了“古田”系列“中细支”新产品外，包括“七匹狼（1575 金中支）”“七匹狼（1575 冰抹茶）”“七匹狼（锋芒）”“七匹狼（英伦奶香）”“七匹狼（鼓浪扬帆）”“七匹狼（观海中支）”“七匹狼（银中支）”等 10 款“中细支”系列产品相继在龙烟落地生产。2018 年 5 月，龙烟第一款侧开盖式中支烟新品“古田（金中支）”开始投产。2018 年 11 月，第一款细支烟新品“七匹狼（锋芒）”开始投产。2020 年 5 月，龙烟第一款宽版中支烟新品“七匹狼（鼓浪扬帆）”正式生产下线。

2021 年 4 月 17 日，首批福建中烟宽版中支新品七匹狼（银中支）在龙烟公司卷包车间二区 55 号、63 号两个机组正式生产。图为维修、操作、质检人员正在察看七匹狼（银中支）生产情况（姚义　摄）

三、生产制造过程保障

龙烟以“丝丝精道、精益求精”的品质观，做好每支烟的质量。为保障产品质量，公司在国家标准的基础上制定了更为严格的内控指标。加强供方提供的产品、生产线的在线产品及成品合格率的检测力度，制定《工艺质量考核办法》《关于对生产过程发现的质量问题及质量隐患的奖励办法》，形成以过程监视、产品检测、质量考核的“三点一线”流程，不断完善、提升成品卷烟的合格率。

产品过程质量控制方面，积极实施生产过程精细化控制工程。制定质量管理体系目标，并创新管理模式，建立区域质量管控、制丝批次管控、卷包“套餐”管控，并以“向过程要质量”为切入点，以批次管理为主线，以过程关键工艺参数、在线计量设备及在线检测仪器的批次过程数据为主要依据，以少部分技术指标离线检测为补充，引入数理统计方法（SPC），量化过程质量水平，固化质量控制、质量分析和评价、质量考核、质量改进可持续管控一体闭环式过程质量处理流程，实现结果控制向过程控制的转变，形成一套全员参与的质量管控体系，满足卷烟生产加工的精细化、同质化、个性化需求。过去，制丝线产品检验主要是提取关键工序的几项重要指标，而现在实现了批次全流程自动化监控，产品质量一旦出现波动，能快速、准确地追溯源头，及时整改，不仅确保了烟丝成品质量的持续稳定，同时也极大地提高了原料的利用率。新成立的质量管理控制委员会及原料、制丝、卷包三个区域管控分委会持续发挥作用，改变了以往质量事故“一窝蜂”处理的现象，优化了质量管控的资源；分委会负责各区域的质量管理控制，实行区域质量自治，由挡车工根据设备报警情况，通过信息系统报给工艺员，再由工艺员根据故障类型分配给机或电维修人员，大大提升事故的反应速度。区域质量管控模式由传统的部门化质量管理向区域化、流程化转变，形成操作工自检、检验员取样抽检、工艺员巡检、分委会周检、质管部监督检查五个层次的工艺检查，有力保证工艺质量标准得到全面落实，提高过程控制响应速度，共同提升产品的质量。

制丝作为新产品生产过程的第一道战场，建立新产品生产过程保障的长效机制方案。从“人、机、料、法、环、测”方面入手，实现全过程全要素的生产过程管控。为保障新产品生产，卷包车间集合所有技术骨干力量，通过对多次投产前的试制的问题，不断试错，总结经验。

正式生产过程中，各生产班组以及跟班质检人员严格执行各项工作任务，认真履行职责，互相配合、协调。设备运行前，操作人员严格执行《质量宝典》中的保养方法，针对机组要点部位进行系统、全面的保养，遇到问题及时停机，及时反馈生产过程中出现的异常情况，维修组积极配合，迅速查明原因并全力以赴攻坚，确保质量始终处于稳定且受控状态。

2012—2021 年新产品落地生产时间表

表 3—3

序号	年份	新产品牌号	序号	年份	新产品牌号
1	2012	七匹狼（16 支通运）	7	2018	古田（金中支）
		新版“七匹狼（大通仙）”			土楼（1575 金中支）
		七匹狼（通仙 300）			七匹狼（锋芒）
		土楼（神韵）			土楼（1575 冰抹茶）
2	2013	七匹狼（新圣典）			古田（红星细支）
		七匹狼（16 支通仙）	8	2019	七匹狼（英伦奶香）
		七匹狼（通仙）			七匹狼（蓝钻）
3	2014	七匹狼（通仙境）	9	2020	七匹狼（鼓浪扬帆）
		七匹狼（通仙纯）			七匹狼（古田金细支）
4	2015	古田（软 1929）			七匹狼（观海中支）
5	2016	七匹狼（翠碧嘉缘）	10	2021	七匹狼（银中支）
6	2017	土楼（1575）			
		古田（光芒）			

第五节　工艺质量管理

2012 年以来，龙烟质量管理经历了三个发展阶段：2012—2015 年，围绕公司“十二五”战略规划及年度方针目标，以龙烟卓越 1.0 管理（IS-PDCA）理念及方法为指导，应用精益管理实施工具，以批次管控为主线，着力构建以信息化为载体的精细化质量管理模型，聚焦质量管理的改善和创新项目，实现公司精益质量管理目标。

2016—2018 年，质量管理以提升过程和产品质量的稳定性和均质化为目标，以满足公司总体战略为关键点，全面深化运用批次管控技术，以批次为载体整合质量特征要素，以追溯链条为线索串联卷烟生产全过程；深化数据挖掘与多维分析应用，提高“小数据”分析与应用能力，提升定位短板的便捷度和管理决策的贡献度；深化工艺保障和仓储养护技术研究、转化、应用，为迈向生态型卷烟制造基地愿景打下扎实基础。

2019—2021 年，质量管理遵循“四目标、两同步、三路径”的工作思路，紧盯四大目标（提升质量指数 QI、降低顾客抱怨率 CI、降低虫情指数 PI、降低不合格扣分 NI），以思想建设与业务提升同步走的方式，创新两者融合新路径，以实现两者共生共融、相互促进的良性循环。围绕“质量工程、质量控制、质量保证”三大路径，深化工艺质量创新，夯实基础管理，提升工艺技术控制水平和质量管理水平。

一、全价值链质量管控

质量目标与绩效管理 2012—2021 年，龙烟围绕生产全价值链开展各项质量管控工作，以保障产品质量满足顾客要求。质量指数 QI、顾客抱怨率 CI、虫情指数 PI 及不合格扣分 NI 等质量指标完成情况逐年向好。根据福建中烟质量目标、公司方针目标将质量指标自上而下层层分解落地，通过原因分析，将影响产品质量的指标纳入质量指标管理范畴，覆盖面由生产专业部门扩展至所有生产保障部门。在指标分类上，根据指标功能，分成“观察类指标”和“常规类指标”；根据指标性质，分为“绩效考核类”“生产保障类”“基础要求

质量管理部集体照（姚义　摄于 2022 年）

类”，同时引入难度系数科学定标，推进职能绩效考核机制升级，促进质量目标的实现：从基础性向提升性延伸，设定阶梯式的标准，下设阶梯式基础目标、一级挑战目标及二级挑战目标；从单一型的定量指标向复合型涵盖重点工作的定性指标延伸，增加重点工作及课题加分项，促进年度重点工作及课题的有效推进。

产品制造域质量管控 2012—2021 年，根据卷烟产品制造全流程，在原料域、烟用材料域、制丝制造域、卷包制造域及成品流转域开展质量管控工作。

2012 年，在质量风险管理方面，应用 FMEA 工具开展全过程质量风险失效模式定义和规则设计，通过风险识别、因果分析、风险评估、风险优化和风险改善，初步建立质量风险管控体系与运维机制；在产品质量安全方面，以“严密策划、严格监控、覆盖全程”为基调，建立各部门产品质量安全责任制度、追溯制度和企业卷烟产品质量风险应急预案，保障卷烟产品的质量安全；在质量运行分析方面，建立质量周报制度和优化质量运行分析模式：通过聚焦重点牌号质量和关键影响因素变化趋势与变更预警，严密监控周期颗粒度，强化管理人员监督执行力，有力保障产品质量的稳定性和质量信息披露的及时性、透明性；同时引入趋势分析、对比分析、最佳实践等方法，数据驱动短板挖掘，促进分析、定策、实施、评价一体闭环管理长效运行。

2013 年，质量风险和质量安全管理落地运行，成立风险管理专项小组，重点部门设立兼职质量风险管理员，梳理识别卷烟生产过程质量安全管控类别，共 9 个大项、50 个小项，涉及 11 个部门。发布实施《卷烟生产过程质量风险管控实施细则》《卷烟生产过程产品质量安全管控实施细则》，建立化学检验队伍，配置化学分析员及化学监督员，当年 10 月起，接手烟用材料安全性指标的相关检测工作；开展全流程烟虫防控，制定虫情控制标准，建立虫情监控分区域分级管理机制，形成周、月虫情监测图。根据区域烟虫情况分析查找原因，建立相应的虫情控制方法；加强现场工艺检查，9 月发布实施《生产现场工艺检查管理规定》，对现场工艺管理要求的执行情况进行审视、评价并输出改进，内容涉及环境、门窗、工艺参数、标识和记录等，有效提升生产现场的工艺管理执行力。

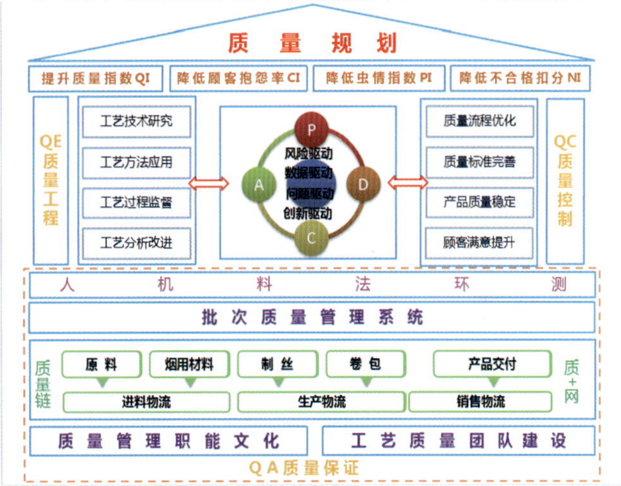

质量职能运营作业结构图

2014 年，深化质量风险管理，质量管理部利用收集的不良率信息对生产全过程进行风险例行评估，在质量风险管控实施的基础上，进一步梳理工艺事件、设备故障的信息采集流程，并确定风险管理信息化需求，为建立公司风险数据库提供基础。建立烟用材料控制前移模式，通过规范供应商产品批次管理、产品质量控制与追溯体系、产品质量检测及定期评审与监督控制机制，建立一套适合公司的“供应链质量预防体系”，将质量管控的环节向供应商制造端“前移”，逐步建立整个供应链的相关业务领域协同机制，保障烟用材料质量稳定性和可追溯性。深化批次QI数采评价体系的应用拓展，在制丝二区QI分析评价成熟应用的基础上，向制丝、卷包QI数字化全覆盖和原料、烟用材料QI评价试点应用平台推广，统一标准、分级管理、多维分析、触发改进，以数字推动产品质量的全局性管控提升。

2015年，在环境温湿度管控方面，通过过程物料含水率散失规律和环境温湿度影响因素变化规律及预测试研究，优化生产环节温湿度分类控制标准；统一标准分级管理方面，6月中烟技术中心牵头，龙烟、厦烟共同参与不合格分级标准、质量检验计划的统一与完善研讨会，确定总体框架，9月龙烟、厦烟分别对标准初稿进行对照修订，11月发布实施《生产过程不合格分级处置管理规定》，12月发布实施《质量检验计划》；持续建立烟用材料控制前移质量管控模式，质量管理部联合供应部分别与供应商确定《烟用材料质量控制最低要求》，对安全卫生指标控制、批次定义、过程质量控制、产品包装要求等规定详细要求，以及生产最大批量的控制要求，便于质量控制与追溯。

2016年，持续开展环境温湿度控制标准研究与应用，通过对外部环境温湿度历史数据的规律性分析，同时考虑空调设备能力的因素，将制丝环境温湿度控制标准分为常态模式和极端天气模式。通过温湿度控制系统的优化改造，实现制丝区域环境温湿度自动切换，确保环境温湿度满足工艺要求，提升成品水分稳定性。在工艺监督检查机制优化方面，根据质量检验计划工艺专检项目将部门工艺监督分为日常监督、过程监督、区域监督和专项监督四类，调整日常监督和过程监督的监督项目和频次，分级分类按不同的重点进行工艺监督检查，确保工艺技术标准执行到位，4月发布实施《质量管理部工艺监督管理规定》。在能源动力与环境控制管理方面，8月发布实施《能源动力与环境控制管理标准》。9月完成生产区域环境温湿度监控管理平台的研发，11月完成各检验室环境温湿度数采功能并运行。

2017年，开展卷烟成品质量保障技术研究，针对成品库存居高不下对成品质量可能产生的影响，质量管理部以问题为导向，从生产过程与顾客反馈质量现状调研入手，确定生产过程、仓储过程和市场流通三大环节影响成品质量的关键影响因素，通过工艺测试、技术诊断、规律性分析、持续改进的方式进行质量保障技术研究并实施，最终达到卷烟成品防霉、保质的目的；构建原料仓储质量管控体系。根据中烟的原料质量管理职能梳理，原料仓储养护过程质量管理的职能由原技术中心原料部直管转变为子公司质量管理部负责。为此，质量管理部牵头梳理原料质量管控体系框架，根据对原料仓储进行车间化管理的要求，协同物流部编制原料仓储的二级文件。根据检验职能编制完成《原料检验计划》《原料检验作业指导书》《原料检验岗位说明书》《原料不合格分级管理规定》，同时建立原料检验室，定编 3 名检验员正式加入原料质检工作；开展虫情综合防治，针对原料仓库、生产区域的烟虫控制存在的虫情交叉感染、设备清洁保养不到位、管控力量较薄弱、防控系统性较差等问题，质量管理部组织成立烟虫防控项目组，制定《关于开展全流程烟虫防控的实施方案》，从复烤后成品片烟仓储、公司原料仓储、制丝生产、卷包生产等环节以烟叶的流转、加工为主线，制定全流程、全方位、系统的烟虫控制实施方案。按照“以防为主、以治为辅”的原则，将虫源分为内生性和输入性两类，分别采取相应的防御措施，其中，内生性虫源控制采取重点防御，策略是阻隔、密封、杀虫；输入性虫源防控采取主动防御，策略是虫情隐患点清理、离线物料管理、虫情跟踪。

2018 年，开展中支卷烟关键制造技术研究，项目根据中支卷烟的特殊性，从管理和技术两方面入手，完成中支卷烟系列工艺、质量技术和管理标准的制定并执行，设备通过验收并实现正式生产。通过各专项技术攻关，突破生产过程遇到的难点，单重、圆周、吸阻、硬度等指标均质化程度得到显著提升；优化工艺质量管理运行模式，建立日常质量事件信息披露及特殊质量问题跟踪机制。建立以 QI、CI、PI 为主线的质量运行分析模式，细化 QI 稳态、非稳态和 CI 对比分析颗粒度、提升质量运行分析水平。完善变更管理机制，识别生产过程中的变更要素，发布实施《生产过程变更风险管理办法》，对生产要素变更引起的质量风险变化进行管理，提高变更风险管理水平。中支烟（“七匹狼古田金中支”）的生产，开启中细支生产质量保障的里程碑。

持续开展生产区域虫情综合治理，成立以公司领导参与的跨部门虫情项目组，构建精准的虫情监控管理机制、隐患点识别标准及隐患点清单等措施来优化虫情隐患点管理，开展基于“物理防治 + 设备改造 + 技术防范 + 化学防治”及新型虫害防治模式的实践与研究来完善隐患的治理，通过虫情综合管理体系构建，促进各项管理制度的落地，2018 年全厂虫情指数为 0.20，同比下降 0.17；虫数与 2017 年下半年相比呈明显下降趋势。

2019 年，持续开展中细支卷烟关键制造技术研究，引入特征宽度与分布、特征长度与分布、烟支密度分布、动态吸阻、分段吸阻、梗签物分离、燃烧锥落头倾向等新型检测技术，完成古田（“红星细支”）、七匹狼（“古田金中支”）的工艺、质量和消耗水平测试。开展不同切丝宽度对烟丝结构、烟支物理、烟气和感官质量的影响测试研究、中支手工包烟条包缺支检测技术应用研究、中细支滤嘴通风率稳定性影响因素研究、接装纸卷曲器对滤嘴通风率影响测试研究、激光打孔技术对滤嘴通风率稳定性影响应用研究、中支烟不同机型水松纸切长与上胶系统对滤嘴通风率的影响分析工作。强化质量风险管理，构建端到端融合的风险管理机制。运用全面质量风险管理方法，纵向剖析，横向铺开，从流程角度进行风险评估，利用 FMEA 工具开展生产过程失效模式的质量风险评估。深化生产区域虫情综合防治，以“精准化”为导向，构建虫情移动化监控系统，形成多维度分析、全方位预警系统。以“绿色环保”的烟虫防控理念为基础，与东昌公司共同开展硅藻土在卷烟生产车间中的烟虫防治效果的试验；开展固化防虫材料及熏蒸房建立可行性研究，研究虫情防治新方法。

2020 年，持续开展中细支卷烟关键制造技术研究，重点围绕烟支滤嘴通风率稳定性、圆周标偏稳定性和烟支消耗等短板弱项开展相关技术研究。在叶丝形态方面，开展切丝宽度实际值与设定值匹配性监测研究、基于梗签含丝量结果导向的铺料状态与风选参数优化研究，进一步改善烟丝结构和卷制质量；在卷接质量方面，开展在线激光打孔技术应用研究和多梯度卷制梗签剔除比例、回丝比例及不同规格平整盘对卷烟质量影响研究，为优化设备参数调整策略和备件选型提供了依据，并进一步提升卷制质量指标稳定水平；在烟支消耗方面，开展卷烟机空头剔除率归因分析与设备调整，并从管理与技术角度全面识别消耗来源并实施数据分类收集与现场管控，取得较好的效果；关注新产品七匹狼（“鼓浪扬帆”）、七匹狼（“锋芒”）、七匹狼（“古田金细支”）、七匹狼（“观海中支”）的质量保障工作，将风险防控意识贯穿生产过程的各个环节，生产前充分识别风险、制定应对措施并提早验证确认，生产中各级人员全程跟踪落实，实时报送过程进度和质量状况，生产后及时总结并固化经验，共同绘就具有现实指导意义的知识结晶——《扬帆宝典》和《金细支质量宝典》，为新产品过程质量管控提供坚实保障。关注新工艺、新方法、新材料、新设备在产品质量管控中的应用，新工艺方面高压微雾应用于制丝一区岗位送风，有利于控制车间环境温湿度的稳定。新材料方面，在七匹狼（观海）中创新采用植绒接装纸及 TRG 三元炭芯咀棒。新方法方面，完成 6 项中细支新型质量检测技术的标准化并纳入常态化监测，包括烟丝特征尺寸与分布检测、图像法切丝宽度检测、微波水分烟支密度分布检测、梗签物含丝量检测、烟用材料水分活度检测及小盒密封度无损检测。新设备方面，烟箱视觉装置运用在制丝二区片烟箱、烟丝装箱和C线切丝后杂物识别场景FY117废烟支烟丝回收设备投入使用。持续深化生产区域虫情综合防治管控措施的落地，通过开展1640个虫情隐患点现场标记，实现隐患点精准识别；通过开展2次全区域深度清洁、3次局部深度清洁、3次局部杀虫、206项隐患整改，强化日常保养、周期保养、深度保养隐患治理效果；通过简道云周期保养平台、隐患整改平台搭建及14份清洁保养文件发布，持续完善监督检查机制建设；通过线槽镂空改造、清扫平台搭建及33项设备自主改造，提升清洁效率；通过开展烟丝箱虫情治理研究，推进1146个烟丝箱分批熏蒸作业、一体成型箱盖试验及烟丝箱清扫策略优化，降低烟丝箱虫情隐患。

2021年，推进质量风险与变更管理机制向纵深发展，着力夯实质量风险与变更的基础管理，完善并发布《质量风险管理办法》等文件，实现生产要素变更管理的全面覆盖，2021年共计发起变更97起，识别风险129项，均制定预防措施进行跟踪监控。设置部门兼职质量风险管理员，充分发挥各部门主观能动性，提升质量风险自主管控能力。推进“静态+动态”双轨评估机制，开展年度质量风险例行评估识别一级质量风险35个，风险原因项310项，新增风险优化措施82项。规范动态风险评估，实现制丝、卷包、物流每日或每月动态风险评估。推动工艺监督检查与考核常态化，通过建立三层级工艺监督检查评价模式，实现各区域分级管控与精准检查，以评促改，实现工艺质量管控能力稳步提升。开展工艺监督检查累计35次，共发现问题149项，针对检查发现的问题及风险隐患点制定措施加以改进。以“五新”制造为抓手，提高企业卷烟工艺技术竞争力，持续为产品质量保障赋能。新产品方面，七匹狼（“锋芒”，甜版）、七匹狼（“银中支”）2个新产品落地生产。新方法方面，新增动态吸阻检测、卤素法含水率检测方法。新材料方面，烟用彩色印刷膜首次用于七匹狼（“锋芒”），柯林斯滤棒用于七匹狼（“蓝海细支”）试制阶段。新技术方面，新增中线卷接技术、激光测量技术、5G技术、机器视觉技术、彩色框架纸定位检测技术及小盒拉线视觉检测技术。新设备方面，手工包烟新增JB417C侧翻盖包装机。

品牌合作产品质量监督管理 2012—2020年，龙烟在赣南、张家口、西昌卷烟厂开展品牌合作生产。基于品牌合作生产的产品质量管控要求，规范品牌合作生产质量监督标准。2012年5月，按照中烟《卷烟品牌合作生产质量保障规范》要求，制定品牌合作生产管理监督办法和在线仪器、烟用材料检验、不合格品控制等管理规定，2013年7月至2020年11月，结合赣南、张家口、西昌三厂的实际状况，建立针对三厂不同模式的质量监督机制，多次修订发布

《品牌合作生产质量监督管理办法》《品牌合作生产不合格分级和处置管理规定》，为规范和指导品牌合作生产质量监督工作提供有力保障。建立品牌许可加工质量监督管理团队。将多个部门的质量管理资源进行整合，工艺员、检验员共同组成质量监督管理团队，2012—2020 年期间平均每年派遣近百人次赴赣南、张家口及西昌卷烟厂开展品牌合作生产质量监督工作，为品牌合作生产质量监督工作提供有力资源保障。2021 年起暂停品牌合作生产。

质量管理信息化建设 2012 年，龙烟的质量管理信息化应用依托于 MES 批次质量评价系统，涉及范围包括制丝一区烘丝段和制丝二区全域，以及 BS 架构的质量检验系统。2013 年之后研发独立批次质量管理系统，涉及质量管理全过程、全业务、全要素，通过对现有质量管理信息系统的现状调研和分析，结合精细化质量管理模型的推进，编制质量管理信息化建设方案研究报告，提出了质量管理信息化总体设想和实施规划。2014 年 7 月“构建全过程质量管理和追溯系统”完成招投标工作，8 月正式启动项目建设。该系统以全过程批次追溯的质量管理信息系统（I）为载体，以公司战略（S）为主导思想，结合质量信息、质量数据和业务操作的有机集成，通过两个平台（基础平台、数据交换平台）、六个子系统（批次质检数采子系统、质量运行管理子系统、质量统筹管理子系统、质量综合管理子系统、质量追溯子系统、质量分析子系统），实现基于质量策划（P）、质量运行（D）、质量评价（C）、质量改进（A）的闭环质量管理，实现卷烟制造全过程批次质量追溯和评价，提升卷烟制造全过程批次产品质量管控能效，为质量管理模式的创新奠定基础。2015 年，通过频繁交互、研讨和系统测试验证，基本完成系统平台搭建。研发完成并试运行质量检验数采功能、质量统筹管理功能、质量运行管理功能、质量综合管理功能、质量追溯管理功能。2016 年 1 月批次质量管理系统正式上线运行，以原料、制丝、卷包、烟用材料为主体的各项工艺、专检、自检、质量评价等业务围绕批次全面铺开。针对各业务功能模块从数据准确性、应用便利性及分析有效性等方面对系统进行全面优化，增加离线物料人工搬运管理及超期预警功能；在制丝、卷包、成品等质量评价模型的基础上，完成原料质量评价的模型设计、开发与实现，烟用材料的质量评价模型；完善质量追溯信息，系统已实现除烟用材料外的全过程质量追溯功能。2017 年，研发烟用材料批次 QI 评价模型建立与系统功能。完成主要烟用材料关键项的识别，并初步构建卷烟纸部分关键检测项的 QI 量化评价模型和信息系统实现。推广应用烟用材料上机扫码技术，提升烟用材料与卷接包的批次关联及质量的源头追溯。4 月上机扫码技术在卷包车间推广应用。通过增设烟用材料上机扫码配方校核功能，取代人工核对业务，系统保障配方的准确性。同时，研发完成上机适应性异常反馈与处置功能平台，对来料问题进行及时闭环处置，并纳入车间自检项目及质量追溯信息平台。2018 年 8 月批次异常反馈与处置功能开始正式运行，每项事件形成审核流闭环，提高了批次异常信息的关注度，便于及时跟踪解决质量问题。2019 年，基于 QI 算法，通过原辅料批次质量需求调研及评审，研究建立原辅料批次评价模型，实现原料仓库、原料批次、原料月度评价、烟用材料供应商及烟用材料批次质量评价，展现评价报表进行分析，为质量改进输出提供数据支撑。2019—2021 年，不断深化应用批次质量管理系统。

质量体系及标准化管理 2013—2019 年，开展优化质量管理流程梳理工作，应用流程梳理 ECRS 和 ESIA 分析法，梳理质量管理业务 4 个大类、21 个一级流程、118 个二级流程，形成公司质量管理流程框架。分析诊断与优化设计一级流程图 21 个、二级流程图 5 个，提炼一级流程关键绩效指标（KPI）32 个；采用合并、废除、替代等方法整合修订部门管理文件和技术文件。整合前管理文件 17 个、技术文件 45 个；删除管理标准 2 个，新增管理标准 7 个。整合后管理标准 16 个、技术标准 20 个；通过整合修订，部门的文件层次、架构更加清晰，文件也更加有效、实用；以流程梳理优化为基础的管理体系整合，应用 eBPM 方法论，根据职能架构梳理质量管理业务流程，理清质量管理业务流程在采购、生产端到端流程中的位置和作用。2020—2021 年，开展卓越绩效 2.0 质量管理体系“五维一体”文件梳理工作，一方面对质量管理全价值链，进行系统策划和梳理，将上级、公司以及部门的管理和技术文件结合业务流程，进行自上而下、自下而上的分解，通过系统的策划将质量职能工作进行规整形成 L2 流程管理文件。另一方面制定流程文件梳理进度表，明确责任人、完成进度、计划评审时间、存在

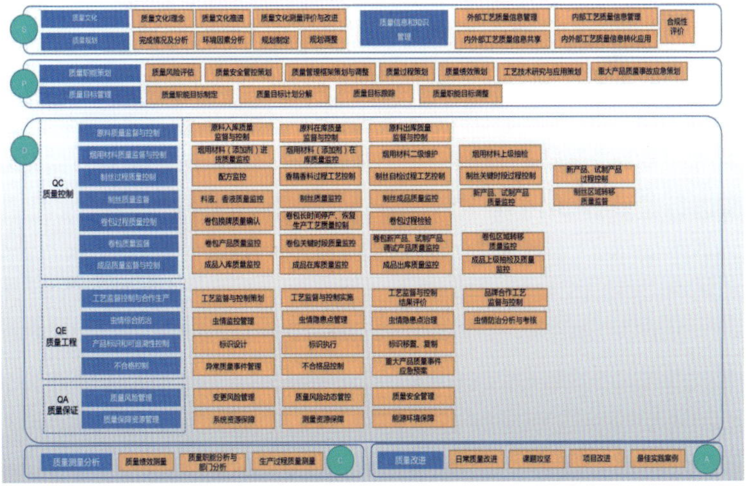

龙烟质量管理职能 S-PDCA 系统框架图

问题等，进行充分沟通与修订，及时对完成情况进行监控，确保文件及流程的编制质量。共制定 L2 管理文件 23 份，编制 L4 流程 215 个，提炼 L1 绩效指标 3 个、L2 绩效指标 65 个、L3 绩效指标 58 个、L4 绩效指标 207 个。

二、质量管理技术创新

2012—2021 年，以项目化为抓手，通过开展管理创新、科技创新项目，对质量管理的重点、难点问题进行项目攻关，全面提升质量管控水平。

2012 年，开展全过程质量风险项目。应用 FMEA 工具，对公司生产全过程进行质量风险识别、原因展开、风险评估、风险优化、风险改善，初步建立了质量风险管控机制和管控体系。

2013 年，开展环境温湿度对制丝加工过程的影响、辅料适应性研究、卷包 QI 模型研究和降低 VOCS（挥发性有机化合物）残留的方法研究等创新项目，有力推动工艺技术和质量管理水平的提升。

2013—2017 年，开展构建全过程质量管理和追溯系统项目，该项目遵循“保留、优化、摒弃、新建”原则，系统性考虑信息化系统的总体规划设计和系统功能定位，采用分步实施，分阶段上线。将产品信息、质量数据和业务操作等有机集成，借助信息技术手段进行准确测量、评价、追溯和分析，提升质量信息的综合利用效率，推动产品实现过程持续改进。

2014—2015 年，开展检验项目标准操作程序建立项目。该项目以质管部检验员岗位任职能力及车间需求识别急需建立标准操作程序的检验项目，制订相应的理论和实操培训教材，逐步形成一套具有龙烟特色的质量检验培训模式，提高检验员、机台操作工等检验标准的一致性。建立的标准作业程序主要包含：检验项目、测量设备操作可视化教材；不合格条款判定图例；质量缺陷库的建立。

2014—2015 年，开展《卷烟生产全过程质量追溯规范》行业标准研究，邀请国家局科教司、郑州烟草研究院、上海烟草集团公司等单位多名专家对标准进行论证，2015 年 12 月 14 日审定通过《卷烟生产过程质量追溯 基本原则与基本要求》《卷烟生产过程质量追溯 信息分类与要求》2 个独立标准，并于 2016 年 2 月 15 日发布实施。

2015—2016 年，开展环境温室控制标准研究与应用项目，通过对外部环境温湿度历史数据的规律性分析，采用二八分位法确定数据分布区间范围，将制丝环境温湿度控制标准分为常态模式和极端天气模式。通过温湿度控制系统的优化改造，实现制丝区域环境温湿度自动切换，确保环境温湿度满足工艺要求，提升了成品水分稳定性。

2017—2018 年，开展卷烟成品质量保障技术研究，从生产过程与顾客反馈质量现状调研入手，确定生产过程、仓储过程和市场流通三大环节影响成品质量的关键影响因素，通过工艺测试、技术诊断、规律性分析、持续改进的方式进行质量保障技术研究并实施，最终达到卷烟成品防霉、保质的目的。

2017—2020 年，开展虫情综合防治项目，针对原料仓库、生产区域的烟虫控制存在的虫情交叉感染、设备清洁保养不到位、管控力量较薄弱、防控系统性较差等问题，组织成立烟虫防控项目组，制定《关于开展全流程烟虫防控的实施方案》，从复烤后成品片烟仓储、公司原料仓储、制丝生产、卷包生产等环节以烟叶的流转、加工为主线，开展基于"物理防治 + 设备改造 + 技术防范 + 化学防治"及新型虫害防治模式的实践与研究来完善隐患的治理。

2018—2020 年，开展中支卷烟关键制造技术研究项目，根据中支卷烟的特殊性，从管理和技术两方面入手，完成中支卷烟系列工艺、质量技术和管理标准的制定并执行，设备通过验收并实现正式生产。通过专项技术攻关，突破生产过程遇到的难点。

2019 年，开展辅料质量管控方法的研究与应用项目，通过对烟用材料在厂内流转的全过程梳理，识别烟用材料入库自检、入库专检、入库不合格、上机质量异常等相关流程，确认各流程相关关系及要求，建立各模块管理规范，形成数据有效共享，完善烟用材料质量管理。针对各部门职责、工作内容、部门之间关联逻辑关系确认如何进行管理。对材料上机试验涉及车间、质量管理部、技术中心等各部门相互配合的业务，通过流程化展示，职责划分清晰。通过收集上机过程发现的不合格样品，对其进行归纳整理并按类别进行设置不合格分级，细化考核方式。持续梳理不合格流程，完善了细节控制点并实现了数字化仓储系统、批次质量系统、NC 系统间、协同平台（信息披露）等系统间数据对接。

2019 年，开展原料四段式养护监督方法优化项目，通过制定开垛回封要求预防开垛后虫情风险；在梳理福建中烟和龙烟现有原料管理文件基础上，优化四段式在库监督检验模式，完善原料管理质量评价并完成原料垛位化管理系统、批次质量系统模块的需求报告和系统搭建，最终实现产品一体化追溯。

2019—2020 年，开展特殊规格卷烟产品质量检测方法的研究与应用项目，通过系统梳理特殊规格卷烟质量检测表征方法，以中细支为试点，完成特征长度及分布、图像法切丝宽度、微波水分烟支密度分布、梗签物含丝量和烟用材料水分活度等取样方法、检测方法和评价方法的研究。

2020 年，开展构建 5C 质量管控模式项目，推进制丝、卷包、物流和质量管理过程的管控优化工作，包括管理文件升级、信息系统改进、流程规范管理、科学制定标准等。开展深化应用质量风险管控方法项目，完成全域500多个失效模式风险评估，输出三级质量风险清单。创新PFMEA风险评估方法，并以制丝车间为试点，依托简道云系统，构建动态风险评估的系统平台。开展高压微雾在制丝开放环境中的应用研究项目，完成制丝一区岗位送风加湿技术改造，实现基于现场环境温湿度的系统分级自调控功能，有效提升极端干燥天气现场环境湿度。开展辅料质量管控方法的研究与应用项目，从回归体系、数据驱动、考核导向、系统推进四个维度开展对烟用材料在企业流转的全过程梳理，实现系统间的数据对接与共享，质量信息的及时性和透明度得到较大提升。

2021年，开展中细支卷接包加工过程参数的研究与应用项目，结合品控管理要求，多维度对比分析常规支与中细支卷烟在包装外观缺陷方面的表征差异，形成PROTOS1—8卷烟机、GDX2包装机电气和设备参数清单359项及中细支卷烟、包装外观关键问题清单21项。根据关联参数制定试验方案并持续开展试验。通过梳理卷接，包装关键项目制定试验方案并实施，输出关键参数指标。

开展制丝生产过程防差错技术研究与体系构建项目，项目基于防差错理论，完成制丝全工序“工艺参数预警”清单及数据评价；通过对比FMEA工具和质量源波动解释数学建模方法，完成《基于波动源解释的防差错分级框架设计》初稿；搭建以信息流、作业流、设备流三维度的分级分类计数框架，并编制2份岗位防差错技术底稿。

开展构建五维五域质量管控模式项目，项目基于IS-PDCA方法论，从流程、绩效、风险、监督、网格化职责五个方面开展五域管控深化研究工作，完成《龙烟卓越管理2.0质量分册》的迭代完善，实现福建中烟《产品质量控制手册》在龙烟的承接与落地，构建质量网格员素质能力模型及网格员管理机制、贯穿五域的质量考评机制，深化绩效在各专业部门及保障性职能部门内驱力的引领效能。

开展产品质量检测关键设备保障能力研究与应用项目，通过开展产品质量检测设备现状调研，识别仪器类型47种，数量141台套，可测量49种指标；确定具有固定物理指标值且不易损坏可重复使用的比对标样，开展综合测试台比对；开展关键质量检测设备（鼓风干燥箱、综合测试台、透气度仪）内外部比对（三次外部、一次内部），确保仪器受控，保障产品质量生产过程稳定。

开展基于KANO模型的消费者满意指数（SI）构建项目，进度，基于KANO模型及理论，构建消费者满意指数研发技术思路与框架，完成消费者可感知语言、失效模式与市场反馈问题、模糊性产品质量缺陷样本三个维度的KANO问卷征集、设计与优化，完成内外部顾客问卷调研与数据分析，开展企业内控指标与消费者满意指标的关联性研究。

开展分段吸阻检测方法研究项目，通过构建分段吸阻计算模型，建立无损检测烟支分段吸阻的方法并进行对比验证，无损检测方法与普通有损检测的方法误差在5%以内。该方法可通过计算通风孔处的吸阻，以表征激光在线打孔的稳定性。

开展检验人才队伍培养模式的研究与应用项目，立足企业检验人才队伍建设现状，着力构建多层级的人才培育体系管理框架，提升人岗匹配度，完成岗位价值识别模型以及岗位能力素质模型的建立，提炼岗位所需技能以及技能等级，并完成4套配套教材编制。

开展接装纸上机适应性保障能力的研究与应用项目，基于问题导向，构建接装纸上机适应性综合量化评价模型，并进行初步验证和应用。筛选出影响接装纸上机适应性的关键质量指标接触角和动摩擦系数，开展现有接装纸的接触角检测。

开展口味接装纸中甜味剂含量变化规律研究项目，基于口味接装纸甜味剂施加工艺调研，围绕环境和时间维度，开展6环境正交试验和存放时间双因子甜味剂含量变化试验并形成报告。在传质方面，构建甜味剂迁移量对感官质量的影响试验表征方法并完成检测装置构造设计。

三、工艺质量团队及质量文化建设

工艺质量团队建设　2012—2021年，龙烟工艺质量团队持续抓好工艺、检验、操作三大队伍建设。工艺队伍方面，通过举办技术创新论坛开阔视野，开展工艺理论与现场培训，提升工艺队伍创新能力；通过与郑州烟草研究院合作，开展工艺员取证培训，保证工艺队伍的能力水平；通过建立课题攻关项目，推广质量工具方法的运用，提升工艺队伍问题解决能力。检验队伍方面，开展检验员多岗位培训和技能鉴定工作，举办多岗位检验技能竞赛，开展检验多能工轮岗培训，以赛促学提升检验队伍能力；通过编制图片及视频操作教材，开展检验理论及实操培训，确定检验工作的操作手法及判定依据，确保检验标准执行的一致性。操作队伍方面，主要是通过对公司质量相关岗位人员识别、资质确认、能力培训及评价，开展制丝车间、卷包车间关键质量岗位能力确认工作，2021年覆盖制丝13个工序、卷包3个工序12种机型，提升操作队伍质量保证能力。

质量文化建设　2012—2017年，质量文化建设主要是基于“质量月”活动的开展，通过积极营造质量月氛围，普及工艺质量知识，提升全员质量意识。2018 年，通过开展“共担质 + 质量文化体系建设”项目，提出“共担质 +”新质量文化理念，构建质量管理部与车间“齐抓共管”的新格局。聚焦“质量变革”，提出用“+”相连形成“强辐射”，搭建“共担质 +”质量职能平台，触发联动效应，形成上下贯通、点面结合、互学互促的“质 + 网”，达成“质量每天加一点，积跬步，以至千里”的文化共识，在精益求精中共担质量之责。2019 年，通过质量文化定位、质量文化推进两大模块，推动龙烟“共担质 +”文化体系建设。以问卷调查、故事征集、质量大事记梳理的方式，诠释龙烟质量文化理念，赋予质量文化内涵，提炼龙烟质量文化理念体系，形成质量职能的使命、愿景及质量观；以“构建共担质 + 支部联动新模式”，联合公司上下内外，通过专家讲堂、品牌宣讲、工艺教学、供应商审核、销区交流、争先创优、树立典范等形式，营造“人人重视高质量，人人创造高质量，人人享受高质量”的良好氛围，深入推进全面质量管理，积极引导全员、全过程、全方位质量提升。2020—2021 年，进一步深植落地质量文化，从精神层、制度层、行为层、物质层、荣誉层五个层面构建龙烟质量文化空间架构，并深入开展研究探索。在精神层，通过使命职责化、愿景目标化、质量观行为化实现质量文化落地，编制并发布《“共担质 +”龙烟质量文化手册》，包含质量大事记、质量文化故事、质量工具运用，促进质量文化的宣贯；在制度层，基于“五维

2018-2021 年度龙烟公司“共担质 +”质量月活动情况表

表 3-4

内容		2018	2019	2020	2021
主题		共担质+，有你有我有大家	守初心、担使命、找差距、抓落实、树典范、促发展	加强全价值链管控，风好扬帆逐梦远航	立足岗位筑质量初心，强化监督促能力提升
具体举措	专家讲堂	2场	3场	6场	技术创新论坛
	品牌讲堂	1场	3场（公司级1场、车间级2场）	7场	1场
	过程确认及质量保障能力测试	制丝二区、卷包二区及梗线的过程确认与质量保障能力测试	制丝二区、卷包二区及梗线的过程确认与质量保障能力测试	制丝二区、1140干冰膨胀线、卷包二区	一区（白狼）、二区（古田金细支）、梗线
	质+联合行动	质量过程专项审核	1、现场工艺教学2、复烤厂、供应商交流活动及二方审核；3、质量风险交叉过程审核工作4、市场销售：商业物流情况的调研活动、零售点进行品牌宣讲	1、金闽再造烟业发展有限公司二方审核；2、质量风险过程审核；3、工艺测试改进与提升创新论坛	1.岗位质量能力确认2.质量知识竞赛3.质量专项培训，4.创新成果交流5.职能专项审核6.供应商二方审核
	“质+”区域典范	无	原料生态养护参观	生产车间区域典范评比活动，共评选“质+区域典范”2个	-
	“质+之星”评比	质+优秀班组7个、质+优秀机组3个、质+之星12名	质+优秀班组7个、质+优秀机组3个、质+之星12名	质+优秀班组7个、质+优秀机组3个、质+之星12名	质+优秀班组7个、质+优秀机组3个、质+优秀工段3个、质+之星14名
	“质+小创”评比	共63个“质+”小创，一等奖2个，二等奖8个，三等奖12个。	共69个“质+”小创，一等奖2个，二等奖7个，三等奖9个。	共提报117个“质+经验案例”，一等奖2个、二等奖4个、三等奖8个，优胜奖62个	质+岗位防错创意86个，一等奖1个、二等奖4个、三等奖8个
	“质+巧手”评比	“金中支”手工包烟比赛	“质竞手工包烟、致敬古田会议”手工包烟技能比赛	“传承手工匠心技艺、推动生产提质增效”——手工包烟技能大赛	质管部、制丝车间、卷包车间、物流部均开展质量岗位技能竞赛活动，共涉及17个岗位，373人参与。
	多媒体宣传推广	《龙烟快讯》167篇《狼的智慧》12篇《龙烟微TV》新闻视频7部	《龙烟快讯》77篇《狼的智慧》11篇《龙烟微TV》新闻视频4部	《龙烟快讯》80余篇《狼的智慧》16篇《龙烟微TV》新闻视频10余部《龙烟人》12篇	岗位情景微视频17个，《龙烟快讯》60余篇，微信专栏21篇

一体”运营管理体系，对质量管理体系框架制度进行研究，编制发布《龙烟卓越管理 2.0 质量管理分册》等管理标准、技术标准；在物质层、行为层及荣誉层上，持续发挥“质量月”的活动平台作用，促进各层面的质量文化研究及落地。从质量讲堂、技术论坛、质 + 联合行动、全员创新、技术比武、多媒体宣传、评先评优等多维度持续地对“质量月”活动进行迭代升级，促进“共担质 +”质量文化的提升和优化。

QC 小组活动 龙烟持续深入开展 QC 活动，不断提升青年员工发现问题、分析问题、解决问题的能力，并通过深入推进卓越绩效管理模式进班组，加强全员改善等工作，不断提高 QC 成果的生命力，并将其转化为生产力，为企业提质增效注入新动力。

2011—2021 年市级以上 QC 奖项一览表

表 3-5

年份	奖项或荣誉称号	QC 小组名称	颁发单位
2011 年	2011 年福建省优秀质量管理小组《提高大线切片机出料稳定性》	飞跃	福建省质量协会、总工会、团省委、妇女联合会、科学技术协会
2012 年	2012 年度福建卷烟工业 QC 成果一等奖《降低 GDX6S 小盒商标纸单箱消耗》	卷包节能降耗	福建中烟工业有限责任公司
	2012 年度福建卷烟工业 QC 成果二等奖《研制 RTS 烟支卸盘缓存过载保护装置》	炫狼	
	2012 年度福建卷烟工业 QC 成果二等奖《提高 B 线烘丝负压控制的 QI 得分》	风之轩	
	2012 年度福建卷烟工业 QC 成果二等奖《提高二区 C 线松散回潮加水比例 QI 得分合格率》	海阔天空	
	2012 年度福建卷烟工业 QC 成果三等奖《缩短一区机组换牌时辅料的平均配送时间》	物流阳光	福建中烟工业有限责任公司

续表 3-5

年份	奖项或荣誉称号	QC 小组名称	颁发单位
2013 年	2013 第六届“海洋王”杯全国 QC 小组成果发表赛一等奖	海阔天空	中国质量协会、《中国质量》杂志社
	2013 第六届“海洋王”杯全国 QC 小组成果发表赛二等奖	物流阳光、	
	2013 年全国优秀质量管理小组	海阔天空、卷包节能降耗	中国质量协会、总工会、妇女联合会、科学技术协会
	2013 年福建省优秀质量管理小组	卷包节能降耗、M5 卷烟机通运、物流开拓者、物流阳光、卷包车间探测之光、物流起航、新丝路、风之痕、锐意、乘风启航、火热豪情、制丝车间风之轩、卷包车间超越、卷包车间笃行	福建省质量协会、总工会、妇女联合会、科学技术协会
	全国烟草行业第 24 届优秀 QC 小组成果发布会二等奖	炫狼	中国烟草总公司
	2013 年度福建卷烟工业 QC 成果二等奖《研制新型 M5 卷烟机烟梗剔除输送装置》	炫狼	福建中烟工业有限责任公司
	2013 年度福建卷烟工业 QC 成果二等奖《降低 YP11A 型封箱机在回收烟箱生产中的故障停机频次》	卷包回收烟箱	

续表 3-5

年份	奖项或荣誉称号	QC 小组名称	颁发单位
2013 年	2013 年度福建卷烟工业 QC 成果三等奖《提高制丝二区香料厨房配料精度》	狼魂	福建中烟工业有限责任公司
	2013 年度福建卷烟工业 QC 成果三等奖《降低 GDX6S 商标叠传送故障率》	6X	
2014 年	2014 年全国优秀质量管理小组	卷包回收烟箱	中国质量协会、总工会、妇女联合会、科学技术协会
	2014 年福建省优秀质量管理小组	制丝车间狼魂、制丝车间 7 狼出击、物流飞航、物流阳光、睿智、物流先锋、卷包车间卷包合力、X6S、卷包狼之魂、卷包车间公共工程、卷包回收烟箱、卷包天行、卷包精睿	福建省质量管理协会、总工会、妇女联合会、科学技术协会
	全国烟草行业第 25 届优秀 QC 小组成果发布会二等奖	炫狼	中国烟草总公司
2015 年	2015 年全国轻工业优秀质量管理小组	炫狼、狼之魂	中国轻工业联合会质量分会

续表 3-5

<table>
<tr><th>年份</th><th>奖项或荣誉称号</th><th>QC 小组名称</th><th>颁发单位</th></tr>
<tr><td rowspan="8">2015 年</td><td>2015 年福建省优秀质量管理小组</td><td>制丝车间厚积薄发、飞鲨战队、千羽、物流阳光、雪狼、红狼设备保养部启航、乘风破浪、卷包车间竞合、卷包狼之啸</td><td>福建省质量管理协会、总工会、妇女联合会、科学技术协会</td></tr>
<tr><td>全国烟草行业第 26 届优秀 QC 小组成果发布会二等奖</td><td>龙岩烟草工业有限责任公司</td><td>中国烟草总公司</td></tr>
<tr><td>2015 年第 11 届“海洋王”杯全国 QC 小组成果发表赛优胜奖</td><td>合力</td><td rowspan="2">中国质量协会、《中国质量》杂志社</td></tr>
<tr><td>2015 第 11 届“海洋王”杯全国 QC 小组成果发表赛一等奖</td><td>物流阳光、千羽</td></tr>
<tr><td>2015 年度福建省烟草工业系统 QC 成果发布会荣获一等奖《丝束拼接头检测装置的研制》</td><td>合力</td><td rowspan="3">福建中烟工业有限责任公司</td></tr>
<tr><td>2015 年度福建省烟草工业系统 QC 成果发布会荣获二等奖《提供 KDF4 产 310mm 滤棒吸阻标偏合格率》</td><td>炫狼</td></tr>
<tr><td>2015 年度福建省烟草工业系统 QC 成果发布会荣获二等奖《新型内衬纸输送组件的研制》</td><td>狼之魂</td></tr>
<tr><td>2015 年度福建省烟草工业系统 QC 成果发布会荣获三等奖《减少二区机器人月故障次数》</td><td>物流阳光</td><td>福建中烟工业有限责任公司</td></tr>
</table>

续表 3-5

年份	奖项或荣誉称号	QC 小组名称	颁发单位
2015 年	2015 年度福建省烟草工业系统 QC 成果发布会荣获三等奖《减少 1140 线 RC80 滚筒黏丝量》	千羽	福建中烟工业有限责任公司
2016 年	2016 年全国优秀质量管理小组	GREAT 狼、雏鹰、炫狼、墨脱、	中国质量协会、总工会、妇女联合会、科学技术协会
	2016 年全国轻工业优秀质量管理小组	狼道、啄木鸟、绿动、雏鹰	中国轻工业联合会质量分会
	2016 第 14 届“海洋王”杯全国 QC 小组成果发表赛优胜奖	炫浪	中国质量协会、《中国质量》杂志社
	2016 第 14 届“海洋王”杯全国 QC 小组成果发表赛一等奖	制丝车间 GREAT 狼	
	2016 第 14 届“海洋王”杯全国 QC 小组成果发表赛二等奖	卷包车间锐狼、聚力	
	2016 年福建省优秀质量管理小组	蒲公英、聚力、联华、曼巴、锐狼	福建省质量管理协会、总工会、妇女联合会、科学技术协会
	全国质量创新大赛一等奖	墨脱	中国质量协会
2017 年	全国烟草行业第 28 届优秀质量管理小组成果发布会二等奖	合力	中国烟草总公司
	2017 第 16 届“海洋王”杯全国 QC 小组成果发表赛优胜奖	制丝车间海阔天空	中国质量协会、《中国质量》杂志社
	2017 第 16 届“海洋王”杯全国 QC 小组成果发表赛一等奖	合力、制丝车间狼魂、制丝车间红军灰	

续表 3-5

年份	奖项或荣誉称号	QC 小组名称	颁发单位
2017 年	2016—2017 年度全省烟草工业系统 QC 成果发布会一等奖《降低 M5 卷烟机的卷烟纸故障频次》	合力	福建中烟工业有限责任公司
	2016—2017 年度全省烟草工业系统 QC 成果发布会二等奖《研制商标纸电磁离合器摩擦盘复位装置》	雏鹰	
	2016—2017 年度全省烟草工业系统 QC 成果发布会二等奖《新型 ZJ17 牵手轴承专用拆卸工具的研制》	墨脱	
	2016—2017 年度全省烟草工业系统 QC 成果发布会三等奖《延长 ZJ17 卷烟机刀盘的更换周期》	聚力	
	2016—2017 年度全省烟草工业系统 QC 成果发布会三等奖《降低松散回潮进料中断次数》	海阔天空	
	2016—2017 年度全省烟草工业系统 QC 成果发布会三等奖《提高 6000 千克 / 时线 KLD 烘丝机出口水分的 QI 得分》	红军灰	福建中烟工业有限责任公司
	2017 年福建省优秀（一等奖）质量管理小组	聚力、和谐、精益、奋进	福建省质量管理协会、总工会、妇女联合会、科学技术协会
	2017 年福建省先进（二等奖）质量管理小组	精锐、蜜蜂成群	

续表 3-5

年份	奖项或荣誉称号	QC 小组名称	颁发单位
2018 年	2018 年福建省优秀（一等奖）质量管理小组	小水滴、向阳花、电气人、墨脱、蜜蜂成群、迅雷	福建省质量管理协会、总工会、妇女联合会、科学技术协会
	2018 年全国轻工业优秀质量管理小组	炫狼、火山、金麦、CHEMQ	中国轻工业联合会质量分会
	全国烟草行业第 29 届优秀质量管理小组成果发布二等奖	合力	中国烟草总公司
	2018 年第 18 届全国 QC 小组成果发表赛二等奖	红军灰、光芒、精益	《中国质量》杂志社
	2018 年全国优秀质量管理小组	迅雷	中国质量协会、总工会、妇女联合会、科学技术协会
	2017—2018 年度全省烟草工业系统 QC 成果发布会一等奖《降低 PROTOS-M5 卷烟机的单位结团烟丝量》	合力	福建中烟工业有限责任公司
	2017—2018 年度全省烟草工业系统 QC 成果发布会二等奖《研制 A1 切丝机锁紧螺母拆卸装置》	7 狼出击	
	2017—2018 年度全省烟草工业系统 QC 成果发布会二等奖《降低 Protos-M5 卷烟机物料供应故障停机时间》	炫狼	
	2017—2018 年度全省烟草工业系统 QC 成果发布会二等奖《研制皮带机过度整形装置》	迅雷	

续表 3-5

年份	奖项或荣誉称号	QC 小组名称	颁发单位
2018 年	2017—2018 年度全省烟草工业系统 QC 成果发布会二等奖《Garbuio 切片机自动切薄片烟包装置的研制》	红军灰	福建中烟工业有限责任公司
2019 年	2019 年全国轻工业优秀质量管理小组、质量信得过班组成果发布暨培训交流会，发布优秀质量管理小组成果	战狼、乘风启航、雏鹰	中国轻工业联合会质量分会
	2019 年全国轻工业优秀质量管理小组成果发布会卓越成果	雏鹰	
	中国烟草行业第 30 届优秀质量管理小组成果发布会二等奖《降低“精品线”件烟分拣故障频次》	迅雷	中国烟草总公司
2019 年	2018—2019 年度全省烟草工业系统 QC 成果发布会一等奖《降低“精品线”件烟分拣故障频次》	迅雷	福建中烟工业有限责任公司
	2018—2019 年度全省烟草工业系统 QC 成果发布会二等奖《ZJ17 卷烟机蜘蛛手负压控制装置的研制》	光芒	
	2018—2019 年度全省烟草工业系统 QC 成果发布会二等奖《减少 CTD 烘丝机单批过料时间》	黄山迎客	
	2018—2019 年度全省烟草工业系统 QC 成果发布会二等奖《提高 SJ136 加料机 QI 得分》	7 狼出击	

续表 3-5

年份	奖项或荣誉称号	QC 小组名称	颁发单位
2019 年	2018—2019 年度全省烟草工业系统 QC 成果发布会三等奖《缩短卷包车间机组平均换牌时间》	金麦	福建中烟工业有限责任公司
	福建省 2019 年度质量管理小组成果特等奖	耀灵、炫狼	福建省总工会、妇女联合会、质量管理协会
	福建省 2019 年度质量管理小组成果一等奖	森林、和心、众智、制丝车间七月、共享 PLUS	
2020 年	福建省 2020 年度质量管理小组成果特等奖	红星	福建省质量管理协会
	福建省 2020 年度质量管理小组成果一等奖	质加、seven wolves、路标、红古田、风华茂	
	中国烟草行业第 31 届优秀质量管理小组成果发布会一等奖《减少卷包车间细支烟卷烟机平均维修时间》	炫狼	中国烟草总公司
	中国烟草行业第三十一届优秀质量管理小组成果发布会二等奖《PROTOS1-8 卷烟机接装纸卷边检测装置》	森林	
	2020 年全国 QC 小组成果发表赛专业级成果《PROTOS1-8 卷烟机接装纸卷边检测装置的研制》	森林	《中国质量》杂志社
	2020 年全国 QC 小组成果发表赛专业级成果《新型 ZJ17 卷烟机水松纸拼接引纸装置的研制》	行星	

续表 3-5

年份	奖项或荣誉称号	QC 小组名称	颁发单位
2020 年	2020 年全国 QC 小组成果发表赛专业级成果《滚筒后室新型加热方式的研制》	乘风起航	《中国质量》杂志社
	2020 年全国 QC 小组成果发表赛专业级成果《AGV 搬运装置的研制》	物流阳光	
	2020 年轻工行业优秀质量管理小组交流活动取得优秀成果	风华茂、红古田	中国轻工业联合会质量分会
2021 年	2021 年全国 QC 小组成果发表交流活动（第一期）示范级成果《研制 PROTOS—M5 蜘蛛手骨架油封拆卸工装》	合力	《中国质量》杂志社
	2021 年全国 QC 小组成果发表交流活动（第一期）专业级成果《在线质量检测器点检信息系统》	狂浪	
	2021 年全国 QC 小组成果发表交流活动（第一期）专业级成果《片烟配方准确性校验装置的研制》	勤时明月	
	2021 年全国 QC 小组成果发表交流活动（第一期）专业级成果《减少制丝车间加料工序漏料量》	乘风启航	
	2021 年全国 QC 小组成果发表交流活动（第一期）专业级成果《RTS—SL 烟支缓存机构的研制》	墨脱	

续表 3-5

年份	奖项或荣誉称号	QC 小组名称	颁发单位
2021 年	2020—2021 年度全省卷烟工业系统 QC 成果发布会一等奖《降低滤棒库断料频次》	迅雷	福建中烟工业有限责任公司
	2020—2021 年度全省卷烟工业系统 QC 成果发布会一等奖《降低 M5—MAX 接装机故障停机次数》	炫狼	
	2020—2021 年度全省卷烟工业系统 QC 成果发布会最佳 PPT 奖《降低 M5—MAX 接装机故障停机次数》	炫狼	福建中烟工业有限责任公司
	2020—2021 年度全省卷烟工业系统 QC 成果发布会二等奖《MAGOMAT—SL 卸盘机新型下烟口的研制》	森林	
	2020—2021 年度全省卷烟工业系统 QC 成果发布会二等奖《降低二区件烟分拣道故障频次》	奋进	
	2020—2021 年度全省卷烟工业系统 QC 成果发布会二等奖《提高制丝一区小线烘丝段 QI 得分》	川流	
	2020—2021 年度全省卷烟工业系统 QC 成果发布会二等奖《调节池变风量联控系统的研制》	守望者	
	2020—2021 年度全省卷烟工业系统 QC 成果发布会三等奖《烟箱自动校验系统的研制》	乘风启航	

续表 3-5

年份	奖项或荣誉称号	QC 小组名称	颁发单位
2021 年	福建省 2021 年度质量管理小组成果特等奖	迅雷、阳光、汪汪队、火车头	福建省质量管理协会
	福建省 2021 年度质量管理小组成果一等奖	繁星、双截龙、风帆、小狼人、行动、与狼共伍、活力、质慧	
	福建省 2021 年度质量管理小组成果二等奖	物流古田、新丝路、海阔天空、7 狼出击、风好扬帆、	

第六节　专卖管理

2012—2021 年，龙烟内部专卖管理监督工作从战略和全局的高度找准定位、谋划工作、推动落实，把自觉尊崇专卖法律法规、依法履行专卖监管职责摆在更加重要的位置，坚决把推动行业高质量发展的要求落实到专卖内管的各项任务之中，坚定不移维护专卖制度，坚决守住专卖制度的底线，与时俱进、聚焦关键环节、创新机制、创新方法、创新手段，不断提高监管科学性和有效性，以忠实践行专卖制度为出发点和落脚点，不断推进专卖内管工作的治理体系和治理能力现代化。

一、强化组织领导

公司的专卖管理指的是内部专卖管理监督。为加强内部专卖管理监督工作，公司依据《福建中烟内部专卖管理实施细则》成立专卖管理监督领导小组和办公室，确保内部专卖管理工作有效执行。领导小组组长由公司党委书记担任，对本企业内部专卖管理监督工作负总责；副组长由分管领导等担任，对本企业内部专卖管理监督工作负直接领导责任；各相关部门负责人为领导小组成员，对本企业内部专卖管理监督工作负直接责任。内部专卖管理监督办公室（以下简称内管办），办公室挂靠企业管理部，配备 2 名以上内部专卖管理监督人员，企业管理部负责人任内管办主任，企业管理部分管专卖副主任任内管办副主任。

2012—2021 年，根据人事调动等变化，及时调整公司内部专卖管理监督领导小组成员，同时分别在各专卖业务部门设置专卖联络员，加强对组织分配专卖任务的落实与实施。

内部专卖管理监督领导小组职责 以专卖法律、法规为依托，负责贯彻落实上级机关对加强内部专卖管理监督工作的有关规定和要求，结合公司实际情况，深入推进加强内部专卖管理监督工作，进一步规范公司的生产经营秩序，确保公司在专卖体制下稳定、健康发展。

内部专卖管理监督办公室工作职责 组织宣传、贯彻执行国家烟草专卖法律、法规及相关政策。计划、布置、落实上级部署的专卖管理监督各项工作，制定相关管理制度，督促、指导、协助公司各部门完成各项专卖内管工作。负责建立有效的专卖内管信息沟通渠道、监管形式和监管途径，从专卖内管角度加强对企业生产经营活动的全面监管。配合上级及属地烟草专卖局的内部专卖管理监督检查工作。负责公司废弃烟草专卖品管理的监督检查与考核，与省公司、属地烟草专卖局协调废弃烟草专卖品管理方面的工作。负责公司烟草专卖生产企业许可证的变更及烟草专卖品准运证等证件的申领、协调等相关管理工作。负责公司专卖内管综合材料、信息的编制及上报工作。配合各级烟草专卖部门进行烟草专卖品的打假工作。负责收集处理公司内部专卖管理监督举报、投诉材料。

各业务部门专卖内管工作职责 公司内部专卖管理的范围从卷烟生产计划码段管理—原辅料设备采购管理—卷烟生产及消耗管理—卷烟调拨及准运证管理—废弃烟草专卖品处置管理等方面，涉及从原料购进、投料、生产到报废的全生命周期，涵盖公司的11个部门（子公司），各部门的专卖管理内容分别是:

企业管理部：负责成立专卖管理监督领导小组，内部专卖管理监督办公室设在企业管理部，负责公司内部专卖管理监督等工作。

生产管理部：负责生产码段（含样品卷烟）的专卖管理；负责批次废弃烟草专卖品处置申请中的生产类审核。

制丝车间：负责按照生产计划组织制丝生产、原料消耗的专卖管理；负责制丝车间日常废弃烟草专卖品（原料类）的收集、交接及台账管理，互换加工烟丝准运证到货确认管理。

卷包车间：负责按照生产计划组织卷烟生产、原辅料消耗的专卖管理；负责卷包车间日常废弃烟草专卖品的收集、交接及台账管理，样品卷烟的内外部交接及台账管理。

物流部：负责原辅料、成品卷烟调拨、运输及仓储环节的专卖管理；负责成品卷烟、烟用原辅材料准运证（含空白准运证）的申请、制证及到货确认管理；负责批次废弃烟草专卖品的收集、处置申请、交接及台账管理。

办公室（外事办公室）：负责公司烟草专卖生产企业许可证的申请及归档；负责公司广宣用烟（含自用烟）的专卖管理。

设备管理部：负责公司烟草专用机械的转让、大修、销毁及零配件的专卖管理；负责公司烟草专用机械准运证的开具及到货确认管理。

技术改造办公室：负责技改烟草专用机械的购进及到货确认管理。

质量管理部（质量监督检测站）；负责批次废弃烟草专卖品处置申请中的质量类审核。

财务部：负责定期提报专卖内管监督报告。

福建红狼实业有限责任公司：负责与卷包车间、制丝车间、物流部等部门产生的废弃烟草专卖品（含视同）进行交接、分拣、过磅、运输（出库）、处置（入库）及销售，同时进行过程监督及台账管理。

二、加强长效机制建设

2012—2021年，公司的专卖内管制度历经了数次修订，在原有《内部专卖管理监督工作实施细则》《内部专卖管理监督检查制度》《烟草专卖品准运证管理办法》《残次和废弃烟草专卖品管理办法》4项基本制度上不断进行修订、补充与完善，并将这四项制度在ARIS系统中进行合并优化，并最终形成《内部专卖管理监督办法》《废弃烟草专卖品（含视同）处置管理技术规定》。

新制度运用PDCA方法论将专卖工作分为“内部专卖策划管理”“内部专卖执行管理”“内部专卖监督管理”“内部专卖改进管理”四部分，用循环管理的方式将专卖内管流程进行了端到端的串联，不断推进专卖管理工作的自我完善与发展，使得内部专卖管理监督流程愈加清晰可控，为构建专卖监管体系提供强有力的制度保障，是龙烟专卖史上的第一部专卖作业指南与管理手册。

三、专卖内管宣传、培训与学习

内管宣传　公司充分利用微信群、企业OA邮箱、《龙烟人》及时发布专卖法律、法规知识及企业内部专卖管理工作开展情况。

内管培训　每年对公司领导、内管人员、相关业务部门领导、工作人员及新进员工进行一次以上烟草专卖法律、法规及有关业务知识的培训。如，每年新进员工的《中华人民共和国烟草专卖法》培训、2019年11月组织开展的电子准运证相关业务视频培训等。

内管学习　公司内管办积极利用多种形式组织专卖相关人员学习最新专卖内管知识，如2013年组织参与了普法知识竞赛、2015年组织学习《中华人民共和国烟草专卖法》、2019年组织省公司《废弃烟草专卖品集中处置管理办法》等。

四、专卖管理工作的实施

防控专卖风险，实行分类管理 在当今，烟草内外部形势日趋严峻，专卖风险日益加大，既有行业外对专卖体制不理解不断施加压力的外部风险，也有行业内由于自身不作为或监管不到位造成的内部风险，因此，专卖内管风险防控是个系统工程，它是对企业进行全过程的专卖内管风险防控，它可以做到对企业专卖内管风险的事前防范、事中控制和事后化解，因此对烟草工业企业是非常重要的一项工作。

2012 年以来的十年，公司严格按照国家烟草专卖局《专卖内管工作规范》要求，重点围绕专卖风险防控体系的构建，从公司生产经营流程中按照出现频次、影响程度等因素进行梳理，发现企业最有可能出现的专卖内管风险主要有烟草专卖品运输及准运证管理风险、烟草专用机械及烟机零配件管理风险、卷烟码段管理风险、废弃烟草专卖品管理风险、日常性事务专卖管理风险等五大类。

梳理风险，精准施策 2012 年以来，公司将废弃烟草专卖品管理列为重要风险进行重点防控、分类管理，并将专卖风险落实聚焦废弃烟草专卖品关键节点管理，强化对制度落实、标识管理、收集堆放、过磅交接及台账规范等基础性问题的监督力度，并层层分解到具体的关键环节、关键区域、关键节点和关键操作步骤上，通过末端的结果导向思维，反推当前的专卖过程管理，进一步提升公司专卖精细化管控水平。

规范干部职工及其近亲属从事卷烟零售活动 为切实贯彻全面从严治党要求，规范全省卷烟工业系统干部职工廉洁从业行为，巩固“天价烟”问题专项检查和集中整治工作成果，营造风清气正的良好政治生态。2020 年、2021 年，公司认真贯彻国家局《关于印发全省卷烟工业系统干部职工及其亲属卷烟零售活动暂行规定的通知》精神，严格按照规定加强对干部职工及其近亲属参与卷烟零售活动的监督管理，认真进行文件精神的宣贯及筛查，每年 11 月开始策划并排查，提前准备并做好备案登记工作，按时保质完成存在问题的整改工作和年底的相关表格汇总及报送工作。

2020 年 6 月，公司开展筛查并提交了整改报告，共计 2055 人填报表格，其中处级以上 12 人，科级 80 人，科级以下 1963 人；共计 59 人属于从事或参与私人营利性卷烟零售情况，其中本人从事或参与 4 人，已按要求在规定时间内进行了清理整改。

五、公司内部专卖管理执行

烟草专卖生产企业许可证办理 需要进行烟草专卖生产企业许可证办理时，办公室需提供烟草专卖许可证延续（或变更）申请表、原许可证正副本、工商营业执照副本、法人代表身份证复印件等材料向内管办提报申请，经内管办审核后提报福建省烟草专卖局办理。

计划码段（含样品卷烟）管理 生产管理部、制丝车间、卷包车间、物流部及办公室（外事办公室）按照《生产计划管理办法》、《成品卷烟码段管理办法》、《样品卷烟管理办法》（省公司）、《卷包车间成品码段管理技术规定》、《卷包车间成型工段生产管理》、《成品卷烟仓储管理办法》管理要求组织生产、出入库管理工作，严禁超计划生产、超进度生产或瞒产，国内调拨销售的卷烟出库应严格按照“一号工程”管理规定做到100%实物扫码出库。

烟草专用机械及零配件购进（转让、大修）管理 技术改造办公室、设备管理部按照《采购合同管理办法》《项目实施管理办法》《设备前期管理办法》《设备零配件管理办法》《设备处置管理办法》管理要求组织烟草专用机械及零配件的合同签订、到货验收、转让及大修工作，禁止同无烟草专卖品生产许可证的企业和个人签订合同，需要转让或出售烟草专用机械的必须严格按规定进行审批和备案，严禁到无烟草专卖生产企业许可证的企业进行烟草专用机械修理。

准运证身份认证卡办理 需要进行身份认证卡办理时，物流部、设备管理部、技术改造办公室、制丝车间等按照身份认证卡申请表提报需要申领信息，内管办根据准运证管理要求向省局申请办理身份认证卡并登记分发，确保准运证的申办及到货确认等工作。

准运证管理 当成品卷烟准运证库存数量≤1000份，原辅料准运证库存数量≤200份时，物流部向内管办申请领用，内管办完成办理后，物流部领取，确保准运证使用量保持在正常水平；需要制作交易类准运证时，有合同的由物流部、设备管理部在国家烟草专卖局准运证管理系统上办理，无合同的由物流部、设备管理部、供应部依据上级文件等材料在中国烟草物资电子交易网办理；需要办理非交易类准运证时，申请移库、样品卷烟、前置库的由物流部、设备管理部在国家烟草专卖局准运证系统办理；无法申请移库、样品卷烟、前置库的可申请特例准运证，需求部门提报特例准运证申请，内管办编写公司特列准运证申请函向省局申请办理；收到准运证后，辅料由物流部通知省公司在准运证系统确认，其他专卖品由物流部、设备管理部、技术改造办公室、制丝车间在准运证系统进行确认，系统确认完成后进行纸质确认并归档。当准运证过期时，物流部、制丝车间提报准运证过期确认申请，内管办编写申请函向省局申请办理。

废弃烟草专卖品处置 进行日常废弃烟草专卖品处置时，制丝车间与卷包车间按照《废弃烟草专卖品（含视同）处置管理技术规定》的分类与交接规定每日收集废弃烟草专卖品（废弃烟叶、碎片、烟丝、烟梗、湿烟土、烟棒等）并与红狼公司交接，红狼公司将湿烟土与公司工业垃圾混合后运至指定处置点焚烧，其他废弃烟草专卖品运至金叶复烤公司处置；卷包车间每日收集废弃烟草专卖品（废油烟、烟末、卷烟纸、滤嘴棒等）并交接红狼公司，红狼公司将废油烟与公司工业垃圾混合后运至指定处置点焚烧，其他废弃烟草专卖品在厂内监管及处置；进行批次废弃烟草专卖品处置时，卷包车间、制丝车间、物流部等提报申请，财务部出具资产损失意见，生产管理部、质量管理部、福建中烟技术中心龙岩工作站等出具鉴定意见，内管办审核通过后，红狼公司按《内部专卖管理技术规定》要求进行交接与处置，处置过程内管办与龙岩市专卖局人员共同进行监督。

烟草专用机械销毁　设备管理部按《设备处置管理办法》管理要求进行烟草专用机械销毁申请、审批及报废，确保并进行全过程视频记录。

六、内部专卖监督检查

部门自查　每月初的4个工作日内，与专卖相关的业务部门需开展部门专卖自查工作并提交相应的材料至公司内管办。生产管理部开展卷烟生产码段(含样品卷烟）、生产废旧物资内部专卖管理自查，制丝车间开展制丝生产、原料消耗内部专卖管理自查，卷包车间开展卷包生产、原辅料消耗内部专卖管理自查，物流部开展成品卷烟调拨、运输及仓储环节内部专卖管理自查，办公室开展样品卷烟及广宣用品内部专卖管理自查，设备管理部开展烟草专用机械及零配件内部专卖管理自查，技术改造办公室开展技改烟草专用机械内部专卖管理自查，红狼公司开展废弃烟草专卖品（含视同）处置与监督自查，财务提报原辅料消耗报表，内管办将部门材料稽核汇总后提报公司专卖自查资料至省公司及龙岩市烟草专卖局。

定期检查　公司每年与龙岩市烟草专卖局开展4次联合专卖内管检查，每季度开展一次。内管检查很好地运用了PDCA的方法，在事前提前和龙岩市烟草专卖局商定好检查计划，在检查过程用手工记录检查过程并拍照留存，检查过后及时进行整改、反馈与跟踪复查，不断进行完善。

专卖巡查（月度检查）　专卖巡查作为定期检查的一个重要补充，是公司内部自查中的重要一环，内管办以独自或联合的方式，每年至少要开展12次，每月开展一次，每年检查内容需涵盖公司所有专卖内管事项，并对全过程进行痕迹化管理，发现问题第一时间在微信群及QQ群上公布，及时将问题解决在萌芽状态，这种灵活、有效的监管方式，及时、有效地化解了潜在风险。

应急核查　2018年7月20日，金叶复烤公司专卖管理员在微信群反馈，由龙烟发往金叶复烤公司用于装烟梗等废物料的片烟箱，没有严格按省公司规定将片烟箱上的公司标识完全清除，看到反馈后，内管办第一时间将相关信息传递给红狼公司及生产现场管理人员，通过8月、9月多次的实地走访、会议论证，公司于11月达成一致意见，决定用加盖印章的方式来处置片烟箱及烟丝箱上的标识。

专项行动　按照省公司2021年专卖内管工作部署，为进一步加强公司废弃烟草专卖品的处置管理，堵塞漏洞，有效化解废弃烟草专卖品流入卷烟制假窝点和用于生产烟碱的风险（以下简称“两个风险”），2021年5月，公司组织开展了为期一个月废弃烟草专卖品处置管理专项清查工作，按照“谁产生、谁负责”的原则，从处置全流程各环节进行策划、排查与分析，全面清查公司2018年以来各类生产原辅料、成品卷烟、烟机等废弃烟草专卖品处置情况，围绕废弃烟草专卖品的分类收集、过程转运、堆放存储、处置监管及台账管理等关键流程节点，开展部门自查、专项审核及改进提升工作。

同级监管　在公司内部，专卖内管办与同级各业务部门间利用建立的微信群、QQ群、电话、OA等建立有效的信息沟通渠道、监管形式和监管途径，实现规范化、日常化、全过程监管。在公司外部，同属地专卖局保持良好的沟通协调机制，内管人员经常进行现场和电话互动，并定期开展联合专卖检查。

公司将对各项检查中发现的问题，以任务平台形式，要求责任部门限时整改，通过补短板、强弱项，系统构建专卖精细化管控，持续完善公司的专卖内管体系建设，进一步提升公司专卖风险管控水平，确保消除“两个风险”，进一步拓宽监管渠道，让专卖风险真正做到可查、可控、可追溯。

七、内部专卖管理改进

当各级专卖检查中发现问题时，内管办将《内部专卖管理监督整改通知书》传递至整改部门，整改部门开展改进，内管办复查核实并跟踪落实改进情况。

每年7月及次年1月，内管办依据下发至部门的《整改通知书》及外部反馈的专卖问题，评价部门专卖管理绩效，统计并上报部门专卖管理绩效结果至部门绩效管理员。

每年初，企业管理部接收省公司考评组通知，内管办在3日内按要求开展自评工作，自评后省公司依据《内部专卖管理监督考核评价表》开展专卖考核并反馈考核结果。

八、专卖管理价值与成果

项目成果　2018年以前，公司的废弃烟草专卖品存在报废数量过高、产生过程不明晰、未建立一套完整的管理制度等亟待解决的问题，随着公司精益管理进程的不断深化，精细化管控逐步成为专卖管理工作优化改善的重点区域。

为了分析、解决该现象的成因并最终剥离出其中的有效物质，进而产生价值，在 2018 年开展 QC 项目——“降低不可利用烟支及烟丝的报废率”，通过各环节的调研，梳理废油烟支的产生流程，通过对末端物质的各类测算，分析出各自在废油烟处置环节中的占比，明确定义、制度、设备等 5 个关键影响因素，通过系统构建废油烟支的精细化管控体系，解决废油烟支中价值物（烟丝、烟支等）残留过高的突出问题，2019 年随着项目措施的逐步实施，废油烟的报废率逐年降低，从 2020 年开始每年可从公司报废的废油烟支中节省 30 万元左右的费用。

2016—2021 年废油烟支处置数量一览表

表 3–6　　单位：吨

2016 年	2017 年	2018 年	2019 年	2020 年	2021 年
50.16	58.46	55.46	47.32	15.62	15.38

论文成果　公司选送的《浅谈工业企业专卖风险的“防”与“控”》获福建省烟草学会 2013 年学术年会论文专卖类三等奖。

第七节　对标管理

自行业启动对标工作以来，龙烟通过多年探索，以精益管理为引领，以信息化为抓手，强化目标管理，把对标工作与公司日常运营管理融为一体，不断完善对标管理体系，深入开展对标活动，推进企业高质量发展。

一、对标工作实施情况

为贯彻落实国家局在全行业开展“优秀卷烟工厂”创建活动和对标工作的要求，龙烟提出将效率、能耗、费用、成本等方面作为主要攻关方向，以项目攻关带动公司的创优对标工作上水平。2012 年，将创优对标指标按照可控制、可落实的原则进行分解，以效率、费用、消耗、质量为主要攻关方向，成立 11 个攻关项目，对项目的实施过程和实施结果进行管理和评价，促进项目管理水平提升。项目组着重解决项目指标背后的管理问题，通过完善基础管理工作提升项目指标水平，从而提升创优对标指标的水平。同时顺利完成卷烟生产加工精细化专题项目。积极参与由长沙卷烟厂牵头组织“卷烟生产加工精细化”专题，成为专题三组的牵头单位，组织宝鸡卷烟厂和许昌卷烟厂，共同对生产组织管理精细化和人力资源管理精细化进行专题研究。专题小组以“知识培训、集中研讨、交叉评审”为着力点逐步推进，形成《卷烟生产加工精细化管理指南：生产组织和人力资源》和《卷烟生产加工精细化管理管理案例集：生产组织和人力资源》两个专题成果。截至2012年，13项创优指标达标率为84.62%，42项行业对标指标达标率为66.67%，72项创优对标攻关项目指标达标率87.50%。

2013年，龙烟围绕行业“建设更加规范、更富效率的中国烟草”总目标，贯彻落实国家局《关于印发深入开展创建优秀卷烟工厂活动实施方案的通知》和《关于推进精益管理的意见》的文件精神，以省公司“通系引领，提升价值，凸显低焦”的方针为指导，以“创建一流卷烟工厂”目标为引领，秉承精益管理理念，推广管理指南应用，立足公司规划，努力提升制造能力。主要包括两方面内容：“创优”和“提升”。

紧盯“创优”目标，提升精益管理水平。以行业深入开展创建“优秀卷烟工厂”活动为契机，将创建活动与构建龙烟“卓越1.0”管理体系相结合，积极引入精益理念，以提高效率和降低费用为主要目标，以快速满足市场需求为根本，以推行精益生产为重点，带动精益管理在企业各项创优工作中的推行应用。制订推行《精益管理推进实施方案》，将精益管理思想和工作方法应用在企业价值创造全过程，抓好现场管理、质量管理体系、标准化工作等基础性工作，导入管理工具和方法，积极构建并形成企业精益改善文化，逐步实现柔性化生产、精细化加工、精准化管控，全面提升卷烟工厂制造能力和管理水平。

立足公司规划，持续提升制造能力。以龙烟“十二五”规划为指导，努力提升文化力、学习力、整合力、创新力和制造力，争创“优秀卷烟工厂”，加快推进“生态体验型精品卷烟制造基地”建设。在聚焦精益制造，持续提升制造力方面：深化TnPM，构建设备五阶六维管理和设备绩效评价体系。深化技术研究，有序推进技改步伐。深化安全责任落实，通过一级安标评审。深化能源管理，实施合同能源，建立公司能源管理体系。深化精益质量管控模式，提升生产加工精细化能力。深化工具应用，提升生产运行效率。在聚焦流程梳理，持续提升整合力方面，应用基于卓越绩效模式、构建全面整合的一体化管理体系。龙烟启动了以流程梳理优化为基础的管理体系整合项目，通过引进eBPM方法论和流程管理信息软件，构建“房式结构”和“Y式结构”，将业务流程分为管理流程、关键流程和支持流程三大类。在聚焦创新机制，持续提升创新力方面：基于“卓越1.0”管理系统框架和“IS-PDCA”方法指导，在2012年创新2.0管理体系的探索基础上，进一步明晰了公司“创新项目—QC—日常改善”的一体化三级创新体系，着力整合管理和科技两类创新项目管理，优化QC管理机制，推动建立全员日常改善统一管理模式。在聚焦团队培养，持续提升学习力方面，着重围绕抓机制、抓教育、抓成果的目标，对不同层级不同专业的群体展开富有针对性的培养、激励和考核，为创优工作增添活力。在聚焦精睿和谐，持续提升文化力方面，依据卓越绩效的思维模式和IS–PDCA的方法论，构建“基于卓越绩效的企业文化管理体系”。

2015年，紧紧围绕“精益管理做除法”这一主题，以更大力度推进精益管理工作，推动精益管理“更科学、更精准、上水平”，持续提升管理效益占新增效益的比重，在公司全员、全过程、全方位开展精益管理。

搭建特色精益之“屋”，以“十二五”规划为指导，搭建起以信息化集成为基因、具有龙烟特色的“精益屋”；坚持“IS–PDCA”管理理念，构建“精益2.0”管理系统，系统推进精益管理；持续深入营造改善氛围，形成“精益从心开始、改善从我做起”的精益文化。

抓好“宣传—活动—评比”三大环节。宣传方面，充分利用内刊、LED展示屏、宣传栏、看板等传统媒介，适时适地进行精益宣传；创新运用企业微信公众平台、QQ群、知识云、移动办公平台等新媒体，定期推送精益知识，传播精益理念和方法。面向公司管理骨干发放《精益思想》《现场改善》《现场观察》《精益培训方式TWI》等经典精益书籍。活动方面，开展“精益管理”短信征集活动，举办流程知识与建模大赛、情报知识管理系统设计大赛等多项生动活泼的活动，普及eBPM流程管理方法和流程建模工具，开展了精益知识、读书漂流、精益演讲等各类主题活动。评比方面，评选表彰公司年度精益班组、精益物耗班组、精益物耗机组及公司“精益标兵”“精益先进职工”“精益班组长”“精益技术能手”“精益质量之星”“精益全员改善先进个人”等先进集体和个人。每季度开展全员改善活动评比活动，设置最佳部门组织奖、最具创意个人奖、改革创新达人三个奖项。

“创新驱动”知识管理。着眼于创新驱动，通过构建去中心化的情报知识管理平台，推进群智创新和知识共享；通过构建基于流程梳理优化的整合管理体系，重点消除无价值流程；通过构建生产绩效测量分析平台，聚焦优质、高效、低耗、库存四大指标，实现对短板的精准分析及定位。

根据国家局印发的《烟草行业精益管理工作评价暨“精益十佳”评选办法》，要求对照精益管理工作评价表工作内容和生产、研发、物流、营销各工作领域精益关键指标进行评价。龙烟公司高度重视精益评价工作，在组织保障方面，成立以总经理为组长，副总经理为副组长，各部门负责人为成员的自评领导小组，统筹协调并开展精益评价工作。在过程跟进方面，公司积极参与行业精益评价办法的制定，实时跟进办法制定进程，及时搜集各个时段发布的评价办法讨论稿并下发员工学习讨论，提炼出可行性强的修改建议并上报国家局，为办法的制定建言献策。其中卷包设备综合效率为评价指标的建议被国家局采纳，列入精益生产关键指标，为精益评价办法的制定和完善贡献了一份力量。在组织分解方面，召开精益评价工作分解讨论会，对评价条款进一步细化工作目标和应对措施、明确分工、责任到人。在自评提升方面，以精益评价工作为契机，对照评价办法的要求，审视推进工作中的不足，提出明确、可量化的改善目标，逐层分解、有计划、有步骤实施改善，固化改善成果，提升公司精益管理水平。

在福建中烟的组织下，龙烟、厦烟围绕工作评价和关键指标评价两方面内容，按照标准认真开展自评对标及交叉互评，通过现场查看、询问、抽样、关联数据校验等方式进行审核、验证和评价，按计划顺利完成自评和互评工作。其中，龙烟公司自评得分为99分，互评得分为94.2分，最终荣获行业“精益十佳”标兵单位称号。

2016年，龙烟持续深入贯彻国家局“精益管理做除法”的精神，牢牢把握“精益管理降本增效是内功”的基本定位，以公司“十三五”战略规划为引领，按照公司“1123”年度生产经营方针，深化三大信息系统应用，持续完善并深化“精益2.0”平台建设，努力推动“三个转变”不断深入，提升精益管理上水平。通过完善精益流程管理平台、情报知识管理系统、完善生产绩效测量分析平台，强化“三大支柱”，夯实“精益2.0”基础。通过定目标来聚焦工作重点，抓预算来注重过程管理，抓载体来强化课题实施，切实推动对标管理和降本增效。通过持续推进精益管理与日常管理相互融合，深化宣传氛围、开好工作例会、参评“精益十佳”，实现精益运作常态化。通过开展精益课题专项评审活动，确立省级“精益十佳”课题、“精益十佳”个人，每个课题指定精益内训师及精益推进者作为课题指导人，确保有效推进。2016年度“精益十佳”课题评选中，有2个课题获得省级表彰，其中1个荣获行业表彰；“精益十佳”个人评选中，有3人获得省级表彰，其中1人获得行业表彰。深入开展“精益推进月”活动，以营造氛围、消除浪费和降本增效为目标，以“提质降本增效”为主题，开展精益工具培训、氛围营造、提质降本增效、全员改善、“精益从我做起”等主题活动。

截至2016年底，在宣传方面，公司内部媒体共刊发精益稿件143篇，在行业媒体投稿精益类的稿件50篇。在培训方面，开展精益理念、精益管理工具等内容的内部培训共62项，授课达1024人次；针对QC工具应用、安全管理、TWI 等组织选送管理、技术人才参与行业组织的各类培训班 58 批次，合计 1909 人次。在对标指标结果方面，与行业 16 家 80 万箱规模以上卷烟工厂对比，15 项工厂对标指标中有 10 项指标位列前 8 水平，有 7 项指标位列前 7 水平，6 项指标位列前 6 水平；与上年同比，12 项指标提升，3 项指标下降，同比提升率 80%。

2017 年，龙烟认真贯彻行业企业管理工作会议提出的“下足六个功夫”的精神，紧紧抓住省公司“深挖潜力、提质降本增效”的精益管理工作主线，按照公司“依托一个平台，强化一个抓手，挖掘两个潜力，深化三种转变”的生产经营方针，将精益管理重点由注重制度创设向推动制度体系化、提高制度执行力转变，找准企业“管理提升”“提质增效”的切入点，继续完善“精益 2.0”平台，在成本管控、对标管理、体系换版、管理创新、业绩考核 5 个方面下足功夫，达到苦练内功，全面推动公司精益管理提质增效的目的。

围绕省公司下达的降本增效 2005 万元目标，聚焦费用节约、成本降低、效率提升、能源节约等方面，制定降本增效实施方案，形成 12 项降本增效工作目标，具体工作措施 28 条，扎实推进精益管理。其中，加强和改进对标管理工作，实施更加精准有效的对标，推动对标工作“更科学、更精准、上水平”。在公司已有的对标分析基础上，突出对标工作的评估和改进，着力完善对标工作机制，推动对标工作“更科学”；依托公司一体化目标体系，系统梳理和搭建指标体系的总体框架，着力完善对标指标体系，推动对标工作更“精准”；通过开展横向与纵向对标，深入分析生产经营各环节可能的改善空间，着力探索短板考核，推动对标工作“上水平”。一年来，始终抓住行业对标这个牛鼻子，不断加强和改进指标体系，加强过程管控，以技术进步和管理创新推动成本费用标准持续降低，先后开展“减少小线松散回潮后片烟结块率”“卷包车间烟用胶水合理化管控”“基于作业的即时成本平台深化应用”等 22 个精益课题研究实施，进一步促进了质量、效率、物耗、库存等关键绩效指标的提升。与上年同期相比，龙烟 15 项卷烟工厂对标指标中有 10 项指标得到提升，指标提升率 66.7%，有 13 个指标优于行业平均水平，占比 92.86%，其中单箱化学需氧量排放量排名第一，单箱可控制造费用排名第二，处于行业标杆水平。

同年 6 月，国家局组织第一期行业对标信息系统培训班，开始推广应用行业对标信息系统。在公司内部，龙烟不断强化对标信息化建设，推动对标工作更精准。从基本职能看，对标强调对数据的专业化分析，使企业能够捕捉到数据反映出的问题，进而针对性地改进。为此龙烟以信息化为支撑，通过构建生产绩效测量分析平台，实现对标指标上线运行，使指标分析更加清晰、细节更加完整、管理更加精细。具体而言，在平台开发了创优对标、OEE 分析、质量 QI 分析、物耗分析和库存分析五个功能。9 月，国家局结合前期调研和卷烟工厂对标工作研讨会专家意见，对卷烟工厂的对标指标体系、对标工作机制、对标评价办法进行优化。

2018 年，国家局组织召开卷烟工厂分类对标工作研讨会，对卷烟工厂对标指标核算口径、工厂分组等事宜进行探讨，启用行业对标信息系统。7 月 2 日，国家局下发关于开展卷烟工厂分类对标工作的通知，围绕“深化提高—精准发力—提质增效”这条主线，在开展卷烟工厂对标工作的基础上，实施分类对标，并进行最佳实践分享。根据国家局的文件精神，公司聚焦“1422”“十三五”规划“提升精益智造能力”的主线，以精益 2.0 管理框架为引领，做实降本增效、创优对标的“小精益”，以“大精益”的视角积极推进精益管理与目标管理、体系管理、项目管理、创新管理、人才管理、智能制造等领域的深度融合，有效促进全员、全过程、全方位精益管理。公司秉持“消除浪费、提质增效、创造价值”的精益理念，积极开展以“发挥目标引领、强化成本管控、发挥创新驱动”为主线的降本增效工作和以“外化行业对标、聚焦关键指标、内化内部对标”为思路的创优对标工作，持续推进精益对标管理。

2019 年，龙烟贯彻落实全国烟草工作会和行业企业管理现场会精神以及省公司高质量发展目标任务与精益管理工作方案要求，以绩效驱动效率提升，以创新增强内生动力，强化基础管理、对标管理，筑牢高质量发展根基，开拓降本增效新路径、畅通人才成长多通道，不断提升企业“软实力”。以创优对标为手段，消除管理薄弱环节。通过提升对标定位，将行业对标体系与公司战略规划指标、年度方针目标指标体系相融合，纳入部门绩效考核，依托总经理办公例会制度，驱动主管部门对指标进行结果分析，识别短板、消除短板；借助数据分析平台，强化数据驱动，深化应用 OEE、QI、物耗指数月度分析、季度分析机制，在数据趋势中寻找问题及问题发生的原因，针对性实施改进措施，提升对标管理水平。与云南、浙江、河南等各中烟先进工厂开展分类对标研讨，学习行业先进，汲取先进管理经验，组织召开行业“卷烟工厂对标工作研讨会”，协助国家局完成《卷烟工厂分类对标指标口径（2019 年版）》编制、研讨及发布。

2020 年，龙烟以省公司 1186 高质量发展规划为指引，贯彻落实省公司《2020 年精益管理工作实施方案》要求，围绕公司“强党建、优生态；强基础，优平台；强弱项、优治理”的年度生产经营方针，持续深化精益管理，通过扎实推进战略目标、体系、采购、成本、对标五项重点工作，持续提升生产经营管控力，从优化产能布局、提升质量管理、强化设备保障与物料保障四个方面，不断提升产品制造实现力，强化创新驱动与数据驱动两大动力引擎，筑牢制度保障、人才保障两大发展基础，推进企业优化升级。在扎实推进对标管理方面，按照“保持优势、找准短板、巩固提升”工作思路，落实省公司对标工作部署，制定并推进2020年对标工作方案，研究公司内部对标与课题攻关实施思路，策划开展了三个攻关课题、一项精益管理项目。承担了国家局关于对标帮扶青州卷烟厂的工作任务，当年组织策划了两次对标共建交流会，共同制订了三年的对标帮扶计划，建立常态化的点对点对标交流机制，相互交换了优秀创新案例，开展专家相互诊断工作，推动两厂对标管理进步。同时，龙烟公司与青州卷烟厂启动对标帮扶项目，结合两家单位实际情况制定了“14246”对标共建实施框架，即聚焦1个主题：提升青州卷烟厂运营管理能效和技术应用能力；实现4个目标：提升对标指标水平，提升综合管理水平，探索管理最佳实践，打造核心竞争力；围绕2条主线：卓越绩效模式推进和就低技术改造；抓好4块业务：生产组织、质量管控、设备管理和能源管控；建设六大机制：高层互访机制、职能交流机制、管理诊断机制、课题攻关机制、成果贡献机制、工作简报机制。

2021年，持续推进卷烟工厂分类对标管理工作，保持优秀指标领先，缩小短板指标差距。在公司内部，探索优化创新对标指标改进提升机制，进一步把对标管理与创新管理和目标绩效管理相融合，针对管理短板，探索创新课题攻关工作模式。对外，与青州卷烟厂建立对标共建合作关系，共享精益课题成果，推进对标共建工作，促进对标管理提升。

二、对标管理主要成果

对标指标运营水平 2018年以来，公司参与行业卷烟工厂分类对标共13项21类。经过不断努力，公司的对标指标水平有了稳步提升，截至2021年，对标指标达标率为71.43%，提升率为85.71%，指标运营水平持续向好。

2018—2021年参与行业卷烟工厂分类对标指标明细表

表3-7

序号	指标名称	分类方法
1	在岗职工人均劳动生产率（箱/人）	A类：≥80万箱
2	卷接设备运行效率（%）	B类：1万—1.4万支/分
3		C类：＜1万支/分
4	包装设备运行效率（%）	B类：500—700包/分
5		C类：＜500包/分钟

续表3-7

序号	指标名称	分类方法
6	包装与卷制质量检验加权平均值（分）	不分类
7	烘丝机出口水分偏差（%）	A类：薄板式
8		B类：气流式
9	烟支单支克重偏差（毫克）	A类：细支卷烟
10		B类：非细支卷烟
11	单箱可控费用（元/箱）	A类：≥ 80万箱
12	单箱耗烟叶量（公斤/箱）	A类：细支卷烟
13		B类：非细支卷烟
14	单箱耗嘴棒量（支/箱）	A类：细支卷烟
15		B类：非细支卷烟
16	单箱耗盘纸量（米/箱）	A类：细支卷烟
17		B类：非细支卷烟
18	单箱耗商标纸（小盒）量（张/箱）	A类：细支卷烟
19		B类：非细支卷烟
20	单箱卷烟综合能耗（公斤标煤/箱）	B类：冬季不供暖
21	单箱化学需氧量排放量（克/箱）	不分类

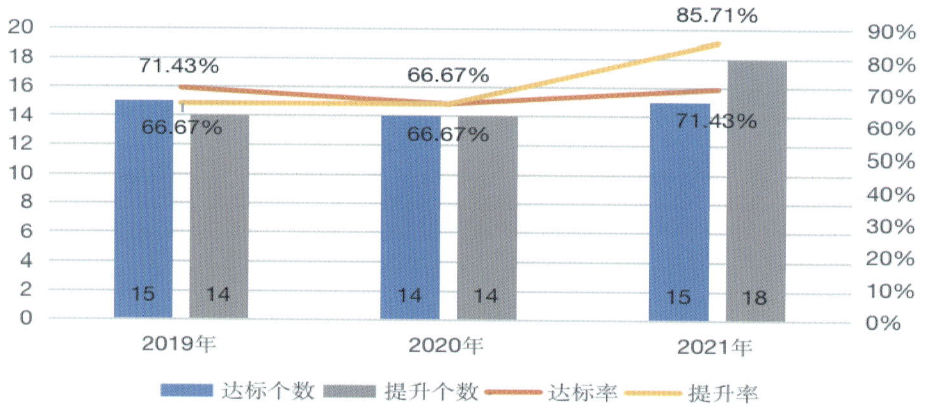

2019—2021年龙烟指标达标及提升情况图

主要荣誉　2014 年，公司成为“精益十佳”创建活动精益生产试点单位。2015 年 4 月，被中国烟草总公司评为“2012—2014 年度烟草行业卷烟工厂标兵单位”。2015 年 12 月，被中国烟草总公司颁发的烟草行业评为“‘精益十佳’标兵单位”。2016 年 10 月，根据《福建中烟工业有限责任公司关于开展“精益十佳”课题和个人评选工作的通知》（闽烟工〔2016〕109 号），《精益生产绩效指标模型设计及应用》和《基于互联网思维的群智创新模式构建及应用》两个课题获评全省卷烟工业系统“精益十佳”课题，卷包车间蒋景强、物流部黄许立、制丝车间赖如超 3 人荣获“全省卷烟工业系统‘精益十佳’个人”称号。11 月，公司《精益生产绩效指标模型设计及应用》课题荣获行业“精益十佳”课题称号，卷包车间蒋景强荣获“行业‘精益十佳’”个人称号。

第八节　财务管理

龙烟的财务工作以公司发展战略为指导，结合精益管理要求，聚焦公司生产经营方针，由财务部负责公司财务核算、资金管理、资产管理、预算管理、税收管理等方面工作，主动践行业财融合理念，注重借助体系化、规范化、信息化优化部门管理，着力开展成本费用管控，做实财务服务和监督职能，强化财务人才队伍建设，着力完善财务流程制度建设，努力助推龙烟提质增效发展升级。

一、财务基础工作

会计基础业务　2012 年，以福建中烟会计核算手册为基础，制定岗位工作标准，规范会计科目使用，夯实会计基础工作。2013 年，按照不同自制滤棒规格确定加工费用，强化会计核算精准性。2014 年，编制完成《发票审核手册》，形成规范化的审核标准，保证各类报销票据的合法合规，促进审核工作的延续性和传承性。2015 年，加强劳防用品管理，在系统中新增分次付款欠费等功能，规范医务室财务管理。配合卷烟生产经营，参与《卷烟消费影响因素及需求预测分析》研究。2018 年，根据公司战略推进要求，配合中支卷烟生产落地，在财务规范、成本测算、数据流转、涉税事务等各方面提供支持，为中支卷烟在白包烟模式、烟丝采购模式以及制丝模式等阶段生产提供保障。

2019 年，协调推动食堂采购模式变革，食材采购职责由红狼公司调整至公司后勤部，搭伙用餐单位按餐标自行向食材供应商开票，进一步明确公司食堂管理委托及受托方权责关系，降低规范性风险。2020 年，研究解决有码备货的核算流程、胶囊滤棒的结算流程、成品卷烟的抽检业务流程和样品卷烟计税流程。2021年，结合加热卷烟等新型业务，做好核算工作，重新梳理样品烟、科研经费的核算流程。开展卷烟代销新模式衔接工作，协调完成代销合同签订、预算申报、账务处理流程优化等，全力配合做好三种业务模式的相关业务流程和账务处理预演模拟工作，采用新模式促进公司2021年工业总产值增加约3.5亿元。开展智能财务探索，深度参与智能报销系统建设、商旅平台应用探索和业务事项会计平台研究。

新会计准则衔接 2014年，参加福建中烟财务处组织的会计核算办法研讨会，5次组织员工参加新会计准则培训，邀请大地事务所老师到公司进行实地指导。2015年，根据中国烟草总公司及中烟公司下发的会计科目体系调整会计科目，确定会计科目体系；做好期初建账工作，在NC系统人员配合下，顺利将2014年期末数导入至2015年新账套。2021年，组织开展准则培训，调整信息系统，做好账务衔接等工作，顺利实施《烟草行业收入、金融工具、租赁三项会计核算办法》，保证新旧核算办法平稳过渡。

二、资产管理

权属管理 2012年，对国有资产开展“一项一档”归档管理工作，整改行业全面审计中存在的权属不清、权证不完整的资产，对资产进行精细化管理。2018年，成立国有资产基础管理达标工作领导小组，制定国有资产基础管理达标工作实施方案。对制度建设、资产处置预案、产权登记、资产评估备案、权证管理、资产统计、资产管理信息化建设、资产损失和资产捐赠管理等九个方面，进行全面对照检查工作，推进国有资产基础管理达标工作。

2019年，完善相关固定资产权属档案。针对红炭山仓库中转仓库权证缺失的整改事项，组织业务部门走访实地，向不动产登记中心和龙岩市烟草公司确认获取历史相关资料，证实该房产与红炭山老15号库为同一处资产。落实公司深圳福建大厦资产无法办证原因，走访福建省人民政府驻深圳办事处下属物业公司，搜集原始资料，分析了解房产所处楼盘管理现状、住户信息，充实“一项一档”资料。2021年，建立实物资产不定期盘点机制，明确盘点范围、时间和关注重点。全力参与烟草产业部分项目退城入园工作方案可行性研究，解决2012年牛坑仓库征迁后未办理权证变更的历史遗留问题，协调征地红线坐标图、查清实际征收面积、明确邻居界址范围，牵头办理权证变更，保障“退城入园”项目权属清晰。

投资管理 2012年，按照“量入为出、分步实施、严格控制”的思路，对各项投资计划的必要性、合理性、紧迫性及投资总额等进行严格审核把关，实施源头把控。加强年度投资项目的过程管理，落实投资项目“一项一批”制度。2013 年，采取源头管控、细化评审依据、以战略目标为控制原则，提高投资计划上报的准确性；加强年度投资计划过程跟踪管理，投资计划执行率进一步提高；配合做好上级单位批复项目的竣工验收准备工作，负责组织 15 项投资项目实施部门的项目竣工验收工作，并上报福建中烟备案。推进投资管理信息化建设，实现对投资项目的全面、全程、动态管理。在系统中新增投资计划项目的项目申请及备案工作，对自主立项的拟建项目完成“一项一批”，规范了自主立项项目的管理。同年修订规范公司投资业务的管理流程。

2014 年，开展投资项目精益管理，在项目申报环节增加投资动因分析，规范投资申报标准；依托行业投资管理信息系统过程管理模块，准确把握投资计划执行情况，实时跟踪投资计划。2015 年，依据“三重一大”决策制度及行业投资项目管理办法，细化项目效果评价具体实施办法，实施投资项目动因分析和效果评价，完善投资项目管理。2020 年，开展“双随机、一公开”自查与对照检查工作，对 2019—2020 年的 63 个项目类投资进行全流程风险排查，梳理风险点 53 项，立行立改 11 项，加强投资项目过程管理。

工程项目管理 2012 年，加强工程项目管理，确保完工项目及时竣工决算转固。配合会计师事务所完成东肖 301—304 号烟库、精品线辅助配套地下车库及室内装修等工程项目的财务竣工决算工作。做好资产新增及暂估原值调整等账务处理工作，确保各项目投资及时费用化或资本化。2013 年，配合会计师事务所完成东肖 305—306 号烟库财务竣工决算工作。全面参与干冰线膨胀烟丝生产线工程的招标会审、合同谈判、审核工作，认真贯彻行业工程项目“五个关口”的监管措施，加强业务源头控制。2016 年，完成楼顶钢结构改造及一区技改竣工决算及账务处理、干冰线的总体竣工验收及暂估账务调整，办理相关资产权证，完善资产权证管理。2017 年，牵头组织福建中烟工程建设项目考评小组对公司 601 电台土地及护坡工程项目考评工作，整理完善“一项一档”相关原始资料和文件记录。参与红坊片烟醇化库建设项目的招标会审、合同谈判、审核工作；配合技改办完成国家局对一区技改生产线技术改造项目的总体竣工验收工作。2018 年，根据《工程建设项目考评问责管理办法》，配合福建中烟工程建设项目考评小组对公司一区生产线技术改造项目进行考评。

资产处置 2014 年，经多方沟通协调，东山土地由东山县政府进行收储，收回挂账近 20 年的东山县计划委员会往来款 56.83 万元，保障资产安全完整。做好公车拍卖组织协调工作，依托龙岩市产权交易中心平台，采用网络公开竞价方式，共成交 11 辆，部分车辆经过充分的竞价溢价率超 25%，确保了国有资产保值增值，确保中央八项规定的公车改革决定得到贯彻落实。2015 年，根据中国烟草总公司批复，将北京金贸大厦5套房产无偿划转给福建中烟。在依法依规的前提下，办理好房产过户手续，完成房产过户营业税、印花税、土地增值税清算缴纳工作。同年，组织老设备评估、拍卖，完成评估备案，开展报废处置工作，保障一区生产线技术改造项目顺利进行。

2017年，顺利完成北京花市枣苑6套房产（含套内资产）及1个车位处置，完成资产分割、评估、公开挂牌、签订合同、房源核验、网签、税款计算与缴纳、过户等手续，该资产评估价值5388.57万元，处置收入6192万元，缴纳过户税金3104万元。2018年，根据龙岩市“三旧”改造方案和土地出让方案的文件精神，在经福建中烟批复同意后，完成相关资产的清查、盘点、移交和账务处理；筹划争取税收政策及优惠措施，组织对过渡期相关费用进行梳理，完成公司原生产线辅助配套设施资产无偿划转给福建鑫叶投资管理集团有限公司（设施占地114.96亩，原值2亿元，截至2018年2月净值合计1.34亿元）。2018年，将兴业证券2.55万股股票在二级市场出售，完成股票处置，注销公司证券账户。

2019年，协助厘清云霄西园新村四套房产的权属纠纷、房改政策遗留事项历史事项时间表，通过实地走访、调阅相关法律文书、座谈分析、法律咨询等方式形成处置意见，完成3套房产的确权交接工作。2020年，协助利来山幼儿园改制成公办普惠性幼儿园并由红狼公司承接经营管理。组织协调解除资产租赁及后续相关工作，确保公办幼儿园顺利开学。推进闲置资产处置工作，完成闲置固定资产处置730项、主要材料54项、备品备件9434项。及时反馈清产核资降级和不适用烟叶消化使用和剩余情况，协调技术中心将清产核资剩余烟叶在2020年6月前完成消化。2021年，顺利完成北京金贸大厦房产无偿划转，理顺产权关系；完成福州房产转让并进行纳税筹划，提高资产管理效率；完成红坊片烟醇化库建设、成型机设备出租事宜。贯彻落实福建中烟资产处置前置性审议举措，加强预案前置性审议。

扎实推进“三供一业”分离移交工作。2018年，通过参与政策讨论研究及相关部门协调，配合对分离移交涉及的供水、供电、物业相关资产进行清盘，按行业要求办理中央财政补助资金预拨申请手续，落实相关移交资产和改造费用无偿划转相关政策实施方案，配合办公室组织开展“三供一业”移交分离工作。2019年，上报中央财政补助资金的申请，收到中央财政和中国烟草总公司补助资金1479万元；协调实物资产无偿划转事项。根据市国资委《龙岩铁路公司、龙烟公司职工家属区资产移交工作专题会议纪要》精神，推进“三供一业”资产分离移交工作，同市自然资源局对利来山庄土地使用权属划转事项、富健新村宗地同小区共用宗地事项在操作层面的可行性进行调研协调，向新罗区政府协调资产划转接收事宜。2020年，顺利签订资产移交协议，该移交模式节税2207万元。按照“谁使用、谁负责”的原则建立符合小区发展的新型管理模式。按照要件齐全、依据充分、真实完整的要求，做好补助资金清算工作，总申请补助金额2259万元。对分离移交后相关费用进行全面排查，协助利来山小区业委会顺利换届选举，协调富健新村、第一生活区相关资产移交工作。

资产专项检查　2013年2月底至5月初，开展2012年度流动资产专项清查工作，共清查出资产损失金额498万元，其中烟叶23万元，主要材料472万元，五金材料3万元，如实反映公司资产运营状况。2015年，根据国家局和省公司关于开展多元化企业资产清查工作的通知，组织所属全资多元化企业开展资产清查，进一步掌握所属多元化企业的资产运营、经营效益状况。2017年4—9月，开展库存烟叶专项清产核资工作。通过《龙烟公司库存烟叶专项清产核资工作实施方案》，开展账务清理、清产盘点、质量鉴定和价值评估，形成清产核资结果申报材料汇编，顺利通过总公司会审。2019年，全面开展公司资产清查工作，积极盘活和利用各类闲置资产，提高资产使用效率。共清理存货资产4054项，价值约312万元，固定资产701项，净值约421万元。

资产管理信息化建设　2012年，规范设备投产、追加的网上审批流程，实现设备从采购到报废销毁的痕迹化管理，加强资产监控。2015年，配合福建中烟改造资产管理系统，NC固定资产模块，统一资产基础数据、管理标准和口径、管理流程及统计分析功能，建立资产管理预警机制，提高重大决策执行力，防范资产管理风险。2016年，核对业务台账与财务账准确性，组织岗位人员培训，保障资产管理系统顺利运行。

三、资金管理

日常管理　2012年，撤销已无实际用途的工商银行登高路支行账户，保证公司所有银行账户都纳入资金监管系统。2020年，根据行业资金风险专项检查问题整改意见，开展银行账户清理工作。全年共撤销银行账户4个，指导和督促子公司撤销银行账户4个、变更基本户1个。2020年，建立支票登记和顺序签发制度，规范支票作废流程，防范银行票据风险。

强化保证金管理职责。2012年，加强对投标保证金、履约保证金及质量保证金的管理与核算，在NC采购平台合同签订中增设履约保证金及质量保证金的控制点。2013年，在招商银行开立保证金管理账户，加强保证金管理。2014年，梳理保证金退付流程，由财务部审核后网银支付，确保投标保证金的收与退流程受控，防范招标环节的保证金法律风险。2020年，加强合同业务过程管理，协调解决将履约保证金收取环节移至合同盖章前，提高合同审核效率。

资金筹划 2012年，加强对大额款项支付的统筹管理，对部分长期合作供应商采用汇票支付大额货款，保证资金供应。2013年，向开户银行争取提高公司授信额度，2013年度公司授信额度15亿元。采用银行汇票、商业汇票结算，促进短期资金增值。2014年，调整付款政策，将辅料、燃油等大额款项支付的付款政策由两个月延至三个月；银行汇票期限由三个月延至四个月，缓解资金压力。2014年3月起，将纸质汇票切换为电子汇票，提升票据流通安全性、便捷性。2015年，将零星闲置资金由活期转为七天通知存款。2017年，配合福建中烟完成资金监管系统开发内部结算功能，盘活资金，避免支出日和收入日不计利息的损失。

2018年，对资金结算中心成员单位采用内部结算付款方式；与兴业银行龙岩分行签订协议，公司收入户、烟叶户协定存款年利率由1.15%提高到1.65%，单位七天通知存款利率由1.35%提高至1.89%；与兴业银行协商减免网银交易手续费用。开通招商银行智能通知存款。2020—2021年，按照行业政治生态整改要求，坚持安全性、流动性、收益性相统一原则，引用福建中烟招标结果，采用磋商谈判方式开展资金竞争性存放，于2020年3月20日与兴业银行龙岩分行完成合同签订，实现资金规范运营和保值增值。2021年，优化资金计划编制及调整流程，同年将月度资金计划由线下申报改为线上申报。

资金监管 2012年，将经济业务分为“生产、管理、专线技改、借款”四大类，简化付款审批流程。组织解决银企互联问题，为资金监管系统的实施奠定基础。梳理公司经济业务审批流程，按照资金监管系统监管规则转换经济业务审批流程，关联经济业务与预算指标。建立资金计划执行反馈机制，按周、月度统计各部门资金计划执行情况，将月度资金计划执行率纳入部门绩效考核。

2015年，对NC报销系统进行改造，加强预付款核销管理，保障企业资金安全。2015年7月，正式运行无纸化审批，取消纸质单据审批流程，设计业务说明模板130余份，供业务人员选择提取，减轻经办人员的信息录入量；报销单据审批封面由财务部统一打印，减少审批流转环节。2018年，根据各用款部门资金预算及公司资金实际情况编制月度资金预算，建立月度资金预算编制及反馈机制。同年，完成福建中烟公司组织的货币资金专项自查工作。2020年，开展行业资金专项检查整改工作，形成整改清单和报告，制订相关制度，进一步消除资金使用风险。

往来账管理 2012年，对公司易地技改以来在建工程往来账及清产核资遗留问题进行全面清理，依法依规处理了往来款项26笔，涉及金额122万元。对历年的投标保证金、履约保证金及质量保证金进行全面清理，运用信息系统进行流程控制，实现投标保证金能及时清退，履约金能按时、足额到位，质保金能期满支付。2012—2013年，建立往来账常态化清理机制，各岗位每月对往来账务的增减变动进行汇总清理，并提交资产组审核；对于异常往来账，及时督促相关部门处理，防止呆账、坏账的形成。2014年，实施岗位负责、组长管理、按月跟踪、挂账时间预警的往来账良性滚动管理，逐步解决历史遗留问题。2015年，将往来账自查与清理纳入部门内部绩效考核内容，设置原辅备暂估账龄分析及预警功能，防止坏账产生。2020年，组织开展民营企业中小企业往来款项清欠风险检查，消除相关往来款项的清欠风险；清理与福建中烟自2009年来积累的往来款项。

四、预算管理

基础管理　2013—2015年，强化以战略为导向的预算分类管控方法，落实职能归口部门预算责任，强化预算管控职能，对五项费用、制造费用等重点费用进行严格管控。制定年度达标目标，按归口管理进行指标分解，2013年度预算评审核减修理费支出达2300万元，单箱制造费用比上年下降16.22%，达到国家局创优水平。2016年，开展预算全流程管理，在原有的信息系统增加预算目标导向性设置、预算定额标准、预算编制依据、预算测算、预算考核和预算分析等模块。2021年，研究和优化税利预测工作机制，建立部门内部的信息共享机制，明确信息传递、加工和使用流程的职责分工，提升税利预测响应速度。

定额管理　2013—2014年，根据新的工艺参数和质量标准计算所有在产牌号各类原辅料的消耗理论值，整理近三年原辅材料和能源消耗实际数，剔除异常数据，分析理论与实际差异，制定完善原辅材料消耗定额。2014年，结合当年车辆使用情况及车型、年限、使用范围区域等信息，组织制定车辆费用定额。2018年，完成采购环节、生产环节、物流环节、重点费用定额标准制定，形成七大类别的定额表现形式。

预算信息化建设　2012年，系统策划全面预算管理信息化体系建设，划分“投资、采购、费用、收入”四种经济业务收支类型，梳理各部门经济业务对应相关预算指标，串联采购综合管理平台、预算系统、报账系统，实现预算与采购计划、相关业务管理系统对接。前移预算编制到采购收支计划编制环节，利用采购收支计划编制环节产生的唯一标识号，贯穿计划编制、采购立项、采购执行、合同签订和资金支付整个业务流程，使各环节能受到采购计划及预算的控制，实现预算源头控制。

2013 年，设计部门预算模板系统化项目，实现将预算编制依据纳入信息系统范畴的目标。2017 年，预算管理系统战略目标跟踪、部门模板编制审批、定额、税利测算、资金、考核与评价等各主要模块上线运行。2020 年，探索全面预算信息系统的升级优化，以“标准化、智能化、柔性化”为中心，与福建中烟一同探讨预算系统的全面升级。2021 年，参与全省预算管理系统建设工作，探索构建成本测算模型，预判成本变化趋势，提高预测的精准度。

五、税收管理

税务管理　2014 年，重新梳理增值税发票审核流程，规范和控制增值税发票在业务部门的流转，改造 NC 原辅备系统和报销系统，开发增值税发票到期预警信息系统，规范增值税发票使用。2015 年，配合协调省国税稽查关于公司下浮销售卷烟事项。福建省政府认可龙烟 2015 年 6 月 30 日前卷烟下浮 5% 销售给福建中烟，从 2015 年 7 月 1 日起下浮比例调整为 4.5%。协调争取为员工购买补充医疗保险的个人所得税抵减，确定该事项 2015 年不再计缴个人所得税，成为龙岩市首家申请该事项个税的减免单位。

2016 年，采取“上旬通知、中旬缓冲、下旬留余地”方式，实时跟踪旧票传递认证以及新证办理进度，完成“三证合一”工作。配合福建中烟参与万宝路特许权使用费的业务谈判工作。2017 年 4 月初到北京办理花市枣苑 6 套房产过户纳税事项，完成 6 套房产的房产税与土地使用税申报，缴纳税款 22005.27 元；根据《纳税人转让不动产增值税征收管理暂行办法》开具不动产转让发票，缴纳增值税及其附加 3067873.72 元；申报缴纳房产转让涉及的土地增值税 27951225.72 元。2019 年，协调红狼投资公司个人股东股权转让涉税事项，配合鑫叶集团做好涉税事项处理，保障职工股权清退工作的顺利完成。2021 年，开展福州房产转让纳税筹划。研究各项税收政策，选用最优方案进行纳税申报及缴纳税费，为公司节约相关税费约 130 万元。

落实“营改增”工作。2016 年，全面实施“营改增”工作，做好相关衔接工作。做好驻厦办营业税（住宿费）发票换版工作，专项清理 2008 年多缴营业税的税款清退工作。2018 年，根据《财政部 税务总局关于调整增值税税率的通知》（财税〔2018〕32 号），自 2018 年 5 月 1 日起，原适用 17% 和 11% 税率的应税行为，税率分别调整为 16% 和 10%。公司于 5 月完成业务税率调整工作。根据《关于深化增值税改革有关政策的公告》规定，2019 年 4 月 1 日起，增值税一般纳税人发生增值税应税销售行为或者进口货物，原适用 16% 税率的，税率调整为 13%；原适用 10% 税率的，税率调整为 9%。提前了解行业和上级公司政策，咨询税务机关，协调沟通各部门，关注增值税深化改革政策，及时更新卷烟销售价格，重新梳理优化流程，保障增值税率切换顺利过渡衔接。

开展个人所得税纳税申报清缴。2018 年，培训及指导公司职工完成个税申报及个人信息网上核对工作。2019 年，开展个税专项抵扣新政策宣贯，邀请厦门红大税务事务所开展个人信息申报培训。2020 年，通过公告、公众号、微视频等渠道宣贯个税政策，辅导员工完成 2019 年度个税汇算清缴工作。

税企合作　2012 年，配合龙岩市国税完成增值税建模数据采集工作，按季完成行业税源信息采集工作。协助福建省建筑业税收信息管理工作，加强和规范建筑业税收征收管理，与龙岩市地方税务局签署建安税费委托代征协议，2012 年共代征建安税款 300 多万元，有效地保障国家财政收入。

税收检查　2012 年，对照税法相关规定，对企业的固定资产购入情况、预付款项情况及进项税转出情况开展自查，高质量完成了龙岩市国税固定资产进项税额申报抵扣专项核查工作。配合厦门南祥税务师事务所对龙烟 2011 年各项税收纳税情况的专项审计，市国税局对公司 2009 年以来固定资产、在建工程已抵扣增值税进项税额的检查等工作，保证公司的税收安全。2013 年，配合完成省国税大检查及烟草行业纳税评估自查工作，完成《烟草行业税收风险评估和初审工作底稿》和《烟草行业企业自查工作底稿》填报。2014 年 3—4 月，配合省国地税对龙烟进行税收风险评估现场审计，建立健全税务风险内部控制机制，提高税法遵从度。

2018 年，配合开展万宝路特许权使用费稽查事项。围绕公司向菲莫公司支付万宝路卷烟品牌许可费是否需要计入万宝路进口原材料（烟叶、香精香料、拉线）完税价格，并计缴相关税款问题。多次参与现场协调会议和电话会议，主动和海关稽查部门对接，按要求进行主动披露，组织中烟技术中心龙岩工作站、生产管理部等部门配合海关三次稽查进点检查。2019 年，开展税收自查，对生产经营各环节涉税事项逐一排查；配合龙岩市税务稽查局为期 2 个月的现场稽查工作。2020 年，推动印花税核定征收合理化、规范化，重点落实整改，降低纳税风险。

六、业财融合

成本控制体系建设　2012 年，探索建立以成本控制实时化为目标，作业成本管理为手段，全面财务分析信息系统为支撑，先进管理工具为依托，财务控制向业务纵深发展为思路的成本管控体系。启动推行作业成本管理项目，完成作业中心、作业成本库的定义，初步摸索出间接费用和公共费用的归集和分配原则，优化间接费用管控。同年 4 月，财务部代表公司参与国家局“成本控制即时化实施指南”的标准制定工作，参与《卷烟工厂制造过程成本控制即时化实施指南》编写工作，撰写主题为《成本控制即时化——管理篇》《实施即时成本控制，提高成本管理效率》的成本管理案例。

2013—2014年，推进基于作业成本的即时成本控制体系。2013年，对资源动因和作业动因进行全面梳理，生成资源—作业—产品三者之间的对应关系表，完成作业成本法的信息化方案，构建作业成本法的基本模型。以红狼搬运与保洁业务为试点，完成东肖仓库搬运作业动因的梳理；作业时间、作业距离、作业数量、作业人数、资源耗费等数据的收集与分析，探索践行作业成本管理。每月计算香精香料储备率、盒皮周转率、备件周转率、盒皮采购配比度等指标，及时将指标反映给相关部门，作为下期采购的依据。开展数据基础及数据系统调研，梳理卷烟制造过程的物流、信息流和资金流，形成基于最小成本控制单元和最小成本控制指标的调研表，详尽描述数据采集点、数据精度、数据周期、数据流向等，完成即时成本控制信息化需求方案，初步建立即时成本控制体系。2014年，完成信息化原型设计，进入系统开发阶段。2015年，确立了系统主体功能，明确整体方案。2016年，搭建系统成本费用控制框架，建立包括成本控制目标、成本费用测量流程、成本费用分析、改进及反馈的PDCA控制流程。

物耗管理　2012年，实施物料消耗精细化管理项目，完善相关配套制度和信息系统功能，同步物料流与数据流，实现各班各机台物料消耗数据“日清日结”；构建关联关系分析模型，建立物料消耗实时监测反馈机制和长期监控机制，形成物料消耗分析机制的基本框架和分析模板。2013年，以全新的视角跟踪辅料消耗波动情况，着重从人的因素开展分析。2014年，为全面识别公司生产物耗难题，着力推进物耗精益管理工作。生产物耗精益管理小组完成集中排产生产的能耗节约、小牌号烟丝放到试验线生产的可行性分析、红狼与软红调剂烟丝的成本费用消耗测算、无生产期间的能耗消耗、红狼出丝率相关因素分析、制丝切片后电秤与标准重量差异较大的原因分析等；就办公楼大堂节能降温问题，开展雾化降温试验。

2015年，强化部分生产数据精细化计量，确认卷包环节烟丝投入细化到班次、机台。2016年，开展生产物耗数据精准与深化运用项目。2017年，建立财务推送—车间反馈及整改的日常物耗管理流程。建立反馈模板，分析异常信息原因，反馈数据更正改进情况。统一生产绩效平台和NC系统中“七匹狼（红）”“七匹狼（软灰）”卷烟纸、拉线的换算单位；与卷包车间探讨提升产量数据提取的及时性，实现物耗指数和成本物耗的次日即时跟踪。2020年，通过众包的方式，开展物耗难题精益改善。系统策划“构建基于主价值链的物耗管理机制”项目集，提升物耗项目的管理层次。

探索实践的大数据分析应用。2014 年，系统制定物耗精益管理实施方案，参与拟定成本物耗项目组各类指标及目标值，分解归口部门指标目标。通过指数指标体系、计算公式、构建维度、数据来源及基本要求、多维分析等方面的方案构建及相关数据测算，构建生产物耗指数，描述企业生产物料消耗水平波动情况，反映计算期物料消耗相对于基期物料消耗的变化趋势与变化程度。2015 年，着力完成生产物耗信息化建设，调整优化指数建设方案，测试系统运行结果，检验系统计算准确性，系统功能基本稳定。

财务指标与分析　2012 年，推进辅料上机适应性研究，探索辅料参数和机器参数的内在联系，以实现辅料消耗流程标准化，建立辅料质量管理的标准，减少质量成本，加强成本源头控制。2013 年，按照行业和福建中烟对标创优要求，结合公司绩效管理目标，参与拟定财务项目组各类指标；搜集整理历史数据和行业单位信息，开展指标横纵比工作，及时跟踪监控各类指标走势。

深化财务分析的作用。2012 年，深入推进成本核算及财务分析工作，每月对烟叶、香精香料成本、配方变化、库存情况进行跟踪，对车间烟叶消耗水平、成本变动进行分析，在保证数据准确的前提下寻找消耗异常原因，为相关部门提供预测决策数据。2014 年，为实现财务数据的集成应用和主题数据的多维分析与展现，开发涵盖经营概况分析、利润分析、成本费用分析、库存分析、资产分析、偿债能力分析、财富增值能力分析、税利同增分析，量本利分析的财务信息分析系统。

2016 年，结合财务信息分析平台、物耗指数测量平台、即时成本控制平台等三大信息化平台，财务部初步完成三级财务分析体系的构建工作。包括以财务报表数据为基础的传统财务报表分析、以基于作业成本的即时成本控制体系为基础的成本费用实时分析、反馈和改进以深入车间生产及工艺为基础的数据挖掘分析，探寻生产及消耗内在规律的大数据分析。2021 年，从历史现状和持续经营必要性出发，协助开展贝森公司业务转型方案分析。针对产量数据管理、资产现状、布局、现金流分布及未来投资建议等开展季度专题分析，为“十四五”投资计划提供决策支撑。

业财融合实践　2019 年，以财务分析工作为试点，将财务管理工作前置到业务一线，开展业财融合管理模式探索和实践。以专题的形式成立专题小组，梳理现有业财融合业务中的难点、痛点，形成专题库。从业财融合的角度出发，详细剖析部分跨部门业务流、信息流、数据流在流转过程中存在的问题，形成 24 个分析专题。按计划推进包括“差旅费跨期报销专题分析”“资产及时转固的业财方案措施制定与实施”“龙烟厦烟废油烟数据专题分析”等在内的10个业财融合专题分析。

2020年，利用金字塔原理，搭建目标层、运营层、方法层、执行层四层级业财融合实施框架指引，形成业财融合实施指南，在福建中烟财务工作会上发布、交流、研讨。积极参与福建中烟业财融合工作指导的编撰，协助形成涵盖10个领域的业财融合工作指引，在全省财务系统形成指导意见并下发执行。第一次在公司内部以职能归口部门的名义策划和发布物耗管理主题活动，增强广大员工物耗管理意识，促进降耗增效，提升公司物耗管理水平。

七、财务服务与监督检查

履行服务　2012年，为实现财务信息资源的部门间共享，建立财务信息管理与服务平台。系统主要分为财务报表管理模块、财务分析管理模块、财务会议纪要模块、财务服务管理模块、财务知识管理模块、财务档案管理模块和财务文件制度七大模块，系统于2012年9月份开始试运行。同年配合加强企业年金投资管理，保障职工利益。2018年，协助完成党建费用、工会费用、团委费用核算及账务处理，配合完成党建经费收支管理规定。2019年，在保障资金安全的前提下，增加企业及医务室二维码收款方式。在符合采购、核算、资金等相关制度规定的前提下，鼓励支持开展设备改进自主性、试验性研究。协同企业管理部，推进设立科研专项经费，小额科研经费的申请、采购、使用、评价、报销等流程由使用部门自主控制实施。

保险业务方面，2019年，正式启用保险出险理赔系统，参保人员可通过简道云模块出险理赔系统中实时查询出险信息及后续理赔情况，实现便捷、高效、透明的保险理赔。2021年，优化保险条款，调整投保险种，设立风险防控费用，新增前置库卷烟、环境污染、房产出租等保险范围；选取“重服务、实力强”的供应商，合理制定控制价，激发公平竞争。在体量增加的情况下，实际中标价格较上一个周期减少511万元，下降幅度达23.65%。全面梳理保险报销流程，并开展保险宣贯工作。梳理并简化保险险种及理赔流程，有效提升出险理赔效率；举办财产与责任保险咨询服务讲座，制作服务手册；引导专业部门利用风险防控费用排除日常安全隐患，前移风险防控关口，保障公司资产安全。

监督与检查　2012年，对2010年1月至2011年6月各项经济业务进行自查，并在自查工作的基础上进行“回头看”复查。2013年，积极配合审计组工作，顺利完成廖材河总经理任期经济责任审计工作。2014年4月底至5月，组织开展投资项目专项检查工作，同年6月顺利通过省公司组织的复查。2015年，对红狼公司、贝森公司、驻厦办进行检查，提出整改意见；对驻厦办现有运作模式、收支情况进行调研和综合分析，提出并落实按市场要求修订住宿标准，规范内部控制流程的意见。

2015—2016 年，配合省公司完成龙烟八项规定检查工作。2017 年，开展 2015—2016 年度会计基础自查及交叉检查工作。根据《福建中烟工业有限责任公司关于开展企业生产经营问题排查工作的通知》的要求，对 2011 年 11 月至 2016 年 12 月企业生产经营问题进行自查。自查内容包括“小金库”问题治理，银行账户和存款管理整改情况，工程建设项目中历年财务竣工决算报告收集及问题整改情况，保险、税审采购情况，样品卷烟管理情况，“三重一大”决策制度执行情况，以及个人所得税、专项资金（科研经费）、财务管理、资产管理等问题。

2018 年，配合省公司检查组完成会计基础工作检查。2017—2019 年，对贝森公司进行会计基础工作检查。2018—2019 年，对红狼公司进行会计基础工作检查。2019 年，完成公司生产经营问题排查、龙烟公司负责人公司经济责任审计、福建中烟公司负责人经济责任审计延伸、样品烟、天价烟专项检自查、盒皮和香精采购自查等各项审计检查工作。

开展监督，2012 年完成涉税风险审计及接待中心内控审计，有效预防税收风险，保障公司经营无风险的税收环境。2017 年，对会议中心现有制度和管理情况进行调研，对物资进行全盘清点，在此基础上提出加强会议中心的管理措施，以适应新常态下会务接待管理的新要求。

八、财务管理及部门建设

通过构建财务文化体系，提升财务人才队伍素质与能力；结合部门流程制度建设，推动整体协作力、执行力和创造力提升。龙烟公司被评为福建卷烟工业系统 2013 年度、2014 年度、2015 年度“会计信息质量先进单位”。在 2015 年全省卷烟工业系统会计岗位技能竞赛中，财务部陈萍娥荣获理论竞赛全省第一，财务部贺水平荣获全省第四。2021 年以课题形式对财务实际工作问题进行研究论证，承接省公司的课题《构建业财一体化的标准业务事项库》《烟草产业物流用地整合政策研究》《试制辅料结算流程优化研究》研究成果分别荣获省公司一等奖、三等奖、优秀奖。

部门建设　2012 年，以部门文化建设为引领，初步构建了财务部文化体系。2015 年，结合人员变动调整情况，及时对岗位说明书进行修改完善，实现岗位交接工作平稳有序进行。2021 年，形成基于计划管理、风险识别、交流与传承、项目孵化、行业动态“1311”财务管理工作和党建工作双循环联动机制，增进部门内部知识共享和复用。

人才队伍建设 2012年，通过打造财务服务窗口，独立分出资金稽核组，采用AB备岗制、组长负责制、建立财务内部业务流程跟踪考核机制等形式，整合优化人力资源配置，提高工作效率。2014年，开展内部学习计划，深入了解各业务流程及业务知识，转变财务工作思路，拓宽视野。2020年，成立业财管理小组，集中优势资源，推进重点项目建设，为促进财务职能转型和提升价值创造能力提供人力保障。创新性地开展见习财务人员选拔工作，建立财务人才储备库，打通财务专业人才输入通道，建立财务知识传承机制，对岗位人员实行计划性轮换，全年共完成10个岗位调整轮换。加快高端复合型人才培养，2人通过高级会计师考试。2021年，组织员工学习、开展OCR影像识别技术业务报销、财务审核、会计核算、商旅平台、机票库等方面的智能财务应用探索。

财务绩效及流程体系 2013年，根据职能设置变化，取消总会计师职能，增设财务分管领导职能。积极参与构建基于卓越绩效模式和流程管理的整合管理体系项目。2014年，对部分流程进行优化，完成13个文件（内含52个职能流）的编写工作。2021年，根据公司“五维一体”管理体系建设的统一部署，持续开展财务职能架构优化、业务流程重构、文件梳理优化、价值评估等工作，形成L2管理标准20份，职能技术标准7份。根据岗位价值评估管理工作的要求，重构财务部组织架构体系，识别3个关键岗位，按岗位业务流程梳理15份岗位职责手册。

建立绩效考核机制，2013年，初步设计财务人员绩效考核体系。2014年，建立部门绩效考核机制，将部门岗位分为国有资产管理组、资金审核组、会计核算组和综合管理组四个小组，通过对各岗位工作任务细化分解，识别出任务的关键环节及注意点，从时间效率、服务效率、衔接效率、工作质量以及任务颗粒细度等方面进行考核。2015年，从具体事项的时间效率、服务效率、衔接效率、工作质量要求等方面进行确认，完善部门内部绩效考核机制。

制度建设 根据行业制度及业务发展变化，强化制度适应性。2013年，修订《会计基础工作规范》，对会计科目设定进行规范。2014年，根据“营改增”后风险防控要求，修订《发票管理办法》。2017年，修订《发票管理办法》《税收管理办法》。2018年，制定《财务部工作质量考核办法》。

规范差旅费管理。2013年，对《差旅费管理办法》中住宿费标准、出差补贴、会议出差规定、的士费用、动车出行等内容进行修订。2015年，简化省内出差审批手续，取消省内出差（不含学习培训、探亲）的《外出办事申请表》流程；市内交通费由凭据报销改为限额包干；取消出国考察事项；取消驻外办事处人员定额补贴事项。

资产管理方面，2017 年，增补《资产处置预案管理程序》。修订《国有资产管理办法》和《自主审批投资项目管理办法》。2021 年，完善《国有资产管理办法》，明确资产归口管理部门对闲置资产盘点、管理职责。修订《国有资产损失管理程序》，简化资产损失管理流程，明晰公司资产损失上报流程。

投资管理方面，2012 年，发布《投资管理办法》，建立投资管理长效机制。建立专家评审制度，规范投资类业务的申报、评审、收支计划管理，实现闭环管理。2014 年，整合原《对外投资管理办法》内容，新增投资业务的管理流程、相关部门的管理职责、项目投资成效评价等内容，规范投资项目管理。2017 年，修订《投资管理办法》。

财务部集体照（廖晓明　摄于 2023 年）

资金管理方面，2012 年，修订《货币资金授权审批办法》，简化付款审批流程。2017 年，增补《资金运营管理暂行办法》《保函管理办法》。2019 年，发布《银行承兑汇票管理办法》，从汇票收到、开具、承兑、保管等方面规范票据业务活动。2021 年，修订《财务资金风险应急预案》《货币资金及授权审批管理办法》《资金调试管理办法》。

预算管理方面，2018 年，制定《预算管理考评办法》，从定性和定量两个方面，对各部门的预算管理工作进行考核，将考核得分纳入公司组织绩效考核体系。2020 年，修订《预算管理办法》，重新梳理预算实际执行中超预算的范围、程度和性质，与公司“三重一大”相关制度结合，明确超预算的调整流程和审批权限。

第九节　统计管理

龙烟的统计管理职能归属企业管理部，实行三级管理制度。企业管理部作为企业综合统计的职能部门，牵头组织开展企业统计工作，制定公司统计制度技术标准文件，对职能部门的统计工作进行合理分工，协调各部门之间的统计业务，组织公司统计人员的统计业务培训，对公司统计工作进行监督检查。职能部门根据自身业务开展需要，组织收集专业部门统计数据。各职能部门统计职责为：生产管理部负责生产统计并管理车间统计工作，物流部负责销售统计并管理成品仓库、辅料仓库、原料仓库统计工作，供应部负责燃料物资统计，人力资源部负责劳工统计，科技统计由企业管理部负责，固定资产统计由财务部、技改办共同负责。

一、统计制度和信息化建设

制度建设　龙烟长期以来履行及时、准确为国家和行业提供统计数据的义务。依据国家、行业的统计管理办法和企业实际情况，对统计管理制度进行多次修订，最终形成以管理职责和流程为主的《统计工作管理办法》、以数据口径标准为主的《统计数据采集、计算管理技术规定》。

2012 年 4 月，根据数据管理要求发布《公司数据质量考核管理办法》。2013 年，开展基础数据规范与优化项目。根据提升数据质量的要求，以制丝车间为突破口，梳理了制丝车间、卷包车间、动力车间、物流部的作业流程，重点对产量、辅料、原料、燃料数据进行深入调研，识别了产生物耗数据的数据源、数据逻辑、数据的提供部门、数据的使用部门。从原料、辅料、燃料、成品的维度和公司使用部门的维度，对公司的管理需求指标进行了梳理。同时，梳理了异常生产模块，整理异常生产情况清单；对产量统计的计算口径、使用范围、使用部门进行了统一规范；提出了制丝车间、卷包车间系统改进的数据需求方案；制定了《数据管理办法》和《数据使用手册》。通过基础数据规范与优化项目的开展，推进数据流的规范化和加工逻辑的科学化，提升了数据质量，公司的数据管理更加规范有序。

2014 年，开展“以流程梳理优化为基础的管理体系整合项目”，进行统计管理模块中统计报表的梳理，完成《统计工作管理办法》《数据管理办法》的体系文件切换。

2018 年以来，根据《烟草行业统计工作管理办法》和《烟草行业工商统计调查制度》及公司实际情况，修订《统计工作管理办法》《统计数据采集计算管理办法》。《统计工作管理办法》规定了统计工作职责设置、统计人员管理、统计原始记录、统计台账、统计报表、统计资料的使用与管理、统计工作的交接、统计检查等内容。《统计数据采集、计算管理办法》规范了卷烟生产经营决策系统（一号工程）有关数据的数据源、计算口径、责任部门、报送时间等。从管理和业务实操角度，对公司统计工作进行了规范，做到了统计管理、统计业务有章可循、有制度可依。

信息化建设　政府联网直报平台稳定运行。龙烟作为重点企业，继续执行国家统计局实施的重点企业联网直报制度，以联网方式上报统计报表，保证数据传输的速度和准确性。

行业生产经营决策管理系统（一号工程）日益完善，公司生产经营决策管理系统设计的“数码跟踪”及“工商数采”两个子系统运行平稳，数据可靠。2012 年以来，一号工程的月报、日报功能逐步完善。到 2021 年，一号工程月报上报时，原辅料消耗模块数据已实现从龙烟内部 NC 系统手动抽取。

龙烟信息化快速发展，现有企业资源规划、制造执行系统、和门户网站、数据库系统等多个应用系统的建设，每个应用系统都在局部范围内起到了相应的作用。2013 年开始，开展数据管理分析平台建设项目，建立生产绩效测量分析平台，搭建卷包 OEE、创优对标、制丝质量 QI、财务分析、库存分析、物耗分析、精益管理指标等模块，实现相关数据的标准化、数据集成和数据的综合分析应用。2017 年 3 月以来，持续推进卷烟产品产量数据质量风险管控平台搭建项目，完成条码核对系统的开发和试运行，有效监控码段报废率异常，稳定指标水平。2018 年持续推进项目，实现在制品和成品产量、码段的准确统计与数据追溯；规范了码段业务操作，构建产量数据质量风险管控机制；大幅降低了一号工程码段报废率。

二、统计业务开展

统计报表　随着统计信息化的发展，龙烟统计业务流程更加清晰明了，报表工作更加规范。

对公司外部，按照不同报表上报的频次和内容，组织生产管理部、财务部、供应部、人力资源部等部门收集内部生产经营资料，及时、准确向统计局、调查队、工信局、国家局和行业等提报月度、季度、年度等综合性统计报表，平均每年上报固定报表 200 份以上。

2021 年，顺利完成福建中烟卷烟代销模式切换下的统计工作要求，积极与政府部门沟通，确定代销模式下产值、工业增加值等指标统计口径，及时调整并提交报表。

一号工程　“一号工程”分为日报、月报和年度工商数采数据核对，其中日报由生产管理部组织开展，月报和年度工商数采数据核对由企业管理部组织开展。2012 年 2 月，按照《烟草行业工商数据采集系统数据报送制度》（国烟办综〔2012〕4 号）的规定，为配合工商数据采集系统升级，由企业管理部牵头，对报送部门和报送规则进行落实，明确责任部门和责任人。2015 年，为落实国家局《关于开展行业统计数据口径调整项目软件实施工作的通知》（国烟办综〔2015〕124号）要求，生产管理部组织对“一号工程”系统产量提取时间范围的数据口径进行调整。2019年，取至NC系统的原辅料消耗数据出现异常，经查是测算规则不适应当前要求，企业管理部组织梳理月报5张报表（生产耗烟叶量、生产耗嘴棒量、卷烟纸购耗存、丝束购耗存、烟叶购耗存）的数据获取渠道，确认财务量本利数据可供“一号工程”作为基础数据，统一公司上报国家局数据口径的一致性，同时做好NC系统核算新规则的设置。2020年，“一号工程”月报提交时间由每月10日改为6日，组织重新划定各层级数据上报时间和预测数据口径，通过有序组织、多部门协作，顺利完成上报日期前移。2012年至2021年，根据《烟草行业工商统计报表制度的通知》《关于核对年度工商统计数据的通知》要求，“一号工程”数据稳定，准确性高，10年以来龙烟被国家局统计数据质量通报“零”次数。

持续优化“一号工程”码段报废率管理。2013年10月，组织公司开展卷烟生产经营数据统计应用项目数据质量自查工作，梳理、总结码段报废原因和后扫描情况，顺利通过福建中烟的数据质量检查。2014年，对于报废率较高的情况，组织制定整改措施和预防措施。2016年，根据国家局要求，5月开始跟踪后扫描情况，经与卷包车间和信息部沟通协调，及时跟踪后扫描机的开启情况，后扫描率由4月26.66%提升至11月100%。2017年3月，组织开展卷烟产品产量数据质量风险管控平台搭建项目，开展条码业务的梳理和报废率风险分析，完成了条码核对系统的搭建，当年11月报废率同比下降57.26%。2018年以来，通过该项目实施和深化，依托生产数据核对平台，对影响码段报废的各个环节的进行管控，公司码段报废率经下降后稳定在要求水平内。

统计检查 龙烟认真履行《中华人民共和国统计法》规定的各项义务，积极配合各级政府部门和上级的统计检查，每年定期开展统计自查。2013年6—8月，根据统计执法大检查的相关要求，组织对公司2013年统计工作开展全面核查，顺利通过市统计局、市调查队的统计检查。2014年8月，组织完成龙岩市统计局布置的工业企业经济普查专项统计执法检查工作。2017年5月，根据上级文件要求，组织就公司统计数据真实性进行自查，保障数据报送质量，提高统计工作水平，完善统计管理制度，夯实公司统计数据基础。2018年，根据福建中烟《关于开展统计专项检查自查工作的通知》，针对依法依规开展统计工作情况、统计基层基础工作情况、数据质量控制情况、系统运行及行业共享数据使用情况，组织开展公司统计专项检查自查工作。同年，根据国家局

《关于开展向同级统计局报送的“工业总产值”及相关情况一次性调查的紧急通知》，对公司2018年总产值及其构成进行自查。2020年，开展统计自查和码段报废统计专项审核，对提出的5个改进措施进行闭环。2021年，配合国家统计局福建调查总队、龙岩调查队开展统计执法检查。同年，公司依法开展统计自查，针对法律法规的遵守情况、统计制度的执行情况、统计数据质量的控制情况等进行自查。

统计调查　2012年以来，按时、保质保量地完成上级部门新增的各项阶段性调查任务，完成全国投入产出调查、外来专家统计调查、新罗区规上工业企业等多形式调查。

2014年，完成上级部门新增的各项阶段性调查任务，组织开展第二次全国经济普查、龙头企业发展情况有关调查、制造业企业情况调查等。

2015年，组织开展龙岩外向型出口企业生产经营情况调查、制造业企业深化互联网在制造领域应用情况调查提纲及问卷调查、龙岩调查队报送PPI基本分类权数调查等。

2017年11月，根据国家局要求，开展1982—2005年历史数据整合工作。次年，根据国家局《关于填报行业历史统计数据整合工作调查表的通知》要求，开展龙烟、永定卷烟厂、云霄卷烟厂历史数据收集、整理工作。完成福建中烟所属生产企业组建重组历程调查，并对1982—2005年龙烟、永定卷烟厂、云霄卷烟厂的手工报表历史数据进行整理，获取从1982—2005年24年以来生产和销售的54个品牌、612个规格卷烟、7252个数据。

2018年，根据全国第七次投入产出调查工作要求，开展投入产出调查统计工作，上报完成公司2017年度投入产出调查报表。2019年，根据国家局要求，组织开展烟草行业对国民经济和社会发展贡献分析研究数据调查。2020年，针对新冠肺炎疫情，组织完成统计局、调查队布置的复工情况调查、疫情影响情况调查、公司生产经营调查、降薪情况调查等多项问卷调查。2021年，完成烟草行业对国民经济和社会发展贡献分析研究数据调查、新罗区工业产品市场占有调查等多项统计工作任务，并开展福建省工业龙头企业申报工作。

统计论文　龙烟积极参加中国统计学会烟草分会的论文征集，旨在促进统计理论、实践和研究工作的开展和提升。2015年，共推选12篇统计论文，其中《某卷烟厂卷包车间空调系统控制模式探究》《烟标与GDX6S包装机的匹配性分析》2篇获得优秀奖。2020年，共推选7篇统计论文，其中《BP神经网络PID在烟支输送系统中的应用研究》《卷烟全过程批次质量评价模型的优化与应用》《基于相似度的参数寻优模型在制丝生产线的应用研究》3篇获评行业优秀统计论文。

三、统计培训和队伍建设

2013年，组建龙烟数据分析兴趣小组，围绕制丝生产工艺改进、卷烟质量分析、物流维修保养、原料耗损动因查找四个主题，组织小组成员运用数理统计分析工具，开展原料出入库数据分析、气调仓储模式下垛内氧气浓度变化规律探索、辅料适应性数据分析、一区机器人的故障分析、基于多元回归分析的烘丝入口水分相关性研究及其应用等。

2013年5月，组织有关人员参加统计分析与实务操作培训。7月，组织公司有关人员参与国家局举办的工商数采培训。9月，组织公司有关人员参加国家局组织的多元统计分析与应用培训。通过培训，进一步提高了公司统计人员的数据应用水平。

2014年，开展数据分析小组二期活动。举办数据分析对企业管理的支撑与提升、回归分析、主成分分析等数据分析方法理论与操作培训活动11次，255人次参加。开展制丝加香后烟丝水分变化的数据分析、滤棒吸阻控制参数优化项目分析、ZJ17卷接装机组皮带更换周期统计分析、气调技术参数优化试验分析、员工用餐行为调查分析、卷接包机台消耗影响因素探究等。

2014年3月、7月，先后组织有关人员赴郑州院参加数据分析实用统计技术培训、试验优化设计与分析技术培训。5月，组织公司有关人员参与国家局举办的决策管理系统工业企业运行维护技能网上培训。8月，邀请国家会计学院陈彦达教授来公司，对有关技术骨干进行数据分析与挖掘培训。通过培训，进一步提升了公司有关操作人员的打、扫码业务水平和技术骨干的数据应用水平。

2016年，组织相关人员参加郑州院举办的经营数据分析与决策支持培训一期、两期多元统计分析与应用技术培训和三期六西格玛培训，提升公司人员的数据分析的理论和实操水平。组织有关打、扫码人员参加行业卷烟生产经营决策管理系统运行维护技能网上培训，提升打扫码人员一号工程系统的实操水平。

2017年，组织各部门相关人员参加郑州院举办的多元统计数据分析培训和六西格玛培训，提升公司人员的数据分析的理论和实操水平。同年，组织信息技术部负责生产经营决策系统的系统管理员参加决策管理系统运维质量与安全专题网上培训，提升系统运维人员的运维服务水平。

2018年，组织6名综合统计人员学习统计法律法规、统计理论及统计工具应用，提升统计人员业务水平。组织卷包车间、物流部有关操作人员8名参加行业卷烟生产经营决策管理系统操作与维护培训，提升打、扫码维护技能与业务效率。

统计分析　2012 年以来，企业经济运行分析工作逐步制度化和日常化。为适应环境变动，更好地为公司经营决策提供数据支撑服务，重新梳理和策划企业经济运行分析模式，并对分析项目和内容进行相应的调整。每月收集公司内部产、质、耗、经济效益情况，福建中烟和烟草行业的生产经营情况、财务情况以及品牌发展等信息，将信息梳理后，按时编写发布企业经济运行通报，并在政工例会上发布，便于各级领导和车间班组长等人员了解企业的运行情况。2016 年，根据实际生产经营情况，增加专题分析，主要围绕卷烟销售形势、生产经营中遇到的问题、行业经济形态等主题，每季度将经济运行情况在政工例会上发布。2017 年，经济运行情况变更为在党建工作例会上发布。此后，根据生产运行实际情况，梳理和策划企业经济运行通报内容，不断对季度的发布内容进行调整。2021 年 7 月后，每月经济运行通报以报表形式汇总展示，每季度在总经理办公例会上发布。

随着生产加工的精细化，生产运行分析管理框架也逐年改进。经过多年的变化调整，生产运行分析报告形成以指标完成情况为基础，以制丝车间、卷包车间运行情况及服务部门生产衔接损失分析为主要内容。

第十节　设备管理与计量管理

一、设备管理

2015 年，龙烟深化运用业务流程管理方法论和 ARIS 流程管理软件，优化管理流程，完善工作标准。并以此为契机，制定“精细基础管理”目标，运用精益理念和方法，对设备管理活动、流程进行系统梳理和分析，将生产加工设备作为重点管理对象，进一步整合设备管理文件，制定颁布龙烟设备管理的程序文件《设备使用和运行监督管理办法》与《设备故障和维修管理办法》，加强了设备部与生产车间等相关部门流程及文件上的衔接和关联，并将各部门有关设备过程管理文件列入龙烟设备管理

设备管理部集体照（余硕宁　摄于 2023 年）

手册，督促车间完善有关设备清扫、点检、润滑及维修等管理制度，使公司设备管理的组织、实施和记录有标准文件进行规范和支撑。

设备部的职责主要是发挥服务功能，创造平台、提供方法，为公司设备管理提供改善的依据和工具。设备部评审并完善公司有关设备过程管理方法的体系文件，并在 ARIS 系统中搭建 159 条职能流程，整理端到端流程的跨部门关联。为确保流程与相关体系文件相衔接、与实际业务相吻合，龙烟设计了公司设备分级分类的主流程，要求生产部门根据实际在主流程的框架内制定个性化的设备管理子流程，通过母子流程相互勾连，理顺公司设备管理的业务逻辑以及各部门职能交叉的关系。

综合管理　2012 年，根据各专业部门不同的管理需要，形成部门《自主维护管理制度》，共修订完成 219 个 EAM 基准书及记录表单，并在中烟文件系统发布实施。

2013 年，以“设备的全生命周期管理”特点，建立基于 IS-PDCA 的“龙烟设备管理架构”，基于“以流程梳理优化为基础的管理体系整合项目”开展，共梳理包括基础设施管理、项目管理、计量管理、采购管理、环境管理、物流管理、能源管理七大流程区域共 103 条流程，管理记录 206 个，管理术语 53 个。按照《全面规范化生产维护体系》（TnPM/T 1—2012）的要求，全面构建设备五阶六维管理和设备绩效评价体系，以“设备全生命周期管理”为主线，建立大的设备闭环管理（PDCA）和评价标准，输出公司设备管理要素包含的管理部门文件架构和各车间对应的文件架构，输出《龙烟公司 TnPM 管理评价 1000 分标准》。每个设备管理要素又按照 PDCA-NDCA（N- 规范 Normalize）的方法来编制和修订相关的管理文件，并逐步按流程管理的方法在 ARIS 软件中实现。编制和修订的文件有《设备管理体系管理手册》《设备前期管理》《设备采购项目实施细则》《零配件采购实施细则》《设备委外维修维保管理办法》《设备绩效测量和监视管理办法》等。

2014 年 9 月 16—18 日，烟草行业专家组到龙烟公司开展烟机设备修理高级技师申报项目现场评估（余硕宁　摄）

2013 年，按“设备全生命

周期管理”梳理管理全要素，以设备管理精益化的“管理过程可控、设备状态可控、经济成本可控”为准则，构建部门和生产车间相关的设备绩效评价指标，共 19 类 160 个设备绩效指标库。

2014 年，组织各车间以行业设备管理精益化的“六个精”为目标，策划制定《龙烟公司设备管理精益化实施方案》，提出龙烟设备管理精益化“6+1”的推进思路和内容，即“精细基础管理、精干队伍建设、精心设备保养、精准设备修理、精确状态预测、精算成本管理”和“精实绩效评价”。

2014 年，按“设备全生命周期管理”的特点结合 TnPM 管理体系的要求，全面梳理设备各管理要素的流程，构建生产制造中心、龙烟设备管理部、各车间设备管理文件的衔接和对应，细化管理过程和管理结果，体现设备管理部和各车间的设备管理要素关联和支撑。根据《龙烟公司设备管理要素文件对应（五阶六维）表》，共制订、修订 18 个设备管理文件，各车间制修订 8 个设备管理文件及相关的技术标准。包括《设备管理体系管理手册》《设备使用和运行监督管理办法》《零配件管理办法》《设备档案管理办法》《设备资产管理办法》《设备项目管理办法》等 13 个文件的制定或修订。

2014 年，基于公司 eBPM 流程梳理项目，应用 ARIS 平台串联职能流程和岗位绩效的匹配。实现包括基础设施管理、项目管理、计量管理、采购管理、环境管理、零配件管理、能源管理七大流程区域的 29 个流程文件切换。

2015 年，重新系统梳理和提炼公司设备管理的方法和工作流程，制定“龙烟设备管理体系（IS–PDCA）”。编制或修订《设备管理体系管理手册》《可移动设备使用管理办法》等 19 个管理文件；各车间完成包括《设备管理办法》和设备运行、维修管理等 7 个文件的编制或修订。将“能源、环境、测量”三体系的检查和考核合并编制《能源、环境、测量体系运行监督管理办法》。

2016 年，针对设备项目多、合同多，采购过程记录档案资料多，接受检查次数多的情况，编制《设备档案管理办法》，强化“一机一档”管理。

2018 年，为规范管理创新工作室和“精益道场”建设，制定《创新工作室管理制度》，充分发挥党员的先锋模范带头作用，营造公司技术创新、自主实践的氛围，通过团队合作推动技术人员开展技术攻关、管理探索、学习交流的活动，培养高技能技术人才，不断通过实践打造一支思想坚定、技术过硬的技术团队。

2020 年，推进设备管理模块“五维一体”运营体系建设，基于设备卓越绩效管理模式和 IS–PDCA 精益设备管理框架，梳理形成设备管理流程框架，共修订 L2 程序文件 18 个，共识别 L3 业务场景 79 个、L4 业务流程 348 条，其中设备部门为主人的流程 198 条，提炼流程指标 215 个。

2021 年，强化沟通服务机制，制定《设备要素变更管理细则》，修订《设备故障和维修管理办法》，建立与专业部门间的设备变更风险评估和设备事件的联动沟通与考评管理机制。

年度重点项目开展 2012 年，开展管理创新项目——“构建基于测量点的计量管理体系”“持续推进 TnPM 项目落地运行”。

2013—2015 年，分别开展“构建设备五阶六维管理和设备绩效评价体系”“建立公司能源管理体系”“实施合同能源综合节能项目”“设备管理‘6+1’精益化建设”“完善龙烟设备管理体系”“深化设备管理精益化‘6+1’活动”6 个项目的工作。

2016 年，开展“卷烟工厂设备卓越绩效管理”，以“卷烟工厂设备的卓越绩效管理实施指南、评价方法”的“七大模块”为指引，组织对照指南和评价方法的内容和要求，全方位多角度查找目前设备各方面存在的短板，实施改进，通过最佳实践促进设备卓越绩效管理和 TnPM 的有效融合，推动设备管理上水平。2016 年生产制造中心组织内外部专家进行评价，评价得分 571 分。2017 年，自评得分 588 分，外部评价得分 620 分。2019 年，外部评价分为 649 分。

2017 年，开展“锅炉系统油改气改造”，完成供气主管铺设。2018 年度完成设备点的管道对接工作，并对锅炉房进行了安防适应改造与锅炉本体改造。2018 年 3 月 12 日完成制丝 1140 千克 / 时膨胀烟丝线天然气改造，并实现通气试生产；3 月底完成试验线、二区 C 线 CTD 天然气改造，并于 4 月开始实现制丝全面使用天然气进行生产。5 月 25 日完成动力车间 3 号锅炉本体油气两用改造，6 月开始实现动力车间 3 号锅炉正式通气生产。为确保生产不受影响，按“改一台稳定运行一台”的节奏，在做好操作培训的基础上，逐台进行改造，10 月全面完成动力车间油改气改造工作。

2018 年，开展“设备智慧管理研究与实现”“节能新技术应用研究”等项目研究工作。

2019 年，开展“设备智能运维管理系统建设”“动力压缩空气智能能效系统的研究与应用”等项目研究工作。

2020 年，开展“维修队伍优化重构”“设备自主维护改造管理机制构建与应用”“基于全流程管控的备件管理研究”“设备节能技术应用研究”“动力能源保障系统能力评估与保障实现”“生产区域尾气排放治理与实现”“优化基于全流程的设备运维管理系统”等项目研究工作。

2021 年，接续推进“设备关键职能管理优化与提升——基于全流程管控的备件管理研究”“设备节能技术应用研究”“动力能源保障系统能力评估与保障实现”等项目研究工作。

管理信息化　2012年，按照TnPM体系的要求开展讨论，形成EAM信息化项目的总体框架和流程，重点把控设备运行管理过程中的重点管理环节、运行数据及故障信息、分析和改进等，着力于提升设备综合效率。12月系统已上线试运行。公司建设的EAM系统，是TnPM管理体系落地有效实施的重要手段。2013年，EAM系统作为获取现场设备运行数据的重要系统，已完成在各车间的运行，从设备树到自主维护工单，预防维修工单、故障工单及故障的统计、引发故障原因分析、故障关联备件领用等功能都已完备，跟数采系统和NC系统的对接正在完善过程中。2016年，对EAM信息化系统进行优化改进，固化EAM系统支持，逐步建立和明确自主维护、维修、故障分析、故障库、学习和改进的机制，提升设备综合效率。

零星工程信息化流程系统于2012年12月上线，为施工项目的计划管理、相关方管理、安全管理、特殊作业管理、结算管理（由相关方提请结算转换为设备部验收评价后提请结算）等提供规范化支持。组织人员对中烟NC备件系统、NC设备系统、NC计量系统、公司NC采购平台进行应用，提出相关的管理需求，使各系统逐步完善满足管理使用要求。

2013年，设备技术改造项目全过程控制信息化系统上线和通用物质高效采购管理系统项目上线，后者的上线运行，为通用物质的零星采购提供了公平、高效的平台，也可降低相应的采购价格。

烟机专卖管理　按国家局专卖管理监督的管理要求，加强烟草专用机械设备的监督，规范专卖管理，对烟草专用设备的申购、调拨、报废按要求申请，确保经过国家局的审批后实施，注重过程的跟踪，购进时有签订购销合同，运输时有办理准运证，准运证管理到位，报废处置符合监管要求，无违规行为。

对标工作　2012—2017年，承担对标的4项指标，即制造费用、运行效率、能源消耗、化学需氧量，均达成目标。2018—2021年，承担对标的3项指标，即运行效率、能源消耗、化学需氧量，均达成目标。

二、设备购置、搬迁及处置管理

购置　按产能布局要求，做好新增设备购置及安装调试、跨区域需求搬迁、闲置设备搬迁及报废设备处置等工作，确保满足生产、工艺及现场要求。

2012年，新增1组卷接包机组、4台COMFLEX—MV烟支存贮输送装置、一组滤棒发射接收机。

2013年，新增5组ZJ17卷接机组及配套选项、2组YF17A烟支输送装置、1 组 KDF4 成型机组、4 台 COMFLEX-MV 烟支存贮输送装置、1 组 FILTRONAT 1S 滤棒发射机及 3 台 FILTRONAT E2 接收机、2 台 YP18 装封箱。

2014 年，新增 1 台（套）ZB45 包装机组、1 台（套）YF17A 烟支存储输送系统、1 台（套）ZJ17 卷接机组、1 台（套）JG3 浸梗机、2 台（套）YP18 装封箱机。

2015 年，新增 2 组 ZJ17 卷接机组、1 组 ZB45 包装机组、4 组 YF17A 烟支存储输送系统、1 组滤棒发射接收系统。

2016 年，新增 4 组 YF17A 烟支存储输送系统、3 组 YP18 封箱机组。

2017 年，新增 3 组滤棒发射接收系统。

2018 年，新增 2 台 SIROX 叶丝增温设备、2 台 ZJ118 卷烟机。

2019 年，新增 1 台 ZL29 成型机。

2020 年，新增 1 台 ZB45 包装机、2 台 ZJ118 卷烟机、2 台 ZL29 成型机、1 台 PROLAB 卷烟机。

2021 年，新增 1 组 ZB45 包装机、2 组 ZJ118 卷烟机、2 组 ZL29 成型机、1 台加热不燃烧卷接机组、1 台侧开式包装样机 YB417C。

搬迁 根据福建中烟工作部署和生产需要，对设备进行公司间、区域间、区域内的搬迁。

2012 年，搬迁 1 组卷接机组。

2015 年，搬迁 4 台（套）卷烟机、4 台（套）包装机。

处置 2014 年，梗线及 570 膨胀烟丝线报废销毁。

2015 年，一区整线技改报废涉及烟草专用机械设备共 76 台套、烟草通用机械设备 237 台（套）、通用设备 5 台（套）。

2016 年，报废烟草设备 28 台（套）。

2018 年，报废烟草通用设备 40 台（套）、烟草专用设备 25 台（套）。

2019 年，拍卖 6 台叉抱车，与厦烟协商互换 1 台卷烟机。

2020 年，报废处置一批专用设备、通用设备及零配件。其中烟草通用设备 7 台（套）、烟草专用设备 99 台（套）。与厦烟互换 1 组卷接包设备，调入 1 组细支（ZJ17—ZB45）卷包机组及辅联设备。

2021 年，报废拍卖处置 1 批设备、7 组闲置成型机组租赁给中烟益升华公司。

三、设备运行管理

设备保养 不断完善设备保养规范，明确保养部位、项目、标准、方法和频率。制丝车间坚持专门保养制，由保养班每天进行 4 小时的保养；卷包车间以轮保为主，辅以每天 2 小时以上的例保，并在轮保中搞好设备维修工作；物流部由外协单位进行每天半小时的设备保养。各部门按要求做到时间、人员、项目“三个到位”，确保保养效果。加强设备保养培训，提高设备保养工具配置，完善保养模式，采取分段分局部进行深度保养，加强设备保养的检查与考核，规范设备保养规程，细化评分标准，进行顽固部位现场整改，改善现场设备，加大现场“跑、冒、滴、漏”整改力度，抓好污染源的控制，从根源上给予整治，提高保养水平。

计划检修和预防维修　做好旺季生产的设备保障与集中停产期间的设备维修组织工作。建立停产检修、设备维修、设备改造的质量跟踪确认机制，对每次的停产检修做到有计划、有组织、有实施、有检查，实行维修项目小组组长负责制度。结合生产计划的安排，根据设备运行周期和技术状况，制定年度设备维修计划和停产检修计划。维修前认真做好人员、时间、部位的安排和备件的准备，维修过程中严格执行相关标准，维修后组织相关部门进行验收。在预防维修方面，对于流程设备和关键设备实施点检制及状态检测，不断完善设备点检规范，明确点检部位、项目、标准、方法、周期和责任人，对数据进行信息化管理，并按EAM系统建立的信息化要求进行维修要求与信息的策划，以提高设备维修质量和效率。

2014年，设备管理部组织各车间根据“龙烟检维修体系（SOON）”确定的“三类五维三级”的分类方法，结合各车间实际，对所有设备及部位进行了分级分类，切分设备管理颗粒度，形成所有设备的分级分类表。根据分级分类的结果科学选择维修策略，形成“组合式”维修策略。确定了关键部位，主要部位和次要部位相应的维修策略为：针对关键部位采用状态维修为主、计划维修为辅的维修策略；针对主要部位采用计划维修为主、状态维修及事后维修为辅的维修策略；针对次要部位采用事后维修为主的维修策略；各车间形成基于单台设备的维修策略组合，实现维修资源利用最大化，有效降低维护成本。

2015年，规范设备点检和维修流程，设备管理部通过设计设备运行和维护管理职能流程和端到端流程，并组织各车间通过ARIS平台理顺设备运行和维护管理的串接和支撑。

2019年8月，龙烟公司荣获中国质量协会“全面质量管理推进40周年杰出推进单位”称号（余硕宁　摄）

设备运行分析和综合绩效评价 为了更好地衡量和评价设备管理成果，突出评价，强化考核，提升设备管理水平，设备管理部2014年将相关的评价方法进行整合，构建“一库三评价四报告”的绩效分析评价模型，应用于公司设备管理的各个方面，促进设备管理改进创新。“一库”是指设备绩效指标库，“三评价”是指“组织过程管理、设备效能状态、管理结果绩效”三类评价，“四报告”是指“月度设备绩效测量和监视分析报告、设备运行分析报告、零配件月度分析报告、五阶六维1000分年度评价报告”。

四、设备改造与委外维修

设备改造 每年年初组织制订年度技术改造计划，并通过项目管理的形式，组织各个技术改造项目成立项目小组。组织制订项目实施的计划展开的同时，每月对各项目实施进度跟踪；年中组织一次改造进度的半年诊断及计划的增补和修订；年底组织一次改造项目成效评价会，使全厂技术改造做到有计划、有组织、有跟踪、有检查、有评价，保证各项目的顺利开展。

2014年强化设备购置、改造管理，在NC系统项目申报模块增加项目的安全管理和对购置项目、改造项目“需求动因”的分析管理，其中改造项目分成“新增功能、功能改进、效率提升、工艺质量提升、物耗下降、零配件消耗下降、能耗降低、安全防护、环境保护、其他”等10类需求动因，由原来项目申报的“自述需求”变更为“命题作文”，将项目申报的材料和证据前移，设备管理部初步把关后才在NC系统中进行申报，充分体现项目改造的必要性和充分性。经评审2015年的设备技术改造项目，项目申报的支撑材料比较完备，非亟需或非必要改造项目大幅减少。

2014年全年实施设备项目161项，其中2014年度新建项目65项、跨年度续建项目44项，包括设备购置项目68项，项目金额11794万元；改造项目41项，项目金额3510万元；维保项目52项，项目金额1547.65万元。到11月底，项目实施完成已验收93项，实施完成待验收10项，实施过程中52项，项目取消6项。其中包括一区整体技改风力送丝系统改造的相关工作。

2015年全年实施设备项目136项，其中2015年度新建项目68项，跨年度续建项目68项；按项目类别分别为：设备购置项目47项，改造项目29项，维保项目60项。到11月底，项目实施完成已验收94项，实施完成待验收3项，实施过程中34项，项目取消5项。

2016年设备项目有63项（其中24项为半年新增），跨年度续建项目45项，合计管理项目有108项，按项目类别分别为：设备购置项目40项，改造项目32项，维保项目36项。

2017年实施设备项目有132项，其中2017年度新增项目有49项，跨年度续建项目83项；按项目类别分别为：设备购置项目38项，改造项目29项，维保项目65项。

2018年实施设备项目有185项，其中2018年度新增项目有107项，跨年度续建项目78项；按项目类别分别为：设备购置项目65项，改造项目46项，维保项目74项。

2019年实施设备项目有206项，其中2019年度新增项目有95项，跨年度续建项目111项；按项目类别分别为：设备购置项目69项，改造项目66项，维保项目71项。

2020年实施设备项目有205项，其中2020年度新增项目有80项，跨年度续建项目125项；按项目类别分别为：设备购置项目57项，改造项目72项，维保项目76项。

2021年实施设备项目有184项，其中年度新增项目84项，跨年度续建项目100项（质保期项目30项）；按项目类别分别为：设备购置项目60项，改造项目59项，维保项目65项。

零星工程管理　为加强设备零星工程项目的管理，规范项目的申请、施工、验收、结算等流程，设备管理部结合福建中烟公司的安全标准要求建立相关方的管理办法，修订《设备零星工程项目管理办法》，将设备零星工程项目的各项流程梳理完整。配合公司采购办对重点相关方进行招投标，对中标入围的施工单位按中烟公司的重点相关方进行管理，在施工现场严格按相关规定执行，对较大的项目组织相关人员验收。每月的零星工程项目做到及时跟踪检查、验收、结算，提高施工单位在施工现场的管理水平。

五、备件管理

优化库存　根据福建中烟降低零配件库存目标要求，在满足生产保障需要的前提下，持续优化库存结构、降低零配件库存的机制，优化库存管理，对采购的需求、审核、采购过程和领用等环节加强把关，加强库存数据的跟踪分析，调整库存高低限控制标准，合理布置采购时间，积极消化原有库存，为降低库存奠定基础。设备管理部以中烟控制考核指标为指引，以备件库存周转为依据，加强备件申报环节的信息沟通与分析，严格控制备件的采购品种与数量。

2014年初开始实施通用件高效采购系统平台，通用零配件全部在此系统进行采购，大大缩减了采购周期，有效控制备件库存。上半年增招了15家供应商至36家合格供应商。

2014年，按机型、进口、国产、常用件、非常用、专用件、通用件等特性，结合采购流程要求，如福建中烟集中采购、协议采购、立项采购等不同采购流程所需的合同签订时间进度，统计各备件分类的采购周期，编制“设备备件采购周期一览表”并进行发布，增加供货周期信息的对称性。

2015 年，增加“备件申报领用出库率”管控指标，将申报与领用进行关联。

2016 年，重点关注“三年未出库”备件的管理，增加入库“满一年、满两年、满三年”这三个“领用出库率”指标，不断下降“三年未出库”备件库存金额，切实降低备件库存。

2021 年，制定实施备件库无人值守方案。

供应商和采购管理 建立科学的供应链管理模式，通过开展供应商资质认证，整合与规范子公司的采购渠道，发挥优势供应商的作用，与优势供应商建立战略合作伙伴关系。在福建中烟组织下，2009 年开始发布《烟机专用件合格供应商名录》，每年组织开展新增供应商资质评审，并更新《烟机专用件合格供应商名录》。为规范备件的采购流程，按国家局的相关文件和“两项工作”的要求，设备管理部组织对部分备件的采购进行公开招标。共分成三个大标（国产烟机专用零配件、通用零配件、进口代理零配件），整理出常用零配件的清单进行招标，结合年度协议的签订，提高备件的采购效率。

六、设备主题活动

开展设备管理主题活动，各车间及有关部门围绕主题，集思广益，充分运用项目管理和目标管理等有效方法，积极拓宽活动覆盖面，使活动内容不断丰富。

2012—2013 年，开展 TnPM 体系建设。2014 年起，先后开展设备管理“6+1”精益化建设、龙烟设备管理体系（IS-PDCA）建设、卷烟工厂设备卓越绩效管理、“设备精益、赢在基层”“数据驱动 智慧管控”“自主、优化、提升”“强机制、优队伍、促保障”等年度设备主题管理活动。

七、设备管理创新活动

2013 年，设备管理部以“设备的全生命周期管理”特点建立了基于 IS-PDCA 的“龙烟设备管理架构”，全面构建设备五阶六维管理和设备绩效评价体系。

2014 年，以行业设备管理精益化的“六个精”为目标，策划制定《龙烟公司设备管理精益化实施方案》，提出龙烟设备管理精益化“6+1”的推进思路和内容，即“精细基础管理、精干队伍建设、精心设备保养、精准设备修理、精确状态预测、精算成本管理”和“精实绩效评价”。

2015 年，重新审视原设备管理框架的优点和不足，重新系统梳理和提炼了公司设备管理的方法和工作流程，制定“龙烟设备管理体系”（IS–PDCA）。

2016—2019 年，开展“卷烟工厂设备卓越绩效管理”。

2020—2021 年，以模式融合、体系符合、业务整合三方面为视角，基于设备卓越绩效管理模式和 IS–PDCA 精益设备管理框架，梳理形成设备管理流程框架，推进设备管理模块“五维一体”运营体系建设。

八、计量管理

测量管理体系建设　2012 年实施全新管理模式，采用以测量点为管理基础、测量点和测量设备为共同管理对象的管理模式。梳理计量管理流程，查找管理过程的影响环节和存在的问题，识别关键节点，设计基于测量点的计量管理流程 9 类 18 个，识别公司 2123 个测量点及影响要素，建立公司实时测量点树和测量设备树，并实现信息化管理（NC 系统），于 5 月正式上线运行。建立超期预警机制，对测量点和测量设备进行动态管理。建立由测量点相关要素和测量设备共同影响确定的、与故障次数和故障频率联动的管理类别和计量确认间隔评审和调整机制。优化计量管理过程，修订测量管理体系管理手册及程序文件 16 个。

体系审核和监视　2012—2021 年，按计划开展测量管理体系的内部审核、管理评审、外部审核，对受审核部门进行全面的审核和充分的沟通，对审核开出的不符合项和改进措施项进行跟踪和检查，针对存在的问题认真分析原因，制定措施，列出整改或改进计划并实施，确保体系持续、有效运行。

九、测量设备和测量过程管理

测量设备选配分析　2013 年，全年完成相关测量设备的周检计划，对新增的 75 台测量设备完成了测量点新增、选配、确认、培训等工作。完成部分 1140 千克 / 时 CO_2 线测量设备的建账、周检等工作。NC 计量管理信息系统得到不断完善，系统正式上线至今已提出近 200 个改进点，确保管理系统符合管理流程需求，满足 ISO　10012 管理标准的要求，实现各种管理需求的便捷和可控，使系统管理功能得到较大提升。

2014 年，完成公司最高计量标准（1 项，精密压力表标准装置）的到期复查工作，经上级业务主管部门现场评审符合要求，确保公司压力量值传递和压力检测的准确可靠。对 NC 计量管理信息系统提出 48 个改进点，增加周检率、配备及时率、巡查处理率、不合格处理率等管理指标的统计功能，使系统管理功能得到较大提升。选配温湿度记录仪 1 台、台秤 1 台、精密尺 2 台、电子天平 1 台、手持式温湿度计 4 台、鼓风干燥箱 1 台、恒温恒湿箱 1 台。

2015 年，选配标准光源箱 2 台、原子吸收光谱仪 1 台、紫外分光光度计 1

台、频闪检测仪 1 台、疏水阀泄漏检测仪 1 台、烟气分析仪 1 台、水分仪 3 台、填充值测定仪 1 台、通风度仪 4 台、纸张透气度仪 1 台、白度仪 1 台、卷烟纸阴燃性仪 1 台、微生物检测仪 1 台、比色计 1 台。

2016 年，选配电子天平 3 台、台秤 2 台、水分仪 1 台、鼓风干燥箱 2 台、全温水槽 1 台、圆周仪 2 台、吸阻仪 4 台、化学分析仪 1 台。

2017 年，选配电子天平 3 台、鼓风干燥箱 2 台、恒温恒湿箱 3 台、温湿度试验设备检定系统 2 台。

2018 年，选配长度仪 2 台、离子色谱仪 1 台、尘埃度仪 1 台、热能分析仪 1 台、丝束线密度仪 1 台。

2019 年，选配电子天平 8 台、红外测温仪 3 台、水分仪 15 台、电子皮带秤 1 台、兆欧表 3 台、热像仪 1 台、电机故障诊断仪 1 台、示波器 1 台、二氧化碳检测仪 1 台、鼓风干燥箱 2 台、恒温恒湿箱 3 台、端部落丝检测仪 2 台、卷烟含末率测定仪 1 台、长度仪 1 台、填充值测定仪 1 台、叶片振动分选筛 1 台、烟丝振动分选筛 1 台、综合测试台 13 台、吸阻仪 1 台、圆周仪 1 台、密度折光仪 1 台、条形码检测仪 1 台。

2020 年，选配电子天平 2 台、快速测温仪 5 台、温湿度记录仪 6 台、绝缘电阻测试仪 1 台、pH 计 1 台、电导率分析仪 1 台、在线溶氧仪 1 台、磷酸根分析仪 1 台、硫化氢气体检测仪 1 台。

2021 年，选配烟箱缺条在线检测仪 1 台、水分仪 1 台、烟草投影仪 1 台、长度仪 1 台、色差仪 1 台、小盒密封度仪 1 台、密度折光仪 1 台、烟支纵向裁切机 1 台、纸张裁样机 1 台。

测量设备周期确认 为确保测量设备的准确性和可靠性，计量管理部门对各管理类别的测量设备制定不同的确认间隔，采用检定、校准或比对等方式定期进行计量确认，在每年初制定年度周期确认计划，于每月底制定下月周期确认计划，并统计当月周期确认完成情况，监督检查周期确认效果。2012—2021 年，均实现在用测量设备周期受检率目标，其中测量标准、强检测量设备受检率达 100%。定期审核所有测量点的计量确认间隔，并根据各测量点的重要性和测量设备的历次运行情况，对部分计量确认间隔进行必要的调整。同时，注重期间巡查及数据分析，确保使用过程中不合格测量设备的及时发现。不断完善 NC 计量管理系统，增加测量设备的周期确认统计管理及送检管理。

测量过程管理 加强测量过程的策划、设计、确认、实施和控制等环节的符合性管理，对测量设备、测量程序、环境、人员等过程要素的控制情况进行定期监督。通过将测量要求转化为计量要求进行测量设备的选配分析，确保过程满足要求；对新增测量点及控制要求出现变更的测量过程及过程要素，进行识别和确认；对新增测量设备组织相关技术员编写、评审并发布测量程序，确保测量过程的可控；外送专职计量人员参加专业培训，结合标准、测量管理体系管理手册和程序文件，对兼职计量人员进行专业知识及业务的培训和指导，提高计量人员的专业素质。

第十一节 辅料供应

一、物资采购

烟用材料采购 2012 年，为贯彻国家局关于“应招尽招”的要求，烟用材料公开招标，包括万宝路商标、七匹狼（小通仙）商标，万宝路胶水等特殊牌号材料在内的大部分烟用材料均实施公开招投标采购（因烟用材料的特殊性，为保证质量的相对稳定，福建中烟每年组织相关人员对供应商进行资质认证，对供应商进行评价，生成“烟用材料供方名录”，公开招标仅在库内招标），整个过程的实施在 6 月按计划顺利完成。但由于市场变化及新产品开发的需要，新增部分烟用材料采购实施紧急采购，可用其他采购方式。7 月完成单一来源的谈价工作。根据谈判和招投标确定的供应商和价格，及时签订合同，确保能较顺利地衔接好辅料的供应、结算。

2013 年 6 月，顺利完成 2013 年烟用材料 11 个包件公开招标评标工作。6 月 21 日完成烟用添加剂的单一来源谈价，12 月完成 2013 年度单一来源采购的价格谈判。

2014 年 6 月，配合福建中烟采购中心完成香精香料公开招标。通过两次香精香料公开招标，公司香精香料公开招标比例接近 100%。7 月，为贯彻落实国家局《烟草行业 2014 年物资管理工作要点》（国烟办综〔2014〕112 号）要求，力争达成国家局提出“全年烟用物资（剔除醋纤丝束外）采购成本下降 3% 的目标，特别是商标、香精香料、卷烟包装箱等卷烟材料成本要大幅下降”的要求，合同双方在平等自愿的前提下，完成采购价格调整后的合同签订工作。

2015 年，顺利完成 2015 年烟用材料公开招标采购工作 11 项。

2017 年，根据福建中烟董事会审批通过的年度采购计划，对烟用商标、烟箱、封签纸、胶水、三乙酸甘油酯、胶带、接装纸、内衬纸、框架纸、拉线、BOPP（双向拉伸聚丙烯薄膜）、标签碳带等 12 类物资开展公开招标采购和合同签订工作，其中标签碳带由直接与国家局招标供应商签订合同，转变为社会招标（2011—2016 年，“一号工程”打码耗材，包括碳带和标签纸，由国家局统一招投标，供应部与中标供应商签订合同并执行），在市场充分竞争下，择优选择供应商的范围更大，价格下浮了30%，预计全年可节约采购金额28.43万元；根据福建中烟董事会审批通过的年度采购计划，对福建中烟集中采购物资、古田（光芒）部分配套物资、古田（1929）部分配套物资、土楼（1575）部分配套物资、妙香接装纸、PM拉线、七匹狼（大通仙）封签纸及成品烟纸滑托盘等21类物资进行单一来源谈判和合同签订工作。

2018年，根据福建中烟董事会审批通过的年度采购计划，完成烟用商标、烟箱、封签纸、胶水、三乙酸甘油酯、胶带、接装纸、内衬纸、框架纸、拉线、BOPP、标签碳带等12类物资合同续签工作；完成烟用香精合同签订工作。

2019年，积极开展年度烟用物资公开招标和单一来源采购工作，落实“应招尽招、真招实招、阳光公正、一项一档”相关管理要求，加强沟通协调，推进新产品开发、生产与采购协同，确保新产品开发采购规范与生产保障两不误。

2020年，开展4项烟用材料公开招标采购工作，包括烟用香精（含添加剂）、冰抹茶胶囊加工费（委托厦烟招标）、七匹狼（鼓浪杨帆）烟标、七匹狼（英伦奶香）烟标。开展7项烟用材料单一来源采购工作，包括福建中烟集采物资、七匹狼（鼓浪扬帆）烟箱、七匹狼（鼓浪扬帆）内衬纸、七匹狼（鼓浪扬帆）接装纸3、七匹狼（鼓浪杨帆）框架纸、七匹狼（古田金中支，英伦奶香）烟标、万宝路拉线项目。

2021年，开展标签纸碳带项目公开招标采购工作；完成成品纸滑托盘、分包片烟纸箱及防虫网罩单一来源采购项目工作。根据省公司物供部《关于2021年烟用材料采购合同签订的通知》，完成52份公开招标烟用材料合同续签。合同续签时，对涉及行业黑名单供应商深圳劲嘉集团股份有限公司、深圳市科彩印务有限公司，分别采取降低供货份额和取消2021年合同续签资格的禁入措施。同时调整烟标包件1、4和封签纸包件各供应商供货比例，确保合同规范有效。所有续签合同均已按公司《采购项目一项一档管理办法》进行整理归档。

采购机制改革。2018年，借助厦烟糖香料中心成立，香精香料采购由龙烟执行福建中烟采购中心香精香料公开招标结果，与供应商签订合同，直接采购香精香料单体转变为龙烟根据生产计划，给厦烟下达采购订单，糖香料中心将调配好的香基料液配送至龙烟。

2020年3月，为优化采购资源配置、推进精益采购管理，实现烟草物资同质化采购、稳定卷烟产品质量、合理控制采购成本、规范物资采购行为，福建省开展烟用材料采购机制体制改革，设立了物资供应部，提出了“四统一分”总体目标，同时也对供应链运作的高效协同提出了新挑战。

烟用物资供应管理旨在构建与生产组织模式相匹配的供应管理机制，采用“统一采购、统签合同、统一调配、统一考评、分别核算”的管理模式，突出规范化、集约化、协同化、信息化，实现规范高效、产供协同、质量稳定、成本可控、职责清晰的管理目标。

福建中烟物资供应部，主要负责全省卷烟工业系统烟用物资采购管理，包括采购策划、采购实施、合同签订、订单下达、到货协调、合同执行比例及进度的控制、调配管理等工作。龙烟供应部根据省公司要求，调整职责主要为负责烟用材料要货管理、结算管理、质量管控。

公司供应部，根据福建中烟采购机制改革“四统一分”总体目标和工作部署，配合物资供应部做好建制文件修订（共输出建议39条，涉及文件6个，分别为《烟用材料采购管理办法》《烟用材料备份管理办法》《烟用材料产供协同管理办法》《烟用材料供应商考评办法》《中国烟草物资电子商务网网上交易管理规定实施细则》《烟用物资供应管理办法》），以及合同授权、比例控制等过程数据交付、采购模式切换前工作部署等工作；同时结合公司项目的开展，应对采购模式切换带来的供应链风险，实现“稳过度、控风险、促协同、保生产”的工作目标。

2012—2020年，烟用丝束、滤嘴棒、卷烟纸、成型纸由福建中烟物资采购中心集中采购，按采购中心下达的价格签订合同并执行。

2020—2021年，烟用丝束、滤嘴棒继续由福建中烟物资供应部集中采购，按物资供应部下达的价格与福建中烟签订合同并执行；烟用商标、烟箱、封签纸、胶水、三乙酸甘油酯、胶带、接装纸、内衬纸、框架纸、拉线、BOPP采购职能上划中烟，以上物资与卷烟纸、成型纸共13个大类烟用材料由福建中烟面向社会公开招标，根据招标结果签订多方合同（福建中烟、厦烟、龙烟、供应商四方合同），福建中烟负责下达采购订单，龙烟根据生产计划和公司库容情况对烟用材料进行要货，并对到货物资质量情况进行跟踪、反馈、处理。最后，根据物资入库情况和质量情况向供应商进行结算和支付，集采分收分结采购方式正式启用。

五金材料自行采购。2012年起，五金材料按照公开、公正、公平的采购原则，实施公开招投标工作。

2012年，完成了五金零星物资四个包件（包件1：打包袋、编织带，包件2：劳保用品，包件3：包装袋，包件4：工业盐、食用酒精及麻袋）的公开招投标。

2013年，在部分已公开招标的物资基础上，新增白坯布、液体二氧化碳、五金工具及各种零星物资、燃料油等采购项目的公开招标工作，还完成了污水处理专用危险性化学物资及化学实验用品的竞争性谈判。

2014 年，污水处理专用危险性化学物资及化学实验用品也纳入公开招标的范畴。同年，因五金材料品类繁多，大部分供应商为中间商，相同物资不同供应商给出的价格也存在不同。为提高采购效率，公司建立高效采购机制，将符合相关资质要求的五金材料供应商通过公开招标方式建立五金材料供应商遴选库。在使用部门提出采购需求申请后，将所需物资相关参数在高效平台系统录入，库内供应商可及时查看，并在要求时间内给出报价，价低者中标。此举有效降低了公司采购成本，提高了采购完成的时效性。

2015 年，完成年度生产配套物资公开招标。在 2014 年高效采购试行一年效果良好的基础上，再次开展本年五金工具供应商遴选招标。

2017 年，公司实施节能减排、清洁能源的工作计划，开展天然气单一来源谈判和合同签订工作；3 月完成五金及零星物资、危险物品、生产配套物资公开招标；5—11 月完成通用五金网上高效公开招标采购工作。

2018 年，针对高效采购部分物资供应商遴选库中无人报价，多次流标的情况，公司选择京东慧采网络平台开展五金零星物资的网络采购。在网络平台上可实时查找所需物资，直观对比各物资参数、价格，能够系统实现精确、快速下单，有效补充了高效采购物资选择的不足之处。高效采购和网络采购将结合作为部门五金物资采购的渠道。随着公司油改气项目的推进，2018 年底全面使用天然气，2019 年开始，减少柴油采购量，仅作为备用资源储备；每季度燃油仍需完成报价采购工作。完成 2019—2020 年度燃油采购招标工作。2019—2020 年度二氧化碳采购招标工作，11 月第一次流标，12 月组织完成二次招标。

2020 年，开展 3 项生产辅助物资公开招标采购工作，分别为保丽龙泡沫（2020—2021）公开招标采购，首次流标，二次招标工作已完成；0 号柴油 2021—2022 年采购项目，首次流标，二次招标工作已完成；二氧化碳 2021—2022 年采购项目。签订京东慧采采购附属合同。开展 1 项生产辅助物资单一来源采购工作，即天然气（2020—2022）的采购。

供应部集体照（余硕宁　摄于 2023 年）

2021 年，开展 7 项生产辅助物资公开招标采购工作，分别为通用五金工具（高效采购）、各种危险性化学物资、缠绕膜、各种 PET 打包带、各种规格塑料包装袋、白坯布、劳保用品采购项目。

二、采购管理

订单管理　规范采购，精确下单。2011 年开展“规范采购，精确下单”管理创新项目，选择价值较高、对生产影响较大的关键辅料接装纸、商标、胶水这三种材料，2012 年推广至其他材料：内衬纸、框架纸、拉线、包装膜。完成除香精香料所有烟用材料供应商信息：根据在项目成果调研物资数据库应用中，采购员能够充分掌握供应商备料周期、产能情况、备货周期、检验周期、运输周期、质量控制、工艺流程等情况。根据已经掌握的相关数据，科学下订单，合理组织货源，在节约采购资金方面取得比较明显的成效。

2012 年开展“物料精细化管理”管理创新项目，目的在于提高物料精细化管理，通过推动 MRP 运算有效运行，可以提高物料的匹配性、提高物料的安全性、提高物料动态实时性、提高订单准确性、提高订单管理工作效率；通过建立供应商产品质量及采购周期数据库，可以提高对供应商的管控能力，可以动态掌握合理的采购周期确保订单的时效性；通过物料存货名称统一，可以推动 MRP 运算的有效运行；通过“高速卷烟胶”按属性包装材料及桶盖颜色的统一，可以降低二次污染风险，可以降低误用风险。MRP 系统于 2013 年 12 月正式运行，烟用材料采购订单同步开始在 NC 系统下达。系统的建设全面实现了 MRP 运算，提高制定订单的效率与准确性；提高物料的匹配性、安全性、动态性、实时性；实时掌握物料采购周期，提高订单制定的时效性。

构建供需协同的烟用物资精益采购管理系统——供需协同平台。2015 年，围绕国家局运行司关于 2015 年行业物资管理工作要点要求，深入开展烟用物资精益采购管理工作。物资精益采购管理以保障生产、提高产品质量、提升企业风险应对能力为目标，通过对物资供应链的信息流、物流、资金流的控制，打造供应链中的采购方及其供应商、物流商的多用户一体化协同管理平台，实现供需双方采购、物流、质量、库存和结算的全面协同。

通过供需双方需求调研、框架搭建、供应商测评等方式，确保系统开发建设的实用性和可操作性。2015 年 7 月，系统完成基础功能上线试运行，已实现物资采购协同、物流协同及结算协同等业务，供应商通过协同平台对采购订单、要货计划、发货通知、结算通知、发票通知等业务做出响应和确认，同时具备生产进度、库存等信息维护功能，提高信息反馈的及时性和有效性。供应商协同平台上线试运行期间，通过调研和线下沟通等方式，不断完善修改系统运行过程中存在的问题，重点解决 NC 历史订单与百联订单数据同步等问题。截至 12 月 14 日共有 74 家供应商（除烟用丝束及进口供应商外所有供应商参与系统）通过系统进行业务处理，订单确认有效单据共计 449 张，要货确认有效单据共计 723 张，发货有效单据共计 924 张，结算通知单 225 张，开票通知单 227 张。

供需协同的物资精益采购管理系统推广应用。“龙烟”供应商协同系统的建设以福建中烟 ERP 系统为基础架构，通过对物资供应链的信息流、物流、资金流的控制，打造供应链中的采购方及其供应商、物流、商流的多用户一体化协同管理平台，实现供需双方采购、物流、质量、库存和结算的全面协同。供需协同管理系统在 2016 年得到全面推广应用，包含供应商管理、采购协同、物资协同、结算协同、库存协同、质量协同六大模块、29 项子功能，应用效果如下：

供应商管理，通过新增供应商系统化管理，为供应商选择提供保障。

采购协同，通过 MRP 采购运算与采购协同的有效应用与对接，进一步提高采购订单的科学性和时效性；通过采购订单生产进度追踪，为货源组织提供数据支撑；通过物流部要货需求单生成要货单方式，按需供应有效控制月末库存资金；通过要货单参照采购订单释放订单号方式，杜绝供应商乱发货现象。

物流协同，通过要货单确认及发货通知单的信息传递，有效跟踪在途物资的质量、数量、物流信息；通过物资到货、入库通知单信息交付，实现在途物资物流信息双向互通。

结算协同，通过结算通知单的应用，实现系统对账功能，同时提升物资结算控制能力；通过供应商开票通知单发票信息的录入，提高了发票信息核对和收料工作效率。

库存协同，通过成品库存录入管理，有效监控供应商成品库存情况（产品数量及质量信息），在保障生产的同时，有效控制报废风险。

质量协同，通过质量协同与阳光批次质量管理系统的对接，搭建了物资质量信息（物流自检、质检、上机异常等）快速反馈平台，确保质量信息交付的完整性和真实性，提高产品质量改进与整改的响应速度和效率；通过供应商成品质检信息与龙烟入库质检信息的交付互通，推动供应商及时跟踪改进产品质量，提高产品交付及质量控制能力。通过质量协同与 PDM 系统的对接，实现烟用材料技术标准与技术目录实时发布签收功能，提高标准与目录传递的时效性，确保供应商按标准组织生产。新增材料试机申请系统，提高工作效率的同时加强痕迹化管理。

订单响应。精益采购的首要任务是保生产，为提高订单响应时间，满足高效与柔性生产需求，2016 年，对物料需求计划（MRP）进行优化与应用，并通过生产信息门户系统、物料需求计划及供应商协同三大系统的完美对接，实现物资采购订单全过程追踪与响应。

精益协同上水平。2017 年，围绕精益采购和供应链协同管理理念，对 ERP 和供应商协同系统功能进行完善，运用精益思想，以采购成本为切入点，通过规范化和科学有效的控制举措，选择合格的供应商，在需要的时候，按需提供优质价格合理的物资，杜绝一切浪费。推广应用的主要成果有：采购运算更加精准、订单响应更加及时、信息流转更加顺畅、过程管理更加规范、库存控制更加合理。

物料采购计划（MRP）。完善物料需求计划运算的科学性，打破在途库存月度计划这个维度，滚动运算合同期内订单在途库存，确保月度采购计划的准确性。

牌号备料跟踪管理。梳理牌号备料跟踪管理的逻辑性，完善可用库存和在途库存数据的准确性，确保交付数据支持 APS 排产需求。

APS 与 MRP 的良性循环。建立生产计划变动与采购运算调整的互动机制，提高采购计划调整的敏捷能力。

要货需求计划（MRP）。完善要货需求计划运算，以 APS 订单拉动需求为主线，提高物料供应的精准和柔性能力。

订单下达职能上划。2020 年 3 月福建中烟成立物资供应部，负责全省工业系统烟用材料采购、合同签订、订单管理、供应商管理职责，采购订单职责于 2020 年 6 月如期切换为省公司下达。供应部根据省公司要求调整职责主要为负责烟用材料要货管理、结算管理、质量管控。

实施精益采购，保障生产。在保障生产上，供应部要主动与生产管理部、物流部、车间进行沟通，及时了解生产情况和辅料使用情况，科学组织辅料供应，在数量、质量上满足生产的需要，确保生产任务的圆满完成。

2014 年开始，关于小牌号的辅料备料，供应部按《辅料安全库存影响因素讨论会的纪要》要求，执行“做一备一”的原则，“做一”中的“一”为本月计划量，备“一”中的“一”为根据历史数据测算的平均值，在旺季生产，小牌号产量增加的情况下，基本上按生产计划要求，做到既保证生产，又不造成浪费。

“短细中爆”生产保障。为应对“短细中爆”卷烟生产物料保障工作，部门从采购流程、备料跟踪、货源组织、供需协同等环节梳理应对机制，并通过修订部门管理文件方式完善固化。措施如下：

采购方式，制定新产品配套材料公开招标采购原则，新产品产量一类烟超过 5000 箱，其他类超过 1 万箱时，或新产品试销期满两年的，供应部应严格按照“应招尽招、真招实招”的要求，开展公开招标采购工作，通过公开招标重新确定供应商和采购价格。

备货原则，常规产品类：万宝路三个牌号按当月耗用量的 100% 备月末安全库存，其他常规牌号按当月耗用量的 50% 备月末安全库存；小牌号产品类：根据生产管理部滚动备标量化指标组织备货；特殊产品类：需严格按福建中烟生产制造中心备标通知组织备货。

质检前移——制定应急机制，通过质检前移方式，缩短检验周期，确保生产正常运行。

备料跟踪，制定跟踪机制，根据排产计划，每日跟踪物料到货计划，确保满足生产正常进行。

梳理爆珠棒采购流程，确保爆珠棒采购顺畅。

疫情期间物资保障管理工作　采取以下扎实有效措施全力做好疫情防控与物资保障工作：

应形势、守规范。疫情突如其来，无预警预测，现有采购模式无法适应口罩市场变化的价格来采购。根据实情，供应部及时召集相关部门商讨评审，经党委会研究同意，调整采购方式，确保能够在非常时期迅速筹措采购防疫口罩。在疫情防控“常态化”时期，及时调整采购方案，实行网络高效采购，保质保量执行采购任务。

按流程、多渠道，合理合规采用口罩进货渠道。疫情紧张期以政府物资调配采购和捐赠为主，疫情向好期及常态化管控期以政府平台（“e 龙岩”）和网上采购为主。截止到 2021 年底，累计采购一次性口罩 94.52 万个、KN95 口罩 1 万个、KN90 口罩 0.68 万个，口罩采购累计金额共 113.37 万元；接收市政府和省公司捐赠口罩共计 14.8 万个，其中市政府捐赠 2.8 万个，省公司捐赠 12 万个。

提前谋划，严控风险，开展供应商复工复产调查，排查 9 个月期的供应风险；策划疫情重点区域湖北金山峡七匹狼（英伦奶香）烟标供应，确保疫情期间七匹狼（英伦奶香）生产正常运行；落实相关方管理，做好访客备案与信息录入工作。

2021 年，继续完成新冠疫情期间烟用材料提前和紧急备货工作。策划并制定疫情期间《龙烟公司烟用材料备料入库方案》，成立产供协调组、生产计划组、物资储备组、质检组，明确各组职责和烟用材料备料入库工作方案、工作流程，确保疫情期间烟用材料紧急备料工作的顺利开展；策划疫情期间备料、送货原则，质检前移方案；根据月份计划产能人员匹配、月度主作业计划确定需要备货量，与供应商沟通生产能力、运输保障等，编制到货安排计划；测算烟用材料到货库容数据，形成紧急备货库容测算表，合理规划库容，制定库容规划和收货计划；及时传递龙烟疫情防控要求给供应商，要求供应商严格按龙烟疫情防控要求进行货物配送，密切沟通协调到货过程中产生的问题，配合物流部、质量管理部做好收货、检验工作。疫情期间生产所需烟用材料供应充足，保障了公司生产的顺利进行。

质量管理 为贯彻落实《国家烟草专卖局关于加强卷烟生产过程产品质量安全工作的通知》（国烟运〔2012〕80号）文件精神，进一步加强卷烟产品质量安全管理，对烟用材料在原质量指标基础上，新增安全卫生性指标，包括：重金属、荧光白度、甲醛、甲醇、邻苯二甲酸酯等指标，各供应商都能按要求进行整改，采购新增项目的检测设备，在2012年4月1日按新要求提供产品，确保产品质量安全。

建立“生产辅料质量异常反馈与解决信息系统”。2013年7月，制定印发《异常烟用材料处理办法》，文件规定了异常烟用材料的内容范围，异常烟用材料采购的管理程序和要求，包括烟用材料入库检验不合格、烟用材料不适应问题的处理程序及要求；烟用材料不合格零头的处理程序、工作要求及处置办法；物流自检不合格烟用材料处置办法及处置要求；退货及报废的处理办法及要求。

在国家局对烟用材料质量要求越来越严格，各种新牌号不断开发，新烟用材料不断增加的背景下，原有的人工电子文档式的管理方式已不能再适应新形势的需求，通过规范化、信息化、系统化来推进基础管理的提升势在必行。

2013年9月，“辅料异常反馈与解决系统”开始上线运行。供应部作为烟用材料采购部门，通过建立“生产辅料质量异常反馈与解决信息系统”，优化管理流程、加强基础管理、整合多方能力，有效解决原来通过电子文档、共享文件夹等管理方式存在的反馈不及时、问题描述不够规范，记录出错、漏记等不足之处。通过实时分享与沟通反馈，实现供应与生产的高度配合，提高公司与供应商的作业效率，为供应商与龙烟建立牢固的伙伴关系，共同面对生产和市场的瞬息变化。

通过建立系统，找到辅料消耗高背后的原因，减少沟通环节，统一沟通语言，提升沟通效果，辅料赔偿机制初步建立。2014年，《异常烟用材料处理办法》修订，新增上机适应性系统生产辅料质量异常信息录入功能。

“上机适应性反馈与解决信息系统”运用高效的计算机系统管理的办法，实现卷包车间、物流部实际问题高效及准确的反馈与解决，详细记录和分析统计功能，大大加强了“辅料上机适应性问题”的管理基础，提升了辅料质量管理的水平。

解决接装纸进货检验合格率偏低及上机适应性偏差问题。在2013年统计分析中，出现接装纸进货检验合格率偏低及接装纸整体上机适应性偏差；在辅料异常反馈与解决信息系统中，反馈接装纸上机适应性问题达到三分之一。相关人员根据上机适应性问题，进行分析，主要是在PASSIM卷烟机生产七匹狼（白）、七匹狼（豪情）出现翘边、露白、皱头等问题，而一区PROTOS70机无此问题。在设备上，PASSIM卷烟机水松纸鼓轮有温度，温度设定170—180℃，而PROTOS70机无温度，以及水松纸切割和搓接方式不同。通过试验，主要原因是PASSIM卷烟机水松纸鼓轮有温度，造成上胶后，接装纸表面黏附胶水能力变化、接装纸变形、变硬等问题。将问题反馈给生产厂家要求加以改进，并要求胶水生产厂家对胶水进行改进。该问题在2014年已基本解决。

2014年，接装纸质量合格率94.04%，未达到目标值96%。主要原因是石狮富兴生产的“七匹狼（红）”接装纸、“七匹狼（软灰）”接装纸在8月、9月连续出现“七匹狼（红）”接装纸掉金粉，“七匹狼（软灰）”接装纸掉色等质量问题，同时大亚新包装生产的“七匹狼（软灰）”接装纸也出现掉色问题。针对以上问题，于2015年1月15日，组织福建中烟技术中心材料部及所有接装纸供应商技术人员在石狮富兴公司举行福建中烟接装纸质量改进技术交流会，对“七匹狼（软灰）”出现掉色、卷边、搭扣不粘的问题，从来料、工艺、过程控制等方面进行分析，寻找问题，并明确改进方法。经整改及上机检验，2015年接装纸的进货检验合格率及上机适应性有很大提高。

国家局发布新的烟用材料卫生指标以后，烟用材料的上游印刷原料成分发生了微量调整，尤其“调金油”的变化对接装纸的金色部分的印刷吸附性能、烘干效果等产生了明显变化，而各材料生产方均未能及时了解，并对原料配比、印刷施加量、生产速度、烘干温度、库存时间管理等作相应的生产变化和调整控制，进而造成“七匹狼（红）”“七匹狼（白）”接装纸生产成批量的掉金粉等不适应问题。针对这一问题，邀请供应商石狮富兴、立可达、鑫叶包装于2016年12月7日召开“接装纸质量改进技术交流会”，福建中烟技术中心等相关技术人员参加了交流会。交流会上供应商各自对出现问题的原因、解决办法、改进措施进行了详细的汇报。经与会各方坦诚、友好的分析探讨，找出了问题出现的根本原因，提出解决办法，制定应对措施，并对现有烟用材料试验流程方面存在的问题提出改进意见。

异常反馈闭环管理。2017年供应部对烟用材料质量异常反馈流程进行梳理，打通了批次质量系统中入库检验、物流自检、上机适应异常数据与协同系统之间双向无缝对接问题。确保供应商质量异常改进更有针对性，整改措施有据可依，整改效果可追溯的良好闭环效果。

构建烟用材料供应链质量协同管理机制。2019年，根据公司“十三五”规划战略部署，推进“构建烟用材料供应链质量协同管理机制公司项目”工作:

批次质量追溯。以组盘、重大变更数据为输入，上机扫码数据为输出，应用批次质量、物流和协同数据，实现批次质量全过程追溯。结合质量例会，建立追溯分析机制，找准问题，便于整改。落实烟用材料新批次切换，供应商组盘发车扫码，以生产批次号为追溯主线，建立内外标识、到货批与生产批次之间的关联关系；完善系统间批次信息流转，完善上机扫码，更新扫码设备，实现烟用材料批次质量全过程追溯。输出文件《烟用材料质量控制要求》。

重大变更信息披露与变更风险防控。落实重大变更信息披露的时效性和真实性，建立预警处置机制，开展变更风险防控，切实发挥质量异常事前预防和事中控制能力。落实供应商重大变更信息披露推进工作，优化完善变更风险防控流程，建立关键岗位防控清单，构建变更风险防控系统，实现信息披露和风险防控双向闭环，至2019年11月共收集变更信息97条，共识别24条潜在质量隐患。输出文件《烟用材料变更风险管理实施细则》。

二方审核。开展问题导向型和全要素审核型的二方审核，支撑质检前移落地，进一步提升质量控制前移水平。输出文件《供应商二方审核管理办法》。

质量异常分级与违约。落实招标、合同应用和违约执行，切实发挥追责违约的威慑作用；不断完善异常分级和违约条款，鞭策供应商始终围绕产品质量这条生命线，提升自身质量控制水平。执行质量异常分级管理，认定供应商质量违约责任，2019年烟用材料入库质检不合格累计38项，2019年7—11月生产过程不合格累计8项，逐一认定供应商产品质量改进与质量违约责任。输出文件《烟用材料上机过程质量异常分级及处置管理规定》。

供应商绩效评价。开展供应商年度绩效评价，培育一批战略合作伙伴，实现高效协同；建立淘汰机制，实现良性竞争。不断完善供应商评价机制，真实反馈供应商制造能力。输出文件《烟用材料供应商管理实施细则》。

质量违约机制建立。2016年，为做好供应商产品质量考核机制建设，将烟用材料进货检验合格率情况反馈福建中烟，纳入福建中烟供应商管理考评指标。加大不合格材料处罚力度（不合格扣款10%）、督促供应商提高产品质量。

2019 年，供应部制定《烟用材料供应商管理实施细则》，文件对进货检验不合格违约责任、生产过程质量不合格违约责任、质量保证协议违约责任、市场反馈不合格违约责任、同批次材料质量违约责任、其他违约责任共六类质量违约责任进行分级分类判定，并进行相应处罚。通过要求供应商补足材料异常损耗、根据分级分类对异常材料进行扣款、权削减合同期内供应份额等措施，切实发挥违约责任的威慑作用，不断完善异常分级和违约条款，鞭策供应商始终围绕产品质量这条生命线，不断提升自身质量控制水平。

2020 年，制定《烟用材料供应商考评办法》。文件规定烟用材料供应商考评的基本原则、考核指标、处罚标准，及供应商年度评价的管理要求。明确烟用材料交收检验不合格、烟用材料生产过程不合格两类不合格事件，根据不合格分级和不合格品的处置方式两个维度，综合判定烟用材料不合格事件考核等级；烟用材料上机适应性不良导致的不合格事件，根据不合格事件影响生产时间和制造成本两个维度，确定烟用材料上机适应性不良考核等级。规定交收检验不合格、生产过程不合格、上机适应性不良等三种不合格考核等级的扣款比例：L1 不扣款；L2 补足材料损耗，扣罚当次检查批 3% 货款；L3 补足材料损耗，扣罚当次检查批 5% 货款；L4 补足材料损耗，扣罚当次检查批 7% 货款；L5 补足材料损耗，扣罚当次检查批 15% 货款。这种根据不合格等级进行比例扣罚的举措，较供应部原制订的交收检验所有不合格等级均按 10% 进行扣罚更加科学、合理。

供应商管理 配合福建中烟进行资质认证，2012 年，省公司组织供应商考评管理小组成员前往两家商标供应商、三家烟用胶水供应商资质认证，现场评估供应厂家的基本经营资质、企业质信（资质信用）、工艺流程、生产设备、价格组成、质量保证体系、技术开发能力、售后服务、企业管理过程等，并将结果汇总，形成资质认证报告，为此后辅料采购确定供应方提供依据。供应部自行组织前往 2 家烟用胶水、2 家烟箱、7 家商标企业共 11 家供应商的资质认证工作。通过对基本经营资质、产能备货能力、质量管控能力、生产管控能力、物流仓储能力五项能力展开调研，进一步加强对烟用材料供应商的管理水平，提高对烟用材料产品质量、备货周期、工艺、物流等方面的管控能力，全面推动供应部采购管理工作顺利开展。

2013 年，省公司组织供应商考评管理小组成员前往 5 家卷烟纸供应商、1 家包装膜供应商资质认证。供应部自行组织前往 3 家包装膜企业、1 家拉线企业、1 家接装纸内衬纸的供应商开展资质认证工作。

烟用材料供应商评价。2010 年，龙烟供应商的管理和选择上划福建中烟物资采购中心，公司仅协助对供应商的管理。2010—2019 年，龙烟根据福建中烟《烟用材料供应商管理办法》，协助福建中烟物资采购中心从质量控制、交货及时率、应急服务及时情况、售后服务等方面对供应商进行评价，并将评价结果及时反馈给供应商。

2020 年，根据《烟用材料供应商考评办法》，烟用材料供应商考评内容调整为供应商日常考核和年度综合评价。烟用材料供应商日常考核内容包括供应商技术标准执行情况、订单执行情况、不合格事件考核等。考核运用方式为可扣除当次检查批的部分货款和扣除供应商年度综合评价得分。烟用材料供应商年度综合评价内容包括日常考核得分情况、年度交收检验合格率、合作服务情况等。综合评价结果可运用包括：下一轮采购招标的评分参考依据、下一轮招标份额设置参考、合同续签或补签时调整供货份额或取消供货资格等。

自行采购供应商评价。2012 年，修订《自行采购材料采购管理实施细则》，新增了“自行采购供应商评价”模块，内容包括到货及时情况、应急服务及时情况、生产使用质量、数量验收情况等。供应部每年根据供方评价的结果，修订《自行采购供方名录》，弥补了自行采购材料采购供应商管理方面的缺失。

品牌合作　2013 年，制定《品牌合作生产让售烟用材料供应程序》文件，明确福建中烟技术中心材料研究部及公司相关部门职责。供应部作为归口管理部门，负责建立并保持品牌合作生产让售烟用材料供应程序文件，协助签订辅料供应协议，组织让售烟用材料供应，核对收发存报表及开票结算等涉及让售烟用材料协调工作。

“七匹狼”在张家口、赣南、西昌卷烟厂外加工辅料供应。龙烟在与河北张家口卷烟厂有限责任公司、江西赣南卷烟厂、四川西昌卷烟厂的品牌合作生产中，为及时保质保量提供品牌加工所需的辅料，减少运输等费用，让售辅料根据省外加工生产计划直接由供应商发往各生产卷烟厂，保证省外加工生产的正常进行。

2012 年至 2015 年上半年，共向河北张家口卷烟厂有限责任公司提供生产 117442.6 箱“七匹狼（白）”、47646.8 箱“七匹狼（红）”的辅料。

2012—2017 年，共向江西赣南卷烟厂提供生产 149570.4 箱“七匹狼（白）”、46103.2 箱“七匹狼（红）”的辅料；向江西赣州卷烟厂提供生产 187799.4 箱“七匹狼（白）”、21468.8 箱“七匹狼（红）”的辅料。

2020 年，向四川中烟工业有限责任公司下属西昌卷烟厂提供生产 1 万箱“七匹狼（白）”、2 万箱“七匹狼（红）”的辅料。

与菲莫公司技术合作过程中的辅料准备。严格按菲莫公司合作要求，及时对所需的辅料进行备货，按期到货。尤其对进口辅料到货情况加强跟踪（进口辅料周期长，不确定因素比较多）。

为保证“万宝路”牌卷烟在国内生产的稳定性，提高生产响应速度及节约采购成本，2012 年以前，除香精料液、拉线、油墨仍需向国外采购，其他材料均已实现国产化采购。

2012—2015 年，万宝路油墨开始由菲莫公司指定国内供应商（迪爱生投资有限公司深圳分公司）进行采购。

2018 年，万宝路拉线由菲莫公司指定国外供应商（英国益升华国际有限公司）也变更为向国内供应商（广州市花都联华包装材料有限公司）进行采购。

截至 2021 年，除万宝路香精料液外，其他材料已全面实现国产化采购。

第十二节　仓储物流

一、设备维保仓储管理

2010 年，龙烟物流部成立，结合生产和管理需求，设备维保组从信息部移至物流部，成立物流部设备维保组。班组为促进企业供应链无缝衔接，同部门原料组、成品组、辅料组之间通力协作，各司其职，将运输、仓储、技术等资源进行系统梳理，加强沟通密切配合，在企业内形成物流一体化的运作模式，优化流程、提高效率、确保质量、控制成本，实现供销一体化，为企业创造出更多的价值。

公司根据内外部客户需求以及柔性化生产的要求，立足布局最优、效率最大，对现有物流技术进行深入研究，并结合公司实际，构建了以堆垛机、穿梭车、AGV（移动机器人）、机器人为主要设备的自动化物流系统，实现原辅料、成品的自动存储与输送，为生产线提供可靠、快速的服务，将卷烟制造过程连接成有机整体。

物流部维保组所管辖的库区包括一区配方库、一区辅料库、一区成品库、一区贮丝房（2021 年新增）；二区配方库、二区辅料库、二区滤棒库、二区烟丝库、二区成品库。所负责设备包括堆垛机、穿梭车、AGV、机器人、夹抱机、提升机、码分机和输送机等。

堆垛机的设备改造及升级 一区堆垛机 2002 年投入使用，为昆船公司集成的村田堆垛机，根据堆垛机的运行情况，维修人员在 2008 年、2014 年逐步对 8 台堆垛机进行了电控系统的升级改造，优化了设备的运行曲线等。在堆垛机使用过程中，维修人员也陆续更换过主动轮、从动轮、导轮、电机和刹车片等关键备件机型更换。2017 年，随着堆垛机投入使用年限变长，不少零备件已无法获取，通过堆垛机驱动组件采用国产化替代升级，电控程序优化升级，结合国产备件易采购的优点，解决堆垛机驱动组件停产的问题，大幅降低堆垛机驱动类故障，使驱动类故障至少下降 30%；并进一步提高堆垛机运行安全可靠性，避免堆垛机运行超极限等安全事故发生；同时实现提高一区堆垛机运行速度，额度转速由原来的 70% 提升至 100%。于 2021 年已完成全部村田堆垛机的国产化。

二区堆垛机 2009 年投入使用，为德国的德马泰克堆垛机，随着生产投入使用，二区堆垛机逐渐出现巷道天、地轨存在平行度、直线度误差，堆垛机立柱倾斜，造成走行轮磨损严重，堆垛机走行不稳、振动、异响，元器件松动等问题，维修人员在 2014 年、2017 年、2019 年对 12 台堆垛机的走行、升降、载货台、安全装置、货架垂直度、堆垛机倾斜度、地轨水平等进行测量与调整，同时对天地轨螺栓紧固。2019 年在二区滤棒库物流系统整体重构中，已开始对德马泰克堆垛机国产化，以降低堆垛机故障次数，提高各库区的出入库效率。2021 年已推广至二区辅料库和成品库。

AGV 的改造及升级 配有一区昆船（2002 年异地技改投入使用）和二区芬兰 ROCLA 两种型号的 AGV。2012 年 6 月份为降低一区辅料配盘工作，有效提高辅料高架库库容，减少车间零头退料次数，保证日对账效率与辅料账目的准确率，对一区卷包辅料站台改造及 AGV 搬运策略改造，实现每台套卷包机组站点增加至 6 个辅料站点的改造，使之满足用单一辅料进行机组辅料供应。

2013 年完成一区 AGV 双系统新（8 系统）老（7 系统）并存的创新，解决了老系统无备件更换的后顾之忧，由于新老系统并存可以使新车和老车同时使用，把老车的使用寿命发挥到极致，为企业节省了投资；增加在二区车间里面有两个充电休息点，滤棒库南端有三个充电休息点。一区 AGV 电池原本使用的是镍镉电池，该电池的记忆特性导致搬运任务繁忙期间，AGV 排队充电的现象出现，严重影响搬运效率。为了改变这一现状，公司采用磷酸铁锂电池替换原有的铅酸电池，增加电池能源管理系统，实现对 AGV 电池电量在线监测，使 AGV 在换牌和交接班期间不需要充电的创新，提高了换牌和交接班期间的搬运效率。

2014 年完成一区 AGV 液压系统改造升级，更换液压阀体及液压缸的活塞，解决液压回路内漏和活塞渗油问题，提高设备保障能力。

2015 年对二区膨丝梗丝掺配线技术改造，实现掺配的膨胀烟丝及梗丝从烟丝库里通过 AGV 自动出库到翻箱机前站台，然后由自动翻箱机进行翻箱到丝，达到全流程自动化。同年二区辅料组新增 AGV 导航反光板、站台及 AGV 路径，以服务车间新增的 56 号及 67 号卷接包机组。

二区辅料库物流系统 5 辆 AGV 小车，于 2010 年底安装投入使用，但 2016—2020 年随着车间生产扩容，原来的 AGV 小车路径规划不合理和部分休息点定位不合理的问题逐渐暴露，定期合理调整 AGV 的行驶路径，尽可能使行驶路径最短，减少交通阻塞；同时因车间生产安排、机台设置问题，每年均对 AGV 的反射板、路径、调度系统等进行部分优化。

随着二区 AGV 投入使用年限的变长，考虑不少零备件已无法购置，且费用较高、流程较慢，班组于 2019 年开始寻求 AGV 的国产化，并于 2020 年开始国产替代。

随着视觉检测技术的高度发展，2021 年开展该技术在 AGV 导航上的应用研究，实现了 AGV 小车的智能避障功能。当 AGV 小车的行驶路径上出现烟箱、辅料、推车等物品阻挡时，AGV 能绕过障碍物后再回到主路径上来，提高了 AGV 的搬运效率。同时展示页面会在地图上出现障碍物的标识提醒工作人员。在此技术基础上，下一步研究视觉识别导航技术，研究目标是取代现行的依靠安装在卷包机组上的反光板导航方式。研究了视觉识别技术在 AGV 和 WCS 进行物料信息校验环节上的应用。在 AGV 小车上按照识别摄像头，使得 AGV 小车带上“眼睛”，能够自己判断搬运的托盘条码或烟丝箱号，跟 WCS 任务里的条码或箱号是否一致，避免发生信息错乱。

机器人更新换代　2012 年随着“通”系列卷烟产品的规模化生产，为适应机器人自动码垛卷烟，对二区成品库机器人垛型进行优化。

随着二次回收烟箱项目的大力推广，烟箱表面出现小破洞、烟箱柔软、烟箱表面粗糙等质量问题明显增多，从而导致机器人故障也随之增多，如机器人不动作、频繁掉烟等问题，维修组在 2014 年对机器人进行吸盘改造，更换一种第四代海绵吸盘，并在 2016 年完成一二区机器人吸盘的全部更新换

物流部综合组集体照（廖晓明　摄于 2023 年）

代，大幅降低了机器人掉烟次数，减少了由于掉烟造成的烟箱损耗，减轻了跟班人员的工作强度。

2017 年，服役 15 年的 ABB 机器人逐渐显现老化，一定程度上影响了工作效率，维修组对其程序进行优化，调整了运动曲线，使之更加柔和，减少晃动造成的负压不稳现象，对码垛垛型进行了一定的修正，并对机器人控制电脑的垃圾数据进行清理，这样减少了由于机器人码垛不整齐造成堆垛机入库外形报警次数，并使机器人运行更加稳定。

2018 年，随着中高端卷烟的产量逐渐提高，二区精品线新增 1 台码垛机器人及配套分拣输送设备，解决了成品烟码垛不及时的现象。

辅联设备　2013 年对车间辅料回收无外检，以及辅料入库现有外形检测有盲区的问题，对辅料库外形检测进行改造，降低了堆垛机的辅料外形故障，提高辅料库出入库效率。

2014 年对二区配方库提升机采用提升专用的变频器，变频器功率由 5.5 千瓦换成 7.5 千瓦，同时在提升电机尾部装上反馈编码器，采用闭环控制，报闸采用 PLC 和变频器双向控制，实现提升机按 S 曲线运行，防止出现设备在不正常情况下不报闸的现象，比如接触器粘连、变频器不出力松闸等，冲顶或者坠底现象。

滤棒库采用一轨双堆垛机设计，堆垛机位于中间，两侧分别为滤棒成型机组和发射机组，堆垛机和机台之间由皮带输送机负责滤棒盒的输送。滤棒库物流设备主要负责机台滤棒的入库、出库、质检等业务，由于机台生产和消耗滤棒的速度非常快，车间机台不断增加，滤棒库逐步不能满足当前生产现状。2016 年通过对二区滤棒库皮带输送机整体机架重新设计，增加过渡段、出库分盘、入库整形，电控程序优化，在 4005—4008 站台进行样机测试，效果理想，并于 2017 年逐步推广到其他输送机。

2017 年，随着产量的提升，一区物流件烟分拣输送系统的分拣能力不能满足车间生产需求，维修组和昆船物流公司一起确定采用弹出轮式的分拣方式为关键设备的最终方案，以提升一区物流件烟分拣能力，满足当时及将来生产扩容需求。新系统的分拣能力由原来的 15 件每分钟提高至 25 件每分钟（卷包缺条检测采用光子动态检测的情况下）；分拣方式由原来的扫推方式改变为弹出轮驱动模式，避免了烟箱被挤压损坏的现象发生；扫描器识别条码方式由原来的一个扫码器对应三个分拣通道品牌条码存储识别改为每个通道品牌条码各有一个独立扫码器进行条码存储识别，避免了分拣混牌质量事故的发生。大部分输送机的传动皮带均为多楔带，维护更换方便简易；分拣通道上件烟输送方向和主通道方向一致，大幅提高了分拣通道上纸托盘模式下的件烟条码扫描成功率，从而提高了纸滑托入库效率。项目实施完毕后，一区分拣线的无论从使用、维护、能耗、噪声干扰、分拣混牌质量风险以及故障率等均比改造前有明显的改善。

2020年随着中细支卷烟的大力生产，维修组开展对中细支异型烟箱规格与常规粗支烟箱规格对比分析、件烟输送系统设备结构优化设计、件烟输送系统设备结构优化设计、机器人码垛系统功能改进、主要设备选型等研究，于2022年完成一、二区整个件烟输送线的升级改造，以适应所有规格卷烟的封箱机出口合流、件烟线输送、分拣定位，机器人自动码垛入库全过程。

物流部维保组集体照（游艺蓉　摄于2023年）

整体系统　2012年4月，顺利完成一、二区成品库物流系统集成改造，解决成品库库容紧张问题，一、二区成品仓库管理及采集和管理一区成品库一号工程条码更为统一、便利。

2013年为提高F区库容利用率，提高仓储管理水平，实现仓库温湿度可控，满足成品卷烟存储工艺技术要求，降低移库运费成本，解决东肖烟叶库区存放成品烟的各种安全隐患，对F区成品仓库进行改造。

2014年，对成品库纸滑托盘RFID联运物流电控系统配套进行改造，将成品烟箱一号工程码写入纸滑托RFID芯片中，实现成品整托盘出库联运的工作要求。

由于2015年公司一区制丝工艺整体技术改造项目的实施，对原有的配方库自动化物流大小线出库投料有新的需求，要求在自动化物流系统一期改造后的基础上，使之满足一条6000千克/时生产线、一条3000千克/时生产线和一条4000千克/时膨胀烟丝生产线同时由二楼平台出库，而4000千克/时膨胀烟丝生产线按原一区配方库膨胀烟线生产线配套改造项目的出库流程不变，拆除原3000千克/时生产线和6000千克/时生产线的出库设备，增加新的出库输送线。对原有一区配方库物流系统的改造优化，提高系统能力，大幅度提高对货物外形的适应能力，降低设备的故障率，从而有效减少了高空作业存在的安全隐患和劳动强度。充分利用设备复合循环策略，在同样业务量的前提下，减少了堆垛机设备运行次数，更加节能环保，延长设备使用寿命。增加出库缓存，提升系统设备故障时对车间生产的保障能力。通过对原有一区配方库物流系统的进一步优化，提高系统能力。

2014—2016 年，构建整个厂区物流系统运行全过程跟踪与监控平台，当现场有故障时跟班人员能够立刻知道故障位置和故障信息，避免因为故障发现不及时而延误处理时间的现象；同时通过更换一区现场操作终端 IFIX 监控，并对 IFIX 软件进行升级，IFIX 软件从单机版升级为网络版，实现服务器双机热备份。

2018—2019 年，完成一区辅料库电控系统和二区件烟线转向装置改造，随着二区产量的增加，成品库 1 台码垛机器人及配套分拣输送设备。

2020 年通过对二区精品线滤棒库的物流软件系统（WMS/WCS）升级、堆垛机控制系统技术革新、皮带输送机结构优化设计及新增成型机组物流配套输送机、堆垛机一轨双车智能调度策略算法优化四个方面进行系统重构，实现了以下提升：出入库能力方面，每小时执行任务总数由 60.93 次提升至 79.13 次；任务执行实时性方面，单条任务完成时间由 93.5 秒减少至 70.3 秒；皮带机故障频次由 31.6 次 / 月降低至 0.64 次 / 月，实盒输送数量由 8—10 盒提高至 14 盒；滤棒库影响生产时间由 16.98 小时 / 年降低至 1.83 小时 / 年。

2021 年开展物流设备安全防护策略的设计与应用，主要是应用视觉识别技术识别堆垛机、穿梭车轨道是否有人员越界、货物坠落轨道的安全防护应用，及人员进入高架库安全防护装备的佩戴识别。该项目分期实施，于 10 月已经完成了第一期应用，包括滤棒库堆垛机及二区辅料库穿梭车轨道的视觉防护识别。系统对人员越界告警响应时间在 1 秒以内，准确率还未进行验收，计划在响应时间进一步缩短且准确率测试满足要求后接入设备控制系统当中。此外，第一期还完成了二区辅料库穿梭车及滤棒库堆垛机与视觉系统的网络数据通信，并且完成了响应视觉系统需要设备停车的 PLC 控制程序。第二期已经完成应用场景的选择并已经进入设备选型阶段，包括二区成品库及二区辅料库堆垛机轨道安全防护，以及该两个库的安全帽佩戴的识别。同时计划完成成品、辅料、配方库区的 5G 信号覆盖。第三期计划在配方库烟包出库过程中，应用视觉识别技术识别绑扎带断裂脱落及烟包破损，防止扎带卷入设备造成设备损坏。

2021 年开展物联网技术在物流设备在线监测及诊断的应用研究，主要研究目标是在物流关键单机设备上安装带有物联网的智能在线检测仪，主要监测设备的震动、温度及电机电流三个参数，以及未来设备改造中必须要求输出能体现设备状态的主要参数，通过 5G 网络、4G 或者以太网等方式采集到数据平台，作为设备运维分析的基础数据。2021 年主要完成了项目调研、完成了连续型机器噪声采集分析仪的试用、电机智能检测仪及物联网空开的现场测试、AGV 电池管理系统数据采集。机器噪声采集装置安装在二区成品库 3 号堆垛机上和烟丝库 9 号 AGV 上进行测试，测试时长 9 个月，获取了 2 份测试报告。电机智能监测仪及物联网空开测试时长 2 个月，获取了 1 份测试报告。AGV 电池管理系统采集的电池组数据是存储在管理系统厂家的云平台上的，尝试通过自主开发软硬件接口，成功在现场采集到电池管理系统的数据。

物流部成品组集体照（廖晓明　摄于 2023 年）

二、原料仓储物流

龙烟在满足生产对原料供应需求下，持续推进精益管理，从数量管理转变为质量管理，不断优化原料生产供应管理，深耕养护技术创新，保障原料品质供应。2013 年 5 月，龙烟原料批次管理系统上线试运行，对到货入库、出库环节的每件片烟进行条码扫描。自此，龙烟原料仓储开启了信息化技术革新，深入研究仓储系统技术，为卷烟生产提供高质、高效的原料供应。

精益管理　2013 年，秉持着“重服务、提效率、控成本、保安全”的工作理念，持续推进精益物流建设，以质量优先的原则，在目标管理、精细管理、生产管理、班组管理、养护管理等方面稳中有进。

降低超期存放和零头原料库存比例管理。通过每月超期存放和零头原料的统计与上报，推动福建中心技术中心尽快使用，共生产出库 19.21 万担，超期存放和零头原料库存比例由14%降为4%，不仅节省仓储成本，而且大幅降低霉变、虫蛀的质量风险。

精准规划实时库容需求。为确保完成原料入库任务，通过分期入库和出库计划的测算与分析，精准制定出分期库容需求，并依据需求分阶段分量，以寄存和外租形式解决库容问题，较好地满足了原料入库工作。

2013年5月，引入原料批次管理系统。原料批次管理系统于5月上线试运行，对到货入库、出库环节的每件片烟进行条码扫描，以原料批次为线索，进行相关统计、分析、监测和管理，实现原料的跟踪追溯，提高原料仓储管理的信息化程度，使管理更高效、便捷、可视。

2014年，优化原料质量过程管理，加强原料质量过程管控。在原料库耗管控方面，6月启动原料出库质检新模式，精简原料质检流程，消除在库区重复质检的不增值环节。原料出库质检新流程运行总体流畅、平稳。该质检模式应用后，减少落地烟叶90%以上，全年减少搬运费、打包费等达140万元；原料入库ABC分类检查顺利推行，效果明显。在原料质量管理方面，从3月起，已经形成以月例会形式的原料质量分析工作机制，系统分析原料在入库检查、在库管理和出库质量等仓储全过程的质量情况。在原料双向沟通方面，采取主动上门面对面沟通的方式，该项工作得到福建中烟技术中心、物资采购中心领导的高度重视和大力支持，在双方共同努力下，效果明显，原料相关信息得到及时有效传递，成品返回计划无缝衔接，零头烟叶、超期烟叶持续加快出库使用。

2015年，持续深化精益管理，从成品返回分流、业务流程、库容计划、搬运管理、烟叶损耗等方面寻找管理漏洞和短板，制定相应精细管控措施，实施减少仓储费、节省原料搬运费和降低烟叶损耗三个节支降耗项目，全年合计节省203.9万元。推行原料养护队伍单元化改革，从健全组织结构、完善职责分工、实施绩效管理和增强工作氛围等四个方面入手，按照单元化管理的模式制定专项方案，完成单元化管理的小组成员组合、仓库划分、培训、账务交接等实质工作，并于9月开始试运行。从运行情况看，初步实现工作由被动到主动，工作思维由点到面，员工责任意识提高的三个转变。推广应用原料ABC分类管理，与福建中烟技术中心进行双向沟通，授权养护管理员查询重点牌号配方单，养护管理员根据配方单制定重点牌号的质量跟踪制度，全年预检发现32个等级片烟存在霉变情况，提前采取养护措施，为稳定重点牌号原料质量奠定基础；将ABC分类管理方法延伸至重点牌号原料的管理，包括入库检测、在库养护、出库抽查等整个醇化周期列入A类管理；加强在库重点牌号片烟普查。2015年烟叶普查工作从6月开始到11月结束，主要针对2013年度（含）

之前片烟、重点牌号片烟和气调开垛后片烟三大类进行普查，普查执行ABC分类管理，分别采取不同的抽查比例，对普查有质量问题列入A类养护管理，同时建议技术中心提前使用；建立数据支撑ABC分类管理，完成金叶复烤公司和云南烟叶复烤有限责任公司麒麟复烤厂两个点的在线复烤、晾烟数据采集实验，2016年该批实验片烟返回入库时再采集一次，形成2015年度复烤加工、晾烟、入库数据三点间的关系，将数据分析规律应用于2016年度的ABC分类管理，改变以往原料入库和在库管理缺乏数据支撑，靠养护人员的经验判断的做法，并且可以通过对比上等烟叶采取机械调控法和常规仓储养护两者的效果，为上等烟叶选择何种醇化模式提供依据。实施精益调度，使整个物流环节实现有效控制，提升入库管理水平，促进仓储资源的合理利用。1月开始将入库接收计划推送给采购中心，采购中心监发组以周为单位反馈实际发运情况，包括发出方、等级、车数、件数和预计到达时间等信息，逐步实现信息互动，为精益调度的开展提供数据支持；将所有移库作业统一由调度员统筹安排，取消班组级的自主移库，提高移库作业的有效性、统一性。

2016年，持续推进原料仓储单元化管理。1—5月，以月度为单位，继续做好试运行期原料仓储各项数据的采集、整理与分析，识别生产管理模式中存在的问题和关键因素，实时跟踪落实管理成效。3月完成试运行期的考核分析，制定激励分配方案，4月完成试运行期的激励分配，5月收集意见8条，对考核方案逐条修订，完善绩效考核管理办法，6月正式运行。经过5个月的考核“严防不合格片烟原料进入仓库，降低在库片烟非正常库耗率，确保无不合格原料片烟流入生产车间”三个目标初见成效，生产线霉变件数5月67件（生产线原料质量不合格率0.46%）、6月39件0.34%、7月19件0.19%、8月5件0.12%、9月14件0.09%、10月9件0.066%，下降明显。

2017年，建立三级质量管理体系。在原料高库存压力的背景下，龙烟原料质量管理通过建立三级质量管控体系，使原料质量防控工作从物流便捷仓储管理逐步向以烟叶物理特性为主的仓储养护管理模式转变。先后制定4个2级管控文件，7个3件管控文件；入库含水率的检测由物流部转入质量管理部；增加三级过程监控管理。

2018年，推行质量监督管理，提升原料质量管控水平。4月，原料组成立质量监督小组，小组主要负责日常出入库、在库普查及在库养护的抽检和监督工作。整个监督工作围绕《原料仓储运行质量监督管理办法》运行，提报了25份监督周报，发现日常养护过程问题36项，每项整改落实责任人并根据合同管理办法考核相关服务方，为抓实操作规范、管控养护过程质量起到很好督促作用。建立基于批次质量的原料垛位化管理。在东肖仓库实施垛位管理，以满足片烟批次质量追溯需求。在原辅料批次管理系统对货位进行细化，货位单元由区缩小为垛，使一个货位只存放一个等级片烟，同时设立分包垛、零散垛、不合格垛等特殊货位，以便仓储业务功能的整体实现。

2019 年，根据四段式气调应用现状，通过构建原料智能养护管理系统，运用传感技术、RFID 电子标签技术和 LoRa 物联网等技术，以信息化手段对垛内环境温湿度、氧气浓度、CO_2 浓度、片烟包芯温度、水分等烟叶养护技术参数进行自动检测，实现烟叶醇化全过程技术参数监测，助力醇化速度的科学调控，提高烟叶养护的均质化程度。

2020 年，推广运用智能养护技术，将原料智能养护技术推广运用于 2019 年度及 2020 年度气调养护片烟中，以信息化手段对垛内环境温湿度、氧气浓度、CO_2 浓度、片烟包芯温度、水分等烟叶养护技术参数进行实时自动检测，实现烟叶醇化全过程技术参数监测，提高烟叶养护的均质化程度。全年原料仓储损耗率 0.0084%，突破挑战值。

2021 年，原料队伍改革顺利完成，通过这次改革，优化了原料班组组织结构，由初始 79 人精简到 65 人，有效实现了控员 14 人目标。队伍改革运行期间，项目组根据改革出现的问题灵活调整，重新梳理和明晰了各岗位职责，调整了岗位设置，做到“岗位合理，岗责匹配”，激发了原料队伍的整体活力，多措并举下，原料班组生产、质量、安全设备三大模块运行分工明确，团结协作，平稳有序地完成了各项重点、难点工作，促进原料队伍改革“增效”的显著成果，真正形成“控员增效”的龙烟物流模式，全面提高了原料仓储管理水平。

2012—2021 年，龙烟多措并举，合理去库存，有效解决了烟叶库存居高不下的问题，烟叶库存量下降趋势明显。具体库存量见表 3–9：

2012 年—2021 年烟叶库存量情况表

表 3–8 单位：万担

年份	2012 年	2013 年	2014 年	2015 年	2016 年
库存	150.59	169.63	184	171.4	153.5
年份	2017 年	2018 年	2019 年	2020 年	2021 年
库存	155.7	130.5	128.4	125	119

2013 年，做好库容规划，确保烟叶库容。由于每年入库量大于生产消耗量，造成原料在仓库的积存量持续放大，对库容形成较大压力，库容缺口问题突出。通过租用仓库来解决库容需求，同时与采购中心、金叶复烤加强沟通反馈，调

整烟叶入库计划，提前做好每月库容规划，确保到货烟叶及时入库。

2014年，合理利用库容，规范搬运、装卸及运输管理，完成烟叶出入库管理工作，保障车间生产原料需求。截至12月，烟叶原料总库存184万担，1—12月累计入库96.4万担，投入制丝生产用烟69万担，联营加工发出烟叶（含销售出库）23.3万担，报废出库571.6担（2013年四川凉山越西B34F—2011片烟炭化143件）。

2015年，优化协同省公司物资采购中心、物流中心重新梳理信息传递流程。根据每月可调拨计划和库容状况，制订每月调运计划，推送生成每月入库分配计划，月末生成当月入库完成情况反馈，形成精准的成品返运计划和发运计划，解决了大批量分流模式入库计划衔接不畅的问题。片烟生产备料条码信息采集“二扫”改“一扫”。通过软件改造，取消烟叶仓库的人工手持机扫码，以单一采集高架库入库数据来实现NC系统相应单据完成所需引用的数据源，即“二扫”改“一扫”。

2016年，优化库存结构，提高醇化质量。根据现有库存和生产耗量测算，原料使用周期为29个月。在当年采购量小于出库量的情况下，至2017年使用周期将继续缩短，总体库存趋势逐渐逼近原料最佳醇化周期。但是，2013年以前烟叶库存还有32万担，近3个月未出库约20万担，占总库存的12%，约7.5亿元，该批烟叶已过最佳醇化期，若仍拖延使用将降低烟叶价值，甚至造成不同程度的资产损失。针对该问题，拟从源头上控制超期烟叶量的继续放大。因此，对已完成醇化并且长时间不使用片烟进行分类处理，提取2013年（含）以前片烟出库纪录，超过3个月未有出库纪录片烟作为A类原料进行跟踪管理，首先由福建中烟技术中心根据年度使用计划确认近期较长时间内都不使用的片烟，而后对片烟质量组织评审，按结果采取气调保质或提早使用；继续每月统计零头、分包及超期存放烟叶库存，以报表形式提报福建中烟技术中心，促其尽快使用。

2016年，根据当年采购、生产计划结合现有库容，适时完成外租库容调整。1月完成东宝9号库的退库，龙门粮库提前至6月30日退库，5月开始逐步将剩余库存烟梗移库至牛坑，同时因红炭山5号库仓储条件差，也逐步将剩余片烟移至4号库，转为存放烟梗并气调养护，12月北门粮库退租。外租仓库剩余2.85万平方米（万通、澳立和红狼），存放片烟和烟梗14.6万担。

2017年，根据年采购、生产计划结合现有库容，适时完成外租库容调整。12月份完成东肖澳立外租仓库的退库，外租仓库剩余2.06万平方米（万通和红狼），存放片烟和烟梗9.4万担。

2018 年，推进调剂让售，降低库存周期。抢抓尚有调剂需求的时机，完成调剂让售 13.8 万担，使烟叶库存由 1 月的 154.9 万担降低至 11 月的 130.5 万担，库存使用周期由 38.4 个月降低为 30.4 个月，提前两年完成福建中烟优化库存目标，同时库存占用资金也由 59.03 亿元降为 48.1 亿元，减少 10.93 亿元。

2019 年，盘活库容资源，纾解库容不足压力。与福建技术中心、物资采购中心、物流中心沟通，近两年的烟叶采购分流计划，测算可用库容，将 1、2 类烟叶优先存放于龙烟仓库，加大调剂（至厦门）出库量及调剂频次；重新启用红炭山仓库，计划存放 2019 年度福建烟叶 5 万担及烟梗 3 万担，缓解年度库容压力；加强沟通衔接，掌握红坊片烟醇化库交付使用时间节点。

2020 年，原料库容不足：原作为片烟重要存放点的红坊片烟醇化库，现用于金叶复烤公司原烟周转，同时面临牛坑、红狼库的撤点和腾让东肖 3 层仓库给成品使用，存在 15 万担库容缺口，再加上当年调剂购进量的增加，造成整体库容极度紧张局面。

2021 年，推进配叶模块配方项目。配叶模块配方设计是福建中烟推进产品模块化设计、缓解原料结构性矛盾的一项重要举措，对支撑公司高质量发展和持续健康发展具有重要意义。龙烟快速响应“云福”模块配方生产新模式，在生产流程上改进优化，实现模块组合分包准确、及时配送，已配送车间生产 48 批七匹狼（软灰）模块分包配方片烟。龙烟公司在该模式试运行过程中主动作为，探索积累了有益的经验，为该模式进一步推广应用奠定坚实的基础。2021 年 7—10 月，根据福建中烟技术中心的薄片原料混配方案，完成加热不燃烧卷烟新产品的薄片原料委托加工各项工作程序，为公司新产品的研发提供原料支持。

养护管理　2012 年，在完成日常原料物流业务的基础上，进一步深化烟叶原料醇化技术的研究与应用工作，创建龙烟特色仓储体系，构建原料批次管控系统。通过开展生态仓储烟虫综合防治研究、片烟养护环境监测系统设计与应用等科技项目，继续推进烟叶原料仓储管理深化研究工作，加强养护管理，提升综合管理水平，创建具有龙烟特色仓储管理水平的行业优秀烟叶仓库。

2013 年，采取多种措施，提高烟叶在库养护质量。烟叶仓储采取常规、气调和垛杀 3 种养护模式进行贮存，有效控制在库烟叶不易发生霉变。由于采取了多种养护措施，霉变现象得到有效控制，1—11 月，制丝车间累计反馈来料霉变 15 起，其中，表面霉变 11 起，夹心霉变 4 起。

2014 年，通过组建质检小组，严格规范烟叶进库检查，共发现烟叶外观质量问题 63 个品种（177 件），对入库异常烟叶采取 A 类管理，并对在库 A

类管理的烟叶进行跟踪检测，所有入库异常烟叶贮存环境温湿度都在正常养护指标范围内。

2016 年，烟叶仓库日常环境防治。完成 9 号库 26 个虫情风险点的识别及标识牌的张贴，并对各虫源风险区域虫口密度进行监测，与同舟济公司协商，为 9 号库配备清洁人员。技术创新方面，2016 年龙烟与贝森公司共同研究箱式防虫罩实用新型专利，并且根据烟虫的特性，制成目数大于 14 目的防虫网，有效减少片烟受环境烟虫的感染，为生态杀虫提供技术支持。

2017 年，深入开展养护工艺研究。车间化管理是未来烟叶仓储发展的一个重要方向，烟叶仓储工作以“质量数据养护”仓储管理思想为指导， 紧紧围绕原料贮存和养护工作中心，以入库、在库、出库三环节为工作主线，通过收集、分析各环节数据信息，进行相关课题研究，将研究成果转换为企业标准形式，再以流程再造推进科学养护，并循环优化。综合治理方面，重点以环境清洁为主，喷药防虫为辅。同时，利用停产时间，组织开展库区闲置托盘的清扫活动,完成2万多个托盘的清扫,部分托盘已密封垛杀,其余托盘在原库存放。

2018 年，开展原料垛位化管理，建立片烟垛位化管理体系。东肖仓库实施垛位管理，以满足片烟批次质量追溯需求。在原辅料批次管理系统对货位进行细化，货位单元由区缩小为垛，使一个货位只存放一个等级片烟，同时设立分包垛、零散垛、不合格垛等特殊货位，以便仓储业务功能的整体实现。片烟垛位化管理体系建立项目，荣获福建中烟管理创新项目二等奖。

2019 年，构建原料智能养护管理系统，养护管理技术再升级。通过大数据分析系统自动采集的数据，寻找四段式气调养护不同阶段技术参数的相关规律，指导四段式气调养护工作。项目实施进度为 55%，完成的内容有系统的需求分析、原料智能养护管理系统的技术方案、建立符合需求的原料智能养护管理系统模型、完成原料智能养护管理系统的设备部署方案和基站的部署，仓间温湿度设备和部分新烟垛内设备的部署,为养护信息化技术推广应用奠定基础。同年，在生态防虫技术上取得优异成果，原料养护生态杀虫与清洁仓间建设项目，荣获中烟商务物流有限责任公司组织的烟草行业精益物流重点课题研究成果一等奖，福建中烟管理创新项目二等奖。

2020 年，推广应用智能养护技术，提升原料养护质量。将原料智能养护技术推广运用于 2019 年度及 2020 年度气调养护片烟中，以信息化手段对垛内环境温湿度、氧气浓度、CO_2 浓度、片烟包芯温度、水分等烟叶养护技术参数进行实时自动检测，实现烟叶醇化全过程技术参数监测，提高烟叶养护的均质化程度。通过质量监测技术，全年原料仓储损耗率降至 0.0084%，突破挑战值。

开展行业精益物流“面对磷化铝淘汰后片烟害虫的可持续控制”重点课题研究，主要完成磷化铝淘汰相关政策研究、快速充氮和快速气调两种应急杀虫方式的可行性试验和烟虫可持续防治体系建设。

2021 年，进口原辅料防疫消杀常态化，有力保障原辅料生产供应。面对复杂多变的疫情防控局势，落实进口原辅料科学防疫消杀措施，保障车间原辅料安全供应。落实好进口原辅料隔离堆放、紫外线照射消杀的常态化管理措施，保证进口原辅料“安全入库”。顺利完成 2021 年全部进口原辅料消杀工作，其中进口辅料：2 批滤棒、3 批香精基料，进口万宝路片烟 10395 件。

落实落细工艺纪律检查管理要求，提高工艺质量过程管控意识。为了严格落实省公司原料仓储质量监督检查管理制度，物流部通过分解《原料仓储质量监督检查办法》要求，制定《物流部工艺纪律检查管理办法》内控管理文件，建立工艺纪律检查自查机制、考核机制，提高全员工艺质量过程管控意识。当年累计开展 6 次工艺纪律检查，平均得分 98.75 分，取得了良好成绩，并且整改完成 10 项整改项，促进了原料工艺质量过程管理水平的提升。

烟叶仓库建设　2012 年 4 月 6 日，龙岩烟草工业有限责任公司物流园项目选址小组成立。随着公司快速发展，烟叶原料贮存增长迅速，醇化仓库库容将严重不足。因此进行烟叶醇化库规划、建设，开始在新罗区范围内进行规划选址工作，为物流园的建设奠定基础。

2014 年，龙烟规划建设红坊片烟醇化库。通过对现有仓储技术的研究，结合远期库容规划，做好前期调研工作，完成片烟醇化库功能、业务需求报告，配合技改办做好片烟醇化库方案设计。

2016 年，依据龙烟“十三五”物流子规划纲要，着手在库容保障、仓储养护、信息化、智能化等方面实施“2016 年措施”，以实现生产线原料质量不合格率≤ 0.25% 和原料仓储损耗率≤ 0.048% 的 2016 年度目标。

2018 年，新建红坊片烟醇化库房开工建设，配合技改办完善物流专业施工。

2019 年，红坊片烟醇化库启用前的人才储备。根据红坊片烟醇化库建设进度，新库房的人员岗位配置需求、新工艺、新技术培训等将逐步有序开展。

2020 年 9 月，红坊片烟醇化库交付使用 6 栋，库房库容 7.2 万平方米。用于金叶复烤企业原烟周转。

三、烟用材料仓储物流

内部管理　制定并发布《烟用材料异常辅料处置及相关业务操作管理规定》，规范异常辅料的处置业务。修订《烟用材料到货自检方法》文件规定，把原部分材料按“生产批”的抽检方式更改为按“车次”，与质检抽检方式同步。完善《烟用材料到货自检方法》《试机试制烟用材料管理细则》等管理文件；同时梳理完成《物流部生产换牌确认流程》《物流部生产前要素确认流程》《物流部生产进度跟踪反馈流程》《物流部烟用材料停产扫尾流程》《物流部烟用材料在库检查流程》《烟用材料外观质量不合格处置流程》等6个流程，进一步完善工作规范及流程完整性。2021年，与相关部门协商确定各项烟用材料自检参数，重新修订《烟用材料自检办法》文件；结合技术中心烟用材料工艺纪律检查要求，修订完成《烟用材料仓储管理》文件。

物流部辅料组集体照（姚义　摄于2023年）

外部管理　2013年，逐步开始推行烟用材料纸滑托的应用，提高了辅料配盘作业效率，降低了因人工搬运材料导致的材料破损率。2018年，因“厦门富华兴印刷有限公司”名称变更为“厦门鑫恒晟印刷有限公司”，业务产生变动，主要配合其完成资产清算所产生的相关辅料虚拟库存的业务管理、衔接等相关工作，以及完成过渡时期无条码到货自制单据相关业务审核、跟踪等事项。2021年，开发、应用辅料货运帮手小程序，为运输车辆驾驶员提供便利，规范运输车辆排队顺序，减轻辅料组仓管员工作量，降低每车次辅料卸货等待时间。

质量管控　2013年，结合质量风险的失效模式，对烟用材料收、发、存各环节造成质量失效的风险进行识别和管控，对贮存期间受损、异味、霉变、过期等不良率进行计算、分析，采取相应的措施加强管理，保障在库材料的质量。2016—2017年，针对辅料大库温度居高不下，工作环境与储存环境恶劣这一长期困扰的问题，通过确定温度采集点，完成室内外温度的采集，并采用全面更换辅料大库的隔热玻璃的方式，改善高温状态下的仓储环境。2021年，推进烟用材料物流仓储全过程质量追溯：通过在“简道云”提报、反馈、处置异常和特殊质量事件，业务处理流转清晰，利于跟踪处置落实业务闭环，且利于事件的统计、分析，以便对异常质量事件提前预警、管控；规范标准动作，固化配盘标准，提高材料入库率和配盘质量；打通供应链，对外部造成的质量事件共同处置，以达到防范效果。

优化辅料库存结构工作 2013年，运用TnPM管理工具对存货进行整理、整顿，进而优化库存，并每月汇总、分析闲置材料，形成报表，传递给相关部门。对烟箱每托盘配盘数量的增加，提高了高架库烟箱12%左右货位利用率。2014年，启用外库，将三华彩印公司提供的材料相关收货、质检等业务前移，解决辅料库容和生产备料生产所需库容不匹配问题。2017年，明确新的检验规则，确定不同生产模式下的叫货方式，理顺供应商的到货辅料分配关系等措施，逐步建立平稳、可靠的安全库存制度。2019年，新增香精胶水库房，把原制丝香料厨房搬离，闲置的场所通过零星工程改造，成为符合胶水放置仓储管理要求的库房，解决了胶水库容不足的问题。2021年，运用库容共享，解决烟用材料疫情防控期间集中到货需求与货位不足的矛盾：1月为防范因疫情带来的供应风险，接收福建中烟烟用物资，保障烟用材料满足春节后至3月底的生产的需求；通过开展前期沟通库容需求及生产情况测算库容缺口，实地调研寻求符合烟用材料仓储标准的闲置场地、库房，合理规划到货烟用材料卸货区域划分，制定库容共享解决方案，以解决烟用材料仓储货位不足的问题。共解决辅料库总缺口4872个货位。

烟用材料仓储信息化建设 2012年，辅料平库上线数字化仓储系统，数据的采集由人工输入模式转为实现手持设备扫描识别录入。2014年，对辅料大库进行详细的区域划分和货位计算，规范堆放区域，并可在系统中对大库辅料的库存进行查询。改造辅料高架库实现批次管理的功能需求，实现与数字化仓储项目批次的信息和高架库信息对接，真正意义实现在物流环节的辅料质量可追溯管理。2015年，辅料二区高架库批次管理相关业务开始运行，基本实现物流系统对供应商、批次、生产时间的管理功能。2016年，通过实行“防止辅料高架库库存辅料过期流程”项目，针对在库保管辅料失效造成浪费情况，梳理防止辅料过期流程。2017年，继续完善辅料预警系统，在异常辅料领域实现严格把关，加强冻结辅料的监管，及时反馈异常辅料信息至供应部，形成处置结果体现在报表中，并以短信形式推送至相关人员；协调解决满足甘油扫条码业务的网络、设备、业务交接等问题，实现甘油直接卸卷包车间录入到货条码，出入库扫条码，随着甘油出入库扫描业务的实现，香精香料所有物料实现质量可追溯管理。2018年，在福建中烟生产制造中心的组织协调下，解决龙烟、厦烟对糖香料香基、料基统一配送的问题，以及无条码问题，香基、料基实现条码管理，业务的处置已经常态化。2019年，通过采取车间返库材料分类整理，以及复合配盘材料涉及多批次信息，进行逐一全覆盖扫描的作业方式改进，有效地实现在库材料全部进入预警系统管控，防止烟用材料因过期而造成损失；通过在质量批次系统中改进辅料到货自检记录功能，将所有到货批次烟用材料的自检数据录入系统，数据共享，并协同供应部对自检数据进行分析管控。2020年，开发烟用材料库存信息整合共享应用，整合烟用材料库存碎片化、分散化信息，实现库存可视化（库存状态、库存处置方式、实时资金、库存牌号生产箱量等信息）、可共享，在此基础上实现智能备料测算，安全库存备料预警的提示、精准备料的功能，以及掌握实时库存资金，为烟用材料库存资金、周转率数据分析管理奠定基础。2021年，辅料平库存储材料系统实现“先进先出”出库原则的功能改造。

四、成品卷烟仓储管理

加强库容管理分析工作，在保障生产的前提下，做好库容规划，圆满完成成品卷烟库容存放需求；顺利推进部门TnPM各项活动的开展，完成TnPM项目的可视化清单及定置对象的确认工作；对物流部全体员工的岗位职责进行整合调整，做到“资源共享、有效激励”，达到各组别人员精减、各项工作正常运行的目的，充分实现物流人员的人力资源共享与技术共享；完成成品卷烟公路运输公开招投标工作，保证成品卷烟运输工作的顺利进行。

出入库管理　随着卷烟市场销售的快速变化，公司的生产模式也发生相应的改变，原有卷烟仓库库容已经不适应形势发展，库容问题已经严重制约卷烟的生产和调拨运输业务。通过有效的运作及启用F区和东肖烟叶库房，有效解决成品卷烟库容问题，保障生产的顺利进行。

业务流程梳理　一区成品出库尾盘分拣回库操作流程调整，由原来每个尾盘入库改为尾盘存放暂存区，实现暂存区尾盘先出库装车，通过该项业务调整，有效减少无效搬运次数，降低工作强度。

探索入库班次调整　通过对一二区入库业务的分析，探索成品入库四班改三班模式，实现入库工与卷包车间上班同步，优化资源配置。

库容管理　2014年，随着公司一区整体技改的推进，原有的卷烟库容管理已经不适应卷烟调拨运输需求。通过科学安排、优化流程及制定仓库管理制度，合理开展厂内移库作业，2014年6月F区（旧线周转仓库）实施货架式改造，在安装空调后，F区实现仓库温湿度可控，成品库容条件进一步改善。同时，物流部增加东肖烟叶库房7号、8号库用于成品卷烟仓储，12月底东肖成品仓库较好解决了成品卷烟库容问题，最大程度地保障了车间生产和卷烟调拨出库需要。

2015年东肖成品仓库存基本维持在较高水平，人工管理难度大。为保障产品质量，制定《东肖成品仓库管理办法》，从月盘点制度、“先进先出”原则、温湿度管理、门窗管理和成品复核检验五个方面，加强对东肖成品仓库的仓储管理。每月底对东肖成品仓库进行全面盘点，并设计相应盘点报表，将库区各库点卷烟按生产月份进行分类，并将盘点报表打印给仓管员，出库时，优先对生产时间较长的卷烟进行出库。到2021年东肖成品仓库卷烟存放期基本稳定在4个月以内。

2016—2017年，在行业卷烟产销大幅下滑，卷烟库存居高不下的大环境下，公司生产运营一直处于高库容运行的状态，要达到按仓库安全管理堆放和成品先进先出的要求，这对库容安排、移库管理、调拨开单、仓储安全、先进先出等仓储管理工作造成比较大的困难。通过科学安排、优化相关流程及制定仓库管理制度，合理安排移库作业，解决了成品卷烟仓储管理存在的问题，最大程度地保障车间生产和卷烟调拨出库的需要。

2018—2021年，在行业卷烟产销平稳上升，国家局实行降库存策略，卷烟库存相对处于中等水平的大环境下，公司生产运营一直处于中等库容运行的状态，按仓库安全管理堆放和成品先进先出要求，成品仓储管理处于相对有序状态。

2012—2021年卷烟仓储库存情况表

表3-9　　单位：箱

年度	成品库存	在制品库存	总库存
2012年	44415	44899	89314
2013年	64120	56234	120354
2014年	84769	18632	103401
2015年	98480	20356	118836
2016年	85786	24082	109868
2017年	69966	5854	75820
2018年	75335	35397	110732
2019年	70653	65376	136029
2020年	74986	79113	154099
2021年	84295	83065	167360

注：1. 成品产量＝有码生产成品＋在制品转码成品；

2. 总库存＝成品库存（含联营回购）＋在制品库存。

第十三节 产品流通

一、卷烟调拨管理

物流部成品组负责卷烟的调拨管理工作，2012 年进一步配合省公司物流中心，完成物流规划及方案确定和实施工作。扎实推进公司对标创优工作，积极完成公司管理创新项目基于平衡计分卡的物流部门绩效管理体系和科技项目平库立体货架仓储模式的建立，落实持续开展安全隐患自查、整改及“安康杯”活动开展等各项管理工作，推进安全标准化等文件的培训与分解落实工作，制定关键作业程序及其考核机制。认真做好“十二五”期间的库容规划，加强管理，提高库容利用率，满足成品卷烟的库容需求，进一步开展纸滑托盘联运项目应用研究。

2012 年 10 月开始准备 2013 年 1 月卷烟调拨，根据 2013 年 1 月预计需调拨 14.5 万箱的计划，建立旺季调拨应急模式，对各项准备工作制定时间计划表，明确相应责任人，制订了 2013 年 1 月卷烟调拨应急保障方案。2013 年 1 月卷烟调拨 147578 箱，完成调拨任务，满足市场供应。

2013 年成品卷烟调拨 1025065 箱，其中省内调拨 497941 箱、省外调拨 527124 箱，各项数据均创历史新高。

流程梳理 对一、二区成品高架库入库环节进行业务流程梳理，并制定异常情况规范性业务流程；完成烟箱二次回收业务的方案制定工作，配合生产管理部完成福样烟、试制烟的生产组织流程规范梳理工作；制定旺季生产调拨应急准备方案，及时应对情况变化，“保障生产、服务营销”，顺利完成成品卷烟的调拨任务。

2012—2021 年卷烟调拨汇总表

表 3-10　　　　单位：万箱

年份	2012	2013	2014	2015	2016	2017	2018	2019	2020	2021
合计	97.16	102.57	102.49	101.01	90.21	90.74	89.88	95.66	93.72	96.16
七匹狼系列	86.74	95.68	95.40	89.28	79.29	78.96	89.88	86.69	87.75	91.79
占比重 %	89.3	93.3	93.1	88.4	87.9	87.0	100.0	90.6	93.6	95.5
一类烟	12.05	12.77	15.00	16.23	14.42	15.69	16.70	21.01	22.50	27.99

续表 3-10

年份	2012	2013	2014	2015	2016	2017	2018	2019	2020	2021
二类烟	20.10	22.49	24.67	25.90	25.16	24.93	26.10	27.00	29.38	29.18
三类烟	30.20	30.74	30.73	28.56	26.59	25.89	27.32	39.37	38.41	37.16
四类烟	26.77	31.95	27.31	20.97	15.47	15.86	14.25	7.55	3.43	1.82
五类烟	8.05	4.63	4.78	9.36	8.56	8.37	5.50	0.74	0	0

零点行动　建立旺季调拨应急模式，围绕库容能力、运输能力、出库能力、打贴码能力、人力保障、各项设施调整改造、信息技术支持七个方面着手开展工作，对各项准备工作制定时间计划表，明确相应责任人，按计划安排，保障市场需求，顺利完成了成品卷烟的调拨运输任务，实现到货准确率 100%，到货及时率 100%。

二、卷烟运输管理

运输管理　卷烟运输是生产的延伸，属于长期稳定的业务，其最大的特点就是服务性、时效性、安全性、稳定性，为保障市场需求、提高企业物流运输管理水平，需要物流公司长期稳定投入，尤其在车辆的更新方面更是如此。物流部实施走出去的战略，主动寻求与大型物流公司的合作，并与大型物流公司建立长期合作伙伴关系。

基于卷烟运输的特殊性，所需车辆型号规格也具有特殊性，所有车辆必须为全封闭铁制车厢，并具备 GPS 等电子信息设备配置。

根据烟草专卖管理的要求，卷烟运输必须符合烟草专卖品准运证管理及行业内“一号工程”管理，具有较强的时效性、专业性。2012—2021 年物流部顺利完成运输任务，实现到货准确率 100%，到货及时率 100%，确保市场货源供应。

运输车辆安全保障。针对成品卷烟的商品属性特殊，安全工作永远排在第一位，通过不断对干线运输风险进行详细地识别，对存在隐患制定相应整改措施，最大限度规避运输风险。引入施封锁，杜绝调包事件；建立 GPS 管控和督查制度，对卷烟运输全过程进行有效监控；完善运输管理考核制度，加大违规处理力度；加强工商在途电子锁的管理，提高上锁率。

根据福建中烟物流中心的要求，为有效实现运输车辆的更新，降低因车辆陈旧带来的运输风险，运费结算采用一车一价，根据车辆新旧程度确定不同价格系数，新的方案能够有效推进车辆的更新，新的运费结算模式已经投入正式运行。

物流部修订了部门各级安全标准化管理文件，发布各项制度、规范共计26份；根据管理要求，组织部门全体员工及相关方人员分批学习安全生产法、消防法、道路交通安全法等相关法律、法规及管理制度；组织进行泵房加压系统及呼吸器的操作演练，并通过图片展、宣传专栏对员工进行安全宣传教育；同时，针对外来人员、车辆现场安全管理难度大的现状，适时修订了《外协施工队伍安全管理制度》《外来车辆安全管理制度》；此外，针对物流业务点多面广、库散人杂的情况，专门成立现场管理小组，定期进行巡查，建立库点管理人员安全隐患自查制度，隐患排查要求能够“举一反三、相同、相关、相似”，做到“谨小慎微、不放过、不姑息”的硬作风。

围绕公司的安全生产工作要点，推进部门安全管理工作。做好职工定期安全教育和岗前培训教育，开展各项演练活动，提高职工的安全防范意识和应急处置技能。加强日常巡回检查和定期专项治理检查，督促落实各项整改，及时协调组织和指导重大安全项目改造，强化安全各项排查治理和防范措施落实，促进各班组安全管理工作的开展。

根据《物流部运输管理办法》，加强对物流公司安全检查和运输服务质量的考核，建立车辆安全检查制度并实现检查常态化，每月形成运输安全检查书面分析报告，将隐患消灭在萌芽阶段，降低运输风险，强化车辆施封锁管理，施封锁上锁率100%。

针对卷烟公路运输安全，梳理成品运输安全风险点，完善成品物流供应商安全管理要求和监管考核制度，进一步明确甲乙双方有关安全主体责任、安全监管责任的管理边界。

强化风险识别，完善运输管理办法，针对运输各环节可能存在的运输安全隐患进行识别，并将识别结果及时转化为制度执行。按照成品运输管理办法，严格管理，降低运输风险，提高运输服务质量，未出现重大运输事故。

加强对工商卷烟在途系统使用的监督检查力度，严格要求按规范操作电子锁。非汽运方式物流单要求及时上传到物流在途跟踪平台；汽运方式物流单要求及时上传并启运，并制定相应的在途系统使用考核制度，车辆在途系统的车载设备使用率达100%。

纸滑拖盘联运项目 2010年5月，在南京召开的全国烟草行业现代物流建设工作会议上，福建中烟物流中心与福建省烟草公司物流处共同提出成品卷烟纸滑托盘联运应用项目研究工作。自2011年3月起，项目组分别完成了纸滑托盘适应性测试、用纸滑托装卸成品烟初次测试、试验用纸滑托初次测试、用纸滑托装卸成品烟第二次测试、纸滑托盘成品卷烟长途运输第一次测试及省内市场多次不同内容的测试。

项目测试：根据福建中烟物流中心关于成品纸滑托盘联运项目开展的工作计划，积极推进纸滑托盘项目测试研究工作，配合省烟草商业公司物流现场会泉州会场纸滑托盘整托盘运输及整托盘扫码入库测试工作，短期内项目实现手持机测试和纸滑托盘（含RFID）采购工作，2012年省卷烟工商物流协同会议上，也明确了纸滑托盘项目下阶段进一步推广实施的工作意见。

项目启动：为顺应国家局现代物流建设关于工商协同一体化的要求，提高卷烟运输装卸效率，解决国家局关于整托盘运输的推广瓶颈问题，项目组通过对纸滑托盘在卷烟运输的应用研究，探索适合行业整托盘运输的模式。到2013年9月，初步实现与省内泉州市烟草公司间的纸滑托盘联运。2013年6月，《卷烟工商联运纸滑托盘应用规范》行标启动会在龙烟顺利召开。专家对项目组前期工作的开展情况，以及项目调研、测试等项目实施过程中存在问题提出宝贵意见，项目组采纳专家的合理意见并对项目下阶段实施计划进行调整。公司加大了与泉州公司纸滑托盘联运的测试量，2013年7—11月共发纸滑托盘18车次，672组托盘。项目组对公司成品库物流系统生产入库环节纸滑托盘自动放置、RFID电子标签信息自动写入和出库自动扫码功能的技术实现进行了深入调研，并形成初步技术方案。

试点应用：2014年根据福建中烟物流中心关于成品纸滑托盘项目开展的工作计划，项目组积极推进纸滑托盘项目测试研究工作，采用纸滑托盘过渡方案，“七匹狼（红狼）”和“七匹狼（灰狼）”两个牌号与泉州烟草公司进行整托盘联运。

《中烟商务物流有限公司关于印发2014年烟草行业物流工作要点的通知》（中烟商务〔2014〕7号）提出积极推进工商企业卷烟托盘联运的要求，2014年2月，项目组完成并提交关于开展同城工商托盘联运现状和省内工商托盘联运方式分析的报告。

2014年3月，《国家烟草专卖局办公室关于在行业工商企业间开展同城卷烟托盘联运工作的通知》（国烟办综〔2014〕134号）提出“三统一”要求，4月份项目组完成龙烟工商托盘联运情况分析、龙烟成品库改造报告、同城工商企业卷烟托盘联运工作思路的报告。

2014年4月15日项目组完成《卷烟工商联运纸滑托盘应用规范》行标项目技术报告、标准编制说明和标准征求意见稿的编制工作并提交国家局物流分标委。

2014年6月，福建中烟和福建省商业公司联合印发《同城卷烟托盘联运工作实施方案》（闽烟工〔2014〕168号），明确采用纸滑托盘联运方式，要求在龙岩、厦门试点，推广应用到省内其他地市和省际商业企业。

2014年7月，项目组与北京中烟信息技术有限公司技术人员进行技术交流，明确项目需求，确定项目初步方案——《工商企业卷烟物流托盘联运技术方案》（通用方案）。

2014年8月，与龙岩市烟草公司在龙烟召开了福建省工商同城卷烟托盘联运工作推进会，围绕工商同城卷烟托盘联运工作的前期开展情况、下阶段工作安排和存在问题进行了详细的汇报，对存在问题进行了深入讨论。

2014年9月，国家局印发《关于工商企业同城卷烟托盘联运涉及行业生产经营决策管理系统改造相关事宜的通知》（国烟办综〔2014〕455号），明确了龙烟公司、厦烟公司、龙岩市烟草公司、厦门市烟草公司、泉州市烟草公司为第一批（2014年底完成）实施生产经营决策管理系统改造的工商企业。

2014年11月，项目组与北京中烟信息有限公司技术人员确认项目方案现场硬件部署、物流接口、软件功能等技术细节，完成项目商务谈判。采用手工RFID组盘的方式，与龙岩鑫叶物流公司进行3次共144件的RFID纸滑托盘联运测试，打通了龙岩市工商托盘联运的整体流程。

2014年12月，项目组完成成品纸滑托盘RFID系统应用项目合同的签订工作，北京中烟信息有限公司完成设备采购招投标工作，次年2月1日之前设备到货，2月安排设备安装和系统部署。

实施与推广：项目组积极推进成品纸滑托盘RFID系统应用项目（二期）实施，项目于2014年12月签订合同，2015年7月一、二区开始正式运行。逐步开展龙岩、厦门、泉州、漳州四个地市的托盘联运工作。

2016年项目组完成一、二区纸滑托盘入库环节的RFID垛信息校验功能的升级，确保数据准确性，保证纸滑托盘芯片信息同实物一号工程码相符，减少出库环节处置芯片错码的工作，提高了纸滑托盘的出库效率。完成东肖库区的纸滑托盘地埋设备的部署和软件的调试，加上原有的一、二区高架库，现有三个纸滑托盘出库区域，出库能力实现4300箱/天，保证联运任务的完成。

龙烟部署了两台人工组垛设备，可实现小品牌卷烟和部分未在线组垛卷烟的人工组垛，以保障货源，为实现省内全面开展纸滑托盘联运工作创造条件；增购2台纸滑托盘专用叉车，实现一、二区高架库和东肖仓库三个库点同时出库；车厢底板不平整会影响纸滑托盘的装卸效率，对用于纸滑托盘运输的车厢底板平整度提出相应要求并加以改造，满足纸滑托盘联运业务需要。

难题攻关：项目组从三方面研究攻关：使用多种不同规格（主要是翼边尺寸不同）的纸滑托盘，与商业公司联合测试，寻求最佳的规格。综合商业端和工业端的建议，决定最终采用纸滑托盘的规格为 1200 毫米 ×1010 毫米（含 10 毫米翼边）；完成纸滑托盘出库装车标准作业程序的编写，规范叉车工的装卸操作，减少叉车在装卸过程中对纸滑托盘位移的影响，提高装卸效率和装车质量；同时开展其它材质托盘测试，完成塑料薄托盘的现场测试，进而开展全流程测试，以寻求更优解决方案。

创新优化：2017 年项目组改善纸滑托盘在生产过程中的组垛方式，采用空托盘组入库前与纸滑托盘组合方式替代原来的空托盘组出库后人工逐个分发纸滑托盘的生产方式，降低人工费用，实现全部品牌的纸滑托盘生产，为纸滑托盘联运的货源提供了保障；完成纸滑托盘芯片自动清除和检测功能；完成成品托盘码分机的定位挡板改造，解决码分机在分发空托盘过程中造成的纸滑托盘剐蹭跑位问题；改进垛烟的包装方式，寻求可回收重复使用的托盘粘扣带包装方式替代原来的裹膜包装方式，完成与省内烟草公司的联调联试，总体反馈良好。

成熟应用：2018—2020 年公司纸滑托盘联运应用已日臻成熟，项目组制定纸滑托盘专用叉车工培训考核方案，根据作业场地大小、纸滑托盘出库效率需求，完成纸垛烟自动裹膜机的选型工作。完成卷烟纸滑托盘联运作业规程和省公司物流中心组织的卷烟联运滑托盘应用规范的编写。

2014—2021 年工业企业卷烟托盘联运情况表

表 3-11　　单位：件

年度	同城托盘联运量	省内托盘联运量	省际托盘联运量
2014 年	144	15360	0
2015 年	66522	160512	0
2016 年	148296	796666	0
2017 年	230928	1558935	21600
2018 年	310552	1973366	71688
2019 年	322032	2304816	54336
2020 年	298297	2329248	10176
2021 年	259632	2213496	74304

注：托盘联运业务从 2014 年正式开始。

回收烟箱循环利用 2013 年为全面贯彻落实《国家烟草专卖局关于在行业工商企业间开展卷烟包装箱循环利用工作的通知》（国烟办〔2013〕249 号）精神，并根据《福建烟草卷烟包装箱循环利用工作实施方案》，扎实推进公司卷烟包装箱循环利用工作，确保实现“两个 50%”目标，制定《龙岩烟草工业有限责任公司卷烟包装箱循环利用工作实施方案》，正式启动该项目。协调福建金叶纸品公司、福建烟草公司、福建中烟等外部关于卷烟包装箱循环利用事宜。以龙岩市烟草公司为试点单位，以“石狮（软富健）”为试点品牌，确定福建金叶纸品公司为二次烟箱加工单位，确定了二次烟箱细牌号管理原则，有效区分一、二次烟箱生产的成品。

项目的攻坚克难。卷烟包装箱循环利用是一项涉及工商间、多部门、多岗位，需长久持续开展的工作，为确保该项工作扎实有序开展，龙烟公司成立卷烟包装箱循环利用工作领导小组与实施工作组，制定卷烟包装箱循环利用工作实施方案，协助福建中烟技术中心制定回收烟箱质量标准，回收烟箱卷烟标识规范；解决回收烟箱上机生产装封箱机及物流系统设备适应性问题，无胶封箱工艺调整封箱质量问题；确定回收烟箱分类存放、生产组织、卷烟细牌号管理、分区域调拨方案；提高回收烟箱生产合格率；明确生产相关各部门工作职责，在循环利用工作开展过程中关注问题分析，寻找并解决重点问题，梳理回收烟箱生产业务流程，完善各项管理制度，固化相关标准，做到统筹兼顾、及时协调、高效落实，共同推进卷烟包装箱循环利用工作，不断提升卷烟包装箱循环利用工作的效率和水平；从关键环节入手，抓住主要矛盾，突出重点，明确各项任务的时间节点和责任人，加强过程管理和跟踪监督，保证各项任务按时保质保量完成；定期召开卷烟包装箱循环利用工作例会，及时发现和解决生产过程中存在的问题；着手对周边省份和重点销区烟箱回收工作进行调研。

项目的应用与推广。2016—2020 年龙烟公司卷烟包装箱循环利用目标：使用回收烟箱生产卷烟入库量占省内卷烟调拨量和毗邻省份卷烟调拨量的 50%。

物流系统机器人吸盘改造的完成，提高了对回收烟箱偏软、表面轻微破损等情况的适应性，减少了机器人自动码垛环节掉烟的现象。

2014—2021年回收烟箱生产情况表

表3-12

年份	回收烟箱采购入库数（个）	回收烟箱生产领用数（个）	使用回收烟箱生产卷烟入库量(万支)	省内卷烟调拨量（万支）	毗邻省份卷烟调拨量（万支）	重点省份卷烟调拨量(万支)	卷烟包装箱循环利用任务完成率(%)
2014年	1851094	1832709	1820528	2644537	615952	833702	55.84
2015年	1878025	2028572	1862324	2733717	613386	873127	55.64
2016年	2005594	1973401	1716806	2760061	523191	614674	52.29
2017年	1975430	1971783	1943160	2735470	479823	704373	60.43
2018年	1695194	1733131	1709027	2704324	484977	659067	53.59
2019年	1536456	1518354	1514419	2741672	567660	711386	45.76
2020年	1732522	1696777	1660980	2680070	542141	698262	51.55
2021年	1657440	1701677	1705382	2693899	647487	640917	51.04

烟草物流抗击新冠疫情　2020年新冠肺炎疫情，龙烟公司按照“外防输入、内防扩散”的工作思路，及时采取网格化疫情防控措施，将相关区域按照一定的标准划分为不同网格，每个网格设置网格长和网格员，专门负责各项防疫措施落实。通过网格员对辖区范围内的人、地、事、物、组织五大要素进行全面管理，确保疫情期间，每个人员、每个区域、每件事情都处于可监控状态。

2020年，制定《龙烟成品调拨新冠疫情应急保障方案》，做好作业现场消杀、厂区人员进出管控等工作，对卷烟出库搬运装车、运输过程、商业卸货等环节实行全过程疫情防控，实行“无接触卷烟发货”。

做好作业现场消杀。定期组织专业消杀队伍，对作业现场如链板机、叉车、办公室、设备等人员经常性接触区域进行每周两次的消杀工作。

做好厂区人员进出管控。利用网格化管理模式，要求各网格员提交辖区内所有员工及相关方人员身体情况登记表，审核确认身体无异常情况后，提报至公司人员出入管理系统，利用“二维码”扫码并测温入厂的方式，确保出入厂区“第一道”关口的安全，做到“外防输入”。

现场作业人员在卷烟出库、装车环节做到“无接触”。要求所有进入作业区域的人员必须正确佩戴口罩，双手用酒精消毒。在卷烟上下架及搬运装车过程中需间隔1米以上的距离，现场人员不得聚集聊天。单据交接过程均由物流公司现场管理员专门负责，所有单据交接完成后必须用密封袋密封再交由车辆驾驶员。物流公司驾驶员一律不得进入仓管员办公室，减少人员接触。

驾驶员在运输全过程做到“无接触”。实时关注福建中烟市场营销中心调拨下单情况，做好与销区烟草公司的沟通衔接和交通路线规划；在疫情期间，第三方物流公司及时发放足够的一次性专用口罩、消毒液，并教育驾驶员做好疫情防范工作。如必须经过疫情重点区域时，要求驾驶员必须佩戴口罩、防护服、护目镜、手套、头套、鞋套等防护用具，服务区用餐时须打包到车上用餐，如非必要，不得逗留。相关交接单据用隔离袋密封包装，尽量避免停车，避免与疫区人员接触，确保自身防护安全。

商业端卸货交接环节做到“无接触”。卷烟运输车辆到达烟草公司卸货时，驾驶员必须佩戴口罩，服从商业公司的各项安排，配合防疫人员测量体温，进入卸货区前应配合检查和车辆消毒工作。配合防疫人员对相关交接单据及车厢后部电子锁、玥玛锁钥匙进行消毒，消毒完毕后，驾驶员将车辆停至卸货区，由现场仓管员开启车厢后门并进行卷烟卸货作业。驾驶员不得进入卸货地仓管员办公室，尽量避免在休息室逗留，如非特殊情况尽可能在驾驶室休息。驾驶员返回后，及时对车辆驾驶室、车厢使用84消毒液进行消毒处理。

第十四节　安全、环保与节能降耗

一、安全工作综述

2012年以来，龙烟公司强化落实各级安全生产主体责任和监管责任，深入开展安全风险分级管控与隐患排查治理双重预防机制建设，着力提升企业安全生产标准化达标水平，持续推进安全生产信息化和安全文化建设，强基固本，持续改进，不断提升公司安全管理工作水平，保障企业安全平稳发展。截至2021年已经连续33年实现“八个零，两控制，一达标”（即火灾责任事故为零，特种设备责任事故为零，交通安全责任事故为零，二氧化碳大面积泄漏责任事故为零，重大食物中毒责任事故为零，职业病发病率为零，盗窃责任事故为零，死亡责任事故为零，控制重伤责任事故发生率≤1‰、轻伤责任事故发生率≤2‰，企业安全生产标准化达到一级水平）的安全生产管理目标。

机构人员及配置　龙烟安全生产机构和人员得到不断充实和优化。2012年，安全保卫部新增1名专职安全员。2015年安全保卫部新增1名消防管理员，进一步充实公司消监控系统维保力量。同年物流部为适应库区点多面广的特点，增配1名专职安全员，常驻库区开展各项安全工作。2019年公司消防维保工作转为业务外包，2名消防维护管理员转为专职安全员。2021年底，已拥有专职安全管理人员17名，注册安全工程师23名。

安全生产责任制　2012年以来，公司每年将与福建中烟签订的《安全生产目标责任书》中的目标指标纵向展开，形成更具有针对性和可操作性的过程控制指标并分解到各部门，与各部门签订《安全工作目标管理责任书》《社会治安综合治理目标管理责任状》，把安全工作列入各级领导和管理人员的工作考评。2019年优化重构公司各层级安全生产职责责任体系。通过法律法规标准、行业规范管理要求、2018版安标基础管理要素控制点分析及管理流程风险因素辨识分析，结合公司各部门职责，梳理形成各层级安全生产职责责任清单矩阵表，作为各层级编制安全生产职责文件的输入，并将岗位安全责任清单纳入各岗位安全规范，进一步明晰各岗位的安全生产职责。共形成安全职责责任清单矩阵表22份；修订完善公司安全生产责任制文件1个，部门各岗位安全职责文件21个，部门各岗位安全规范文件21个，涉及岗位221个，编制公司各层级安全责任书模板12个。2020年，进一步细化安全责任书签订层级，自上而下，将职能部门由原来的部门主要负责人与所有员工签订同一份安全责任书改为部门主要负责人与各副主任签订，各副主任再与分管员工按不同岗位职责进行签订；专业部门细化了班组与员工层级，由原来班组长与所属班组成员签订细化成班组长与不同工种签订。通过细化签订层级，使具体岗位人员更加清楚本岗位应履行的安全职责及义务。2021年强化问责问效意识，将公司级以上检查发现的A级以上隐患数量纳入关键绩效指标进行管控，并加强考核，同时充分运用“四种形态”严肃追责问责。要求责任部门对内外部安全检查及体系审核发现的触及安全风险事件和A级及以上隐患的责任人进行追责问责谈话。全年共开展批评教育谈话1次、提醒谈话2次、日常谈心谈话9次。按照“党政同责、一岗双责、齐抓共管”的要求，分别于2016年、2018年、2019年、2021年度组织重新修订了公司《安全生产责任制》，进一步明确各级领导、业务部门和车间的安全生产主体责任和监管责任；根据公司安全生产管理需求，从2013年起，每年重新修订公司《安全绩效考核管理制度》，持续提升安全考核的针对性和成效性，强化正向激励，调动各车间、部门安全管理的主动性和积极性。每季度，依据安全绩效考核办法，对各部门、各车间的安全目标完成情况进行检查考核，确保各项安全生产管理目标指标按时完成。

安全风险分级管控　2012年起，结合场所、工艺、设备设施及人员的变更，要求各部门及时开展危险源评审；公司每年组织至少一次的重要危险源评审，及时更新《危险源辨识评价与控制措施清单》。2017年，围绕“安全生产风险分级管控”的总体要求，以“试点推进，以点带面”的方式，细化危险源管控要素，建立了企业安全风险分级管控体系，以危险源辨识和控制为主线，通过全员参与、全方位辨识、全过程控制的“三全”措施强化危险源风险辨识和分级管控。应用LECD评价法进一步细化风险等级的计算和评价，对辨识出的危险源增加了控制措施的执行周期、责任岗位和红、橙、黄、蓝四级管控层级。对评价辨识出的危险源，责任部门从组织、制度、技术、应急等方面制定管控措施，并依据工作职能将控制措施分解到责任岗位，实现对安全风险的有效管控。根据风险评价的分级结果，明确不同危险源的监管层级。2018年细化危险源管控要素，对原有的《危险源辨识评价与控制措施清单》的要素进行了修订完善，编制并评审完成公司《危险源辨识评价与控制措施清单》，共识别区域数117个、辨识单元425个、危险源851条、控制措施1497条。2019年持续优化危险源管控要素，共识别风险单元98个、危险源685条、控制措施1290条。在风险等级较高的重点部位、场所建立风险告知牌进行风险告知，设置安全风险告知牌84处，有限空间作业风险告知牌51处。2020年，探索将安全风险管控措施与专业部门、职能部门具体业务相融合，把安全风险防控前移，降低安全风险。以非专项投资设备业务流程为试点开展业务流程风险识别分析，识别出8个关键风险点，并对每个风险点进行了风险描述及评价，针对风险等级制订了相应的管控措施及责任人。2021年辨识现场作业活动中重要危险源101条，制定相应管控措施243条，其中新增管控措施6条；一区技改期间，及时组织相关部门对新设备、新工艺进行危险源辨识及评价，共辨识出新增危险源14条，制定相应管控措施29条，新增安全操作规程3份；同年开展基于业务流程的安全风险管控模式研究，应用WBS—RBS（工作分解结构与风险分解结构相结合）方法，建立业务流程与安全管理要求耦合矩阵，明确业务流程与安全风险的关联关系，编制了《基于业务流程与安全风险管控模式指南（试行稿）》，并以设备管理试点验证，形成基于业务流程的安全风险管控模式。

根据国家局和福建中烟的工作部署，2015—2016年组织开展专业安全技术评估，2015年开展消防系统专业安全评估、锅炉系统专业安全评估，编制的《消防设备设施专业安全评估实施指南》，被国家局确定为行业推广的实施指南，在行业内推广。2016年开展危险化学品专业安全评估、食堂专业安全评估，编制《食堂专业安全评估指南》，为福建中烟乃至行业更好地开展食堂专业安全评估提供了很好的工作参考。开展专业安全技术评估，消除隐蔽性、深层次的安全隐患，提高企业本质安全水平。

事故隐患排查治理　2012年，根据福建中烟隐患分类要求，龙烟公司对原有的安全保卫管理数据库系统进行了优化完善，使公司的隐患分类统计与福建中烟进行接轨。同时，按照安全生产标准化规范要求每季度对检查出的隐患进行分类统计分析，寻找隐患分布的规律，针对性地开展专项检查活动。2012年公司共组织综合检查7次、专项检查4次、节假日检查5次、季节性检查2次，查出隐患175条，下发隐患整改指令书19份，隐患整改率达到了99%。2013年，继续强化重点部位的安全检查管理，对电气设施、“两烟”仓库、锅炉压力容器、交通安全、消防设施等制定专项安全评价方案并按计划进行检查评价，制定《龙岩烟草工业有限责任公司安全大检查工作实施方案》，全年共组织各类安全检查19次，查出隐患或存在问题304条，下发隐患整改通知单28份，隐患整改率达到了100%。2014年编制《安全检查区域明细表》，在安全检查时对所有区域实现季度全覆盖，避免了漏检造成的安全管理盲区。同年制定《作业场所粉尘防爆专项治理工作方案》，组织各车间、部门开展专项检查和整治工作。开展有限空间作业专项治理，识别确认了26项有限空间作业，建立了《有限空间作业清单台账》并制定了相应的作业方案，共组织各类安全检查15次，安全标准化自评1次，查出隐患或存在问题427条，下发隐患整改通知单25份，隐患整改率达到了99%以上。2015年制定《关于深入开展仓储安全专项整治工作方案》等5个专项治理工作方案，开展了春季电气安全、仓储安全、粉尘防爆、危险化学品、冬季防火等季节性和专项隐患排查工作。开展重点施工项目的检查和管理，共组织综合检查10次、专项检查7次、节假日检查3次、季节性检查2次，开展安全生产标准化自评1次；通过自查、外部检查，共发现隐患255条，发出隐患整改通知书14份，隐患整改率达到了99%。2016年制定《关于加强当前安全生产工作的实施方案》，组织电气安全、“两烟”仓库、相关方管理、“三违行为”和消防管理专项安全检查，确保相关安全管理工作落实到位。全年共组织综合检查13次，专项检查5次，节假日检查3次，季节性检查2次，安全标准化自评1次；共检出隐患364条，发出隐患整改通知书13份，隐患整改率达到了99%以上。2017年安保部共组织综合检查9次，专项检查5次，节假日检查3次，季节性检查3次；共检出隐患339条，隐患整改基本实现了到期闭环。2018年先后组织开展电气、相关方管理、危险化学品、两烟仓库、在建工程、安全标志标识、机械防护及季节性的专项安全检查整治。全年共组织综合检查11次，专项检查10次，节假日检查2次，季节性检查2次，安全标准化自评1次，共检出隐患319条，隐患整改基本实现了到期闭环，有效巩固、提升了企业的安全生产良好局面。2019 年结合安全管理流程分析、风险分析、危险源辨识清单控制措施落实情况和《烟草企业安全生产标准化规范》（YC/T 384—2018）的管理要素要求，策划部署各层级、各岗位隐患排查清单编制工作，共形成公司级隐患排查清单 2 份、部门级隐患排查清单 25 份、班组级隐患排查清单 19 份；岗位隐患排查清单 288 份，其中流程风险岗位隐患排查清单数量 185 份，现场安全岗位隐患排查清单数量 103 份。共组织综合检查 10 次，专项检查 9 次，节假日检查 2 次，季节性检查 2 次；共检出隐患 213 条，隐患整改基本实现了到期闭环。2020 年先后制定并实施《安全隐患大排查大治理行动实施方案》《以建筑物安全为重点的风险隐患大排查实施方案》《2020 年烟草粉尘防爆专项治理实施方案》《电气安全专项治理方案》《危险化学品安全专项治理“回头看”活动方案》《关于开展 2020 年行业安全生产大检查公司自查工作的通知》《2020 年行业安全大检查“回头看”工作方案》等专项隐患排查治理工作方案。全年共组织安全综合检查 8 次、节假日检查 3 次、季节性检查 3 次、专项隐患排查 12 次，排查出公司级隐患 615 条，隐患整改基本实现到期闭环。2021 年共开展安全综合检查 10 次，节假日检查 2 次、季节性检查 3 次、专项隐患排查 11 次、共排查隐患 381 条，其中重点领域专项排查治理隐患 120 条，所查隐患均通过安全信息化系统实现整改跟踪和闭环。

安全生产标准化　2012 年组织创建安全生产标准化二级达标企业。对自评、整改、复评、申报等各阶段的工作进行了详细的部署，并在年内先后两次对公司安全生产标准化达标情况进行了模拟自评和自评复核。同年 8 月通过福建省安全生产监督局的安全生产标准化二级达标评定。2013 年 4 月组织开展安全生产标准化一级达标自评工作；7 月，编写自评报告、文件清单、公司安全管理组织机构等相关资料，形成申报材料，经由福建中烟汇总后上报国家局；10 月 21 日，顺利通过国家安全生产监督总局的安全生产标准化一级企业达标评审。2014—2016 年，认真落实国家局和福建中烟关于开展达标创建工作“回头看”活动，编制了安全生产标准化自评方案，以和厦烟互评的方式开展了企业安全生产标准化自评工作，自评得分分别为 944.7 分、927 分和 946 分，符合一级达标水平。2016 年 10 月，顺利通过国家安监总局的安全生产标准化一级企业复审。2017 年组织企业管理部、工会办公室、物流部等 6 个部门联合开展安全生产标准化自评暨职业健康安全系统内审工作。此次自评组成员由公司内部安标考评员和体系评审员组成，第一次真正意义上实现公司安全生产标准化自主自评；自评得分 925 分，符合安全生产标准化一级企业标准。2018—2021 年期间，公司定期自主开展自评，自评得分分别为 926 分、931.8 分、

929.6分、934.5分，符合安全生产标准化一级企业标准。其中2019年9—11月，公司先后组织烟草企业安全生产标准化规范对标排查、安全生产标准化规范自评和接受行业安全生产标准化一级评审专家的现场诊断，通过持续深入的安标对标自查、自评和整改，企业的安全生产标准化规范水平得到了巩固和提升。

为认真贯彻落实国家局“岗位达标、专业达标、企业达标”的精神，2013年起开展“安全生产标准化岗位达标”创建，通过岗位达标标准的编制、实施、考评与激励，促进《烟草企业安全生产标准化规范》在岗位的有效落地。公司4个专业部门共制定了62个岗位达标标准和相应的考评细则并组织实施。2014年将岗位达标考评项目并入安全绩效考核方案，对主要车间关键岗位的岗位达标落实情况进行跟踪考核；各车间、班组通过口试、笔试等多种方式对关键岗位涉及的人员进行培训和考评，形成了公司级、车间级、班组级的三级考核机制。2015年参照行业《岗位规范编制指南》和《规范编制要求》，专业部门重新修订完善覆盖本部门所有岗位的岗位规范，同年YC/T384.4《岗位规范和评价要求》正式发布实施后，组织制定和发布了龙烟公司《安全生产标准化岗位规范考评管理制度》，明确公司安全生产标准化岗位规范考评管理的职责、要求和流程。2016年制定印发《龙岩烟草工业有限责任公司关于下发安全生产标准化岗位规范工作方案的通知》，就建立覆盖所有岗位的安全生产标准化岗位规范和笔试试卷的编制、考评方法、考评要求进行了周密策划和布置。2017年按照《2017年度岗位规范达标年度复查工作通知》的要求，跟踪、督促相关部门按计划完成岗位达标工作复查，组织机关科室重点部门关键岗位人员复查测试，有序推进岗位规范达标复查工作。2018年公司全面系统地建立覆盖公司决策层、管理层、作业层的所有工作岗位的安全生产标准化岗位规范177个、评价单元90个和相应的考评机制。2019年，组织各部门对部门各岗位安全规范的岗位安全责任清单进行了全面梳理修订，增加了岗位适用安全管理文件及其表单。2020—2021年持续深入推进安全生产标准化岗位规范达标建设，提升企业达标水平。

2018年《烟草企业安全生产标准化规范》升级换版，福建中烟确定了“安标新旧标准差异化辨识→安全基础管理要素控制点分析及风险分析→初步确定需要修订的现有文件和内容→评审确定安全文件清单→安全文件修订”的工作路径，通过统一策划、流程梳理、风险分析及管控措施的实施落实，理顺各子流程间的接口衔接关系，保证形成相关的安全管理流程制度文件之间接口清晰。同年审议并通过《职业健康安全管理体系暨安全生产标准化文件体系换版升级实施方案》，确保安标升级换版工作顺利开展。2019年全面推进升级换版贯标工作，共完成安全基础管理要素控制点分析及流程风险分析 25 份，新建或修订完善管理制度文件 49 份、专项应急预案和现场处置方案 33 份、安全操作规程 102 份。2020 年在组织做好上一年对标排查、安标自评、行业专家组诊断发现问题治理的基础上，着力推动新版安全生产标准化文件的实施运行。

安全信息化建设 2014 年按照福建中烟的统一部署，龙烟公司成立安全生产管理信息系统建设领导小组，全程参与福建中烟安全信息系统建设的策划、流程设计、方案评审等工作，完成两轮需求调研工作和两期 28 个子模块的基础数据收集、整理工作。2015 年组织完成三期安全生产管理信息系统 28 个功能模块的功能评审，完善系统中各功能模块的具体操作流程及各流程节点中的转接细节。采用集中培训和现场指导的方式，组织各部门的安全管理人员进行两期的信息系统应用培训。同年 11 月，安全生产管理信息系统进入试运行阶段。2016 年组织完成两期的安全生产管理信息系统 29 个功能模块的上线确认，并按模块建立公司各部门系统管理员。组织完成三期的系统上线运行培训，收集、汇总系统在上线使用过程中发现的问题，不断对系统各功能模块进行完善。2017—2019 年，各部门根据日常安全工作需要，全模块使用现有安全信息化各功能模块，并将使用情况纳入各部门安全绩效考核管理；各部门每季度及时汇总收集反馈安全信息化系统应用存在的问题，并对系统改进提出完善建议，不断完善系统的操作性、便捷性、实用性、完善性，优化系统运行，提升安全工作效率。2020 年配合福建中烟完成安全管理信息系统改造需求调研，在信息系统“双重预防机制”模块中试运行有关风险分级管控与事故隐患排查治理的无缝对接方法和理念，打通两者之间的瓶颈梗阻。2021 年依托企业微信、简道云平台积极开展场景化应用，推动基层安全管理便捷化。如动力车间、物流部推出隐患随手拍，便于基层员工排查安全隐患；制丝车间推出简道云消防器材检查小程序，定期提醒责任岗位人员开展消防检查；卷包车间推出移动端安全管理平台，极大地提高了安全管理效率。

安全文化建设 2012 年以来，公司依托“安全月”“消防月”，利用空飘、标语、黑板报、电视屏等工具进行广泛安全宣传，参加市安监局安全知识有奖竞赛活动，组织观看安全教育宣传片，组织志愿消防队队员及每年新进厂员工进行灭火器灭火技能培训。2016—2019 年连续开展全员安全精益改善竞赛、安全教育视频制作大赛及年度精益安全示范车间、示范班组和示范岗位的创建竞赛活动。通过创建活动和考核评比，广大员工自主安全意识得到持续深化和加强。2020 年全程参与《福建中烟工业有限责任公司企业安全文化建设总体方案》编写，提炼《福建中烟工业有限责任公司安全文化理念体系》；完成《龙岩烟草工业有限责任公司企业安全文化建设方案》的编写，规划未来三年企业安全文化建设的工作内容；2021年编制《安全文化手册》，利用微信推文、微TV等新兴媒介将培训教育、安全活动、理念宣贯变得图文并茂、有形、有声。全年，共制作安全相关微信推文28期、“祥解安全”系列微视频6期。开展“精益安全卫士、精益安全之星”评选、安全技能竞赛，树立先进典型，搭建安全赛道。启动并持续深化安全生产标准化班组建设，通过制定安全生产标准化示范班组的建设标准、评分细则，强化班组安全自主管理，提升生产性班组安全生产标准化水平。在福建中烟2021年度“安康杯”考评中，取得了4个班组获一等奖的优异成绩。全年共有16个班组通过省公司达标班组评审。

职业健康和劳动保护　2012年以来，公司每年制定《职业健康安全管理体系目标》，结合每年开展的危险源辨识与评价，形成危险源辨识清单与控制措施表，制定相应的管理措施和技术措施；每年开展法律法规评审，完成职业健康安全法律法规清单的更新与完善；每年组织各部门对照危险化学品名录对全公司危险化学品进行辨识确认，并形成危险化学品清单及相应的安全技术说明书（MSDS）；每年更新公司职业危害场所人员清单，职业危害场所清单，为所涉及的人员安排职业健康体检，同时委托职业卫生技术服务机构对公司的职业危害因素工作场所进行检测与评价。定期开展职业健康安全管理体系内审工作，及时整改问题，确保公司职业健康安全管理体系运行适宜、充分、有效，满足企业安全生产管理要求。

应急准备和响应　2013年按照安标要求组织完成了7个专项应急预案的桌面演练和24个现场处置方案的培训和演练，并在7月完成了油罐区雷击火灾事故的现场演练。2014—2016年每年做好包括办公科研大楼火灾、二氧化碳大面积泄漏、东肖烟叶仓库火灾等7个专项预案的演练，同时各车间均按照演练计划时间完成各现场处置方案的演练。2017年组织修订完善并发布了《突发公共事件总体应急预案》《突发火灾爆炸事故专项应急预案》《地震灾害专项应急预案》，部门现场处置方案修订率也超过了30%。修订《突发台风、暴雨灾害专项应急预案》，制定各部门突发台风、暴雨灾害相关现场处置方案，健全完善相关应急响应和处置机制。2017年起要求编制的应急预案演练计划中明确各类应急预案的演练内容、演练时间和演练方式，并结合演练组织相关人员做好各应急预案的培训，使各应急小组成员明晰自身在应急响应中的应急职责和应急处置程序内容。2018年修订完善了《突发公共事件总体应急预案》《突发火灾爆炸事故专项应急预案》《地震灾害专项应急预案》，以及部分部门现场处置方案。根据地方消防机构的部署，建立企业微型消防站，配备相应的应急装备器材，明确相关职责，不定期对队员进行着装及消防技能训练，提高消防应急响应能力。当年公司共接到消防支队应急出警实战指令3次，拉动演练11次，出警行动响应的合规性受到了消防支队的充分肯定。2019年结合《烟草企业安全生产标准化规范》（YC/T 384—2018）和行业生产安全事故应急预案优化范本编制的新要求，补充、修订、优化企业应急预案文件，建立、优化公司生产安全事故专项应急预案和各相关部门的现场处置方案，共形成《生产安全事故专项应急预案》1份，相关部门现场处置方案7份，岗位应急处置卡73份，当年开展各级演练86次。2020年强化对夜间和实战应急预案演练的相关考核要求，将各岗位对应急处置卡的管理、学习、掌握作为安全生产月的一项重要考核内容，提升各应急预案关联岗位人员熟悉、掌握岗位相关的应急处置程序和措施，全年共开展各级演练92次。2021年根据福建中烟应急预案分级演练的指导意见，优化公司年度应急预案演练计划，采取部门、班组、岗位三级演练的组织实施方式，全年共开展各类演练37次。重新梳理应急物资台账，新增应急沙袋100个，提升公司地下车库和烟叶库区应急防汛能力。新增除颤仪5台，提升应对相关突发事件的能力。通过多年预案优化、培训和演练，公司各层级应急队伍对各自的应急职责和处置程序更加明晰，应急反应、应急协同、应急处置能力得到加强，公司的应急处置水平得到了整体性提升。

消防、安防设备设施投入与维护 公司贯彻落实相关法律法规要求，将消防安全工作摆上与生产经营同等重要的议事日程，与生产经营工作同时计划、布置、检查、总结、评比。通过日常维护保养，强化技改投入，不断加强企业消防的“四个能力”建设，有效遏制各类火灾事故发生。

消防监控设备维护方面，公司每年根据相关法律法规要求制定《消防控制系统年度维护计划》，定期做好厂区、库区火灾报警系统及其联动设备设施、周界防盗系统、出入口道闸系统和绝缘用具的检测、维护保养；同时与具备检测资质的单位合作，每年组织开展消防系统全面检测，保证其完好有效，切实提高安全技术防范水平。2013年完成一区、二区狮岛消控系统12回路主电缆维修更换，完成红炭山、东肖库区报警系统电源的升级改造。2017年完成香精香料库、二区香料厨房可燃气体探测系统21个可燃气体探测器和2台可燃气体探测控制器的维修、更换。2019完成一区火灾自动报警系统升级改造和东肖1—8号库消防系统及主机升级维修、贝森公司厂房消防供水系统及消火栓系统改造。2019年起，公司消防维保工作转为委外，由具备相关资质单位进行。2021年完成二区防（排）烟风机维修改造、一区空气采样系统维修改造、消防泵启停维护升级。

消防器材及安全标志方面，2012 年公司更换 ABC 灭火器药剂 770 具、充装 CO_2 灭火器 80 具；购置 ABC 灭火器 420 具、CO_2 灭火器 25 具；在厂区、库区的地上消火栓、水泵接合器处设置了不锈钢永久性标示牌；完成公司区域 34 处消防安全重点部位标识牌和 46 处现场处置方案看板的制作；更换、完善安全标志片、标识牌 1001 处，完成消火栓编号牌制作张贴 1661 处，灭火器箱编号牌制作张贴 830 处。2013 年组织更换消防水带 313 条、干粉灭火器 430 具和 6 辆推车式灭火器、重新充装灭火器 517 具；完成动力车间油罐区氟蛋白泡沫灭火系统的药剂更换；更换公司安全出口、疏散指示等应急指示灯箱共计 226 处；完成厂区、库区所有压力管道、危险化学品管道和消防管道的标识；完成厂区道路人、车分隔道路标线的策划和施工；新增制作公司办公楼各楼层和干冰膨胀烟丝生产线的安全疏散指示图；制作张贴各类安全标志牌近 2500 张。2014 年完成 2040 具干粉灭火器的换药充装及 80 具灭火器的配备；完成公司、库区安全疏散示意图、外租仓库现场处置方案看板及相关安全标识的制作 2010 个；2015 年完成了相关灭火器、水带、水枪等灭火器材的更换及各类消防警示牌、护栏的制作；2016 完成了 2890 具灭火器、103 条水带、38 个呼吸面罩的更换及 200 个各类消防标识牌、3000 张检查卡的制作；完成干粉灭火器检测充装维保 818 具、更换 197 具；2017 年更换二氧化碳灭火器 86 具、10 型水带 885 条、简易防毒面罩 12 个、氟蛋白泡沫药剂 2 吨；新增、更换“有电危险”“禁止对人吹扫”等标识牌 230 余个、“消防管理标签”8000 余个。2018 年完成灭火器（MFZL4）检测 1304 具、更换 325 具；更换 10 型水带 30 条；推车式灭火器（MFZT/ABC70）检测维护 26 台、悬挂式灭火器（FZXA8/ABC）40 具。2019 年更换灭火器（MFZL/4）1829 具，充装检测 133 具，更换氟蛋白泡沫灭火药剂 2 吨；更换室内消火栓 73 个、消防自救呼吸面罩 30 个；张贴“消火栓及灭火器使用方法”标识牌 2830 张。2020 年更换灭火器（MFZL/4）1317 具，悬挂式（8 千克）灭火器 40 个、推车式（70 千克）灭火器充装检测 26 辆、对厂区、库区的 118 处地上栓、接合器的性能、外观等进行维护保养，并对其防撞护栏进行维护。2021 年更换灭火器 1688 具，推车式灭火器 24 具，更换氟蛋白灭火剂 2 吨。

安全教育培训　每年组织公司领导和部门主要负责人参加省公司生产经营单位主要负责人安全培训，组织注册安全工程师继续教育，选送各车间、部门专职安全员参加安全管理人员培训班；利用时代光华安全生产网络教育及中国烟草网络学院开展线上培训，将安全培训覆盖公司全员。及时为新入职员工做好三级教育培训。

2012 年，组织安全生产标准化内部考评员进行培训。2013 年组织专、兼职安全员 18 人进行了危险源辨识评价与控制的培训；选送 1 名安标内部考评员参加国家局在郑州举办的《烟草行业安全生产标准化规范》考评员培训；组织公司各保安班长进行动火作业的安全管理工作规范的培训。2014 年，选送 3 名人员参加郑州烟草学院安全生产督导师培训。2015 年，组织公司专兼职安全管理人员 70 余人参加《中华人民共和国安全生产法》和安全专业技能管理培训；组织公司总经理、安全保卫部主任参加由国家局在北京举办的工贸行业安全生产标准化培训班；选送 4 名安全管理人员参加行业安全生产督导师培训。2016 年选派 40 余人次参加国家安监总局安全生产标准化一级企业评审专家继续教育培训和行业安技委专业技术培训班。2017 年组织公司领导、安保部领导、多种经营公司安全管理负责人共 17 人参加在福建中烟举办的领导干部安全管理培训班；组织安全管理人员、班组长、专兼职安全员共 64 人参加福建中烟举办的“安全风险分级管控和隐患排查治理体系建设”的班组长培训；组织各车间分管领导及专兼职安全员 70 余人参加职业健康安全法律法规培训，组织消监控人员 21 人参加消控人员业务培训。2018 年通过考核机制强化安全培训的针对性，提高培训成效，各专业部门结合实际，每月至少开展一次在职员工的安全标准化岗位规范和安全生产规章制度等知识的轮训，轮训实现年度全员覆盖，引导员工学以致用。组织中层干部履新任职安全生产培训，派送 3 名新任安全管理人员参与行业新任安全管理人员培训，派送 21 名消监控员进行建（构）筑物消防员特有工种资格证的取证和复审培训。组织 12 名安全管理人员参与省公司《烟草企业安全生产标准化规范》（YC/T 384—2018）换版培训；组织安全管理人员 16 名，参加安全管理信息系统培训。2019 年选送 1 名管理人员参加烟草行业安全生产专业技术培训，18 人参加危险化学品管理人员取证培训，19 名内审人员参加福建中烟三体系内审员培训，13 名安全管理人员参加生产安全事故应急预案编制培训，40 人参加职业健康安全管理体系、安全生产标准化、双重预防机制及安全生产责任体系构建培训，14 名安标自评员参加安全生产标准化自评辅导。

2020 年共组织安全教育培训 18 项 2678 人次。其中，举办各类隐患排查治理工作方法、技能培训 7 场 578 人次；外送各类管理人员、专职安全员复审培训 7 期 50 人次；在烟草学院“安全大讲堂”专题活动线上开办在岗在职人员网络安全培训 7 场 2050 人次。

2021 年共开展内外部培训 34 期 1659 人次，组织收看 4 期行业“安全大讲堂”专题系列课程。

专项治理行动　公司积极贯彻落实上级安全工作指示精神，认真部署安全工作，根据全国烟草行业安全生产工作电视电话会议和福建中烟关于加强安全生产工作的指示精神，结合安全工作中的难点、痛点问题，及时制定、实施各项专项行动，查缺陷、补短板，持续提升公司安全管理水平。

2012 年，按照安全生产标准化对公司交通安全管理要求，对公司公用车辆管理进行对标自评。建立健全机动车辆安全检查表、安全行车分析报告、行车日志等基础管理资料；在公司、库区现场增设了交通安全限速牌。

2013 年对干冰膨胀烟丝生产线技术改造项目组织专项安全检查，及时提出项目存在问题和整改意见，确保技改项目不留隐患，为全面投入运行奠定坚实的安全基础。对外租库安全管理情况进行了全面排查，拟定外租库安全现状情况报告及龙烟公司继续使用不达标“两烟”仓库申请报告，制定安全设施配置不达标仓库整改或保障措施计划。

2017—2019 年持续推进相关方安全管理。2017 年修订《相关方安全管理制度》，重新梳理了相关方管理的部门职责，并新增《相关方施工情况记录表》填报要求，将相关方作业存在问题纳入安全信息化系统进行统计的监管流程，统计数据作为责任部门相关方管理绩效考核的参考依据。审核识别确定 24 个重点相关方，形成龙烟公司《重点相关方清单》。2019 年制定《相关方安全管理细则》，明晰细化相关方归口管理部门、相关方属地管理部门的安全职责，从相关方的识别和选择，相关方的交底培训，相关方入场前、施工时及施工结束后的安全管理，相关方的绩效评价以及相关方的安全技术要求、通用安全管理要求等方面进行详细规定，逐步完善综合监管与专业管理相结合的工作机制，确保相关方安全风险得到有效管控。

2020 年，修订完善各类重点业务相关方安全协议书，形成了涵盖外墙清洗、污水处理运行、绿化保洁、房屋承租等关键业务的“1+15”相关方安全协议和交底模板；编制了《相关方考核实施细则》，对相关方涉及的安全隐患进行分类分级，明确了各类隐患的考核要求，统一规范考核流程实施细节和应用表单，确保对重点相关方监管考核有效。开展烟草粉尘防爆专项治理，开展对标排查、现状分析、项目确定、责任分解等一系列工作，完

安全保卫部集体照（余硕宁　摄于 2023 年）

成除尘设备安全对标改造项目的验收。共完成卷包、制丝除尘器 82 套无焰泄爆装置的安装；完成 49 台除尘器进出风管温度与压力传感器、灰斗温度传感器安装；新增卷包一区 10 台除尘器防火阀。编制并发布《粉尘防爆安全管理制度》，完善除尘系统安全操作规程和新增粉尘防爆装置的定期维护保养要求，明确除尘系统在安全教育、安全管理、使用维护、粉尘清扫等方面的要求。

疫情防控　2019 年底，新冠肺炎疫情突袭而至，公司积极做好疫情期间人员管控及安全生产工作。编制《疫情期间来访人员管控流程》，从上岗前准备、来访人员备案登记、来访人员登记信息及体温是否正常等几个维度，详细制定管控流程。结合疫情变化，及时修订编制《疫情期间来访人员常态化管理流程》，根据来访人员籍贯、工作性质的差异，通过检查健康码、核酸检测报告、通信大数据行程卡等内容，形成对来访人员健康状况的全面管控。重新规划人员、车辆出入路线及各个体温检测点，避免了物流车辆与员工车辆混行，上下班人员、车辆集中拥堵的情况，保证公司人员、车辆出入管控有序。详细制定了《安全保卫部网格化管理方案》，从关键要求、现场管理、来访人员管控、突发异常报告处置等十余个模块，规定管控要求，在全公司范围内执行，并由网格专员定期检查要求执行情况，及时通报奖惩。

二、能源管理体系

体系建设　2013 年，公司能源管理体系建设按照《能源管理体系要求及使用指南》（GB/T 23331—2012）的建设要求和福建中烟能源管理体系建设的总体计划进度安排开展工作：

体系导入阶段。3 月下旬召开启动大会，成立项目推进机构，并对项目小组人员进行标准培训、能源因素评价过程及方法培训。

初始评价阶段。3—6 月通过现状调查、能源评审和工艺评价培训、老师与部门交流等方式，组织开展能源初始评价工作，对公司能源利用现状进行初始评审，查找能源管理中的薄弱环节，提出改进建议，形成能源评审报告。同时还对 300 余部国家及地方与能源管理相关的法律、法规和相关文件进行识别，对其中 103 部与企业相关的文件进行条款识别，形成了企业能源法律法规识别清单。

体系策划及文件编写阶段。7—11 月开展文件编写、能源基准与绩效参数等培训，组织编写能源管理体系的《能源管理手册》《能源管理运行控制程序》等 6 个专用程序文件，修订与多标一体相关的 8 个程序文件，新增专业部门的能源管理办法和能源管理细则、修订与能源管理、能源使用相关的岗位说明书和 SOP 标准作业流程，共形成能源管理体系文件 92 个，记录表单 34 个。

体系试运行阶段。通过半年多来各部门的齐心协力能源管理体系已基本建立，并投入试运行开始发挥作用，公司能源管理水平得到了较大的提升，但体系仍需在运行中持续改进不断完善。

体系认证与监视　2014年，公司于6月组织能源管理体系首次内审。9—10月，由杭州万泰认证有限公司对公司进行能源管理体系认证审核，取得能源管理体系认证证书。

2015年6月，组织开展公司体系内审。7月杭州万泰认证有限公司对公司进行第一次现场监督审核，12月杭州万泰认证有限公司对公司进行非现场监督审核。

2016年6月，组织开展公司体系内审。7月杭州万泰认证有限公司对公司进行第二次现场监督审核，11月杭州万泰认证有限公司对公司进行非现场监督审核。

2017年6月，组织开展公司体系内审。10月由深圳环通认证中心有限公司对公司进行能源管理体系再认证审核。

2018年6月，组织开展公司体系内审。10月由深圳环通认证中心有限公司对公司进行能源管理体系年度监督审核。

2019年6月，组织开展公司体系内审。10月由深圳环通认证中心有限公司对公司进行能源管理体系年度监督审核。

2020年6月，组织开展公司体系内审。10月由杭州万泰认证有限公司对公司进行能源管理体系再认证审核。

2021年6月，组织开展公司体系内审。10月由杭州万泰认证有限公司对公司进行能源管理体系年度监督审核。

节能降耗项目　合同能源管理项目自2013年8月1日开始至2021年7月31日结束，共开展8年。

2014年，设备管理部组织对厂区各供电回路和各库区供电回路的装机容量、每月最大需量、用电量和电费进行分析评估，特别对“精品线”励烟Ⅲ线、Ⅳ线的用电负荷进行分析，结论为励烟Ⅲ线、Ⅳ线按容量的月基本电费为345552元，在满足“精品线”生产需求的情况下，可以将励烟Ⅲ线、Ⅳ线按需量申请月最大需量为0.3万千伏安、0.35万千伏安，每月可节省基本电费91000元左右。电业局6月批复同意实施，2014年6月至12月节约基本电费共63.5万元。

2016年，开展“制冷空调系统节能运行模式研究及成果固化”“锅炉系统节能运行管理”2个项目。

2017 年，开展“二区空调系统节能技术研究”项目。

2018 年，开展“节能新技术应用研究”项目集，编制《空调系统节能技术应用可行性研究报告》《太阳能在厂界或库区屋面应用可行性研究报告》。

2019 年，开展“动力压缩空气智能能效系统的研究与应用”项目。

2020 年，开展“设备节能技术应用研究”，包含“空压系统智能能效研究”“燃气介质下锅炉系统尾气余热回收技术应用”“空调智能控制研究与应用”“动力污水风机节能改造”“锅炉系统节能技术的研究与应用”等 5 个子项目。开展“动力能源保障系统能力评估与保障实现”，包含“动力配电系统改造”“动力锅炉热力除氧系统改造”“手工包烟区域单独供冷改造”“重点用能单位能耗在线监测系统建设”等 4 个子项目。

2021 年，续建 2021 年部分节能项目，开展“管理节能”“动力锅炉系统能耗模型检测与分析”项目。

能源绩效 2013—2021 年，公司建立并实施能源管理体系，取得良好效果。见表 3-14。

2013-2021 年能源绩效一览表

表 3-13

项目	单位	2013 年	2014 年	2015 年	2016 年	2017 年	2018 年	2019 年	2020 年	2021 年
能耗产量	万支	5019916	4937812	4939808	4413403	4315929	4575617	4891716	4776191	4792020
工业产值	万元	1321151.9	1462907.2	1418067.3	1261005.74	1282126.29	1401673.12	1478433.44	1592923.27	1765391
标煤合计	吨	13571.58	12561.01	11699.05	10089.03	10714.63	10870.55	11005.34	10025.58	10803.45
能源消费	万元	6813.15	6062.57	4575.73	3720.14	4618.15	4678.14	4911.21	4441.9	4682.44
万支能耗	千克标煤/万支	2.70	2.54	2.37	2.29	2.48	2.38	2.25	2.10	2.25
同比上年	%	-14.29%	-5.93%	-6.69%	-3.31%	8.41%	-4.30%	-5.30%	-6.70%	7.40%
产品节能量	吨标煤	2258.96	790.05	839.77	370.74	-831.15	476.98	636.95	720.84	-740.21
产值能耗	千克标煤/万元	10.28	8.59	8.25	8	8.36	7.76	7.44	6.29	6.12
同比上年	%	-10.84%	-16.44%	-3.96%	-3.02%	4.46%	-7.20%	-4.02%	-15.45%	-2.77%
产值节能量	吨标煤	1651.44	2472.31	482.15	314.27	-457.62	847.44	467.31	1825.76	300.86

三、环境管理

环境应急预案 2014 年，开展环境应急预案编制工作。通过内部调查、咨询专家，市环保局组织专家及村镇代表评审等方式，编制公司环境应急预案，并通过市环保局的备案审查。同时根据环境应急预案中事件的污染特点和分级，部分环境事件采用单独演练，部分事件采用与安全应急预案演练结合开展的方式进行。至2021年共有环境相关公司级演练方案2个，现场处置方案23个。

危险废弃物　2014年，设备管理部开展危险废弃物调研工作，共排查出医疗废弃物、含油废物、废有机溶剂、废化学试剂溶剂、含铅废物、废药物（药品）、农药废物、其他废物等八大类危险废弃物，并按规范进行处置。

2016年，优化危险化学品管理ARIS流程、重新制定《废弃物控制规定》及主要相关部门废弃物管理制度，进一步明确一般废弃物和危险废弃物的分类原则和管理要求，重新梳理各类废弃物的管理清单，明确危险废弃物管理中各相关部门的防治责任、申报登记流程、规范化标识、贮存管理要求、过程管理要求、内部转移联单制度、委外转移处置流程、档案管理要求，以及应急处置和监督检查机制。

异味处理　2019年，建设二区异味处理系统、制丝香料厨房异味处理系统、动力污水处理站除臭改造。

2020年，建设一区异味处理系统。

环境监测　2012—2018年，每年实施一次环境监测。2019—2021年，每季度实施一次环境监测。

四、节能降耗

始终坚持以节能降耗求生存、促发展，从规范管理上、设备整治上着手，提高设备安全性、可靠性和运行经济性，大处着想，小处着手，持续贯彻节能理念。

增强意识，形成节能良好氛围　节能降耗是龙烟公司有效应对成本压力的重要举措。为增强员工的节能意识，龙烟公司将员工使命感与节能工作结合在一起，深入开展节能降耗工作。动力车间作为能源供给重要部门，积极凝聚力量为公司节约运营成本，探索提高龙烟公司经济效益的节能举措，于2012年提炼出“持续提升节能和可靠性保障管理水平”的阶段性目标。通过加强全员节能意识、节能操作培训和能源监控管理，采用按月下发能源供给系统控制策略文档，及时跟踪、分析和总结，动态完善控制策略，对各项节能策略和措施的实施进行闭环管理。持续增强全体员工的节能意识，充分调动员工节约能源的积极性和创造性，形成节能降耗，挖潜增效的良好氛围。

多措并举，节能工作彰显成效　龙烟公司通过前期对能源使用情况进行充分的调研分析，紧密依托专题节能小组工作模式，建立3支节能降耗工作小组开展重点突破，全面推进节能工作，节能成效日益凸显。

蒸汽系统检测小组。通过全面梳理全厂蒸汽系统中涉及能源浪费的设备清单，确定了各设备的监测仪器和监测周期，通过定期的监测查找出能源浪费源并提出相关监测报告和改善建议。

锅炉系统节能运行模式探索和实施小组。通过完善锅炉系统运行状态信息的采集、分析和预警功能，对锅炉性能指标参数进行跟踪，及时对锅炉系统进行效能调整，保证锅炉在高效中运行。2016 年，锅炉余热回收系统更换改造完成，余热回收量有所增加，锅炉系统的燃料消耗进一步下降。2018 年，随着锅炉油改气顺利完成，龙烟公司引进数值模拟技术在锅炉节能的应用，进一步探索锅炉系统节能运行模式。2020 年通过增装节能器，对 3# 锅炉余热回收改造，排烟温度由约 230℃降至约 110℃，满足了《燃煤工业锅炉节能监测》（GB/T　15317—2009）标准中规定排烟温度不得超过 170℃的要求，提升排烟余热利用率。

空调系统节能运行模式探索和实施小组。通过完善空调系统运行状态信息的采集、分析和预警功能，对制冷系统运行状态和空调系统保障能力及其关联性进行深入研究，对制冷系统和空调系统的性能指标参数（如：冷冻水出水温度、车间环境温湿度、空调机组运行台数等）进行跟踪，及时对制冷系统进行效能调整，并通过空调系统对各季节车间温湿度保障能力和公司生产模式的跟踪、分析和实施，并从中提炼空调和制冷节能运行模式进行制度化管理。2015 年，根据空调系统各类空调类型和保障区域的工艺要求及关键度对所有空调进行分类分级划分，以区域温湿度工艺指标为基准，根据分级分类制定不同区域空调机组节能控制策略形成《动力车间空调系统分类分级控制模式》。2016 年，随着一区空调系统整体技改完成后机组总体效能和控制功能的提升，龙烟公司继续深入研究和制定空调系统各区域精准节能控制策略。

服务生产，节能降耗持续推进　2014 年，基于制丝生产情况，龙烟公司提出“基于制丝生产情况的锅炉运行模式研究”的项目实施效果显著，该项目针对夏季制丝车间大夜停产期间的锅炉系统、停止运行情况下的空调系统温湿度保障力方面，进行跟踪分析，挖掘出夏季制丝车间大夜停产时锅炉停止运行的节能空间，实施后，燃油单耗下降 18.8%，燃油消耗总量减少 133 吨。

2018 年，为完全满足异型车间温湿度的工艺要求，动力车间通过优化冷水供应，实施异型烟车间独立供冷改造及优化异型车间温湿度控制模式，进一步提升了节能效果。

第十五节　新冠疫情防控

2019年底，新冠疫情突袭而至。疫情突然，灾害危急，为深入贯彻落实习近平总书记关于疫情防控的重要指示批示精神，严格落实上级党组织的决策部署，龙烟提早部署、迅速行动、精准施策，坚持“外防输入、内防反弹”，认真抓好各项防疫措施的落实，统筹做好常态化防控和企业生产经营各项工作。

制定疫情防控常态化方案　2020年春节期间，龙烟组织各部门召开7次电视电话专题会议，作出防控形势研判。2020年开工前共制订预案37个，印发《复工复产肺炎疫情防控实施方案》，明确35条具体举措，细化21项具体实施子方案。复工后公司领导深入防疫一线开展调研，落实各项防控措施实施情况。2020—2021年为持续做好疫情常态化防控工作，制定、修订印发五版《疫情防控常态化实施方案》。

2021年实施动态防控调整策略，根据疫情发展，及时发布龙烟近期关于做好新冠疫情防控工作的应急通知。

构建网格化管理　各部门设置网格，生产车间再按地理位置或班组、线段等再划分小网格，每个网格配备网格长1名、网格专员1名。公司共将管辖区域划分为116个网格，设置了8名一级网格长、34名二级网格长、25名三级网格长、14名四级网格长、128名网格专员。其中一级至四级网格长中有8人次为兼任，一至四级网格长的人数合计是73人。将防控措施落实到岗、到人，通过网格员对辖区范围内的人、地、事、物、组织五大要素进行全面管理，构建并应用网格化管理信息平台。基于简道云平台，落实疫情防控要求并实现疫情防控信息快速、有效反馈及处置。

开展疫情防控宣传。在《龙烟人》内刊、“狼的智慧”微信公众号开设“众志成城·抗击疫情”等疫情防控主题专栏。运用电子显示屏、宣传栏、横幅、广播等多种形式及时更新疫情政策和科学防疫知识，引导干部职工不造谣、不信谣、不传谣。在人民网、东方烟草报、东方烟草网陆续刊发《龙岩烟草工业公司：战“疫”不松劲　生产不停顿》等通讯稿件，宣传基层一线的抗疫先进典型。重点关注疫情防控期间职工心理健康，依托红色EAP项目，开设心理咨询，推送10期“众志成城·EAP在龙烟”心理健康专栏。制定下发《关于在疫情防控期间有效落实党内组织生活制度的通知》，通过“学习强国”学习平台或企业微信视频会议，落实党内组织生活制度。因地制宜开展好主题党日活动以及党员志愿者服务、党员进社区、线上防疫知识小测试、党员疫情防控安全责任承诺践诺等活动。

保障防疫物资供应。2020年在复产复工前期，防疫物资紧缺的情况下，多方筹措，确保口罩、消毒液、测温仪等防疫物资的及时到位。复产复工后，以周为单位，收集部门口罩和其他防护物资需求，滚动发放，有力保障员工健康防护措施的落实。调整采购方式实行网络高效采购，确保免洗消毒凝胶、84消毒泡腾片、瓶装酒精、软抽纸巾、测温枪、防护服、红外热成像测温仪等防疫物资充足，并能够在非常时期迅速筹措采购医用口罩。

督导监督执纪。从相关部门抽调人员成立五个小组，以轮值方式每周随机三天开展督查，督查范围包括厂区内各生产作业、后勤工作区域和厂区外建设项目施工工地、仓库区域、幼儿园。对督查过程中发现的一般问题，现场反馈、提醒改进。对督查过程中发现的重大问题，督促限时整改。

环境定期消毒。请消杀公司对办公区域、会议室、食堂、车间等场所消毒；开展定期消毒、日常拖地擦拭消毒，根据疫情发展变化情况对消毒范围、频次、做法措施等进行适时调整；对电梯按键扶手、门把手、电灯开关擦拭消毒，在大堂等出入口放置消毒地垫；电梯轿厢内放置免洗手消毒凝胶，电梯轿厢外按钮处旁放置纸巾。

职工食堂防控。开发预定用餐微信小程序，职工用餐必须提前在微信小程序上预订，在一楼餐厅、二楼餐厅及第二餐厅的就餐餐桌上设置编号，订餐成功后根据系统分配的餐桌编号按时按位就餐。用餐管理实施“分批次、有间隔、可追溯”的分餐制供餐方案，调整供餐批次及时间，实施一桌两人，单向用餐。职工进入餐厅须全程佩戴口罩，先洗手后自助取餐，用餐时方可取下口罩、用餐期间不交谈。

组织疫苗接种。2021年，联合新罗区疾控中心、龙岩市第一医院、曹溪卫生院，分别在闽西职业技术学院、第一医院总院、曹溪卫生院分四个批次为公司员工提供接种服务。

开展进口物资防控　2020—2021年组织制定《进口原辅料环节疫情防控工作方案》，制定进口原辅料紫外线消杀管理方案，对消杀地点进行布局规划研究，对消杀过程作业要求、管理要求、业务流程、紫外灯使用注意事项作出明确规定。制定《疫情期间进口烟机设备及零配件货运收货防控实施方案》，对进口设备交接前后、核酸取样、从业人员防护制定详细防控要求。委托福建省厦门市来复医学检测机构对进口原辅料进行核酸取样检测。

第四章　企业管理创新与技术创新

第一节　从卓越绩效到精益管理

一、龙烟“卓越 1.0”管理系统建设

2012 年，以政府质量奖申报作为切入口，龙烟导入卓越绩效模式，同年获得龙岩市政府质量奖，2015 年获得福建省政府质量奖。在创奖过程中，“以创奖促改进”，并建立起卓越绩效自评机制，建立并持续完善龙烟“卓越 1.0”系统。

建立龙烟“卓越 1.0”管理系统　2012 年公司以创奖为契机，在结合卓越绩效评审意见的基础上，构建了“卓越 1.0”管理系统，该系统将卓越绩效模式七大类目内容与“IS–PDCA”的企业系统总体框架深度融合，推动卓越绩效实践上升到新高度，促进了企业的持续改进和创新。

持续完善“卓越 1.0”管理系统　2013 年，以完善龙烟“卓越 1.0”管理系统为重点，完善并推进基于“IS–PDCA”管理理念的“卓越 1.0”各子系统建设工作，通过“IS–PDCA”理念在公司层面的物化和显性化，实现该方法在公司综合运营管理层面的深化运用。以“IS–PDCA”管理理念为指导，及时接收并识别如国家局开展精益管理的要求等外部重要信息，遵循“IS–PDCA”管理方法，在充分识别和调研内外部环境、技术现状、相关方需求等相关信息的基础上系统策划、明确目标、有序展开并及时优化，成为“IS–PDCA”理念最显著的实践平台。

企业管理部集体照（余硕宁　摄于 2023 年）

2014 年，深化运用卓越绩效模式，围绕龙烟公司“完善一个平台，强化一个抓手，争创一个目标，实现两种转变”生产经营方针的要求，以“IS–PDCA”管理方法为指导，以完善“卓越 1.0”管理系统建设为主线，重点强化情报系统和生产绩效测量平台建设以及流程

梳理，同步推进“IS-PDCA”管理方法在公司综合运营管理层面的深化运用。以申报第四届福建省政府质量奖为契机，在公司深入推进卓越绩效模式。

基于流程实施管理体系整合 创新性设计端到端流程架构方法论与端到端建模规范，搭建由端到端流程—服务流程—职能流程构成的业务流程架构。开展端到端流程梳理与确认，共梳理一级端到端流程 19 条、末级端到端 647 条、服务流程 1029 条、职能流程 1571 条。以公司战略和一体化目标为输入，以报表及数据项清单为基础，通过自上而下分解和自下而上识别相结合，搭建企业运营绩效指标体系，梳理 L1—L3 级企业运营绩效指标 540 项。职能流程完善与体系文件切换。从职能流程和端到端流程两类视角开展流程分析与优化，共进行 135 项流程改进与优化，实现体系文件切换，并以文件切换为契机，组织各部门梳理流程性管理标准结构，完成 342 份管理标准的建模。构建流程管理机制，编制《流程管理办法》等文件，为流程进入日常管理奠定基础。

组织申报省政府质量奖 公司组织申报第四届福建省政府质量奖，通过改进促创奖，创奖促改进，在评价龙烟管理成熟度的同时，寻找改进机会。2014 年 8 月完成福建省政府质量奖自评报告、申报材料（三年数据）并提交，完成自评报告的编制、排版交付印刷及发放。9 月组织员工参与福建省政府质量奖社会民意测评；组织提炼各模块综合优势，完成现场评审 PPT 介绍材料、证实性材料的准备；编制及发布宣传手册《龙岩烟草工业有限责任公司简介》和质量奖应知应会材料《龙烟卓越绩效基本知识》。

2015 年 6 月 5 日，龙烟获第四届“福建省政府质量奖”（余硕宁 摄）

二、龙烟“精益 2.0”管理系统建设

龙烟公司谋划管理系统升级，在“卓越 1.0”的基础上，融合精益管理，策划并构建“精益 2.0”管理系统，在此基础上，持续深植精益理念，深化 ARIS 平台应用，持续提升流程管理水平。

实现“精益 2.0”管理系统升级 2015 年，随着行业和福建中烟深入推行精益管理以及管理体系整合升级，龙烟在“卓越 1.0”基础上，融入精益理念和工具，对“IS-PDCA”管理方法进一步深化，将管理系统升级为“精益 2.0”

管理系统。以情报知识管理平台、精益流程管理平台、生产绩效分析平台三大信息化平台作为运行支柱，围绕“人、流程、数据”三大管理要素，以流程管事、用数据说事、促全员创新，形成战略落地、企业运营、精益推进三位一体的综合性管理系统，不断推动企业持续改进提升。

争创行业“精益十佳”标兵单位　2015年，通过组织财务、设备、质量相关人员开展行业精益管理现状调研，赴合肥和玉溪等地卷烟厂学习工厂精益管理、费用管理、设备管理、质量管理方面经验，制定并发布2015年公司精益管理推进计划，确定精益课题组指标84项，其中新增指标21项。策划2015年公司节支降耗活动，征集26个项目，实现节支降耗3673万元。成立精益理念导入与宣传项目小组，总结提炼精益管理理念与思想，编印《精益知识手册》，制作精益看板，展示行业、公司的精益推进情况，收集、编写精益小故事，并在《龙烟人》刊登一期精益小故事汇编。结合行业《精益十佳评价管理办法》完成2013—2015年精益管理总结，积极做好福建中烟组织的“精益十佳”自评和互评工作，形成自评报告和互评报告，同年获评行业精益生产领域“精益十佳”标兵单位。

2014年11月13日，第四届福建省政府质量奖企业现场评审专家组到龙烟公司，对龙烟公司进行为期3天的现场评审。图为公司总经理廖材河向专家组成员介绍企业生产现场情况（余硕宁　摄）

持续推进精益管理　2016年，策划“精益推进月”活动，策划公司节支降耗活动，共征集15个节支降耗项目，实现节支降耗3000万元；组织申报行业“精益十佳”课题和个人，申报省公司精益课题3个、精益个人3人，其中“精益生产绩效指标模型设计及应用”“基于互联网思维的群智创新模式构建及应用”2个课题荣获全省卷烟工业系统“精益十佳”课题，卷包车间蒋景强、物流部黄许立、制丝车间赖如超3人获评“全省卷烟工业系统‘精益十佳’个人”，“精益生产绩效指标模型设计及应用”课题获评烟草行业“精益十佳”课题，卷包车间蒋景强荣获烟草行业“精益十佳”个人称号。为强化精益管理理念宣传与氛围营造，公司组织各部门向国家局网站“创一流”栏目投稿20篇；以承办省公司企管现场会和配合行业现场会准备工作为契机，在公司区域内制作、布置“精益2.0”宣传看板、海报、标语横幅、优秀改善案例展板等；在国家局运行司组织的行业“精益管理培训班”作主题为“打造一个平台、强化三个抓手，助推龙烟精益管理持续优化升级”现场交流汇报；案例《创新驱动发展，打造制造强企》参选2016年《商业评论》第十届管理行动奖评选，获优秀奖。

2015年12月，龙烟公司荣获烟草行业“精益十佳”标兵单位称号

（余硕宁 摄）

持续完善“精益2.0”管理系统　2016年，持续提升流程管理水平，实施常态化流程审核，构建公司流程“CAPD”管理闭环，推动业务流程体系持续改进。以流程审核为抓手，采取专题化、职能化的审核方式，突出审核重点，通过审核发现，以审促改，自上而下实施业务流程改进；以“流程审核得分”绩效评价标准完善为契机，推动职能部门建立流程自查机制，引导部门自主运用流程评价模型，分析关键流程能力，将部门自查结果与流程审核结果作为输入，计算各部门当季审核得分，使各部门在流程方面的绩效平行可比，构成了强有力的反馈和闭环；转变内审员观摩记录的固定角色，通过“业务调研—流程初审—顾问点评—现场审核”实战演练模式，以审代学、以审代练，快速提升内审员的审核能力与技巧，使内审员团队逐步成为审核的主角，培养了一支掌握流程方法和审核思路的内审员队伍。

深化流程优化项目管理，改变以往注重规范性控制的思路，立足于知识服务的提供者，通过流程审核、线下沟通等途径，了解流程项目实施进度与过程难点，针对性提出方法论或工具技术层面建议，帮助流程项目团队更好地推进实施，确保优化成果落地运行。

持续完善流程治理机制，制定《流程管理办法》《ARIS建模规范》等标准文件，固化流程管理运行机制。开展通用流程设计方法研究，以设备管理部为试点，解决设备运维管理流程（包括点检、清扫、保养、润滑、维修等业务），在“四大主体”不同业务场景下，个性化流程设计与建模问题。构建ARIS部门流程架构，形成部门“流程池”，方便部门查询、管理本部门负责流程，落实流程主人权责。升级“精益流程管理平台”，提升用户体验，通过与平台互动，员工能够及时更新岗位知识与经验，使岗位最佳实践得以传承，推动隐性知识显性化。围绕 ARIS 流程工具的应用，试点风险库、数据架构等模型建模，制定相关建模规范。

2017年，持续推进端到端流程梳理方法论优化，进一步完善ARIS建模标准。对端到端流程梳理方法论进行全面反思与创新，制定了全新的端到端流程方法论与建模规范；以企业管理部、设备管理部为试点，梳理部门业务清单，分析业务类型，制定职能端到端流程清单，开展业务端到端流程建模工作；项目实施重新定义了端到端流程的描述方法、划分原则和架构思路，有效提高流程模型对客观业务的写实度，提升岗位人员与业务流程的协同性。构建 ARIS 与精益流程管理平台协同运维管理机制，以健全完善流程运行管理机制为目标，优化流程管理架构，完善 ARIS 流程变更申请、发布审批等流程管理流程 6 条；结合 ARIS 与精益流程管理平台两者数据交互特点，梳理 ARIS 工作库和发布库的“双库”功能定位，建立“双库”运维机制；围绕流程版本管理与过程控制要求，制定 ARIS 流程版本管理机制，设计版本编号规则与版本追溯功能，确保精益流程管理平台上查看的最新版本；从 ARIS 脚本开发、后台配置、宣传培训、问题反馈等方面，完善 ARIS 平台运维管理机制，同时培养流程内部运维团队，为流程的长效管理机制奠定基础。

完善精益流程管理体系建设，深入推进流程管理。优化流程评价方法，修改《流程审核及绩效计算方案》，合理调整各部门审核频率，优化“流程审核得分”指标统计口径，由以定量评价转为定性成熟度评价；以流程为主线，以“争创行业体系转版十佳流程”为目标，围绕“流程信息化”“流程监控”“系统性流程优化”三大流程主题，深化应用前期流程梳理成果，加快推进管理体系“转型升级”，积极探索“职能管理向流程管理转变”的落地模式。

牢牢把握“精益管理提质增效”的基本定位，围绕省公司下达的降本增效 2005 万元目标，聚焦费用节约、成本降低、效率提升、能源节约等方面，制定降本增效实施方案，形成 12 项降本增效工作目标、28 条具体工作措施。主要有：强化预算源头管控，通过建立预算执行全过程动态监控机制，加大考核评价力度，从严压缩可控费用，严控预算外支出。着力创新课题驱动，从费用、成本、物耗和能耗四个方面着力，在降低可控管理费用、降低烟叶和辅料消耗、质量成本管理等课题上开展研讨，推动成本费用标准持续降低。

2018 年，以 ARIS 10 平台升级为契机，优化流程治理。完成 AIRS 10 流程平台安装部署与升级，优化《流程管理办法》，健全完善流程治理组织机构，明确端到端流程主人与职能流程主人之间管理权责；完成流程治理工作流的技术方案论证工作，运用简道云平台开发流程变更申请、审批、修改以及版本等管理功能，实现流程设计到发布的线上闭环控制。搭建流程绩效分析平台，开展常态化流程绩效监控与效能分析，应用流程效能监察与绩效分析工具（ARIS PPM），实现对流程实例的还原，量化“两张皮”评价指标；通过流程聚合，构建流程绩效指标分析模型，确定流程绩效分析模板。

全力推进节支降耗工作。编制公司《降本增效方案》和《降本增效目标举措跟踪表》，细化分解 32 条举措，使节支降耗工作有了制度的硬约束。

开展管理诊断试点工作。根据《福建中烟工业有限责任公司关于印发管理诊断评价实施方案的通知》（闽烟工〔2018〕266 号）要求，公司作为试点单位，细化制定《管理诊断试点评价实施方案》和《基于“卓越绩效综合管理体系”的管理成熟度试点评价细则》，以体系内审所发现的问题为切入点，选取生产管理部、制丝车间、卷包车间作为诊断部门，通过部门自评诊断和专家现场诊断相结合的方式，从卓越绩效管理、体系管理双维视角对公司生产管理模块进行诊断，以此客观评价生产管理的卓越 ADLI 过程成熟度和卓越 LeTCI 管理成熟度，充分识别出管理优势和改进机会。

三、龙烟“卓越 3.0”管理系统建设

随着行业迈入高质量发展阶段，国家局逐步制定实施高质量发展“1+6+2”政策体系，福建中烟高质量发展规划及精益运营体系行动方案明确提出，综合管理体系建设要增强战略决策、目标管理、流程运营、洞察分析和改进创新五大能力。龙烟围绕高质量发展目标任务，强化“质量、效率、动力”三大变革，持续深化卓越绩效模式落地，深入推进“IS-PDCA”管理框架应用与建设，促进组织治理体系和治理能力现代化。为此，龙烟融合精益思维和方法以及“流程、职责、标准、绩效、风险”五大管理要素设计并建立了“卓越 3.0”管理系统，在应用实践中持续优化。

建立“卓越 3.0”管理系统　2019 年，龙烟公司策划并构建以流程为内核纽带，以职责为保障，以标准为准则，促进企业风险防控和绩效提升，保障卓越绩效模式高效运转的“卓越 3.0”管理系统。基于“IS-PDCA”管理框架，对卓越绩效、精益管理、体系管理等多种管理理念和方法，进行消化、集成与再创新，以流程为主线研究构建“公司—职能 / 部门—岗位”三层级卓越绩效深度落地方法，将公司级 IS-PDCA 管理框架向职能层 / 部门层、岗位层延伸，制定公司级、职能级 / 部门级卓越绩效手册，明确公司、职能的使命、愿景、目标、发展方针以及过程要求。基于业务建立全面覆盖、横向融合、纵向贯通

的流程体系，构建与流程动态匹配的组织职责体系，将流程环节逐一落实到岗位上，实现岗位职责的清晰界定、标准文件的有效落地。创新流程绩效管理与风险管理、量化全员业务考核指标，由此将相互关联的要素协同运转、持续优化，以满足日常运营动态、快速调整需求。最终，通过职能主流程管理，将主流程的职责、管理要求等落地到部门，将业务流程活动的职责和管理要素等落地到岗位，确保卓越绩效模式在各层级深度落地。

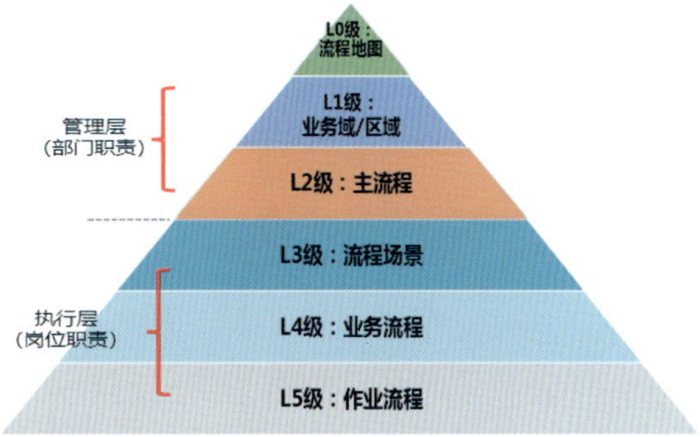

龙烟流程体系架构图

全面升级重构业务流程体系　基于公司级与职能级之间上下联动的管理框架策划，对照卓越绩效“4.5 过程管理”条款要求，创建流程地图（L0）—流程区域（L1）—主流程（L2）—流程场景（L3）—业务流程（L4）—作业流程（L5）的流程体系架构，如上图。聚焦关键过程，满足管理手册已确定的关键要求，逐层细化分解企业价值链。

标准体系与流程体系的一体化融合　对照业务流程架构，重构现有标准文件体系。系统梳理、评审部门归口管理的管理标准、技术标准、工作标准，建立标准与流程一体化建模方法，对照流程体系 L1—L2 级流程，识别各过程的关键要求，将过程要求、标准文件与业务流程建立关联，构建可执行可落地的标准文件体系。

职责体系与流程体系的一体化融合　创建职责体系框架，基于业务流程架构与公司 / 部门组织架构，将标准文件、流程活动的职责条款配置到部门 / 岗位层级，由此形成部门职责与岗位职责，同时建立职责与流程双向触发的一体化动态管理机制，确保“人—岗—责”保持一致。

绩效体系与流程体系的一体化融合　构建流程绩效指标体系，从“多、快、好、省、稳”五个维度，识别提炼衡量各级流程指标，将公司战略、方针目标通过流程绩效指标体系，逐层分解落实到具体部门与责任岗位，将流程结果性指标对应部门绩效，流程过程性指标对应岗位绩效，由此打通组织绩效与岗位绩效之间关联，推动绩效考评由结果考核向过程评价转变，过程性指标与结果性指标并举，从而促进任务目标与驱动因素的有机统一，有效提升绩效管理科学性、有效性。

风险体系与流程体系的一体化融合 创建风险管理架构，以业务流程作为风险识别的逻辑起点以及各项风险防控要求落地运行的具体载体，将风险点和控制措施匹配到流程活动，用于指导每个岗位规避业务工作中的各类风险，明确关键控制点（CCP）与流程绩效指标（R 类风险控制指标）对应关系，建立起风险职责、风险目标与风险关键控制点动态管理机制，保障产品和服务质量稳定。

实现五大管理要素集成管理 将原本分散独立的“职责、标准、流程、绩效、风险”五大要素，基于 ARIS 平台进行有效融合与系统集成，实现流程体系与职责体系、标准体系、绩效体系、风险体系的有效对接，系统解决体系构建“做什么、谁来做、怎么做、如何控制、做得怎么样”的问题，以 ARIS 结构化、可视化的方式，与公司各层级管理人员有效连接，方便快速获取与知识交互，进而整合管理资源，提升卓越管理水平。通过迭代升级公司卓越绩效管理体系手册和编制职能/部门卓越绩效分手册,进一步明确职能/部门管理职责、管理要求与目标。通过整合重构公司各级标准文件与流程，应用 ARIS 平台实现五大管理要素集成管理，支撑卓越绩效模式在公司—职能 / 部门—岗位间层层落地。

持续完善“卓越 3.0”管理系统 2020 年，围绕建设“系统、协同、赋能、高效、智能”的企业运营管理体系目标，以推进卓越绩效模式落地运行为主线，借助 ARIS 管理平台将组织职责、绩效目标、标准文件、风险管控等运营管理要素，与流程管理深度集成，构建以流程为内核的“五维一体”协同管理机制，驱动公司“IS-PDCA”管理模式全面落地运行。建立职能级管理框架梳理 20 个，输出职能级卓越绩效管理分册 20 份，梳理各职能业务流程 2100 条，将原有 661 份各类标准文件精简整合为 240 份，注重工作流程输出的质量、成本、效率等过程性指标，兼顾结果和过程，明确并量化评价指标 4661 个。

2021 年，持续推进流程体系建模、文件体系建模，建立并发布 L4 流程 2098 条，建立并发布实施管理标准 236 份、技术标准 908 份、工作标准 435 份；完善职责体系，发布部门职责文件 20 份；构建流程绩效指标体系，形成 L1—L4 级指标梳理与评审 5479 个；优化风险管理框架，修订发布流程风险管理办法，识别流程风险 1779 条；完善流程管理体系，通过规范流程描述、完善流程管理架构、规范流程和制度发布机制、规范管理流程的变更、规范流程执行的监控，进一步疏通业务流程，明确岗位职责和工作内容，夯实五维体系管理基础。

第二节　“四精工程”与“三大平台”

一、打造“四精工程”

“十二五”至“十三五”期间，公司紧紧抓住发展要务，围绕省公司“七匹狼”上水平总体规划，锚定“生态型精品卷烟制造基地”愿景，通过实施“精益生产、精细管理、精英团队、精睿文化”的“四精”系统工程，以构建、迭代“卓越 1.0”管理系统为主线，注重管理手段和方法创新，全面推进精益管理向企业内部纵深发展，着力提高企业运营效率与运行质量。历经多年努力，公司完成一系列管理及技术创新，各项工作扎实有效推进，总体经营绩效稳步增长，主要战略指标基本实现，推动了公司整体经营绩效的稳步提升，企业核心竞争力明显增强。

精益生产　着力四大指标（质量指数、效率指数、物耗指数、响应时间），建设生产绩效测量分析平台。2013—2014 年，结合省公司数据中心二期项目建设，搭建了龙烟生产绩效测量分析平台，该平台通过聚焦 OEE、QI、生产物耗指数、库存周转次数四大指标，以批次作为基本的分析单元，通过构建结构性指标，设计基于数据仓库技术的分析模型，实现对四大指标进行便捷的多层级、多维度分析。通过“三化”（指标细节化、分析模型化、数据关联化），实现对生产短板的快速、精确定位，并及时改进，引导工厂在“优质”基础上实现生产“高效”“低耗”。四大指标中生产物耗指数是龙烟结合实践，首次设计的消耗测评分析模型。

2015—2016 年，构建以基层青年员工为主体的跨职能分析团队，以生产绩效多维测量分析平台为切入点，进行短板分析，挖掘改善创新机会，探索构建跨职能的生产绩效分析模式，充实精益管理工作组织。

2015 年，设计卷包 OEE 指标分析模板，试行分析两次并提报公司精益管理例会后，卷包车间采纳并开始持续的例行分析。

2016 年，在开展日常分析的过程中发现 OEE 数据异常呈现出一定的规律性，针对这一情况，提炼卷包 OEE 异常数据校验规则，形成规则库，通过在生产绩效测量分析平台增加卷包 OEE 异常数据查询模块将正常数据和异常数据分离，设计卷包 OEE 异常数据处理流程；结合生产绩效数据相关业务流程梳理和分析，针对生产绩效过程基础数据管理进行分析识别，输出相关流程优化、管理机制优化建议。研究输出多项信息系统改造需求，同时，输出进一步系统梳理公司现行数据架构的需求。同年，制丝车间借鉴卷包 OEE 分析模板，试行制丝 OEE 例行分析。结合生产绩效数据相关业务流程梳理和分析，针对生产绩效过程基础数据管理进行分析识别，输出相关流程优化、管理机制优化建议。研究输出多项信息系统改造需求：细化和优化当班产量采集的卷包集控系统改造需求，实现卷包机台物料收发存数据与物流收发存数据账目分隔、保障数据可校验的系统改造需求，以及改以红冲方式对纳入管理的关键过程数据的错误进行修正、以保证数据管理痕迹化、可追溯的系统改造需求。

提升生产全过程质量管控水平。2012—2013 年，成立龙烟质量管控委员会及区域分委会，同时通过对质量管控流程（原料过程、制丝过程、卷包过程）的梳理，建立包含资源配置、绩效考核、预算管理及应急处理等方面的各区域质量管控机制，实现全区域的质量管控，系统地建立全新的以信息化为载体的精细化质量管理模型；同期，龙烟卷烟产品批次质量评价和追溯系统建立，以原料批次、香料批次、制丝批次、辅料批次、卷包批次作为产品质量管理单元和追溯单元，抓住原辅料及卷烟产品质量的重点管控环节，采集关键质量要素，建立生产流程上下游追溯单元之间的有机关联，实现卷烟产品质量内外部追溯和正反向追溯。

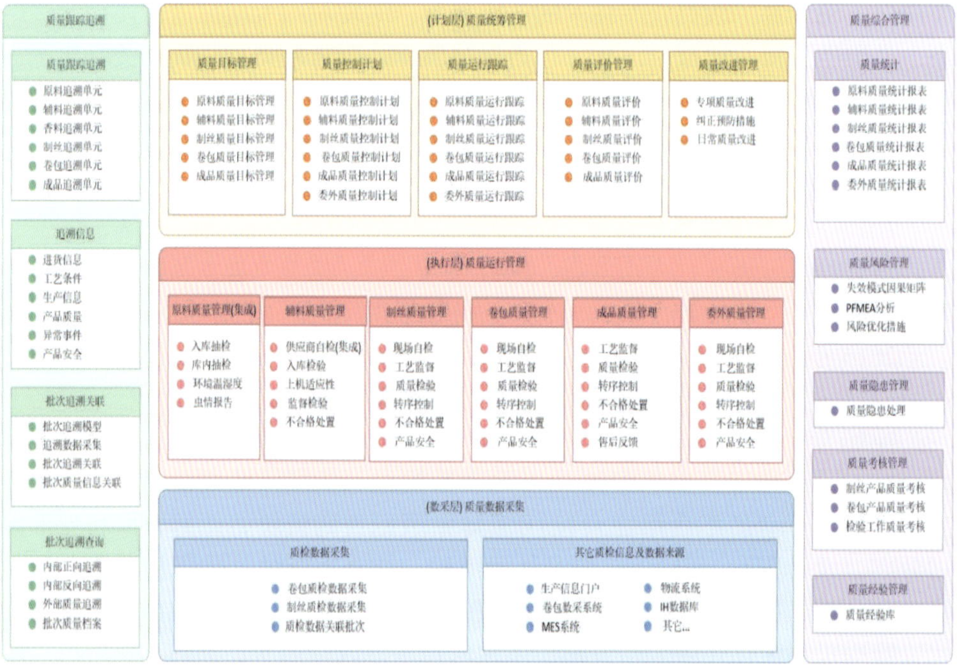

卷烟产品批次质量评价和追溯系统总体业务架构图

实施专项技术改造。2013 年 7 月，国家局同意龙烟关于一区生产线技术改造项目的设计方案，项目主要建设内容有一区工艺流程优化，6000 千克 / 时制丝生产线、3000 千克 / 时制丝生产线及 2000 千克 / 时梗丝生产线设备的更新改造，控制及信息化系统的升级改造，一区联合工房内部局部适应性改造，空调、除尘、动力、给排水等公用工程配套改造。最终，项目于 2015 年完成，实际投资 24854 万元，其中，专卖设备投资 10767 万元，非专卖投资 14087 万元。

提升原料仓储养护醇化质量。2013—2014 年，通过密封状态下复烤片烟在氧气浓度变化规律研究、不同醇化程度片烟氧气消耗规律研究、不同时期封垛的氧气变化情况的样品外观分析和感官评析、烟叶气调贮存外部环境综合研究、低氧环境对烟草甲（害虫名）各虫态致死规律研究、“三位一体”仓储养护应用研究，构建具有龙烟特色的仓储养护体系。2016 年，龙烟逐步推进红坊片烟醇化库建设，围绕烟叶全生命周期养护工艺，针对烟叶养护的多样性需求，形成满足烟叶养护气调法、自然醇化、清洁仓间、机械调控等的多样性需求，实现烟叶精细养护，提高醇化质量，最终于 2021 年完成验收，有片烟醇化库 6 栋，总建筑面积为 71611.26 平方米，片烟存量为 64.68 万担。

提高生产管理和设备维护管理水平。2014 年，构建包括组织机构健全性、管理流程规范性、员工士气和素养水平、生产（办公）现场状况、设备信息与知识资产管理、设备管理经济指标等六个维度、贯穿设备全生命周期管理、涵盖设备管理全要素的五阶六维千分评价标准和设备绩效评价体系，形成自主改善、整改追踪的闭环机制，实现设备管理不断优化的良性循环；当年，还构建了物流系统运行全过程跟踪与监控平台，通过对物流系统运行过程中发生的故障进行实时数据采集，采用数字化显示方式显示出报警区域及类型，全面地对上位调度系统和底层自动化设备进行跟踪与监控，该系统最终于 2015 年投入运行。

挖掘潜力，持续降低生产物耗水平。2012—2014 年，构建制丝物料平衡控制模型，率先在烟草行业研究分析了关键工序和制丝批次的物料衡算，并通过信息技术集成于企业 MES 系统进行生产应用。首次提出基于物料平衡的在线计量仪器准确性和关键设备运行性能的分析监控方法，通过关键指标的统计分析和异常报警，及时发现生产运行的异常问题。创新性地实现制丝批次生产过程原料利用、过程消耗等经济指标的在线量化分析。2014 年，建立包含成品管理、卷包管理、成型管理、考核管理和废物料管理等子模块的卷包车间消耗精细化管理系统，对物料消耗数据自动进行监测、采集、分析、预警，保证各班各机台的物料消耗数据的日清日结，为卷包车间消耗分析体系和作业成本核算方法的建立提供全面的基础信息数据支撑。自2015年始，不断推进烟箱循环利用，与省内各地市、周边省份各地市和重点销区各地市烟草公司，福建中烟物流中心、技术中心、市场营销中心等单位和部门建立了长期有效的沟通机制，完成了技术改造、各流转环节相关流程和作业标准的梳理和固化，形成一套适应卷烟包装箱循环利用工作推进的生产组织模式，为回收烟箱生产的顺利推进提供保障。

持续减少原辅材料库存耗费量。2014年，通过原料库存损耗影响因素识别、各类因素产生库耗量比重研究及原因分析、原料库耗I—PDCA管控模式设计，利用原料批次系统及信息化技术，建立了原料库耗分析评价体系，实现原料库耗管理从以经验为主的定性分析转向以数据为主的定量分析，并于后期在东肖仓库、红炭山醇化库及红坊片烟醇化库建设等推广使用，为原料质量管理体系的建立及原料管理信息化建设提供了支撑。

提高能源管理精细化。2012年，龙烟公司响应国家节能减排及清洁生产号召，通过实施能源管理及体系建设，依照ISO 50001能源管理体系认证、能源管理体系（GB/T 23331）要求并结合企业的实际情况，系统策划体系文件架构，在能源采购、消费、监测、评价、控制等每一个环节建立和完善适合本企业的管理制度，编写及修订了手册、程序文件以及部门能源管理办法、能源管理细则、部分岗位说明书和SOP标准作业流程等三级文件共170个，并于2013年10月开始逐步发布实施。构建以综合能耗、一次能源资源（油、电、水）、主要二次能源（蒸汽、空压）等为指标项，以能源目标、指标、基准、绩效参数进行逐层分解的能源目标指标架构，2014年共制定能源目标8项，能源基准14个，能源绩效参数55个。2014年10月21日，杭州万泰认证有限公司颁发了能源管理体系认证证书，标志着龙烟公司顺利通过能源管理体系认证审核；2013年，龙烟公司引入合同能源的先进理念，和郎森（厦门）能源管理有限公司合作，深入实施合同能源管理，完成了公司内LED照明改造、风机变频改造，建立了空压机余热回收系统、锅炉排烟余热回收系统，进而提高公司能耗系统的整体效率，减少耗能成本，降低设备的维护保养费用。2015年，构建空调系统综合节能模式，形成各车间空调温湿度控制区域的空调运行启停控制的数学模型、锅炉在制丝停产模式下启停控制与空调运行相关关系模型、制冷机启停控制与空调运行相关关系模型，并最终形成iFIX动力集控系统的空调、锅炉、制冷剂手自动控制及警示机制。由于后续温湿度要求的提高，该模式已于2017年暂停使用。

提高辅料供应的准时化水平。2015年，在“计划多变、小牌号多、库容小”

等客观环境下，构建涉及供应商管理、采购协同、物流协同、结算协同、库存协同、质量协同 6 个大模块、29 项子功能的供需协同物资精益采购管理系统，以供应链信息可视性、供需协同、客户需求快速响应为宗旨，合理配置资源，实施协同精益采购管理模式，围绕协同精益采购管理理念，应用 NC—MRP 资源计划和供需协同两大系统，开展物资采购管理工作。

精细管理　构建并深化运用龙烟“卓越 1.0”管理系统，提升公司综合管理的系统性、科学性和敏捷性。2012 年，龙烟构建“卓越 1.0”管理系统，在传统戴明环“PDCA”基础之上，结合卓越绩效模式“6+1”的结构框架，形成“IS–PDCA”的系统总体框架。在此基础上，吸收转化《卓越绩效评价准则》，完善公司整合管理体系，发布《卓越绩效管理体系手册》。2012 年，龙烟凭借卓越绩效管理模式的不断推进，获得龙岩市政府质量奖。在 2015 年、2019 年，将“卓越 1.0”管理系统迭代升级为“卓越 2.0”管理系统、“卓越 3.0”管理系统。

2013 年国家局印发《关于推进企业精益管理的意见》，推动行业“管理上水平”，先后提出“五项基础”“五化目标”“五个一流”“精益管理”等一系列管理要求。基于此，龙烟确立基于卓越绩效准则与理念，运用 eBPM 方法论，以统一的流程协作信息平台为支撑，系统性开展流程梳理工作，整合管理体系的总体思路，最终构建一套基于 ARIS 平台、以流程为基础的整合管理体系。通过体系架构设计，进一步细化完善过程识别与设计，基于“IS–PDCA”架构，形成一体化管理体系的顶层设计，建立自评机制，开展自评诊断，制定改进计划。通过流程梳理与优化，运用 ARIS 平台进行流程识别、梳理与建模，搭建职能流程、服务流程、端到端流程三类流程架构，梳理出公司业务流程清单、流程图与流程手册，实现管理体系在流程层面的系统整合。通过流程治理机制的设计与落实，研究流程全过程管理方法，建立流程管理的长效机制，包括流程的管理流程、管理制度等内容，以及“员工界面”平台的开发。通过项目实施，在公司范围内培育一支熟悉卓越绩效模式，能够对企业综合管理现状和成熟度进行自评与诊断的企业自评师队伍，公司共有质量奖评审员 5 人，中质协卓越绩效评审员

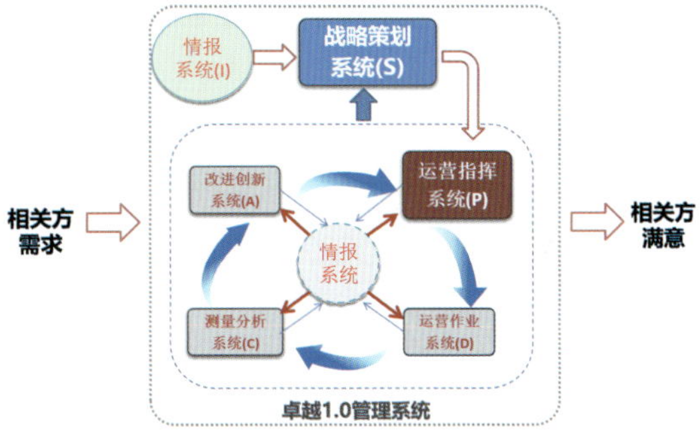

龙烟“卓越 1.0”管理系统总体框架图

15人，企业卓越绩效评审员29人；建立卓越绩效自评流程，2013年初次开展卓越绩效自评，自评得分466，并于2014年9月再次开展2014年度自我评价，总得分为503分，并最终获评第四届福建省政府质量奖。

构建适应内外部环境变化的情报系统。2014年，通过与AMT、蓝凌知识、优捷信达、TRS等供应商进行深入交流，商讨产品实现方案，最终形成“三个中心一个体系”的总体架构。将创意管理理念和要求融入系统建设，设计创意管理流程以及积分体系，为员工打造创意进化载体、知识整合平台和全员创意中心，并利用基于WEB2.0理念的信息化技术，实现创意管理机制的平稳落地。在系统运行后，策划、组织“I创意”情报系统设计大赛，共征集创意点子151项，原型方案30项。

提升企业信息化应用水平。2013—2015年，通过单点登录和访问控制技术研究、工作流技术研究与运用、信息分类技术研究、系统集成技术研究，构建能够为生产车间提供高效、便捷、协同的工作环境和多元化服务，支撑精益生产提供信息系统集成化、一体化、可视化的生产信息门户，对MES、EAM、物流、集控、精细化管理等相关系统中有关现场操作人员的操作程序及反馈信息进行有机的集成，实现生产实时信息与统计信息的发布功能、车间内部生产管理功能、系统操作响应时间≤3秒；2013年，与福建中烟相配合，完成企业云平台的搭建、企业云平台统一调度管理建设、发布企业云平台全生命周期管理制度、形成企业私有云安全防护建设报告、构建集团新门户和企业生产门户平台。

全面提升风险防控水平。根据《烟草企业安全生产标准化规范》（YC/T 384—2011）、福建中烟公司的程序文件和管理办法、公司制度等要求，制定《标准落地运行实施方案》，通过对标、自查、自评整改、复核、再整改的螺旋上升工作模式，不断循环改进企业安全管理，在各车间、部门推进安标的落地运行，于2012年内实现安全生产标准化二级达标水平，并于2012年8月17日取得由福建省安全生产监督管理局颁发的“安全生产标准化二级（烟草生产）”证书。

2013年，通过引入“控制元素分析法”，对关键控制点的控制元素进行深入剖析，构建以风险管理为导向的物资采购内部控制审计评价体系；通过开展廉政风险防控工作，完善惩治和预防腐败体系建设，关口前移，注重预防，构建权责清晰、流程规范、风险明确、措施有力、制度管用、预警及时的风险防控体系。

依据福建中烟的工作要点，龙烟公司将安全生产管理信息系统建设列入公司的创新项目进行展开。系统建立包括危险源辨识评价、安全检查、隐患整改、危险作业、消防设备设施、预警预测等 29 个安全生产基础管理功能模块，全面涵盖《烟草企业安全生产标准化规范》中的 21 个基础管理模块、22 项工业安全技术与现场模块的相关安全基础管理业务和现场管控要求。危险源辨识、安全检查、隐患整改、危险作业等主要安全管理工作流程实现网上提交、审批、进度跟踪、反馈、流程闭环管理及网上网下同步通知等功能，与手机短信、微信功能有机结合，多渠道实现项目全过程跟踪闭环，提升安全工作效率。实现数据智能统计分析及工作提醒。安全信息化系统已于 2016 年 10 月与公司 OA 系统并网运行。

精英团队 构建服务于员工成长的职业发展体系。制订和实施在员工招聘时不同学历层次的适当比例，建立操作人员“技师、工程师”双师机制；细化现有职业发展通道，建立基于分类管理的职业化人才和专家培养机制；建设内训师团队和知识管理平台，修订《内部培训师管理办法》，加强内外部培训课件收集管理，持续充实知识管理平台内容，促进员工学习和成长。

构建公平、协作、和谐的工作氛围。员工满意度调查得到完善，形成测评—反馈—整改的常态化工作机制；在部门试点推行员工岗位 KPI 绩效考核。

“十二五”后期，龙烟发展战略通过聚焦于“精益生产”的“四精”战略路径，磨砺精益制造能力，争创行业“精益十佳”，致力于打造生态型精品卷烟制造基地。在孕育“精英团队”方面，公司多措并举，持续营造员工知识管理和自主学习的良好环境。

2012 年 10 月，为进一步加强人才队伍建设，培养选拔高级专业技术人才，福建中烟开展第一批专业带头人和技术专家选拔工作，公司副总经理林郁被评选为信息与物流方向专业带头人，技术改造办公室主任工程师李晓刚和主任工程师张伟分别被评选为技术装备方向专业带头人、技术专家。

2013 年 7 月，为进一步激发专业带头人和技术专家的工作积极性、主动性和创造性，鼓励学知识、钻业务、带团队，福建中烟制定下发从道德素质、业绩贡献、知识管理、学习提升四个方面进行考核的《专业带头人和技术专家考核办法》，开启为期三年的聘期考核工作。龙烟从学历、专业、业绩、日常表现等方面综合遴选出徒弟候选人，并制定季度交流汇报表、阶段目标指导记录汇总表、年度考核时间表、年度考核计分表，引导定期交流、共同明确阶段目标和分季度目标并做好交流指导记录。

通过专业带头人和技术专家的选拔、考核工作，以及导师带徒工作方式的推广应用，使导师、徒弟、企业三赢的局面完美呈现，这种“师带徒”的经验和方法也在龙烟更加快速和广泛地传播开来。

精睿文化 构建基于卓越绩效的企业文化管理体系。2013 年 3 月，龙烟印发《关于实施构建基于卓越绩效的文化管理体系项目的通知》（岩烟委〔2013〕13 号），部署开展新一轮企业文化管理建设工作，顺利实施并完成《龙烟企业文化管理标准》《龙烟企业文化手册》《龙烟企业文化规划》《龙烟教练式企业文化培训课件》的编制与审核工作，形成基于“卓越 1.0”的企业文化管理体系，为精益管理的扎实深入保驾护航。

2014—2015 年，借推进精益管理的东风，进一步构建文化管理体系，从企业战略和愿景出发，运用“IS-PDCA”管理循环，对企业文化从建设到创新的闭环管理进行系统设计和优化，培养一支精益文化内训团队，企业文化管理越来越科学。

2016 年起，从氛围深化、平台引导、机制保障等方面，进一步促进精益文化内化于心、外化于行、固化于制。

氛围深化，除了保持全方位宣贯，重点是通过全方位的精益培训，包括精益理念内训、基层精益工具传授、新员工入职精益培训、全员精益课程在线学习等，不断加强精益文化的内化。

平台引导，是通过深化数据分析平台、创新培育平台、知识分享网络的应用，促进数据文化、人本文化、改善文化的成型。搭建了“创意园”信息平台，在设计理念和功能上进行了较为全面和细致的考虑，把创意产生的业务流程作为全员改善的活动载体，创造“从群众中来、到群众中去”的去中心化的环境，建立创新积分体系，鼓励全员提报创意、参与创意完善；配置改进创新指数，量化改进创新绩效，从而激发全员自主、积极投入改进创新活动，并促进部门主动引导和督促员工参与活动，汇

2017 年 4 月，在福建省卷烟工业系统 2017 年政治工作会议上，卷包车间蒋景强、郑东文 2 人被评选为福建中烟第一批“精工带头人”；制丝车间林天勤、黄闽龙，卷包车间邱勇杰、黄建龙 4 人被评选为福建中烟第一批“精工能手”（陈登峰 摄）

聚群体的智慧，使全员改善可持续，并固化成知识，形成分享。在群体参与创意进化过程中，汇聚全员智慧，共同评价创意和方案的优劣、协助优化提案，并借助信息系统，对提案的相似性进行判断，保证提案的质量，同时实现全员相互启发，形成合力，促进知识和智慧的增值。

机制保障。通过短板改进机制固化数据文化；通过群体创意培育机制，固化人本文化和改善文化；构建改善创新积分机制，并将信息系统自动生成的创新积分，应用于创新激励机制，一方面，直接作为岗位绩效和部门绩效的重要组成部分，进入组织绩效测评体系，和绩效薪酬关联；另一方面，和管理人员选拔、高级别岗位聘任、各类优秀先进评选活动相结合，使员工对企业改进创新的贡献，直接体现在与员工切身利益密切相关的各个方面，从而固化、提升企业的人本文化和改善文化，系统、科学、持续地为改善创新提供驱动力，真正实现学习型组织的目标。

二、构建“三大平台”

“十三五”末，龙烟抢抓机遇、乘势而为，及早谋划“十四五”规划，深刻分析内外部环境变化，进一步明确“在‘十四五’期间，坚持将‘两个大局’”作为谋划企业发展的基本出发点，立足新发展阶段、贯彻新发展理念、融入新发展格局，坚持稳中求进工作总基调，以做优做强做大‘七匹狼’品牌为引领，以推动高质量发展为主题，以供给侧结构性改革为主线，以改革创新为根本动力，以提高企业核心竞争力为主攻方向，持续推动‘质量、效率、动力’三大变革。坚持解放思想，强化自我突破与变革，‘走出舒适区、勇蹚深水区、敢闯无人区’，持续推动企业发展向质量效益转型、生产制造向智能化转型、企业管理向数字化转型，助力福建中烟‘十四五’发展规划目标全面实现”的基本原则与目标。

基于此，龙烟面向未来发展，通过广泛调研、深入论证，聚全员智慧，充分听取集各方意见建议，在“十四五”规划中，将“生态型精品卷烟制造基地”愿景升级为“生态体验型精品卷烟制造基地”，丰富“生态”内涵，将“生态”的含义从实现生产制造绿色智能延伸涵盖至政治生态风清气正；增加“体验”内涵，增强与零售户、消费者的连接，并围绕生态、体验、制造三大关键要素，着力规划打造精品制造、文化体验、组织成长的三大平台。旨在培育技术、体验、管理三种创新能力，提高生产、传播、运营三项效率，提升产品、服务、经营三个质量，以“好、快、活”（即质量变革要好、效率变革要快、动力变革要活）支撑“龙、烟、人”（精品制造平台—争创龙头企业、文化体验平台—锻造烟草品牌、组织成长平台—追求人企合一）三大平台建设。

第三节　技术改造

根据福建中烟工业有限责任公司“十三五”品牌发展战略规划，为提升企业工艺技术与装备水平，龙岩烟草工业有限责任公司发扬精益求精的精神，积极推动技术创新，以打造百年精品工程为目标，在2012—2021年期间，通过实施“干冰膨胀烟丝生产线技术改造项目”“一区生产线技术改造项目”“红坊片烟醇化库建设项目”等三项重大专项技改项目，努力提高龙烟公司生产制造水平，以实现福建中烟品牌发展战略目标。

技术改造办公室集体照

（余硕宁　摄于2023年）

干冰膨胀烟丝生产线技术改造项目

一、技改规划

龙烟紧紧围绕做强做大“七匹狼”品牌的战略目标，提升企业工艺技术与装备水平，以技术进步和创新为企业生产发展的立足点，努力提高膨胀烟丝的产量和品质，实现福建中烟品牌发展战略目标，2011年3月，龙烟公司提出实施干冰膨胀烟丝生产线技术改造项目的需求。2011年7月4日，国家局正式批准实施该项目。

（一）建设内容与目标

项目批复总建筑面积12500平方米，局部改造“九五”联合工房；工艺设备含新增一条1140千克/时干冰膨胀烟丝生产线，配套一条3000千克/时叶丝小线和成品烟丝仓储物流系统；配套建设室内公用工程系统；配套建设生产线控制系统及能源管理、计算机网络、消防安防、综合布线等系统；局部改造室外公用管线、道路和景观绿化等相关工程。

（二）建设规模

干冰膨胀烟丝生产线技术改造项目为建设一条生产能力为1140千克/时

的干冰膨胀烟丝生产线（水分按 12% 计，内含膨胀备料段、膨胀段等系统）及为其配套的 3000 千克 / 时膨前烟丝制丝小线；同时建设一套成品膨胀烟丝箱储物流系统，将成品膨丝根据不同需要进行装箱及存储以及生产相关的辅助系统。

二、工程建设

（一）组织领导

项目是福建省及龙岩市的重点建设项目之一，也是福建中烟“十二五”投资规划的重点项目之一。项目以“实现国家局对减害降焦和产品质量安全稳定的要求，满足企业品牌发展对膨胀烟丝持续增长的需求，提升企业工艺技术与装备水平”为建设目标，按高起点规划，以高水平设计，以高标准实施。

组建项目管理团队

为了加强对项目的组织领导，确保项目顺利实施，实现项目的安全、优质、高效、有序、和谐，公司成立了以公司总经理为组长的干冰膨胀烟丝生产线技术改造项目领导小组，并设立以公司分管副总经理为项目负责人的项目管理团队。领导小组下设办公室，负责对该项目进行总体协调和实施管理工作。同时根据项目的内容、专业的不同设置了综合管理、工艺设备及其配套设施、土建及公共工程三个项目组，同时明确了各项目组的主要职责和工作要求。并从公司各部门抽调专业技术和管理人员充实到各个项目组中，具体工作由各项目组与公司各相关部门共同协作开展。进入关键的工艺设备安装调试阶段时，为了确保项目顺利实施，又将项目组再次细化，成立了安装、调试、验收及生产工艺研究领导小组，根据项目内容、专业的不同，领导小组下设工艺设备及其配套设施项目组、过程控制及信息化项目组、公共工程项目组、土建项目组、生产及工艺研究组五个项目组。

项目实施过程中，公司上下统一思想，提高认识，全力支持项目的实施，为项目实施提供良好的条件和创造良好的氛围。各项目组成员，在项目领导小组的统一部署和领导下，互相配合、通力协作，以高度的责任感和使命感做好各项工作，确保项目按进度、抓质量、保安全顺利完成，为公司打造成“生态型精品卷烟制造基地”，为支撑福建卷烟工业实现“卷烟上水平”，“七匹狼”进入“532”“461”知名品牌行列奠定坚实基础。

建章立制

为进一步规范项目管理程序，按照国家局《烟草行业项目投资管理办法》和省公司的有关规定，对项目管理流程和管理制度进行优化，确保干冰线技改项目全过程的决策、实施、验收等各业务环节规范、有序。

项目管理培训

为了提高公司工程技术人员项目管理的能力和水平，保证干冰线技改项目的顺利实施，项目启动初期，采取走出去请进来的方式，选派项目管理人员参加中国烟草总公司职工进修学院举办的项目管理课程培训班。通过项目管理培训，项目管理理念深植人心，团队成员了解了项目成功的关键因素与技能，掌握了项目管理的实用工具与方法，使得团队的整体项目管理水平获得有效提升。

（二）勘察设计

地质勘察

为查明建设场地岩土工程地质条件，为施工图设计阶段的地基基础设计提供岩土工程勘察报告，公司委托中国兵器工业北方勘察设计研究院对场地进行岩土工程详细勘察。

该项目勘察单位于 2011 年 9 月 25 日进场，勘察手段主要采用岩芯钻探、取原状土试样、孔内原位测试等方法，并进行室内土工试验等手段。2010 年 10 月 15 日，完成室内土工试验，2011 年 10 月 4 日完成野外勘查工作。

勘查现场根据地质条件和有关规范的要求，共布置钻孔 30 个，其中一般性钻孔 15 个，控制性钻孔 15 个。钻探总进尺 498.45 米，取原状土试样 23 件、扰动土样 2 件，标贯试验 150 次，重型圆锥动力触探试验 8.6 米，钻孔坐标、标高测量 30 个钻孔。

根据已有的区域地质资料和本项目的勘察成果显示，建设场地未发现有区域性断裂构造通过，场地未发现滑坡、崩塌、泥石流、岩溶塌陷等不良地质作用，未发现埋藏的河道、沟浜、墓穴、防空洞等对工程不利的埋藏物，该场地基稳定，适宜拟建物建设。

此次勘察地质勘察报告于 2011 年 11 月经龙岩市建筑工程施工图设计审查所审查，未发现违反国家工程建设标准强制性条文和国家、省有关专业规范、标准和规定，报告编制深度基本符合要求，审查合格。

工程设计

干冰线技改项目委托五洲工程设计研究院负责项目初步设计和施工图设计工作，参与设计的专业主要有：总图、工艺、建筑结构、给水排水、通风与空调、电气和技术经济等。

初步设计

该项目于 2011 年 8 月下旬完成初步设计方案，即委托中国烟草总公司合肥设计院对初步设计进行第三方评审，对初步设计文件在技术上的合理性、施工上的可行性、工程造价上的经济性进行审核。检查设计单位所用的标准是否适当、合理，达到优化工程设计的目的，以求提高设计质量。对初步设计概算进行审核，注重项目建设功能和技术的先进性、适用性，使投资概算更加全面、准确地反映工程造价，提高了项目投资效益。

2011 年 9 月 26 日，福建中烟组织召开了干冰线技改项目初步设计评审会议。与会专家勘察了项目现场，听取了项目建设情况、初步文件介绍和初步设计第三方评审报告，审阅了初步设计文件和图纸资料，并就有关问题进行了质询，通过了该项目的初步设计方案。

2012 年 6 月 8 日，福建中烟将项目的初步设计、初步设计专家评审意见、建设用地规划许可证、建设工程规划许可证及安全、环保、消防、人防、职业健康审查意见等相关材料以闽烟工财〔2012〕156 号文呈报国家局备案。

施工图设计

项目施工图设计从 2011 年 10 月开始，并于 2011 年 12 月全部完成。在项目设计的全过程中，严格按照国家规定的各阶段项目审批程序和国家及烟草行业有关设计规范、标准的要求进行设计工作。

干冰线技改项目的施工图设计文件于 2012 年 2 月通过龙岩市建筑工程施工图设计审查所的技术性审查，未发现违反国家《工程建设标准强制性条文》和国家、省有关专业规范、标准和规定，报告编制深度基本符合要求，审查合格。

（三）工程施工

土建部分

技改项目的建筑安装工程施工，经公开招标由福建省华厦建设发展有限公司及中建四局安装工程有限公司负责承建施工，电梯设备由上海三菱电梯有限公司提供。

项目于 2012 年 8 月 28 日开始正式施工，2013 年 7 月 10 日通过单位工程的竣工验收。

干冰线技改项目工程监理，经公开招标确定由福建海川工程监理有限公司全面负责工程质量、进度、投资、安全等各项工程监理工作，在项目施工监理过程中，监理公司根据《建设工程监理规范》开展现场监理工作，按照国家有关法律、法规、强制性标准、设计文件及有关合同进行监督管理。项目严格执行工程报验制、建筑材料进场检验制、见证取样制等，对关键施工环节做到旁站监理。工程建设的地基与基础、主体结构、建筑装饰装修、建筑屋面、建筑给排水、建筑电气、消防系统、通风与空调等 8 个分部的施工与安装工程，经评定全部质量合格。

工艺部分

1140 千克 / 时干冰膨胀烟丝生产线由：制丝小线、备料段、膨胀段、成品烟丝装箱储存输送段及生产相关的辅助系统等组成。膨胀段包括冷端（浸渍装置）、热端（升华装置）、滚筒式叶丝回潮机（回潮装置）和电控系统等组成。根据进度总目标及资源优化配置的原则，2013 年 3 月 6 日，主机工艺设备浸渍器开始进场安装，紧接着按计划和节点要求分步对切片回潮段设备、杂物剔除机、切丝机、电子皮带秤、装箱物流系统以及相关的辅联设备、除尘器、风机、压棒机进行安装。工艺设备的安装与调试充分考虑项目建设各阶段的工作内容、工作程序、持续时间和衔接关系，编制计划并付诸实施，严抓项目进度管理，2013 年 8 月 19 日成功完成第一次投料调试，同年 10 月 25 日交付车间试生产管理。2014 年 3 月，由技术改造办公室、设备管理部、技术中心龙岩工作站、制丝车间、质量管理部、信息技术部、生产管理部、安全保卫部等部门相关人员组成设备验收小组，按《卷烟工艺规范》要求和与制造厂家签订的合同内容要求对该项目工艺设备进行验收。经现场检验测试，工艺设备质量达到相关技术标准和要求，通过验收。

动力集控系统

动力集控系统是干冰生产线配套实施项目，目的是实现动力集控部分现场控制及远程监控。通过动力集控系统实现了：

（1）新干冰线工艺循环水系统、高位柴油子现场控制；新干冰动力生产网络布置；

（2）新干冰线动力部分集中监控；

（3）动力集控系统及 EMS 信息系统功能优化。

该项目由云南阳光基业能源管控技术公司承接设计并施工，在原有的动力集控系统中完成扩容改造，在系统充分试运行并逐步完善其业务功能后，满足我公司生产管理等各方面要求，运行稳定，并于 2014 年 1 月 20 日完成对项目的验收工作。

公用工程

干冰膨胀烟丝生产线技改项目机电安装及公用配套工程施工单位为中建四局安装工程有限公司，2012 年 9 月开工，2013 年 8 月通过验收并投入试运行。分以下若干系统：

（1）变配电系统

膨胀烟丝车间主要生产用电设备配电干线由低压配电屏采用电缆直接供电至现场控制柜，其余照明、排风、空调等用电设备通过电缆经过电缆桥架供电至现场照明和动力配电箱。膨胀烟丝工房内的除尘间为爆炸性粉尘环境，采用尘密结构（标志为 DIP A20 TA、T4 IP65）的粉尘防爆电气设备。配电系统采用放射式与树干式相结合的供电方式为用电设备供电。包括线路敷设、电气照明、配电、防雷接地。

a）线路敷设

室外高压线路采用铠装铜芯电缆，室内高压线路采用铜芯电缆，室内低压线路采用铜芯电缆。消防设备供电线路采用耐火铜芯电缆敷设在电缆桥架上。

b）电气照明

干冰线工房照明设有正常照明和应急照明。车间内的应急照明，楼梯间照明，主要通道的应急照明采用双电源供电，在最末一级配电箱处自动切换。疏散指示灯、安全出口标志灯均设置带镍镉电池，当市电停电后，自动转换由镍镉电池供电。

车间内主要场所的照明采用照明智能控制系统，对主要生产区按系统分区进行控制，控制线采用拓扑结构，智能照明系统通过设定开关时间、灯具数量，根据工作环境照度的需求进行控制。

c）配电

配电室设有 2 台 1000 千伏安的变压器和 20 台低压柜、4 台高压柜。在变电所低压侧进行无功功率自动补偿，经补偿后变电所低压侧的功率因数在 0.9 以上。在变电所低压侧设置有源滤波柜，降低谐波，消除高次谐波的危害。

d）防雷接地

在干冰线工房屋顶和女儿墙上设置避雷带，所有突出屋面的金属设备及管道与避雷带焊接。利用混凝土柱内主钢筋作为防雷引下线，通长焊接，防雷引下线上部出屋面与屋顶避雷带相接，引下线下部接至基础接地装置，构成整体防雷接地系统。建筑物的防雷接地、电气设备的保护接地与电信系统接地共用接地装置，接地电阻不大于 1 欧姆。

（2）火灾报警系统

干冰线工房不单独设火灾报警控制器，仅在二层控制设备间设置火灾报警接线箱，并在二层中控室设置火灾自动报警区域显示器。报警回路均接至“精品线”消防控制室，现有火灾报警控制器预留回路。消防控制室接受来自外界的各种信息，并通过控制器作出可靠的判断，执行火灾报警及灭火系统控制。

办公区域采用智能光电感烟探测器；车间采用吸气式烟雾探测器；柴油高位槽间设防爆感温探测器；另外柴油高位槽间设可燃气体探测器，在膨胀烟丝生产线设置 $C0_2$ 气体探测器。在各主要出入口处设置手动报警按钮、扬声器。在各消火栓箱内设置消火栓报警按钮。在手动报警按钮处设置与消防控制室联系的对讲电话插孔；空调机房及配电间设置与消防控制室联系的固定对讲电话。

包括：

a）火灾应急广播的控制

紧急广播系统和背景广播共用扬声器和功放，依照消防分区，在发生火灾或紧急事故时，无论公共广播音量的开关状态如何，均能实现自动强行切换，并以足够的音量向事故层和上下相邻层进行事故广播。

b）电梯的控制

火灾确认后，主机发出控制信号，强制电梯停于首层，并显示其工作状态。

c）非消防电源的切除

火灾确认后，主机发出控制信号，在二层配电间切除非消防电源，并接通火灾事故照明灯和疏散指示灯。

d）空调通风系统的控制

火灾发生后，主机发出控制信号至制冷及空调自控系统，关停空调系统，并接收其反馈信号。

（3）通风系统

a）冷端设备间、热端设备间、松散器间和浸渍器间在工艺生产中有 CO_2 气体，考虑生产人员的安全，这些车间均设置事故排风系统，在生产车间地面以上 2 米范围内事故排风换气次数不小于 40 次 / 时，事故排风机与 CO_2 气体浓度报警器联锁启动，另外，各车间同时设置了平时排风系统。

b）切片回潮间、制丝间、热端设备间、冷端设备间、松散器间、浸渍器间设置机械通风换气系统，换气次数为 5 ~ 8 次 / 时，风机为低噪节能混流风机。

c）洗涤间、洗地机房、管道入口间、维修间及卫生间等处设机械通风系统，换气次数 8 ~ 15 次 / 时，通过天花板用管道式换气扇来实现。

d）电梯机房设置排风，通风换气次数 15 次 / 时，采用低噪音壁式轴流风机；

e）除尘间、移动料罐间、配电间设置机械通风换气系统，换气次数为 8 ~ 12 次 / 时。其中，除尘间采用防爆型屋顶风机，移动料罐间采用防腐混流风机，配电间采用低噪节能混流风机。

（4）排烟系统

a）切片回潮间、制丝间、成品膨丝装箱间、成品膨丝储丝间、空调间等分别设机械排烟系统，排烟风量按每平方米 60 立方米 / 时计算。采用消防排烟风机，排烟与平时排风合用，风机入口前设 280℃常开排烟防火阀。排烟防火阀及风机由消防控制室控制，当任一车间发生火灾时，启动与之对应的排烟系统。

b）三层走廊长度超过 40 米的，设一套机械排烟系统，负担一个防烟分区的排烟系统，排烟量按照每平米 60 立方米 / 时计算。三层防烟楼梯间前室，设计机械加压送风系统。

c）排烟风机采用高温排烟风机；排烟风管材料均为镀锌钢板，风管采用法兰连接，垫料采用不燃或阻燃型材料。需要保温的排烟风管采用离心玻璃棉进行保温。

（5）空调系统

a）切片回潮间、制备丝设备生产间、热端设备间、冷端设备间、松散器间、浸渍器间、成品膨丝装箱间等分别设岗位送风系统一套，采用组合式空调机组（K–1）。

b）成品膨丝储丝间设全空气空调系统一套，采用组合式空调机组（K–2）。

c）水分室和烘箱室设自带风冷冷源恒温恒湿空调机系统。

d）配电室设两套单元式空调机组，电控室设壁挂式分体空调一台。

e）维修间和办公室等办公辅房采用风机盘管加新风的空调系统。

f）空调冷源：膨胀烟丝工房的空调冷冻水由位于该工房三层空调机房内的螺杆冷水机组（共 2 台）提供。热源：从现有动力中心的蒸汽分汽缸预留口接出支管，沿室外地沟至膨胀烟丝工房一层的管道入口间，经分汽缸供空调加热和加湿使用。

（6）蒸汽系统

工艺生产中，蒸汽站、滚筒式叶片加料回潮机、滚筒式叶丝回潮机、叶片松散回潮机和激光除杂机等所需蒸汽从现有动力中心的蒸汽分汽缸预留口接出支管，沿室外地沟至膨胀烟丝工房一层的管道入口间，经蒸汽分汽缸提供，生产过程中产生的凝结水汇集后回收至原九五工房的综合管道间，接入原凝结水回收系统，返回锅炉房。

（7）压缩空气系统

膨胀烟丝工房所需的压空气源拟从原一区生产线联合工房供给制丝车间用的压空干管上直接引出，再经室内架空敷设管道接入新建的膨胀烟丝工房内；该压空气源的供气压力为 0.6 ～ 0.7 兆帕，管径为 $\Phi 89\times 4$，完全可满足该工房的使用要求。

此外，为满足膨胀烟丝工房内部分设备需设置不间断压空气源的使用要求，在车间内不间断气源用气点附近另行选配排气量为 0.24 立方米 / 分钟，排气压力为 0.8 兆帕的 SF–2 SKID 型风冷无油涡旋空压机 1 台作为不间断备用气源，该空压机自带容积为 270 升的储气罐，同时选配处理量为 0.3 立方米 / 分 CD5 型吸附式干燥器 1 台与该空压机配套使用，即可为膨胀烟丝生产线提供可靠的不间断压空气源。

（8）给排水系统

给排水系统由新建干冰膨胀烟丝工房室内给、排水系统、纯净水系统、软化水系统、雨水排水系统、消防给水系统；室外给排水以及所涉及的区域原有给排水外线改造组成。

a）生产生活给水

室内生产生活用水由原有动力中心的生产、生活变频加压给水系统供给，管材为缩合式衬塑钢管。

b）纯净水

纯净水系统将 DN50 的纯净水管从一区生产线联合工房通过片烟高架库引至新建的膨胀烟丝工房，管材为薄壁不锈钢管。

c）软化水

冷端设备及三层的空调机房均设计有循环冷却水系统，该系统的补水均采用软化水，管材为缩合式衬塑钢管。

d）室外消防给水

本项目设有消火栓环状加压给水管网，管径为 DN200 毫米，在该管网上设置一定数量的室外消火栓，保证设置间距不大于 120 米。

e）室内消火栓给水

本项目设有两条 DN150 消火栓管，从室外消火栓环状加压给水管网上引至新建膨胀烟丝工房，并于室内形成环状管网，管材为热镀锌焊接钢管。除不能用水灭火的房间外，均设消火栓保护，并保证任何一点均有二股水柱同时到达。每个消火栓箱内均配置 DN65 毫米消火栓一个，L = 25 米的麻质衬胶水带一条，DN65 × 19 毫米的直流水枪一支。

f）水幕消防系统

新建膨胀烟丝工房设有两处水幕消防系统，一处为一层的防火分隔水幕消防系统，另一处为三层的以防护冷却为目的水幕消防系统。

g）预作用自动喷水灭火系统

三层设丙类 2 项成品膨丝储丝间，堆垛储物高度为 4 米，设有预作用自动喷水灭火系统。该库按火灾危险等级属于仓库危险级 Ⅰ 级，喷水强度 q=8 升 /（分钟・平方米），作用面积为 200 平方米，火灾延续时间为 1.5 小时，设计消防水量为 38.88L/S。

h）污水排水系统

工房内的排水管采用 PVC － U 排水管，粘接连接。工艺设备清洗排污管为高温排水的采用薄壁不锈钢管，材质为 304。

生活污水先经厂区新建 3 号钢砼化粪池初步处理后，排至厂区排水管网；生产污水可直接排至厂区排水管网。厂区排水均经厂区现有污水处理站处理后，排至市政污水管网。

i）雨水排水系统

屋面雨水采用内排水方式，雨水排水采用虹吸式雨水排水系统。膨胀烟丝工房雨水管道系统的设计重现期按 10 年计，雨水管道系统与溢流设施的总排水能力不小于 50 年重现期的雨水量。

（四）质量管理

土建部分

项目工程根据《建设工程质量管理条例》的有关规定，经龙岩建设局审查，同意办理工程质量监督注册手续。龙岩市建设工程质量监督站对该项目实施政府质量监督管理。

在工程管理方面坚持做到“三控制、二管理、一协调”。“三控制”就是做好工程“质量、工期、成本”三要素的控制，对工程建设实行综合的动态管理。“二管理”就是加强工程安全管理、综合管理工作。工程安全管理应落实安全责任，坚持贯彻预防为主的方针。综合管理就是对各项目计划，进行综合统筹安排，以实现项目目标。“一协调”就是总体协调好工程各参建单位、各专业立体交叉施工之间的关系，确保工程建设走上良性的循环轨道。

通过建立健全工程建设项目质量、职业健康与安全和环境管理体系，提升项目管理水平。在项目建设准备阶段，即确定项目的质量目标。识别项目质量控制所需的过程与活动，确定过程与活动的执行程序，明确职责分工的接口关系，加强对工程质量策划、控制、检查、验收等环节管理力度，力求把质量风险降到最低。加强项目职业健康安全与环境管理体系（HSE）的管理，通过制定危险源辨识评价与控制措施清单，把好工程建设安全生产“六关”即措施关、交底关、教育关、防护关、检查关、改进关，实现风险预防，有力地保障工程建设的安全。同时还制定工程建设重要环境因素与控制措施，防止发生施工环境污染，降低有害的环境影响，改善施工现场环境，创造安全、文明、有序、和谐的工程建设环境，确保工程建设的顺利进展。

工艺部分

为确保干冰膨胀烟丝生产线保质保量、顺利地投入使用，在初步设计中，针对工艺专业部分进行细化深度设计，基本达到施工图设计深度，将工艺专业的施工图设计的工作前移至初步设计阶段就基本完成，为公用工程各专业在施工图阶段顺利进行提供条件，避免在施工图设计时因工艺专业的调整而引起公用工程设计的变更；其次，在设备制作过程中，技改办联合设备使用部门、设备管理部门相关专业人员分阶段前往制造厂商进行实地设备监造，根据技术协议要求逐台审核设备单机图纸、严格把控设备制造全过程，对制作过程中未按技术协议执行的制作细节，将设备存在的问题及时反馈并在设备制造现场予以解决；最后，设备安装过程中，严格按项目实施计划紧张、有序地进行，技术改造办公室每周组织一次制丝车间、设备管理部、物流部等部门相关人员进行现场设备安装质量检查，提出整改意见，并在下一周检查时落实整改是否到位。如此，提升了整体工艺设备的制作质量和安装质量，确保该技改项目保质保量、顺利通过验收并投入使用。

公用工程

工程项目的质量是建设项目的核心，上级领导、建设单位、各个施工单位的项目经理极为重视，都建立起相应的质量保证体系，环环相接，丝丝入扣，以创优为契机，以设计文件、图纸、工程洽商为施工依据，以国家、福建省施工及验收规范、规程、工程质量验收评标准等为施工标准，做好图纸会审、施工队伍入场培训工作；建立施工过程质量预控及检测程序，建立质量例会等过程控制制度，建立执行自检、互检、交接检验收制度；发挥工程监理、市质检站工程技术人员的监督管理作用；较好地挖掘和利用供货商工程技术人员的潜力及服务；推行样板工程管理、程序化管理、规范化管理；强调全过程跟踪控制，把好材料进场关、隐蔽工程验收关，并要求上道工序对下道工序负责；推行质量闭环管理，发现问题限期整改。项目建设取得较好的质量效果，实现了干冰线技改工程质量目标。

（五）技术档案

为切实加强干冰线技改项目的档案管理，确保工程档案完整、准确，根据《建设工程质量管理条例》（国务院令第 279 条）、《建设工程文件归档整理规范》（GB/T 50328—2001）、《福建省房屋建筑工程和市政基础设施工程竣工验收备案管理实施细则》（闽建法〔2006〕76 号和《福建省建设工程档案编制验收及报送暂行办法》（闽建综〔2006〕8 号）等相关法规标准的规定，对项目施工单位、监理单位等提出了明确的技术档案归档要求。

在干冰线技改项目实施期间，公司依据项目档案建档范围，根据工程进展情况，多次召集各施工单位和监理单位召开专项会议，针对新、老标准交替期间在实际工作中出现的档案工作问题，对照管理标准和规范，结合具体情况，统一思想认识和做法，及时反馈档案工作信息，及时协调处理问题。进入工程竣工验收阶段，重点把握工程档案资料是否齐全、系统、完整，内容是否真实、准确地反映工程建设活动和工程实际状况，工程档案签章手续是否完备，竣工图编制是否符合要求。为确保竣工资料的完整真实性，经福建海川工程监理有限公司、龙岩市城建档案馆审核档案资料，罗列所发现的问题，要求施工单位限期整改，并采取财务行政手段作保证措施的落实。设备档案管理坚持档案员参加设备开箱验收，归档前的设备资料须经项目技术员审核其适用性，并盖章审批，方可发放使用。

三、试车运行

（一）生产准备

技术培训

干冰线技改项目选用了国内先进的新设备、新技术和先进的管控模式，因此技术培训工作尤为重要。公司从安装开始就非常注重新设备、新技术的技术培训，整个技改过程中及时组织各类技术人员、管理类培训，制订详细的员工岗位操作、维修及生产管理等培训计划。通过理论培训和安装调试现场培训相结合的方式，进行多层次、全方位，按需求、抓重点的培训，有效提升培训效果。车间使用部门还根据自身需要，积极展开部门内部培训，做到岗前有培训，岗位有考核，每个员工都熟练掌握设备操作细则，并生产出优质产品。

生产组织

公司相关部门在各自的管理职责范围内积极配合，做好1140千克/时干冰膨胀烟丝生产线试车试生产工作。技术改造办公室负责水、电、气、汽等的落实及设备的正常运转；物流部及技术中心龙岩工作站负责试车物料的准备，后者还负责相关产品的批量试验和评价，对关键工序设备的工艺参数设计及相关工艺技术指标的确定和下达，并进行批次试验过程跟踪、记录；质量管理部负责试生产期间的取样、检验工作和工艺质量考核；制丝车间负责操作人员的组织；生产管理部负责试生产期间的全面协调。

（二）投料试车

经过紧张的施工和设备安装，1140千克/时干冰膨胀烟丝生产线于2013年8月19日进行投料试生产，10月25日转入试生产阶段，经过4个月的投料试生产，各项生产工艺指标符合技术要求，设备运转情况良好，2014年3月该生产线顺利通过正式验收。

叶丝加料是1140千克/时干冰膨胀烟丝生产线的新技术、新工艺，龙烟公司在工艺技术上追求不断进步，对叶丝加料工艺进行过多次论证研究，并到其他卷烟工业进行交流学习，与叶片加料相比，叶丝具有料液吸收快、加料后贮存时间短等优点，同时可以减少贮叶环节，简化工艺流程。叶丝加料机在经过4400千克/时烟丝，连续20天的生产试运行，整体表现情况良好，具体表现为：丝加料的精度控制和料液吸收效果良好，设备运行稳定，各项性能指标、技术参数、控制系统等均能达到或基本达到设备质量标准。

1140千克/时干冰膨胀烟丝生产线采密集型烟丝箱式贮丝物流系统，该系统结合行业内最新发展技术，首次采用货架式平库和非接触电容储电穿梭车，建立了一套立体烟丝密集储运与掺配系统，实现了柔性生产的烟丝加工需求，有效提升了干冰烟丝品质并提高了生产线效率。1140千克/时干冰膨胀烟丝生产线于2013年10月投入试生产，经相关部门检测数据表明，采用烟丝箱式储运和掺配系统后，有效降低了干冰烟丝的造碎，烟丝整丝率和碎丝率变化值明显下降，烟丝填充值变化值有所降低，有效提高了干冰膨胀烟丝品质。更重要的是，该物流系统采用货架式平库设计，与原柜式存储相比，空间利用率明显提高，其库容是柜式存储库容的2.8倍，存储量大大增加，实现了柔性化生产需求，灵活调整不同等级膨胀烟丝的存储量。此外，系统引入RFID技术，每个烟丝箱配有RFID芯片，在空箱装烟丝时，将该批次的烟丝信息（包括牌号、批次号、生产时间、重量等）写入随箱的RFID芯片内，全程跟随入库，从而建立了干冰烟丝储运全过程追溯系统，实现了批次的信息跟随，有助于提高生产过程的质量保障能力，大大简化了生产流程，避免因人工判断失误带来的质量隐患，提高生产过程的质量保障能力。

（三）项目总体竣工验收

项目于2011年1月开始建设改造，2013年10月试生产，具有设计紧凑、工艺布局合理、工艺灵活多变、加工过程精细、设备运行平稳等特点，实现了生产线建设的预期目标，与原生产线相比，干冰烟丝出丝率由96.23%提升至96.64%，能耗明显降低，每生产一公斤干冰膨胀烟丝消耗的二氧化碳量由0.5446公斤降低至0.4749公斤，柴油消耗由0.08393公斤降低至0.07642公斤。

2016年5月5日，中国烟草总公司下发《关于龙岩烟草工业有限责任公司干冰膨胀烟丝生产线技术改造项目通过总体竣工验收的通知》（中烟办〔2016〕100号），认为该项目提升了龙烟公司膨胀烟丝工艺装备技术水平和产品质量保障能力，取得了良好的经济和社会效益，同意通过总体竣工验收，并按规定转入相关资产，正式交付生产使用。

（四）项目达产后的效果

干冰线技术改造项目从2013年10月投入试生产以来，各工艺设备及公用配套设施运行情况稳定。2014年全年生产卷烟1028548箱，其中一类烟163890

箱，占总产量的15.93%；二类烟249211箱，占总产量的24.23%，具体见表4—1：

干冰膨胀烟丝生产线技术改造项目技改前后产量和产品结构对照表

表4-1

项目 / 产量	2011年	2014年	
	产量（箱）	产量（箱）	增长率（%）
一类烟	110740	163890	48.00
二类烟	183931	249211	35.49
三类烟	142368	286700	101.38
四类烟	336210	286697	–14.73
五类烟	149940	42050	–71.96

四、安全、环保、节能

（一）安全生产

在项目的建设过程中，坚决贯彻“安全第一、预防为主、综合治理”的安全生产方针，根据《中华人民共和国安全生产法》《中华人民共和国劳动法》及国家有关消防法规和规范的要求，认真落实建设项目“三同时”制度。项目的主要实施内容包括：

1. 在生产工艺、设备安全性及安全防护措施方面：生产工艺属国际或国内先进，具有较高的自动化水平。绝大多数生产设备的机械安全防护装置，电气安全防护措施符合规范要求。

2. 在供配电系统及防雷、防静电措施与安全性方面：各高低压配电室的检测项目符合规范要求，配电线路辐射符合规范要求，防雷防静电措施符合规范要求。

3. 在防火措施可靠性方面：在生产过程采取了充分的防火防爆措施，如消防给水系统、预作用自动喷水灭火系统以及泡沫灭火系统和可燃气体浓度报警系统及气体灭火系统，均符合国家现行的有关法律、法规、技术标准和设计规范的要求。在易、可燃液体场所配置灭火器。

该项目于2014年4月委托福建为民安全工程咨询服务中心编制了《龙岩烟草工业有限责任公司干冰膨胀烟丝生产线技术改造项目安全验收评价报告》，并就报告书中提出的问题进行了整改。2014年8月，评价机构对整改情况进行了复核认定。经现场检查认为：公司建立了有效的安全生产管理机构，配备了专职安全生产管理人员，实行安全生产目标管理，落实安全生产责任制。安全生产管理制度和安全操作规程符合安全生产法律、法规、行政规章的要求和企业的实际情况，并能较好地贯彻执行，有较完善的事故应急管理机制。公司的安全生产管理工作能满足项目竣工、试生产运行正常后安全生产的需要。

2014 年 11 月 6 日，经福建省安全生产监督管理局审查，认定干冰线技改项目基本具备安全生产条件，同意备案。

（二）工业卫生与职业健康

为预防、控制和消除职业病危害、保护劳动者健康，为劳动者创造符合国家职业接触限值和卫生要求的工作环境，公司委托山东省职业卫生与职业病防治研究院对干冰膨胀烟丝生产线技改项目进行职业病危害控制效果预评价，委托福建省职业病与化学中毒预防控制中心进行职业病危害控制效果评价，评价报告认为，干冰线技改项目在设计、施工中，基本遵循了国家关于建设项目职业病防护设施与主体工程同时设计、同时施工、同时投入生产和使用的原则，采取了必要的职业病危害防护措施，基本符合国家有关职业卫生法律、法规、规范的要求。2015 年 10 月 10 日，国家安全生产监督管理局以安健项目验字 2015［60］号批复同意干冰线技改项目职业病防护设施投入使用。干冰线技改项目由国家安全生产监督管理局委托福建省安全监管局组织专家对该项目职业病防护设施竣工验收申请文件、资料进行了合法性和现场检查验收。

（三）消防保卫

按照相应的规范，各专业均设置消防措施。主要包括总图及建筑消防设施、给排水消防设施、通风、排烟及除尘、泄压及防爆、电气消防设施、消防控制设施等方面的防护措施。

火灾自动报警系统为控制中心报警系统，该系统为全厂火灾自动报警系统的子系统。系统分为两个部分，第一部分是消防控制中心，消防控制中心为原有系统。第二部分为消防报警系统的外围设备，其基本组成部分为：

1）智能型感烟、感温探测器及吸气式烟雾探测器；

2）防爆探测器、气体探测器；

3）手动报警按钮、消火栓报警按钮和声光报警器；

4）手持电话及控制模块等，这些设备及时将建筑物的火灾情况向消防控制室汇报，并根据自动程序控制现场的相应消防设备。

室内外消防采用联合消防给水系统，室内外消防水量全部储存在厂区动力中心消防水池内。火灾初期消防水量由设在动力中心屋面的高位水箱和消防增压稳压装置提供。消防给水系统由室外消防给水系统、室内消火栓给水系统、水幕消防系统、预作用自动喷水灭火系统共同组成。

按照现行《建筑设计防火规范》（GB50016—2006），在膨胀烟丝工房内设置防、排烟系统。冷端设备间、热端设备间、除尘间等设自然排烟系统。其自然排烟口为建筑外窗，外窗的净面积大于车间建筑面积的2%。切片回潮间、制丝间、空调间等分别设机械排烟系统，排烟风量按每平方米60立方米/时计算，采用消防排烟风机，排烟与平时排风合用。成品膨丝装箱间、成品膨丝储丝间分别设机械排烟系统，排烟风量按每平方米60立方米/时计算，采用消防排烟风机。对于有可开启外窗但长度超过40米的走道，设计机械排烟。对于不具备自然排烟条件的防烟楼梯间前室，设计机械加压送风系统。火灾发生时，由消防控制室远距离开启加压送风机，进行加压送风。干冰线技改项目消防工程于2013年10月24日顺利通过龙岩市公安消防支队的备案复查验收。

干冰线技改项目视频生产监控系统及视频保安监控系统分别纳入一区生产线联合工房信息中心的各视频监控系统中。干冰线工房在中控室设视频矩阵控制主机、控制键盘、光端机。该工房的视频信号通过光端机送至一区生产线联合工房信息中心。该工房的矩阵主机和一区生产线联合工房信息中心的矩阵主机通过网络控制功能实现。在中控室的操作人员可选择摄像机、监视器、视图和区域，控制变焦、云台等，还可与周界防范系统、火灾自动报警系统联动，根据需要自动将现场图像切换到指定的监视器上显示，同时还可以完成分组同时切换、单步切换、序列切换并具备电子地图等功能。车间内有关行政人员通过多媒体计算机可实时地控制和监视，真正做到一机多用。

1. 系统的组成部分

系统主要由前端摄像机（模拟摄像机）、显示控制记录设备（硬盘录像机DVR、监视器、矩阵主机、控制键盘）和传输系统三大部分组成。

2. 前端设备

前端设备负责信号的采集，对车间的出入口、机台等重点位置采用彩色摄像机，在需要夜间监视的地区采用超低照度彩色摄像机。摄像机具体安装地点：膨胀烟丝小线、膨胀烟丝生产线及膨后烟丝储存处；各主要出入口处，疏散通道。

3. 显示控制记录设备

显示控制记录设备设置在中控室。用于视频信号的显示、记录、转发，在中控室设3台16路硬盘录像机、视频分配器、矩阵控制主机。矩阵控制主机将12路视频信号通过光端机送至“九五”工房监控中心，控制信号通过以太网进行传输。矩阵控制主机在中控室接8台153.18厘米LCD监视器用于现场监控、回放。一层电控间作为分控中心，设置分控键盘和4台153.18厘米LCD监视器，用于监视生产过程。

4. 传输部分

建筑物内摄像机视频传输采用SYV-75-5同轴电缆，电源线采用RVV-2×1.5铜芯电缆，控制线采用RVSP-2×1.5铜芯导线。在建筑物内采用沿桥架或穿钢管明敷的方式。

监控系统由五洲工程设计研究院设计，中建四局安装、调试，采用派尔高、英飞拓的产品，可以实时监控安全及生产工艺加工过程，服务于安全及生产监控。2013年7月13日，项目安防系统通过验收，投入使用。

（四）节能

工艺节能

（1）1140千克/时干冰膨胀烟丝生产线工艺路线经过多次优化，采用最短工艺路线进行紧凑布置，大幅减少生产线物料传送能耗。

（2）烟丝贮存采用箱式贮丝技术，保证了产品贮存中水分及温度稳定性，减少工艺空调能耗。

（3）该生产线所耗用的各种能源如水、电、蒸汽、压缩空气、柴油、循环水及冷冻水等均在相应的系统中设置流量计量装置，以便于独立核算和能源管理。

（4）用气设备产生的凝结水回收利用，压缩机等设备所需冷却水循环使用。

（5）1140千克/时干冰膨胀烟丝生产线采用叶丝加料，料液吸收快、吸收效果好，节约了料液。

（6）热端燃烧炉新增HE-63热交换器，回收的工艺热气体经废气预热器HE-63后循环使用，节约了能源。

公用节能

根据国家有关节约能源和利用能源方面的标准、规范和政策的要求及膨胀烟丝生产的实际情况，项目设计和建设在节约能源及合理利用能源方面采取了以下相应的技术措施：

（1）采用电机变频调速技术，改进风机和泵类电机的系统调节方式，提高系统的运行效率。

（2）合理回收和利用各类余热（能），并对各种回收的能源进行重复利用。

（3）建筑物墙体及屋面采取保温措施，选用国家推荐的及保温性能良好的保温材料，建筑物的外门、窗全部采用防冷（热）桥构造，选用断桥铝合金框。外墙维护结构的窗及幕墙采用低辐射中空氩气玻璃，有效地隔绝热辐射的进入，可保证室内采光、通风、隔热和保温要求。

（4）空调及制冷设备采用集中监控和全自动控制，空调自控采取全年多工况分区自动控制、风机变频控制、新回风比节能控制、冷冻水变流量控制等节能控制策略，保证车间全年的任何时刻都能保持较高的温湿度控制精度，并大大提高系统的运行效率。

（5）照明光源采用金属卤化物灯、电磁感应灯、荧光灯及U形节能灯等节能灯具。生产区采用照明智能控制系统，对主要生产区按系统分区进行控制，控制线采用拓扑结构，使控制灵活，智能照明系统通过设定开关时间、灯具数量，根据工作环境照度的需求进行控制，提高了生产管理水平，从而达到照明的节能。

（6）对项目耗用的各种能源，均装设现场流量计量和积算仪表，并将数据传送至全厂的能源管理中心，以利于进行集中的能源管理及经济核算。

（五）环境保护

干冰线技改项目委托龙岩市环境科学研究院编制《环境影响报告书》，2012年龙岩市环境保护局以龙环函〔2012〕38号文批复同意。项目于2012年5月开始动工，2013年8月19日所有设备安装完毕，并投入试产。根据《中华人民共和国环境保护法》、国家环保总局环发（2000）38号《关于建设项目环境保护设施竣工验收监测管理问题的通知》、国家环保总局（2001）第13号令《建设项目竣工环境保护验收管理办法》的要求，于2014年3月正式委托龙岩市环境监测站，对项目环保设施进行竣工验收监测。龙岩市环境监测站接受委托后，即派专业技术人员踏勘了现场，并在现场踏勘和相关资料整理的基础上，依照项目的具体特点及国家有关规定，编制了《项目环保设施竣工验收监测方案》；并对该公司的环保设施进行采样监测，形成《龙岩烟草工业有限责任公司干冰膨胀烟丝生产线技术改造项目环保设施竣工验收监测报告》（〔岩〕字2015第001号文），2014年12月18日，龙岩市环境保护局成立了项目验收组对干冰线技改项目进行竣工环境保护现场验收。验收组认为干冰线技改项目环保手续齐全，企业在建设过程中认真执行了建设项目环保“三同时”制度，各项环保设施和措施基本按环评报告书及其批复等落实完成，污染物达标排放，验收组提出的整改要求基本落实，具备竣工环保验收条件。2015年2月15日，龙岩市环境保护局以龙环验〔2015〕005号文批复准予干冰线技改项目通过竣工环保验收。

（六）压力容器、电梯

工艺部分

由于1140千克/时干冰膨胀烟丝生产线具有低温、高压的特殊工艺需求，其各类二氧化碳压力容器工作压力达2.8兆帕，工作温度约零下65℃。因此，项目于2013年4月开始的安装调试过程中，在福建省锅炉压力容器检验研究所和福建省锅炉压力容器检验研究院容器管道检验中心等部门的全程监督检测下，总共完成了15台套压力容器、46只高低温安全阀和317.5米低温耐压管道的检测、试压工作。项目严格按照压力容器检验研究所的要求，对检验过程中发现的问题及时整改，顺利于2013年9月获取特种设备使用登记证和《安全阀检验报告》，从而确保项目按技术实施。

压力容器与电梯部分

干冰膨胀烟丝生产线技术改造项目新增特种设备包含压力容器1台，2013年9月11日取得特种设备使用登记证。载货电梯1部，2013年7月19日取得特种设备使用登记证。

在建设过程中，各种压力容器、特种设备及蒸汽管道等，从设计、招标采购、安装、调试、检测和验收都按照国家有关标准与规范执行。全部压力容器在安装前都具有出厂合格证、质量检验证、产品说明书等证书和技术资料。压力容器、电梯等的安装施工均有相关专业安装资质的施工单位实施安装，在使用前均经过福建省锅炉压力容器检验所、福建省特种设备监督检验所、龙岩市质量技术监督局等部门的监督检验，各项安全质量指标均符合国家有关标准的要求。

操作人员和维护人员都通过培训取得特种设备安全操作证，做到持证上岗。建立健全了特种设备运行使用管理的各项规章制度和考核管理办法，确保特种设备的安全有序运行。

（七）档案

公司科技档案员组织了施工单位及监理单位向龙岩市城建档案馆移交了工程准备阶段文件572页、竣工验收文件115页、施工文件3147页、监理文件327页、声像照片60张、光盘一个、竣工图245张等建设工程档案。

2015年4月24日，龙岩市城建档案馆对干冰线技改项目工程档案进行审核，认为符合备案管理要求，同意颁发龙岩市建设工程档案审核认可书。

公司综合档案室对归档的技改工程档案，依据基本建设档案管理、设备档案管理，科技档案案卷构成等国家标准以及烟草行业档案分类标准进行档案案卷分类整理。基本做到了所归档的文件材料齐全、内容数据真实、手续完备；立卷分类科学合理，案卷题名准确揭示案卷内容；卷内目录翔实，遵循了文件材料的形成规律；案卷上架排列有序。经过科技档案员艰苦而细致的努力工作，至2015年10月27日已完整地形成干冰膨胀烟丝生产线技改项目建设工程档案203卷，其中基建档案67卷，设备档案136卷，照片档案60张，光盘1张，竣工图252张。

一区生产线技术改造项目

一、技改规划

根据福建中烟工业有限责任公司品牌发展战略，按照龙烟公司“十二五”发展战略规划，为响应国家局实施减害降焦战略，保持装备的先进性，加快特色工艺研究成果、对外合作成果和新技术新工艺的转化和应用，切实打造与公司制造力提升、产品多样化需求、工艺技术发展等相适应的生产线，提升企业技术水平、制造水平和管理水平，公司拟对一区生产线实施技术改造。2012年1月6日公司以岩烟技改〔2012〕8号文正式启动一区整体技术改造项目相关准备工作，成立了课题研究小组和一区整体技术改造项目领导小组。2013年1月21日，公司以岩烟工〔2013〕15号文向福建中烟请示关于一区生产线在线技术改造项目的实施。2013年3月18日，福建中烟将关于一区生产线在线技术改造项目的实施等相关材料以闽烟工〔2013〕83号文呈报国家局批复。2013年7月22日，国家局正式批准公司实施一区生产线技术改造项目。

（一）建设内容与目标

建设内容

项目属于就地局部技改项目，改造面积约22090平方米；对现有工艺流程进行优化，对一区现有6000千克/时制丝生产线、3000千克/时制丝生产线、2000千克/时梗丝生产线部分设备进行更新改造；对一区联合工房内部进行局部适应性改造；配套改造公用工程和空调设备；升级改造部分信息化系统。

建设目标

通过实施一区技改项目，优化工艺流程，调整工艺设备布局，更新部分制丝设备和控制系统，提高工艺技术水平和产品质量控制水平，以满足公司品牌均质化生产需要。

膨胀烟丝干冰线项目厂房及部分设备（技术改造办公室　供图　摄于2015年）

（二）建设规模

根据产品定位和品牌加工需求，项目保持年产卷烟250亿支（50万箱）不变，按 6000 千克 / 时的大流量规模线、3000 千克 / 时的小流量功能线和 2000 千克 / 时的梗处理线规模实施改造。一区技改项目实际完成投资 14，087.02 万元（不含烟草专用机械投资），烟草专用机械投资额为 10，767.73 万元，两项合计总投资额为 24，854.75 万元。

二、工程建设

（一）组织领导

项目是龙岩市的重点建设项目之一，也是福建中烟“十二五”投资规划的重点项目之一。项目以“响应国家局实施减害降焦战略的号召，保持公司装备的先进性，加快特色工艺研究成果、对外合作成果和新技术新工艺的转化和应用，打造与公司制造力提升、产品多样化需求、工艺技术发展等相适应的生产线”为建设目标，按高起点规划，依高水平设计，以高标准实施。

组建项目管理团队

为了加强对项目的组织领导，确保项目顺利实施，实现项目的安全、优质、高效、有序、和谐，公司成立了以公司总经理为组长的一区生产线技术改造项目领导小组，并设立以公司分管副总经理为项目负责人的项目管理团队。领导小组下设办公室，负责对该项目进行总体协调和实施管理工作。

2012 年 1 月 6 日公司正式启动一区技改项目相关准备工作，成立了课题研究小组和一区整体技术改造项目领导小组。根据项目的内容及专业性质，课题研究应用小组下设品牌产能规划及生产管理课题组、工艺课题组、制丝设备课题组、卷包设备课题组、物流系统课题组、公用工程课题组、过程控制课题组、信息化集成课题组、安全技术研究课题组、节能环保课题组、全过程质量管理课题组十一个课题研究小组，同时明确了各小组的主要职责和工作要求。并从公司各部门抽调专业技术和管理人员充实到各个小组中，具体工作由各小组与公司各相关部门共同协作开展。

进入关键的工艺设备安装调试阶段时，为了确保项目顺利实施，又将项目组再次细化，成立了安装、调试、验收及生产工艺研究领导小组，根据项目内容、专业的不同，领导小组下设项目综合管理组、工艺设备项目组、过程控制及信息化项目组、公共工程项目组、土建项目组、生产管理组、安全管理组、设备验收组、工艺质量组、党建宣传组、效能监察组 11 个项目组。项目实施过程中，公司上下统一思想，提高认识，全力支持项目的实施，为项目实施提供良好的条件和创造良好的氛围。各项目组成员，在项目领导小组的统一部署和领导下，互相配合、通力协作，以高度的责任感和使命感做好各项工作，确保项目按进度、抓质量、保安全顺利完成。

建章立制

为进一步规范项目管理程序，按照国家局《烟草行业项目投资管理办法》和省公司的有关规定，结合公司采购管理办法、合同管理办法，对项目管理流程和管理制度进行优化，确保一区技改项目全过程的决策、实施、验收等各业务环节规范、有序。

项目管理培训

为了提高公司工程技术人员项目管理的能力和水平，保证一区技改项目的顺利实施，项目启动初期，采取走出去请进来的方式，多次聘请五洲设计院、郑州烟草研究院、菲莫公司的技术专家到厂评审，并不断更新工艺方案和布局；另外，项目组根据行业内在线技改的发展现状，多次由公司领导分批次率队前往国内大型卷烟厂进行学习考察在线技改经验；此外，项目在设计初期，充分与国内外的主要烟机厂家结合，进行多次技术交流，力求项目实施过程中充分应用最新的烟草工艺设备，从而提高制丝工艺过程控制水平并有效提升生产效率。

项目管理创新

从 2015 年 6 月 29 日开始，新生产线设备经过了：单机调试、联线调试、功能测试、全线联动投料调试等多个阶段，经过多部门密切配合、努力工作，各个阶段的调试得到顺利进行，最终在 8 月 14 日完成投料调试工作，比原计划完成时间（8 月 31 日）提早了 17 天完成，安装调试工作取得巨大成功。在技改期间，项目组注重项目管理的创新，体现如下：

职责明确：将工作责任矩阵进行三级分解。利用项目管理软件，与施工队伍参与方协同制定安调计划，将安调计划层层进行细化分解到每天做什么事情，结合整体安调计划，对每个施工队伍参与方制定的各个子项计划的合理性、可行性、同步性进行协调。

专用工具的设计制造：要求关键施工方自行设计制造设备拆卸、安装等专业工具，提高作业效率，保证计划顺利实施。

加强监制监管：此次技改从 2015 年 1 月始即派人在设备厂家驻点进行设备监制，确保设备进厂前万无一失。此外，要求设备厂家对关键设备进行出厂前调试，以免影响安调时间，影响整个项目工期。

党支部成立：通过“支部建在技改项目上”的新型项目党建模式构建，成立一区技改临时党支部，充分发挥党组织的战斗堡垒作用和共产党员先锋模范作用，凝聚人心、形成合力，践行公司“四共”价值观，推动项目建设顺利开展。

计划把控：“项目进度计划控制板”的创新运用，使全体项目参加人员对每天的项目进展情况一目了然，方便所有参与单位对计划进行及时控制。

安全管理：创新制定《在线技术改造项目施工现场安全文明施工管理》制度，安全员小组集中巡查和专题会议，项目管理员同时负责安全管理制度，严格的违规处罚措施，领导值班制等。通过这些新措施，安全隐患得到及时发现和整改，安全违规行为得到及时制止和纠正，确保项目安全实施。

加强创新，与时俱进。利用现代科技交互技术，建立实时高效的沟通协调机制，使项目全过程中能及时地沟通传递、协调解决、实时和高效，从而更加顺利推动项目的实施。

（二）勘查设计

地质勘查

由于本项目是在原有一区联合工房基础上进行局部适应性改造，因此本项目不涉及地质勘查工作。

工程设计

一区技改项目经公开招标，中国烟草总公司郑州烟草研究院、五洲工程设计研究院负责项目设计工作，参与设计的专业主要有工艺、给水排水、通风与空调、电气和技术经济等。

初步设计

该项目于 2013 年 12 月下旬完成初步设计方案后，中国烟草总公司合肥设计院对初步设计进行第三方评审，对初步设计文件在技术上的合理性、施工上的可行性、工程造价上的经济性进行审核。检查设计单位所用的标准是否适当、合理，达到优化工程设计的目的，以求提高设计质量。对初步设计概算进行审核，注重项目建设功能和技术的先进性、适用性，使投资概算更加全面、准确地反映工程造价，提高了项目投资效益。

2013 年 12 月 24 日，湖南省天平项目管理有限公司对龙岩烟草工业有限责任公司一区技改项目初步设计概算进行了评审〔（2013）第 193 号〕，给出了评审结果：设计单位编制的设计概算总投资为 33573 万元（含烟草专用机械设备投资 14028 万元），经评审调整后的设计概算总投资为 33428 万元（其中，土建、公用配套及烟草非专用机械设备投资 19400 万元，烟草专用机械设备投资为 14028 万元）。

2013 年 12 月 30 日，受国家烟草专卖局委托，福建中烟组织召开了一区技改项目初步设计评审会议。与会专家勘查了项目现场，听取了公司关于项目前期准备情况、中国烟草总公司郑州烟草研究院及中国五洲工程设计集团有限公司关于项目初步设计文件的介绍、湖南省天平项目管理有限公司关于初步设计投资概算审核报告，审阅了项目设计文件、图纸资料及中国烟草总公司合肥设计院关于项目的初步设计评审报告，并就有关问题进行了质询，通过了该项目的初步设计方案。

2014 年 2 月 21 日，福建中烟将项目的初步设计、初步设计专家评审意见等相关材料呈报国家局批复。2014 年 4 月 18 日，国家局正式批复项目初步设计。

施工图设计

项目施工图设计从 2014 年 4 月开始，并于 2014 年 6 月全部完成。在项目设计的全过程中，严格按照国家规定的各阶段项目审批程序和国家及烟草行业有关设计规范、标准的要求进行设计工作，进行了多层次的施工图评审，在施工图设计中，除了各项目管理员项目自审外，还进行了公司内各专业综合评审、与设计院、上级部门的联合评审，保证了施工图的设计质量。

项目的施工图设计文件是在原有一区联合工房基础上进行局部适应性改造，在其内部实施，不涉及总平、室外工程的变动、网架和框架主体结构的改变；由于主要是工艺设备更换，现有一区的网架屋面、钢格栅和二层楼面等的承载能力不做变动。因此该项目不涉及施工图设计审查工作。

（三）工程施工

土建部分

项目土建改造工程施工经公开招标由福建七建集团有限公司负责承建施工。

项目于 2015 年 5 月 28 日开始正式施工，2015 年 12 月 3 日通过单位工程的竣工验收。

项目工程监理经公开招标确定由福建易成工程管理有限公司全面负责工程质量、进度、投资、安全等各项工程监理工作，在项目施工监理过程中，监理公司根据《建设工程监理规范》开展现场监理工作，按照国家有关法律、法规、强制性标准、设计文件及有关合同进行监督管理。项目严格执行工程报验制、建筑材料进场检验制、见证取样制等，对关键施工环节做到旁站监理。工程建设的建筑装饰装修、建筑屋面、建筑给排水、建筑电气、消防系统、通风与空调等分部的施工与安装工程，经评定全部质量合格。

工艺部分

项目由 6000 千克 / 时制丝生产线、3000 千克 / 时制丝生产线、2000 千克 / 时梗丝生产线构成。6000 千克 / 时和 3000 千克 / 时两条叶丝生产线组合并排布置在厂房网架部分，并将万宝路专用加香机和万宝路贮丝柜布置在原膨胀烟丝贮丝房内，利用原有建筑封闭空间和独立空调系统；2000 千克 / 时梗丝生产线布置在厂房框架部分，与叶线主车间分隔布置，功能分区明确，烘后梗丝、一区梗丝掺配、箱装梗丝运出等物流路线顺畅短捷。本次技改生产相关的辅助系统包括：除尘器、风机、压棒机、螺旋输送机、异味处理和电控及集控系统。其中部分的除尘器、风机、压棒机、螺旋输送机为利旧改造设备；电控及集控系统方面：建立了制丝生产控制系统，完成整体控制集成和实现批次模式生产，保证制丝线整线控制的完整性和统一性，实现制丝生产过程的可视化监控、批次生产控制及实时数据采集，并与 MES 系统、电控系统的无缝集成，同时构建了基于 WEBSPACE 的全厂监控系统的整体集成和统一发布，建立了一套 LED 显示系统，用于显示每个贮柜及每工艺段的信息等。制丝生产控制系统主要负责生产任务、工艺标准等生产数据的自动接收、下达及反馈；实现产量、质量、设备运行等生产过程数据的采集、历史归档与存储，为 MES 等系统提供生产管理分析数据。

根据进度总目标及资源优化配置的原则，2015 年 6 月 4 日贮梗柜设备开始进场安装，紧接着按计划和节点要求分步对其他生产线的主机及辅联设备进行安装。工艺设备的安装与调试充分考虑项目建设各阶段的工作内容、工作程序、持续时间和衔接关系，编制计划并付诸实施，严抓项目进度管理，2015 年 7 月 15 日梗线进行投料调试，并于 8 月 1 日进入试生产工作；7 月 30 日叶线进行投料调试，8 月 10 日完成调试工作，并于 8 月 14 日进入试生产工作。2016 年 3 月，由技术改造办公室、设备管理部、技术中心、制丝车间、质量管理部、信息技术部、生产管理部、安全保卫部等部门相关人员组成设备验收小组，按《卷烟工艺规范》要求和与制造厂家签订的合同内容要求对该项目工艺设备进行验收。经现场检验测试，工艺设备质量达到相关技术标准和要求，通过验收。

公用工程

（1）空调系统：

a）此次改造将九五联合工房组合式空调机组（27 台）进行更换；空调机房内风管和配管系统均更新，新换的防火阀均带两组无源触点。

b）此次改造只更换空调机房内的支管，主管不变。蒸汽系统阀门全部更换，冷冻水系统只更换自控阀门。

c）此次改造中，原片烟烟梗整理区（F 区）和膨胀制丝小线（A 区）的部分风管，根据工艺布局进行调整，同时根据工艺确定的设备位置，合理布置岗位送风点；制丝车间网架内风管维持原状，不更换。

d）卷包车间（E 区）空调机房和制丝车间（A 区）空调机房分别增加一根自来水管（DN50），用于空调机组高效过滤器反冲洗。

e）片烟烟梗整理区（F 区一层）的岗位送风空调风管保温材料因生产环境差导致多处破损及变形严重，全部进行更换。

小线（A 区）及梗线（F 区一层）空调风管增加铝外护板。

（2）蒸汽系统：

a）原片烟烟梗整理区（F 区）一根蒸汽主管道（DN108）和一根凝结水主管道（DN108），根据工艺布局进行调整。

b）根据工艺确定的设备位置，合理布置蒸汽凝结水接管位置，就近接至工艺设备；新增蒸汽凝结水支管在网架上方设截止阀；原废弃支管拆除，盲板封堵。

（3）压缩空气系统：

a）此次技改拟利用该工房原有压缩空气干管（DN133×4，原管道位置、标高均不改变）向需要压缩空气的设备供气。

b）根据工艺确定的设备位置，合理布置压缩空气接管位置；新增的压缩空气支管由附近原有干管接出，采用架空明设的敷设方式，并以枝状管道进行分配的原则就近接至各用气点。

c）该项目的室内压缩空气供应管网采用与原有管网相同的材质，即采用输送流体用无缝钢管和低压流体输送用焊接钢管。

（4）给排水系统：

此项目改造范围为“九五”易地技术改造联合工房（9501 号、9503 号建筑物）的一区生产线室内给、排水系统、消防给水系统、纯净水系统管线。

a）生产生活给水

生产生活用水由原有动力中心的生产、生活变频加压给水系统供给。利用工房内原有给水干管引出支管就近接入用水点。

b） 纯净水

根据工艺要求，工艺设备增湿用水需采用纯净水，厂区内现设纯净水加压系统一套，由纯净水制备、供水管网、调节水箱及加压供水装置组成。利用原有纯净水管接出支管，供制丝工房工艺设备增湿使用。

c）室内消火栓给水

一区生产线消防给水系统利用原有消防系统，室内消火栓按新设计的平面布置，消火栓产品型号及控制方式同原有设计。

d）水幕消防系统

一区生产线新增工艺输送带穿过防火墙，此部分的防火墙开口处均设置防火分隔水幕。水幕消防系统与室内消火栓给水系统合用室内消火栓消防泵。水幕消防系统中的水幕喷头采用开式洒水喷头。

e）污水排水系统

该项目仅进行一区生产线废水管网的改造，根据工艺设备布置就近设计排水管线，排出管利用原有排出口，保证室外污水井不作改变；排出干管走向尽量利用原有排水管；生产废水管采用不锈钢管；排水地漏采用不锈钢地漏带网筐地漏。厂区排水均经厂区现有污水处理站处理后，排至市政污水管网。

（5）电气照明系统

a）高低压配电系统

高压配电系统利用厂区动力中心原有设施，不再进行改造。原有 10 千伏高压配电采用单母线分段系统，两路电源引入不同母线段，同时工作，互为备用，两段母线间设联络断路器，正常时，两路电源分别单独供电，当任一路电源线路故障时，闭合母联断路器，由另一路完好的电源线路供厂区主要负荷用电。

利用现有为制丝部分供电的两台 1600 千伏安干式变压器为新改造的制丝车间、储丝间和制丝部分空调机组等供电，变压器原有编号为 3B 和 4B。利用现有为卷接包部分供电的两台 2000 千伏安干式变压器为新改造的卷接包部分空调机组供电，变压器原有编号为 1B 和 2B。

利用现有为膨胀烟丝供电的两台 800 千伏安干式变压器为新增梗线设备和部分空调机组供电，变压器原有编号为 1 号和 2 号。

变电所中现有低压配电柜为 MNS2.0 抽屉式开关柜，采用下出线方式。不再新增低压配电柜，柜体利用原有。对需要用到的抽屉式断路器进行更换升级，出线方式不变。新更换的断路器均采用电子脱扣器和电动操作机构，同时加装分励脱扣器。

变电所的两台变压器低压侧母线间均设有分段断路器，正常时，各段母线分段运行，当其中一台变压器故障或停电时，先断开该变压器高、低压侧开关，然后闭合分段断路器，由非故障变压器负担全部消防和重要负荷。

b）线路敷设

室内低压线路采用铜芯电缆或电线。主要采用电缆桥架中明敷方式或采用阻燃电线穿钢管敷设。消防设备供电线路采用耐火铜芯电缆敷设在电缆桥架上，或采用耐火铜芯电线穿镀锌钢管暗敷于不燃烧结构体内。采用明敷设时，在金属管或金属线槽上涂防火涂料保护。

c）电气照明

一区工房照明已设有正常照明，应急照明等。建筑内的应急照明，楼梯间照明，电梯前室照明，主要通道的应急照明均采用双电源供电，在最末一级配电箱处自动切换。疏散指示灯、安全出口标志灯均自带镍镉电池，当市电停电后，自动转换由镍镉电池供电，应急时间不小于 30 分钟。

工房内已经采用照明智能控制系统，对主要生产区按系统分区进行控制，控制线采用拓扑结构，使控制灵活，智能照明系统通过设定开关时间、灯具数量，根据工作环境照度的需求进行控制。

d）防雷接地

利用原有建筑物的内部改造工程，防雷接地装置利用原有。主要建筑物的工作接地，保护接地，防雷接地采用共用接地系统，接地电阻应不大于 1 欧姆。在建筑物内设置等电位联结。所有按规范需要保护接地的电气设备外壳必须与等电位联结线可靠连接。一般用电设备的外壳需与保护线（PE）连接。总等电位连接将建筑物内的保护干线、给水总管、金属输送管道、冷冻、冷却水管和建筑物的金属构件等部件进行连接。

（6）综合布线系统

综合布线系统主要采用六类非屏蔽系列产品，为工厂提供一种模块化的、灵活性极高的开放式布线系统，该系统可进行语音、数据、视频的传输，它将电话系统、视频系统和计算机系统的设备传输线缆合并到一组统一的、标准的网络中去，为系统提供传输媒介。其它系统的管理层尽可能利用综合布线进行数据传输。

利用原有信息点，增设语音点 10 个、计算机网络点 10 个。线路就近接入各综合布线机柜。新增的每个信息插座包含一个数据和一个语音点，安装于 2 口的 86 面板上，配有标准的 RJ45 信息插座，安装在墙上。

（7）视频监控系统

一区视频监控系统利用原有系统，新增部分监控点，按原有方式接入现有系统中。新增的监控点根据工艺布置略有调整和增加。

生产区域摄像机主要增加在制丝、和烟梗处理区车间内。对重要设备、生产线运行、物流线路及环境状况进行监视，防止灾害和事故的发生，采用彩色快球摄像机和彩色固定枪式摄像机，彩色快球摄像机的预制位设置应优先，根据工艺自控系统所提供的不同故障区域或设备的故障信号，其次是各工艺段或设备的操作运行信号，通过系统集成与生产监控实现联动，通常摄像机对正在操作或运行设备进行监控，一旦某个故障点报警，摄像机立刻自动转动到报警点，监控中心的视频存储系统开始录像等。

视频监控线路采用 SYV–75–5 电缆，控制线路采用 RVS–2X1.5 电缆，电源线路采用 RVVP–3X1.5 电缆，敷设在封闭式电缆桥架内，没有桥架的地方穿钢管沿墙敷设。所有视频监控电缆均引至联合工房三层计算机控制中心的工业电视设备间的中心矩阵。

（8）动力集控系统

动力集控系统是一区技改配套实施项目，将配电仪表设备集成到动力监控系统和信息管理系统，完善动力 EMS 管理系统。通过动力集控系统实现了：

a）配电技改仪表的网络布置、数据采集、回路的远程监控；

b）配电技改仪表在 EMS 信息系统中做能源管理、完善全厂配电三级计量报表及查询。

该项目由云南阳光基业能源管控技术公司承接设计并施工，在原有的动力集控系统中完成扩容改造，在系统充分地试运行并逐步完善其业务功能后，满足我公司生产管理等各方面要求，运行稳定，并于 2015 年 10 月 20 日完成对项目的验收工作。

（四）质量管理

土建部分

项目工程根据《建设工程质量管理条例》的有关规定，在工程管理方面坚持做到“三控制、二管理、一协调”。“三控制”就是做好工程“质量、工期、成本”三要素的控制，对工程建设实行综合的动态管理。“二管理”就是加强工程安全管理、综合管理工作。工程安全管理应落实安全责任，坚持贯彻预防为主的方针。综合管理就是对各项目计划，进行综合统筹安排，以实现项目目标。“一协调”就是总体协调好工程各参建单位、各专业立体交叉施工之间的关系，确保工程建设走上良性的循环轨道。

通过建立健全工程建设项目质量、职业健康与安全和环境管理体系，提升项目管理水平。在项目建设准备阶段，即确定项目的质量目标。识别项目质量控制所需的过程与活动，确定过程与活动的执行程序，明确职责分工的接口关系，加强对工程质量策划、控制、检查、验收等环节管理力度，力求把质量风险降到最低。加强项目职业健康安全与环境管理体系（HSE）的管理，通过制定危险源辨识评价与控制措施清单，把好工程建设安全生产“六关”即措施关、交底关、教育关、防护关、检查关、改进关，实现风险预防，有力地保障工程建设的安全。同时还制定工程建设重要环境因素与控制措施，防止发生施工环境污染，降低有害的环境影响，改善施工现场环境，创造安全、文明、有序、和谐的工程建设环境，确保工程建设的顺利进展。

工艺部分

为确保一区生产线保质保量、顺利地投入使用，在初步设计中，针对工艺专业部分进行细化深度设计，基本达到施工图设计深度，将工艺专业的施工图设计的工作前移至初步设计阶段就基本完成，为公用工程各专业在施工图阶段顺利进行提供条件，避免在施工图设计时因工艺专业的调整而引起公用工程设计的变更；其次，在设备制作过程中，技改办联合设备使用部门、设备管理部门相关专业人员分阶段前往制造厂商进行实地设备监造，根据技术协议要求逐台审核设备单机图纸、严格把控设备制造全过程，对制作过程中未按技术协议执行的制作细节，将设备存在的问题及时反馈并在设备制造现场予以解决；最后，设备安装过程中，严格按项目实施计划紧张、有序地进行，项目组坚持不懈地组织召开每天的协调例会、小组会、专业负责人会、业主与分供方会；同时利用现代科技交互技术，建立实时高效的沟通协调机制，使当天安装调试过程所发现的问题得以沟通传递、实效解决，做到实时和高效。如此，提升了整体工艺设备的制作质量和安装质量，确保该技改项目保质保量、顺利通过验收并投入使用。

公用工程

为确保工程施工质量，项目组以国家、福建省施工及验收规范、规程、工程质量验收评标准等为施工标准，做好图纸会审、施工队伍入场培训工作；以设计文件、图纸、工程洽商为施工依据，建立施工过程质量预控及检测程序，建立质量例会等过程控制制度，建立执行自检、互检、交接检验收制度；推行质量闭环管理，要求上道工序对下道工序负责，发现问题限期整改；各个施工单位都建立起相应的质量保证体系，推行样板工程管理、程序化管理、规范化管理；以创优为契机，发挥工程监理、市质检站工程技术人员的监督管理作用，较好地挖掘和利用供货商工程技术人员的潜力及服务；强调全过程跟踪控制，把好材料进场关、隐蔽工程验收关，顺利实现了此次技改工程质量目标。

（五）技术档案

由于一区生产线技术改造项目属于设备的局部技术改造，未涉及联合工房结构体系的改造，主要对联合工房内部进行局部适应性改造，土建档案极少，无需向龙岩市城建档案馆及住建局移交档案及备案，只要求向公司档案室归档。

此项目作为公司重大的技术改造项目，对其设备档案完整、准确显得尤为重要。因此，档案管理人员对档案的收集做到事前介入，要求设备档案建立“一机一档”，即一种主机设备建立一个档案。档案内容主要包括产品合格证、使用说明书、技术资料等。对于多台完全相同的主机设备，如果是一次添置的，在建立设备档案时，只归档一套即可，但要求每台设备的合格证等都必须归入该卷档案之中，并在备注表中注明相关情况。

项目实施期间，档案人员对实际工作中出现的档案工作问题，对照管理标准和规范，结合具体情况，统一思想认识和做法，及时反馈档案工作信息，及时协调处理问题。进入工程竣工验收阶段，重点把握工程档案资料是否齐全、系统、完整，内容是否真实、准确地反映工程建设活动和工程实际状况，工程档案签章手续是否完备，竣工图编制是否符合要求。为确保竣工资料的完整真实性。

三、试车运行

（一）生产准备

文件准备

一区生产线试车试生产前，由公司生产管理部制定准备试生产期间的生产相关标准化文件，制丝车间根据技改后实际的工艺生产流程，结合生产管理办法，制定各个岗位的生产操作指导手册、SOP 操作说明书、维修点检指导手册等相关文件，为一区生产线试车试生产的顺利开展保驾护航。

技术培训

项目选用了国内先进的新设备、新技术和先进的管控模式，因此技术培训工作尤为重要。公司从安装开始就非常注重新设备、新技术的技术培训，整个技改过程中及时组织各类技术人员、管理类培训，制订详细的员工岗位操作、维修及生产管理等培训计划。在投料调试及试生产期间，技术改造办公室还组织各设备制造厂家，采用现场或课堂等形式对车间使用部门各员工进行理论培训、操作维护培训。通过多层次、全方位，按需求、抓重点的培训，有效提升了培训效果。车间使用部门还根据自身需要，积极展开部门内部培训，做到岗前有培训,岗位有考核,每个员工都熟练掌握设备操作细则,并生产出优质产品。

生产组织

公司相关部门在各自的管理职责范围内积极配合，做好一区生产线试车试生产工作。生产管理部负责调试及试生产期间的生产组织、协调，生产相关标准化文件准备以及物料的协调处理；制丝车间负责生产的组织，试车试生产的人员安排，现场的管理，设备的保养及配合问题的整改；技术中心负责调试物料的准备，相关产品的批量试验和评价，对关键工序设备的工艺参数设计及相关工艺技术指标的确定和下达，并进行批次试验过程跟踪、记录；质量管理部负责试生产期间各工艺指标的检测，工艺质量跟踪、统计、分析；信息中心负责 MES 系统、物流软件、中控系统、动力集控、网络、视频等的相关工作；设备管理部负责投料前各计量设备的校准、设备运行情况的跟踪以及备品备件的管理；动力车间负责水、电、气、汽、空调等的供应；人力资源部负责生产车间的保洁、搬运工的安排；安全保卫部负责试生产期间生产线的安保管理。

（二）投料试车

经过紧张的施工和设备安装，一区技改项目烟机设备于2015年6月4日开始进场安装；2015年7月15日梗线进行投料调试，并于8月1日进入试生产工作；7月30日叶线进行投料调试，8月10日完成调试工作，8月14日进入试生产工作。2016年3月，工艺设备质量达到相关技术标准和要求，通过验收。

新技术新工艺转化应用

项目把不少的新技术新工艺转化应用，提升了公司制造力，满足了产品多样化需求，具体如下：

（1）全配方叶丝加料技术的应用设计，有效提高了料液吸收率并简化了工艺流程

叶丝加料技术作为中国烟草行业的新工艺技术，根据研究成果表明，与叶片加料相比，提高了料液与烟叶的接触面积，使料液在叶丝上分布更均匀，提高了加料效果，加料均匀性明显提高，物料中料液含量变异系数可降低15%，料液有效利用率可提高2%。另外，叶丝加料技术简化了工艺流程，减少了贮叶环节，有效缩短了工艺流程时间。叶丝加料机在经过36000千克／时烟丝，连续12天的生产试运行，整体表现情况良好，具体表现为：丝加料的精度控制和料液吸收效果良好，设备运行稳定，各项性能指标、技术参数、控制系统等均能达到或基本达到设备质量标准。

（2）松散回潮后增设带循环风的就地风选工艺，提高了结块烟剔除率并有效减少烟叶水分的散失，降低了风选能耗

两条叶线在松散回潮后增设了带循环风的就地风选系统，不仅提升了结块烟的剔除效率，而且还能将烟叶中较重的烟梗一并剔除，达到烟叶筛选的目的，同时系统采用内部循环风设计，有效降低了烟叶在风选过程中的水分散失，提高烟叶的松散程度，降低了风选能耗。经长时间的连续试生产运行，设备运行稳定，各项性能指标、技术参数、控制系统等均能达到或基本达到设备质量标准。

（3）电子秤与喂料机联动的流量控制技术，保证流量恒定的同时减少物料造碎

制丝线传统的流量控制采用喂料机、限量管和电秤的模式，以实现物料流量控制，烟丝经过限量管会出现挤压，造碎增多，若限量管设计不合理，物料出料不顺畅，容易发生堵料现象。本设计拆除限量管，通过提升带频率实时跟随电子秤频率，并优化喂料机落料斗和陡角带的光电检测位，实现流量控制，降低了喂料机的提升高度，在保证生产线的物料流量恒定同时，减少物料造碎。

（4）自动开麻包系统的设计，减少了梗投料区域的粉尘污染，降低操作人员工作强度，实现了麻包可回收再用的功能

在梗预处理段前端采用了自动开麻包设备替代了原人力拆包倒梗的工艺，该系统能够自动完成抓麻包、倒料、空袋收集、定量喂料、轻梗除杂、麻丝剔除等功能，减少了梗投料区域的粉尘污染，大大降低了操作人员的劳动强度，提高了生产线的自动化水平，同时拆线解包的麻袋可回收再用，减少物料转运过程中的包装消耗。

（5）梗预处理的一次浸梗工艺应用设计，提高了烟梗回潮均匀性并简化了二级烟梗回潮的工艺流程

传统的烟梗回潮工艺采用先水洗梗后蒸梗的二级回潮工艺，才能实现烟梗的完全浸透，此次技改采用一套浸梗设备即实现了原有的工艺需求，该设备的水循环系统可延长烟梗的浸泡时间，使烟梗在高温的水中强制回潮，实现了在一台设备上洗梗和回潮的目的，简化了工艺流程，节省了占地面积，降低了能源能耗。

关键工序关键参数指标过程能力

随着新技术、新工艺、新成果的转化应用，一区生产线关键工序部分关键参数运行正常，指标过程能力指数 CP、CPK 充足，数值较理想、较稳定，如：松散回潮加水比例 CPK 可达 1.33，筛分和加料机加料比例 CPK 达 1.72，叶丝增温增湿含水率 CPK 可达 1.11，叶丝干燥出口叶丝含水率 CPK 可达 1.06。总体而言，设备运行稳定，各项指标正常，详见以下关键参数运行情况分析表：

3000 千克 / 时线关键参数运行情况分析一览表

表 4-2

工序	参数指标	单位	设定值及允差	稳态均值	稳态标偏	稳态QI	K	CP	CPK
松散回潮	物料流量	千克 / 时	3000 ± 30	2999.42	4.28	98.28	0.02	2.34	2.29
	工作时循环热风温度	℃	60 ± 3	60.39	0.49	95.80	0.13	2.05	1.78
	加水比例	升 / 100 千克	6.3 ± 0.2	6.31	0.05	94.01	0.05	1.41	1.33

续表 4-2

工序	参数指标	单位	设定值及允差	稳态均值	稳态标偏	稳态QI	K	CP	CPK
筛分和加料	物料流量	千克 / 时	3200 ± 32	3199.75	10.42	81.90	0.01	1.01	1.01
	工作时循环热风温度	℃	50 ± 3	49.88	0.91	58.76	0.04	1.10	1.05
	加料比例	%	3.0 ± 0.03	3.00	0.01	96.29	0.00	1.72	1.72
	料液温度	℃	50 ± 5	51.33	0.48	91.08	0.27	3.44	2.53
叶丝增温增湿（SIROX）	物料流量	千克 / 时	2800 ± 28	2799.78	7.49	92.30	0.01	1.25	1.24
	入口叶丝含水率	%	19.6 ± 0.5	19.46	0.11	62.79	0.28	1.54	1.11
叶丝干燥（KLD-3）	工作时筒壁蒸汽压力	bar	1.7 ± 0.1	1.70	0.02	97.24	0.01	1.94	1.91
	工作时热风温度	千克 / 时	110 ± 2	110.06	0.58	74.46	0.03	1.15	1.11
	卸料罩压力	微巴	—5 ± 10	—5.24	3.10	89.46	0.02	1.07	1.05
	出口叶丝含水率	%	12.8 ± 0.5	12.83	0.15	87.48	0.05	1.11	1.06

6000 千克 / 时线关键参数运行情况分析一览表

表 4-3

工序	参数指标	单位	设定值及允差	稳态均值	稳态标偏	稳态QI	K	CP	CPK
松散回潮	物料流量	千克 / 时	6000 ± 60	5999.78	8.75	98.11	0.00	2.29	2.28
	工作时循环热风温度	℃	60 ± 3	59.99	0.96	83.25	0.00	1.04	1.04
	加水比例	升 / 100 千克	8.3 ± 0.2	7.00	0.02	98.97	0.01	2.90	2.87
叶丝加料	物料流量	千克 / 时	6500 ± 65	6499.34	21.26	87.09	0.01	1.02	1.01
	工作时热风温度	℃	50 ± 3	50.84	0.62	86.63	0.28	1.63	1.17
	加料比例	%	3.0 ± 0.03	3.00	0.00	99.07	0.01	3.03	3.00
	料液温度	℃	50 ± 3	49.79	0.52	96.84	0.07	1.92	1.79

续表 4-3

工序	参数指标	单位	设定值及允差	稳态均值	稳态标偏	稳态QI	K	CP	CPK
叶丝增温增湿（SIROX）	物料流量	千克 / 时	6500 ± 65	6499.60	20.97	83.77	0.01	1.03	1.02
	蒸汽施加流量	千克 / 时	300 ± 6	299.99	0.38	99.57	0.00	5.22	5.21
	入口叶丝含水率	%	20.5 ± 0.5	20.62	0.11	20.4	0.24	1.51	1.15
叶丝干燥（KLD—2）	工作时筒壁蒸汽压力	巴	2.8 ± 0.1	2.79	0.02	81.59	0.12	1.67	1.47
	工作时热风温度	℃	110 ± 2	110.02	0.39	96.33	0.01	1.73	1.71
	卸料罩压力	微巴	—60 ± 10	—60.14	3.13	87.07	0.01	1.06	1.05
	出口叶丝含水率	%	13.1 ± 0.5	13.12	0.14	91.12	0.03	1.16	1.13

加香工序参数运行情况分析

表 4-4

工序	参数指标	单位	设定值及允差	稳态均值	稳态标偏	稳态QI	K	CP	CPK
烟丝加香	加香比例	%	0.5 ± 0.005	0.50	0.50	97.78	0.00	1.85	1.85
	出口叶丝含水率	%	12.6 ± 0.5	12.48	0.05	91.82	0.25	3.33	2.52

产品质量

一区生产线试生产期间，经技术中心工艺测试可以看到，3000 千克 / 时线叶丝干燥出口整丝率可达 82.37%，填充值可达 4.33 立方厘米 / 克；3000 千克 / 时线叶丝干燥出口可达 81.03%，填充值可达 4.60 立方厘米 / 克，产品结构参数均在指标要求范围内。而产品出丝率也较高，3000 千克 / 时生产线、6000 千克 / 时生产线出丝率分别可达到 99.07%、98.68%，综合出丝率可达到 98.33%，各项数据良好，产品质量较高，详见表 4—5。

各工序物料结构及填充值测试结果一览表

表 4-5

<table>
<tr><th rowspan="2">测试牌号</th><th colspan="2">测试项目</th><th rowspan="2">工艺规范要求</th><th rowspan="2">指标控制要求（监测）</th><th rowspan="2">测试结果（均值）</th></tr>
<tr><th>生产线取样点</th><th>检测项目</th></tr>
<tr><td rowspan="6">七匹狼（白）</td><td rowspan="3">3000 千克 / 时线叶丝干燥（KLD-3）出口</td><td>整丝率（%）</td><td>≥ 80.0</td><td>—</td><td>82.87</td></tr>
<tr><td>碎丝率（%）</td><td>≤ 3.0</td><td>—</td><td>1.57</td></tr>
<tr><td>填充值（立方厘米 / 克）</td><td>≥ 4.0</td><td>—</td><td>4.33</td></tr>
<tr><td rowspan="3">6000 千克 / 时线叶丝干燥（KLD-2）出口</td><td>整丝率（%）</td><td>≥ 80.0</td><td>—</td><td>81.03</td></tr>
<tr><td>碎丝率（%）</td><td>≤ 3.0</td><td>—</td><td>1.70</td></tr>
<tr><td>填充值（立方厘米 / 克）</td><td>≥ 4.0</td><td>—</td><td>4.60</td></tr>
<tr><td rowspan="6">七匹狼（白）</td><td rowspan="3">梗丝掺配落料口</td><td>整丝率（%）</td><td>—</td><td>≥ 78.0</td><td>82.03（82.71）</td></tr>
<tr><td>碎丝率（%）</td><td>—</td><td>≤ 2.5</td><td>1.40（1.66）</td></tr>
<tr><td>填充值（立方厘米 / 克）</td><td>—</td><td>≥ 6.8</td><td>6.97（6.58）</td></tr>
<tr><td rowspan="3">烟丝加香出口</td><td>整丝率（%）</td><td>≥ 80.0</td><td>≥ 72.0</td><td>80.97（81.30）</td></tr>
<tr><td>碎丝率（%）</td><td>≤ 3.0</td><td>≤ 2.5</td><td>1.23（1.21）</td></tr>
<tr><td>填充值（cm3/g）</td><td>≥ 4.2</td><td>≥ 4.2</td><td>4.51（4.57）</td></tr>
</table>

某牌号烟丝出丝率一览表

表 4-6　　　　单位：%

<table>
<tr><th colspan="3">制丝一区某牌号烟丝出丝率报表</th></tr>
<tr><th>牌号</th><th>生产线</th><th>工艺损耗法出丝率</th></tr>
<tr><td rowspan="3">七匹狼(白)</td><td>3000 千克 / 时线</td><td>99.07</td></tr>
<tr><td>6000 千克 / 时线</td><td>98.68</td></tr>
<tr><td>综合出丝率</td><td>98.33</td></tr>
</table>

综上所述，此次技改采用的各种新技术、新工艺、新成果在连续的长时间投料试生产过程中，设备运行稳定，各项性能指标、过程指标、技术参数、控制系统等均能达到或基本达到设备质量标准，产品质量稳定。

（三）项目总体竣工验收

福建中烟工业有限责任公司受国家烟草专卖局计划司委托（国烟计函〔2017〕46号），于2017年4月7日在龙岩组织召开了龙岩烟草工业有限责任公司一区生产线技术改造项目整体竣工验收会议，验收委员会技术经济组在听取建设单位、设计单位、监理单位、施工单位及全过程跟踪审计单位的相关工作报告、审阅了项目竣工验收资料、实地察看项目现场的基础上，经认真评议，形成如下验收意见：该项目严格按照烟草行业固定资产投资管理程序办理，审批手续完备。在实施过程中，根据国家有关规定，实行了项目法人责任制、招投标制、项目合同制、监理制及全过程审计制度，项目管理规范有序。项目初设批准总概算额为19400万元（不含烟草专用机械投资），实际完成投资额为14087.02万元，节约投资5312.98万元。烟草专用机械实际投资10767.73万元。两项合计总投资额为24854.75万元，项目无超投现象。项目共形成固定资产22187.82万元，已抵扣增值税进项税额2666.93万元。项目资金来源正当，资金使用合理，项目竣工结（决）算审计报告已通过行业工程审计专家组审查。

验收委员会技术经济组一致同意一区生产线技术改造项目通过整体竣工验收。

（四）项目达产后的效果

达产情况：一区技改项目从2015年8月投入试生产以来，各工艺设备及公用配套设施运行情况稳定，至2016年9月生产卷烟922543.8箱，其中一类烟142879.8箱，占总产量的15.49%，二类烟249697箱，占总产量的27.07%，具体见表4—7：

一区技改项目达产对比表

表4-7　　单位：箱

项目	2014年产量	2015年10月至2016年9月产量
一类烟	163890	142879.8
二类烟	249211	249697

续表 4-7　单位：箱

项目	2014 年产量	2015 年 10 月至 2016 年 9 月产量
三类烟	286700	267238.6
四类烟	286697	162527.8
五类烟	42050	100200.6

投资回收期（投资效益）：项目于 2015 年 7 月 15 日成功完成第一次投料调试，同年 8 月 14 日交付车间试生产管理，该项目按 2015 年 10 月至 2016 年 9 月净现金流量 14340 万元计算，回收期 1.73 年。

通过一区技改，进一步提升制造工艺，实现稳定的产品质量并满足集约化生产需要，主要原辅材料消耗呈下降趋势。一区技改前后的部分经济技术指标对照表和主要原辅材料消耗表详见表 4—8：

一区技改前后部分经济技术指标对比表

表 4-8

项目	单位	2014 年	2015 年 10 月至 2016 年 9 月	
		实现值	实现值	增长率（%）
销售收入	万元	1345423	1294142	–3.81
税利总额	万元	1087676	1040207	–4.36
单箱税利	元	11171.16	11351.29	1.61
利润总额	万元	119929	74383	–37.98
单箱利润	元	1231.75	811.71	–34.10

一区技改前后主要原辅材料消耗对比表

表 4-9

指标名称	单位	2014 年	2015 年 10 月至 2016 年 9 月	对比（%）
单箱烟叶消耗	千克 / 箱	33.83	33.59	–0.71%
单箱小盒消耗	张 / 箱	2503.78	2501.96	–0.07%
单箱盘纸消耗	米 / 箱	2962.6	2957.95	–0.16%
单箱嘴棒消耗	支 / 箱	10458.26	10427.63	–0.29%

资金利税比　资金利税比 =（2015 年 10 月至 2016 年 9 月）税利总额 :（2015 年 10 月至 2016 年 9 月固定资产净值平均余额 +2015 年 10 月至 2016 年 9 月流动资产平均余额）=1040207 :（227354+941447）=1 : 1.12

四、安全、环保、节能

（一）安全生产

在项目的建设过程中，坚决贯彻“安全第一、预防为主、综合治理”的安全生产方针，根据《中华人民共和国安全生产法》《中华人民共和国劳动法》及国家有关消防法规和规范的要求，认真落实建设项目安全设施“三同时”制度。项目的主要实施内容包括：

在生产工艺、设备安全性及安全防护措施方面：生产工艺属国际或国内先进，具有较高的自动化水平。绝大多数生产设备的机械安全防护装置，电气安全防护措施符合规范要求。

在供配电系统及防雷、防静电措施与安全性方面：各高低压配电室的检测项目符合规范要求，配电线路辐射符合规范要求，防雷防静电措施符合规范要求。

在防火防爆措施可靠性方面：制丝车间已设置火灾自动报警及消防联动控制系统、室内消火栓系统，自动喷水消防系统，除尘间采用尘密结构的粉尘防爆电气设备，符合国家现行的有关法律、法规、技术标准和设计规范的要求。

项目于 2014 年 4 月 17 日组织有关行业安全专家对项目设计进行设计安全预评审，形成评审意见书并报龙岩市安全生产监督管理局备案，意见书提出的安全对策措施全部在后面的施工图设计和项目实施过程中得到了落实，2015 年 12 月 14 日组织有关行业安全专家组对项目的安全设施进行了现场竣工验收，经现场检查认为：公司建立了有效的安全生产管理机构，配备了专职安全生产管理人员，根据安全生产标准化要求设置了较大危险因素的生产场所和有关设备、设施上设置明显的安全标志、警告标志、防误操作标志等警告标志，安全设施保持现有工房的结构形式、建筑防火分区、主体建筑格局不变，消防水及喷淋系统、消防火灾报警系统利用原有，增加了防爆、防触电、防火、防机械伤害、防烫伤及冻伤等安全对策措施，并适当增加水幕及消火栓，安全设施和安全条件符合设计要求，安全设施竣工验收材料齐全，符合生产和使用要求。

项目属于原厂房内设备局部的技术改造，未涉及改建扩建等，无职业卫生、环境保护专项工作。

（二）消防保卫

一区生产线室内消防给水系统包含消火栓给水系统、水幕消防给水系统，一区生产线消防给水系统利用原有消防系统，仅进行局部改造。室内消火栓在原有平面布设基础上新增三个柜式消火栓。一区生产线新增三处工艺输送带穿过防火墙，此部分的防火墙开口处均设置防火分隔水幕。

一区视频监控系统利用原有系统，新增部分监控点，按原有方式接入现有系统中。新增的监控点根据工艺布置略有调整和增加。

生产区域摄像机主要增加在制丝、和烟梗处理区车间内。对重要设备、生产线运行、物流线路及环境状况进行监视，防止灾害和事故的发生，采用彩色快球摄像机和彩色固定枪式摄像机，彩色快球摄像机的预制位设置应优先，根据工艺自控系统所提供的不同故障区域或设备的故障信号，其次是各工艺段或设备的操作运行信号，通过系统集成与生产监控实现联动，通常摄像机对正在操作或运行设备进行监控，一旦某个故障点报警，摄像机立刻自动转动到报警点，监控中心的视频存储系统开始录像等。

监控系统由五洲工程设计研究院设计，漳安公司安装、调试，采用派尔高、英飞拓的产品，可以实时监控安全及生产工艺加工过程，服务于安全及生产监控。2015 年 12 月 8 日，项目安防系统通过验收，投入使用。

（三）节能

工艺节能

一区生产线工艺路线经过多次优化，采用最短工艺路线进行紧凑布置，大幅减少生产线物料传送能耗。工艺设备功率在 5.5 千瓦以上的，能采用变频系统的均采用，节约能耗。6000 千克 / 时叶丝生产线采用叶丝加料，料液吸收快、吸收效果好，节约了料液。节能模式运用：针对制丝生产线设备等料空转造成能源浪费的问题，在现有成熟的生产线控制模式的基础上，从生产组织、设备运转、工艺要求、安全规范、操作手段等多方面综合考虑，利用生产线上所装反射式光电开关、电子皮带秤、红外水分仪、红外温度仪、限量管等信号为主，物料流量堆栈信息为辅，两者结合进行判断上下游设备延时时间及有料状态判断条件，系统自动识别出料头和料尾位置，达到同一设备在不同状态下的准确控制，实现输送设备延时启动和提前停止的功能，在保障完成正常生产的同时，减少料头和料尾时设备空转时间以达到减少损耗、节约能源的目的，提高设备及生产配套材料的有效利用率。疏水阀状态自动监测系统运用：针对制丝生产线不能实时监测疏水阀使用时状态的好坏，只能通过眼睛观察或者听声音检测来判断疏水阀的好坏的问题，通过疏水阀监测系统的硬件布局，同时在中控室上位机画面建立监控系统进行实时监测，结合操作习惯、报警响应、维保需求，不断优化疏水阀监测系统功能，实现实时在线监测疏水阀的故障情况，并在上位机画面上显示具体故障的提示信息，方便车间维修人员第一时间对疏水阀进行检修，节约能源的同时也保证了产品的质量。零排潮技术的运用：通过多年滚筒类设备的工艺应用研究，在松散回潮、润叶加料、叶丝加料、叶片增温等工序，成功实现了零排潮，即加入滚筒内的水、蒸汽被通过的烟叶、烟丝完全吸收，不出现蒸汽过度施加产生蒸汽外溢等能源浪费现象，减轻了烟草加工过程中异味处理量。

公用节能

电机选型优先选用节能产品，禁用工业和信息化部公布的《高耗能落后机电设备（产品）淘汰目录（第一批）》《高耗能落后机电设备（产品）淘汰目录（第二批）》《高耗能落后机电设备（产品）淘汰目录（第三批）》目录内的产品；采用变频系统节约能耗；凡需保温、保冷的设备和管道均采取良好的保温措施，选用导热系数小、保温性能好的保温材料，以确保保温效果，减少冷、热损失；对空调用的风机均采用微机自控变频调速装置，以减少系统的能耗；备用蒸汽设备产生的凝结水，凡能回收的均予以回收；照明控制采用计算机控制系统。

（四）压力容器、电梯

龙岩烟草工业有限责任公司一区生产线技术改造项目新增特种设备包含料桶类容器 4 台、气罐 1 台和安全阀 5 只。

项目于 2015 年 6 月开始，在福建省锅炉压力容器检验研究所、龙岩市质量技术监督局等部门的全程监督检测下，严格按照压力容器检验研究所的要求，对检验过程中发现的问题及时整改，总共完成了 5 台套压力容器和 5 只安全阀的检测、试压工作，顺利于 2015 年 7 月获取特种设备使用登记证和安全阀检验报告，从而确保项目技术实施。

一区生产线技术改造项目（技术改造办公室供图　摄于 2015 年）

在建设过程中，各种压力容器、安全阀从设计、采购、安装、调试、检测和验收都按照国家有关标准与规范执行，全部压力容器和安全阀在安装前都具有出厂合格证、质量检验证、产品说明书等证书和技术资料。压力容器等的安装施工均由相关专业安装资质的施工单位实施安装，在使用前均经过特种设备主管部门的监督检验，各项安全质量指标均符合国家有关标准的要求。

操作人员和维护人员都通过培训取得特种设备安全操作证，做到持证上岗。建立健全了特种设备运行使用管理的各项规章制度和考核管理办法，确保特种设备的安全有序运行。

（五）档案

由于一区生产线技术改造项目属于设备的局部技术改造，未涉及联合工房结构体系的改造，主要对联合工房内部进行局部适应性改造，土建档案极少，无需向龙岩市城建档案馆及住建局移交档案及备案，只要求向公司档案室归档。

公司综合档案室对归档的技改工程档案，依据设备档案管理，科技档案案卷构成等国家标准以及烟草行业档案分类标准进行档案案卷分类整理。基本做到了所归档的文件材料齐全、内容数据真实、手续完备；立卷分类科学合理，案卷题名准确揭示案卷内容；卷内目录翔实，遵循了文件材料的形成规律；案卷上架排列有序。经过科技档案员艰苦而细致的努力工作，至 2016 年 10 月 27 日已完整地形成一区生产线技术改造项目建设工程档案 277 卷，其中基建档案 287 卷、设备档案 270 卷，竣工图 111 张。

红坊片烟醇化库建设项目

一、技改规划

龙烟公司原有东肖、牛坑、红碳山 3 个烟叶库区，仓库面积 26.61 万平方米，其中用于存放万宝路烟丝、辅料、成品、废旧设备的仓库面积 5.6 万平方米后，实际用于存放片烟、烟梗、薄片的仓库面积 21.01 万平方米。

其中，牛坑仓库为 20 世纪 80 年代建造，预制板结构，承重、搬运受限，且屋面为瓦片覆盖，雨季渗漏严重；牛坑仓库区域存在一条东西向断裂；地质允许承载力低，存在不均匀沉陷；红碳山仓库为龙岩市烟草公司置换仓库，原设计用于存放原烟，楼板虽经改造勉强满足片烟物理存放，但缺失通风防潮基本养护功能要求，且消防设施、消防供水、物流通道等都存在局限性；仓库建筑老化维修成本高；入库桥梁限重运行，要大货车换小车进库；红碳山库区位于规划的二类居住用地范围，无发展空间。两仓库周边为居民区，交通运输不畅，存在虫情熏杀风险；东肖烟叶仓库用于存放万宝路烟丝、成品卷烟、辅料、设备等占用烟叶库容面积计 5.6 万平方米。

据前所述龙烟公司库房现状，福建中烟公司“十三五”期间，拟安排牛坑、红碳山两个烟叶库区逐步退出，将减少库容面积计 5.61 万平方米。按福建中烟公司“十三五”品牌发展规划、生产力布局规划及压缩烟叶库存情况，福建中烟库容缺口 9.12 万平方米；龙烟公司烟叶仓库库容缺口 11.78 万平方米；按 2016 年龙烟公司预计生产 95.2 万箱卷烟测算，龙烟公司库容缺口面积为 8.59 万平方米。福建中烟公司“十三五”品牌发展规划为卷烟生产规模稳定在 205 万箱左右（自有计划 200 万箱，合作加工 5 万箱）。据此编制的“十三五”投资项目规划，厦烟公司不再新建烟叶仓库，龙烟公司可根据全省和企业自身实际，在国家局控制指标内规划建设红坊片烟仓库项目。

红坊片烟醇化库项目建设申请符合国家局 2016–112 号文中的相关规定和福建中烟公司的规划要求。近年来，烟草行业对片烟贮存养护新技术进行了大量研究，在常规养护基础上推陈出新，形成了一系列新的养护新技术，特别是行业推荐标准《片烟贮存养护低排放机械调控法》（YC/T 456—2013）。该技术运用气流交换管网对密封烟垛内的温度、湿度和氧气浓度进行机械调控，达到防虫防霉、熏蒸尾气净化和保持片烟品质的目的，相对传统的常规养护技术，在降低仓库建设投资及养护成本、提升烟叶贮存品质、减少熏蒸尾气排放等方面具有明显优势，红坊片烟醇化库为新型的片烟贮存养护技术的应用提供了推广平台。2017 年 1 月 20 日，中国烟草总公司正式批准实施红坊片烟醇化库建设项目（中烟办〔2017〕24 号）。

（一）建设内容与目标

新建片烟醇化库 72000 平方米、库间连廊 1080 平方米、 专用装卸货雨棚 1500 平方米、综合管理用房 1800 平方米、检测房 1620 平方米、叉车充电及维修间 320 平方米、熏蒸房 900 平方米、动力站房 800 平方米、杀虫器具清洗及药品间 360 平方米、污水及生活垃圾处理站 300 平方米、门卫及驾驶员休息间 180 平方米、停车棚 270 平方米，项目总建筑面积 81130 平方米；配套建设库区配电、照明、给排水、暖通、消防等公用动力工程及设施；配套建设综合布线、局域网、消防、安全、仓库温湿度控制等弱电及智能化系统；配套建设库区道路、绿化、管线等室外工程。

（二）建设规模

根据龙烟公司库容需求，项目按 7.2 万平方米规模进行设计。

二、工程建设

（一）组织领导

组建团队

红坊片烟醇化库建设项目于 2017 年 1 月 20 日获中国烟草总公司批准实施。为加强对该项目的组织领导，推动项目安全、优质、高效、有序、和谐地开展，经龙烟公司研究决定，成立红坊公司成立了以公司党委书记为组长的一区生产线技术改造项目领导小组，并设立以公司分管副总经理为项目负责人的项目管理团队。领导小组下设办公室，负责对该项目进行总体协调和实施管理工作。

建章立制，规范程序

为进一步规范项目管理程序，按照国家局《烟草行业项目投资管理办法》和省公司的有关规定，结合公司采购管理办法、合同管理办法，对项目管理流程和管理制度进行优化，确保红坊片烟醇化库建设项目全过程的决策、实施、验收等各业务环节规范、有序。

项目管理培训

为了提高公司工程技术人员项目管理的能力和水平，保证红坊片烟醇化库建设项目的顺利实施，项目启动初期，采取走出去请进来的方式，多次邀请行业内的技术专家到厂评审醇化工艺和布局；另外，项目组根据行业内在线技改的发展现状，多次由公司领导分批次率队前往国内大型卷烟厂进行学习考察既有醇化库的建设经验。

（二）勘察设计

地质勘察

项目场地位于龙岩市新罗区红坊镇龙泰产业园区入口处，西侧、西北侧为高坎快速通道，北侧、东北侧为进入龙泰产业园区市政道路，南侧、东南侧为该项目二期预留用地，东侧为村庄及山地。勘察的主要目的和任务是为施工图设计阶段的地基与基础设计及施工提供岩土工程勘察资料；查明开挖边坡的类型；场地岩土体类型、工程特性等基本特征；根据场地地形及整平标高提出合理的开挖方案，并对开挖后所形成的边坡的稳定性进行分析，在此基础上提出开挖边坡加固措施的建议，为施工图设计提供必要的地质资料。该项目的勘察单位经公开招标，中选单位为福建西海岸建筑设计院。

勘察结论

1. 根据该次勘探揭露的地质资料和对周边场地地质踏勘结果，结合区域地质资料分析，在钻探控制深度范围内场地未见大裂隙、采空区和活动断裂等不良地质作用。但场地内存在人工形成的边坡、软弱土杂填土、淤泥，基岩中存在弱发育的溶洞、存在临空面和充填物等类软弱层，对地基的稳定性有一定的影响，若对场地内的边坡、软弱土层、岩溶、土洞进行有效补强后（采用桩基或地基处理），可消除土洞、溶洞和软弱土层对地基稳定性的影响，地基的稳定性可得到保证，经处理满足设计要求后，适宜建筑物的建设。

2. 根据钻探资料及区域地质资料，拟建场地属土洞弱发育，溶洞弱发育场地，采用冲（钻）孔灌注桩时，因持力层层面变化较大及溶洞发育深度不确定性，需进行一桩一孔的补充勘察。

3. 拟建建筑抗震设防类别为标准设防类（丙类），本行政区抗震设防烈度为6度，设计基本地震加速度值0.05g，设计地震分组为第二组，拟建工程的场地类别为Ⅲ类，场地设计特征周期应取0.55s，Ⅱ类场地地震峰值加速度调整系数Fa为1.30。抗震地段划分为对建筑抗震不利地段，应采取有效的措施。可不考虑饱和砂土液化及软土震陷问题。

4. 场地地下水对混凝土结构的腐蚀等级为微腐蚀，对钢筋混凝土结构中的钢筋的腐蚀等级为微腐蚀。场地土对混凝土结构的具弱腐蚀性，对钢筋混凝土结构中钢筋的具微腐蚀性。

场地水及地基土对建筑材料腐蚀的防护应符合现行国家标准《工业建筑防腐蚀设计规范》(GB 50046—2008)的规定。桩基结构的耐久性应根据设计年限、现行国家标准《混凝土结构设计规范》（GB 50010）的环境类别规定以及水、土对钢、混凝土腐蚀性的评价进行设计。

5. 根据场地地质情况，结合拟建物结构特点，若采用桩基方案时，桩基施工结束后，对已竣工工程桩应按规范进行单桩承载力和桩身完整性抽样检测。场地桩基施工及基坑开挖应做好工程桩顶位移的变形观测。采用浅基础时，地基处理应按相关规范进行设计、施工、试验及验收。

6. 基坑支护建议：基坑安全等级为三级，基坑开挖建议采用放坡开挖，基坑降水可根据场地地下水埋藏情况采用坑内集水，采取明排措施；基坑周边应设置排水系统。

7. 地下室的抗浮水位建议按室外地坪标高以下431.50米考虑，进行抗浮设计，抗浮措施可采用配重或其他抗浮措施进行处理。

2017年9月14日，红坊片烟醇化库建设项目岩土工程勘察报告(详勘阶段)通过了龙岩市建筑工程施工图设计审查所审查，并获得了福建省房屋建筑和市政基础设施工程施工图设计文件审查合格书（FJSSKC-17-03817）。

工程设计

红坊片烟醇化库建设项目设计工作经邀请招标，由福建省水利水电勘测设计研究院负责项目设计工作，参与设计的专业主要有：建筑、道路与绿化、给水排水、通风与空调、电气、安防和技术经济等。

初步设计

该项目于2017年6月中旬完成初步设计方案后，福建中烟工业有限责任公司对初步设计进行第三方评审，对初步设计文件在技术上的合理性、施工上的可行性、工程造价上的经济性进行审核。检查设计单位所用的标准是否适当、合理，达到优化工程设计的目的，以求提高设计质量。对初步设计概算进行审核，注重项目建设功能和技术的先进性、适用性，使投资概算更加全面、准确地反映工程造价，提高了项目投资效益。

2017 年 6 月 16 日，湖南省天平项目管理有限公司对龙岩烟草工业有限责任公司红坊片烟醇化库建设项目初步设计概算进行了评审（湘天咨〔2017〕297 号），给出了评审结果：红坊片烟醇化库建设项目设计单位计算总建筑面积 76，769.68 平方米，经评审后红坊片烟醇化库建设项目总建筑面积 77，332.23 平方米，调增建筑面积 562.55 平方米。设计单位编制的设计概算总投资为 32，288.24 万元，经我们评审调整后的设计概算总投资为 32260.58 万元，调减设计概算总投资 27.66 万元。

2017 年 6 月 27 日，根据《中国烟草总公司关于龙岩烟草工业有限责任公司红坊片烟醇化库建设项目的批复》（中烟办〔2017〕24 号）《烟草行业投资项目管理办法》（国烟计〔2016〕50 号），福建中烟组织召开了一区技改项目初步设计评审会议。与会专家勘查了项目现场，听取了公司关于项目前期准备情况、福建省水利水电勘测设计研究院关于项目初步设计文件的介绍、湖南省天平项目管理有限公司关于初步设计投资概算审核报告，审阅了项目设计文件、图纸资料及福建省水利水电勘测设计研究院关于项目的初步设计评审报告，并就有关问题进行了质询，通过了该项目的初步设计方案。

2017 年 7 月 13 日，福建中烟下达了《福建中烟工业有限责任公司关于龙烟公司红坊片烟醇化库建设项目初步设计的批复》闽烟工〔2017〕165 号。

施工图设计

项目施工图设计从 2017 年 6 月开始，并于 2017 年 8 月全部完成。在项目设计的全过程中，严格按照国家规定的各阶段项目审批程序和国家及烟草行业有关设计规范、标准的要求进行设计工作，进行了多层次的施工图评审，在施工图设计中，除了各项目管理员项目自审外，还进行了公司内各专业综合评审、与设计院、上级部门的联合评审，保证了施工图的设计质量。

2017 年 10 月 17 日，红坊片烟醇化库建设项目施工图设计文件通过了龙岩市建筑工程施工图设计审查所审查，并获得了福建省房屋建筑和市政基础设施工程施工图设计文件审查合格书（FJSSJZ-17-03795）。

（三）工程施工

土建部分

红坊片烟醇化库建设项目施工总承包经公开招标，由福建闽清一建建设发展有限公司承建施工，项目于2018年1月30日开始正式施工，2020年10月27日通过建设、设计、勘察、监理、施工等单位的五方验收，并上报龙岩市住房和城乡建设局，于2021年6月16日经市住建局相关部门备案成功。

项目工程监理经公开招标，确定由厦门兴海湾工程管理有限公司全面负责工程质量、进度、投资、安全等各项工程监理工作，在项目施工监理过程中，监理公司根据《建设工程监理规范》开展现场监理工作，按照国家有关法律、法规、强制性标准、设计文件及有关合同进行监督管理。项目严格执行工程报验制、建筑材料进场检验制、见证取样制等，对关键施工环节做到旁站监理。工程建设的建筑主体及装饰装修、建筑给排水、建筑电气、消防系统、通风与空调、室外工程、绿化等分部的施工与安装工程，经评定全部质量合格。

暖通

1—6号库安装了除湿通风排烟管道；7号管理用房局部安装了排烟管道；8号楼安装了排烟除尘管道。

消防

1—18号建筑物均安装了室内消防设施；室外安装了室外消防设施；新建了1000立方米的消防水池，7号管理用房安装了消防控制系统；1—18号库内建设有喷淋系统、火灾报警系统；1—6号库内建设有强排烟风机、隔烟板。

给排水

该项目水源由库区东北侧的黄岗水库供给，水库接入点水压力为0.15兆帕，供水管径为DN200毫米。水库原水直接提供生产用水，水库原水经处理后提供生活及消防用水。库区内设置消防水池和消防泵房、屋面消防水箱，供整个库区消火栓消防系统用水。自来水接龙泰工业园的供水管道，雨水排水经红坊镇市政管道排往红坊溪；污水经污水处理池处理储存，定期用污水车抽取。

生活、生产给水系统：生产给水由水库原水经叠压泵加压后供给；生活给水由水库原水经处理后存入10吨生活水箱后经变频泵组加压供给。

饮用水系统：综合管理用房、调度及驾驶员休息间等处均设置桶装直饮水。

消防给水系统：库区的片烟醇化库为本期工程最大的消防用水量建筑，一次消防用水量为828立方米，库区设有满足本期工程消防要求的消防水池和消防泵。

生活污水：库区的生活污水主要由综合管理用房、门卫及驾驶员休息间、叉抱车维修间等配套用房、公共卫生间等处产生。生活污水经管网收集后先经过化粪池和隔油池处理，再进入设置在库区东北面地埋式生化污水一体化处理设备进行处理达到国家污水综合排放一级标准后排入专用污水池，污水池内的水用于库区绿化浇灌，不外排。

雨水：雨污分流，雨水经收集后集中排入库区西北侧的市政雨水管网。

（四）质量管理

土建部分

红坊片烟醇化库建设项目工程根据《建设工程质量管理条例》的有关规定，在工程管理方面坚持做到“三控制、二管理、一协调”。“三控制”就是做好工程“质量、工期、成本”三要素的控制，对工程建设实行综合的动态管理。“二管理”就是加强工程安全管理、综合管理工作。工程安全管理应落实安全责任，坚持贯彻预防为主的方针。综合管理就是对各项目计划，进行综合统筹安排，以实现项目目标。“一协调”就是总体协调好工程各参建单位、各专业立体交叉施工之间的关系，确保工程建设走上良性的循环轨道。

通过建立健全工程建设项目质量、职业健康与安全和环境管理体系，提升项目管理水平。在项目建设准备阶段，即确定项目的质量目标。识别项目质量控制所需的过程与活动，确定过程与活动的执行程序，明确职责分工的接口关系，加强对工程质量策划、控制、检查、验收等环节管理力度，力求把质量风险降到最低。加强项目职业健康安全与环境管理体系（HSE）的管理，通过制定危险源辨识评价与控制措施清单，把好工程建设安全生产“六关”即措施关、交底关、教育关、防护关、检查关、改进关，实现风险预防，有力地保障工程建设的安全。同时还制定工程建设重要环境因素与控制措施，防止发生施工环境污染，降低有害的环境影响，改善施工现场环境，创造安全、文明、有序、和谐的工程建设环境，确保工程建设的顺利进展。

公用工程

为确保工程施工质量，项目组以国家、福建省施工及验收规范、规程、工程质量验收评标准等为施工标准，做好图纸会审、施工队伍入场培训工作；以设计文件、图纸、工程洽商为施工依据，建立施工过程质量预控及检测程序，建立质量例会等过程控制制度，建立执行自检、互检、交接检验收制度；推行质量闭环管理，要求上道工序对下道工序负责，发现问题限期整改；各个施工单位都建立起相应的质量保证体系，推行样板工程管理、程序化管理、规范化管理；以创优为契机，发挥工程监理、市质检站工程技术人员的监督管理作用，较好地挖掘和利用供货商工程技术人员的潜力及服务；强调全过程跟踪控制，把好材料进场关、隐蔽工程验收关，顺利实现了建设项目的工程质量目标。

检测线

项目安装一套包装外观和标识、重量、含水率、霉变、虫蛀、异味和杂物等内容的检测线，经公开招标，由深圳市今天国际物流技术股份有限公司生产安装，合同金额127.26万元。片烟检测线位于8号库内，设计有三条检测线，此次只建设一条，预留位置根据需要再行购置。

抗震支架

项目采用抗震支架，生产安装经总承包单位发起公开招标，由厦门天利航工程技术有限公司负责施工，为建筑物内的各种管道：喷淋、通风、防排烟、桥架等提供支承。

安防系统

项目安防及配套弱电工程、网络设备及楼宇智能化系统经公开招标，由厦门海迈科技股份有限公司承建。2021年10月15日，两套系统经验收合格，可以投入使用。

自动控制与数采监测系统

项目自动控制与数采监测系统经公开招标，由重庆太和空调自控有限公司承建。2021年10月8日验收合格，可以投入使用。

四段式烟叶醇化工艺

依据2017年12月4日中华人民共和国农业部发布的公告，针对我国使用的12种高度农药，依据风险大小和替代产品生产使用情况，将加快淘汰进程，力争5年内全部禁用，以降低农产品的质量安全风险。其中磷化铝将力争于2020年前退出市场。该项目原设计熏蒸房的杀虫工艺采用磷化氢处理及磷化氢尾气处理系统，使用了化工原料磷化铝。为符合农业部发布公告要求，在建设过程中取消了原设计的磷化氢尾气处理系统及管路，原有熏蒸杀虫工艺改为四段式烟叶醇化技术，该技术是一种集提质、保质、稳质、杀虫和防霉于一体，可灵活应用的仓储养护技术。

（五）技术档案

由于项目属于新建房屋建筑工程，需向龙岩市城建档案馆及住建局移交档案及备案，并向公司档案室归档。项目作为公司重大的建设项目，对档案完整、准确显得尤为重要。因此，档案管理人员对档案的收集做到事前事中事后介入。档案人员对实际工作中出现的档案工作问题，对照管理标准和规范，结合具体情况，统一思想认识和做法，及时反馈档案工作信息，及时协调处理问题。进入工程竣工验收阶段，重点把握工程档案资料是否齐全、系统、完整，内容是否真实、准确地反映工程建设活动和工程实际状况，工程档案签章手续是否完备，竣工图编制是否符合要求。

三、试车运行

项目为新建房屋建筑工程，无实际生产需求，无投料试车。

（一）项目总体竣工验收

2020年10月27日，施工总承包单位提交工程竣工申请，2021年4月7日，由建设、设计、勘察、监理、施工等单位的专家组成的联合验收小组，对项目进行现场验收。经对项目的各组成资料及实际完成的建构筑物进行检查比对，确认本项目的达到相关技术标准和要求，通过验收。2021年6月16日通过福建省龙岩市住房和城乡建设局主管部门备案。项目预计将于2022年12月初完成总体竣工验收。

（二）项目达产后的效果

该项目属于辅助生产项目，其主要投资效益体现在减少了片烟的燥碎、霉变；片烟经自然醇化后，能够提高烟丝档次，从而提高卷烟产品质量；减少外租库房费用及管理费的开支。经过本次烟叶醇化库技改后，降低了片烟霉变、燥碎损失，减少了年租用仓库费用3960万元、节约烟叶损耗费2592.8万，年新增隐含利润6552.8万元。

四、安全、环保、节能

（一）安全生产

在项目的建设过程中，坚决贯彻“安全第一、预防为主、综合治理”的安全生产方针，根据《中华人民共和国安全生产法》、《中华人民共和国劳动法》及有关消防法规和规范的要求，认真落实建设项目安全设施“三同时”制度。项目的主要实施内容包括：

1. 在设备安全性及安全防护措施方面：绝大多数设备的机械安全防护装置，电气安全防护措施符合规范要求。

2. 在供配电系统及防雷、防静电措施与安全性方面：各高低压配电室的检测项目符合规范要求，配电线路辐射符合规范要求，防雷防静电措施符合规范要求。

3. 在防火防爆措施可靠性方面：在建筑物内已设置火灾自动报警及消防联动控制系统、室内消火栓系统，自动喷水消防系统，库内采用尘密结构的粉尘防爆电气设备，符合国家现行的有关法律、法规、技术标准和设计规范的要求。

项目于2017年7月6日组织有关行业安全专家对项目设计进行设计安全预评审，形成评审意见书并报龙岩市安全生产监督管理局备案，意见书提出的安全对策措施全部在后面的施工图设计和项目实施过程中得到了落实。2022年2月25日组织有关行业安全专家组对项目的安全设施进行了现场竣工验收，经现场检查认为：

项目建设内容符合国家有关安全生产法律法规和标准规范的要求，试生产期间未发生事故，安全设施运行正常。项目未使用国家明令淘汰、严禁使用的危及生产安全的工艺、设备。

龙烟公司设有安全管理机构，建立了安全生产责任制和相关的安全生产管理制度，编制了操作规程，制定了生产安全事故应急预案，配备了应急物资，基本满足该项目安全生产需要。

（二）工业卫生与职业健康

2022 年 1 月 15 日项目组组织了有关职业卫生专家专家组听取了建设单位对建设项目概况的介绍和编制单位福建汇顺检测集团有限公司对《龙岩烟草工业有限责任公司红坊片烟醇化库建设项目职业病危害控制效果评价报告》（报告编号：HSKP30517211L，以下简称《控制效果评价报告》）的汇报，并查看现场，经认真质询与讨论，形成如下意见：

专家组对《控制效果评价报告》的审查意见：

控制效果评价报告编制符合职业病防治有关法律、法规、规章和标准的要求；建设项目概况清晰，可能产生职业病危害因素的工作场所、工艺设备、原辅 材料等进行了描述；职业病防护设施设计执行情况进行了分析；职业病防护设施运行情况进行了分析；职业病危害因素进行了检测和分析；制定了职业病危害因素日常监测制度;职业病危害因素对劳动者健康危害程度进行了分析;职业病危害防治管理措施进行了分析与评价；职业健康监护状况进行了分析与评价；职业病危害事故应急救援和控制措施进行了分析与评价；正常生产后建设项目职业病防治效果预期分析与评价正确；职业病危害防护补充措施及建议合理、可行；评价结论正确。

专家组对职业病防护设施的现场验收意见：

设置了职业卫生管理机构，配备了兼职的职业卫生管理人员；制定了职业病防治计划和实施方案；建立了职业卫生管理制度和操作规程；建立了职业卫生档案和劳动者健康监护档案;对工作场所进行了职业病危害因素检测、评价;建设单位的主要负责人和职业卫生管理人员接受了职业卫生培训，并组织劳动者进行了上岗前的职业卫生培训；已按照规定组织从事接触职业病危害作业的劳动者进行上岗前职业健康检查，并将检查结果书面告知劳动者；设置了公告栏，公布有关职业病危害防治的规章制度、操作规程、职业病危 害事故应急救援措施和工作场所职业病危害因素检测结果；为劳动者个人提供符合要求的职业病防护用品；建立了职业病危害事故应急救援预案；职业病防护设施配备基本齐全、有效。

（三）消防保卫

建筑消防

片烟醇化库储存物品的火灾危险性为丙类，建筑每层划分为两个防火分区，按照国家建筑防火规范的规定，每个防火分区面积均小于防火规范的规定。各防火分区之间采用防火墙及耐火极限不小于4小时的特级复合卷帘分隔，防火墙上开门均为甲级防火门，分设于南北两处和东西两端的疏散楼梯确保了每个防火分区有两个安全疏散口。

给排水消防

根据《建筑设计防火规范》（GB 50016—2014）中的规定，库区工程的同一时间内的火灾次数为一次。库区的片烟醇化库为本期工程最大的消防用水量建筑，一次消防用水量为828立方米，库区设有满足本期工程消防要求的消防水池和消防泵。在最高一幢片烟醇化库的屋顶设置18立方米消防水箱供十分钟消防用水，以供应预作用喷淋灭火系统和各片烟醇化库的室内消火栓系统用水。

综合管理用房二层的库区信息机房采用气体灭火保护。灭火采用无管网七氟丙烷系统，防护区采用全淹没灭火方式，灭火系统设有自动（由感烟、感温两种探头同时报警启动）、手动两种启动方式。

电气消防

工程消防用电设备按二级负荷供电。消防电源由双电源双回路供电，电源分别由库区变电所和柴油发电机引来，两条380伏低压电源。

工程消防设备供电线路均采用耐火型铜芯电缆和耐火型铜芯绝缘导线，火灾报警系统的传输线采用阻燃型铜芯双绞线。线路敷设方式以采用导线穿金属线槽明敷或镀锌钢管在楼板及墙内暗敷为主，明敷部分金属线槽（钢管）刷防火涂料。

项目系统形式采用集中报警系统，在库区管理用房设置消防集中控制室，设置消防火灾自动报警及联动控制系统集中报警控制器（联动型），并设置消防图形显示装置，消防集中控制室监控全库区所有消防设施及火警警情。

暖通消防

片烟醇化库的库房采用机械排烟和机械补风的消防排烟方式，排烟风机的排烟量按不小于最大一间库房面积的120立方米/（时·平方米）设置。每栋醇化库屋顶设置2台轴流式消防排烟风机和2台消防通风两用柜式离心风机，并设置2台混流式补风机。

本工程的其他按规范要求需要排烟的房间及场所均可以满足自然排烟条件，采用自然排烟。

（四）节能

建筑节能

建筑朝向良好：综合管理用房基本正南北朝向布置，片烟醇化库及配套设施用房朝向基本为北偏东朝向，利于自然通风、采光，基本避开西向阳光照射。

利用地形台地布置：场区充分利用山地地形，将场区设成台地布置相应建筑物，办公区位于低台地，仓库集中布置于高台地，能充分利用山地小气候。

建筑布置疏密有致：办公区绿地率高，建筑间距适宜，日照良好，利于保持周边环境的温度和湿度，利于建筑节能的实现；仓库区建筑间距得当，平齐规整，可起到遮阳、降温、导风的作用。

根据规范，本工程建筑除综合管理用房外可不要求做节能计算，但考虑到库房有温湿度要求，以及龙岩地区气候特点，片烟醇化库、综合管理用房及配套设施用房均按照《公共建筑节能设计标准》（GB 50189—2015）执行，在以下方面采取节能措施：

1）片烟醇化库外墙：外墙 K ≤ 1.5 瓦 /（平方米 × 开尔文）；采用墙体围护材料为 200 厚 MU10（微孔保温砖）煤矸石烧结空心砖（自保温砖）。

2）管理用房外墙：外墙 K ≤ 1.5 瓦 /（平方米 × 开尔文）；采用墙体围护材料为 200 厚 MU10 煤矸石烧结空心砖（自保温砖）。

3）内墙：200 厚 MU10 煤矸石烧结空心砖。

4）屋面：K ≤ 0.9 瓦 /（平方米 × 开尔文），采用 60 厚挤塑聚苯板倒置式保温屋面系统。

5）地面：地面热阻 R ≥ 1.0，面层采用耐磨混凝土地坪。

6）外窗：喷塑铝合金窗框，FL6+A12+FL6 中空玻璃。

暖通专业节能

库房除湿系统分区设置，分区内湿度、温度能单独控制，既方便库房管理，又节省运行能耗。

当库房内温度、相对湿度中有二者高于库外时，可采用通风系统进行通风除湿或通风降温，以减少空调或除湿系统的运行时间，降低运行能耗。

电气节能

1. 库区各变电所位于负荷中心，缩短低压供电线路，线路损耗小，节能效果显著。

2. 合理使用变压器。

1）使变压器运行保持最佳负载状态

选择合理的负载率。通常负载率在 70% ~85%即认为是合适的，变压器负荷率在此范围。

2）负荷分配时力求三相平衡，否则会增加损耗，减少出力。三相不平衡，一方面会造成个别相负荷很大，其他相的负荷较小或很小，变压器的出力会下降；另一方面，由于三相不平衡产生的三次以上的谐波，使变压器铁损（空载损耗）增大。

3）为了使变压器在三相不平衡负载下得以充分利用，且当三相不平衡负荷超过变压器每相额定功率 15% 以上时能够有效抑制三次谐波电流，因此选用接线组别为 D，yn11 的变压器。

3. 采用节能变压器

选用 SCB11 型变压器。SCB11 变压器的空载损耗仅为普通 SCB 系类节能变压器的 80% 左右。

4. 功率因数的补偿采用集中补偿和分散就地补偿相结合的方式，变电所低压集中补偿后，功率因数不小于 0.9。荧光灯就地补偿。

5. 对大容量风机及水泵负荷，有变风量、变流量要求的设备采用变频器控制运行状态。

6. 进行谐波治理

1）谐波来源。设备起动、荧光灯、电磁运转设备（变压器、电动机）、UPS 电源设备、计算机等电子设备等，都会产生程度不同的谐波。荧光灯照明的谐波总含量也达 68%。

2）谐波的危害

消耗能源：因谐波增加，能耗亦增加；变压器、电动机的出力下降，效率亦下降；导致电气设备发热；导致保护装置误动作；开关和电气设备因额外增加温升而降容使用；各相线上的零序电流在 N 线上产生叠加。

3）合理进行无功补偿，低压无功补偿装置装设滤波电抗器，吸收一定比例的谐波。

照明节能

1. 合理选择光源

为了达到更好的照明节能效果，本项目采用细管径荧光灯和紧凑型荧光灯、节能灯。

2. 正确选择照明控制系统和高科技节电产品

库区采用智能照明控制系统，并按建筑使用条件和天然采光状况采取分区、分组控制措施；灯具采用单灯补偿方式。补偿后，荧光灯单灯 cosØ ≥ 0.9，气体放电灯单灯 cosØ 中≥ 0.85。

给排水节能

1. 卫生间均采用节水型的洁具、冲洗阀、水龙头等，并执行《节水型生活用水器具》（GB/T 31436—2015）标准。

2. 水表计量，以节约用水。

库区的水表计量均选用远传水表，安装位置如下：市政给水系统总进口 2 个，库区生产、生活进水各 1 个。

3. 选用优质高效的本专业的机电设备，以降低能耗，节约日常的设备运行费用。

4. 采用节水型的绿化浇洒和灌溉系统，以节约用水。

红坊片烟醇化库建设项目（技术改造办公室供图　摄于 2022 年）

（五）压力容器、电梯

本项目片烟醇化库选用 5 吨的货梯，每栋库有两台，生产单位为奥的斯机电电梯有限公司；电梯设备类别为曳引驱动载货电梯，设备型号为 FOVF，电梯运行速度为 0.25 米 / 秒，额定荷载为 5100 千克，轿厢内尺寸 2500 × 3400（深）× 2400（高）毫米。试用日期为 2020 年 11 月 12 日，2020 年 12 月 4 日取得特种设备使用登记证。

（六）档案

由于本项目属于新建房屋建筑工程，需向龙岩市城建档案馆及住建局移交档案及备案，并向公司档案室归档。

此项目作为公司重大的建设项目，对档案完整、准确显得尤为重要。因此，档案管理人员对档案的收集做到事前事中事后介入。档案人员对实际工作中出现的档案工作问题，对照管理标准和规范，结合具体情况，统一思想认识和做法，及时反馈档案工作信息，及时协调处理问题。进入工程竣工验收阶段，重点把握工程档案资料是否齐全、系统、完整，内容是否真实、准确地反映工程建设活动和工程实际状况，工程档案签章手续是否完备，竣工图编制是否符合要求。为确保竣工资料的完整真实性。

第四节　信息化建设

信息技术部集体照（廖晓明　摄于2023年）

2012—2021年，信息化建设分别经历“十二五”信息化建设规划、“十三五”信息化职能规划、“十四五”信息化专项行动方案共三个发展阶段，信息化建设思路从“支持和保障生产经营业务”转为“驱动企业高质量发展”，建设内容从“夯实基础、健全系统、完善体系”为主逐步向“两化融合、数据挖掘、创新应用”转变。2018年以前，以“数字龙烟”为发展主题，2018年提出“智慧龙烟”设想，从“制造”向“智造”升级，推行智能工厂建设。2021年“十四五”规划中提出“建设场景化、模型化、平台化的数据赋能体系”目标，全力驱动企业数字化转型。龙烟信息系统自上而下，分层建设，推动与企业生产运营业务深度融合，基本实现生产过程的高度自动化和运营管理的全面信息化。2012—2021年，龙烟共实施70个信息化项目，总投入费用约1.6亿元，参与编制烟草行业标准5项，发表中文核心期刊论文11篇，授权发明专利17项、实用新型28项、软件著作权52项。2021年龙烟推送的“5G+视觉AI创新应用”项目荣获工信部第四届“绽放杯”5G应用征集大赛工业互联网专题赛优胜奖，“基于RFID纸滑托盘在卷烟工商联运中的应用”项目荣获中华全国总工会第六届全国总工会职工技术成果奖。

一、信息化硬件设施建设

单机设备　2012年1月，龙烟在用计算机设备924台（套），2012—2021年，共新增计算机设备1783台（套）。2018年11月报废并拍卖计算机设备519台

（套），收回残值11600元。2020年8月报废并拍卖计算机设备313台，收回残值30299元。截至2021年12月，龙烟在用计算机（含笔记本电脑）1226台、打印机（含一体机）79台、服务器79台、网络设备93台、其他603台，合计2080台。

2012—2021年龙烟信息化新增设备情况表

表4-10 单位：台

年份	计算机（含笔记本）	打印机（含一体机）	服务器	网络设备	其他
2012	54	8	5	1	14
2013	85	9	5	18	20
2014	38	5	4	9	67
2015	19	0	6	17	9
2016	222	13	4	2	144
2017	45	0	0	2	3
2018	149	6	0	1	59
2019	91	0	7	2	159
2020	67	9	2	2	224
2021	151	10	2	6	8

服务器设备 2012年1月，龙烟在用PC服务器87台、刀片服务器4台、小型机10台。2012年10月，为满足福建中烟集团统一门户建设要求，采购小型机2台、X86服务器1台、存储1台及相关配套设备和软件，2013年1月投入使用，在龙烟内部首次采用PowerVM技术，实现小型机虚拟化部署。2014年8月，为满足域控制器服务器升级替换以及物流ifix软件安装使用需求，采购4台X86服务器，2014年10月投入使用，实现域控制器从Windows2003到Windows2008的升级，解决部分策略无法下发、部分计算机无法修改密码的问题。2015年6月，为满足国家局对"一号工程"系统硬件配置的要求以及

解决服务器存储资源共享问题，采购2台小型机、4台X86服务器、2个存储扩展柜，构建小型机虚拟化和X86虚拟化的混合虚拟化平台，2015年11月投入使用，实现统一管理，提高资源利用率。2015年7月，为解决虚拟化资源全生命周期管理问题，采购1套云平台管理软件，2016年3月投入使用，有效扩充企业虚拟化平台的资源池，推进云资源规范管理，实现对虚拟化资源使用的全生命周期管理。2016年6月，为满足制丝IH服务器容量以及虚拟化平台服务器替换的需求，采购4台X86服务器、1台存储设备，2016年11月投入使用，实现半年以上数据的存储，实现对虚拟化平台老旧服务器的升级替换，实现CPU、内存、存储资源的扩容，提高虚拟化平台可用性。2017年6月，为解决备份设备容量不足、备份软件版本过低、备份服务器性能瓶颈问题，采购EMC DataDomain 2500备份设备一套，2017年11月投入使用，提高了服务器及数据的可恢复性。2018年9月，为解决生产和办公终端与业务应用紧耦合、终端故障直接影响效率、终端管理不便、无法实现资源个性化配置等问题，开展桌面云系统建设，采购联想SR650服务器5台、交换机2台以及桌面虚拟化软件、存储虚拟化软件、网络虚拟化软件及云安全防护软件，2019月5月投入使用，在龙烟内部首次采用桌面虚拟化技术，实现办公、生产终端虚拟化及统一部署、运维，满足个性化应用需求，提高资源利用率。2019年9月，为满足服务器虚拟化平台运维、测试集群存储资源及系统运用需求，采购联想ThinkSystem DM5000H存储设备1台，扩容服务器虚拟化平台测试、运维集群存储池，2019年11月投入使用，提高对测试、运维系统的支撑能力。2021年7月，为扩容生产集群服务器和存储资源，全面提升公司IT基础架构的计算能力、可靠性、灵活性，开展服务器虚拟化平台升级，采购华为2288H V5服务器44台、华为CE6857—48S6CQ—EI万兆交换机6台、深信服AF—2000—B2450防火墙2台、阿里云ApsaraSA370012存储1台，通过引入云原生架构方法，构建敏捷云基础设施架构平台，2021年底投入使用，实现新的业务快速部署模式、新的资源规划模式、新的运维方式，达到提升系统部署效率、集中化统一管理的效果。截至2021年12月，龙烟服务器设备总数170台，在用123台，待报废47台，存储设备总数8台，备份设备2台。

网络设备　2012年1月，龙烟公司核心交换机8台、接入交换机55台、防火墙8台、路由器3台，划分VLAN子网46个。2013年6月，为解决网络未划分导致安全域无法根据不同的安全需求进行防护、无法实现完善的纵深防御、访问控制策略没有根据等级保护要求将控制的力度扩展到应用层、未针对不同级别采用不同防护策略等问题，实施“网络改造和信息安全等级保护技术整改”项目，采购2台思科6509核心交换机、2台思科3750汇聚交换机和10台思科2960接入交换机，7月完成设备到货验收，10月完成设备安装调试，通过虚拟安全域建设，域内、域间以及边界的安全策略对信息系统进行相应等级的安全防护，网络安全防护层面逐渐深入，安全防护力度逐渐增强，实现“统一防护、重点把守、纵深防御”的安全思路，提升企业网络系统的防护能力。采用网络虚拟化技术构建的虚拟安全域，在不改变原有网络结构的基础上把复杂的网络分解为更小的、结构化的区域安全防护，提升网络安全部署的灵活性，降低网络安全改造的实施难度和成本，采购网络设备并采用网络虚拟化技术构建虚拟安全域，解决信息安全等级保护中网络系统分域、分级防护的问题，提高生产网络的性能和安全性。2014年8月，为解决原有网管平台只以网络设备为对象进行监控和管理，无法对影响IT系统运行的网络设备、服务系统、数据库、中间件、标准应用、数据流和业务应用等各对象进行统一监控，无法关联分析影响IT系统和业务运行的根本性问题，采购网络运维管理BTIM软件，通过网络运维管理软件升级，增加对服务器、系统、中间件、数据库、标准应用等的监控能力，增加高级IP地址管理、IP地址定位信息及分布管理、模块设备端口利用率统计管理、系统规划IP地址、准入等功能，升级数据流探针模块，实现IP层数据分析功能，全面了解源地址到目的地址的数据流量、数据传输协议、异常地址的监控和追踪，对信息系统运行状况、运行趋势等进行分析，增加自定义报表功能，提供灵活的、门类齐全的报表，增加业务监控管理模块，展现业务系统的业务服务构成，监控业务系统的关键参数，展现业务的IT构成、运行状态、业务使用状况，并提供智能辅助排错功能，实现对信息网中关键业务系统所相关的IT资产进行全面监控、及时告警，12月正式上线运行，网络管理平台的升级，提高信息系统运维的工作效率，确保系统稳定运行，全面提高网络管理水平。2017年8月，为解决办公网络主要设备故障较高、存在安全漏洞隐患、无法满足移动业务需求等问题，采购办公核心交换机2台、POE接入交换机10台、无线AP 180个和网络管理软件一套（准入控制和无线管理），升级网络设备和无线网络，8月底完成设备到货验收，10月完成设备安装调试和上线试运行，12月完成项目验收，提高办公网络的可靠性、可用性和安全性。2019年开始，龙烟参加烟草行业攻防演练，截至2021年，连续4年实现公司内网和互联网系统未被攻破。2020年8月，为满足红坊片烟醇化库信息化服务需求，开展库区信息化配套建设，部署45项共1181台（套）信息化设备，2021年6月验收，2021年7月移交使用，采用租赁模式，设备及系统平台整体租借给金叶复烤公司，资产归龙烟，日常管理及运维由金叶复烤有限责任公司负责，设备损坏报修及升级改造服务由龙烟信息技术部负责。2021年10月，为解决部分接入交换机使用时间长、故障率较高的问题，采购30台接入交换机，替换使用时间超过12年以上的交换机，2021年12月完成到货验收。截至2021年底，公司拥有核心交换机4台，接入交换机79台，防火墙22台，路由器2台，划分VLAN子网127个。

监控设备 2012年初，龙烟公司共有电子监控设备533台。2012年4月，为满足车间生产需求，采购室内彩转黑一体化球形摄像机34台、室内一体机20台、球机支架10套，2012年5月投入使用。2014年12月，为满足培训中心防盗要求，采购室内球形摄像机7台、红外球机6台、红外摄像机12台、半球4台及相关光端机，2015年1月投入使用。2015年12月，为满足二区成品库以及F区成品库成品烟防盗和问题追溯的要求，实施“二区成品库及F区监控系统建设”项目，部署二区成品库内、库外以及F区成品库共计50多个高清监控点，首次建立数字监控系统，采用IPSAN存储架构，录像保存时间达到3个月，2016年4月上线运行，实现对二区成品库和F区成品库的监控全覆盖。2018年11月，为了满足成品卷烟监控需求，对一区成品库、东肖库区、办公楼及厂区外围等场所进行数字监控系统升级改造，部署286个数字摄像头，存储采用非对称集群结构，录像保存时间达到6个月，云存储有效容量达到945TB，2019年8月上线运行，提高监控图像的清晰度。截至2021年底，龙烟监控摄像头（不含红坊库区）共有817个，其中模拟摄像头481个，高清摄像头336个，服务器4台，数字存储容量达到1152TB，模拟存储容量126TB，红坊片烟醇化库高清摄像头48个，服务器1台，数字存储容量达到192TB。

UPS（不间断电源）设备 2013年8月，为解决一区车间UPS设备老化问题，实施“一区UPS改造”项目，采购2台90千伏安的UPS，做并机处理，替换一区联合工房4层电源机房原有5台APC品牌UPS、CO_2中控室和一区香精香料房各1台UPS，2013年11月上线运行，提高UPS供电可靠性。2017年7月，为解决一区信息机房UPS设备负载偏大，无法满足新增IT设备供电需求问题，实施“一区信息机房UPS改造”项目，采购2台120千伏安UPS设备，替换原有的80千伏安设备，2017年10月上线运行，可满足10年内机房IT设备应急供电需求，提高一区信息机房供电可靠性和可管理性。截至2021年底，龙烟生产区域UPS电池共有704节，主机18台，总供电容量292千伏安，一区机房UPS电池有320块，主机2台，总供电容量240千伏安，可确保机房内IT设备后备供电时间4个小时，二区机房UPS电池有160块，主机2台，总供电容量 80 千伏安，可确保机房内 IT 设备后备供电时间 6 个小时。

移动手持机设备　2019 年 10 月，针对手持机设备老旧、原料条码打印能力不足的问题，实施“便捷式移动作业终端采购”项目，集中采购卷包上机扫描、原辅料仓储管理、成品仓储管理、动力巡检及香料厨房等业务所需设备，包括一般安卓手持机 127 台、防爆安卓手持机（香料厨房用）2 台、带 4G 功能的安卓手持机 36 台、带 4G 及 NFC 功能的安卓手持机 14 台以及 4G 通信卡 44 张、移动式便捷打印机 2 台、移动小推车打印一体机 6 台，2020 年 6 月项目验收，促进了卷包上机扫描、原辅料出入库扫描等相关扫描业务的推广应用，有利于公司的移动化统一部署，提高数据可靠性和完整性。

二、信息化软件系统建设

卷烟生产经营决策管理系统建设　卷烟生产经营决策管理系统为国家局统一部署项目，统称“一号工程”，2005 年 7 月开始上线运行。2012 年 1 月，统计应用系统与原工商数采系统并轨运行，2012 年 6 月，完成卷烟物流在途信息系统终验。2013 年，按照国家局物联网建设要求，为实现工商托盘联运的常态化、规范化运作，实施“成品纸滑托盘 RFID 系统应用”项目，在二区成品出库端进行简易化的 RFID 组盘和数据组包业务，2013 年 12 月完成过渡方案（一期）实施，快捷实现整托盘运输功能，2014 年，在原一期建设基础上拓展应用，包括纸滑托盘应用、RFID 扫描设备安装、软件开发实施等。2015—2016 年，新增入库扫码时一号工程码与物流系统码校验功能，确保实物与系统信息一致，更换部分读写设备，解决芯片读写器故障问题，增加部署东肖仓库 RFID 整托盘出库点，重新设计天线固定支架、调整通道宽度、优化扫描器位置等多项措施，提升 RFID 芯片的读写准确率与效率。2017 年，为增强成品件烟生产下线进入物流输送环节后的管控和追溯能力，实施“成品条码校验系统建设”项目，提高成品卷烟生产打码及物流仓储入库统计数据的准确性。2018 年，为提升纸滑托盘物流管理水平，实施“工商卷烟纸滑托盘管理信息系统建设”项目，通过强化纸滑托盘运营数据采集和开发利用，实现纸滑托盘周转次数、使用效率等关键指标的实时监控和动态分析，有效提升工商卷烟纸滑托盘精益管水平，实现工商物流降本增效。2020—2021 年，为提升成品出库效率，强化质量跟踪，实施“成品卷烟出库扫码系统升级改造”项目，对各卷烟成品仓库出库流水线上的硬件设备进行改造，实现成品件烟码和在制品条码的采集、存储、控制、关联、显示、管理、分析和共享等功能，满足公司对成品卷烟的质量追溯需求。

行业智能卷烟工厂试点建设　2017 年 12 月，国家局印发《关于开展烟草行业制造业与互联网融合试点工作的通知》，率先在浙江、安徽、云南中烟工业有限责任公司和红云红河烟草（集团）有限责任公司开展烟草行业卷烟制造与互联网融合试点工作。2018 年 4 月，为进一步验证烟草行业卷烟智能制造新模式，优化烟草工业互联网平台，完善烟草行业卷烟智能制造系列标准，推进烟草智能制造，国家局印发《关于进一步推进卷烟智能工厂试点工作的通知》（国烟办综〔2018〕95 号），确定龙烟为行业 5 家试点验证单位之一，承担试点验证工作。2019 年 4 月，“行业智能卷烟工厂试点建设”项目正式启动，6 月实施方案通过评审，9 月完成基础制造云平台的部署，12 月中旬完成工业互联网平台和五大仿真服务的安装部署，12 月 26 日，根据国家局信息中心统一安排，完成项目功能初步验证；2020 年 9 月，完成工业互联网平台和五大仿真应用的升级部署；2021 年 2 月，完成工厂数字孪生系统、数据管理平台和微服务平台的部署，3 月 19 日完成上线试运行评审，进入试运行阶段，6 月 29 日通过初验，9 月底通过终验。该项目通过构建数据采集系统，实现龙烟生产过程实时数据的采集、汇聚、存储，为 CPS 平台和龙烟生产实时数据分析应用提供稳定可靠的数据源；构建厂级物联网平台，部署数据管理平台，实现数据采集、数据管理、数据服务等统一管理；开发卷包生产实时看板，实现卷包车间生产、设备、质量等实时信息和预警信息展示，提升生产过程可视化水平；构建基于 CPS 的生产制造仿真服务平台，实现生产前仿真、生产中仿真、生产后仿真、产品制造生命周期仿真和设备运行生命周期仿真。

生产执行系统建设　新 MES 系统于 2010 年 10 月开始运行。2012 年 1 月，实施精品“七匹狼”卷烟专用试验线生产信息管理系统建设项目，主要功能包括试验线建模、生产计划、生产调度、物料管理、工艺标准接口管理、质量管理、数据采集、作业监视及统计分析等，2013 年 12 月上线运行，实现准确、高效的试验线生产调度管理，中试生产和工序试验过程数据、质量过程数据的采集与分析，与 MES 系统、PDM 系统、NC 系统、集控系统、动力能源等系统的全面集成整合，实现试验线小批量中试生产、试验全过程的协调运转，提高试验线生产过程管理和质量批次管控水平，为将试验线打造成精品“七匹狼”卷烟基地研发平台提供信息技术支撑。2013 年 3 月实施“1140 千克 / 时干冰膨胀线配套信息系统建设”项目，2014 年 1 月上线运行，通过与干冰膨胀制丝线集控系统、物流自动化系统进行集成，实现对干冰膨胀制丝线计划排产、生产调度、备料、工艺控制、质量管理、数采、统计等过程的准确、高效统一指挥调度管理，实现干冰膨胀线物料跟踪与追溯管理，提高生产效率，降低制造成本，提高产品质量，保证生产过程的协调运转。2014 年 9 月，实施“MES

系统生产管理优化改造”项目，实施范围覆盖龙烟公司生产一区6000千克/时生产线、3000千克/时生产线以及2000千克/时梗线，业务功能包括一区三条生产线建模、生产计划、生产调度、物料管理、产品标准接口管理、质量管理、数据采集、批次追踪、作业监视及统计分析等，2016年4月上线运行，实现一区三条生产线准确、高效的生产调度管理，实现一区产品生产制造全过程高度协同和批次追踪管理，实现一区生产和工序过程数据、质量过程数据的采集与分析，实现与物流系统、PDM系统、NC系统、集控系统、信息基础平台系统等系统的全面集成整合，实现一区生产线生产全过程管理、质量批次管控和批次追踪管理。2016年12月，实施“MES系统自动排产优化改造”项目，建设内容为基础数据维护/工厂模型、自动排产（包含生产计划、产能、人员匹配表，月主作业计划，重排，卷包作业计划，换牌通知，制丝作业计划）、APS与供应链协同、统计查询及系统集成等业务功能，2017年12月上线运行，通过MES系统自动排产的深化应用，自动获取福建中烟月计划等相关数据，将主作业编排的相关信息进行有效整合，规范与福建中烟生产运行系统的计划传递流程，实现生产计划制定的智能化，减少人为依赖，实现主作业计划高效敏捷的自动编排与重排，达到计划与供应链高度协同、快速响应的目标。2016年12月，实施“生产计划执行跟踪系统建设”项目，内容包括生产计划查询、订单跟踪、牌号跟踪、卷包生产管理、制丝生产管理、生产过程其他关键信息展现以及系统集成，2017年12月上线运行，实现以订单为主线、以牌号为辅线的生产信息追踪功能，实现站点式的订单跟踪，实现结构化的生产数据集成，增强管理人员对生产情况的了解，提高积极性，为精益生产管理夯实基础。

企业资产管理（EAM）系统建设 2012年5月，为满足龙烟设备全生命周期管理要求，支撑TnPM设备管理体系的高效运行，实施“企业资产管理（EAM）系统建设”项目，主要功能包括基础管理、资产位置管理、自主维护管理、预防维修管理、工单跟踪管理、人员排班管理、设备运行管理、故障辨析管理等，2013年8月上线运行。EAM系统以资产/位置为主体，以工单为载体，将设备管理活动中的工作任务、作业标准、反馈流程、工时消耗、备件消耗等信息记录在案，体现EAM管理思想，结合TPM/TnPM自主维护和检维修体系的策略制定、工作执行、反馈评价、辨析改进等，建立起PDCA闭环动态跟踪体系，在此基础上，通过设备运行效率统计、备件消耗分析等统计分析结果直观反映设备运行效率及维持成本指标，为设备管理决策提供依据。通过系统集成，与福建中烟的设备管理、备件管理等系统进行数据交换，实现无缝衔接。

生产信息门户系统建设 2013年3月，为满足生产车间业务平台使用需求，实施“生产信息门户系统建设”项目，进行统一身份认证和单点登录、工作流技术应用、系统集成技术应用、车间生产管理实现、多维度分析报表等多方面研究，通过建立集成化生产信息门户系统，将MES系统、物流系统、EAM系统、制丝集控系统、卷包集控系统、质检系统等系统中的业务操作和数据信息有机地集成。2014年12月系统上线运行，实现单点登录、统一身份认证，同时实现车间内部生产管理功能，为公司生产车间提供统一的协同工作环境和多元化的生产信息与服务，提高车间生产管理水平和工作效率，降低车间的管理成本，促进企业效益增长，为实现精益生产提供信息支撑。

集控系统建设 2012年1月，针对原有集控系统运行和控制稳定性差、系统未能严格遵循ISA S88 Batch标准建立模型、报警层次不清晰、批次划分不清等问题，实施“制丝二区香料厨房电控集控系统优化”项目，按照S88批次标准，进行Batch控制系统、PLC控制系统、iFIx监控系统三层改造，重构Batch物理模型和配方模型。2012年10月完成联调测试，2013年6月整体验收。项目按照批量控制系统标准ISA S88建立过程对象的模型，进行iBatch软件特点与香料房工艺的融合，实现Batch模型及编程设计合理、控制可靠、记录完整、报警精确、逻辑缜密，易于操作的批次控制系统，并实现香料厨房内部批次信息关联追溯。

2012年3月，为了在原有制丝批次质量评价分析项目基础上实现制丝批次质量管理与应用在车间生产现场的落地，实施“构建制丝批次产品质量管控体系”项目，建立报警及故障流程三级处理机制、制丝批次质量评价方法及模型方案的重新调整、软件程序的开发应用，2012年12月上线运行，实现数据抽取规则参数化、关键参数评价采用稳态与非稳态过程综合表征、参数合格率统计等功能。

2012年6月，为满足国家局对减害降焦和产品质量安全稳定的要求，满足福建中烟品牌发展对膨胀烟丝持续增长的需求，提升企业工艺技术和装备水平，实施“1140千克/时干冰膨胀烟丝生产线技术改造配套集控系统建设”项目，包括制丝集控、动力集控配套建设；2013年8月联调，2013年10月投入运行，主要采用GE Proficy iFIX解决方案，实现产线的自动化集中监视、控制和数据采集，联动协同MES、物流系统，实现膨胀丝生产任务接收、下达、执行、反馈，以及片烟自动要料出库等生产过程全流程自动化生产。

2013年1月，为解决二区质量保障能力测试过程中出现的问题，实施二区香料厨房配料扫描监管系统建设项目，在二区香料厨房配置4台无线扫描仪器，改造2台自动称重设备，建立配料扫描监管系统，2013年底上线运行，确保料、香配置准确无误，使香基、料基配置过程质量的可控、可管、可追溯，提升质量管控水平。

2013 年 3 月，为解决卷包二区新增生产设备集控功能不完善、原数采系统缺乏集中监控功能、数采数据丢失或者不准确等问题，实施卷包车间新增机组数采系统建设项目，优化系统的整体架构、补全新增设备的数据采集和管理功能、完善系统的集中监视画面，2013 年底上线运行，提高数采数据的及时准确、稳定可靠，满足卷包车间对物料精细化管理的需求。

2014 年 1 月，为解决卷包一区因设备替换和新增导致原数采系统数据缺失及不稳定等问题，实施卷包一区数据采集系统改造项目，改造范围涉及卷包一区 87 台设备，建设内容包括数据采集、卷包机台生产排产、辅料上机扫描、生产过程设备状态的监视及设备停机原因采集，建立机台自动排产、生产过程监控和管理等功能；2015 年底上线运行，提升一区卷接及包装机台产量、质量及设备的关键指标数据采集稳定性，确保数据分析真实有效反映生产的运行和质量水平，提高现场操作工作效率及卷包车间内部管理水平。

2014 年 8 月，以“保留、优化、摒弃、重建”为分类原则，重新对质量信息系统进行规划设计和功能定位，实施批次质量管理系统建设项目，内容覆盖原料、香料、制丝、辅料、卷包等卷烟制造全过程批次产品的质量要素信息分类采集与处理、质量检验、质量事件、质量改进、质量评价、质量分析、质量风险、质量考核、合作生产等，建立卷烟生产各环节批次产品的有机关联。2016 年 11 月项目验收，实现卷烟全过程批次产品的质量追溯功能，实现高效、便捷的质量统筹管理，实现卷烟批次产品质量内外部追溯和正反向追溯，提升质量数据的综合利用率和应用分析能力，实现原料、香料、制丝、辅料、卷包产品质量批次检验，提高质量管理水平和持续改进能力。

2019 年 6 月，为解决数据采集系统由于技术局限性问题造成数据准确性不足、数据全面性不够无法支持业务系统的深化应用问题，实施数据采集系统升级改造项目，主要内容包括设备控制系统和生产系统业务数据采集、存储与上传，车间网络建设，数采相关软硬件部署，其中设备控制系统数据采集涵盖卷包车间一二区主机设备、制丝一区集控系统、制丝二区集控系统、制丝干冰集控系统、制丝试验线集控系统、动力集控系统等数据采集，生产系统业务数据采集涵盖 NC 系统、MES 系统、EAM 资产管理系统等相关业务接口，车间网络建设涵盖部署卷包车间一二区数据采集设备的万兆网，数采相关软硬件部署涵盖数采终端以及服务器端的软硬件部署实施购，2021 年 7 月上线运行．通过数据采集服务平台，建立可视化数据采集通道，根据不同的设备编写不同的数据采集软件，将软件部署在对应的工控服务上，数据采集软件分别通过西门子 PLC、BF PLC、三菱 PLC 等源程序进行采集，全面的、实时的、准确地采集设备数据，实现对所有同机型设备数据采集程序在工控服务上进行升级部署，在平台上完成数据采集程序统一部署、统一管理，实现制造全生命周期异构数据在云端的汇聚，数据采集服务采用三层体系架构进行设计，通过生产设备数据采集及相关业务系统集成的模式，强化龙烟应用系统数据交互应用，为在工业互联网平台开展相关应用提供重要数据来源。

厂级工业互联应用创新平台建设　2021年8月，为顺应企业工业数据连接、采集、建模、汇集、计算、分析、应用等整体方案和共创平台建设要求，探索事后分析向生产事前、事中应用的方向转变和突破，实施“厂级工业互联应用创新平台建设”项目。在传统 ISA-95 金字塔架构基础上，采用扁平化、网状架构定义和构建厂级工业物联网平台，提供工业数据连接、采集、建模、汇集、计算、分析、应用等整体解决方案、技术框架体系和众创平台，在生产管控、质量管控、资产监控、工艺优化、能耗优化等领域持续开展工业场景应用创新和多源数据融合应用研究，解决传统技术长期无法解决的一些生产过程难点和堵点，探索事后分析向生产事前、事中应用方向的转变和突破。项目按照“顾旧立新、内外融创、试点探索”的原则，依托平台，探索纵横双向打通制丝、卷包、物流、动力等生产环节 IT 和 OT 的数据资源，遵循“数据连接、模型建立、服务聚合、应用构建”的构建思路，探索孵化“数据 + 模型 = 服务”逻辑下的工业 APP 创新应用。项目主要以制丝二区为试点，开展在设备监测、生产监控、工艺优化、大屏看板、移动应用等方面 10 个工业 APP 的建设和应用。项目的实施，有利于公司各部门依托平台，推进集群创新和个体创新，探索协同共创新模式，助力公司快速推动业务创新，快速解决业务问题；促进对外合作和内外融创模式的现实落地，合作形成的工艺优化等各类算法及数据集中、统一向平台汇集，沉淀工业知识洼地，避免烟囱系统复现，加速平台数据驱动与赋能增效；在保护存量信息化系统资产和作用的基础上，为公司各类重大产线技改、信息化改造项目提供整体设计架构的补充和完善，挖掘多源数据融合应用新兴场景，推动公司各领域生产管控系统的数字化转型升级。

物流系统建设　2012 年，为满足车间物料管理精细化需求，实施“卷包车间精细化管理系统建设”项目，包括卷包业务流程的梳理和优化、数据源的整合和规范、数据分析及系统集成。2012 年 10 月项目验收，通过优化流程、精细管理、细化目标、加强考核，理顺物料流与数据流的同步一致、准确及时，通过夯实车间基础管理，实现精准考核，减少非增值物料耗费，对物料消耗数据自动进行监测、采集、核算、分析、预警等，实现物料消耗的精细化管理，促进车间创优对标水平。

2012 年 1 月，为满足车间新的投料需求，实施一区配方库自动化物流系统优化项目，在现有片烟备料入库端区域新增二层钢平台出库功能，实现制丝片烟投料出库与入库同端进出，对原有的堆垛机控制系统以及物流软件系统全面升级，2013 年 9 月验收，通过对原有一区配方库物流系统的进一步优化，同时满足三条制丝线的生产需求，通过系统的重新设计和策略的调整，大幅度提高对货物外形的适应能力，降低设备的故障率，充分利用调度策略的优化，减少堆垛机设备运行次数，延长设备使用寿命，增加出库缓存，提升系统设备故障时对车间生产的保障能力。

2012 年 6 月，为解决原有膨丝柜式存储带来的生产局限性，满足龙烟膨丝线柔性化生产需求，实施 1140 千克 / 时干冰膨胀烟丝生产线物流系统建设项目，采用干冰烟丝箱式储丝，开发货架式平库的物流系统，2013 年 8 月开始系统联调，2013 年 10 月上线运行，实现了干冰膨胀烟丝线的柔性生产。

2013 年，为满足原料精细化管理需求，实施原料批次管理和辅料数字化仓储管理系统建设项目，建立条码规范、原辅料跟踪追溯机制、人工平库仓储管理系统。2013 年 11 月项目验收，实现烟叶醇化管理，实时掌握库存烟叶的醇化周期，减少不必要的损失，实现加工成品返回、收货、移库 / 货位调整、分箱、条码置换、备料出库、温湿度采集、虫情采集等业务的全过程条码数据采集，实现辅料平库到货、检验、库存保管、出库全过程条码采集，实现辅料库存的供应商、生产批次、保质期管理。

2014 年 1 月，为满足辅料批次管控需求，实施辅料批次在自动化立体仓库的应用研究项目，内容包括 RF 扫描上架时批次信息自动采集、高架库辅料出入库时辅料批次信息自动关联、卷包车间机台领退料时卷包生产批次信息的自动关联、批次查询、批次批量下架等功能，以及高架库辅料超期预警、辅料从平库到自动化立体仓库再到卷包机台生产的批次跟踪追溯、按辅料生产日期先进先出原则优化改进辅料出库策略等功能，2015 年 12 月项目验收，满足公司辅料管理需求，进一步提升辅料高架库的精细化管理水平。

2018 年 6 月，为推动传统物流向智能物流的转型升级，实施成品片烟仓储系统升级改造项目，按照模块化、组件化、平台化、移动化建设理念，聚焦相关智能技术与仓储物流深度融合的场景，将公司仓储物流系统重构成智能物流系统，着力打造卷烟工厂仓储物流智能化的典范，以二区片烟库、成品 F 库为试点对象，进行智能物流系统的建设研究，2020 年 12 月上线运行，缩短单库的系统实施周期，有效解决传统通过架构下的传统物流系统开发周期长、扩展难度大、维护成本高等难题，为龙烟物流系统统一数据结构、统一技术架构、统一部署方式、统一运维提供良好的平台基础。

2019 年 3 月，为满足福建中烟原料保障需求及原料质量多维度追溯分析需求，实施构建原料智能养护管理系统建设项目，内容包括建立原料智能养护管理平台、智能养护 APP 平台，建立养护计划模块、垛内监控模块、包芯监控模块、预警处置模块、仓库除湿机设备联动模块，制定原料智能仓储管理系统制度等，2020 年 9 月上线运行，改变片烟传统养护模式，为行业快速新建或改造智能养护系统提供可借鉴的有效经验，提高烟叶原料养护过程精细化管理水平，保证烟叶原料醇化过程的技术参数符合工艺要求，保障了产品质量，提高产品的质量追溯，实现烟叶养护智能化，推进大数据、人工智能等新技术与烟草产业深度融合。

2021 年 6 月，为满足福建中烟对贮丝房生产柔性化水平更高要求，实施生产一区贮丝房物流仓储及配套工程改造项目，在一区贮丝房构建箱式密集型自动化物流系统，建立柔性化模块化贮丝房物流系统，2021 年 10 月上线运行，实现一二区生产柔性对接以及一区卷包的柔性生产，降低公司生产组织成本，提高企业的产品竞争力。

管理运营系统建设　2012 年，为提升办公效率，加快数字化烟草的建设进程，实施“移动办公平台建设”项目，前后经过四期建设，2012 年 11 月至 2013 年 9 月实施移动办公平台建设项目，移动办公系统与现有门户系统对接，在手机端公文批复、业务办理、通知通告、收发邮件等功能，为提高办事效率提供一个便携性平台。

2013 年 9 月，为优化采购流程，规范采购程序，联动供应商，提高工作效率，透明采购过程，缩短采购周期，满足国家局规范与效率的要求，实施网上高效采购管理系统建设项目，开发网上高效采购系统模块，采用 CA 认证及 CA 数字信封加密技术，建立网上高效采购系统，2014 年 5 月上线运行，实现供应商网上直接报价，提升备件、耗品采购效率，缩短采购周期，节约采购成本，帮助企业提高了对资金的监管力度。

2014 年 8 月，为满足公司内外部信息收集和分析需求，支撑建设专业化的龙烟知识管理，实施情报系统建设项目，构建情报知识门户、部门主页、个人空间，创新改善管理中心、情报知识管理中心、情报知识交互中心以及情报（知识管理）系统积分体系，2015 年底上线试运行，2016 年 12 月至 2018 年 12 月，进行情报系统功能改进和优化，2020 年 10 月正式上线运行，以情报系统为平台，提高信息处理有效性，推动系统应用及知识创新管理迈上新台阶。

2017 年 9 月至 2018 年 8 月实施生产作业移动化建设项目（第一期），构建企业的移动平台，对微应用进行统一管理，规范移动开发标准，解决原生应用适应性差、无法及时更新的问题，在生产业务系统中选择适用于移动手机端展现的生产业务，实现生产作业移动化，优化工作方式，提高员工的工作效率，对原有的移动审批业务重新开发并展现，实现手机移动化审批功能。

2018 年 6 月，为满足国家局对规范管理更严、更高工作要求，实施采购综合管理平台升级改造项目，开展五大模块升级改造、个性化模块建设、系统平台全新升级、历史数据配套升级、行业采购系统对接等，2020 年 12 月上线运行，增强采购管理功能规范性、采购管理数据统一性、采购管理操作便利性。

2018 年 12 月至 2020 年 10 月实施低代码开发平台的试用项目，对简道云平台、泛微平台等进行试用，扩大开发人群，进行简单功能的开发。

2019 年 9 月，为了提高员工的工作积极性和主动性，促进企业的长远发展，实施员工职业成长积分管理系统建设项目，内容包括积分标准库管理、积分全过程管理、积分多维度应用等功能，2020 年 12 月上线运行，实现员工职业成长积分的个性化、多维度分析展现，满足公司、部门、员工在岗位选聘、精准激励、员工职业发展引导等多维应用需求，为员工职业成长的定位与发展提供更加丰富的信息，为选人、用人、育人提供更加科学客观的参考依据。

2021 年 1 月至 2021 年底，实施福建中烟移动门户建设项目配套建设项目，配合福建中烟移动门户建设，参与微门户功能架构的设计和方案的确定，并迁移原有龙烟移动应用至微门户，实现与微门户的互联互通。

网信安全系统建设 2012 年 8 月，为满足国家局和福建中烟信息安全建设要求和等级保护基本要求，实施信息系统安全服务采购项目，开展信息系统安全等级协助定级、备案、风险评估、差距分析、安全技术措施整改和安全管理制度建设等工作，全面建立信息安全体系，制订等级保护整改方案和信息安全建设规划，设计网站安全保护机制，2012 年 12 月投入运行，提高信息安全防护能力，创建安全健康的网络环境，促进企业信息化安全发展。

2013 年 5 月，为贯彻国家局对行业信息系统安全保障工作的要求以及等级化保护“坚持积极防御、综合防范”的方针，实施安全域划分及等级保护测评服务采购项目，通过安全管理制度完善、系统安全整改、网络安全域建设和设备部署及等级保护测评等工作，从技术体系、管理体系和运维体系三个方面构建龙烟信息安全防护体系，2013 年 10 月投入运行，从管理和技术两方面提高信息安全防护能力。

2014 年 8 月，为解决虚拟化平台无法实现统一安全管控的问题，实施虚拟化平台安全防护软件采购项目，引入基于虚拟主机的防病毒、检查与过滤、集中管控等技术，弥补虚拟化平台整体防御能力短板，2014 年 12 月投入运行，提高虚拟主机运行稳定性、安全性，降低运营成本。

2015 年，实施行业工业企业工控系统网络安全的研究项目，牵头制定《烟草行业工业控制网络安全基线技术规范》行业标准，2015 年 6 开始进行行业标准研究项目前期研究，调研行业工控系统的类型、设备、运行情况和出现过的安全问题等基础数据，分析信息安全需求，撰写完成行业工业控制系统信息安全标准体系框架建设的技术报告和工作报告；2016 年 5 月进行工业控制系统信息安全管理平台建设；2016 年 6 月开始进行行业工业控制系统信息安全标准编制；2016 年 8 月完成设备和系统的到货验收；2016 年 10 月完成各设备和系统的上线部署和系统联调；2016 年 12 月完成系统测评配置和项目验收；2017 年 6 月发布了烟草行业首个工控安全技术标准《烟草行业工业控制网络安全基线技术规范》，提出了“网络分层分域隔离—域内异常监测—现场审计防护—统一安全管理”整体工控安全防护思路，为烟草行业落实国家工控系统防护指南要求和进行工控系统信息安全建设提供了指导，促进了行业工控系统信息安全工作的开展。

2015 年 8 月，为解决由内而外网络访问缺乏对应用层的安全防护和管理、无法实现用户认证和上网行为管理等问题，实施“网络出口安全升级改造”项目，采购部署 2 台上网行为管理设备和 2 台互联网负载均衡设备，2015 年 12 月投入使用，实现网络出口安全的升级，上网用户、行为和流量的安全管理和合规审计覆盖面达到 100%。

2017 年，按照新的网信安全要求，改变厂区 Wi-Fi 无线网络访问控制策略，划分为外网 Wi-Fi 和生产 Wi-Fi，其中外网 Wi-Fi 仅能访问互联网不能访问公司内网，生产 Wi-Fi 仅服务于已认证的 AGV、手持机等设备，一般设备均无法连接生产 Wi-Fi，通过上述策略控制，确保无线网络使用安全。

2018 年 8 月，为解决边界访问控制管理薄弱、安全防护设备不足的问题，采购部署了行业网防火墙 2 台、数据中心防火墙 2 台、工控系统防火墙 6 台，实现对企业内网和工控网络更好的安全防护；2018 年 8 月完成到货验收；2018 年 12 月完成设备安装调试、上线部署和安全策略配置；2019 年 3 月完成项目验收，通过强化边界防火墙、数据中心防火墙和工控系统防火墙，建设更加完整更加牢固的信息安全防护系统。

2020 年 8 月，为满足国家和行业对网络安全建设要求，采购和部署 VPN

设备1台、准入控制系统1套、日志审计系统1套、数据库审计系统1套、运维审计系统1套和6台防火墙；2020年8月完成到货验收；2020年12月完成设备安装调试、上线部署和安全策略配置；2021年4月完成项目验收，通过部署VPN、日志管理系统、网络准入控制系统的网络安全产品和安全防护策略，升级防病毒系统，完善网络安全管理和技术措施，提高企业网络安全整体防护能力。

三、信息化管理体系建设

体系建设　2016—2021年，龙烟先后开展“两化”融合管理体系、信息技术服务管理体系ISO20000和信息安全管理体系ISO 27001等三个信息化管理体系建设。2016年，为促进有效融合，提升企业数字化发展水平，龙烟启动“两化”融合管理体系建设工作，2016年3月获得工信部“两化”融合管理体系贯标试点企业资格，2017年1月实施“两化”融合管理体系贯标，打造的新型能力为“卷烟企业生产过程质量追溯能力”；2017年6月“两化”融合综合测评得分66.75分；2017年12月获得两化融合管理体系评定证书；2020年8月根据企业使命、愿景和战略定位，参考行业相关标杆企业，结合现状梳理出企业存在的优势、劣势、机会和威胁，识别出新形势下龙烟需要获取的可持续竞争优势，确定在“十四五”战略规划期内需要优先打造的信息化环境下新型能力为“卷烟企业智能仓储物流管控能力”，通过开展体系宣贯、调研诊断、分析策划、内部审核、管理评审、符合性评审和不符合项整改等工作，2020年10月两化融合综合测评得分为81.08分；2021年2月通过复审再次获得两化融合管理体系评定证书，证书有效期三年。2020年初，为了进一步提升信息化保障能力和服务水平，使企业的IT管理更加规范、全面、可视、可控，实现IT水平的整体提升和持续改进，龙烟启动信息安全和信息技术服务管理体系（以下简称“双体系”）建设，通过导入“双体系”标准，全面梳理相关的管理制度，建立包含实施、运行、监视、评审、保持和改进的信息化管理体系，搭建起行之有效的IT管理框架，2020年11月“双体系”正式运行，2021年5月获得“双体系”评定证书，证书有效期3年。

人才队伍建设　2012年1月，信息技术部共有员工22人。2012—2021年，信息技术部实际调出7人、离职2人、退休1人、调入8人，更替3名部门负责人，分别为邹甫（2010年9月至2017年11月）、马庆文（2017年11月至2021年4月）、郭剑华（2021年4月）。2021年，根据龙烟岗位绩效管理要求，重新进行定岗定级，由原先12个岗位调整为16个岗位，分别设主任1名，副主任2名，主任管理员1名，制造执行工程师4名，系统管理员2名，网络安全工程师 1 名，集控系统程序员 1 名，生产执行系统程序员 1 名，物流系统程序员 1 名，运营系统程序员 1 名，移动应用程序员 1 名，数据分析员 1 名，网络技术员 2 名，信息资产管理员 1 名，信息设备管理员 1 名。截至 2021 年 12 月，信息技术部共有在编员工 20 人，其中拥有硕士学位（含在职）5 人，高级职称 2 人、中级职称 17 人，借调到福建中烟信息中心 2 人。

第五节 企业标准化建设

2012 年以来，龙烟标准化体系管理工作，紧紧围绕国家局和省公司总体要求，将管理体系建设与卓越绩效、精益管理、标准化工作进行有效融合并作系统推进，持续在夯实基础、创新突破、风险防控、系统提升等方面下功夫，积极谋划和推动高质量发展，促进管理体系的新突破、新发展。

一、标准化管理

2013 年，龙烟按照省公司多标一体建设的要求，确立新的标准化方针：标准先进、科学规范、创新高效。公司在标准化方针的指导下进一步规范标准化管理，在标准的管理、标准的形式和标准的内容上力求简单，所有标准要求协调一致，标准体系依据国家标准《企业标准体系建设标准》及行业标准《卷烟企业标准化工作的要求与评价》，结合公司的实际需要分成三个层级、三个大类、六十个小类。内容包括企业战略和方针目标、各种相关法律法规、各种相关标准，涉及企业生产、技术、经营管理、财务审计、企业文化和考核等各方面。形成以技术标准为中心，管理标准和工作标准相配套的企业标准化框架。横向按属性分类，分为技术标准、管理标准、工作标准，纵向按专业进行分类，形成科学合理的标准结构，方便查询及知识共享。

标准化系统更新升级 2011 年 10 月 8 日起正式使用省公司统一的标准化文件管理系统，实现标准的线上起草、审批、发放、评审及回收等。

2014 年省公司启用新的标准化管理系统，对平台进行升级完善，包括企业标准、外来标准、法律法规及行业有关规定等，公司落实标准化系统转换工作，重新编写福建中烟标准化系统切换所需的标准模板和发文操作说明，各部门积极做好文件梳理与评审工作，确保各类标准及时、准确地发放与回收，保证标准化文件体系的顺利运行。

2015 年，根据省公司技术标准体系优化工作的安排，龙烟做好技术标准、记录文件迁移，文件信息核对工作，共迁移技术标准 249 份，记录文件 20 份，在此基础上，修订公司《标准（制度）体系结构》及《企业标准编制规则》。

标准化工作与创新活动紧密结合 制定标准作业程序（SOP），在传统作业指导书的基础上，根据“大统一，小创新”的原则，对关键工序的设备特性、生产工艺制造要求、安全要求等转化为具体的操作规范，形成作业流程图并配以图片和文字，以看板的形式在现场展示。完成制丝、卷包、动力、红狼公司已完成关键的SOP标准作业文本123份及相应的可视化看板和岗位绩效考核标准；构建“精品七匹狼”生产线系列标准，以精品线的生产过程、价值流、信息流等为主线，制定包括生产管理、工艺质量管理、设备管理、安全现场管理等系列管理标准及过程控制层的信息系统等相关标准，规范过程控制的所有活动，使生产过程管理规范化、系统化、科学化，并对过程控制信息平台进行有效整合，使诸多过程信息的传递及应用得以规范，从而有效提高过程控制的科学决策水平，实现对卷烟生产过程的管理和控制。共完成精品线制丝、卷包成型、物流三大部分29个关键工序的生产作业SOP标准文本56份；精品线制丝、卷包成型、物流三大部分设备点检基准书86份。2017年11月龙烟通过福建省质量技术监督局的标准化良好行为企业确认，获得“AAAA级标准化良好行为企业”称号。

参与国标、行业标准制修订 2012年以来，龙烟共参与制定国际标准1项，行业标准24项。其中公司主要承担项4项。

2012—2021年龙烟公司参与国际、行业标准制定修订情况表

表4-11

序号	标准名称	标准编号	发布日期	参与形式	主要参与人
1	“卷烟 端部掉落烟丝的测定 振动法”研究	ISO 3550—3（国际标准）	2014-12-24	公司参与	邱龙英、陈风
2	片烟贮存养护 异常情况处理通用技术指南	YC/T 440—2012	2012-07-11	公司参与	俞春煌、童雪霞
3	片烟贮存养护 低排放机械调控法	YC/T 456—2013	2013-01-07	公司参与	俞春煌、张增基、童雪霞
4	卷烟工厂制造过程物耗控制即时化实施指南	YC/T 480—2013	2013-09-04	公司参与	张志英

续表 4-11

序号	标准名称	标准编号	发布日期	参与形式	主要参与人
5	卷烟工业企业可视化管理要求与评价	YC/T 485—2014	2014-03-25	公司承担	廖材河、肖建、林冬梅、郑嘉惠、张益兰、刘静宇、赖群龙、郭沁、林启红、苏东冬、苏雅钟、谢小芳、廖清亮、颜安燕
6	卷烟制丝过程数据采集与处理指南	YC/Z 502—2014	2014-06-12	公司参与	林苗俏
7	烟草工业企业卓越绩效评价准则应用指南	YC/T 535—2015	2015-04-21	公司参与	姜志强、罗旺春
8	卷烟厂设计规范	YC/T9—2015	2015-10-22	公司参与	廖材河
9	卷烟企业生产过程质量追溯 通用原则和基本要求	YC/T 542—2016	2016-01-25	福建中烟承担，龙烟第一协作单位	姜志强、林苗俏、吴永生、曹 琦、苏 铃、李珮珺、蔡圣熔、廖材河、熊淦源、林 郁、江家森、马庆文、李汉瑞、张 炜、邱小梅、张增基
10	卷烟企业生产过程质量追溯 信息分类与要求	YC/T 543—2016	2016-01-25	福建中烟承担，龙烟第一协作单位	林苗俏、姜志强、吴永生、曹 琦、李珮珺、苏 铃、蔡圣熔、廖材河、熊淦源、林 郁、江家森、王喜春、李汉瑞、郭剑华、马庆文、邱崇伟、张 炜
11	卷烟和滤棒长度、圆周检测设备通用技术条件	YC/T 545—2016	2016-01-25	公司参与	饶伟、郭忠明
12	卷烟通风率检测设备通用技术条件	YC/T 546—2016	2016-01-25	公司参与	饶伟、郭忠明
13	烟叶原料清洁仓储管理指南	YQ/ T77—2016	2016-03-17	公司参与	张增基、沈禄恒
14	卷烟制造过程质量风险评估指南	YC/Z 550—2016	2016-08-18	公司参与	黄鸿蔚、蔡圣熔
15	烟草加工过程害虫防治技术规范	YC/T 299—2016	2016-08-18	公司参与	黄鸿蔚、郝冀中
16	烟草工业企业机械设备零配件 分类与编码	YC/T 553—2016	2016-11-02	个人参与	邓春宁

续表 4-11

序号	标准名称	标准编号	发布日期	参与形式	主要参与人
17	烟草行业信息安全基线管理技术规范	YQ—XX/T 3—2017	2017-04-13	个人参与	吴洪亮
18	片烟气调贮存养护技术规范	YC/T 322—2018	2018-12-18	个人参与	张增基、沈禄恒
19	卷烟 小盒密封度及泄漏点的测定负压抽气—水浸法	YQ—JY/T 2—2018	2019-01-15	个人参与	林苗俏
20	基于电子标签的片烟物流跟踪系统数据交换规范	YC/T 578—2019	2019-06-15	公司参与	林郁、徐仰高
21	卷烟联运滑托盘应用规范	YC/T 577—2019	2019-06-15	公司参与	林郁、姜志强、苏谊城
22	烟草行业工业控制系统网络安全基线技术规范	YC/ 580—2019	2019-05-14	公司参与	林郁、吴洪亮、曹琦、陈玮
23	烟用材料供应商管理指南	YQ—GLZ 3—2019	2019-08-23	公司参与	何兴昌
24	卷烟工业企业设备综合效率测评导则	YC/T 590—2021	2021-12-07	公司承担	钱继春、巫洪海、谢永樑、张玮、蓝占明、王允忠、姜志强、江石河、何兴昌、林苗俏、罗旺春、吴永生、张聪生、詹建胜、刘佳莉、陈萍娥、谢仁聪、贺志华、廖材河、张益兰、陈萍萍、饶伟、陈志平、邱敏、卢洪光、郑松潘、连彬、张自骞、杨敏、刘静宇、张光垚、张小杭、邱广阳、刘景川、邓宏博

二、体系管理

体系方针变化情况 2013 年，福建中烟开展多标一体建设，确立新的体系方针。即：

质量方针：丝丝精湛 追求卓越 一品三系 顾客满意；

环境方针：守法 绿色 和谐；

职业健康安全方针：以人为本、防范风险、持续改进、员工满意；

龙烟将上述福建中烟新的体系方针，确定为企业的体系方针。

2013 年，建立能源管理体系，确立能源管理体系方针为：守法有责、节能高效、持续改进、追求卓越。

2017年，建立信息化和工业化“两化”融合管理体系，确定两化融合方针为：柔性生产、敏捷制造、智能数据、全员创新。

2019年，省公司修改质量管理体系方针为：丝丝精湛、追求卓越、一品多系、顾客满意，龙烟以此作为新的质量管理体系方针。

开展一流质量管理体系建设　2012年，国家局印发《一流质量管理体系建设评价标准》，主要包括五个方面，分别是一流的质量目标引领、一流的体系文件、一流的持续改进、一流的信息化支撑、一流的队伍保障，要求企业根据具体的评分标准和细则，开展自评。龙烟制定检查工作方案，对国家局规范性文件进行识别与转化工作，开展一流体系自查与内审，顺利通过检查。

推进卓越绩效模式　2011年起，龙烟以申报龙岩市及福建省政府质量奖为契机，深入推进卓越绩效模式，从企业领导、战略、顾客与市场、资源、过程管理、测量分析与改进、经营结果七个方面，对公司运营管理现状进行全面梳理，形成政府质量奖自评报告；各相关部门组织骨干人员，准备现场评审演示讲义。卓越绩效模式骨干人员的辐射作用，在质量奖创奖过程中得到充分发挥；现场评审过程中与评审专家的互动，帮助公司进一步深化了对龙烟经营管理情况及卓越绩效模式的认识。两次现场评审结束后，龙烟公司认真分析现场评审组出具的评审报告，按照“补足短板，加固长板”的原则，针对主要优势，进行巩固和发扬，针对主要改进机会，制定相应改进措施，组织各责任部门切实改进，持续进步。龙烟公司于2012年6月获得首届龙岩市政府质量奖，2015年6月获得第四届福建省政府质量奖。

开展业务流程梳理　2013年，龙烟引入卓越业务流程管理（eBPM）方法论和先进的流程管理信息系统（ARIS），以业务流程为核心，全面开展流程梳理项目。为确保项目稳步推进，项目组采取阶段性培训、双周滚动计划、周例会、质量建模检查等管理方式，主要完成以下工作：调研与评估公司的流程管理现状；搭建流程架构，明确流程管理职责；对公司现状业务流程梳理与分析；梳理生产、采购两条端到端流程；搭建采购管理、生产管理绩效指标体系；初步设计流程治理方案。项目组共梳理龙烟流程清单1240条、管理记录2841份、管理制度417份、企业IT应用系统75个、业务活动总数4668个，涉及20个部门386个岗位，逐步建立企业业务流程的基本架构。

开展体系转版工作　2016年，《质量管理体系要求》（GB/T 19001—2016）发布；2017年，国家局发布《关于推进落实新版质量管理体系转版工作的指导意见》，围绕“一年理流程—两年抓专项——三年促升级”的整体要求，明确2017—2021年，分为“流程梳理”“专项提升”“全面升级”三个工作阶段，完成体系换版工作，实现以质量管理体系为中心的综合管理体系的升级改造，促进基础管理转型升级。龙烟基于现行一体化管理体系，结合公司发展规划，以换版为契机，系统策划、统筹推进、重点突破、稳步提升。主要有：

启动、策划并实施新版质量管理体系、环境管理体系换版升级工作，策划并下发《综合管理体系换版升级项目实施方案》；系统开展新版标准导入、宣贯、培训工作，推动实施以中高层换版、标准精解、内审员业务实操等多层面体系转版培训，提高员工对新版标准的认识和理解，掌握换版的基本思路及做法。

持续深化应用流程梳理成果，推动“业务流程、执行系统、作业岗位”三大要素彼此间的深度联结，进一步健全完善流程运行管理机制，提升公司业务流程运行水平和效率，通过加强流程与系统的联结，完善流程治理机制。以ARIS流程管理平台升级部署为契机，推进流程管理的信息化建设。构建流程“设计—发布—变更”的系统控制闭环，初步建立流程管控工作流，加强流程过程管控与版本管理，形成支持流程持续迭代的长效治理机制；通过加强流程与流程的联结，优化业务端到端流程，聚焦业务协同与价值传递，对端到端流程梳理方法论进行全面反思与创新，深化通用流程、变体流程等建模技术的研究与应用，以关联化的叠层建模，提高模型的可复用度与业务还原度，提升面向需求的流程柔性化能力；通过加强流程与岗位的联结，改进流程评价机制。探索构建流程绩效评价体系，依托信息化系统，对业务端到端流程绩效进行全面监控，快速定位异常指标及相关业务环节，从异常指标入手发现产生数据异常的业务活动、相关执行岗位或部门，持续提升流程绩效。

结合省公司风险分层分类原则，围绕“113”即“一个框架、一套流程、三个机制”，建立公司风险管理框架以及风险管理机制。“一个框架”，即以《风险管理指南》（ISO 31000）为基础，结合省公司风险分层分类原则，建立公司风险管理框架，对风险进行分级分类，形成政治、战略、运营、法律、财务五大类风险，明确风险边界和内容；执行“一套流程”，即建立风险评估、应对、监控等一套风险闭环控制流程，并按照流程开展风险识别、分析、评估和应对工作；落实“三个机制”，通过风险动态评估机制、风险监督检查机制和风险追责问责机制，确保风险动态评估和管控，通过两轮全方位、多角度的风险评估，建立起公司的风险事件清单，共识别出关键风险38项，重要风险82项，一般风险78项，合计198项，各部门都能根据风险源的特征和性质，有针对性地从预警、培训、制度、应急、年度工作等举措中，选择恰当应对方案并加以执行，确保公司重大风险可控。

持续优化变更管理机制，公司组织变更管理整体策划，编制《变更管理办法》，推动职能部门制定变更实施管理细则，组织识别生产过程中的质量变更要素，制定发布《生产要素变更风险管理办法》，对生产要素变更引起的潜在质量风险变化进行识别与管控，通过机制试运行，不断改进存在的问题。

构建“五维一体”协同管理机制 2020年，龙烟以推进卓越绩效模式落地运行为主线，借助ARIS管理平台，将组织职责、绩效目标、标准文件、风险管控等运营管理要素，与流程管理深度集成，构建以流程为内核的“五维一体”协同管理机制。“五维一体”实质是，基于业务建立全面覆盖、横向融合、纵向贯通的流程体系，建立与流程动态匹配的组织职责体系，将流程环节逐一落实到岗位上，实现岗位职责的清晰界定，标准文件的有效落地，创新流程绩效管理与风险管理、量化全员业务考核指标，将原本分散独立的“五大”要素融合在一起，做好“五个匹配”，即组织职责、标准文件、绩效指标、风险防控与业务流程的匹配。

2021年，持续推进流程体系建模、文件体系建模，建立并发布L4流程2098条，建立并发布实施管理标准236份、技术标准908份、工作标准435份；完善职责体系，发布部门职责文件20份；构建流程绩效指标体系，形成L1—L4级指标梳理与评审5479个；优化风险管理框架，修订发布流程风险管理办法，识别流程风险1779条；完善流程管理体系，通过规范流程描述、完善流程管理架构、规范流程和制度发布机制、规范管理流程的变更、规范流程执行的监控，进一步疏通业务流程，明确岗位职责和工作内容，夯实体系管理基础。

内部体系审核与改进情况 2015年，龙烟创新构建流程审核机制，以流程审核为抓手，采取专题化、职能化的审核方式，突出审核重点，通过审核发现，以审促改，自上而下实施业务流程改进。主要有三个特点：

系统策划、重点突出。按照PDCA的思路，选取重点的流程区域，先从整体上评估流程体系框架设计的合理性与适宜性，再审核流程实施情况。

分组分段、有序开展。审核过程中分组分阶段展开，先审核流程策划，针对审核策划发现的问题，相关部门组织整改，后再通过流程实施审核进行验证。

实战演练、培养团队。在审核过程中，内审员团队建立起边审边学的审核演练模式，提升公司内审员的审核技巧和审核水平，培养一支强有力的流程审核队伍。

2016年，龙烟在常态化流程审核机制上，建立部门流程自查改进机制，推动部门自主评估流程潜在的改进空间，同时完善流程评价分析方法，将部门自查效果与流程审核结果作为流程审核得分的输入，综合考量部门业务差异性，设置修正系数，避免由于部门流程数量差异造成审核得分的偏差。流程通过一季一审，每次审核持续时间延长、涉及范围广、审核问题深，从客观上强化内审的价值提升，推动体系审核从关注符合性、有效性向关注成熟度转变，并将流程审核得分列为组织绩效考核的重要指标，对流程的持续优化、体系管理的不断升级，构成强有力的反馈和闭环。

2018 年，公司持续实施流程审核，开始尝试分层级审核机制，通过制定公司内部审核工作优化方案，按照分层级、分职能审核的思路，构建“公司—职能—部门”三级内审工作机制，形成一套能够落实职责、传递压力、评价客观、考核科学的内部审核工作网络。公司级成熟度评价从宏观层面审视公司业务整体运行有效性与管理成熟度；职能级审核从职能管控层面，围绕承接公司 KPI 指标，出现重点、难点问题开展审核；部门级审核从实操层面，针对部门日常业务的流程设计、运行与执行情况开展审核。

2020 年，为加强和提升内审员管理，建立内审员库，进行分级分类管理，将内审员分为助理审核员、初级审核员、中级审核员、高级审核员四级，分为质量管理、环境管理、安全管理等九大类，并建立内部审核员考核评价细则，加强内审员监督和评价。截至 2021 年，共有各层级内审员 177 人。

外部审核情况　2012 年 12 月，公司通过中质协质量保证中心福州审核中心对龙烟质量、环境、职业健康安全管理体系复评认证审核，不符合项 4 项。

2014 年随着省公司一体化体系建立，龙烟质量、环境、职业健康安全管理体系统一由省公司组织验证，9 月、11 月配合省公司接收深圳环通公司开展的三体系认证审核工作，审核共分两个阶段，发现不符合项 2 项。2015 年 11 月、2016 年 11 月，省公司组织开展质量、环境、职业健康安全管理体系第二次、第三次监督审核，共发现不符合项 2 项。

2018 年 10 月，省公司组织开展质量、环境和职业健康安全管理体系认证审核，本次审核针对质量、环境管理体系标准换版后开展的审核，覆盖公司所有部门和业务过程，对体系目标管理、文件策划执行、风险变更管理、生产工艺过程管理等进行全面、系统的审核评价，审核共开出不符合项 2 个。2019 年 10 月、2020 年 9 月，省公司组织开展质量、环境和职业健康安全管理体系第二次、第三次监督审核，共开出不符合项 1 个。

第五章　行政后勤管理

第一节　内设机构及其变革

2012—2021 年，龙烟按照省公司要求，遵循精简、统一、效能的原则，适时调整和优化内设机构和部门职责。

2017 年 3 月，龙烟厂区公共设备的维修、使用过程的监督检查及资产管理由动力车间负责。

2018 年 1 月 14 日，根据《福建中烟工业有限责任公司关于调整内设机构和部门职责的通知》（闽烟工〔2017〕174 号）要求，龙烟按照精简、统一、效能的原则，结合部门实际细化职责分工，调整企业内部机构设置。调整后共设置 20 个部门，分为职能部门和专业部门：职能部门为办公室（外事办公室）、企业管理部、财务部、审计派驻办、人力资源部（离退休人员管理办公室）、党建工作部、纪检监察部、群团工作部（工会办公室）、供应部、生产管理部、设备管理部、质量管理部（质量监督检测站）、技术改造办公室、信息技术部、安全保卫部、后勤管理部；专业部门为物流部、制丝车间、卷包车间、动力车间。主要变化有党委办公室调整为党建工作部、工会办公室调整为群团工作部（工会办公室），监察部调整为纪检监察部，规范管理职责由企业管理部调整至审计派驻办，共青团建设职责由党建工作部调整至群团工作部（工会办公室）。

2020 年 3 月，福建中烟成立物资供应部，负责全省工业系统烟用材料采购、合同签订、订单管理、供应商管理职责，供应部根据省公司要求，调整职责为主要负责烟用材料要货管理、结算管理、质量管控。

办公室集体照（余硕宁　摄于 2023 年）

2020 年 4 月，办公现场管理职能由后勤管理部调整至生产管理部。

2020 年 12 月，投资管理职能由财务部调整至企业管理部，舆情管理职能由党建工作部调整至办公室。

第二节 内部审计管理

2012—2021年，龙烟始终紧密围绕公司重大经营方针开展内部审计工作，实现从经营管理导向内部审计到风险管理导向内部审计的跨越。十年来，审计工作紧扣“强内控、防风险、促发展”的总体目标，始终秉承“经济卫士、内控专家”的愿景，夯实工程建设项目全过程跟踪审计、物资采购过程审计、零星工程审计、合同审计等审计监督基础，为公司“治已病，防未病”，逐步实现审计咨询服务价值的有效提升。

2012年审计工作确定从以往以“提供审计确认服务”逐步向“提供审计确认服务为主、初步探索开展咨询服务”转变的方针。逐步建立审计咨询服务项目成果应用的流程，使审计建议能够得到相关职能部门、公司高层的认可，并及时得到落实。

2017年以来，聚焦公司管理“难点”“痛点”“堵点”开展各类专项审计，将审计成果深化应用，构建事件库管理平台，持续发挥审计在公司“十四五”发展规划的保障作用。2020年12月，龙烟审计派驻办被福建省内部审计协会评为“2017—2019年度全省内部审计先进集体”。内部审计的角色不再是传统的查错纠弊，而是组织增值链上的重要一环，通过拓宽审计范围，降低、化解甚至规避经营风险，帮助业务部门提升内控管理水平，提高效率，控制成本，从而实现为组织增值的任务。

一、物资采购审计

为了满足内部管理需求，龙烟高度重视以经营管理为导向的内部审计，重点对企业经营管理活动进行审查和评价。2012年对重要物资采购开展全过程审计。2013年，通过零星工程采购效果评价、主要材料采购入库验收质量跟踪评价和零星技术改造采购效果评价，逐步推进采购效果评价常态化。2012—2018年，开展物资采购全过程审计工作，通过参与公开招投标、邀请招

审计派驻办集体照（余硕宁 摄于2023年）

标、单一来源采购、竞争性谈判、询价采购等采购方式的市场调研、标书评审、商务谈判、密封报价等 2332 次。

2019 年起，充分发挥"强内控、防风险、促发展"的审计职能作用，日常工作关注采购业务的内部控制执行、经济合同管理、业务流程控制等环节的审计监督。重点关注重大工程、烟用物资、设备改造、维修保养等金额较大且风险较高的采购项目，从计划到合同全过程落实，跟踪其中相应的关键节点，发现问题及时记录，层层跟进，疑问及时解决，保证及时性和有效性。明确审计监督的主要事项、主要责任，确保审计监督到位不越位，保证客观性和独立性。2012—2021 年，共审计 705 份合同，合同送审总金额 167.87 亿元。

二、建设工程项目审计

建设工程项目审计是依据国家相关法律法规和烟草行业规定，对工程建设项目经济活动的真实性、合法性、合规性、完整性及效益性进行审计。工程全过程跟踪审计是审计派驻办对建安金额在 500 万元以上的工程项目，以及项目实施部门认为需要提请工程全过程跟踪审计的项目，从项目投资活动开始，至项目整体验收为止的全部经济活动进行跟踪审计监督。

自开展建设工程项目审计以来，始终坚持项目先审计后开工、工程款先审计后支付、竣工后先审计后整体验收的审计原则，全面依法依规履行工程审计监督职责，提升工程审计质效。

2012—2013 年，通过开展工程审计控制模式的设计，完成工程审计工作标准、第三方造价咨询队伍的激励与约束机制、基建资金控制和造价控制的机制、工程建设项目审计成果管理、技改流程的梳理与优化、总包模式下的工程审计经验总结等事项，进一步规范全过程跟踪审计管理基础，建立基于规范与效率并重的审计控制模式。

2014—2016 年，通过深化应用工程审计控制模式，顺利完成东肖仓库 305、306 项目，一区生产线技术改造，干冰膨胀烟丝生产线技术改造项目，601 电台土地及护坡工程项目，综合业务楼屋顶钢结构改造项目等 5 个工程建设项目全过程跟踪审计，节约和控制工程建设资金支出约 10523.4 万元，实现了效率的提升和在实务层面关键控制点的风险防范，在完成项目建设目标的前提下，有效控制投资，提高工程审计质效。

2017 年起，红坊片烟醇化库建设项目正式全面启动。积极按照国家局审计组的要求实施审计。在全过程跟踪审计的每个控制节点上，严格按照审计工作要求进行，为工程实施规范有效进行保驾护航。

2017—2021 年，共实施了红坊片烟醇化库建设项目、制丝风选机辅联及配套改造项目、U形广场柏油路改造项目、购置二区异味处理系统项目、生产一区贮丝房改造项目、生产一区掺配加香段温湿度控制改造项目等6个工程建设项目全过程跟踪审计，截至2021年底，尚未进入结决算的项目有3个，已节约和控制工程建设资金支出约3421万元。

注重源头设计管控,减少变更风险,通过审计现场跟踪,抓实实施细节落地,避免过程损失。在红坊片烟醇化库建设项目中对“库房道路基层的淤泥解决方案”（施工单位方案造价约为151万元）提出审计建议，实际造价约为53万元，减少造价约100万元；对“7幢单体建筑物基础回填方案”参照原有审计建议，继续提出换填优化方案，降低造价约60万元。在购置二区异味处理系统项目中，对招标文件及招标控制价严格把关，项目实际投资为1565.57万元，比批复金额节余1334.42万元，降低46.01%。在U形广场柏油路改造项目中，通过提出优化设计的审计建议，破损改造量较设计院原有设计减少79%，项目实际投资较原设计施工图预算节约360万元。

通过自审和委托中介机构审计结合，还开展其他工程结算审核，以全面风险管理为导向，梳理重点流程、重要环节、重要岗位，进行风险提示，严格按公司制度办理，严防国有资产流失。2012—2021年，除全过程跟踪审计的工程建设项目外，审计派驻办共审核其他工程结算项目928项，送审金额13660.82万元，定案金额12396.24万元，核减1264.58万元，核减率9.26%。

三、经济责任审计与专项检查

严格执行省公司《经济责任审计办法》，在职责权限范围内开展经济责任审计，并服从上级安排，选派审计人员参与国家局、省公司组织的经济责任审计或专项检查。通过审计，促进国有企业加强和改善经营管理，提高经济效益，推动企业健康发展。

2012年，组织开展红狼公司总经理的离任经济责任审计。派员参与省公司对福建三华彩印有限公司总经理离任审计、福建鑫叶集团有限公司总经理离任经济责任审计。

2013年，组织开展贝森公司总经理的任期经济责任审计。派员参与省公司对五福印务有限公司、鼓浪湾酒店、金叶复烤有限公司的审计检查。

2014年底至2015年，派员参加省公司组织的富华兴公司、金闽再造烟叶发展有限公司法定代表人的任期经济责任审计。派员参加国家局组织的合肥设计院负责人的经济责任审计，派员参加行业中央八项规定执行情况检查。

2016年，组织开展贝森公司总经理的任期经济责任审计。派员参与省公司组织的鑫叶印务公司法定代表人、福建三华彩印有限公司法定代表人、福建金闽再造烟叶发展有限公司法定代表人的经济责任审计。派员参与国家局党组对行业有关单位党组开展的两轮专项巡视。

2017 年，派员参与省公司组织的金叶复烤公司和金闽再造烟叶发展有限公司的审计专项检查。

2018 年，组织开展红狼公司总经理经济责任审计。派员参加国家局“巡视回头看”检查工作。

2019 年，组织开展贝森公司总经理离任经济责任审计。

2020 年，派员 3 人次参与省公司营销费用及营销物资专项检查，6 人次参与国家局、省公司组织的经济责任审计，1 人次参与省公司党组巡察，1 人次参与配合国家局政治生态突出问题全面整改督导检查，2 人次参与省公司采购规范管理方面检查。

2021 年，派员 5 人次参与国家局、省公司组织的经济责任审计，1 人次参加省公司废弃烟草专卖品处置专项审计调查，4 人次参与省公司党组巡察，1 人次参与“两项整改”督导检查，2 人次参与采购规范管理方面检查。

四、专项审计咨询服务工作

自 2012 年初步开展专项审计咨询服务工作，建立审计咨询服务项目成果应用的流程。基于物资采购内部控制和规范管理角度，开展个别零星工程招标失败案例分析研究、主要材料采购入库验收质量后续跟踪评价、“两项工作”落实情况审计等。

随着内部审计作为内部控制的再控制机制的快速发展，其在加强风险管理、优化内部控制等方面也逐渐发挥重要作用。

2013 年，开展以风险管理为导向的物资采购内部控制评价体系建设，以主要材料、备品备件为例，通过开展物资采购内部控制模板设计与调查，梳理备件、主要材料业务流程，并进行风险分析，查找业务流程关键控制点；出具《设备备件采购执行环节内部控制报告》和《主要材料采购执行环节内部控制报告》，识别备件管理 14 个内部控制缺陷，采纳审计建议 17 条；设计内部控制评价模板和评价标准，从而建立起物资采购内部控制运行的测量、分析和改进的日常监督机制。在 2013 年度管理创新项目的基础上，审计工作推广应用物资采购内部控制审计评价体系项目的创新成果。

2014 年，在公司内部开展非整体性技术改造项目和零星维修项目的内部控制审计评价，出具内部控制审计报告 2 个，形成评价模板 2 个，提出审计建议 31 条，均得到公司采纳，防范了无设计、过度设计、低效率、高造价等风险。

2015 年开展设备维修工具全流程管理内控评价、配合纪检监察部，开展招标采购活动“真招实招”有效性研究，提供风险防控管理咨询服务，为纪检监察实现“三转”后开展“真招实招”落地的有效性评价工作探索出一套“抓手”。针对重大工程建设项目在设计环节可能存在过度设计的情况，开展工程建设设计风险控制，有效控制了通过提高设计参数，形成特定对象，造成单一来源采购指定品牌和造价居高不下的风险。

2016年开展采购业务的审计咨询活动，重点关注成品烟运输、业务外包、绿地养护等金额较大且风险较高的项目，跟踪其中的采购方案的确定和招标控制价的制定，提出相关管理建议，确保招标控制价得到有效控制。开展采购效果评价，对东肖仓库链板式伸缩输送机采购项目、空压机采购项目、纯净水设备改造项目等3个项目进行效果性审计，对采购、验收、使用等环节的成本目标、质量目标、环境目标的实现程度进行验证，同时也对采购动因的符合性进行验证。发现并向相关部门提出项目实施过程需要提醒注意的情况2项。

2016年的管理创新项目“采购会议精益管理”，在2017年完成收尾工作，出具《采购会议精益管理指南（讨论稿）》。根据梳理出的会前准备、会中控制、会后跟踪等流程环节，提炼出关键控制点9个，列举控制要素14个，剖析出控制元素27个，制定27项风险控制措施。根据指南中梳理的会议流程、提炼的风险关键控制点、列举的风险控制元素及建议采取的风险控制措施等，补充提出具体的操作规程。包括修改采购会议制度相关条款，增加有效的风险控制措施，如资料信息来源必须形成简要归纳性的来源渠道分析说明；对采购业务事项的动因说明、技术指标的形成途径、价格确定的依据、供应商资质条件的认证等；针对现行采购监督小组的监督职能模糊的状况，制定采购文件评审会议监督清单、招标采购过程监督清单。

2017年的采购业务的审计咨询活动，重点关注主要材料、业务外包等金额较大且风险较高的采购项目，跟踪其中的采购方案的确定和招标控制价的制定，提出相关管理建议，确保采购效果目标实现。开展对两家全资子公司的审计监管检查工作，对食堂采购管理、预算管理提出管理建议。

企业经营发展和风险管理的要求越来越高，审计工作以内容多样的专项审计为抓手，不断拓宽审计监督的广度和深度，提高审计工作的针对性和有效性，做实专项审计防控效果。2018年，按照货币资金内部控制的目标要求，对2017年1月至2018年9月期间在资金预算管理、资金授权审批管理、资金支付管理、资金日常运营管理、突发事件应急管理等环节进行资金安全控制效果专项审计。同年，对“采购会议精益管理”管理创新项目进行深化应用，提出采购会议制度相关条款的修改建议，增加有效控制风险的措施，制定采购文件评审会议监督清单、招标采购过程监督清单（采购监督小组使用），明确工作标准，并在省公司的《采购监督管理办法》中得到推广应用。

2019年起，每年开展党费专项审计和工会经费管理专项审计。开展子公司审计监督工作，帮助下属公司完善制度建设，规范业务行为，提高企业管理水平。为加强零星工程计划管理工作，提供计划执行的准确性，开展后勤零星工程计划管理专项审计，从派工管理、预算管理、结算管理三个方面提出存在的问题和改进建议，以有利于提升零星工程管理水平，防止“寅吃卯粮”的情况重复发生。

2020年，聚焦公司管理“难点”“痛点”“堵点”开展各类专项审计。为保障外包业务的合法合规、满足需求、控制成本、信息完整的目标，充分关注外包业务活动，开展辅助用工业务外包项目专项审计工作，以业务流程为切入点，从立项、采购、执行、反馈等方面着力开展专项审计。设计运用效果评价访谈表和业务外包内部控制审计评价体系表，面向承包单位、相关管理部门和业务现场部门发放调研表，系统梳理各关键控制节点，查找业务漏洞，评估外包业务活动。共发现16个内部控制缺陷、2项管理风险，并提出相关管理建议18条，输出一份专项审计调研报告。根据行业审计工作要点精神，首次开展合同执行情况审计任务，对“东肖仓库维护改造”监理项目及二区滤棒库皮带输送机改造等项目进行审计。合同执行情况审计的内容贯穿采购立项至合同履行结束，以动因符合性、过程控制、执行结果等为切入重点，特别是关注合同履行过程控制是否到位、采购效果是否实现预期目标等内容。通过对东肖仓库维护改造监理工作从监理工作流程规范性、管控动作准确性、资料真实完整性等进行合同执行性审计，发现监理人员现场监理不到位的情况，主要是在工程材料进场报验时对进场时间以及材料种类的把关不严等。存在监理未严格按合同规定履职，工程项目造价管理、质量得不到充分保障等风险。审计工作针对上述问题提出相应的管理建议，促进完善相关业务管控关注节点。通过设备改造项目合同执行情况审计，强化合同履行的合规性及真实性，促进相关部门和人员自我完善、提升合同执行绩效，也使审计人员经常下沉一线，及时了解生产经营活动，提出的管理建议更为有效。

2021年，积极倡导“业审融合”理念，紧密围绕公司“强创新、优供给、突高端、防风险、稳增长、提质量”年度生产经营方针，依据日常采购审计监督、审计咨询、全面风险排查等多种渠道，多维度拓宽审计思路，分析出相应采购管控认知盲区或忽视点，多方位丰富审计视角，突破重点管控环节风险，精准开展8项专项审计工作：三次流标项目专项审计；企业资产管理专项审计；低值易耗品管理、生产区域防虫改造（一期）、项目投资后评价专项审计；U形广场柏油路改造、零星工程专项调研、废弃烟草专卖品专项调查、资金存款专项审计；定期存款、大额存单排查核实和党群专项经费审计检查，旨在针对内控惯性忽视区域、风险防范薄弱点，提出针对性审计建议，实现内审与内控的双向良性互动。

低值易耗品价值较低，在采购管控及实物流转容易存在管理疏忽，通过专项审计摸底资产管理情况，提出建议，促进资产管理相关部门增强风险防范意识。零星工程涉及多部门、频次高、多变性、金额小、计价依据不完善，履约过程不易管控、验收较复杂等情形，零星工程专项调研提出针对性建议，有效提升采购规范管理水平。

开展废弃烟草专卖品处置管理专项审计调查，通过资料审阅、现场调查、信息系统查询等方式，围绕制度建设、处置方式、委外协议、处置批次等九个方面，规范完善废弃烟草专卖品处置管理及监督约束机制。

密切关注项目流标情况，以此作为切入口，开展生产区域防虫改造（一期）项目（三次流标）专项审计。摸清屡次流标的问题关键，为工程建设决策分析阶段以及准备、实施阶段规范相应流程，推进项目决策和实施的科学规范化。又如通过投资后评价方式，开展U形广场柏油路改造项目专项审计，通过比较实际投资与概预算、着重工程质量及结算准确性等方面，提出审计建议，提高决策水平和投资效果。

根据国家局的相关要求，组建排查小组，对相关部门、涉及本次排查核实内容的合作银行，开展定期存款、大额存单现场排查核实工作。

五、审计整改

审计整改是确保审计监督职能的关键所在。整改工作是否到位，直接关系到审计工作的目标、质量、成效以及价值体现。龙烟内部审计通过建立“问题—整改—销号”的闭环管理模式，通过建立问题清单整改台账，实行“问题清单”和“整改清单”的有机对接，对照“整改清单”跟踪督查，逐条落实整改措施并进行“销号”管理，做好审计整改这关键的“最后一公里”。

2012年，组织开展全面审计“回头看”工作并迎接国家局审计组的检查工作。针对检查出来的72项问题积极组织整改，整改率100%。

2013年，牵头组织迎接公司法定代表人任期经济责任审计。组织迎接国家局对省公司法定代表人进行离任经济责任审计（延伸至公司），并组织对检查期间发现的问题进行全面整改，整改率100%。

2014年，组织审计自查整改工作，实现“全面从严整改、切实保证成效”

的目标，并顺利通过省公司组织的复查。组织开展贯彻执行中央八项规定、严肃财经纪律和“小金库”专项治理自查工作，进一步严格财经纪律，规范生产经营行为。

2015年，做好两个全资子公司、驻厦办的检查，出具了检查报告，督促整改，并对整改结果进行核实。

2016年，组织完成屋顶钢结构工程、601电台土地及护坡工程等工程项目审计整改工作，顺利通过省公司专项验收。

2017年，组织完成生产经营问题排查和迎接省公司经济责任审计，并顺利通过省公司复查。

2018年，根据省公司下发的审计问题对照自查整改一览表，审计派驻办负责制定自查方案，组织召开动员会，协调、指导、落实自查工作的顺利开展。

2019年，组织开展生产经营排查工作，经排查上报各类问题17项，均完成整改。牵头组织迎接国家局对公司法定代表人进行任期经济责任审计，国家局对省公司法定代表人进行离任经济责任审计（延伸至公司），对审计组提出的问题均已跟踪落实整改。根据《福建中烟工业有限责任公司关于开展国家局经济责任审计问题整改、对照检查工作的要求》的文件精神，组织开展《审计问题清单（99个）》的对照检查工作。通过任务分解下达，实行责任部门负责制及走访各部门对清单中所列问题进行逐项梳理排查等方式，共发现问题42项。

2020年，重点跟踪2019年国家局经济责任审计问题整改情况，对42个问题项进行跟踪落实整改，整改完成率100%。

2021年，组织开展对贝森公司总经理离任审计问题整改落实情况专项审计确认工作，对20个问题项进行跟踪落实整改，整改完成率100%。

六、规范管理

2017年12月，公司将规范管理职责重新调整，纳入审计管理职责范围内。2018年至今，审计派驻办盯紧规范出发点，规范管理工作始终紧紧围绕全省卷烟工业系统规范管理工作要求，严格按照公司年度规范管理工作要点组织开展，不断强化规范管理基础工作，加强规范管理制度建设，提高规范管理工作水平。

督促落实规范管理相关问题整改工作 监督跟踪落实行业规范管理对照自查、省公司党组巡察、年度规范管理工作专项考评发现的规范管理问题的整改完成情况。

2018年贯彻落实《国家烟草专卖局办公室关于2017年规范管理综合督查

工作情况的通报》的综合督查整改要求，审计派驻办严格排查风险，开展规范对照自查。组织开展“两个专项治理”整改落实情况填报工作。贯彻落实2018年“行业各直属单位主要负责同志座谈会”精神，组织报送行业规范管理问题追责问责情况。2019年开展“盒皮（烟标）和香精香料采购专项自查”工作。根据省公司要求，5月开展自查并于6月接受省公司检查；12月根据国家局、省公司要求，再一轮开展自查。督促落实规范管理相关问题整改工作。全面梳理省公司规范管理工作考评、公司采购专项考评和采购项目验收检查发现的规范管理问题并形成汇总清单，监督跟踪落实问题整改情况。组织报送2016年中央专项巡视整改任务落实情况。根据相关要求，组织供应部、技术改造办公室等部门总结整改任务落实情况。组织开展“两个专项治理”问题回头看自查工作，并形成自查报告上报省公司，进一步巩固和扩大“两个专项治理”成果。2020年积极组织并推进三大整改任务：政治生态突出问题的三项整改任务；行业政治生态突出问题全面整改督导检查，即省公司2019年度规范管理考评反馈发现的两大类7个问题点；对照中央巡视反馈意见等关于规范管理方面5个大类问题14项整改措施的全面整改。帮助和督促业务部门落实具体整改措施，按要求将进行责任分解，并在任务管理平台中制定任务清单，将任务分发至每个责任部门及配合部门，通过信息化手段及时跟踪各项措施的完成情况，确保问题整改到位。2021年扎实开展“两项整改”制度执行及重点项目监督检查。深入推进省公司巡察反馈问题整改，督促落实2020年度省公司规范管理考评相关问题的整改工作。

在2020年度全省卷烟工业系统规范管理工作考评中，龙烟公司在省内卷烟工业系统直属单位中排名第一，2020年度规范管理研究课题“降低采购天数，提高采购效率”获福建中烟规范办评比第一名。

加强规范管理基础工作　修订健全制度体系、组织迎接省公司规范管理工作考评、组织开展对公司各部门及两家全资子公司进行年度采购专项考评，召开采购规范工作联席会、组织开展采购监督管理专题、采购线上巡查培训等，将采购规范业务骨干等人员充实到采购监督小组中，建立采购规范管理检查人员库。

2018年，以信息化作为规范管理为有力抓手，全面对标烟草行业采购管理信息系统建设操作规范，全力开展信息系统升级改造工作。制定“采购文件评审监督清单”“开标、评标会议监督清单”，实现采购监督节点量化，防止监督缺位，并保留监督工作痕迹，提高监督质量及效率。2019年对规范管理工作进行系统风险识别，建立规范管理工作风险评估体系。加强采购过程监督，将采购监督工作底稿嵌入采购系统全流程中，确保采购监督工作落实到位。印发《烟草行业领导干部涉及工程建设、物资采购等违法犯罪典型案例警示录》，公司中层干部及采购办、审计部人员人手一本，共计印发80本。通过这些发生在身边的反面典型案例，教育广大干部职工引以为戒、吸取教训、以案为鉴、警钟长鸣。

2020年着眼实际重点难点问题，开展规范管理课题研究。通过开展规范管理课题调查和研究，着力解决采购过程中的重点难点问题，提高采购效率，降低招标采购流标率，提升采购监督管理能力，进一步提升公司规范管理工作效能。结合公司“五维一体”运营管理体系要求，推动建章立制，制定修订《规范管理年度工作要点管理办法》《专项治理管理程序》，修订完善《采购考评问责管理办法》《工程建设项目考评问责管理办法》《采购监督工作管理办法（修订中）》《采购项目一项一档管理办法（修订中）》，废止《烟用物资考评问责管理办法》。增加随机抽查、专项检查及线上巡查的相关管理规定及要求，明确各类检查的工作流程，进一步完善规范管理制度体系。建立健全日常随机抽查、专项检查和线上巡查等监督方式相结合的检查机制，进一步创新采购监督模式、贯通线上线下监管。认真梳理填报行贿供应商情况，组织公司15个采购业务部门对在供的311家供应商进行警示约谈，并签订新廉政合同436份。同时积极宣贯、以案示警，加强对不法供应商防范力度。组织公司领导、中层干部，以及采购管理部门和采购监督小组人员、采购实施部门经办人员共152人参加全省卷烟工业系统违纪违法案件警示教育暨防范不法供应商“围猎”专题警示教育会议，并学习《中国烟草总公司关于印发烟草行业对存在行贿行为供应商实施禁入措施暂行规定的通知》（中烟办〔2020〕85号）及《全省卷烟工业系统供应商黑名单管理暂行办法》。

2021年加强供应商监管，严格落实“黑名单”管理制度。建立“供应商黑名单”相关制度。将《全省卷烟工业系统供应商黑名单管理暂行办法》转化为公司内部标准化文件，梳理形成《供应商黑名单管理暂行实施细则》；组织全资子公司开展供应商警示约谈；全面落实“黑名单”管理要求。要求行贿行为及黑名单查询过程痕迹化，加强对行贿供应商和黑名单供应商查询的监管力度。开展省公司级创新管理项目，探索围绕采购质量、价格、效率等要素，建立采购项目结果评价机制。围绕采购活动全过程，按照规范、效率、成本和质量四个维度，研究制定评价内容和评价方法；坚持分类管理，根据采购项目不同特点，研究提出评价指标的组合和权重；研究提出采购项目评价结果应用的方法途径，在全省烟草工业系统应用推广。

第三节 档案管理

一、基本情况

综合档案室成立于1990年3月，隶属于办公室，集中统一管理公司档案。截至2021年底，档案室人员编制3人，其中，具有副研究馆员职称2人，馆员1人。档案室使用面积964平方米，其中，办公室85平方米，库房710平方米，档案阅览室45平方米，图书阅览室64平方米，设备工作间40平方米，装订室20平方米。截至2021年12月，贮藏全公司以卷为保管单位档案30296卷（不含人事档案），其中文书档案1015卷，基建档案2945卷，设备档案5095卷，会计档案21241卷；贮藏全公司以件为保管单位档案37703件，其中文书档案23919件，合同档案11423件，实物档案2361件；以及声像档案385盘（片），照片档案3801张。

二、基础设施

2012年，省公司对全省卷烟工业系统档案工作进行全面调研，印发《福建中烟工业有限责任公司关于档案工作上水平的实施意见》。龙烟公司认真落实意见要求，从各方面入手推动档案工作上水平，首先通过配置硬件设施为档案工作上水平提供基础条件。2012年，更换3个档案库房的窗帘，由透光性强的百叶窗帘换成布衣遮光窗帘；给3个库房窗户安装防护栏；给3号库房出阳台的门加装1扇防护门；给1号库房50列密集架、2号库房10列密集架、3号库房52列密集架和档案装具室8列密集架贴上架号标识牌以及档案检索类号标识牌；在库房外走廊的墙面上悬挂密集架号和档案大类号的看板。2014年，购置两台大功率除湿机。2015年，更新4台电脑，新配备1台装订机、1台裁纸机、1台打印机和1台复印机，安装4扇档案库房防盗门，购置档案装具。2018年，购置1台扫描仪。2019年，购置1台档案装订机。

三、信息化建设

2013年，根据《福建中烟工业有限责任公司关于档案工作上水平的实施意见》要求，提出“建立覆盖范围全面、信息化程度高、指导功能明确的全省卷烟工业系统档案工作体系，不断促进档案工作规范化、标准化、信息化”的指导思想，统一全省卷烟工业系统档案信息平台，将由原来的“清华紫光档案管理系统”更换为全省统一的“量子伟业数字档案管理系统”。

2012年，进行档案信息化调研；2013年，进行项目采购，同年10月项目组进驻；2014年底，系统上线试运行；2015年12月，进行数字档案系统终验。

2013—2016 年，围绕档案信息平台建设，参加省公司组织的省内外调研 5 次，先后与 15 家单位进行档案交流，撰写调研报告，与省公司一起搭建平台框架。2013 年 11 月，省公司、厦烟及档案信息化管理软件公司人员在龙烟进行为期 3 天的业务需求讨论会，对系统中每个门类档案的工作流程、审批流程、著录项、表单标准均进行了统一。以信息化项目为抓手，围绕制度规范、工程项目、科技项目等主题，参加省公司组织的各类交流会 19 场，明确信息化建设具体业务要求和功能开发。2014 年 7—9 月，信息化项目组到龙烟，对利用价值较高的历史档案进行集中统一的数字化扫描，共计扫描档案 62 万页，时间跨度为 1951—2013 年，内容涉及文书档案、合同档案、基建档案、设备档案、会计档案，为建立各类档案的全文数据库奠定基础。12 月，龙烟纸质档案数字化项目完成扫描挂接及历史数据迁移，档案信息管理平台项目完成项目开发、系统部署，上线试运行。2015 年 4 月，信息化项目组来到龙烟，对龙烟公司专兼职档案员进行系统上线的培训；5 月，龙烟数字档案系统正式上线使用。数字档案系统在公司办公自动化系统上登录。

经过两年多的项目开发实施，龙烟档案室人员与省公司一起跟踪系统建设情况，分阶段系统评审测试，提出改进意见，建成全省统一的档案信息管理平台、统一的档案数据库、统一的档案利用门户，实现档案信息系统与多个业务信息系统的数据集成，使龙烟的档案管理从经验管理迈入标准管理、从实体管理走向信息管理的进程，推动收集、整理、利用、共享等档案管理环节上水平。

收集 实现档案工作由档案部门职能管理向公司级资源管理转变，全员参与、全过程管理和信息资源共享。数字档案系统与 OA 系统、NC 系统对接，直接获取电子文件，形成电子档案。便于收集和保存文字、图表、图像、音频、视频等各种形式的记录材料。档案收集工作从各部门各岗位的经办人做起，全员全过程参与，使得资料的收集更加齐全、完整、系统。

整理 数字档案系统能自动生成档号，自动编目，可以突破过去按年度整理，实现实时整理，将繁重复杂的年度性工作分散为简便的日常工作，提升档案工作效率。

利用 数字档案系统具有电子文件在线浏览、打印、下载、审批等功能，可实现在线条目检索和全文检索，提交线上审批后，根据授权进行在线全文浏览、在线打印或下载，档案借阅更便捷，提高工作效率。

共享 全省统一档案信息平台、统一档案信息数据库，实现档案信息资源共享，省公司普发性文件无需存档，只有直接涉及本公司的发文才存档；短期保管期限的档案只存电子版本，不存纸质版本，提升库房利用效率。

四、业务工作

业务培训和交流 档案队伍建设是档案工作上水平的关键，加强培训，围绕档案信息管理平台、工程项目档案、科技项目档案、档案安全管理等主题进行业务培训。

2012 年 12 月，组织专职档案员及分管设备档案、基建档案的兼职档案员参加省公司举办的全省烟草系统科技档案业务培训。

2013 年，组织龙岩市直单位档案第十协作组会议在公司召开，交流经验。2013 年 3—4 月，组织 3 名专职档案员分 2 批到北京参加为期 15 天的国家档案局进修，提升理论水平和业务能力。

2014 年，参加省公司组织的结合季度例会开展的档案业务主管交流会达 8 场次，内容涉及工程项目档案管理经验交流、档案科技项目专题调研、档案信息系统评审等。

2016 年 6 月，龙烟主办全省卷烟工业系统第二季度档案工作例会。2016 年度多次参加全省卷烟工业系统工程项目专题交流及档案验收检查，参加省公司组织的省外档案调研。2016 年 10 月，组织公司专兼职档案员 10 人参加全省卷烟工业系统档案业务培训，学习"十三五"档案工作规划宣贯、企业档案业务知识。

2017 年 9 月，组织公司专兼职档案员 10 人参加全省卷烟工业系统档案业务培训，贯彻落实档案工作"十三五"规划精神，推广档案信息化应用。

2018 年 9 月 17 日，组织全公司 20 个部门 18 名专兼职档案员，参加省公司举办的全省卷烟工业系统档案业务培训，解读《企业档案工作规范》和宣传贯彻《企业文件材料归档范围和档案保管期限规定》（国家档案局第 10 号令）。

建章立制 2013 年 1—4 月，参与中烟《档案管理手册》的起草工作，内容包括文书档案、基建档案、设备档案、会计档案、合同档案、声像档案以及实物档案 7 个门类档案的规范。3 月，省公司第一季度档案工作例会在龙烟召开，会期 4 天，省公司及所属 5 家企业的专职档案员齐聚龙烟，详细讨论中烟《档案管理手册》各门类档案的管理规范。统一业务流程和管理标准，明确档案门类，建立档案的分类、编号、收集、移交、整理、鉴定、销毁、统计、利用等整个企业集团的统一标准。5—7 月，根据中烟《档案管理手册》，对公司《档案管理》（Q/FJLYM1103—1—2009）进行全面修改，制定《龙烟档案管理制度》，在公司标准化发文系统上发布。9—10 月，根据《福建中烟工业有限责任公司关于修订档案工作有关业务标准的通知》的要求，在全公司范围内对公司所有 20 个职能部门进行调研，对公司管理类文件的归档范围进行细化，根据国家档案局10号令和公司具体实际，制定《管理类文件归档范围》。

2015年，制定《档案室安全管理细则》和《档案室现场处置方案》。

2019年，为了便于利用，把100多页的《档案管理制度》拆分成档案管理总的制度和7个门类档案的操作细则，搭建制度体系，其中包括《档案管理制度》《文书档案管理细则》《基建档案管理细则》《设备档案管理细则》《会计档案管理细则》《实物档案管理细则》《声像档案管理细则》，明确档案工作规章、管理制度、档案分类及编号方案、7个门类档案的业务操作规范及常用业务表单等。

五、工程档案

2011年7月，国家局批复干冰线膨胀烟丝生产线技术改造项目工程。2012年8月开工，2013年竣工，2015年，项目工程技术档案全部移交完毕，整理上架。建设工程档案203卷，其中基建67卷，设备136卷，照片60张，光盘1张，竣工图245张。

2013年7月，国家局批复龙烟实施一区生产线技术改造项目。优化工艺流程、调整工艺设备布局，更新部分制丝设备和控制系统，提高工艺技术水平和产品质量控制水平，满足公司品牌同质化生产需要。项目总投资：3.3亿元，对一区现有6000千克/时大线、3000千克/时小线、2000千克/时梗线、掺配线、菲莫线、贮丝出料段进行技术改造。2015年，项目工程技术档案全部移交完毕，整理上架。建设工程档案316卷，其中基建26卷，设备290卷。

2014年5月，省公司统一商标、专利、著作权管理，将龙烟、厦烟原有商标进行上划。龙烟移交给省公司产品档案730件。

2016年11月，金叶复烤公司申请移交其历史形成的存放在龙烟公司的档案。2016年底，龙烟批复该申请，向金叶复烤公司移交基建档案（107卷）和设备档案（206卷）。

2016年，龙烟综合业务楼屋顶钢结构改造工程项目及零星工程项目基建档案收集立卷12卷。贝森公司厂房改造工程5卷。601电台土地及护坡工程12卷。

2017年1月，总公司批复龙烟红坊片烟醇化库技改项目。项目总投资：3.2亿元。2018年1月，开工，2020年10竣工。2021年，项目工程技术档案全部移交完毕，整理上架建设工程档案223卷。

六、档案利用

档案管理工作本质上是在践行三个字“收、管、用”。“收”是档案工作的基础，“管”是档案工作的关键，“用”是档案工作的最终目的，是档案工作的价值体现。档案管理人员积极主动参与企业的各项重大活动，采取现场查阅、线上浏览、下载、借阅、电话和微信咨询、引导利用等各种形式，及时准确完整地提供档案资料和信息服务。为各类清产核资、审计报告、评聘职称、评优评先等提供翔实的原始凭证。为设备的维修改造以及基建技改项目提供各种图纸和技术资料。为办理异地技改利来山配套设施、东肖烟叶仓库301—306号仓库、精品“七匹狼”卷烟专用生产线联合工房、精品“七匹狼”卷烟专用生产线辅助配套设施、干冰膨胀烟丝生产线等不动产权证，提供基建档案上百卷。2012—2021年，提供档案利用3889人次、5629卷（件），复制、供给技术资料58册。

2012—2021年，为职工提供老生活区和富健新村房改计算表接近上百人次；帮助公司员工和已经调离公司的员工查阅工资表达上百人次。2016—2021年，提供富健新村和富健花园职工住宅平面图、地下管网图、结构图、水电图等图纸复印件200多张。

第四节　法律事务

随着龙烟的快速发展，业务不断拓展，法律事务的重要性与必要性也愈发突出。2012—2021这十年，也是龙烟法律事务管理发展的重要十年，企业进一步拓展法律事务管理工作领域，以有效的预防、控制公司法律风险为工作重点，在积极处理诉讼案件的同时，还在企业合同审查、企业法治宣传教育、法律风险防范、普法宣传教育工作等方面做了大量的工作，为企业持续、稳定、健康发展营造良好的氛围。法律事务管理也逐渐从单一的专业职能向全面管理职能靠拢，从服务保障向综合管理转变的功能升级。

在这十年，龙烟公司在法律事务工作模块大力开展信息化建设、规范化建设、便捷化建设，充分发挥法律事务工作的保障性作用，拓宽风险防控范围，着力帮助解决企业发展过程中的重点、难点、高风险点，同时以习近平法治思想作为引领，结合国家局要求及福建中烟规划，开始着力构建为企业的高质量发展保驾护航。

一、合同管理模块

2012年，按照合同管理制度规范化、程序化、法治化和科学化的要求，上线公司NC采购综合平台中的合同管理模块，并在具体业务实践中根据业务部门的反馈进行持续优化改进。

2013年，除了继续对线上合同管理模块进行优化之外，上线了新的网上高效采购系统模块并开展试运行。高效采购系统模块的上线标志着龙烟开始使用区块思维指导公司合同管理工作。

2014年，修订《合同管理办法》，继续优化采购综合平台合同管理模块，在系统平台中区分采购管理类与非采购管理类合同，梳理非采购管理类合同类型和送审程序；同时规范电子合同的电子合同章管理；并优化年度框架合同金额变更流程。上述举措标志着龙烟线上合同管理的进一步加强，是龙烟这十年来线上合同管理系统优化方向的缩影，龙烟线上合同管理往更精细化、更贴近业务方向发展。

2015年，根据现行合同管理运行情况，再次修订《合同管理办法》，上线固化合同变更流程，以更好地贴合业务实际的开展；同时配合监察部完成"三转工作"，理顺廉政监督小组退出合同审核后的主责部门和相应流程。

2016年，开展由纪检监察部牵头组织的采购项目真招实招管理创新项目，负责合同验收管理的前期调研、流程设计、合同签订时点和合同要素要求的规范。还根据现行采购综合NC平台和网上高效采购系统的合同管理运行情况进一步对《合同管理办法》进行内容修订和优化，同时对网上高效采购系统进行优化，新增网上高效采购系统合同签订审批流程，明确电子合同章的效力，再一次优化合同变更管理流程。

2017年，组织讨论并落地优化公开招标项目未在30天内与中标候选人签订合同的处置流程。

2018年，持续完善合同管理制度与系统功能，根据福建中烟《合同管理办法》的相关规定，对龙烟《合同管理办法》进行修订，同时对线上合同管理系统中合同编号规则进行修改，将合同编号由15位扩展至16位。

2019年，同步优化完善线上合同管理系统，推进合同履行上线试运行，通过选取试点运行的合同类型，制订相应的合同履行材料清单，组织做好使用部门的操作培训，完成合同履行上线正式运行（除工程、烟用材料、备件外）；同时优化多个供应商批量送审流程。针对多个供应商共用一个采购计划的合同（如设备零星工程维修、辅料采购），采取合并送审的形式，由送审单上的采购总金额来控制多个供应商的执行，解决了以往单个合同难以预估合同金额的难题；还在合同审核环节增加"供应商投标承诺主要条款"，确保中标人投标优惠内容写入合同文本中，保障中标人投标承诺的有效执行。

2020年，协调变更部分合同因新冠疫情原因等不可抗力导致异常履行事项，维护公司利益。

2021年，根据福建中烟《合同管理指引》《合同履行过程管理指南》要求，龙烟再次修订《合同管理办法》，新增《合同增值服务条款说明》，以期对近年来频发的增值服务条款识别与履行问题进行针对性的解决。

合同管理模块秉持着贴近业务、加强管控、降低风险的思想，不断持续深入优化管理制度与管理方法。十年来，由原先的线下纸质管理升级为线上电子档案管理；由“大杂烩”式管理升级为分类别管理。

建立各合同管理职能部门共同检查监督的约束机制。企业管理部、财务部、审计派驻办作为专职合同管理部门，承担合同的编撰、审查、归档、评查的职能，对企业合同的签订和履行负有监督、检查和指导的职责。企业管理部负责合同全过程的法律事务方面审查，审计派驻办负责合同全过程经济型审计事务审查，财务部负责合同全过程预决算及付款事务的审查。各业务部门作为合同二级管理部门，对合同全过程事务负责，形成良性互动、互相制约的良性循环。

构建合同管理上线运行机制，加强各审查部门协同办公优势。在合同管理系统上线前，合同全过程各类表单采用线下各职能岗位签字的情况下进行确认，费时费力影响效率；特别是当审计、财务、法务意见不一时，业务部门需投入大量成本进行三部门协同，严重影响采购合同审批的效率且容易出错。构建线上合同管理模块，有效地加强了各合同审查部门的协同，严格程序控制的同时，确保合同管理工作有效率、合法合规地开展。

区分合同类别，拆分审查程序。根据原《中华人民共和国合同法》与《中华人民共和国民法典》的合同类型分类，结合国家局采购合同分类，将合同类型划分为 4 个大类、8 个小类、56 个子类。通过区分供应商性质、合同价款、合同性质等规则对合同按照合同类别进行区分审批流程，进一步做到合同管理的精细化。如将与福建中烟内部各子公司、政府部门气、电、水等类别的供应商划分为简易程序审批；将 1000 万元以上标的额的合同划分为重大复杂合同审批；将框架合同下的子合同划分为订单合同审批等方式，节约审批成本，提升审批效率。

针对管理弱项，坚持问题导向。整理各类合同相关检查反馈项，通过总结归纳，发现合同管理薄弱项，从而有针对性地开展管理方法与工具的革新。针对合同履行规范性问题，上线了合同履行线上运行；针对增值服务条款的识别、转化、执行缺失问题，在合同审批表中设计了增值服务识别框，后又增加增值服务条款说明表单以督促合同各业务部门重视增值服务条款的相关内容，取得了较好的成效。

二、知识产权模块

自 2011 年成立知识产权管理委员会以来，龙烟公司致力于通过知识产权转化为专利的形式，将公司最新智力成果以商标、专利、著作权等形式，向国家商标局、国家知识产权局、国家版权保护中心等国家专职机构进行申报，使企业的各种自主知识产权得到法律的充分保护。

2012—2021 年，龙烟公司共申请专利 717 件，获得专利授权 486 件，计算机软件著作权 29 件，通过对“通”系列与“纯”系列的保护，获得注册商标 208 件。十年来，龙烟通过专业与法律的途径，对公司知识产权进行了全面的梳理与保护。

2012 年，龙烟办理商标续展 14 件；处理“七匹狼”系列商标异议、争议及三年不使用撤销案件 19 起；配合省公司处理广东汕头、饶平等地“七匹狼”假烟标案件 9 起等；根据省公司商标上划的安排，完成公司所有商标档案清查、扫描及分类工作；还应省公司技术中心要求，对在产产品商标标识进行自查，形成福建中烟在产所有产品商标标识普查情况记录表。

2013 年，应福建中烟要求，开始进行公司专利管理系统档案信息在福建中烟知识产权系统的录入，完成系统切换运行；申报福建省知识产权优势企业并通过认定；完成 2013 年福建省专利技术实施与产业化计划项目申报和 2013 年福建省、龙岩市专利奖申报；还根据省公司要求，整理公司所有商标基础档案，完成商标上划中烟公司的相关准备工作，并向国家商标局提交商标转让申请文件，委托龙津公证处作商标转让公证。从 2013 年起，原属于龙烟公司的所有注册商标收归福建中烟管理。

2014 年，完成公司专利管理系统档案信息在福建中烟知识产权系统的录入 830 个，完成系统切换运行；还配合省公司处理广州、南安等地“七匹狼”假烟标案件 4 件。

2015 年，协助福建中烟继续完善公司专利管理系统，并为公司员工职称评定、科技年报提交、专利管理等工作提供专利查询服务。

2016 年，龙烟将公司职称评定、科技年报提交、专利管理等知识产权模块内容纳入公司职工成长积分计算之中并开始梳理此类积分算法。

2017 年，组织并开展福建省版权局主办、龙烟公司承办的版权调研交流会；完成省知识产权优势企业复核工作的材料和会议组织工作。

2018—2020 年，龙烟按龙岩市知识产权局要求填报 2018 年全国专利调查问卷和专利应用情况调查问卷；并根据技术中心要求，开展知识产权系统切换更新维护工作。

2021 年，龙烟作为全省卷烟工业系统试点单位，开展全省卷烟工业系统史上首次知识产权代理机构招标工作，于 8 月确定中选供应商，并开始知识产权维护转所工作。

2012—2021 年，是龙烟知识产权模块管理不断走向专业化、信息化的重要十年。在福建中烟的牵头下，积极配合福建中烟知识产权系统的建设，龙烟有了自己的知识产权管理系统。自 2013 年起，全省卷烟工业系统开始注册商标的统一管理，将各直属单位的注册商标收归福建中烟；龙烟开展了全省卷烟工业系统首次知识产权代理机构公开招标，从标书编制到知识产权转所，为全省卷烟工业系统做出有益的尝试，为之后福建中烟开展知识产权代理机构全省统一招标奠定坚实的基础。

三、普法教育、宣传、培训模块

2012 年，完成公司“六五”普法规划的总体策划，同时制定 2012 年度普法工作计划；结合公司需要重点宣传的内容开展宣贯工作。

2013 年，依照国家局“六五”普法规划及龙烟公司“六五”普法计划的要求，对照公司实际工作，认真查漏补缺，开展法规宣贯、法律咨询等形式多样的普法活动。

2014 年，继续依照“六五”普法总体规划开展活动，加强两项法规的宣传教育，重点针对当年度修订的财税、金融法律法规开展针对性的培训；响应确定国家宪法日的宣传号召，开展公司内第一个宪法日宣传活动。

2015 年，是“六五”普法收官之年，针对过去五年，公司整理“六五”期间的普法治理的整体开展状况，并撰写“六五”普法总结报告，上报福建中烟验收成效。

2016 年，根据《烟草行业法制宣传教育第七个五年规划（2016—2020 年）》及《福建中烟工业有限责任公司法制宣传教育第七个五年规划（2016—2020 年）》，制定公司“七五”普法规划。同时顺应时代发展趋势，贯彻落实《互联网广告管理暂行办法》要求，形成公司的实施方案并下发《关于严格贯彻落实〈互联网广告管理暂行办法〉的通知》，协助党办排查网络宣传是否涉嫌烟草广告、是否涉及字体或图片侵权等事宜，防范可能出现的法律风险。

2017 年，配合福建中烟，宣传策划全省工业系统法律法规知识竞赛，继续贯彻落实公司“七五”普法规划，组织各层级开展习近平法治思想学习研讨。

2018 年，配合龙烟管理相关制度的修订，在公司各采购业务部门多次组织开展采购法律知识培训，梳理采购合同存在的法律风险，交流合同审核工作经验。积极参与全省卷烟工业系统法律法规知识竞赛，荣获第二名，组织公司普法微视频有奖征集活动，共征集视频作品 14 部。开展“七五”普法中期自查，自查最终得分为 97 分，顺利通过省公司普法中期检查。

2019 年，对公司“七五”普法领导小组成员名单进行更新，首次尝试以年度专题学习的方式开展普法宣传教育活动，并取得较好成效，“七五”普法规划收官。

2020 年，开展新制度宣贯培训，针对《股权投资管理办法》《采购实施管理办法》等文件持续宣贯；《中华人民共和国民法典》于该年 5 月正式发布，公司及时组织 2 次民法典专题培训，开展公司内普法知识竞赛 3 次，总参与达到 1634 人次。

2021 年，作为《中华人民共和国民法典》正式实施第一年，龙烟积极参与福建中烟牵头开展的“美好生活・民法典开始”主题宣传活动，通过多种途径、多种形式的普法宣传方式开展民法典宣贯；配合福建中烟研究国家局下发的法治烟草建设工作规划，拟定龙烟“法治烟草建设工作规划”及“‘八五’普法工作规划”。

龙烟公司持续优化普法宣传模块工作，秉持“针对性、普适性、成效性”的三性原则，不断拓宽普法宣传路径，创新方式方法。普法宣传教育培训工作逐渐从“碎片化”走向“结构化”，更有针对性地就企业实际业务中所亟须的法律法规进行宣传教培，更加注重宣传实效，积极响应上级单位的普法号召。荣获国家局颁发的全国烟草系统“七五”普法先进单位称号。

持续优化改进，创新方式方法。龙烟承接国家局、福建中烟普法宣传规划，充分发挥主观能动性，敢于创新普法工作方式方法，开展多元化的普法宣传活动。从培训讲座到知识竞赛，从法律咨询到模拟法庭，通过多渠道、多方式、多角度、全覆盖的普法宣传思路，强化普法工作的整体成效。

针对业务实际，积极迅速响应。龙烟普法工作牢牢围绕“服务于公司生产经营”主题，通过对《中华人民共和国宪法》《中华人民共和国安全生产法》《中华人民共和国产品质量法》《中华人民共和国民法典》《中华人民共和国劳动法》等法律法规的宣贯教培，着力推动公司依法依规开展生产经营；同时就相关法律法规的修订、发布信息准确及时把握，确保企业能够第一时间了解掌握新法动态，保证依法治企。

四、企业维权

2012—2021 年，龙烟充分运用法律武器，切实保护企业在各领域的各项合法利益。在中国邮政货物运输合同纠纷、卓越木业有限公司相邻权纠纷、云霄县房产纠纷、利来山幼儿园承办权纠纷、动力二期污水系统升级改造项目合同纠纷、原云霄卷烟厂兼并改制劳动争议、富健新村某套房产权纠纷、激光打孔设备合同纠纷等诉讼案件中，均取得令人满意的结果。

五、其他法律事务

2012—2021 年，龙烟坚持在依法办事的原则下，积极维护公司合法权益，法律事务在公司其他涉及的方方面面也发挥着不可替代的关键作用，作为“隐形守护者”守护着企业的健康发展。

开展内部管理文件合法性审查。龙烟通过开展对公司内部管理文件制修订内容的合法性审查，以制度形式规范公司的内部管理与经营行为，共审查文件 502 份。

清查企业办社会职能工作。龙烟于 2020 年注销龙烟公司及工会委员会作为股东出资成立的 9 家子公司。同年，按照国家局的相关要求，收回产权归属于龙烟、出租给外部公司使用的原利来山幼儿园，更名为利来山庄幼儿园并重新对外招生。

获得荣誉。2011—2021 年，龙烟蝉联新罗区、龙岩市、福建省守合同重信用荣誉，公司代表长期担任福建省守合同重信用协会常务理事。

第五节　后勤服务

2012—2021 年，龙烟始终为员工谋幸福、强保障，以“降成本，谋改进”为工作的出发点和落脚点，夯实基础，加强管理，进一步全面提高后勤服务与管理水平。

一、非生产性资产管理

非生产性资产管理是后勤管理部的一项重中之重的工作。2012 年，完成公司办公家具的订购、安装和登记造册，费用总计 61.77 万元；办理云霄仓库、利来山庄等房产产权手续，费用 16.94 万元。

2013 年 3 月，完成牛坑仓库拆迁的后期工作，4 月完成东肖仓库、精品线联合工房办理产权证的准备工作，5 月完成公司食堂改造供应商招标的前期准备工作，签订办公大楼五层西区及富健幼儿园租赁合同、职工食堂、医疗服务委托管理合同，11 月完成富健新村 22 号、23 号单身宿舍公开招投标租赁和非生产性资产（相机、传真机、办公桌椅等）供应商招标，12 月完成药品采购、云霄仓库租赁工作。为各部门采购非生产性资产 27.59 万元。

2014 年 3 月，完成公司 20 部超标配置车辆的评估工作，4 月完成 20 部超标配置车辆的网上第一次竞价拍卖及利来山幼儿园继续出租的评估工作，5 月公司食堂改造厨房设备采购公开招标，6 月完成 20 部超标配置车辆的网上第二次竞价拍卖工作，7 月完成东山县康美村土地收储工作及云霄四套危房收储的前期工作，8 月利来山庄幼儿园租赁公开招标，9 月公司食堂改造电气采购和利来山老黄牛餐厅租赁公开招标，10 月富健花园沿街二层店面房屋租赁公开招标，11 月完成 20 部超标配置车辆的网上第三次竞价拍卖工作，12 月完成 9 部超标配置车辆的网上第四次竞价拍卖工作，全年为各部门采购非生产性资产 91.65 万元。

2015 年，及时梳理公司所有固定资产的使用状况并分类登记造册，保证公司资产合理配置，不断加强对非生产性资产的有效管理。先后完成利来山游泳池出租评估工作、富健花园沿街二层店面公开招投标、北京办事处 5 套房产划转评估、云霄 101 仓库租赁、富健新村职工活动中心的搬迁、厦龙高速公路征地、东肖烟叶仓库 301—306 号等 6 栋仓库的房屋产权证等非生产性资产处置工作。与此同时，完成公司第一食堂电缆、第二食堂桌椅、厨房用品等采购和各部门零星采购等。

2016 年，在资产管理方面完成公司一部超标配置车辆的拍卖、二楼开标室的改造工作，完成公司房产日常管理及利来山幼儿园、游泳池出租工作，完成非生产性资产采购合格供货商遴选，完成离退办台球桌室的搬迁改造工作。在权证管理方面完成东肖库区、利来山小区幼儿园、游泳池、精品线、职工培训中心产权证办理。在资产处置方面完成北京西直门五套房屋划转福建中烟工作，完成“三供一业”资产统计划分工作，完成东肖库区围墙的拆迁前期工作，资产报废及北京花市枣苑六套房出售前期准备工作。完成与红狼公司的物业管理，食堂委托管理合同。

2017 年，完成“三供一业”的前期准备工作；完成二区前向 U 形广场的项目申报工作；完成精品线产权证办理的资料提交工作；完成利来山综合楼（部分）出租的评估工作；完成利来山职工活动篮球场、羽毛球、网球场的改造工作；完成东肖库区围墙的拆迁前期工作；完成卷包制丝成立工作室工作；完成职工培训中心 1—2 层改造项目的准备工作；完成公司房产日常管理及出租工作；完成公司“七匹狼”精品线及配套工程不动产权证办理工作。

2018 年，完成办公、科研大楼五层西区、富健幼儿园土地以及富健新村、厦门龙山山庄等公有房产的租赁，以上四项的出租年收入 16.2 万元。完成东肖仓库西侧沿线部分地块拆迁，并和拆迁单位龙岩市荣祥房屋征收服务有限公司签订补偿协议，补偿价格为 39.26 万元。

2019 年，完成非生产性资产合格供货商遴选公开招标，服务期限为 2020 年 1 月至 2022 年 12 月；线上高效采购（京东企业大客户平台）与线下实体店采购相结合，采购金额总计 74.85 万元，其中，线上采购 47.77 万元，线下采购 27.08 万元；与金叶复烤公司签订富健新村一套房产租赁合同，与鑫利来酒店签订利来山庄 3 号 101、4 号 102 租赁合同，与新罗公安分局签订富健新村 22、23 幢单身宿舍租赁合同，与贝森公司签订云霄 101 车间成品库、办公楼租赁合同，与漳州市烟草公司签订云霄烟叶仓库租赁合同；按规范程序完成公司在云霄县两块地的价格评估（需分别签订评估委托协议）、配合收储（需签订收储协议）等工作；完成做好公司 6 部超年限公务车辆处置事宜，在龙岩市产权交易中心进行网络竞价交易；与红狼公司签订物业委托管理合同，合同期限 2019 年 1—12 月，合同总金额为 1206.78 万元；与红狼公司签订职工食堂服务委托管理，合同期限 2019 年 1—12 月，合同总金额为 477 万元；完成职工食堂食品原材料采购公开招标，合同金额为 1900 万元；完成职工食堂食品单一来源采购（海产品及油品），合同期限 2019 年 10 月至 2021 年 4 月，合同总金额 87 万元；完成定点扶贫地区农特产品单一来源采购，供应商为宁夏韵越农牧、亿麦生态公司，合同期限为 2019 年 9—12 月，合同总金额分别为 46.29 万元和 3.7 万元。

2020 年，通过公开招标完成房屋权证办理项目，完成贝森公司土地及地上建筑物价值评估；完成资产报废处置；完成定点扶贫地区农特产品采购；完成公司物流通道厂区边界土地红线图测绘及权证办理工作；完成牛坑仓库、富健新村礼堂、利来山庄幼儿园等公司房产安全隐患排查及整改工作；完成富健新村、第一生活区被占用公有房产相关信息材料的整理工作；完成富健新村一套房产租赁工作、利来小区一套房产租赁工作、办公楼五层西区资产评估工作及办公楼五层西区、富健幼儿园土地及礼堂的租赁工作；完成福州房产相关资产评估并挂网处置、超年限车辆的资产评估及挂网处置、厦门房产套内 152 项资产有偿转让。

2021 年，完成北京东花市北里两套房产修缮后无偿划转协议签订工作，福州凯旋花园 3 套房和车库及套内家具家电转让和过户，福州永德信车库有偿转让二次评估工作，第一生活区 1 套房产有偿转让评估工作；完成公司公房 6 处房屋出租工作；完成公司网球场背后一地块的拆迁征收工作；完成办公楼和车间办公用房使用面积和使用部门清理排查造册工作；完成低值易耗品办公楼 4 个仓库中的低值易耗品清理处置工作。在权证管理方面完成富健新村 4 个无权属的车库、第一生活区及富健新村 18 套公房、“三供一业”涉及的利来小区权属分割的权证办理工作；与富健新村业主委员会、第一生活区业主委员会确权协议签订工作；完成牛坑仓库权属变更测绘工作。在采购管理方面，完成厦门龙山山庄家具家电的采购，完成职工食堂食材采购供应商遴选项目、“红古田”大米、海产品、油品等食品采购项目的合同签订，十楼会议室、六楼多功能厅和会议室设备采购及厂区安保道闸改造系统项目。

二、行政后勤维修管理

主要完成零星工程维修供应商按程序遴选和采购合同按流程签订工作，以快速响应各部门各种行政后勤维修需求为输入，按规范要求进行零星工程项目的申报、审批、维修、监督、验收及费用结算。

2012年，完成行政后勤维修1232项，0.5万—3万元项目68项，3万—10万元项目25项，10万元以上公开招投标项目1项。

后勤管理部集体照（余硕宁　摄于2023年）

2013年，针对行政后勤维修管理过程中出现的问题，后勤管理部采取如下措施：0.5万元以下的维修项目增加需求部门领导审批环节，从源头上对可修可不修项目进行控制把关；0.5万元以上项目预算除需求部门领导审批外，增加后勤管理部分管领导审批环节，对预算中不合理、不必要的项目、费用进行审核，确认后方可施工；0.5万元以下的维修项目签证单除需求部门经办人员签字确认外，增加需求部门分管领导、红狼公司和后勤管理部管理人员签字确认环节；结算表由后勤管理部分管领导确认、盖章后通知维修单位，维修单位根据结算表维修项目整理相关材料送审。完成行政后勤维修项目862项，总计费用277.38万元。

2014年，完成大、小行政后勤维修项目923项，费用总计523.93万元。

2015年，修订《行政后勤维修管理实施细则》，健全行政后勤维修管理信息系统，完善行政后勤维修流程，进一步提高维修效率及维修质量，加强对行政后勤维修的规范管理。

2017年，从9月开始要求完成的维修项目必须有维修前后的拍照图像。

2018年，完成大、小行政后勤维修项目632项，费用总计472.51万元，并且配合技改办组织协调办公大楼的维修改造项目，其中U形广场路面改造、“三供一业”供水改造、“三供一业”物业移交是重点维修改造项目。

2019 年，完成动力车间电控技术室隔板楼层搭建项目、厂区摩托车棚建设项目、工业废水和生活污水处理项目、东肖烟叶仓库 2 号库和 9 号库屋面隔热改造项目、人行天桥钢结构维护保养项目、东肖烟叶仓库 10 号库屋面隔热层、防水层项目，职工食堂维修供应商遴选 2019—2022 年项目、东肖仓库 1—4 号库侧墙防水改造项目、厂区小车停车场新建项目。

2020 年，完成厂区小车停车场新建项目，东肖仓库 1—4 号库侧墙防水改造工程项目，办公科研大楼屋顶隔热改造项目，原云霄卷烟厂 1 号、2 号、3 号楼拆除及 4 号楼北侧围墙拆除加围挡项目，二区精品线东、西两面玻璃幕墙贴膜项目，办公大楼屋顶钢结构维护保养项目，人行天桥钢结构维护保养项目，卷包车间区域提升改造零星工程多个项目。

2021 年，完成东肖烟叶仓库 1—4 号库屋顶隔热改造工程项目，厦门龙山山庄房产维修项目完成装修并验收，生活污水和工业废水清理项目完成合同签订。完成卷包手工包烟区域功能改造项目，采取作业内容相互交叉施工、大功率抽风机全程消除施工异味方法施工作业，确保按车间恢复生产要求如期完工；完成“制丝一区储丝房增加隔断”和“一区储丝房粉尘地面上漆固化”项目，保证技改项目按期完成；制丝车间生产安排允许时间情况下，分区域、分时段，组织完成维修区域功能改造项目。

三、办公用品管理

2012 年，在对办公用品实行统一管理的基础上，按包干原则及时核定并下发公司各部门办公用品费用定额，核定总额为 21.84 万元。采取不定期派员深入市场进行调研的办法，货比三家、比质比价、对比售后服务，不仅提高了办公用品的质量，还大大节省了费用。公司全年采购办公用品 19.83 万元，与上年同期 23.9 万元相比减少 4.07 万元。

2013 年，完成公司全年采购办公用品 22.33 万元，完成年初及时按包干原则及时核定并下发各部门办公用品定额，核定总额为 22.14 万元，完成办公用品的日常财务报账和库存盘点的管理工作。

2014 年，依据《关于优化办公用品采购、领用管理的会议纪要》及《关于订阅年度报纸杂志的意见》，办公用品、接待用茶和报纸杂志等继续实行定额包干管理，及时核定并下发各部门定额表，核定总额为每年 25.31 万元，办公用品采购费用总计 32.52 万元。

2015 年，从 6 月份开始，公司保洁用品日常采购及财务报账纳入办公用品管理。

2016 年，公司办公用品、接待用茶和报纸杂志等核定总额为每年 24.82 万元。

2017 年，办公用品、接待用茶和报纸杂志等核定总额为每年 25.81 万元。

2018 年，办公用品、接待用茶和报纸杂志等核定总额为每年 25.34 万元。

2019—2021 年，对照省公司党组接受国家局党组巡视反馈问题，进行举一反三整改，决定取消办公用品、办公用茶和报刊三项部门定额包干费用，及时修订发布《公务用茶管理办法》《低值易耗办公用品管理办法》《报纸杂志征订及信件包裹寄发管理办法》。公司低值易耗办公用品由后勤管理部集中统一采购，日常采购主要在京东网上商城采购，应急服务及特殊用品由公开招标遴选产生的合格供应商进行比价采购。继而对各部门、车间报纸杂志征订及信件包裹寄发进行统一管理。

四、现场管理

2012—2015 年，采取定期或不定期的检查和通报等方式，加强督促整改，取得了显著的效果。员工不文明行为及不良习惯得到制止和纠正，现场管理自查意识有所增强，办公现场更趋规范、整洁。

2016 年，为进一步加强办公现场管理，严格实施《办公现场规范化管理办法》，对检查的各要素实行百分制，其结果通过 OA 进行通报及向各部门反馈。

2017 年，为迎接第五届全国文明单位创建工作总评，积极参与龙岩市全国文明城市创建工作，先后 6 次组织相关职能部门对公司大楼及车间等地办公区域进行检查。通过办公现场检查，增强员工现场管理自查、自纠意识，使办公现场更趋规范、整洁。

2019 年，1 月、4 月和 9 月，组织相关职能部门对机关进行办公现场检查，并及时将检查情况在 OA 公告。6 月，根据公司《集中整治形式主义、官僚主义工作问题整改措施清单》，召集办公现场检查小组成员，重新修订《办公现场规范化管理规定》，并将现场检查结果纳入部门绩效考核。因公司管理需要，办公现场管理职能现已划归生产管理部。

五、绿化、虫害、保洁管理

2012 年，在后勤管理部、红狼公司等共同协调配合下，严格保洁、绿化和职工餐厅的操作程序，并加强监督、检查和验收，逐步创造一个温馨美好的工作环境，实现双赢。2013 年 1 月完成签订白蚁防治合同，对厂区实施白蚁防治；2 月完成通仙山庄外墙清洗；3 月完成牛坑部分土地被铁路部门收储，81 棵大型乔木分别移植至通仙山庄和精品二区，对通仙山庄地质灾害应急处理工程进行绿化恢复；5 月完成厂区及通仙山庄驱蛇工作；7 月完成办公饮水公开招投标；9 月完成精品线部分围墙清洗；10 月顺利通过国家森林城市小组检查。2014 年，为加强虫害、保洁、绿化管理，后勤管理部从实际出发，严格操作程序，并加强监督、检查和验收，全年零投诉。在绿化管理上，不定期地对室外绿地进行检查，绿化费用总计144.3万元。虫害防治方面，依据白蚁、蚊蝇鼠蟑、蛇的生长规律，在不同季节，精心计划、组织、实施，所使用的药品须符合农业部的相关规定和符合合同要求，效果良好，得到食堂、卷包、制丝、劳服等部门的肯定，防治费用为47.43万元。外墙、玻璃幕墙等保洁，依清洗对象，分批分期进行清洗，对清洗过程的质量、安全实施有效管控，为员工创造一个舒心宜人的工作环境，费用总计16.5万元。2015年，严格操作程序，并加强监督、检查和验收。在绿化管理方面，不定期地对厂区室外绿地、固定摆放花卉进行检查，发现不符合要求现象，及时予以处理；针对蚊、蝇、鼠、蟑、蛇时有出现的不同情况，经过精心组织，灭害计划得到有效实施，效果良好，获得相关部门的肯定。2016年，在绿化管理方面，不定期地对室外绿地进行检查，全年绿化费用139万元；在虫害管理方面，重点做好蚊蝇鼠蟑蛇及白蚁不同季节的预测和施治方案策划，经过精心组织、跟踪、落实，灭害计划得到有效实施，为公司产品质量提供了保证，得到食堂、卷包、制丝、劳服等部门的肯定。全年防治白蚁费用26.8万元，防治“四害”9.9万元，驱蛇费用6万元。在保洁管理方面，对厂区的玻璃顶棚、幕墙，按月、按季进行安全清洗，以绿化相映，确保外墙的整洁、亮丽。2017年，在绿化管理方面，不定期对室外绿地进行检查，全年绿化费用67.5万元；在虫害管理方面，全年白蚁、“四害”、驱蛇防治费用38.8万元。在外墙清洗方面，对厂区的玻璃顶棚、幕墙，按月、季安全清洗，上半年外墙清洗费用25.6万元。2018年，在绿化管理方面，不定期对室外绿地进行检查，全年绿化费用91.44万元；在虫害管理方面，11月全面投入使用15个智能鼠站（可视化、智能化、专利化），全年白蚁、“四害”、驱蛇防治费用35.62万元。全年外墙清洗费用23.21万元。2019—2021年，严格操作程序，并加强监督、检查和验收，为稳定公司产品质量提供有力的环境保障。

六、计划生育管理

2012—2021年，我国的人口政策经历了从“计划生育是基本国策”到逐步放开一对夫妇生育两个孩子、三个孩子的转变过程。龙烟严格执行国家的人口政策，积极做好各个时期企业内部的人口管理工作。

2012年度，各基层小组签订责任状13份，签订计生担保书123份，办理独生子女证56本，发放独生子女保健费4.1万元。不但强化计划生育管理，保障育龄妇女的身心健康，而且解除了职工及其家属的后顾之忧。2013年，经过13个计生小组成员的努力及公司全体员工的支持和配合，较好地完成

2013年的计生工作任务，实现出生人口符合政策率、长效节育措施及时率到位率、独生子女办证率的三个100%。公司为在岗员工628人提供最长2年期限的“双查”担保和再担保，办理了72人的婚姻登记及独生子女证75本的登记，并发放独生子女保育费4.4万元；对73名的育龄妇女落实了长效节育措施，药具发放3400盒；3月初，同13个计生小组签订《计生责任书》；编制公司《计划生育工作基础事项》，依此对13个计生小组的计生台账等进行季度考核及年终评比。在宣传上，在《龙烟报》开辟计生专栏，发表17篇计生文章，出版宣传栏32期。邀请上级部门有关人员为公司举办2期4场的计生培训；自行组织1场全员参加的计生政策、知识的网络培训及测试，并与西城街道党工委、办事处在富建新村联合举办“计划生育道德讲坛”。对公司员工家属、外聘女员工落实一年三次的“双查”工作。经过各计生小组的努力，10月通过龙岩市人口和计划生育委员会2012—2013年年度计划生育合格单位检查。2014年，公司计生组长与各基层小组签订13份计生责任书，5月召开基层计生小组组长会议，对日常工作的部分项目进行讨论，形成共识，便于工作。特别是将公司男员工配偶纳入第二季度“双查”。为适应新形势，进一步提高工作的针对性、有效性，开展员工计生现况普查，共组织2场计生培训；6月举办计生基础知识培训，参加人数为125人；12月举办计划生育技术服务培训，参加人数为150人。办理结婚、假期等登记手续76项；办理独生子女证47本，发放独生子女保健费3.7万元；发放避孕药具895盒。出生人口政策符合率、避孕节育措施落实及时到位率、独生子女办证率、计划生育双查率均达100%，实现政策外生育为“零”的目标。2015年，各基层小组签订计生责任状12份。全年办理结婚登记手续77项，办理独生子女证43本，发放独生子女保健费3.2万元，发放避孕药具1276盒。出生人口政策符合率、避孕节育措施落实及时到位率、独生子女办证率、计划生育双查率均达100%，出色地完成上级布置的各项工作任务。2016年，计生工作以“三个不变”为引领，坚持“属地管理”原则，秉承耐心、信心、决心和细心做好公司计生各项工作。一方面，积极主动地与上级计生部门的沟通、联络，有效完成各项任务；另一方面，对内有组织、有计划、有步骤地把上级的会议精神与公司的实际情况相结合，做实做细计生工作，不留盲区，在确保完成年度没有政策外生育的同时，也有了一些收获。为贯彻、落实“全面二孩”新政，在积极宣贯的同时，尽可能地为广大员工提供生育的知识及实际运用方面的支持，以实际行为体现公司的凝聚力和亲和力，努力为营造和谐、幸福的大家庭氛围，尽一份力量。在龙岩市“计划生育合格单位检查评估”的评比中，获得1次合格单位称号和

1次优秀计生单位称号。公司出生人口政策符合率、避孕节育措施落实及时到位率、独生子女办证率、计划生育双查率均达100%，出色地完成上级布置的各项工作任务。2017年，与各基层小组签订计生责任状12份。全年办理结婚登记、产假、护理假等手续100项，发放避孕药具683盒。出生人口政策符合率达100%，出色地完成上级布置的各项工作任务。2018—2021年，严格执行国家计划生育政策法规，对公司员工及委外人员的计划生育工作持续进行跟踪监督，全年实现各项计生考核100%达标。

七、新冠肺炎疫情防控的后勤服务与保障工作

采取外协定期喷雾消毒与保洁日常拖地擦拭消毒相结合方式，制定出范围全覆盖、频次合理、对产品质量不产生影响、员工有安全感、防控有保障的综合环境消毒方案。与此同时，及时做好环境消毒服务和防疫物资采购工作，并对保洁人员进行消毒操作培训。根据疫情发展变化情况，适时对消毒范围、频次、措施等进行调整，有效地保证了环境消毒管理工作的稳步实施，为公司复工复产顺利有序进行提供有力保障。

疫情期间，按照公司抗疫的有关要求，主动联系协调好核酸检测相关事宜，积极做好检测单位、检测对象之间的信息收集、传递与衔接工作，为省外来的相关方人员及出省返回的公司员工做好新冠肺炎病毒核酸检测服务工作，累计检测对接218人次。2021年，为防止输入型疫情的出现，增加了对进口设备、备件及外来人员居住场所的消毒防疫工作，同时对外省出差返回员工做好核酸检测服务工作；内防扩散，根据疫情防控要求做好公司相关区域的定期环境消毒工作，消毒费用支出15.65万元；按公司疫情防控工作要求做好免洗消毒液、酒精、防护服、手持测温枪等防疫物资的采购工作。

第六节　多种经营

一、福建红狼实业有限责任公司

福建红狼实业有限责任公司（以下简称红狼公司）成立于1997年6月，2005年11月，成为龙岩烟草工业有限责任公司旗下的全资子公司，并更名为“福建红狼实业有限责任公司”，注册资本6500万元。公司主要从事与龙烟配套的后勤保障服务业务。经营服务范围为餐饮管理、物业管理、广告设计、代理、广告制作、广告发布、体育场地设施经营（不含高危险性体育运动）、再生资源回收（除生产性废旧金属）等。截至2021年12月31日，红狼公司拥有员工303人。其中，龙烟公司委派员工69人，红狼公司自聘员工187人，劳务

派遣员工 47 人。2012—2021 年，公司累计实现收入 48274.62 万元，净利润 1511.97 万元，税利 6433.68 万元。

2012—2021 年红狼公司主要经济指标完成情况表

表 5-1　　单位：万元

年份	营业收入	净利润	税利总额
2012 年	10221.00	25.38	1198.82
2013 年	11243.08	446.45	1971.22
2014 年	5860.85	245.78	716.5
2015 年	4259.78	109.59	465.32
2016 年	3736.38	—9.01	263.98
2017 年	2760.27	—111.74	90.53
2018 年	3088.95	241.53	508.9
2019 年	2378.14	186.03	426.15
2020 年	2211.78	355.99	612.4
2021 年	2514.39	21.97	182.86
合计	48274.62	1511.97	6433.68

内设机构调整

2012—2021 年，因主营业务范围的不断变更，红狼公司按照“精简、统一、效能”的原则，结合公司实际工作需要，持续优化调整企业内部机构设置。

2012 年 9 月，为夯实内部管理基础，强化规范管理，设立企业管理部，将采购管理、组织绩效管理、体系建设等职能转入企业管理部。

红狼公司集体照（余硕宁　摄于 2023 年）

2013 年 4 月，撤销餐饮部，设立办公室，原餐饮部所有职责转入办公室；对综合部办公后勤行政管理、公务车辆管理等职责进行调整并入办公室。

2013 年 7 月，为不断完善公司内部监督机制，强化审计、监察的专项监督职能，设立监察审计部。

2015 年 7 月，搬运、保洁业务外包后，撤销保洁部。

2017 年 12 月，因生产辅助业务外包及原设备保养部部分职能划转龙烟公司动力车间等情况，公司主营业务范围变更，撤销综合部、企业管理部、劳动服务部、设备保养部，设立综合管理部、党群工作部、餐饮部、幼儿园，将原综合部职责、企业管理部职责和办公室行政后勤管理、公务车辆管理等职责转入综合管理部；将原劳动服务部、设备保养部职责转入经营部；将原办公室职工食堂管理职责转入餐饮部。

2020 年 12 月 1 日，因“三供一业”物业分离移交三年过渡期到期，物业管理进入社会化、市场化运作，撤销物业管理部。

2020 年 12 月 24 日，撤销综合管理部、党群工作部，设立党群综合部，将原党群工作部职责转入综合管理部。至 2021 年 1 月，红狼公司共设有党群综合部、财务部、安全管理部、监察审计部、经营部、餐饮部及幼儿园等 7 个部门。

内部管理基础建设

历年来，红狼公司始终坚持“服务生产、服务职工”的宗旨，秉承龙烟的文化和精神，按照龙烟发展战略、工作部署和红狼公司董事会工作部署，紧跟形式发展需要，增强忧患意识与责任意识，坚持锐意进取、注重品质的态度，夯实基础，苦练内功，全力把红狼打造成龙烟专业化后勤保障服务中心，努力实现与主业同步发展、和谐发展。

强化监督职能。2013 年 7 月，完善公司内部监督机制，强化审计、监察的专项监督职能，设立监察审计部。2014 年，制定实施《廉政风险防控管理暂行办法》《廉政风险防控管理考核暂行办法》，构建公司风险明确、预警及时的廉政风险防控机制，完成 38 个业务流程和 61 个廉政防控风险点的识别工作。制定实施《效能监察实施办法》，开展食堂采购业务效能监察专项活动，规范食堂原料、日耗品的采购和物资验收工作程序，完善制度，节约采购成本。2015 年，开展富健幼儿园专项审计工作，了解幼儿园的收支结构，分析幼儿园的办学成本，加强幼儿园财务监督力度，规范幼儿园收支管理。2016 年，配合龙烟公司对红狼公司开展内控制度有效落地的专项效能监察工作。开展公司重点工作专项效能监察工作，规范重点工作程序，堵塞管理漏洞，推进公司重点工作项目开展，确保公司重点工作保质保量完成。2017 年，开展红狼公司生产经营问题自查工作，促进企业规范、有序运营。2018年，开展职工食堂采购业务专项审计工作，规范食堂采购业务流程，加强痕迹化管理及过程监督，确保食堂采购业务的真实性、合法性。2020年，开展“九个有无”问题自查自纠工作，根据国家局政治生态突出问题全面整改工作、第二轮督导检查发现问题的反馈意见的相关内容，针对存在的问题，制定整改方案，部署落实整改工作任务，对照相关内容，切实做好分析排查工作。2021年，制定实施《廉政风险防控动态评审办法》，开展党风廉政建设动态评审工作，编制《廉政风险防控手册》并出具《廉政风险防控动态评审检查报告》，强化廉政风险防控执行力，预防和降低廉政风险事件的发生。

人力资源管理。2013年，随着《中华人民共和国劳动合同法（修订案）》《劳务派遣暂行规定》相继出台，劳动用工法律环境的变化要求，推进行业内劳务派遣用工的规范化建设，有效降低了劳务派遣用工占比与用工风险；同时根据新时期公司发展定位与目标战略规划，围绕公司的三大业务（餐饮管理、幼儿园管理、物业管理），建立健全人力资源管理制度，聚焦人才培养与职业化发展，不断提高红狼公司人力资源管理效能。通过规范用工管理，调整用工模式，持续降低劳务派遣用工占比。2013年，开展新的劳务用工形式下人力资源管理优化项目，梳理和规范公司劳动用工、薪酬分配等管理，形成《红狼业务模式定位及发展报告》，明确红狼组织机构及岗位设置，制定部门职能说明书、业务流程、岗位任职资格。2014年，开展搬运业务梳理。梳理并确定业务范围185项，简化计价方式，界定计价标准，编制合理的业务单价，重新制定发布《搬运装卸价格手册》，为开展业务外包工作提供依据及扎实基础。2015年，推进用工模式调整，通过“一包一转”，规避用工风险，规范用工管理。“一包”即搬运、保洁业务外包。完成保洁员、搬运工转签合同246人，转岗安置9人，辞职4人，工伤待处理1人，严重违纪退工4人。“一转”即开展业务人员合同转签工作，完成102名劳务派遣员工转自聘员工的劳动关系转换处理。截至2016年底，公司派遣员工用工占比降至81%，降幅17.3%。2017年，协助龙烟人力资源部完成生产辅助业务外包人员合同改签工作；10月31日，完成改签317人，自动辞职19人，未完成改签15人。2018年，根据《中共福建中烟工业有限责任公司党组2018年5月4日党组会纪要》（闽烟工党〔2018〕40号）关于龙烟公司原生产线辅助配套设施“三旧”改造投资计划调整的要求，妥善完成原科技中心39名员工劳动关系处理工作。开展“三供一业”物业分离移交工作，完成物业部31名员工人员分流安置工作。截至2018年底，公司派遣员工用工占比降至49.5%。2021年，开展保安业务外包，将78名原劳务派遣用工人员顺利转签至保安公司；不仅解决了原劳动派遣公司无保安服务许可的问题，也大幅度降低了红狼公司的劳务派遣用工占比，进一步规范了企业的劳动用工。截至2021年10月31日，公司派遣员工用工占比降至20%。

健全管理制度，拓宽薪酬渠道，建立人力资源管理体系。公司原有人力资源管理基础较为薄弱，日常管理较为粗放，未形成规范的人力资源管理体系。2013年，依据公司标准化建设要求，建立健全人力资源管理制度，共修订12项、新增13项制度，涵盖劳动用工管理、绩效考核、薪酬管理、干部选拔、职工假期等制度，梳理35个人力资源管理流程，组织修订并完善154个岗位的岗位说明书，实现人力资源管理的制度化、标准化，进一步夯实了人力资源管理基础。2013年9月，聘请厦门仝博咨询公司开展人力资源管理优化项目，优化公司组织架构，明确部门职能与定位。通过岗位的定岗、定编、定责，形成岗位管理体系，及时对混岗人员进行转岗处理，解决混岗问题。优化薪酬体系，根据各岗位的相对价值，统一薪酬结构，将不同用工类型员工的薪酬纳入统一的薪酬管理体系，制定《薪酬管理办法》及配套制度。2014年，针对幼儿园教师队伍流动性大的问题，根据教育系统的实际情况，制定《幼儿园薪酬管理办法》，规范工资科目、发放标准和薪酬管理流程，严格执行幼儿园工资总额管理；结合岗位评价结果，实行岗效工资制度，将薪酬与绩效、岗位挂钩，建立工资的正常增长机制等有力举措，改变了以往薪酬的低位运行、平均主义等现象，同时设立班主任补贴，向重活、累活、关键岗位倾斜，设立职称补贴，引导教师不断学习，提升业务素养。通过薪酬调整增强了薪酬调节的引导力和吸引力，有效稳定教师队伍，提升队伍凝聚力。2015年，在2014年对卷包、制丝辅助工进行用工现状分析的基础上，针对卷包辅助工人员流失率增高的问题，通过采取增加大夜班绩效补贴、扩大优秀员工月度评比比率等方式，增加员工收入，稳定员工队伍。2016年，首次开展中层管理人员绩效合约工作，制定《中层管理干部选拔任用管理办法》，规定提拔任用流程，为今后开展干部选拔任用工作提供了依据。2017年，构建红狼公司自聘员工薪酬体系方案，调研了解幼儿园教师、厨师收入水平，召开薪酬福利管理委员会并审议通过《幼儿园薪酬管理办法》，不断规范薪酬管理，继续开展晋级晋档工作，2017年度自聘员工共晋档17人。2018年，基于食堂业务量未减反增、厨师薪酬偏低以及其他部分岗位离职现象增多，招工困难的情况，本着“总额控制、突出重点”的原则，结合市场收入水平、企业工资增长指导线等因素对部分岗位进行差别化调薪，在稳定业务员工队伍，保障公司主营业务正常运转方面收效良好。此次调薪共涉及厨师、粗加工、驾驶员等46个岗位191人，平均调薪幅度 12%，预计增加薪资年支出 80 万元。2019 年开展市场薪酬调研工作，通过调研有参考性的单位、结合龙岩市劳动力市场工资指导价，对现有员工收入待遇情况进行内外部对比，并基于公司薪酬预算实际情况，完成《红狼公司员工薪酬整体情况调整报告》，并针对幼儿园人员和安保人员进行专题调研。2019 年 4 月，首次开展系统性的工资自查工作，抽查自 2018 年 1 月以来的工资发放明细，全面梳理公司在薪酬管理方面的现状和存在问题，提出相应规范完善的建议，并根据抽查情况梳理形成工资自查报告。2020 年，根据红狼公司 2020 年员工薪酬调整方案，完成重要岗位人员薪酬调整工作，进一步稳定员工队伍，1 月完成厂部安保人员薪酬调整；5 月根据实际情况调整公司驾驶员加班补贴；8 月基于幼儿园的成本费用要求完成幼儿园所有岗位的年收入定位；9 月完成教师的工资套改，以及其他岗位如化学分析员的定薪工作；修订《红狼公司薪酬管理办法》，解决工资缺乏自然增长机制问题。2021 年，全面梳理落实各部门各岗位职数，按照“优化、协同、高效”的原则，动态调整完善职能配置，进一步完善《福建红狼实业有限责任公司内设机构及人员编制管理规定》内容，推动组织结构更加成熟、更加定型；根据上级单位在劳动用工和薪酬管理改革方面的要求，分析公司现有劳动用工和薪酬管理现状，提出具有针对性、可行性的改革措施，形成《红狼公司劳动用工和薪酬管理改革工作的报告》，规划 2022 年的人力资源重点工作。

强化培训管理，重视人才培养，提升员工队伍素质。2015 年，通过构建“规范、培训、执行”的管理体系，在岗位结构、人才成长通道、员工素质提升、技能培训上构建完整机制；编制岗位工作标准，形成岗位规范手册；制定业务的考核细则，促进各岗位人员更好地履行职责，以考核促进工作目标的完成，指导其自主自治的职业化运作。2016 年，开展“阳光成长导航”活动，以青年员工岗位成才为目标，以青年职业发展规划设计为依托，结合青年员工岗位设置情况，明确该岗位发展所应具备的职业技能，制定个人职业发展规划；制定《“师带徒”实施管理考核办法（试行）》，结成 47 对“师带徒”，签订“师徒协议”，建立“师带徒”档案。以“师带徒”模式促进青工更快成长，着力培养一支综合素质高的职业化青年人才队伍。2017 年，做好人力资源规划，对未来五年厂派人员退休情况进行统计，确定人力资源需求，分析内部供给与外部供给，结合人力资源需求分析、人力资源供给分析，力求达到人力资源供求平衡。2021 年 12 月，龙岩市第一届人力资源服务业大赛中，红狼公司荣获团体赛一等奖。

安全生产管理。历年来，红狼公司始终通过深入开展安全检查、事故隐患治理、安全标准化建设、安全宣传教育及安全生产月等各项工作，致力于提高职工的安全技能和自保能力，营造良好的安全文化氛围，不断提高公司安全生产管理和综合治理水平。2012—2021年，公司连续实现“6个0、1个控制”（即火灾责任事故为0，特种设备责任事故为0，交通安全责任事故为0，重大食物中毒责任事故为0，职业病发生率为0，盗窃责任事故为0；控制重伤责任事故发生率≤1‰，轻伤责任事故发生率≤2‰）的安全生产目标。

2013年，配合龙烟公司完成安全生产标准化一级达标评审认证工作。

2014年，为全面贯彻落实《国务院安委会关于深入开展企业安全生产标准化建设的指导意见》（安委〔2011〕4号）、《国务院安委会办公室关于深入开展全国冶金等工贸企业安全生产标准化建设的实施意见》（安委办〔2011〕18号）和《国家安全监督总局等部门关于全面推进全国工贸行业安全生产标准化建设的意见》（安监总管四〔2013〕8号）文件精神，按照国家安监总局《冶金等工贸企业安全生产标准化基本规范评分细则》的要求，结合《烟草企业安全生产标准化规范》及福建中烟、龙烟公司的相关要求，开展红狼公司安全生产标准化二级达标创建工作，于2014年11月取得安全生产标准化二级企业（工贸其他）证书。

2015年，以搬运、保洁业务外包，职工食堂设备改造为契机，强化危险源管控，重新识别危险源254条，重要危险源4条，修订并发布《危险源辨识评价与控制措施清单》《重要危险源清单》《职业健康法律法规清单》等制度文件，持续提升公司职业健康安全体系运行水平。

2016年，根据行业、福建中烟、龙烟公司的安全生产工作要点的工作部署，按照《岗位规范和评价要求》（YC/T 384.4）的标准要求，全面系统地建立覆盖公司管理层、作业层的26个工作岗位的安全生产标准化岗位规范、评价单元和考评机制。

2018年，开展富健幼儿园消防喷淋系统改造工作，强化幼儿安全保障。

2019 年，配合龙烟公司完成职业健康安全管理体系换版工作。编制食堂油锅起火导致的火灾事故应急处置措施、综合大楼多功能厅火灾事故应急处置措施、食物中毒事故应急处置措施、触电事故应急措施、车辆交通事故应急处置措施、地下车库防洪排涝应急处置措施等 6 个安全事故现场应急处置方案；构建《红狼公司安全生产责任制》《红狼公司各部门安全生产职责清单矩阵表》《红狼公司各岗位安全生产职责清单矩阵表》《各部门岗位规范》等 4 项的部门及岗位职责责任体系；编制了《危险源辨识、风险评价及控制措施清单》《安全隐患排查清单部门总表》《安全隐患排查清单》等 3 份部门及岗位隐患排查清单；编制并制作岗位应急处置卡并进行演练，不断提高员工对应急预案的熟悉程度和应急处置能力；编制各岗位“规范考评试卷”并进行考试，形成岗位规范考评报告表。

2021 年，配合龙烟公司开展安全标准化自评，针对安标自评问题清单，举一反三，制订、修订 28 份安全生产规章制度，识别并更新 103 条安全法律法规清单，不断夯实安全管理基础，当年公司安全绩效考核得分为 99 分，同比提高 3.67%。

规范采购管理。2012—2021 年，红狼公司始终按照龙烟公司相关职能部门的要求，贯彻落实相关要求，持续规范公司日常采购活动。

2013 年，为加强对供应商实施动态管理，制定实施《供应商管理办法》。

2016 年，为推进和规范公司内部管理工作，加强对各项采购活动的指导、协调和决策，保证采购工作的规范、有序、廉洁、高效运作，成立物资、工程和服务采购管理委员会、采购监督小组。采购管理委员会下设采购管理办公室，负责采购活动的日常管理。同时，建立健全管理制度，制修订《采购管理办法》《合同管理办法》《采购项目一项一档管理办法》《采购立项管理办法》《物资、工程和服务采购管理委员会工作规则》《物资、工程和服务采购管理委员会工作规则实施细则》等制度，建成“应招尽招”保障机制、“真招实招”保障机制。

2017 年，为进一步规范采购管理，确保“一项一档”工作做到位，开展 2011 年 9 月至 2016 年 12 月公司采购合同一项一档专项检查，及时完成 60 项问题的整改和复查。

2018 年 1 月，调整物资、工程和服务采购管理委员会以及采购监督小组等组织机构，修订《采购管理办法》、明确各职能部门职责，修改招标采购项目、竞争性谈判、单一来源采购项目和询价采购项目实施步骤及管理规定等相关内容。修订《合同管理办法》，新增小金额部门自主采购的审批流程。

2020 年，根据《中国烟草总公司关于进一步加强采购管理工作的意见》（中烟办〔2020〕105 号）及《全省卷烟工业系统行贿供应商管理实施细则（试行）》等文件要求，修订《采购管理办法》，修改采购方式的选择规定及相关管理流程。修订《供应商管理办法》，增加供应商、不良行为供应商的描述，明确供应商的资格条件和确定、使用、合格供应商目录管理、不良行为供应商管理等工作程序和内容。制定公司《网络采购管理细则（初稿）》，明确公司网络采购必须遵循的各项管理规定。

2021 年，首次梳理并编制公司《采购目录》，从源头上为编制采购计划和采购管理工作提供有力保障。根据《采购立项管理程序》梳理并修订完善公司《采购管理办法》，增加公司领导、采购办、申请（使用）部门及立项（承办）部门职责，新增无需立项的采购项目适用条件、采购立项申请、审批流程及《采购立项申请、审批表》等。落实《中国烟草总公司对行贿供应商实施禁入措施的通知》（中烟办〔2020〕85 号）文件精神，加强供应商监管，严格落实“黑名单”管理制度，加强行贿行为及黑名单查询痕迹化管理，加大对行贿供应商和黑名单供应商查询监管力度管控力度，并对在供的 35 家供应商警示约谈并签订新版廉政合同。

标准化建设。2013 年，开展质量、环境、职业健康安全管理三体系建设，共汇编 1 本管理手册，梳理 148 个业务流程，编制 209 个体系文件和 23 个程序文件，识别相关法律法规 460 个。将企业运营与体系运行紧密结合，逐渐形成了办事讲流程、做事讲标准的工作氛围。于 2014 年 1 月，取得质量、环境、职业健康安全三体系认证证书，并连续两年通过三体系年度复审工作。

2017 年，根据《质量管理体系》（GB/T 19001—2016）和《环境管理体系标准》（GB/T 24001—2016）的要求，对红狼公司“三体系”运行模式进行梳理，收集和辨识公司内外部因素、分析相关方需求和期望、评价公司运营过程中质量和环境的风险和机遇并逐一制定对策措施，从源头上对体系结构进行优化升级，使之更符合企业发展和行业规范。

信息化建设。2015 年，为有效解决流转滞后、节点难掌控、纸张浪费等问题，建立红狼公司云 OA 办公平台，开发采购管理、行政审批、公文管理、标准化管理、公告等系统模块，进一步实现办公自动化、远程化、文档一体化和日常工作信息化。2018 年，为实现企业信息化手机终端审批等功能，使用钉钉办公系统。

企业文化建设。2014 年，组织开展“畅想青春 筑梦红狼”员工才艺展示文艺晚会，此次晚会唱响群众路线教育主旋律，充分调动和发挥广大员工参与群众文化建设的积极性、主动性和创造性，通过视之有形、闻之有声、触之有党的企业文化氛围，鼓舞广大党员和干部员工，立足岗位，创先争优，融入群众走好群众路线，坚持传承创新，致力龙烟改革发展。积极参加龙烟公司通运杯“祖国在我心中”歌咏比赛，并荣获一等奖。

2015 年，成立红狼红心翎青年志愿服务队，推动红狼公司志愿服务工作深入开展。志愿服务队成立以来开展了技改供餐服务、光盘行动策划、开学季交通疏导等志愿项目，参与 462 人次。

2017 年，举办“合心智搏红五月，精益服务铸风采”为主题的员工文艺联欢晚会活动。集聚正能量，增强团队凝聚力，鼓舞和调动员工工作的积极性、主动性和创造性，构建心齐、气顺、劲足的良好氛围。

卷烟生产配套保障服务安居工程。随着第一生活区、富健新村、富健花园、利来山庄生活小区使用年份的延长，以及住户生活水平的不断提高，小区各项配套设备、设施需要进行改造和完善。

2013 年，开展利来山庄人防工程消防控制系统改造。

2013—2015 年，配合龙岩市电力公司完成富健新村、富健花园及利来山庄 3 个生活小区共计 1498 户“一户一表”电改造，改善了公用电走漏现象。

2014 年，更换利来山庄小高层顶楼栏杆、电梯无线报警系统；开展利来山庄楼道 LED 灯改造。

2015 年，在富健新村、富健花园、利来山庄各小区主要通道分别安装了 12 个、6 个、25 个监控点，消除了监控缺失带来的安全隐患；开展利来山庄消控系统改造。

2015 年 9 月，完成利来山庄车辆道闸系统改造，实现车辆进出智能化、自动化管理。

2016 年，开展利来山庄楼宇门禁系统、进出口人行及摩托车道改造；在第一生活区、富健新村、富健花园、利来山庄生活小区安装智能快递柜。

2017 年，开展利来山庄 136 盏 LED 高柱公共路灯改造。

2017—2018 年，协同龙岩市水务集团完成小区富健新村、富健花园和利来山庄 3 个生活小区共计 1498 户“一户一表”水改造工作。

为小区的绿化美化，2012—2018 年，陆续完成四个生活区车辆停放整治；完成 4 个生活区僵尸车清理；完成富健花园、利来山庄车库转作店铺整改；完成利来山庄垃圾场整治；完成利来山庄篮球场、羽毛球场、网球场等围栏整改；完成利来山庄沿高速围墙改造；完成富健新村 1—10 号楼路灯改造；完成富健新村 16 号、18 号外墙脱落改造；加强生活区绿化养护力度；完成生活区节假日彩灯工程、庆典活动布置等。通过改造，小区环境得到进一步绿化、美化、亮化。

社区管理。2012—2018 年，由红狼公司负责 4 个职工生活区的物业管理，红狼公司继续遵循“社会治安稳定、社会风气良好、环境整洁优美、群众生活方便、社会文化活跃”的社区管理 5 项标准，紧密结合社区的实际情况，采取多种措施，大力加强和完善社区管理。进一步完善小区管理的各项规章制度，继续夯实物业管理基础。如制作社区服务联系卡，组建社区维修专业队伍，成立安全消防巡查队，加强楼长队伍建设等，提升生活区的安全、综治、计生、流动人口、出租户等管理工作质量。

认真探索社区管理新模式，大胆推行社区管理市场化，引入市场化管理机制，力促小区管理上新台阶。

2014 年，4 个生活小区先后完成业主委员会换届选举工作，并经各个街道办事处备案，保证及时有效地和各个居委会沟通。

2015 年，搭建物业微信服务平台，将传统物业服务内容从线下延伸到线上，开发在线报修、投诉建议、小区通知等功能并开通物业账单查询，家政、室内水电维护等服务端口，将工作时间延伸到 8 小时工作制以外，极大地避免了投诉、维修申报不及时，联动不够等问题，让广大业主享受到方便快捷的线上服务。

2016 年起，收取 4 个生活小区路灯、楼宇电话等公摊电费。同时，根据市场行情，规范签订《物业服务合同》，提高各小区物业服务收费标准。

2018 年，根据《国家烟草专卖局中国烟草总公司关于行业职工家属区“三供一业”分离移交工作的指导意见》（国烟法〔2016〕274 号）和《中国烟草总公司转发国务院国有资产管理委员会办公厅 财政部办公厅关于印发中央企业职工家属区“三供一业”分离移交工作有关问题解答通知的通知》（中烟办〔2018〕55 号）等文件精神要求，开展“三供一业”物业分离移交工作。6 月 1 日确定由厦门市住宅设计院有限公司进行物业移交维修项目的概算编制；6 月 6 日与龙岩市鸿盾物业有限责任公司签订《国有企业家属区物业管理分离移交框架协议书》；6 月上旬确定了移交及维修改造项目清单；10 月 19 日与龙岩市鸿盾物业有限责任公司签订了《国有企业家属区物业管理职能与相关资产分离移交协议书》，并确定分离移交改造计划和 3 年过渡期费用补贴方案；12 月 1 日由龙岩市鸿盾物业有限责任公司正式接手 4 个职工生活小区的物业管理职能，实现平稳过渡。

医疗保障。龙烟严格执行国家有关医保法规和制度，持续执行每两年一次的全公司员工体检制度和每年一次的职业健康体检（特种作业）制度，逐渐提高职工的门诊医疗补充保险的报销额度，为职工办理住院补充医疗报销和特殊病种补充保险，减轻职工的负担。

医务室配备医生 1 人，护士 2 人，收费员 1 人，共计 4 人。其中主治医师 1 人，主管护师 1 人，护士 1 人。医务室坚持“服务职工、服务生产”的宗旨，全心全意为职工健康服务，持续加强内部管理，建立医务室管理制度，明确医生、护士、收费员等岗位职责，完善岗位操作规程。严格按照采购管理制度比质比价采购药品，降低职工的购药成本。

认真做好日常门诊工作，做好就诊病人登记。在生产车间报告职工身体紧急情况下，第一时间赶到现场施救，保障职工的身体健康。积极开展健康教育，提高职工健康素养。坚持每年为生产一线职工提供防暑降温凉茶服务等。为公司的各种大型会议、庆典、文体活动提供卫生保健服务，服务主业，服务基层。自 2020 年新冠疫情以来，在新罗区卫健委的指导下，认真做好医疗机构的疫情防控工作。按照相关疫情防控要求，做好医疗机构预检分诊和三码联查制度，设置一米线、量体温等防控措施，识别高风险人员，阻断疫情的传播。

幼儿园。富健幼儿园创办于 1969 年，2013 年 12 月 19 日经龙岩市新罗区教育局复评，通过“新罗区示范性幼儿园”复评验收。2014 年，被新罗区教育局认定为国有企业举办的公办性质幼儿园。2015 年 9 月起，富健幼儿园在教育教学上归属新罗区教育局管理，新罗区教育局指派龙岩市实验幼儿园进行教育教学帮扶。2017 年经新罗区教育局复评，通过了“县示范性幼儿园”验收。

利来山幼儿园创办于 2010 年，位于龙岩市新罗区曹溪街道乘风路 1298 号利来山庄小区内。园所设 5 个班，占地面积 2754 平方米，建筑面积 1124 平方米，户外活动场地 1631 平方米，园舍独立，前庭后院，绿荫环绕，前庭设置游戏场，中间两层独立教学楼，后院设置为体育运动场，室内优雅精致，户外开阔安全，环境优美，拥有得天独厚的自然资源，幼儿园打造以室内外学习环境一体化为特色，让幼儿乐在其中并与大自然相融合。2016 年 9 月，由深圳市罗湖区武锦文化有限公司承办，更名为龙岩市美丽童佳幼儿园，是龙岩市新罗区一级示范性幼儿园。

2020 年 8 月，根据《龙岩市城镇小区配套幼儿园专项治理工作实施方案》（龙政办〔2019〕58 号）和《龙岩市新罗区人民政府关于设立龙岩市新罗区水晶嘉园幼儿园等 13 所小区配套幼儿园的通知》（龙新政〔2020〕75 号）文件精神要求，将富健幼儿园和利来山幼儿园改制举办为非营利性质的普惠性幼儿园，由区事业单位登记管理机关统一登记为事业单位或企业利用国有资产举办的事业法人单位，隶属于红狼公司。2021 年底，2 所幼儿园共有教职工 70 名，其中 35 名教师均具有大专以上学历；1 名教师获幼教一级职称，10 名教师获幼教二级职称，4名教师获幼教三级职称。设教学班级15个（富健幼儿园10个、利来山幼儿园5个），接收幼儿近520人。

2012年以来，幼儿园始终贯彻执行《幼儿园工作规程》《幼儿园教育指导纲要》《3—6岁儿童学习和发展指南》精神，紧紧围绕“服务幼儿、服务社区、服务企业、服务社会”的办园目标，以“开启环保艺术之门，乐享创意创作之美”为办园理念，坚持“园所整体美，环境艺术美，乐享创造美”为办园特色，培养具有“表达表现的愿望，活泼开朗的性格，愉悦智美的情趣”的幼儿，秉承“为人师表，以心育人，以爱引领，乐研业务”的教风和“合作、互学、共成长”的团队观，日趋规范幼儿园管理，配备齐全各岗位工作人员，明确各岗位职责，通过外出培训、在园请专家来讲课、不定期开展公开课、“一课多研”、课程评优、区域教学活动与环境创园主题活动等多种形式、途径，确保了幼儿园开展各项教育教学研究和师资队伍质量的提升；教育教学形式生动、活泼、有趣，开展师幼文艺会演、主题演讲比赛、主题美工、亲子运动会等一系列视之有形、闻之有声、触之有觉的文体活动，让幼儿的思维能力、表达能力、创新能力全面协调发展。同时，配备完善园内硬件设施，努力营造舒适安全的校园环境。

2014年，改造富健幼儿园三楼楼顶，铺设顶层卷材防水层、混凝土隔热层，增加一条50米塑胶跑道。重新粉刷教室墙面水泥漆约1100平方米、更换处理部分教室木地板约700平方米。改造费用约100万元。

2015年，富健幼儿园安装门禁刷卡系统，做到一卡一孩制。

2016年，将富健新村礼堂一楼改造成富健幼儿园小小班，有效解决了幼儿园教学场所不足的问题。2016年投入62万元增添了幼儿园户外玩具和室内玩具。

2017年，改造富健幼儿园户外运动场所，建设幼儿沙池、戏水池、儿童涂鸦墙等。

2018年，富健幼儿园安装“一键报警”装置，实现校园与派出所同步联通，提高公安机关涉校警情处置速度，确保幼儿园安全。采购23万元幼儿园户外运动设施及家具。

2019年，受幼儿园户外活动场地限制和入园高峰的影响，自秋季起，不再开设小小班。

2020年，清理改造龙烟位于富健新村的礼堂二楼，增加功能型室内活动场所；拆除礼堂旁废弃配电房、整理改造主楼楼顶，拓宽户外活动场所。规划并配齐一体机、电脑、打印机等教育教学设备，完善全园网络覆盖，确保教育教学方式多样化。

2021年，开展园所文化环境创设，利来山幼儿园园所升级改造、厨房设备改造，富健幼儿园园所升级改造、小操场改造等28项改造项目，加强硬件建设的补短提质。

幼儿园日益提升的保教质量和良好的教育教学环境获得了家长的充分认可和社会的广泛好评。

职工食堂。职工食堂设在公司办公综合大楼，总面积1566平方米，其中餐厅面积1038平方米，分为员工自助餐厅、二楼商务自助餐厅。厨房面积528平方米，使用电磁炉，采用环保型的排烟、隔油处理等设备。职工食堂整体环境优雅，设计合理。

职工食堂采取委托经营管理方式，由红狼公司餐饮部经营管理，龙烟指定后勤管理部负责食堂的接口管理，双方签订相关管理协议。

职工食堂主要经营职工用餐、商务用餐、会议接待、来宾参观接待等业务。

职工食堂采取自助餐方式，2012—2020年采用一卡通刷卡收费，2021年采用刷脸收费，按两荤、两素、两个半荤素、两汤、三主食、一水果的结构配比，每天按福利费核定标准为员工提供一次职工餐。红狼公司每月底凭实际刷卡次数，经龙烟后勤管理部、人力资源部确认后，与龙烟财务部结算。红狼公司设立职工食堂专款账户，职工食堂对所购物资进行二级建账管理。

红狼公司本着“办好职工食堂、搞好后勤服务”的宗旨，规范进行食堂运营管理。在食堂管理中贯穿以人为本的理念，大力营造舒适、文明、温馨的用餐环境。自2013年以来，通过持续开展八季以“我‘光盘’，我‘光荣’”“光盘行动第2季暨‘公益爱心午餐’”“聚积‘微’力量，传播‘食’文化”“‘光盘’活动创意有奖征集和‘餐饮之礼’我来谈有奖征集活动”“初心不忘，禾下筑梦”等为主题的光盘行动，引导广大职工参与光盘，共同养成珍爱粮食、厉行节约反对浪费、按量取食的良好习惯。同时，光盘行动受到龙岩市委文明办肯定，在文明网上广为宣传。

在内部管理上，公司就采购、验收、卫生管理等环节制定相关考核管理办法，并成立采购验收小组。2016年，通过公开招标采购食品原材料，实行物资统一采购，进一步规范食品采购供货标准，提高采购效率和食品安全系数。龙烟公司职工膳食管理委员会对职工食堂运营管理开展民主监督。

餐饮部积极开展“微笑服务”“服务之星”“菜肴创新”等岗位评选和技能竞赛活动。充分利用OA、《龙烟人》、微信公众号等平台进行食品卫生安全知识、创新菜肴制作的宣传，持续营造良好的餐饮文化氛围。

同时，通过各项有力举措不断提升职工食堂供餐后勤保障工作水平和质量。

2012 年 10 月，“龙烟面点坊”开始营业，提供面点外卖服务。

2013 年，在车间休息室投入使用自助售货机，倡导诚信文化。

2015 年，根据龙烟公司一区技改工作需求，完成 36752 人次技改供餐任务。

2016 年，建立并推广“龙烟食堂”微信公众号，增强职工食堂与职工之间的互动交流。

2018 年，为解决公司年轻职工和外协人员用餐难的问题，筹建职工食堂利来餐厅，并于 7 月 10 日投入运营。

2018 年 11 月，完成职工食堂“明厨亮灶”工程建设，将食堂从食材进货查验、后厨加工、食品加工、清洗消毒等全过程操作的监控影像资料传输至互联网，通过网页、手机终端等方式在线观看食品加工全过程，大力提升了食品安全管控力度。

2020 年，根据疫情防控工作要求，制定“分批次、有间隔、可追溯”的分餐制供餐方案，确保安全供餐。

2020 年 11 月，根据龙岩市食品药品监局管理要求，安装并开通“明厨亮灶”工程，共安装 15 个摄像头全程管控厨房操作现场、4 个摄像头监控食堂现场分餐区域，整个食堂监控系统从食材进货起至清洗、配菜、烹饪、出品、分菜到职工用餐结束全过程受控，并上传至办公监控管理平台保存追溯 15 天，实现职工食堂操作过程监控管理可追溯、可查阅。

2021 年 4 月，开发运行智慧食堂用餐系统，系统用餐由刷卡支付转变为刷脸支付的信息化管理方式，自动识别用餐员工账户次数余额并进行系统自动结算。

2021 年 7 月，开展职工食堂第二餐厅扩容改造，计划于 2022 年投入使用。

历年来，职工食堂均被龙岩市卫生局评为“餐饮服务食品安全 A 级”单位，被授予“餐饮服务食品安全示范单位”等荣誉称号。2019 年 2 月，职工食堂荣获福建省“食品安全‘放心食堂’”称号。

二、福建贝森蜂窝新型材料有限公司

福建贝森蜂窝新型材料有限公司（以下简称贝森公司）成立于 2001 年 3 月，坐落于福建省云霄县云陵镇西北路 549 号（原云霄卷烟厂），占地面积 29502.51 平方米，建筑面积 20513.48 平方米，拥有一条国际先进国内领先的全自动蜂窝纸板生产线，经营范围为纸制品制造、纸制品销售、纸和纸板容器制造、包装材料及制品销售等。2007 年 2 月，由中外合资变更为龙烟公司全资子公司。2012 年 7 月，注册资本变更为 2460 万元。截至 2021 年 12 月 31 日，拥有员工 66 人，其中龙烟公司委派员工 5 人，贝森公司自聘员工 61 人。

生产经营　贝森公司推行现代企业管理制度，倡导“敬业、高效、进取、创新”的企业精神，奉行“质量第一、客户至上”的宗旨，坚持以客户需求为

贝森公司集体照（徐昱　摄于 2023 年）

导向，以较为完善的管理体系、先进的工艺技术，专注从事蜂窝纸芯、蜂窝纸板、蜂窝纸箱及纸托盘、包装内衬（缓冲）材料等产品的研发、制造和销售。2012—2021 年累计实现营业收入 16806.93 万元，净利润 598.65 万元，税利 1667.18 万元。各年度主要经济指标完成情况详见下表。

2012—2021 年贝森公司主要经济指标完成情况表

表 5-2　　单位：万元

年份	营业收入	净利润	税利总额
2012	1433.19	2.65	122.80
2013	1818.50	106.01	251.10
2014	2046.59	158.62	279.43
2015	1455.90	45.91	124.44
2016	1370.41	12.85	102.64
2017	1631.24	10.30	121.52
2018	1702.85	24.35	110.13
2019	1529.94	0.00	99.57
2020	1620.36	56.98	153.73
2021	2197.95	180.97	301.81
合计	16806.93	598.64	1667.17

企业管理 2012年，贝森公司围绕“强化大局观念、增强能力素质、改进工作作风”主题，以“整肃纪律、治庸治懒、提能增效、狠抓落实”为重点，强化员工作风建设。同年12月，获得漳州市委市政府颁发的“漳州市和谐企业”荣誉称号。

2013年，调整内设机构设置，撤销人事财务部，设立综合管理部、财务部，按照岗位相容相斥原则，确保职责工作分工清晰、到位。

2014—2016年，以“强弱项、补短板、促提升”为主题，开展业务流程梳理，强化制度建设，促进基础管理工作向标准化规范化转变。

2017—2019年，强化建章立制，健全完善采购管理、薪酬管理、用车管理、接待管理等制度，以制度保障企业健康发展。

2020年，以“强党建、优生态；强基础、优平台；强弱项、优治理”的生产经营方针为指引，持续加强规范管理、夯实基础工作，首次建立廉政风险防控体系，为企业发展保驾护航。

2021年，以“重管理，稳队伍，推技改，提质效”为目标，深化企业生产经营转型升级，以人力资源管理体系建设为切入点，推动内部管理变革，先后出台《员工招聘管理办法》《劳动合同管理办法》《考勤管理办法》等7项管理制度，明确员工日常管理和“能进能出”条件。根据“人事相宜，人岗匹配”的原则，建立常态化岗位交流轮动工作。同年9月，策划龙烟公司（原云霄卷烟厂）“退城入园”项目，完成易地搬迁项目需求报告编写；配合龙烟公司开展原云霄卷烟厂厂区搬迁项目框架协议的签订，就搬迁事项与云霄县政府达成初步意向；初步确定云霄经济开发区益树大道旁一块40亩净地作为搬迁地块，按地块红线图完成项目建设规划的初步设计和总投资估算工作。

安全管理 2012年以来，贝森公司深入开展安全生产大检查、事故隐患排查治理行动、安全宣传教育、“安全月活动”、安全生产标准化、安全文化建设及“119消防宣传”等各项活动，致力于提高职工安全技能和自保能力，营造良好的安全文化氛围，企业的安全生产管理、基础设施建设及综合治理水平有了长足的进步。截至2021年，公司连续18年实现“7个0、1个控制”（即死亡事故为0，重大火灾事故为0，重大设备事故为0，重大甲方责任交通事故为0，重大霉变事故为0，重大食物中毒事故为0，重大盗窃事故为0；控制企业年度重伤率在1‰以下，轻伤率在1%以下）的安全生产目标。

2012年，贝森公司成立安全生产委员会，遵循“安全第一、预防为主；控制风险、综合治理；平安和谐、持续改进；遵章守法、安全发展”的安全生产工作方针，建立并完善安全生产应急预案体系。

2013 年，贝森公司扎实推进安全生产标准化创建工作，被漳州市人民政府安全生产委员会办公室评为“2013 年漳州市安全文化建设示范企业”；被云霄县人民政府授予“云霄县 2013 年度安全生产先进企业”称号。

2014 年，根据《企业安全生产标准化基本规范》（AQ T 9006—2010）和《生产经营单位生产安全事故应急预案编制导则》（GB/T 29639—2013）的要求，重新修订《生产安全事故应急预案》。2014 年 5 月通过福建省安全科学研究院评审，获得“安全生产标准化二级企业（轻工其他）”证书。

2015 年，公司调整安全文化建设领导小组成员，加强企业安全文化建设。

2016 年 4 月，贝森公司通过“省级安全文化示范企业”验收工作，获评“2015 年省安全文化建设示范企业”。同年 6 月，公司首次举办安全生产知识竞赛。

2017 年，完成安标三年提升计划工作，巩固安全文化建设；同年，完成《贝森公司企业安全文化手册》的编册和发放。

2018 年，坚持“以人为本、安全发展”的指导原则，贯彻执行“安全第一、预防为主、综合治理”的安全生产工作方针，配合完成厂区变配电箱整体改造工作。

2019 年 9 月，升级公司高清监控摄像头，并增设原辅料仓库、成品仓库的监控摄像点，进一步完善公司安全防护监控系统。12 月配合龙烟公司完成云霄厂房消防供水系统及消防栓系统维修改造和验收工作。

2020 年，为抗击新冠疫情，贝森公司多次召开网络视频会议，制定详细的疫情防控措施，成立疫情防控志愿队，疫情防控取得良好成效。同年 3 月，开展厂区建筑物安全隐患排查；6 月，完成公司 1 号、2 号、3 号楼危房的拆除工作；8 月，配合龙烟公司完成车间、仓库等防火重点场所火灾自动报警及自动喷淋系统的安装、验收工作。

2021 年，按照新版安标规定，依据现行安全生产法律法规及标准，完成公司安全生产标准化换版工作。同年，根据漳州市、云霄县卫健局对公司职业健康管理要求，公司成立职业病防治领导机构及职业卫生管理机构，委托第三方检测机构对公司工作场所进行职业病危害检测和评估，建立健全公司职业卫生档案与职业健康档案，实现从“保障生命”到“保障健康”质的飞跃。

工艺质量管理 2012 年以来，贝森公司始终坚持“精益求精，追求完美；质量第一，顾客至上”的质量方针，坚持开展“质量月”活动，锤炼质量管控能力，提升质量管理水平，为产品质量保驾护航。产品生产制造过程秉持“不生产不合格品、不接受不合格品、不流转不合格品”的三不原则，强化过程自检、转序互检。截至 2021 年，出厂成品检验合格率为 100%，蜂窝片烟箱产品质量稳定性获得省内外客户的一致认可。

2013年，公司开展提升质量管理年活动，完成ISO 9001质量管理体系换版。

2014年，开展新纸芯机上胶系统的技术改造及胶水工艺改进，很好地解决了纸芯上胶不均匀、错胶严重、纸芯拉伸效果不良的问题，片烟箱纸芯消耗同比2013年下降12.77%。同年，完成纸箱成型机工艺改造，一是通过增装自动上胶系统，实现自动上胶功能，满足均匀上胶的工艺要求，在节省劳动力的同时，也有效地解决钉扣生锈问题；二是完成纸板机上胶辊后端红外烘干装置的安装和纸板线上下输送同步皮带电气改造工作，较好地解决纸板面纸翘边现象，进一步提升产品质量。

2015年，通过工艺技术改进和内部质量管控，蜂窝片烟箱次品率达到0.71%，较2014年下降51.7%，原材料利用率有了较大的提升。

2016年，更新购进PN-BSN/600耐破度仪、PN-PRT48抗戳穿强度仪、DHG-9073III电热鼓风干燥箱、PN-BC300纸碗抗压仪等一批检验仪器，通过原纸物理指标的检测，原材料质量得到更好的管控。

2017年，邀请中国检验认证集团（CQC）福建有限公司专家前来指导ISO 9001—2015换版修订，完成程序文件、作业指导、过程管理的汇编工作。

2018年4月，通过ISO质量体系2015版换版认证，同时将修改程序文件同规范公司内部工作流程、明确部门职责划分结合起来，完善作业指导书、检验指导书、工艺说明书等，使得质量管理体系更加契合生产实际。

2019年，制定《七层瓦楞烟梗包装箱检验标准》，瓦楞烟梗包装箱质量得到进一步保障。

2020年7月，为提升全体员工质量意识、体系意识，邀请中检集团（CQC）福建公司专家前来公司开展一期《质量管理体系 要求》ISO 9001—2015培训。

2021年，根据贝森公司生产经营业务变化及质量管理体系运行情况，将原有20个管理过程梳理整合为13个管理过程，完成物料、检测、工艺和储存等生产过程管理标准化文件的整合与修订工作，并顺利通过换证审核。

设备设施管理

2012年以来，贝森公司克服设备设施不断老化的困难，及时准确地掌握设备设施运行中存在问题和隐患，通过加强设备设施点巡检频次，加大维护保养力度，实施专项诊断，实现了设备设施长期有效稳定运行，有力地保障产品供应和质量稳定。

2013年购置一台480型双色印刷开槽机，开启产品自动印刷新时代，生产效率和产品质量得到极大提升；同年8月，购进ZGFA-1600型连续性纸芯生产线，纸芯生产由对接型转变为连续型，生产效率和纸芯利用率得到极大提高。同年，为保障厂区生产用电的稳定性，完成公司10千伏输送电路高压计量安装工程；为降低员工劳动强度，满足仓库搬运堆高业务需求，购置一台前移式电动堆高车。

2014年起，为节约生产运营成本费用，片烟箱由电加热烘干调整为阳光晒干，2014年全年节约电费约17万元，降幅达20%。

2017年，为开发生产环保隔热板，完成对设备进行满足工艺要求的适应性改造。

2018年10月，在上级公司的支持下，完成公司配电房改造，大大提高了公司生产用电的安全性。

2020年8月，配合龙烟公司拆除3栋仓库（经外部专业机构鉴定为危房），消除老旧建筑设施的安全隐患。

2021年6月，购进一套河北省东光县四通纸箱机械厂生产的1400型全自动纸滑托生产设备，结束纸滑托盘制造靠手工生产、户外晾晒的历史。新设备的引入有效地解决纸滑托变形、翘边等质量问题，同时还实现了RFID电子标签的精准定位、自动投放，极大提升了纸滑托盘生产效率；同年7月，完成旧纸芯机的设备设施的拆除，为后续承接循环利用回收烟箱加工业务腾出场地。

采购规范管理

2012年以来，贝森公司严格执行行业采购规范有关制度规定，夯实机构设置，持续修订完善采购规范规章制度，结合实际优化采购流程，采购基础管理水平和规范性有了长足进步。

2013年，贝森公司认真贯彻落实《中国烟草总公司关于印发烟草企业采购管理规定的通知》（中烟办〔2012〕313号）精神，全面规范公司物资、工程和服务采购“三项工作”管理，成立“三项工作”管理委员会，并设立采购管理办公室，修订公司《采购管理办法》，切实加强采购活动的监督管理，保证采购工作规范、有序、廉洁、高效运作。

2015年，坚持“应招尽招，真招实招”原则，加强供应商资质认证，建立健全合格供应商档案。大宗采购均采用公开招标的方式进行，公开招标采购金额为807.8万元，占比高达72%。

2016年，制定《物质、工程和服务采购管理委员会工作规则》《采购项目一项一档管理办法》，修订完善《采购管理办法》，进一步规范公司采购要求和流程。

2017年，修订完善《采购管理办法》及《合同管理办法》，进一步规范公司采购行为和合同管理工作。

2018 年，完善采购管理制度，修订完善《采购管理办法》《采购立项管理办法》《供应商管理办法》等相关采购制度，采购工作程序更加严谨。

2021 年，根据行业相关规定和要求，“三项工作”管委会更名为“董事会管理委员会”，同时修订《采购代理机构管理办法》《供应商管理办法》《合同管理办法》《采购监督工作管理办法》《采购立项管理办法》等制度共计 14 项。

销售管理

2012 年起，贝森公司销售策略由撒网式转变为精准式，精准式销售的主要特点是“抓大放小、抓重点客户、保护老客户、培育新客户”。同年 2 月，成立纸滑托产品研发小组，配合龙烟公司开发适合烟草行业工商整托盘联运需求的纸滑托产品；3 月拓展厦门市蜂窝卫生纸棺加工业务；6 月研发蜂窝纸箱包装机电产品销往龙岩；7 月辅料纸滑托板产品销往广东深圳市。

2013 年 5 月，研发工艺品及摩托车出口包装产品并分别销往漳州、厦门两地；8 月，拓展龙岩家具企业蜂窝纸芯业务；11 月，前期研发的纸滑托板产品在龙烟公司正式投入批量使用。

2014 年，研发的纸滑托板产品首次在厦门烟草工业有限责任公司投入使用。公司当年实现销售收入 2038.5 万元，进入规模以上企业行列。

2015 年，公司发挥各地业务员的地域优势，做到“巩固老客户，发展新客户”，两手抓共创佳绩；3 月，拓展福州片区家具行业蜂窝纸板、纸芯业务；11 月拓展蜂窝纸板在石材产品出口包装的业务。

2016 年，研发了福建金闽再造烟叶发展有限公司所需的薄片包装箱产品；成立环保隔热蜂窝板材项目研发小组，开发环保隔热蜂窝板材，在龙烟公司东肖仓库进行试用，并申报实用新型专利。

2017 年，研发片烟箱体防虫网罩，并在龙岩金叶复烤公司使用；研发成品烟箱运输专用捆绑带产品，提高包装效率，减少白色污染。

2018 年 6 月，在厦门举办的全国烟草物流工作会议上，贝森公司首次向全国各省份烟草公司宣传纸滑托板产品。

2020 年，成功研发 25 千克、50 千克、100 千克分包片烟包装箱和嘴棒包装箱；同年 5 月，第二代芯片“内嵌式”纸滑托盘产品的研发成功，并在厦烟公司投入使用。

2021 年，防虫网罩产品业务首次在云南红塔集团推广使用；配合湖南、湖北、山东等地烟草工商企业开展烟用包装物资纸滑托盘运输联运的推广工作。

三、厦门红狼投资管理有限公司

厦门红狼投资管理有限公司（以下简称红狼投资公司）成立于2002年10月，注册资本5000万元，系龙岩烟草工业有限责任公司职工投资的全资子公司，主要负责规范开展职工的投资行为。2012—2018年，红狼投资公司持续做好证照年检及工商变更、职工投资分红、档案管理及配合税务部门完成所得税汇算等工作，确保公司规范经营。

2012—2015年，根据闽烟工监〔2012〕100号等文件精神要求，红狼投资公司持续开展职工持股清退工作，共完成259人股份清退工作，清退股份本金723.74万元。2012年，完成红狼投资公司清退股份的股权转让工作。其中：转让厦门富华兴公司股权12.35%，转让福建三华公司股权6.86%；转让石狮富兴公司股权12.15%，转让总金额共计852.87万元。2019年3月，根据《关于清理龙烟公司职工持有关联企业股份的批复》（闽烟工党〔2019〕25号），红狼投资公司开展职工持股清退工作，5月16日，完成全部退股协议签订工作，共签订1995份退股协议书；与福建鑫叶投资管理集团有限公司（以下简称鑫叶公司）签订完成《收购意向书》和《股权转让协议》；5月22日向1995名持股人分发分红款和股本金；6月25日完成企业工商变更，红狼投资公司成为鑫叶公司全资子公司。

第七节　采购管理

2012—2021年，龙烟公司始终坚持贯彻落实行业、全省卷烟工业系统规范管理要求，紧紧围绕每年采购管理工作要点，持续在夯实基础、提质增效、风险防控、创新模式等方面下功夫，系统推进采购管理在质量变革、效率变革、动力变革上取得新突破、新发展，努力实现采购管理工作迈上新台阶。

一、组织机构与职责

2012年，龙烟公司制定《龙岩烟草工业有限责任公司工程投资、物资采购、宣传促销管理委员会工作规则》及其实施细则，进一步明确“三项工作”管理委员会和下设办公室的职责权限，将具体的运作流程和议事规程以制度化形式加以确立，为构建纵向制约、横向制衡的采购管理工作格局奠定组织基础。

2013年，根据国家局313号文件要求，龙烟公司成立由公司领导班子全体成员、相关部门主要负责人以及职工代表组成的物资、工程和服务采购管理委员会，并设立物资、工程和服务采购管理办公室（简称采购办），挂靠企业管理部，履行管委会、采购办职责，同时取消原工程投资、物资采购和宣传促销管理委员会。

2016年，根据实际修订物资、工程和服务采购管理委员会及采购办职责，增加规范对全资子公司管理要求，将全资子公司纳入管理，加大对全资子公司的监督指导力度。

2019年，将原有的采购管理办公室（简称采购办）升级为管理委员会办公室（以下简称管办），在管办下设立投资组和采购组（采购办），进一步明确两组的工作职责。

2021年，因投资管理职责调整，投资与采购职能均归属企业管理部，因此，不再区分投资组与采购组，统称为管理委员会办公室，履行相应投资与采购管理职责。

二、采购制度体系建设

龙烟公司始终紧跟行业及上级采购管理要求的变化形势，及时识别、分析、转化采购管理工作要求，2012—2021年，经过制度的持续优化、整合、完善，构建采购管理体系价值链框架，促进流程与要求更加明晰、完整、可行。

健全采购制度体系 2012—2014年，龙烟公司结合采购综合信息系统上线后的流程要求，全面梳理采购管理制度文件，制定《招标拦标价管理办法》《招标代理机构管理办法》，修订《董事会物资、工程和服务采购管理委员会工作规则》《董事会物资、工程和服务采购管理委员会工作规则实施细则》《采购管理办法》《采购作业指引》《采购评审专家及评审专家库管理办法》。补充完善《董事会物资、工程和服务采购管理委员会工作规则》及其《实施细则》中采购范围、“三项工作”管委会、采购办职责、计划编制、计划上报审批程序等内容。将采购方式及适用条件、采购程序、供应商管理、签约与履约、采购档案管理、监督及责任等要领在《采购管理办法》补充完善，促进采购制度体系更加全面、规范。

完善采购制度要求 贯彻落实国家局“三个保障机制”工作要求，2016年持续修订完善《物资、工程和服务采购管理委员会工作规则》《物资、工程和服务采购管理委员会工作规则实施细则》《采购管理办法》《招标控制价管理办法》《采购项目一项一档管理办法》；制定《采购计划管理办法》《招标文件编审管理办法》《单一来源采购管理办法》《合格供应商库管理办法》《招标、开标、评标、中标、合同签订与履行操作规程》《采购考评问责管理办法》，促进采购管理规范化、机制化、常态化。

优化采购管理框架 2019年，以参与福建中烟多层次、多维度采购标准体系建设项目为契机，通过梳理制度清单，认真分析比对现有制度与行业要求、信息系统及操作规范的差距，按行业采购规范搭建大采购管理框架，包括立项管理、计划管理、实施管理、合同管理、办事公开、基础管理和统计分析管理七大管理，并以《采购管理大纲》为索引，建立与其余采购相关管理制度的互联互通关系，打通制度之间的壁垒，同步修订完善采购管理各项制度，进一步明确采购实施过程的规范要求，对《采购过程管理程序》形成支撑，为实现全省采购制度统一、标准统一奠定基础。

推进采购制度重构　2020—2021 年，龙烟公司结合“五维一体”运营管理体系要求，优化采购价值链体系框架，在采购职能区域内进行职责重构，文件整合，流程建模及风险识别，形成涵盖立项管理、采购计划管理、采购实施管理、采购基础管理、采购合同管理的采购制度体系。通过 L2 文件梳理、L4 流程建模以及流程要素的匹配，2021 年 8 月顺利完成采购制度文件在 ARIS 流程平台的切换工作，共编制 L2 文件 5 份，建立 L4 流程 28 条。这是一次采购职能自上而下的结构化统筹梳理与变革，促进采购管理制度体系与流程管理的有机整合，提升制度流程的实用性、指导性作用，进一步夯实采购管理工作基础。

三、采购管理信息系统上线与升级改造

龙烟公司遵循“建设服从需求、系统重在应用”的理念，全力推进采购管理信息系统上线运行，坚持“边运行、边优化”的原则，实施采购综合管理系统关键节点模块的升级优化，实现与省公司信息系统的纵向对接，与公司财务、办公协同、辅料系统、备件系统等的横向对接，实现“两个标准统一、三个全面覆盖、固化运作程序、防范采购风险、提高采购效率”的目标，进一步提升公司采购管理规范水平。

采购信息系统上线运行　2012 年，龙烟公司深入贯彻落实行业采购管理工作要求，在福建中烟的统一部署下，启用采购管理信息系统。通过对采购业务进行分类及流程梳理，综合考虑各采购环节的审批权限、审批流程、风险控制、业务查询统计、痕迹化管理等，建立投资类、非投资类、费用收入类 3 种不同业务性质、不同业务类别模块，集成了资金管理、预算管理、投资管理、采购管理、合同管理等多功能的采购管控体系，形成以年度收支计划为源头，贯穿月度采购计划、采购立项及采购方式、采购文件、采购记录、采购变更、合同审核、付款等环节，各环节环环相扣，上一个环节未完成无法进入下一个环节，强化了基础数据的收集和采购流程痕迹化管理。采购管理信息系统于 2012 年 4 月 1 日正式上线，同时编制、发布系统操作手册，对经办人员开展多次操作培训，确保基本掌握系统使用技能，采购管理信息系统的上线运行，促进了采购过程的流程化管理。

推进采购信息系统升级改造 2017—2019年，通过全面分析行业及省公司采购规范管理新要求，明确现有采购业务流程与上级管理要求的差异，全面推进采购综合信息系统优化升级，使系统流程更加规范高效，基本实现采购综合信息系统整体上线顺利运行。

常规的功能优化。梳理采购立项管理流程，固化采购立项申报流程，实现投资计划、固定资产维修计划等上报入口与省公司一致。统一目录代码，统一目录管理要求，固化采购目录名称、采购方式及选择非公开招标采购方式的理由，减少采购目录申请的不确定性与随意性。规范系统采购计划“三关三审”决策程序，确保采购决策的科学、规范和公开透明。系统新增网络采购、应急采购、公开招标库内比质比价、公开招标签订子合同、公开招标续签合同、竞争性磋商、询比、特定单一来源、小额采购、联合采购等8个实施管控流程，优化招标、竞争性谈判、单一来源采购、询价等4类采购方式正常控制流程各节点的管控内容，合同管理方面增加合同履约验收评价相关管控流程。通过信息系统固化各类项目的实施流程及审批程序、采购工作记录，加强对招标采购“六个关键环节”和非招标采购重要关口的监管，确保采购工作规范化程序化运作，提升采购过程管控质量。

个性化模块建设。从提高效率、降低成本的角度出发，梳理优化零星工程维修流程，开发零星工程维修库内比质比价功能。加强代理机构监督管理，重新梳理采购代理评价流程，明确评价节点、评价周期、评价标准，并在系统中固化。完善采购管理系统统计分析模块功能，增加采购效率环节分析，进一步明确数据来源和统计口径，打通数据取数及关联关系，增加项目实施过程时间提醒，促进采购效率提升。开发包括网上高效系统接口、合同与备件接口、合同合并送审功能及联合采购流程等业务场景功能。

四、采购项目源头管理

坚持抓严采购立项、采购目录、采购计划管理，强化源头管控，落实层层评审职责，为后续采购项目实施做好源头保障。

立项环节 始终坚持精准立项，对采购项目开展的必要性、科学性、可行性及预算金额等要素进行充分论证和严格评审，把好项目立项关。2015年制定《采购立项管理办法》，新增采购项目立项源头把控的工作要求，提高采购项目“为什么买、买什么”的决策依据。2016年，将采购类别细分为生产经营类项目、自上而下类项目、自下而上类项目等三大类。生产经营类项目和自上而下类不需要立项评审，自下而上类大部分需要立项评审，同时强化“需求动因”管理。2019年，公司根据历年采购项目实施情况，修订《采购立项管理办法》，制定《无需立项的采购项目清单》，进一步明确无需立项的采购项目适用条件。2021年，公司整合投资与采购项目立项管理机制，厘清投资与采购项目分类及归属关系，明确需求部门、实施部门、归口部门职责与管理范围。优化立项申报、评审流程，建立“月度提报、季度评审”的常态化立项管理模式，并在投资与采购项目中期调整及年度申报中实施运用，促进投资与采购立项协同运行。

目录环节 根据行业采购目录管理要求，2015年按照一级、二级、三级与专业子类别的层级，建立龙烟公司《采购目录》，有效保障“应招尽招”落到实处。2016年以来，按照“分清职责、固化集中、提高效率”的原则，每年都对公司《采购目录》进行调整与维护管理，共开展目录调整13次，主要对公司《采购目录》进行合并、删除、分类整合，统一目录名称结构，调整采购方式，完善非公开招标理由等，同时规范《采购目录》外采购项目的入库、使用管理，均按规范程序执行，为采购计划的申报提供准确参照，为采购计划的评审提供科学决策依据。

计划环节 始终抓严采购计划管理，每年组织做好采购计划申报、整理、评审，充分落实“三关三审”程序要求，对项目名称、金额、采购方式选择等进行严格审查，层层把关，重视非招标采购项目论证理由的合理性和充分性，提高采购计划编制的科学性。尤其是对单一来源采购项目进行风险识别，按风险等级进行分类管理，推动精准评审，达到既关注采购风险，又能快速响应生产经营需要。2017年以来，通过构建采购计划统计分析指标，从“公开招标占比”“公开招标金额占比”“采购计划执行情况”“采购计划提报准确率”等维度，设立跟踪指标，并开展分析，实现对采购计划及实施情况的全面跟踪。

五、采购实施过程管理

龙烟公司重视采购实施过程风险防控，坚持以问题为导向，通过梳理风险框架、识别风险事件，制定防控措施，不断加强采购风险事前、事中的防控能力以及事后的应急能力。

采购项目执行情况 每年定期跟踪、统计、分析采购项目执行情况，全面掌握项目实施进度，保证采购计划的执行率。

2012—2021 年采购项目执行情况表

表 5-3

年份	执行采购项目数（个）	执行金额（万元）	节约金额（万元）
2012	391	190168.16	10931
2013	406	150262.89	7650.06
2014	430	143496.86	6934.05
2015	158	107808.45	5219.44
2016	146	89438.52	40110.29
2017	164	94038.13	32924.19
2018	194	154833.51	37393.92
2019	210	216687.5	61254.04
2020	202	112447.01	114445.4
2021	163	46048.81	6749.79

全面推动“应招尽招”，始终将公开招标作为主要采购方式，在保证和促进公司生产经营顺畅运行的前提下，通过深入调查研究，强化采购方式的严格审查，公开招标项目占比、金额占比保持在较高水平。2012 年以来，不断完善招标形式，探索更为合理有效的招标办法，努力扩大招标范围，在公平公正与效率成本两者间寻求平衡点，进一步寻找公开招标项目比例新的突破点，比如职工体检项目通过公开招标遴选合格供应商库，由职工自主选择供应商，做到既规范又满足个性需求。

2017—2021 年纳入公开招标统计的项目、金额占比一览表

表 5-4　　单位：%

年份	公开招标项目占比	公开招标金额占比
2012	87.51	87.39
2013	78.14	91.08

续表 5-4 单位：%

年份	公开招标项目占比	公开招标金额占比
2014	72.54	91.33
2015	73.21	95.86
2016	75.12	96.17
2017	72.15	96.17
2018	71.70	97.12
2019	83.72	95.51
2020	90.86	98.82
2021	89.74	98.55

采购文件范本管理 2012年以来，龙烟公司每年根据业务实际情况，以“充分发挥范本效力，规范采购活动，提高采购质量”为目标，制修订采购文件各类范本，尽可能对潜在的风险作出提前防范，减少被质疑投诉流标的风险。比如扩大招标项目招标公告与中标结果公示范围，增加黑名单管理内容；发布招标控制价编制说明，替换相关方安全环境协议书及廉政合同；谈判文件增加谈判时间、合同格式要求；细化中标候选人提供投标佐证的条款要求，明确投标文件装订要求；明确50万元以上单一来源控制价管理要求，有效利用范本的通用性、规范性、强制性提升采购工作质量。2021年，采购文件范本共60份，主要涵盖招标文件、会审纪要、控制价编制说明、非招标文件、合同范本等。

开评标过程管理 龙烟公司通过系统识别评委抽取、开标、评标等采购风险点，进一步完善防范串标、围标等相关风险管控措施，提升开评标过程的风险防控能力。2018年，将内部评标专家抽取调整为“电话语音”通知方式，规避原有人工通知存在的风险，提升抽取效率。2019年，严格审查投标人资格，通过“天眼查”检查投标人之间的关联性，防止围标串标。严格审查中标候选人的诚信，对中标候选人行贿犯罪记录及企业信用信息进行审查核实。2020年，改造完成利来山庄开评标中心，通过加强评标专家行为约束，强化开评标纪律，对代理机构提出保密要求，开评标室实行全屏蔽、全监控、全封闭管理，确保评标现场操作规范，评标过程公平、公正、公开。

采购效率　按作风大整顿要求，2019年，针对公开招标实施效率低下问题，对超过90天以上的公开招标项目开展分析，找出影响采购实施效率的流程节点，输出提高公开招标采购项目实施效率方案，明确招标文件定稿、公开招标实施周期目标。通过将项目技术方案前置，分解各关键流程节点的时间耗时标准，建立承诺、考核与通报的常态化管理机制，2020—2021年采购效率较往年大幅提升。

2020—2021年常规公开招标采购项目实施平均耗时一览表

表5-5

年份	执行项目数（常规）	采购实施平均耗时
2020	73项	57.2天
2021	62项	52.4天

六、采购基础管理

招标代理机构管理　2012—2013年，公司建立采购代理评价机制，制订修订《招标代理机构管理办法》，由承办部门通过填写采购代理评价反馈表、预算价编制成果文件评价表等，对代理机构的工作服务质量进行评价，为后续招标代理机构遴选提供依据，改变以往只有采购管理人员对代理机构进行评价的模式。2019年，为提高代理机构服务质量，防范招标过程泄密，保障公开招标“三公”质量，公司制定招标代理机构分类评价的考核方案，督促招标代理机构签订廉洁执业承诺书，制定《开评标规范操作流程》《评标专家考评管理办法》，强化代理机构监管力度。2021年，按照“规范行为、落实监督、评价运用”的原则要求，持续强化对采购代理机构监督管理，组织外部专家滚动调整，整合四家代理机构外部专家库，优化外部专家评价方案，建立外部专家准入准出管控机制；每季度组织召开代理机构座谈会，定期开展警示约谈，切实保障公司采购工作的效率和效果。

采购评审专家管理　2012年，公司结合专家资格认定与专家库管理相关要求，建立专家库动态评估、考核制度，建立“能进能出”的竞争机制，充分调动全员参与的热情，发挥专家领头带动作用。2012—2021年，公司共开展三轮采购评审专家的推荐评聘及采购评审专家库的调整、补充工作，通过不断优化专家类别，评审原有及新增的专家资格条件，形成采购评审专家名单，进一步规范评审专家管理，保障采购工作有序进行。

供应商管理　2012年，建立烟用材料、通用零配件模块的供应商管理机制，明确供应商的资质认证、供应商的资格审批与发布、供应商的控制、年度综合评价、管理流程等内容。2020年，制定公司《供应商管理办法》，明确供应商的选择、确定、监督及日常管理要求，特别是明确了供应商不良行为的各类情形及处理方式，进一步加强供应商的监督管理，维护正常的采购活动。

七、采购模式创新

秉持“创新、发展”的工作理念，聚焦采购难点重点，大力实施采购关键环节的模式创新，以创新带动公司采购管理水平的持续发展。

实施网上高效采购　为解决通用件物资采购计划性不强、频次高、金额小等特殊性，常规采购效率较低、周期较长、无法及时满足生产需要等问题，公司2013年以来以公开招标方式先后建立通用件、计算机设备、备件与耗材、通用五金等供应商库，并通过网上高效采购系统进行比质比价选取供应商，提高采购效率。

探索电子评标方式　2020年，通过电子评标模块现状分析及需求调研，参与福建中烟牵头开展的采购全过程模拟在线电子招标，以实践进一步加深对电子招标平台、管理流程的了解，不断探索构建“真招实招”新模式，为下一步实现全流程电子化开评标模式奠定基础。

健全集中采购机制　2020年，公司通过沟通调研、上下协同，收集、评估、确定全省卷烟工业系统范围内集中采购项目，充分发挥规模效应，有效提高采购效率，降低采购成本，充分发挥区域优势，提高采购的成功率，突出专业化、集约化管理，增加采购活动的透明度，促进采购活动更加规范、高效。2020—2021年共牵头及参与集中采购项目共17项。

实施网络采购模式　通过对网络采购现状进行调研分析，梳理网络采购项目类型，2020年，配合福建中烟建立全省卷烟工业系统统一的网络采购平台，同步公司制定《网络采购管理实施细则》，明确网络采购程序和要求，较大程度地解决通用物资“小、零、散”的采购难题。

探索采购结果评价机制　2021年，公司以推动规范、效率、成本和质量有机统一为目标，探索建立采购结果评价机制。通过网络问卷调查、深入承办部门及兄弟单位调研，优化采购结果评价因素。运用创新思维，强化分析，创新性地构建采购结果评价模型，并选取部分采购项目进行试评价，为下一步在全省卷烟工业系统范围内推广应用奠定基础。

第六章　人力资源管理

第一节　人力资源管理基本情况

一、职工构成基本状况

2012 年 1 月，龙烟在册 2188 人，其中男职工 1192 人，女职工 996 人。从业人员 1508 人，委派多种经营公司 339 人，保留关系 341 人。公司领导 12 人，中层领导干部 108 人。中、高级专业技术人员 232 人，其中高级专业技术员 17 人。大学专科（含）以上学历 1025 人，其中硕士研究生 17 人。此外，离退休职工 608 人。

2021 年 12 月，龙烟在册 1637 人，其中男职工 1189 人，女职工 448 人。从业人员 1477 人，委派多种经营公司 142 人，保留关系 18 人。公司领导 10 人，中层领导干部 110 人。中、高级专业技术人员 461 人，其中高级专业技术员 31 人。大学专科（含）以上学历 1395 人，其中硕士研究生 28 人。此外，离退休职工 1240 人。

二、人力资源管理概况

2012—2021 年，龙烟人力资源管理工作致力于为公司发展提供坚强的组织保证，认真贯彻落实新时代党的组织路线，深入贯彻全省卷烟工业系统工作会议精神，聚焦加快推进龙烟高质量发展，突出“人才是第一资源”，不断加强干部人才队伍的谋划与建设。持续深耕人力资源管理体制机制创新，在招聘与配置、培训与开发、绩效管理、薪酬福利管理、劳动关系管理等方面取得一系列成果，不断发掘人力资源潜力。2012 年，持续深入推进用工分配制度改革，在省公司人力资源管理评价体系及评价细则的基础上，结合公司的实际情况，编制人力资源管理绩效指标库，初步构建公司的人力资源管理评价体系。多年来，公司人力资源管理评价工作得分在全省卷烟工业系统中排名均在前 3 名。

三、人力资源管理机制的改革创新

龙烟公司高度重视人才工作，围绕高质量发展要求，持续优化人才评价工作机制，通过坚持问题导向，开展人力资源管理机制的自查分析。2018 年 1 月，提出构建员工职业成长积分体系的工作思路，制定下发《员工职业成长积分管理办法（试行）》。员工职业成长积分体系，旨在建立一套针对员工能力和贡献的科学评价方法及管理机制，主要围绕员工职业成长积分的体系设计、管理机制构建、信息系统建设和积分的探索应用等四个方面开展研究，在积分准入规则、框架设计、标准设计研究成果的基础上，根据成长积分获取方式的不同，将积分划分为贡献类、能力类、资历类、绩效类、荣誉类等五类，并根据不同类别积分特性，设置相应的积分标准评价规则，通过综合评价的方式完成 344 条公司级员工职业成长积分标准梳理工作。

2021 年 12 月，完成员工职业成长积分管理信息系统开发和上线工作，初步构建起近五年的员工职业成长积分数据库，实现积分采集管理业务操作信息化、积分全过程流程审批的便捷化、员工积分统计分析展现的多维度应用目标。此外围绕岗位选拔、评先评优、非行政高级别岗位聘任及党员先锋力评价等应用场景，进行员工职业成长积分的首次推广应用。

第二节　干部人才队伍建设

一、中层干部队伍建设

干部选任制度　根据党中央制定并新修订的《党政领导干部选拔任用工作条例》精神及行业相关制度规定，公司先后对《中层干部选拔任用管理办法》《中层干部选拔任用工作实施办法》进行 4 次修订，对干部选拔任用工作规程、干部选任流程进行完善优化，明确干部选任程序由动议、民主推荐、考察、讨论决定、任职等环节构成。分类建立、修订干部职务名称表，落实《干部选拔任用工作方案预审制度》，明确预审的内容和流程，加强干部选任工作的监督管理。严格落实“三个不上会”“凡提四必”“两个不得”“五个不准”的规定，坚决防止和纠正选人用人上的不正之风。2017 年，首次制定发布《中层干部选拔任用工作纪实办法》，针对干部选任各个环节的主要工作和重要情况进行完整如实记录，使每个干部的选任过程可追溯、可倒查。

干部选任导向　根据党管干部原则，公司明确选拔任用中层干部必须把政治标准放在首位，符合“将中层干部队伍建设成为坚持党的基本理论、基本路线、基本方略，全心全意为人民服务，具有领导和推动企业高质量发展的能力，结构合理、团结坚强的领导集体”的要求；树立注重基层和实践的导向，大力选拔敢于负责、勇于担当、善于作为、实绩突出的干部；注重发现和培养选拔优秀年轻干部，用好各年龄段干部；统筹做好培养选拔女干部、少数民族干部和党外干部工作；对不适宜担任现职的中层干部应当进行调整，推进中层干部“能上能下”。

干部考核机制　按照干部管理权限，2020年11月，修订发布《中层干部考核工作实施办法（试行）》；并结合年度重点工作，制定《中层干部年度考核工作方案》，调整优化中层干部年度考核内容指标，将组织绩效、党建、党风廉洁等考核结果纳入中层干部年度考核内容；改进考核方式方法，根据不同层级进行差异化考核权重设计；强化考核结果应用，将考核与干部选拔任用、评先评优、治庸治懒、问责追责等挂钩，大力推进干部“能上能下”，形成优者上、庸者下、劣者汰的机制和导向。

人力资源部集体照（廖晓明　摄于2023年）

干部日常监督　为完善干部监督工作协调配合机制，增强干部选拔任用和管理监督工作合力，2020年4月，制定《干部监督联席会议制度》，明确联席会议组成部门包括人力资源部、纪检监察部、党建工作部、审计派驻办、办公室等部门。联席会议在公司党委的领导下，围绕选准用好干部和干部日常监督管理，沟通信息、交流情况、研究问题，提出意见和建议。联席会议主要采取全体会议、碰头会和传阅信息文件等方式开展工作。

干部队伍结构　2012—2021年，公司累计选任中层干部103人次，其中正职级干部47人次，副职级干部56人次（竞争上岗5人）。推进干部跨部门轮岗交流89人次（不含委派）。遵循“事业为上、人岗相适、人事相宜”的原则，深化干部人事制度改革，3名中层干部改任非行政职务；进一步发挥高技术人才的创新引领作用，5名中层干部转聘为专业技术类非行政高级别岗位。截至2021年12月，公司中层正职级干部平均年龄相较2012年同期下降2.5—43.7岁；中层副职级干部平均年龄下降1.9—41.6岁，其中35周岁以下中层副职级干部的比例提升至23.07%，中层干部女性比例提升至12.8%。2012—2021年，公司干部选拔任用工作民主评议满意度均高于全省卷烟工业系统所属企业平均水平。

二、人才队伍建设

分类人才培养体系　统筹推进分类人才培养体系建设工作，构建“新员工—

青年员工—高层次人才”的人才全链条培养模式。尊重人才成长规律，按照“目标识别—能力提升—资源保障”的工作思路，围绕高质量发展要求，明确员工成长目标；以培训体系优化、职能条线队伍培养、技能竞赛为抓手，优化人才培养模式，提升员工能力；持续推进岗位课程库、校企合作、技能大师工作室建设，做好资源保障。分类施策促员工学习成长，实现人力资源与培养资源相匹配。

新员工专项培养 以始为终，紧抓新员工培养。以实习期、试用期后能独立上岗为目标，根据新员工的学历和专业背景，制定新员工专项培养计划，分类制定阶段性学习目标和专项培养计划，开展公司、部门、岗位三级培养，落实“周考理论，月考实操”、导师负责、轮岗见习、阶段考核等措施，强化考核结果应用，提升培养质量。

青年人才培养 注重后继有人，加大青年人才培养力度。2020 年开始，建立青年人才库，编制《青年人才培养任务列表》，识别分类培养量化指标，依托职能条线开展培养，以“一人一册”形式做好过程管理，制定出入库考核规则，确保青年人才培养工作有效推动。2020 年 1 月以来，先后安排 18 名青年干部到关键岗位、艰苦边远地区、基层一线进行交流轮岗，不断提高青年干部驾驭复杂局面、解决实际问题的实战本领。

高层次人才培养 突出高端引领，加强高层次人才培养。紧紧围绕公司高质量发展要求，根据行业、省公司关于人才工作的实施意见精神，制定高层次人才培养目标。建立高层次后备人才库，制定《高层次人才业绩达标指南》《部门关键任务列表》《个人成长跟踪表》，以项目制、师带徒等形式开展人才培养，实现高层次人才队伍新突破。截至 2021 年 12 月，公司推荐受聘福建中烟高级工程师 1 人，首席技师 2 人，专业带头人 6 人次，技术专家 9 人次，精工带头人 6 人次，精工能手 12 人次。高层次人才获评全国劳模 1 人，获国家级技能竞赛二等奖 2 人，获评行业技术能手 2 人，多人荣获“福建省五一劳动奖章”，获得“福建省金牌工匠”“福建省技术能手”称号等。

第三节 岗位管理

一、岗位管理体系建设

岗位评价体系 2012 年，开展“构建‘服务于员工成长’的职业发展体系”项目。以“服务于员工成长”为出发点，以“可操作、可量化”为落脚点，依托“岗位胜任素质模型”和员工素质测评结果，结合现有相关文件制度，初步建立关键岗位识别机制。同年，参与国家局“卷烟生产加工精细化”专题研究工作，负责人力资源板块中“科学设岗”部分的具体研究工作，确定人力资源板块的具体项目和关键研究要素，并与宝鸡、许昌卷烟厂进行相关交流，提炼2个方法实例，配合完成《精细化管理与实践——卷烟生产加工精细化管理案例（征求建议版）》的出版工作。

2014年，进一步深化运用岗位胜任素质模型，完善员工能力评价体系。根据岗位胜任素质模型中提炼出的各岗位的胜任素质词条，作为岗位的任职资格标准，结合部门和岗位特点，在员工绩效评价结果的基础上，对员工的岗位素质进行针对性的评价，全面衡量员工与岗位素质标准的差距，优化员工能力评价体系，对公司《人员能力评价管理办法》进行改进。

岗位设置 2020年，根据福建中烟的统一要求，生产技能类（维修序列）岗位级别由原来的六级调整为八级，新增特级维修师、首席技师两个级别；生产技能类（质检序列）岗位级别由原来的六级调整为七级，新增特级质检师级别；生产技能类（操作序列）岗位级别由原来的五级调整为七级，新增高级作业师、特级作业师两个级别。

公司岗位级别一览表

表6-1

类别	专业管理类		专业技术类		生产技能类					
					维修序列		质检序列		操作序列	
	岗位级别	级别名称	岗位级别	级别名称	岗位级别	级别名称	岗位级别	级别名称	岗位级别	级别名称
高级别岗位	1	主任	1	首席工程师	1	首席技师	—	—	—	—
	2	主任管理员	2	高级工程师	2	特级维修师	1	特级质检师	1	特级作业师
	3	副主任	3	主任工程师	3	高级维修师	2	高级质检师	2	高级作业师
	4	副主任管理员	4	副主任工程师	4	资深维修师	3	资深质检师	3	资深作业师
	5	一级管理员	5	一级工程师	5	一级维修师	4	一级质检师	4	一级作业师

续表 6-1

类别	专业管理类		专业技术类		生产技能类					
					维修序列		质检序列		操作序列	
	岗位级别	级别名称	岗位级别	级别名称	岗位级别	级别名称	岗位级别	级别名称	岗位级别	级别名称
一般级别岗位	6	二级管理员	6	二级工程师	6	二级维修师	5	二级质检师	5	二级作业师
	7	三级管理员	7	三级工程师	7	三级维修师	6	三级质检师	6	三级作业师
	8	四级管理员	8	四级工程师	8	四级维修师	7	四级质检师	7	四级作业师

2020 年，对从事有明确职责、目标任务、任职条件并需要具备专门知识和技术水平的岗位，转为专业技术类岗位，提升岗位配置合理化水平。共完成物流部烟叶养护管理员、烟叶管理员、制丝车间香料厨房管理员、卷包车间副班长等 4 个岗位 26 名员工的岗位类别转换工作。

2021 年，组织各部门基于部门职责及未来规划进行组织架构梳理和关键岗位初步推荐工作，明确部门架构优化目标及职责分工，共梳理岗位 379 个，其中推荐关键岗位 66 个、待消化岗位 45 个。

——岗位说明书。2017 年，以制丝车间为试点，以《岗位说明书》为切入点，开展构建制丝车间职业成长路径工作。完成试点岗位的新版《岗位说明书》的修改工作，新版《岗位说明书》丰富了任职资格体系的内容，增加了岗位胜任素质，培训经历、职业成长积分、履职经历等内容；梳理了考核要求的内容，增加了岗位关键绩效指标、培训课程及综合测评等内容。

——非行政高级别岗位聘任。2019 年，深化完善非行政高级别岗位聘任体系。完善职业发展通道设计、细分并量化聘任资格条件、优化聘任流程、建立聘期考核办法，制定以业绩和能力为导向的《非行政高级别岗位聘任实施细则》和《非行政高级别岗位聘期考核制度》，新增“除生产技能类一级维修师、一级作业师、一级质检师的聘任级别外，其他聘任级别根据实际聘任人数确定聘任档次，各档次人数分别按实际聘任人数的一定比例计算”。严格遵循结构优化、业绩导向、逐级聘任与破格晋升相结合、公开透明、能上能下的聘任原则，从严把握非行政高级别岗位聘任职数标准，严守聘任的基本条件和基本流程，按照“聘期结束，业绩归零，重新聘任”的模式组织开展非行政高级别岗位聘任工作。2020 年 12 月，首次以成长积分作为重要参考依据设置岗位续聘条件，优化聘任计分规则。2021 年 7 月，落地“三能”长效机制，推进高级别聘任“能上能下”，非行政高级别岗位新聘 90 人，新聘比例 29.61%；落聘 34 人，落聘比例 11.18%。

第四节　员工绩效管理

员工绩效管理体系是支撑公司战略目标、职能条线规划、部门绩效合约、岗位职责要求实现的重要抓手，通过员工绩效计划制定、辅导跟踪、评价考核和反馈面谈，形成绩效管理闭环，充分激发每位员工的积极性、创造性，促进团队合作和员工学习成长，确保公司经营目标实现。2012 年以来，公司坚持持续完善和优化员工绩效管理体系，通过构建和优化员工岗位绩效指标体系、完善绩效评估流程优化、优秀员工评选方案等关键举措，进一步提升员工绩效管理工作的科学性和有效性。

2014 年，构建试点岗位关键绩效指标体系。根据岗位关键绩效指标的设计原则，在试点部门开展构建试点岗位关键绩效指标体系工作，结合公司“五维一体”项目流程梳理工作成果，完成试点部门 23 份岗位手册的提取及人力资源部 13 个岗位的岗位关键绩效指标（KPI）的提炼工作。

2015 年，组织公司各部门将部门关键绩效指标和重点工作进行分解，识别公司管理和技术所有岗位的关键绩效指标和重点工作，形成岗位关键绩效指标库并补充作为员工季度绩效考核内容，进一步优化岗位绩效考核工作的评价内容、标准。

2020 年，组织优化公司优秀员工的评选工作方案。增加部门组织绩效得分维度作为中层干部综合计分内容之一；增加员工职业成长积分作为一般员工综合计分的量化指标；引入标准分计算方法作为员工综合计分计算公式模型。

2021 年，以岗位工作主业务流程、重点工作等为基础，持续优化岗位关键绩效指标库。以实现企业发展战略及年度方针目标为出发点，进一步细化岗位绩效指标库分解工作，通过部门职能工作目标、主要业务流程指标、职能考核指标、内部客户服务指标等维度，组织职能部门和专业部门共同开展指标提炼和评审工作，完成中层干部和一般员工岗位关键绩效指标库优化工作；通过设计考核方与服务方的“双向评价”的方式，持续优化员工绩效评价模型，提升评价模型的科学性。

2012年以来，公司共有3203名员工荣获“优秀员工”称号，详见表6-2：

2012—2021年度龙烟公司优秀员工人数一览表

表6-2　单位：人

序号	年度	优秀员工人数	序号	年度	优秀员工人数
1	2012	298	6	2017	335
2	2013	299	7	2018	329
3	2014	330	8	2019	324
4	2015	337	9	2020	312
5	2016	336	10	2021	303

第五节　薪酬管理及社会保障

一、薪酬管理

薪酬制度改革　2012年12月，根据国家和行业有关文件要求，结合实际，制定《工资管理暂行办法》，进一步加强内部收入分配管理。2013年4月，将原云霄卷烟厂内退和退休职工的薪酬发放工作纳入公司统一的薪酬管理体系中，经过薪酬结构分析、方案设计和充分讨论，制定云霄内退职工生活补助套改方案，按照“就近套级套档”原则，完成云霄内退职工与我司内退职工生活补助并轨工作，并建立收入正常调整机制。

《工资管理暂行办法》于2016年修改为《工资管理办法》，并先后进行3次修订。2016年1月，修订关于年度薪酬、岗位绩效工资和津补贴构成的描述、工资水平定位原则、生产操作类岗位工资标准；增加管理考核奖发放原则；明确委派员工的工资定位原则；细化新进员工试用期满后岗位工资标准。2018年7月，修订津补贴的构成、关于年度工资分配方案审批程序的描述、专业技术类高级别岗位年度工资收入定位水平、公司内部门间借调人员工资规定的描述、岗位变动工资核算的描述；增加岗位级别降低的高级别人员岗位工资标准的描述。2020年8月，修订专项奖励和货币化补贴的描述、生产操作类高级别岗位名称的描述、试用期员工工资标准、试用期满后绩效工资晋档的描述、试用期满岗位工资标准和试用期满绩效工资比例、新进复退军人岗位工资套档的描述、借调人员工资规定、公司各类别岗位工资标准表；增加受聘省公司高级工程师、首席技师和特级维修师年度收入定位水平、聘任档次及档差金额内容的描述。

薪酬结构 管理类综合管理序列岗位实行年度薪酬管理，年度薪酬由基本薪酬、绩效薪酬两部分构成。综合管理序列岗位之外的其他类别岗位实行岗位绩效工资制，包含岗位工资、绩效工资、津补贴和专项奖励。

薪酬分配模式 2020年1月起，遵循行业“效益决定、效率调整、水平调控”分配原则，按照省公司工资分配要求，加强薪酬管理和分配工作，工资分配向一线岗位、关键岗位和价值创造岗位倾斜。以岗位价值和业绩贡献为导向，优化薪酬分配体系。2020年9月，制定《党委专项奖励管理办法》，规定党委专项奖励项目的范围，从预算管理、项目申报、项目评审、监督管理等方面明确党委专项奖励的分配规则，促进部门之间相互协作，充分发挥薪酬的激励和导向作用。

2021年3月，调整月绩效工资分配方式，薪酬分配与公司生产经营业绩相结合，将月绩效工资分配基数的15%与卷包车间实际产量挂钩。

二、福利保障

社会保障政策 2013年，按照住建部《关于住房公积金管理若干具体问题的指导意见》（建金管〔2005〕5号）、国家局《关于企业年金整改有关问题的通知》（国烟财〔2013〕272号）等文件精神，对公司住房公积金、企业年金、福利费等工资外收入进行整改规范。

补充医疗保险 2015年7月，根据国家和行业有关文件精神，制定公司《职工补充医疗保险管理办法》（该办法经公司第一届职代会第十三次会议审议通过后发布），对补充医疗保险的补助对象、范围等进行了规范，使补充医疗保险既符合国家政策又真正用于医疗费用负担较重的职工，对提高员工医疗保障水平、构建和谐稳定的劳动关系起到积极的作用。2016年10月，公司对《职工补充医疗保险管理办法》部分条款进行调整（该办法经公司第一届职代会第十六次会议审议通过后发布），调整的内容对普通门诊医疗费用补助的医院等级、起付线扣除方法、异地就诊审批、材料完整性要求等作了进一步规范。2019年12月，对《职工补充医疗保险管理办法》进行再次修订（该办法经公司第二届职代会第八次会议审议通过后发布），修订后的条款更加符合国家要求和公司实际，有利于进一步规范补充医疗保险费用管理，建立多层次的医疗保障体系。

福利支出 公司福利费开支项目严格按照《企业财务通则》《财政部关于企业加强职工福利费财务管理的通知》（财企〔2009〕242号）、中国烟草总公司《关于烟草行业执行企业财务通则有关问题的意见》（中烟办〔2007〕76

号）等文件规定执行，主要包括 6 个方面：为职工卫生保健、生活等发放或支付的各项现金补贴和非货币性福利；企业尚未分离的内设集体福利部门所发生的设备、设施和人员费用；困难补助；离退休人员统筹外费用；按规定发生的其他职工福利费；符合企业职工福利费定义但没有包括在该通知各条款项目中的其他支出。

企业年金 2013 年 7 月，为便于企业年金基金投资管理，进一步集中资金量，企业年金理事会会议决定通过邀请招标的方式，确定一家公司作为企业年金基金投资管理人，邀请招标对象为原有的三家基金管理公司（嘉实、博时、易方达），加上平安养老保险股份有限公司和泰康资产管理有限公司共五家。通过招投标，确定平安养老保险股份有限公司作为投资管理人。

2014 年，根据《财政部　人力资源和社会保障部　国家税务总局关于企业年金职业年金个人所得税有关问题的通知》（财税〔2013〕103 号）和公司企业年金账户管理人招商银行的企业年金计税规则，2014 年 1 月 1 日起，职工在领取企业年金时，按规定统一征收个税。按个税处理规定不同，企业年金领取方式有一次性领取和分期领取两种。

根据人力资源和社会保障部、财政部 2018 年 2 月发布的《企业年金办法》（人社部 财政部令第 36 号），同时结合行业的相关规定，2019 年 2 月，公司对《企业年金实施办法》进行修订，修订内容包括：企业年金计提比例、企业和职工个人缴费合计总额、缴费和投资收益归属规则、职工变动工作单位时企业年金账户管理的转移和保留规定；增加内容包括：明确企业年金方案变更和终止的情形和程序，确定企业当前缴费计入职工企业年金个人账户的最高额与平均额的差距，增加企业年金领取条件的情形和领取方式。

第六节　劳动用工管理

劳动关系

员工委派管理 2012 年 2 月，根据《龙岩烟草工业有限责任公司委派到福建省龙岩金叶复烤有限责任公司工作的员工调回公司工作的改革方案》，从委派金叶复烤公司员工中调回 39 人并安排到生产操作类岗位工作。

2014 年 1 月，依据《中华人民共和国劳动合同法》、《中华人民共和国劳动合同法实施条例》（国务院令第 535 号）以及《劳务派遣暂行规定》（人力资源和社会保障部令第 22 号），按劳动关系主体原则，对红狼公司委派员工的工资关系进行调整，明确全部委派员工的工资从公司工资总额中列支发放。

内部退养管理 2013 年 1 月，根据全国烟草行业 2012 年政治工作会议精神，按照行业劳资工作座谈会的统一部署，为进一步规范内部退养管理工作，在充分征求意见后，形成《内部退养政策调整调研报告》并上报省公司。5 月，在省公司的统一部署和组织下，对内部退养政策进行调整，制定《职工内部退养管理调整办法》，并提交职工代表大会审议通过，于 2013 年 6 月 1 日起正式实施。

分流转岗管理 按照行业及省公司的有关指示精神，公司于 2013 年封存部分公务车辆，造成产生富余正式工驾驶员 16 人。为进一步规范劳动用工行为，规避用工风险，公司本着“公开、公平、自愿、择优”的原则，采用“双向选择”的方式开展转岗工作。驾驶员根据本人工作经历、专业知识等情况，选择填报志愿，公司结合本人志愿填报和企业的实际情况，择优选择进行转岗。2015 年 3 月，顺利完成驾驶员的转岗安置工作。

2018 年，根据原生产线辅助配套设施“三旧”改造和“三供一业”分离等相关工作安排，协调法律顾问并与劳动管理部门沟通，依法依规制定人事调整工作方案，做好政策宣传解释、转岗、协商解除劳动关系等工作，人员队伍保持稳定，劳动用工风险进一步降低。

业务外包管理 为规范劳动用工行为，降低劳动用工风险，进一步降低红狼公司劳务派遣员工占比，通过理清各部门与业务外包单位的职责接口，明确业务外包的范围、指导思想和工作要求，于 2015 年 3 月起实施搬运装卸、保洁整体业务整体外包，于 2017 年 4 月实施生产辅助业务外包。为实现平稳过渡，按照“尊重劳动、依法依规、平等自愿协商”的原则，对作业人员进行劳动关系变更和劳动合同的转签工作，劳务派遣员工占比大大降低。根据部门职能划分，2021 年 3 月起，业务外包职能由人力资源部划转到生产管理部。

劳动纪律管理 2013 年，根据《福建中烟工业有限责任公司关于印发全省卷烟工业系统工作人员违法违纪行为处理规定制定工作实施方案的通知》精神，成立员工违纪违法行为处理办公室（挂靠人力资源部），经过组织部门讨论、参与省公司纪检监察部牵头的联合探讨、聘请市总工会专家和公司法律顾问进行严格把关、提交职代会讨论通过等多个环节，2013 年 10 月制定下发《龙岩烟草工业有限责任公司员工违纪违法行为处理规定》，标准所列处理有警告、记过、降低岗位档次、降低岗位级别、留用察看、解除劳动关系等 6 个种类，对员工违反政治、组织、人事纪律、劳动纪律及企业规章制度的行为及处理作出具体规定。

2015—2020 年，先后 3 次对《龙岩烟草工业有限责任公司员工违纪违法行为处理规定》进行修订，主要新增内容包括对违反工艺质量管理规定、违反设备管理规定、违反厂区内生产现场管理规定、违反信息系统运维与安全管理相关规定的行为及处理；对违反公共秩序、社会公德、治安处罚法、信访条例的行为及处理；对试用期员工违反相关规定的处理；对员工违纪违法行为检举奖励的相关条款。进一步明确部分违纪违法行为处理的判定标准及细则。

职工假期管理 2016 年 4 月，根据《福建省人口与计划生育条例》第四十一条规定，对《职工各类假期及其待遇管理规定》（以下简称《规定》）中婚假、产假进行修订，修订内容包括依法办理结婚登记的夫妻享受婚假 15 天，女职工产假 180 天，男职工生育照顾假 15 天，该规定于 2016 年 4 月 7 日经公司第一届第十五次职工代表大会审议通过并下发实施。

2017 年 3 月，根据《福建省老年人权益保障条例》第二十七条规定，对《职工各类假期及其待遇管理规定》进行修订，增加“独生子女护理假”假期类型及相关条款说明，即职工为独生子女的，其父母年满六十周岁，患病住院治疗期间，可申请独生子女护理假，一年内累计不超过 10 天，假期按公假处理；对“生育假期”中的男职工的生育照顾假进行补充说明，进一步规范完善准假办理手续。该规定于 2017 年 3 月 16 日经公司第一届第十八次职工代表大会审议通过并下发实施。

人事档案管理 2015—2020 年，根据国家局《关于进一步开展行业人事档案审核工作的通知》、省公司《关于进一步推进全省卷烟工业系统人事档案审核工作的通知》要求，及人事档案专项审核工作部署，承接省公司《职工人事档案管理规定》编写任务，对职工人事档案的内容与分类、收集与归档、排序与编目、保管与保护、提供与利用等方面的管理内容进行明确的规定；组织干部人事档案的换版工作，共完成干部人事档案换版 783 份；开展公司全体在职干部职工共 1611 卷人事档案复核复审及专项审核工作。

第七节 职教、技能与职称

一、职工教育培训

教育培训制度 2012—2021 年，先后完成《培训教材题库开发管理办法》

制定和发布工作。组织《烟机设备电气修理职业技能鉴定竞赛题库》开发项目，利用TWI工作指导法，开发PROTOS-M5、GDX6和COMAS-A1 3个机型各一个部件的安装调整规范性教材，实现技能专家的经验和知识转化，固化烟机设备维修人员的训练模式和训练内容。2017年，结合《中国烟草总公司关于印发培训费管理规定的通知》（中烟办〔2017〕78号）内容及行业远程网络学习平台建设相关要求，修订下发《职工教育培训经费管理办法》，进一步明确外请师资费用的标准及计算方式，调整职工参加行业内培训机构举办的中短期培训项目的费用综合定额标准；修订下发《职工教育培训管理规定》，新增内部培训时，借助行业网络学习平台，使用电子签到和电子效果评估等内容。2021年，制定《培训供应商库管理办法》，规范培训采购流程。实施构建系统化的培训和竞赛管理体系项目，强化内训师队伍建设工作。

教育培训组织 2021年1月，实施构建系统化的培训和竞赛管理体系项目，强化内训师队伍建设工作。开展内训师推荐培养工作，推荐4人参与行业内训师选拔，8人参与省公司内训师选拔，并组织相应的培训；开展省级内训师聘期考核工作，有4人获得优秀省级内训师资格；选派8人参加省公司内训师教学技能竞赛，获得一等奖1人、二等奖2人、三等奖2人。

二、技能鉴定

鉴定机制 先后承接行业PROTOS1—8卷接机、GDX6S包装机、制丝—A1型切丝机烟机设备修理工、卷烟卷接设备修理工（M5）操作二级的技能实操鉴定卷库的开发项目，组织公司相关业务和技术骨干50余人参加。持续完善和更新员工职业资格证书信息库。重新整理和完善公司生产操作类、管理类、技术类员工职业资格证书信息库内容，并定期更新职业资格信息库各项数据，保证职业资格信息的完整性、有效性、可靠性，为职业技能鉴定工作决策和员工日常管理工作提供依据。

鉴定成果 2012—2021年，公司共有519人取得烟草行业特有工种职业资格等级证书，其中高级技师4人，技师64人，高级工300人，中级工80人，初级工71人。共有87人取得通用工种职业资格等级证书，其中高级技师20人，技师44人，高级工18人，中级工5人。共有68人取得烟草行业考评员系列证书，其中鉴定专家8人，裁判员4人，高级考评员13人，考评员43人。

三、技能竞赛

竞赛机制 一方面，开展安装调整规范性教材编撰工作；另一方面，为加快培养各专业技术领域的专家型人才，充分发挥专业带头人和技术专家的“传帮带”作用，开展实施第一批“导师带徒”工作。

竞赛组织及荣誉　2012—2021年，公司共承办烟草行业技能鉴定（二级）实操考试2次，承办福建中烟第九届“七匹狼”杯职业技能竞赛暨第二届烟机设备操作职业技能竞赛。组织95人次参加各项竞赛，获得国家级竞赛奖项2人次；获得“全国青年岗位能手”荣誉称号1人；获得“烟草行业技术能手”荣誉称号1人；获得“福建省五一劳动奖章”1人；获得“福建省金牌工人”荣誉称号5人次；获得“福建省金牌工匠”荣誉称号4人次；获得“福建省技术能手”荣誉称号2人次；获得“福建省青年岗位能手”荣誉称号1人；获得“福建中烟工业有限责任公司技术能手”荣誉称号9人次。

四、职称评审

评审机制　2012—2021年，完善各系列初级专业技术资格评价标准，两次修订《工程系列初级专业技术资格评审办法》，结合企业实际情况完善工作业绩条款；制定下发《专业技术资格管理办法》《政工系列初级专业技术资格评审办法》，进一步完善评价标准。加强评审委员会专家库建设，制定发布《龙岩烟草工业有限责任公司关于调整职称改革工作领导小组成员的通知》《龙岩烟草工业有限责任公司关于调整专业技术资格评审委员会评委库的通知》文件，新增设政工系列（初级）专业（技术）资格评审委员会，调整工程系列（初级）专业（技术）资格评审委员会，并优化职称申报材料审核程序，建立初审和交叉复审机制，提高职称申报材料规范性和准确性。

职称评定　2012—2021年，公司共23人新取得高级职称，其中高级工程师11人，高级会计师3人，高级政工师2人，高级农艺师1人，高级经济师3人，高级统计师2人，副研究馆员（档案）1人；共345人新取得中级职称，其中工程师166人，政工师13人，审计师2人，统计师2人，农艺师4人，经济师148人，会计师8人，一级教师1人，工艺美术师1人；取得初级职称462人，其中助理工程师356人，助理会计师1人，助理经济师61人，助理农艺师12人，助理政工师2人，技术员27人，经济员3人。

第八节　离退休人员管理

一、离退休人员组织机构与组织关怀

人员基本情况　截至2021年12月，公司离退休职工1240人，其中离休干部1人，退休干部130人，退休职工1109人；退休党员184人（党员干部84人）；80岁以上高龄老人140人。

获得荣誉　2012年、2017年公司分别获评“全国烟草行业离退休干部工作先进集体”；2014年、2017年公司分别获评“龙岩市老年体育工作先进单位”。2016年、2017年老年活动中心分别被福建省和龙岩市的体育局、文明办、老龄办、老体协（省市分别都是4家单位联合颁发）授予“老年人健身康乐家园”称号。2020年，公司离退休党支部获得“烟草行业离退休干部先进集体”荣誉称号。

离退休党支部　2016年9月，离退休党组织机关八支部换届选举并更名为机关三支部，2018年机关第三党支部升格为离退休总支委员会，成立中共龙岩烟草工业有限责任公司离退休总支委员会，下设四个支部。2019年，进一步加强离退休党组织建设，取消离退休总支委员会，四个离退休党支部由公司党委直属管理。同时，建立“严”+“活”+“爱”分类管理制度，严格组织生活制度，注重党内关怀，增强党组织的凝聚力和向心力。2016年3月市直机关党工委授予公司离退休党组织2013—2015年度“五个好党支部”荣誉称号。2019年6月，龙岩市委离退休干部工作委员会授予离退休总支委员会“先进基层党组织”荣誉称号。

关心下一代工作委员会　2012年4月，公司下发《中共龙岩烟草工业有限责任公司委员会关于成立关心下一代工作委员会的通知》，成立关心下一代工作委员会，并先后成立“五老”银丝志愿服务队及“法治宣传”关爱工作组，联合公司团委持续开展义写春联活动，走进幼儿园开展“大手牵小手”书送经典、传唱经典等文化传承活动。2022年3月，公司关工委被评为市直机关“五好”基层关工委。

生活福利待遇　2013年下发《龙岩烟草工业有限责任公司关于调整退休职工生活补贴收入的通知》《龙岩烟草工业有限责任公司关于规范离休及5.12干部津贴补贴等待遇的通知》，认真落实中央和行业关于离退休人员生活补贴、医疗保障、健康体检、走访慰问等政策，做实离休干部“一人一策”服务保障工作，精细精准做好相关服务保障工作。公司适时召开离退休工作专题会议，形成会议纪要，不断完善规范《离退休工作管理办法》《离退休干部职工走访慰问制度》《退休职工特困评价制度》等助老惠老举措。

文化养老　搭载体建平台，强化阵地建设，不断改善老年活动中心硬件设施和整体环境，增设支部活动室、文化敬老服务中心、老年活动多功能厅、健身舞蹈室、棋牌室，并配置电脑、音响、投影等现代媒体设施，本着安全快乐健康和谐的原则，进行离退休人员个人兴趣爱好调研，围绕“学、乐、为”搭建“文化养老”平台，先后成立太极拳、合唱队、广场舞队、手鼓队及门球、气排球、乒乓球、书画摄影等群众性组织，通过党建带群、党群共建，构建自发组织、自我管理、自我服务、组织关心的“3+1”群众性文体活动模式。

二、离退休人员社会化

政策制度　根据《中共中央办公厅 国务院办公厅印发〈关于国有企业退休人员社会化管理的指导意见〉的通知》及行业各级组织的文件精神，平稳有序推进退休人员社会化管理工作，成立退休人员社会化管理专项工作推进小组，开展情况摸底调查与政策宣传，制订工作举措，有序推进退休人员社会化管理工作。

组织关系分离移交　2020 年 12 月，按照上级要求全面完成国企退休人员社会化管理工作，一次性批量移交社区 1185 人，其中党员 159 人。2021 年，公司退休人员社会化管理进入常态工作模式，及时做好退休人员社会保障管理服务、人事档案、党员组织关系、社区管理服务等相关移交工作的有效衔接，人事关系实现当月退休当月移交。

过渡期工作　积极应对退休干部职工队伍移交社会化管理后在政治思想、发挥作用、服务管理等方面的新情况新问题，探索新形势下离退休工作新模式，继续关心关爱退休老同志，依规做好退休职工生活补贴、健康体检、补充医疗保险、困难帮扶及活动场所、社保退休金领取资格认证等相关协调与服务保障工作。

第七章　企业精神文明建设与企业文化

第一节　企业精神文明建设

一、思想政治工作

2012—2021年，龙烟思想政治工作以习近平新时代中国特色社会主义思想为指导，紧紧围绕统筹推进“五位一体”总体布局和协调推进“四个全面”战略布局，着力固根基、扬优势、补短板、强弱项，提高科学化规范化制度化水平。

龙烟始终把意识形态工作作为党的建设工作的重要内容，健全意识形态工作责任制，在思想教育，中心组学习、民主生活会与时俱进抓重点，政工例会创新形式求实效。

多年来，龙烟坚持每季度开展政工例会（2017年起更名为党建工作例会），通报职工关注的热点问题及相关职能部门解决方案与措施。不断就会议形式、效果方面开展问卷调查、基层调研等工作，推动会议下基层、信息公开透明等改进措施，确保职工热点问题有人知、有人问、有人管，充分发挥政工例会桥梁纽带作用，进一步做好“稳人心、暖人心、聚人心”工作。

持续组织召开党员领导干部民主生活会、党委中心组理论学习会，结合年度生产经营目标、企业管理、企业文化、人才队伍建设等重点工作，不断创新学习理念，切实做到理论学习有制度、有计划、有内容、有心得，扎实推进学习型领导班子建设。公司坚持全员学习，持续推进学习型党组织建设，以基层党支部为学习单位，通过“理论学习＋现场教学”方式，提升组织生活实效性，开展党员外出培训活动，开展党务干部集中培训、主题党课、专题研讨、专题讲座，发放各类学习读本和电子版学习材料、收集学习心得等多种方式，拓展学习内容，探索有效的学习形式，使学习型党组织建设体现企业特点、贴近党员需求、富有实际成效。

2012年，以迎接中共十八大胜利召开和学习贯彻中共十八大精神为主线，在全体员工中深入开展“践行‘两个至上’、做到‘三个始终’、树立‘五种意识’”教育实践活动，制订理论学习计划，营造浓厚的学习氛围，增强学习的针对性和实效性。公司策划开展“235”教育实践活动的主题党课和演讲比赛，举办“235”

教育实践活动成果展，以图文并茂的形式记录与展现了教育实践活动的精彩过程与丰硕结果。同年10月，福建卷烟工业系统“235”教育实践活动推进会在龙烟召开。

2013—2017年，按照“重视学习、务求实效、服务中心、推动发展”的工作思路，坚持开展“235”教育实践活动，提升广大干部职工的服务意识，同时坚持把理论学习摆在突出位置，大力加强“三会一课”等基本学习制度的贯彻落实，邀请市委党校、市委讲师团、厦门市委党校、集美大学的专家学者召开专题讲座，为深入学习贯彻中共十八届三中全会精神和全面开展第二批党的群众路线教育实践活动夯实理论基础，营造浓厚氛围。

2013年，在中共十八届三中全会召开后，公司党委组织各基层党支部开展学习活动，举办《全面深化改革的总动员总部署——学习领会十八届三中全会精神》专题讲座，并通过分发学习材料、开展读书竞赛、读书漂流活动、《龙烟人》开辟学习心得体会专栏、《每周一语》刊登“党的十八大关键词”等宣传方式，营造全员学习氛围。

2014年，以动员带动、学习互动、宣传推动、学工联动为“四轮驱动”，开展第二批党的群众路线教育实践活动，使“为民、务实、清廉”的价值追求更加深入人心。在教育实践活动开展过程中，借助《龙烟人》内刊、微信公众号、宣传板报、道德讲堂、读书会等形式开展宣传工作，发掘在教育实践活动中涌现出来的先进典型，共编发简报57期，刊登简讯、评论等60余篇。并通过革命历史题材专题讲座、专题党课、演讲比赛、观看革命题材电影、参观革命遗址、参观博物馆感受红色新风等主题活动，进一步丰富活动载体，增强活动的吸引力与感染力。

2015年，结合第二批党的群众路线教育实践活动要求，在“三严三实”教育活动中，把解决联系服务群众“最后一公里”问题作为重点，以创建“六有”基层服务型党组织为目标，抓好加强骨干队伍建设、完善党员服务场所、创新服务载体、健全制度机制、提升服务业绩。“七一”建党节期间，以深入学习贯彻中共十八届四中、五中全会精神为主线，组织开展13次党支部书记党课观摩活动。通过印发学习材料、板报宣传、开展教育活动、举办“社会主义核心价值观，传播清风正气正能量”演讲比赛等途径，深入传达学习中共十八届五中全会精神。持续开展“时代光华”网络教育，1287人接受网络教育；员工在各类CN刊号上发表各类论文近50篇。

2016年，制定“两学一做”学习教育方案，从工作要求、学习内容、工作措施和组织领导等方面，对“两学一做”学习教育进行安排部署。公司党委坚持民主集中制原则，贯彻落实好“一岗双责”、党委议事规则、“三重一大”、民主生活会等基本制度，完成了2015年度公司级党员领导干部“三严三实”民主生活会的职工意见整改落实工作，督促各有关部门就职工提出的18条意见和建议，制定整改方案、落实整改措施。持续开展党委工作满意度测评，从中提炼分析数据、撰写发布测评报告，通过测量党员职工对各类别工作的满意度，并以滚动对比的方式，发现工作优劣势，并提出相应的改进意见，为寻找改进与创新机会提供科学依据。测评共有373人参与，党委工作满意度达85.69%。

2017年，把宣传贯彻好中共十九大精神作为2017年首要政治任务，按照“既要整体把握、全面系统，又要突出重点、抓住关键”的总体要求，突出思想追随和行动追随的“政治自觉”，在大会胜利闭幕后迅速部署方案、传达精神，第一时间从严从实开展好宣贯工作，迅速掀起学习热潮。通过举办党务干部专题培训、支部大会、党小组会、讲党课、发放学习资料等形式，组织广大党员职工原原本本地学、原汁原味地学习中共十九大工作报告、中纪委工作报告等会议文件精神，推动学习贯彻中共十九大精神进支部、进小组、进部门、进班组、进机台。举办党务干部学习贯彻中共十九大精神专题培训班，邀请市委党校专家作《不忘初心、牢记使命——认真学习深刻领会党的十九大精神》的专题辅导讲座，并组织员工前往瞿秋白纪念馆、杨成武纪念馆和福建省苏维埃政府旧址参观学习，为加深对中共十九大精神的理解提供帮助。公司党委以宣传贯彻中共十九大精神为契机，突出“抓好关键少数、坚持以上率下”这一关键重点，切实把政治建设作为党委班子建设的“牛鼻子”，以中心组学习、党员领导干部带头宣讲为抓手，强化领导干部的“四个意识”，特别是看齐意识，强化示范带动作用，确保领导干部学在前、走在先、干在前，始终做到旗帜鲜明讲政治，推动全面从严治党向纵深发展，推进党建工作与生产经营深度融合。各基层党支部以支部主题实践活动为抓手，以提升文化力、学习力、整合力、创新力和制造力为目标，以改善支部基础管理为导向，按照项目制管理模式开展12项党支部主题实践活动；坚持抓好“三会一课”等基本学习制度的贯彻落实，组织开展了15次党支部书记党课观摩活动；充分利用“中国烟草网络学院”网络培训平台进行网络学习教育，1336人接受网络教育。员工在各类CN刊号上发表各类论文71篇。公司制定“两学一做”学习教育方案，从工作要求、学习内容、工作措施和组织领导等方面，对“两学一做”学习教育进行安排部署。以“庆祝建党95周年、建厂65周年”为主题，举办了“两学一做”学习教育暨厂史知识竞赛，进一步传播党章党规等知识内容。公司安排部署全体员工深入学习贯彻中共五中全会、大力开展“五大发展理念”教育培训工作，明确活动开展的具体要求、主要内容和方式方法。持续开展读书漂流活动，全年共购置书籍600余本，并积极支持车间举办知识讲堂、读书会等活动，营造全员读书的良好氛围。通过微信公众号、党务微信群、离退休党员微信群、党小组学习会多种形式，组织党员、职工学习习近平总书记7·26重要讲话，收看《将改革进行到底》《廖俊波》《榜样》等专题片。

2018年，采用线上线下同步进行的形式，掀起学习宣传贯彻中共十九大精神热潮。组织全体党员参加OA网络知识竞赛和“狼的智慧”订阅号知识大闯关活动、参加全省卷烟工业系统同步进行的中共十九大精神闭卷考试，引导广大党员干部学习领会中共十九大精神实质。5月、10月，分两期开展党务干部培训，受训党务干部近150人。“狼的智慧”微信公众号推送党建专题内容20余个，视频发布平台播放专题视频10个，制作专题板报6版。公司党委持续构建学习型党组织。以公司级党员领导干部为重点，以提升“党委领导力、支部战斗力、党员模范力”为主线，重点构建、运行党建多维评价体系。在落实“三会一课”等要求的基础上，组织党员、干部参加全省卷烟工业系统答题竞赛，开展多层级“高质量发展”专题研讨，邀请专家学者举办5场党建专题讲座，购买发放学习材料3800余册。组织基层党支部开展主题党日活动，结合“三会一课”，通过深入红色教育基地现场教学、重温入党誓词、观看革命历史教育片等主题党日活动形式，加强学习宣传贯彻新思想的载体与形式，增强组织生活仪式感。2018年各基层党组织外出开展党员培训活动30次。以“支部书记”“龙烟党务干部”微信群为平台，开展党员应知应会“每日一学”，累计推送236期学习内容。

2019年，以扎实推进“不忘初心、牢记使命”主题教育为契机，各基层党组织通过开展主题党日、“微党课”竞赛活动、微信助学、上门送学等多种形式，做好学习组织，22名党支部书记分别为基层党员上了一堂主题教育专题党课。认真组织召开中心组学习会，及时跟进学习党的最新理论成果，结合实际，精学研学《习近平同志来岩部分重要讲话汇编》等专题内容，累计开展16次中心组集中学习，收集交流心得体会102篇。制丝、卷包车间等部门开展了一批结合工作职能的党建创新主题实践项目。组织开展“最美奋斗者”先进典型宣讲报告会、“我与祖国共成长”主题演讲比赛、基层党支部“微党课”竞赛等活动，选树标杆先进，拍摄劳模、先进人物宣传片，刊发“共产党员在龙烟”系列报道，加强正面宣传，传递正能量。

2020年，突出政治引领，思想根基进一步筑牢，持续围绕“不忘初心、牢记使命”主题教育“守初心、担使命，找差距、抓落实”的总要求，推进创新工作。常态化开展党委会“每周一学”、党委中心组“每月一学”等，深入学习贯彻中共十九届五中全会精神。向全体员工发放中共十九届五中全会精神系列读本。组织开展“学习贯彻党的十九届五中全会精神”征文活动，共收集职工撰写学习心得文章49篇。公司党委以正确政绩观为导向，以构建学习型党组织为抓手，守好意识形态的思想阵地，开展正确政绩观专题教育，引导党员干部牢固树立正确政绩观。

2021年，高质量高标准推动党史学习教育走深走实。各级基层党组织以支部党员大会“集中学”、普通党员“自主学”、兄弟单位“联动学”等多种形式，开展多层次交流研讨和基层党支部书记党课观摩活动，全方位推进学习教育。充分挖掘和利用闽西红色资源，梳理和领悟古田会议精神、才溪乡调查精神等闽西红土精神谱系，用活“红色教材”，依托学习层级化、教育课堂化、挖掘本土化的多样形式，促进党员干部学有所思、学有所悟、学有所得，树立正确党史观，增强思想凝聚力。深入学习贯彻落实习近平总书记来闽考察重要讲话精神，聚焦企业“十四五”发展规划，开展面向全体职工的党史学习教育“解放思想再出发”大讨论活动，征集具有针对性和可操作性的对策措施与行动计划，把大讨论成效转化为推动龙烟高质量发展和“十四五”规划目标落地的动力。组织开展庆祝中国共产党成立100周年“七一”主题活动、建厂70周年“厂庆日”主题活动，策划组织“党史百年 红色龙烟”建厂70周年职工文艺汇演，改造厂史展厅、“丰帆”雕塑广场，丰富红色体验元素，积极营造爱党爱国爱企的浓厚氛围。组队参加省公司党史学习教育知识竞赛获一等奖，参加省公司“敢拼会赢 奋斗有我”演讲比赛获一等奖1名、优秀奖1名。

二、职工政研会

龙烟职工思想政治工作研究会（以下简称龙烟政研会）深入贯彻习近平新时代中国特色社会主义思想，持续以行业“两个至上”价值观及福建中烟企业文化理念体系的传播和深植工作为依托，积极调查研究企业党建工作、职工思想政治工作、文化建设、精神文明建设、生态文明建设中的新问题，研究新对策，总结新经验，推广新成果，坚持提升企业现代化管理水平、职工理论思维水平，提升企业职工思想政治工作的活力和效力，提高思想政治工作队伍的政治业务素质，不断加强队伍建设，推进公司思想政治研究成果转化工作。

2012年，龙烟政研会对论文课题研究采用项目制管理机制，提升研究课题的针对性，注重过程考评与监督，促进将政研理论成果运用到企业实际工作中。

2013年，龙烟政研会发挥自身优势与作用，积极开展政研活动，对党支部主题实践活动和政研论文课题研究采用项目制管理模式，以鼓励创新、紧密结合生产经营为导向，重点加强过程监督与指导力度，结合公司实际所撰写的论文比例大幅提升，更加注重数据的调查与研究，内容亮点频出。在2013年度政研论文收集评选工作中，收到各分会上报政研论文93篇，结合公司实际所撰写的论文比例较2012年有大幅提升，《企业员工辞职引发的思考——以物流部为例》《浅析龙烟流程管理现状及对策》等一批立意新、质量高、有实际运用价值的论文脱颖而出。

2014年，龙烟政研会结合时事热点，针对卓越绩效、精益管理、流程梳理等公司管理方法制定参考课题，旨在引导年轻一代龙烟人的创新、系统思维和工作方法，在2014年度政研论文收集评选工作中，共收到各政研分会上报政研论文67篇，结合公司、部门实际所撰写的论文达44篇，有10篇余篇论文运用了问卷调查、数据分析的方法，《基于精益管理的现代财务部门建设》等一批优秀论文脱颖而出，充分体现政研工作“与时俱进”和“指导实践”的宗旨。

2015—2021年，立足龙烟实际、立足调查数据的政研论文课题成为主旋律。龙烟政研会充分发挥政研会参谋助手作用，持续加强“讲理论、重结合、促转化、创特色”的导向力度，以项目制管理为模式，从课题制订着手，以上级文件精神、“高质量发展”主题及公司“十三五”“十四五”规划、企业文化专项规划、公司方针目标等为主要依据，加强课题指导性、方向性与实践性，课题紧扣提升思想政治工作水平中心任务，内容涵盖企业管理、党建、思政、文化管理、共青团工作等方面，结合龙烟中心工作及长远规划，进一步加大论文的亮点发掘、实践导向的力度。针对卓越绩效、精益管理、流程梳理等重点工作结合龙烟实际内容的论文占比逐年提高。党建工作部李兰馨获得福建卷烟工业系统2018年度优秀政研论文二等奖；党建工作部赖志祥、黄河获得福建卷烟工业系统2018年度优秀政研论文三等奖。2019年，龙烟公司课题组2篇论文分别获市直机关党工委机关党建课题调研成果二等奖和三等奖。党建工作部邱晨获得福建卷烟工业系统2019年度优秀政研论文一等奖；党建工作部陈斯佳、杨佳分别获得福建卷烟工业系统2019年度优秀政研论文三等奖。

三、文明创建活动

2012年，龙烟公司加强企业精神文明制度建设工作，着重完成工作规划和“全国文明单位”创建的具体实施方案，下发《2012年度的精神文明工作计划》《龙岩烟草工业有限责任公司第十二届精神文明创建工作规划（2012—2014年）》，明确创建工作的目标与任务，制定创建工作内容和实施措施；

根据全国文明单位的评分标准，完成标准化发文《“全国文明单位”创建实施方案》《学雷锋活动总体方案》；设立公司、车间道德讲堂，为下一步开展道德经典诵读等活动，提升职工道德修养水平提供场地保障；起草发布《道德经典诵读年度工作方案》以及《文明有礼培育和文明风尚传播实施方案》，定期向公司全体员工发送文明礼貌短信。为进一步丰富职工业余文化生活，帮助指导职工业余协会规范有序地开展业余文化活动，规范职工业余协会管理，提升文明创建水平。经过广泛调研、意见收集、组织研讨，拟定职工业余协会管理规定，并形成标准化发文。同年10月，公司启动文学爱好者、摄影爱好者、书画爱好者协会的报名与组建工作。

2012年12月18日，福建省第十九次见义勇为英雄模范表彰大会召开，公司员工李大辉被评为福建省“见义勇为先进分子”（一等奖）

（李大辉 供图）

2013—2014年，公司继续深入开展文明单位创建工作，群众性精神文明创建水平持续提升。按标准设立道德讲堂，布置现场氛围，坚持每月开展道德讲堂活动，以传统节日知识宣传、“光盘行动”、推行无人售货自助服务等活动为载体，深入开展我们的节日、志愿服务、帮扶共建、道德经典诵读、文明有礼培育、勤俭节约、优质服务等活动，扎实推进群众性精神文明创建工作，全力构建“生态龙烟、诚信龙烟、幸福龙烟”，两年来共组织开展系列文明创建活动150余项。补充修订全国文明单位创建实施方案，重点把握创建工作方向，并针对学雷锋、道德经典诵读、帮扶共建等重点工作项目制定详细的实施步骤，为蝉联“全国文明单位”荣誉称号奠定坚实基础。

2015年，公司以蝉联四届“全国文明单位”为动力，切实加强创建工作力度，抓好制度建设，丰富活动载体，查找薄弱环节，提升企业形象，确保精神文明建设出成效，促进各项工作稳步提升。公司从全局出发，结合过往经验，制定印发了《全国文明单位创建工作规划（2015—2017年）》《2015年全国文明单位创建工作要点》《文明单位创建经费使用内部管理规定》《培育和践行社会主义核心价值观实施办法》，重点把握创建工作方向和创建经费的合理使用。组织召开新一届文明单位创建工作动员大会，并针对学雷锋、道德经典诵读、帮扶共建等重点工作项目制定详细的实施方案，深入开展文明单位创建宣传工作，在人流密集处张贴道德经典语录，电梯内、多功能厅内布置社会主义核心价值观，坚持开展道德讲堂活动，扎实推进群众性精神文明创建工作，确保创建工作再上水平。2015 年全年共组织开展系列文明创建活动近 110 项，其中开展中华民族传统节日文化、传统技艺传承活动 14 次，向 1500 名在岗职工发送文明短信 20 条，表彰文明创建工作先进个人 13 名。同时，公司创新文明创建活动形式，与市检察院联合举办“道德讲堂”活动，通过话剧、小组唱、讲故事、诗朗诵、大合唱等群众喜闻乐见的形式，生动活泼地倡导社会主义核心价值观，双方近 240 名职工参与活动。

2016 年，公司努力提升文明创建工作保障水平。以中央文明委颁发的《全国文明单位测评体系》为标准，结合生产实际，把创建工作要求列入工作大局、突出思想道德内涵、与业务工作紧密结合、创造良好工作环境、营造浓厚创建氛围、参与共建联建、落实社会责任，并围绕“传播中华传统文化，丰富精神文明生活”“促进企业管理水平”“传播道德文化和文明风尚”“落实社会公益责任”等四个方面对创建工作内容作出部署，详细列明领导责任、目标责任制、日常管理、活动管理、经费管理、奖惩激励、工作汇报等制度，为持续深化全国文明单位创建活动，不断提高创建水平提供有力保障。全年共组织开展系列文明创建活动 146 项。发布《2015 年度文明单位创建活动分析报告》，全面分析 2015 年文明单位创建活动。

2017 年，公司蝉联五届“全国文明单位”荣誉称号，文明创建更显实力。公司党委以迎接复评工作为动力，坚持抓好文明创建工作，明确创建目标，夯实创建基础，制定印发《2017 年全国文明单位创建工作要点》，要点以中央文明委颁发的《全国文明单位测评体系》为标准，结合实际，明确实施要点。全年共组织开展文明创建活动 95 项，其中传播中华传统民俗文化活动 7 场。同时，公司全力配合做好“全国文明城市”创建工作，根据市委、市政府的有关要求，制定印发《关于进一步全面参与创建全国文明城市的通知》，明确创城攻坚阶段龙烟的各项工作要求。成立工作领导小组，制定《进一步全面参与创建全国文明城市工作责任分解表》，围绕广泛全面动员、强化宣传引导、净化美化环境、积极参与共建、示范引领带动等工作项目，细化 23 条工作内容，限定完成期间，确保创城攻坚工作具体化和责任化。通过户外 LED 屏、内部电视屏持续播放创城公益广告，利用微信号宣传创城应知应会知识，携手莲花社区组织党员志愿者开展道路文明劝导、创城入户宣传，深入社区开展“门前三包”自查自纠活动，发挥全国文明单位的“创城先锋”作用。

2018年，公司稳步提升文明单位创建水平，以创建新一届全国文明单位为契机，融合社会主义核心价值观、精神文明建设，制订《全国文明单位创建工作规划（2018—2020年）》《2018年全国文明单位创建工作要点》，修订《文明单位创建经费使用内部管理规定》并严格执行。加大文明单位创建力度，明确创建工作实施计划、方案与标准，2018年共组织开展“树典型·学规范·正言行”员工行为规范主题演讲比赛、学习中共十九大知识竞赛、“传承好家风好家训”“移风易俗，传承文明”专题道德讲堂等系列文明创建活动96项。公司积极与相关单位部门加强沟通、紧密配合，组织策划“红古田厅”建设方案、“红古田”二维码小程序资源整合方案等。

2019年，公司加强文明创建活动的系统管理，制定年度文明创建工作要点、创建活动明细及预算，突出计划和目标管控，大力开展文明创建活动。制定《2019年全国文明单位创建工作要点》《2019年度文明创建活动明细及预算》，系统策划“庆祝建国70周年”“纪念古田会议召开90周年”等系列文明实践活动，组织举办文化观摩、道德讲堂、快闪活动、微团课比赛等文明创建活动，共计90项1000人次参与。同年，公司创新文明创建先进个人评比方式，引入“积分制”算法，评选出2019年度文明创建先进个人16名，激发职工参与文明创建工作的积极性和主动性。

2020年，公司蝉联六届“全国文明单位”荣誉称号，以顺利通过全国文明单位复查总评为契机，公司党委全方位策划开展文明创建活动，严格按照全国文明单位测评体系要求，明确检查标准，全面梳理汇总相关活动材料，围绕迎检工作总体要求进行部署及动员，落实责任分工，逐项分解目标，制定《2020年全国文明单位创建工作要点》和《2020年度文明创建活动明细及预算》，紧密结合全国文明单位测评要点，联系企业实际，策划10个模块的文明创建活动，强化教育引导和倡导积极践行，加强文明创建活动的系统管理，确保全国文明单位复查总评顺利进行。开展“战‘疫’燃初心，青春吐芳华”微课程比赛，把社会主义核心价值观转化为干部职工的情感认同和行为习惯。开展“义写春联送福祉，情暖龙烟铭党恩”义写春联活动，清明期间组织“文明清明，理性追思”网上祭英烈活动，“我家乡的风俗”道德讲堂，大力弘扬和传承中华优秀传统文化，激发干部职工的爱国主义和集体主义情怀。组织举办“致经典·颂中华”诗词朗诵大会，传承经典，加强文化熏陶。通过在厂区设置“社会主义核心价值观”雕塑，布置“创建全国文明单位，我们在行动”“垃圾分类，我们先行”“树立先进典型，学习榜样精神”等相关宣传展板，营造文明单位创建浓厚氛围。全年共组织举办80余项文明创建活动，共计1200人次参与。此外，公司全面助力全国文明城市创建工作，与莲花社区、乘风社区结对挂钩，对社区内的宣传栏、文化墙等载体进行更新维护，制作创城主题相关海报、灯杆旗等。开展创城志愿书签订，创城视频制作，创城知识普及。开展“青年，摆起来”共享单车摆放、交通志愿者、老旧社区消防器材排查等创城系列志愿活动，共计300人次参加。创建创城突击队，全天候深入挂钩社区，开展文明劝导、环境监督、知识宣贯等工作，全方位配合创城相关工作。

2021年，公司以蝉联六届全国文明单位为动力，开展文明创建问卷调查，完成《龙烟公司文明创建工作调研报告》；制定《龙烟公司全国文明单位创建规划（2021—2023）》《龙烟公司2021年度全国文明单位创建工作要点》《龙烟公司2021年度文明创建活动明细及预算》；开展文明创建培训，编写文明创建培训材料；制定《龙烟公司全国文明单位先锋队管理办法》；搭建文明创建知识库；制定《龙烟公司全国文明单位自检自查办法》。公司坚持“为民惠民利民”的目标导向，充分彰显“全国文明单位”责任担当。与长汀县瞿秋白纪念馆结对共建，围绕氛围营造、制度上墙、队伍建设、活动开展等四个方面，开展4次共建活动。公司协同市委文明办与市文旅汇金集团，统筹各方资源，共建龙岩新时代文明实践红古田基地，在11月15日厂庆日揭牌，基地以龙津湖畔“公园书房”为依托，致力打造“企社联合、队伍联建，资源联享、服务联送，责任联担、公益联创”的“开放、友好、共建、共享”的多元阵地，常态化开展志愿服务，推进实践基地运营日常化，成为文化传播的窗口、文明沟通的桥梁、志愿服务的平台。基地建成以来，170多家单位的志愿服务队、近4680名志愿者汇聚于此，举办文明实践活动百余场；7万余人次参与全民阅读。“龙津书吧”成为龙岩闪亮名片和网红打卡地。用群众喜闻乐见的方式培育文明新风，为打造有温度的幸福文明龙岩贡献烟草力量。同时积极塑造责任烟草形象。参加文化、科技、卫生“三下乡”集中服务活动。前往御佳园、乘风社区等地，开展“我为群众办实事”志愿服务活动。全年共组织举办80余项文明创建活动，共计1000人次参与。

四、履行社会责任

2012—2021年，龙烟持续做好“扶贫帮困”“建设文明和谐新农村”等挂钩扶贫工作，彰显社会责任。

2012—2014年，龙烟公司全力开展“联乡挂村帮户”工作，与武平县小澜村、永定县湖雷镇高石村、增瑞村、莲塘村结为帮扶对子。公司党委组织挂钩干部每月前往帮扶村，专题研究联乡挂村帮户工作，解决实际困难，开展爱心助学，走访、慰问困难户、五保户。三年来，累计慰问贫困户、五保户117户，资助共建村困难群众20户。通过“七匹狼通运学子”助学活动向52人次贫困学生发放助学金。同年，顺利完成武平县小澜村社会主义新农村建设活动重点帮扶工作，小澜村“通运”路、通福大桥、环村道路照明等一批民生工程，极大改善了当地村民的生产生活条件。

2015年，龙烟员工自发捐款8.6万元，开展“爱心助学行动”资助100名贫困学生，投入资金22万元，慰问挂钩村困难群众75人。前往武平县小澜村开展驻村回访工作，并为五保户、贫困户带去慰问品。

2016—2021年，龙烟公司坚持履行社会责任，为决胜脱贫攻坚战注入龙烟力量。2017—2021年，龙烟挂钩帮扶武平县露冕村和永定区河坑村、鹊坪村，选派3名优秀干部担任驻村党支部第一书记，累计配套投入专项帮扶资金380余万元。公司党委建立扶贫工作领导小组、党委委员挂钩联系制度，并制定实施“五个一”帮扶任务，援助建成村党员活动室、党建宣传栏以及文化公园、“户户通”村道硬化等项目，指导建立以“合作社＋党员＋贫困户”为模式、以烟草、灵芝等为主产品的特色农业产业，有效增强村集体经济“造血”功能，切实带动村民脱贫增收。扎实推进驻村帮扶宣传工作，先后在“人民网”、“学习强国”、《东方烟草报》等主流媒体发表公司驻村书记先进事迹的通信报道。依托龙烟“微TV”平台制作驻村书记先进事迹的党员教育微视频3期。此外，公司组织卷包车间、物流部门开展帮扶共建活动，为贫困山区献爱心。通过一系列举措，“责任烟草”的良好社会形象逐渐树立。

2021年，龙烟公司助力乡村振兴，成立乡村振兴工作领导小组，继续与帮扶村“结对子”，用好激励性扶贫产业政策，构建“支部＋合作社＋（项目）技术能手＋脱贫户”共同富裕新模式，带动脱贫户增收。同年，与永定区鹊坪中心小学、北山小学以及长汀县下街小学结对帮扶，开展爱心帮扶活动，提供帮扶资金共计12000元，为困难学生解决实际问题。

龙烟公司积极践行“两个至上”行业价值观，积极投身于社会公益事业。

2012年，公司组织开展向莲塘电力希望小学献爱心捐赠图书活动，捐赠各类课外读本达3000余册。

2013年，公司组织开展向四川雅安地震灾区捐款，累计收到职工捐款共计14万余元，并通过雅安教育基金会将善款送至受灾学生手中。

2014年，公司充分发动广大职工的力量，开展“邻里守望，情暖闽西”“见义勇为基金献爱心”“捐书助学”“妈妈的发带”等公益活动，为弘扬社会主义核心价值观添砖加瓦。

2015年，公司发布《龙岩烟草工业公司2014年度社会责任报告》，报告详尽总结 2014 年度公司承担社会责任所做出的努力。在连城县 7.22 特大洪灾中，第一时间向受灾群众赠送 500 床空调被。与龙岩学院经管学院牵手，资助该院 20 名单亲家庭学生。

2015—2021 年，公司积极开展文化科技卫生“三下乡”集中服务活动，前往连城县新泉镇、永定仙师中心小学、上杭县通贤镇、永定区堂堡乡三堡小学、连城县塘前乡塘前村、漳平市溪南镇、武平县东留镇等地向当地农民、学生、儿童捐赠日用品、发放农业书籍、儿童书籍以及体育用品，开展义务配钥匙、文明宣传等一系列服务项目，为改善当地教育条件提供力所能及的帮助。

2015 年，公司共组织开展“见义勇为献爱心”“水灾捐款”“捐书助学”“无偿献血”“衣旧美丽中国行”捐衣济贫等公益活动 8 次，大力弘扬社会主义核心价值观。

2016 年，在春节期间组织前往连城县朋口镇鱼潭村走访慰问 24 位留守老人、低保户，并向他们送去节日的祝福。同年，开展“捐书助学献爱心”活动，号召广大职工捐献自家闲置的课外书籍，活动所捐书本 800 余册送往永定区堂堡乡三堡小学。此外，物流部、技改办等部门车间自发组织前往永定、连城等地开展爱心助学活动，累计投入资金 13000 余元。组织开展希望工程“古田 1929”助学行动，向永定、连城、武平及龙岩学院的 110 名贫困学子提供助学金 26 万元。

2018 年春节前夕，公司领导前往武平县下坝乡露冕村和永定区堂堡乡河坑村走访慰问当地留守老人、低保户，并向他们送去节日的祝福。公司积极参加全市“希望工程 2018 · 圆梦行动”，关心贫困青少年的成长，帮助家庭经济困难的大学新生完成学业，提供助学金 26 万元。参与雷锋月主题志愿一条街活动，为过往群众提供义务配钥匙、测量血压等惠民服务。

龙烟公司始终秉持“责任烟草”的理念，为决胜脱贫攻坚战注入龙烟力量，“十三五”期间，龙烟公司通过文化、科技、卫生“三下乡”活动、雷锋月主题志愿活动、贫困山区帮扶共建等活动，累计向龙岩市科教文卫体、社会公共设施建设以及救灾、扶贫等捐赠超过 1.4 亿元，积极塑造责任烟草良好社会形象。

第二节　助力脱贫攻坚、乡村振兴

2012—2021 年，龙烟公司以回馈社会为己任，积极履行国有企业政治责任、经济责任、社会责任，准确把握企业特点，充分发挥企业优势，主动投身助力脱贫攻坚和乡村振兴事业。十年来，龙烟公司先后选派 6 名驻村第一书记奔赴基层第一线，重点对接帮扶小澜村、露冕村、河坑村、鹊坪村的脱贫攻坚及乡村振兴工作，深度推进党建帮扶、产业帮扶、消费帮扶，累计投入挂钩帮扶和乡村振兴专项资金约1200万元，累计向定点帮扶地区采购农产品300余万元，在社会上充分发挥了引领示范作用，赢得各级政府、广大客户和社会各界的认可，在社会上树立了“责任烟草”的良好形象。

一、上级文件精神贯彻落实情况

2019年11月，为贯彻落实党中央、国务院关于打好打赢脱贫攻坚战的各项决策部署，加强对扶贫工作的组织领导，进一步提升扶贫工作实效，根据《中共福建中烟工业有限责任公司党组关于成立扶贫工作领导小组的通知》（闽烟工党〔2019〕103号），龙烟公司成立扶贫工作领导小组，公司党委书记担任组长。

2020年3月，为全面落实国家烟草专卖局关于做好新冠肺炎疫情防控期间脱贫攻坚工作的相关要求，积极克服新冠肺炎疫情对脱贫攻坚的影响，统筹抓好疫情防控与脱贫攻坚工作，龙烟公司党委印发《关于贯彻落实做好新冠肺炎疫情防控期间脱贫攻坚工作的实施方案》，针对做好新冠肺炎疫情防控期间的脱贫攻坚工作制定8条具体措施，确保如期完成脱贫攻坚任务。

2020年4月，为进一步抓好党建促进脱贫攻坚工作，公司党委主要领导与省委、市委选派驻点贫困村建立联系点，公司党委书记、董事长姜志强联系永定区堂堡乡河坑村；公司党委委员、副总经理（主持生产经营日常工作）钱继春联系永定区抚市镇鹊坪村；公司党委副书记、工会主席熊淦源联系武平县下坝乡露冕村。

2021年11月，为贯彻落实党中央、国务院及国家局党组、省公司党组关于实现巩固拓展脱贫攻坚成果同乡村振兴有效衔接的决策部署，助力定点帮扶地区实现以乡村产业兴旺、生态宜居、乡风文明、治理有效、生活富裕为标志的全面振兴，龙烟公司成立乡村振兴工作领导小组，公司党委书记担任组长。

二、挂钩联系点帮扶情况

2012—2021年龙烟公司选派干部驻村帮扶情况一览表

表7-1

时间	帮扶村	选派干部
2011年1月至2012年12月	龙岩市武平县桃溪镇小澜村	刘喜利
2012年12月至2014年1月	龙岩市武平县桃溪镇小澜村	钟发明
2017年12月至2021年4月	龙岩市武平县下坝乡露冕村	杨富河

续表 7-1

时间	帮扶村	选派干部
2017 年 12 月至 2021 年 4 月	龙岩市永定区堂堡镇河坑村	钟练肇
2017 年 12 月至 2021 年 4 月	龙岩市永定区抚市镇鹊坪村	熊胤
2021 年 7 月起	龙岩市永定区抚市镇鹊坪村	郑榕祥

龙岩市武平县桃溪镇小澜村 龙烟公司在 2011 年 1 月和 2012 年 12 月先后选派刘喜利和钟发明前往龙岩市武平县桃溪镇小澜村担任驻村第一书记。2011 年 1 月至 2014 年 1 月间，两任第一书记在上级各部门的正确指导和帮助下，在福建中烟和龙烟公司的鼎力支持下，紧密团结村“两委”，走遍各个自然村，了解村情民意，紧紧围绕新农村建设，从群众最关心、最直接、最受益的项目做起，多方筹措各项建设资金，不断开创小澜村各项工作新局面，实现了村民“行平坦道、喝干净水、走致富路”的多年愿望。

2011 年，小澜村陂里、泉坑背、富塘里等多个自然村共约 6 公里的“水、泥”路尚未拓宽硬化，道路狭窄弯曲且路面坑洼不平，严重影响村民的出行。经向交通部门立项申报、驻村帮扶资金的带动和发动村民捐款，福建中烟和龙烟公司共投入 50 万元帮扶资金，先后修建完成三条自然村道路和一座大桥，为表示感恩，村民将通陂里自然村的道路命名为“通运路”、环村道路命名为“通泰路”，泉坑背道路命名为“通福路”，将联通小澜溪两边的大桥命名为“通福大桥”。至此，武平县桃溪镇小澜村的陂里、陈陂、泉坑背等 2000 多名村民告别了积水、淤泥的坑洼山路，由“水、泥”路换装成为水泥路。

2012 年 3 月，小澜村驻村干部刘喜利和钟发明争取 56 万元项目资金用于小澜村生态茶园建设，并申请“桃澜丹叶”注册商标，全力打造小澜“一村一品”特色产业；投入 18.6 万元新建 6 座标准烤烟房，扩大 100 亩烟叶种植面积，形成 18 座烤房 300 亩烤烟的规模化种植；同时，推进 50 亩油茶基地扩种项目，形成 300 亩油茶种植规模，以及新建 15 亩苗木培育基地等项目，促进小澜村经济稳步发展。

2012 年 6 月，小澜村驻村干部刘喜利和钟发明争取 260 万元政府资金开展校安工程建设，大力推进小澜小学扩建项目；与北京市烟草专卖局联合开展爱心助学活动，为小澜小学筹集 4 万元的课桌椅购置款，更换小澜小学课桌椅；龙烟公司帮助小澜小学组建“七匹狼微机房”，解决学校课桌椅老旧和因没有电脑无法开设计算机课程的问题；为小澜小学建设围墙投资 3 万多元，规范小学管理和保障学生安全。为小澜小学提供 1 万元图书；在“七匹狼通运学子”

助学行动中，资助该村 3 名新入学贫困大学生 1.2 万元。

三年来，福建中烟和龙烟公司各级领导定期深入小澜村、露冕村及河坑村视察驻村工作，实地询问了解工作需求，坚持在每年传统佳节前夕，走访慰问困难党员、群众，对困难群众开展结对帮扶活动。驻村干部定期向公司党委汇报驻村扶贫工作，与公司领导专题研究帮扶方案，解决实际困难和问题。

三年来，福建中烟和龙烟公司共为小澜村争取项目资金约 1761.5 万元，其中项目政策配套资金 1258.8 万元；省级捆绑资金 43.8 万元；村集体和社会筹集资金 303.9 万元；争取驻村挂钩和选派单位帮扶资金共 155 万元。

龙岩市武平县下坝乡露冕村　2017 年 12 月，龙烟公司选派杨富河前往龙岩市武平县下坝乡露冕村担任驻村第一书记，从 2017 年 12 月到 2021 年 4 月间，驻村第一书记杨富河积极深入群众，了解村情民情，并扎实开展驻村帮扶各项工作，紧紧抓住产业扶贫，采用“公司 + 基地 + 农户”“合作社 + 农户”“家庭农场 + 农户”等模式，大力发展“七色”产业，促进村财和农民持续稳定增收，成功实现全村贫困户和整村的脱贫摘帽，把露冕村打造成产业扶贫示范村。

2018—2020 年，龙烟公司连续三年前往露冕村开展“春节送温暖送祝福”贫困户慰问活动；2018 年 7 月，龙烟公司物流部开展针对贫困户的“爱心助学”活动，为七匹狼农家书屋捐赠书籍等活动；2019 年 4 月，龙烟公司团委组织开展的以“文化援助暖春行”为主题的新时代文明实践活动，用镜头记录露冕村美丽乡村建设和乡村振兴建设情况，同时为村民免费拍洗照片等；2019 年，在福建中烟和龙烟公司内部推介露冕村贫困户和农户的农产品，争取工会支持并促成消费扶贫；2020 年，积极为农户做宣传和推介露冕村农产品，加强消费扶贫力度；在疫情防控期间，福建中烟捐赠 450 个口罩，龙烟公司捐赠 400 个口罩和 2 个额温枪；建设露冕村党员活动室宣传栏上墙及党建主题公园等。

龙岩市永定区堂堡镇河坑村　2017 年 12 月，龙烟公司选派钟练肇前往龙岩市永定区堂堡镇河坑村担任驻村第一书记。2017 年 12 月到 2021 年 4 月，钟练肇主动下沉农村基层一线，想百姓之所想，办百姓之所求，常年驻守河坑村，视村部为家、村民为友，得到全村人民一致肯定与爱戴。在扶贫工作中，扶贫扶志更扶智，至 2018 年底全村 28 户贫困户全部实现脱贫摘帽，脱贫攻坚工作取得实效。

三年多来，河坑村党支部与龙烟公司卷包车间第三党支部保持长期共建关系，河坑村党支部与卷包车间第三党支部共同开展两届“植一棵树，增一抹绿，创造绿水青山”植树活动、一届“大手拉小手，关爱燃希望”爱心助学活动及一届“迎新春、送对联”活动。此外，组织龙岩师范附属小学四（2）班的部分学生和家长到河坑小学举办以“情暖童心，共享美好”为主题的探望留守儿童活动、组织福建中烟人力资源部党支部捐资堂堡镇中心小学并看望慰问贫困学生，同时让中心小学的学生过上一个快乐的“六一”国际儿童节；组织引导爱尔眼科医院“爱心启明·情暖乡村”公益活动义诊小分队，到村里为全村老人开展了义诊筛查活动，仅义诊这一项活动就帮助村里的12名眼疾患者进行入院治疗，为村民节约2万多元的医疗费用。

龙岩市永定区抚市镇鹊坪村 龙烟公司在2017年12月和2021年7月先后选派熊胤和郑榕祥前往龙岩市永定区抚市镇鹊坪村担任驻村第一书记。从2017年12月起，两任第一书记在上级党委、政府的正确领导下，抢抓发展机遇，大力推进产业发展、基础设施建设、人居环境整治等工作。鹊坪村先后获得“全国节水型社会建设试点村”“省级美丽乡村示范村”“省级森林村庄”“省级乡村振兴实绩突出村”“省级乡村治理示范村”“永定区先进基层党组织”“永定区高质量发展落实赶超先进集体”“永定区乡村治理工作成绩突出村”等荣誉称号。

2018年10月起，在上级党委政府和龙烟公司的支持指导下，村党支部以“支部+合作社+农户”模式，领建永定区金鹊园种养专业合作社、注册金鹊园商标，开展“烤烟+板栗地瓜”轮种，黄金百香果、深山灵芝、家兔养殖、葛根种植、“玉针香”贡米种植等特色农业，共流转土地200余亩，池塘10余亩，林地120余亩，黄金百香果20余亩，灵芝2.1万多棒，家兔1300余只。有效带动党员、贫困户的干事创业热情，通过合作社统一设计产品包装，形成品牌效应，让农产品能够商业化，价值最大化；同时，也积极帮助产品拓展销售渠道，与公司食堂、夏商百货、金丝商贸集团、海晟连锁、见福连锁、百农汇等渠道形成合作，帮助推广产品，解决村民的后顾之忧。

2019年3月，以“合作社+党员+贫困户”模式，开展“深山灵芝种植”“葛根种植”等产业扶贫项目，通过将贫困户与党员形成结对帮扶，通过扶贫项目拉动，与合作社捆绑发展，在合作社务工的贫困户达到50余人，深山灵芝种植更是吸引鹊坪村及周边村庄共85户贫困户参与其中，有效带动贫困户增收，巩固脱贫成果。

2021年9月，龙烟公司为村里建成一间党员活动室，并在村部周边、村内步道两侧安装了20块宣传栏和24块宣传牌，充分营造了党建氛围和民主法治氛围。

龙烟公司后勤党支部、红狼党支部与鹊坪村党支部结成共建党组织，积极围绕“党政知识联学、乡村产业联动、企村文化联谊、精神文明联建”四项机制开展共建签约、支部联学、爱心助学、安全教育、参观交流等共建活动，大力促成村企支部共建，加强党建帮扶黏性。

2021 年 11 月，购置 80 盏太阳能灯，并安装在村道两旁、土楼周边，为老百姓夜间出行提供较大安全与方便。同时，积极为鹊坪村协调争取各类资金，为村里扩大农耕路、修建水渠，完善垂钓公园建设，给村里老百姓的生产生活提供极大的便利。

2021 年 12 月，为进一步精准施策，打造特色产业，筹集 70 万元资金用于实施档子头烤房地面硬化及围墙项目、灵芝种植及深加工项目，以及购置收割机、起垄机、育秧机、插秧机等农机设备。重点聚焦灵芝产业，促成鹊坪村与龙岩市人才集团引进的国家级高新技术企业进行合作加工，开发灵芝深加工产品——酶解超微灵芝子实体茶，让“鹊坪金鹊园”灵芝产品走向正规化、商业化。

2021 年 12 月，鹊坪小学招聘 3 名年轻代课老师、更换崭新课桌椅、安装宣传栏、改建厕所等，切实提升鹊坪小学的软硬件实力。与此同时，根据龙烟公司下属党支部与鹊坪村党支部签署的共建协议，为鹊坪小学师生带去“开学第一餐”“119”消防安全课堂、“我与小树共成长”植树、“大手拉小手”六一慰问等特色活动，以及包月饼、做蛋糕等互动活动，丰富孩子们的校园生活。

第三节　企业文化理念体系

一、福建中烟企业文化理念体系

2012—2019 年，龙烟公司持续传播、宣贯和深植福建中烟“和·睿·行”企业文化理念体系。

福建中烟的企业文化理念体系：

企业使命：践行“两个至上”，创造社会价值

企业愿景：成为中国烟草重要一极

企业精神：合心智搏、励志精进

经营观：谋大势、耕人心

品牌观：优出优势、特出特色

品质观：丝丝精道、精益求精

人才观：敬业专业、才尽其用

团队观：心相通、力相聚

创新观：求新思进、超越自我

竞合观：竞则进、合则赢

福建中烟企业文化理念体系诠释：

企业使命：践行“两个至上”，创造社会价值

诠释：我们践行“国家利益至上，消费者利益至上”的行业共同价值观，企业与员工同成长、共发展，创造价值，回馈社会，报效国家。

企业愿景：成为中国烟草重要一极

诠释：我们力求品牌领先、技术领先、制造领先，在规模和效益上不断成长，增强核心竞争力，塑造责任、诚信、和谐的烟草企业形象，成为中国烟草不可或缺的一员。

企业精神：合心智搏、励志精进（和·睿·行）

诠释：“合心”是我们发展的基础，“智搏”是我们成长的策略，“励志”是我们前行的动力，“精进”是我们行动的准则。

我们齐心合力、科学发展、居安思危、锐意进取，以责任、激情的态度为实现国家、社会、企业、员工共赢而睿智拼搏。

经营观：谋大势、耕人心

诠释：睿智精准定企业之位，高瞻远瞩谋发展之势；至诚至信耘客户之情，以人为本耕员工之心。我们时刻保持清醒的头脑，把握商机，用心耕耘，铸优特品牌，拓内外市场。

品牌观：优出优势、特出特色

诠释：我们以“一优一特”的品牌战略，承烟魁风范、创国烟精品，打造“七匹狼”与“金桥”既优且特的“优特”个性，为卷烟消费者提供完美的感官和心灵体验，让我们的品牌遍布中国，迈向世界。

品质观：丝丝精道、精益求精

诠释：“丝”，是我们产品制造中的最小单位，也是我们所有工作中的最小细节。“丝丝精道”就是要全方位、全工序注重细节，一丝不苟。我们一贯注重细节品控、持续改进，对于品质的追求就是要做到不卓越不罢休。

人才观：敬业专业、才尽其用

诠释：敬业，就是要以高度负责的态度，脚踏实地、兢兢业业、乐于奉献；专业，就是要刻苦钻研业务，不断提升自我、超越自我，成为行家里手。

我们遵循德才兼备、以德为先、以才为重的用人原则，让每个人都有发挥才能的机会，在岗位中实现自我价值。

团队观：心相通、力相聚

诠释：团队力量源自人心，团队力量贵在聚合。福建中烟作为一个大家庭，

每个成员都有自己的个性，有着不同的阅历和特长，但我们的目标和行动是一致的，我们要相通相融，一起学习一起成长，共担责任，同享成果。

创新观：求新思进、超越自我

诠释：创新是企业发展的不竭动力，是企业永葆生机的源泉，是我们进步的灵魂。我们要科学肯定、敢于否定，以智慧破常规，用创新的思维方式，创造性地开展工作，不断调整自我、完善自我。当创新成为一种习惯的时候，每天都会有奇迹发生。

竞合观：竞则进、合则赢

诠释：竞争就是要学人之长、厚积薄发，合作就是要优势互补、协同发展。我们以竞争促进步，以合作谋发展，内促良性运营，外联同盟之力，实现多方共赢，完成自我跨越。

2020—2021 年，龙烟深入推进福建中烟企业文化新理念体系宣贯工作。积极营造“海纳百川、敢拼会赢”的良好氛围。

企业使命：践行“两个至上”，创造时代价值

企业愿景：成为中国烟草高质量发展重要一极

企业精神：海纳百川　敢拼会赢

管理理念：高质高效　卓越超越

人才理念：敬业专业　有德有为

行为信条：创新创造　落实落细

福建中烟企业文化新理念体系的诠释：

企业使命：践行“两个至上”，创造时代价值

诠释：我们履行政治责任、经济责任和社会责任，践行“国家利益至上，消费者利益至上”行业共同价值观，创造新时代新业绩，致力于成就员工、回馈社会、报效国家。

企业愿景：成为中国烟草高质量发展重要一极

诠释：我们坚定不移走高质量发展道路，坚持稳中求进工作总基调，推动质量变革、效率变革、动力变革，实现品牌、规模和效益不断成长，力求在中国烟草“大品牌、大企业、大市场”竞争格局中占有一席之地。

企业精神：海纳百川　敢拼会赢

诠释：我们坚持做优做强做大品牌、从容应对风险挑战，坚持开放包容、合作共赢，坚持对标先进、学习先进，以敢为人先的改革勇气，以爱拼会赢的创新激情，加快高质量发展步伐，奋力实现进位赶超。

管理理念：高质高效　卓越超越

诠释：我们全面贯彻新发展理念，推进体制创新、技术创新、营销创新、管理创新，深化精益管理，提升治理效能。我们坚持以客户为中心，追求高品质高品位，做到不卓越不罢休，始终为消费者提供美好的感官和心灵体验。

人才理念：敬业专业　有德有为

诠释：我们干一行爱一行、钻一行精一行、管一行像一行，在平凡的岗位上做出不平凡的业绩。有德才有为，有为才有位，无为就让位。

行为信条：创新创造　落实落细

诠释：我们坚决克服惯性思维和路径依赖，勇于担当作为，敢于创新突破，善于创造价值。一分部署，九分落实。我们发扬钉钉子精神，重在抓实抓细抓落地，滴水穿石，久久为功。

二、龙烟公司企业文化理念体系

2012 年，公司建立精睿文化理念体系。

企业使命：满足客户需求，成就员工价值，履行社会责任

企业愿景：生态型精品卷烟制造基地

企业价值观：国家利益至上，消费者利益至上

企业核心价值观：客户为重，创新为要；专注品质，关注成长

企业精神：合心智搏、励志精进

人才观：敬业专业、才尽其用

团队观：心相通、力相聚

创新观：求新思进、超越自我

品质观：丝丝精道、精益求精

成本观：省到底，用到位

管理观：执行，化不可能为可能

我们的使命：满足客户需求，成就员工价值，履行社会责任

诠释：满足客户需求，就是要创造客户追求的价值，为消费者提供生态、安全、优质的精品卷烟和服务，谋求与利益相关方合作共赢。成就员工价值，就是要坚持以人为本，尊重员工、关心员工、理解员工、激励员工，为员工搭建实现自我价值的平台。履行社会责任，就是要致力于生态环境、产品安全和公益事业，为推进地区经济和社会发展作出积极贡献。

我们的愿景：生态型精品卷烟制造基地

诠释：生态型精品卷烟制造基地愿景是以“卷烟制造”为基本定位，以“生态”和“精品”为目标，立足山区、胸怀全国、放眼世界，构建专业化的生产基地，涵盖多角度的“精品”观，形成多层级的“生态”圈，全面提升企业能力。

我们的价值观：国家利益至上，消费者利益至上

诠释：坚持国家利益至上、消费者利益至上是我们的共同价值追求和行为准则，是我们的神圣职责和使命，是我们持续稳定健康发展的根本保证，是我们安身立命的基础。

我们的核心价值观：客户为重，创新为要；专注品质，关注成长

诠释：客户为重，就是要以满足消费者、福建中烟和各地烟草局的需求作为公司的使命；创新为要，就是要不断推进公司的管理创新、技术创新和知识创新活动；专注品质，就是要专注于产品、工作和生活品质；关注成长，就是要使企业、员工和品牌共同发展。

我们的精神：合心智搏、励志精进

诠释：“合心”是我们发展的基础，“智搏”是我们成长的策略，“励志”是我们前行的动力，“精进”是我们行动的准则。

我们齐心合力、科学发展、居安思危、锐意进取，以责任、激情的态度为实现国家、社会、企业、员工共赢而睿智拼搏。

人才观：敬业专业、才尽其用

诠释：敬业，就是要以高度负责的态度，脚踏实地、兢兢业业、乐于奉献。专业，就是要刻苦钻研业务，不断提升自我、超越自我，成为行家里手。

我们遵循德才兼备、以德为先、以才为重的用人原则，让每个人都有发挥才能的机会，在岗位中实现自我价值。

团队观：心相通、力相聚

诠释：团队力量源自人心，团队力量贵在聚合。

龙烟作为一个大家庭，每个成员都有自己的个性，有着不同的阅历和特长，但我们的目标和行动是一致的，我们要相通相融，一起学习一起成长，共担责任，同享成果。

创新观：求新思进、超越自我

诠释：创新是企业发展的不竭动力，是企业永葆生机的源泉，是我们进步的灵魂。

我们要科学肯定、敢于否定，以智慧破常规，用创新的思维方式，创造性地开展工作，不断调整自我、完善自我。

当创新成为一种习惯的时候，每天都会有奇迹发生。

品质观：丝丝精道、精益求精

诠释：“丝”，是我们产品制造中的最小单位，也是我们所有工作中的最小细节。“丝丝精道”就是要全方位、全工序注重细节，一丝不苟。

我们一贯注重细节品控、持续改进，对于品质的追求就是要做到不卓越不罢休。

成本观：省到底，用到位

诠释：节约，更要有效。

我们要加大成本控制的力度，不该花的钱，一分钱都不花，对未来发展意义重大的项目，我们的投入决不犹豫。

我们力求相同的品质成本最低，相同的成本品质最高，用最佳的性价比去赢得市场。

管理观：执行，化不可能为可能

诠释：执行是我们赢得未来的关键所在，我们致力于建立一个快速、灵活、高效的团队，把所确定的管理理念和制度变成每一个实际行动。

执行，没有任何借口；突破，一切皆有可能。龙烟人有一种特有的凝聚力和爆发力，我们将每一个“可能”做得最好，化每一个“不可能”为可能。

2013 年初，通过全员讨论、专家指导，龙烟公司形成了具有龙烟特色的企业文化理念体系。

企业使命：龙烟品质　成就价值

企业愿景：生态型精品卷烟制造基地

企业精神：追求卓越　精益求精

价值观：共鸣、共识、共担、共享

我们的意识：品牌意识、创新意识、风险意识、效率意识

我们的态度：责任、激情、超越

我们的习惯：换位思考、关注细节、自觉规范、及时总结

我们的能力：计划、沟通、执行

企业使命：龙烟品质　成就价值

诠释：品质是一种标准，也是一个系统。产品品质、人才品质、企业品质，是龙烟品质系统的三大内涵。龙烟致力于以卓越的产品品质，成就顾客价值；以卓越的人才品质，成就员工价值；以卓越的企业品质，成就社会价值

企业愿景：生态型精品卷烟制造基地

诠释：“生态型精品卷烟制造基地”的愿景，是以“卷烟制造”为基本定位，以“生态”和“精品”为目标，立足山区、胸怀全国、放眼世界，构建专业化的生产基地，涵盖多角度的“精品”观，形成多层级的“生态”圈，全面提升企业能力。

企业精神：追求卓越　精益求精

诠释：追求卓越，就是要有永不满足和勇为标杆的意识，不但产品要卓越、品牌要卓越、人才要卓越、管理要卓越，而且文化、思想也要卓越。追求卓越体现的是一种精神状态和工作理念。“没有最好，只有更好”是追求卓越的最好诠释。

精益求精，既是行业性质使然，也是龙烟人在长期的工作实践中获得的宝贵经验。高精尖的设备，复杂敏感的工艺特性、庞大的管理系统，以及消费者对卷烟吸食口味和文化内涵的严苛要求，都要求每一位龙烟人对待每一项工作保持精益求精的严谨作风和思维习惯。随着吸烟与健康问题的日益突出，如何降焦减害和深化烟文化的内涵，已经对“精益求精”提出更高、更大的挑战，龙烟人必须秉持这一理念，以精睿文化孕育精英团队，通过精英团队推动精细管理和实施精益生产。

价值观：共鸣、共识、共担、共享

诠释：“四共”既是龙烟人的共同价值取向，也是龙烟人思维方式的共同起点。以情感的共鸣追求思想的共识，以“上下同欲”的精神品质，共担事业的大任，共享价值的成功。

对内，营造一种“同呼吸、共命运”的情感共鸣氛围，形成追求卓越、精益求精的思想共识，共担建设生态型精品卷烟制造基地的大任，共享龙烟的荣耀与辉煌。

对外，与顾客、供方等合作伙伴和其他相关方坦诚沟通，不断增进情感共鸣、思想共识，从而在供应链和社会生态系统中共担责任、共享价值。

我们的意识：品牌意识、创新意识、风险意识、效率意识

诠释：品牌是龙烟的生命，没有品牌就没有龙烟的未来。做强做大“七匹狼”品牌是龙烟人的梦想，因此要把品牌意识牢牢扎根心灵深处，要把是否有利于品牌的成长和壮大，作为衡量工作成效高低的最高标准。

创新是企业活力的源泉。龙烟依靠创新，走出了山区、走向了世界。龙烟的成功，在很大程度上是创新的结果。未来龙烟要在中国烟草行业拥有一席之地，唯有不断创新。创新要成为一种“潜意识”，凡事需要创新、人人需要创新，创新无止境、创新才能赢得未来。

风险意识是现代企业必备的思想素质，风险与成长相伴相生，有多大的发展机遇，就有多大的折损风险。因此，要像追求发展一样，强化风险意识。风险是负能量，风险意识是防范负能量。现代企业要着重增强品牌风险意识、安全风险意识、效益风险意识、廉政风险意识、生命风险意识。

效率是竞争的衍生品，唯有讲求效率才能赢得竞争的主动权。效率又是效

益的近义词，没有效率就谈不上效益。烟草行业同质化竞争越来越严重，那种靠拼设备、拼资金、拼规模的时代已经过去，如何提高效率、走内涵扩大再生产的路子才是取胜之道。因此，增强效率意识、科学管理时间、讲究行为效率，是每一个龙烟人应当具备的素质。

我们的态度：责任、激情、超越

诠释：责任是一种素养、一种品格、一种境界。一个人没有责任心，成功就无从谈起。龙烟人必须牢固树立“两个至上”的行业观，对国家负责、对消费者负责、对企业负责、对家庭和自己负责。

激情是我们前进的姿态。要始终保持昂扬向上的精神状态。在困境中求生存、在挫折中求进步、在竞争中求突破。

超越是我们永恒的主题。面对来势凶猛的竞争压力，我们要敢于超越、善于超越，追求科学发展、持续发展、和谐发展。

我们的习惯：换位思考、关注细节、自觉规范、及时总结

诠释：习惯受制于思维，有怎么样的思维就有怎么样的习惯。换位思考的过程是交换心灵的过程；关注细节就是关注成败；自觉规范就是律己立人；及时总结才能不断提升。龙烟人必须养成上述四大习惯，步调才能一致，目标才能达成。

我们的能力：计划、沟通、执行

诠释：有计划，善沟通，能执行，是做人做事的基本素养。强调计划性，就能做到有的放矢；具备沟通能力，就能知己知彼、化解矛盾；强化执行力，就能有令必行，令行禁止。

三、企业文化理念体系建设

2012—2015 年，龙烟公司在“十二五”战略规划中，明确“精睿文化”构建方案，先后实施精睿文化可视化、教练式管理咨询、生态文化、构建基于卓越绩效模式的企业文化管理体系、企业文化落地指数测评模型研究等管理创新项目。

2012 年，通过实施精睿文化可视化、教练式管理咨询项目，形成制度化、规范化的识别系统，为龙烟建立精睿文化理念建设的运行机制、保障机制、激励机制、人才储备、传播深植机制奠定了坚实基础。

2013 年初，龙烟正式启动“构建基于卓越绩效模式的企业文化管理体系”项目工作，并抽调骨干力量成立项目组，灵活运用企业文化与卓越绩效模式的相关理论与知识，开展公司和部门文化体系的传播深植工作，构建一个与企业管理相适应、相融合的公司、部门、班组、岗位多层级企业文化理念体系；打

造一支企业文化管理内训师队伍；撰写一份企业文化管理培训教材；开展一批班组文化管理体系建设试点；形成一套企业文化管理标准（方法）。此外，根据“十二五”战略规划对精睿文化理念构架体系和行为规范体系进行更新工作，并印制成册，将手册发放至每位职工手中，进一步促进企业文化理念和行为规范落地生根，为职工践行文化理念和行为规范打下基础。

2014 年，龙烟公司实施企业文化落地指数模型研究项目，项目总结了“构建基于卓越绩效模式的文化管理体系”项目的成功经验，持续运用“IS-PDCA”方法论、项目制管理模式指导文化管理工作，坚持采用 5W2H 分析、WBS 工作分解结构、工作责任矩阵等方法和工具加强项目管理和队伍建设，进一步修订并发布《基于卓越绩效模式的企业文化管理手册》标准化文件。寻找测评企业文化落地指数的相关因素，探索丹尼森模型与卓越绩效模式的融合，成功构建基于丹尼森组织文化的卓越文化测评模型并制订落地指数测评问卷，调查结果与结论为实现企业文化持续改进、稳步向前铺平道路，公司据此形成文化理念体系。在此基础上，开展“部门、车间文化理念化，班组文化品牌化，岗位文化座右铭化”的三级全员文化实践活动，提炼 20 个部门级文化理念体系、23 个品牌班组文化理念体系，组织 1487 名职工提炼各自的岗位座右铭。实施多层级文化理念体系构建工作，为进一步加强企业文化深植奠定坚实基础。

2015 年 1 月，龙烟公司第一届企业文化落地指数测评报告正式出炉，该测评模型是以丹尼森组织文化模型，并依托内部力量构建的文化落地指数测评模型，由 12 个指标维度组成。在实际模型构建中，该项目经历了问卷初稿设计→问卷量表试用→问卷量表定稿→评价指标确定等阶段，以尽可能地探索出一套适用于龙烟的企业文化落地指数测评体系。通过对不同学历、年龄、性别、职务、部门等样本群体进行内部横向对比，可以找到不同样本群体间存在的文化落地指数差，以及总体样本在不同维度间的相对优劣势。报告指出龙烟员工对企业文化落地指数的认同度并不一致，且呈现显著的离散分布；员工的适应性及参与性高于方向性及一致性等主要结论。同年，按照公司“十二五”规划的要求，继续实施多层级文化理念体系构建工作，顺利完成了品牌班组文化理念体系手册印发工作。

2016 年，制定印发《龙岩烟草工业有限责任公司“十三五”发展战略规划》，就公司发展现状诊断、宏观环境分析及行业发展趋势研判，识别出公司制造力提升的内部优势、劣势和外部环境中存在的机会、威胁。其中提出：文化建设与企业战略、运营管理的协同融合，有待深入探索。

2016—2021 年，龙烟公司把企业文化理念体系与社会主义核心价值观、福建中烟“和·睿·行”文化理念相融合，维护好多层级企业文化管理模式，不断赋予企业文化新的内涵，着力于树立正确的价值观导向、改善员工心智模式、激发员工创新思维和提升企业内在活力。

第四节 企业文化建设

一、厂庆活动

2016 年 11 月 27 日，龙烟公司召开庆祝建厂 65 周年文艺会演。福建中烟党组成员、副总经理伍达明，原副巡视员赖鞍山以及龙烟离退休领导，公司在家领导出席晚会。伍达明在晚会致辞中向龙烟表示热烈的祝贺。该场晚会由职工自编自导自演，汇集公司老、中、青三代员工的表演，有老年太极扇和书法表演、舞蹈、小品、相声等丰富多彩的节目，现场还插播《“十二五”发展回顾》企业宣传片，展示公司近五年来卓有成效的运营成果。晚会歌甜舞美、异彩纷呈，现场氛围既热烈感人，又催人奋进。在公司领导及全体演员高昂的《咱们工人有力量》合唱声中，晚会圆满落下帷幕。

2021 年 12 月 30 日，龙烟公司在龙岩侨声大剧院举办“党史百年 红色龙烟”庆祝建厂 70 周年文艺会演，文艺会演在企业专题宣传片《金叶红帆铸辉煌》中拉开序幕，150 余名演职人员精彩亮相。此次职工文艺会演由“峥嵘岁月”“乘风而上”“海丝扬帆”三大篇章组成，以情景说唱、歌曲串烧、诗朗诵、快板、舞蹈、小品等表现形式，回顾烟草起源到企业诞生的艰苦奋斗历程，展示龙烟公司高质量发展的新成就，抒发全体党员干部职工对党和企业的热爱之情。此次演出还通过网络直播形式，给全体龙烟人带来一场视觉盛宴，引发线上线下观演人员的强烈共鸣。

二、企业文化传播与深植

2012 年，根据龙烟公司“十二五”战略规划关于打造“精睿文化”的有关要求，公司以项目培训为载体，重点开展精睿文化教练式管理咨询、生态文化项目研究工作，着力提升企业文化管理水平和管理项目进程，为企业发展提供文化驱动力。3 月，下发《2012—2013 年企业文化工作指导意见》，与北京基业长青文化管理咨询公司合作，开展精睿文化教练式文化管理咨询项目培训工作，依托其特有的教学模式、资源，组建企业文化管理团队开展项目培训，完成精睿文化教练式管理咨询项目基础、规划、分析等七期培训工作，通过运用文化量化管理手段以及文化测评工具，定量诊断影响公司发展的软因素，并通过开展文化沙龙辅导活动，引导员工队伍改变原有的思维定式，启迪员工展开对文化的思考、发掘和应用，构建用文化促进部门、班组、岗位绩效提升的管理模式，将企业文化管理转化为推动战略举措落地的重要内力。在加强培训组织保障工作的同时，抓好项目培训管理工作的制度完善，加强学员考勤工作，制定班级管理制度和相应的奖惩措施，确保项目培训质量。同时，公司积极开展对内对外文化建设经验交流。4月，组织召开2011年度企业文化成果交流，围绕企业文化架构体系，以基层党支部为单位，以幻灯片的形式，图文并茂地展示各基层党支部2011年度的企业文化活动平台、开拓创新思路和员工风采，为服务企业中心工作起到导向和凝聚作用。为做好生态文化的提炼与研究项目工作，公司成立生态文化项目建设领导小组，确定工作分解与《项目管理小组成员工作职责》，制订项目进度计划，明确各阶段主要工作及负责人。以精睿文化教练式管理项目培训为契机，发动成员积极参与项目培训，学习掌握规划、分析、传播、手册编制、文化课程等的方法和工具，完成《龙烟生态文化规划》编制工作。

2013年，龙烟团结带领全体干部职工，以中共十八大和全国烟草工作会议精神为指引，坚持“围绕发展抓党建，抓好党建促发展”的工作方针，拓宽工作思路，创新工作方法，改进工作方式，进一步抓好企业文化传播与深植工作，为推动公司科学、跨越式发展提供坚强文化保证。龙烟公司以转变思维、激发活力为着眼点，在增强企业文化的实效性上下功夫，坚持与时俱进，将企业经营理念、管理方法充分融入实践当中，使其渗透到经营生产的各个环节和职工的心中，助推龙烟稳步发展。龙烟将企业文化管理与卓越绩效相融合，延展教练式培训方式，自主开展企业文化培训，培训各部门文化骨干、新进职工80余人。同时依靠企业自身智力资源，自编教材、自主办班，对中层及班组长开展以“转变思维方式”为重点的企业文化培训，取得明显的成效，使企业文化步入新境界。

2014年，企业文化与企业管理融合的效应初步显现，“IS-PDCA”系统思维和精益理念在公司得到深植，用同一种管理思维、管理语言开展工作的习惯逐步形成，内部沟通更加顺畅，思想文化阵地进一步稳固。公司持续进行企业文化的传播与深植，注重培养部门人员“思遍、思辨、思变”的能力，增强工作的周密性、科学性和实用性，持续聚焦公司“完善一个平台、强化一个抓手、争创一个目标、实现两种转变”的生产经营方针，以学习型单位建设为着力点，将企业经营理念、管理方法充分融入企业文化管理、思想政治工作的实践当中，促进文化与管理的高度融合，使其渗透到经营生产的各个环节和职工的心中，助推龙烟稳步发展。同时，公司积极探究测评企业文化落地指数的相关因素，探索丹尼森模型与卓越绩效模式的融合，成功构建基于丹尼森组织文化的卓越文化测评模型并制订落地指数测评问卷，在1300多份满意度调查中，总体满意率达93%以上。同年，举办企业文化成果汇报会，重点展示制丝、卷包、动力、物流、红狼等部门、班组近两年来的文化管理的成果。

2015年，龙烟公司抓提升、促合力，围绕龙烟未来发展方向和工作重点，初步编制公司企业文化“十三五”规划，努力实现文化、宣传、文明创建、思想工作再上新台阶。其间，企业文化项目工作持续发挥团队优势，运用科学的管理方法，坚持以文化为引领，继续开展多层级文化理念体系建设，实施企业文化落地指数模型、企业文化管理成熟度测评模型研究，初步建立文化管理评价机制，企业文化和企业管理的融合度持续提升。公司持续开展企业文化落地指数测评工作，探索丹尼森模型与卓越绩效模式的融合，组织召开评审会，对企业文化落地指数测评报告内容、结果予以讨论与审议，就未来落地指数测评工作的改进方向提出意见与建议。2015年落地指数得分82.44分，同比提升3.91%。与此同时，由党委书记、副总经理姜志强所撰写的《探索企业管理与企业文化的协调融合——龙烟公司构建基于卓越绩效模式的企业文化管理体系》一文，被中文核心期刊《企业管理》（ISSN 1003—2320/CN 11—1099/F）刊载，该文系统性总结了龙烟企业文化管理建设的实践经验。

2016年，龙烟公司企业文化项目小组完成《基于卓越绩效的企业文化管

2016年2月17日，公司召开企业文化成熟度测评工作会（余硕宁 摄）

理成熟度评价准则》构建与撰写工作，该准则以《基于卓越绩效的企业文化管理手册》为蓝本，对管理手册中 IS-PDCA 的六个环节作出相应评价要求。公司组织召开企业文化管理成熟度评价工作会，邀请中质协专家与龙烟企业文化项目小组共同组建评价工作组。评价工作组通过会前动员、查阅记录资料、撰写评语、四场落地验证会、两场干部职工座谈会、评价合议等环节，对 23 项条款进行评价与评分，在详细列举优势与改进机会的同时，提出 28 条改进措施与建议，形成龙烟企业文化管理成熟度评价报告，报告凝练五大优势及四项改进机会。完成龙烟《“十三五”企业文化职能规划》编制工作，确定“十三五”期间企业文化工作总体方针目标、指导思想及主要任务、关键措施。准确聚焦企业文化是企业发展基础、企业管理推动力的定位，对深入运用批次管控技术项目、提高敏捷生产组织能力等 4 个公司“十三五”规划重点，配套相应的企业文化推动举措。此外，完成文化管理专项考核评价标准的制定和试行工作，评价以季度为周期，共计 38 项考核条款，对企业文化管理手册中 IS-PDCA 的五环节作出相应的考核、奖励，因此，不仅大幅提升广大职工参与龙烟企业文化管理、建设的热情，也为龙烟深植“IS-PDCA”管理语言，实现情报系统信息广泛化、专业化、实用化注入动力。

2017 年，紧紧围绕精益龙烟建设，从制度文化入手，聚焦经营管理，围绕公司战略发展和生产经营目标，把企业文化建设贯穿于每一个工作环，发挥文化铸魂育人作用。着眼于发掘人力资源潜力、推动企业文化管理工作与生产经营深度融合的催化剂和润滑剂的定位与作用，持续加强基于卓越绩效模式的企业文化的建设与探索。此外，在 2 月、4 月分别组织召开“企业文化管理”主题沙龙、论坛，深入探讨企业文化建设方向、思路、措施，逐条修订完善企业文化管理考核制度，进一步改进考核评价模式。为进一步促进企业文化改进与创新，更好地实现企业文化落地与深植奠定基础，公司开展 2016 年度企业文化落地评价工作，测评问卷在原有版本基础上，根据龙烟“十三五”规划以及《基于卓越绩效的企业文化管理手册》的要求作了相应调整，共有 746 名职工参与测评，平均得分 83.2 分，同比提升 0.76 分。根据三届测评工作经验，起草发布《企业文化落地指数测评方案》，为测评工作更具延续性和参考性提供有力支撑。

2018 年，以习近平新时代中国特色社会主义思想为指导，深入学习贯彻中共十九大和十九届二中、三中全会精神，根据省公司“1133”党建工作体系、“1136”龙烟党组织建设规划，在企业文化传播与深植上强基础、抓落实、促改进、增实效，为服务生产经营工作提供政治保障、精神动力和智力支持。坚持以文化人，推进企业文化建设，依托福建中烟企业文化创新项目，持续深化运用基于卓越绩效模式的企业文化管理体系，推进《母子公司文化融合的模式探索与实践》项目研究工作，深入开展品牌文化宣讲、文化微故事、文化管理知识素质拓展等宣贯深植，着力转变职工心智模式，加强企业文化建设和文明创建。公司认真总结企业文化建设工作有效途径，通过项目形式，形成“1 + N + 1”模式，即一套切合企业实际的文化调查问卷、N组基于对调查问卷的识别而设计的具体深植方案、年度总结与改进，在融合过程中根据具体实施情况进行必要的方案调整，最终达成母子公司企业文化深植与不断融合的目的。

2019年，迎来中华人民共和国成立70周年，这一年也是决胜全面建成小康社会的关键年，公司坚持以习近平新时代中国特色社会主义思想和中共十九大精神为指导，拓展横向宣贯渠道，建立“企业文化+”体系，开展“智创·质合”主题文化实践活动，打造“共担质+”品牌，形成立体性文化。

2020年，龙烟公司持续传播深植企业文化，加强党建与企业文化深度融合，着力构建特色品牌文化，加强平台载体创新，通过打造体验式“工业旅游”平台，突出企业愿景的“体验”内涵，将“海纳百川，敢拼会赢”的品牌文化与闽西“三红精神”结合起来，挖掘“古田”“鼓浪扬帆”等品牌文化元素，推进具有龙烟特色的体验式工业旅游平台建设，精心做好厂区内线路设计，统筹布局“红古田厅”、红色文化长廊等资源，展示品牌内涵、企业形象、制造实力，增强与零售户、消费者的连接。

2021年是中国共产党成立100周年，是“十四五”规划开局之年和奔向2035年愿景目标的新起点，也是龙烟公司建厂70周年。公司全面贯彻落实行业和福建中烟2021年党的建设工作会议精神，围绕省公司“1133”党建工作体系和“1136”龙烟党组织建设规划，深化运用党委“365”工作模式，优化企业文化体验。深入开展调研，形成《龙烟企业文化调研报告》，制定《企业文化宣贯深植保障方案》；建立企业文化管理员队伍，制定《企业文化管理员管理办法》；形成部门班组文化梳理情况汇总表；制定《企业文化内训师管理办法》。制作省公司企业文化新理念体系宣贯课件。完成《龙烟公司企业文化传播载体应用手册》制定，全面识别传播载体。

三、企业文化可视化

统一的企业文化可视化内容和VI形象设计对企业具有传达经营理念、企业文化和品牌文化，以形象的视觉宣传企业的作用。

2019年，公司围绕“1136”龙烟党组织建设规划、“1422”企业发展规划，创新文化宣传，加强现场氛围营造，完成公司大堂“红古田厅”、职工红色书吧等建设，推进文化宣贯在公司厂区范围内广泛上墙上板，突出文化可视性。

2020 年，公司对现有的 VI 标识使用情况进行了全面梳理排查，替换原有企业文化或品牌文化在宣传栏、走（长）廊、厂史（文化）展厅、门（厅）牌、内刊、网站、微信栏目等媒介使用不规范的标识，围绕“海纳百川、敢拼会赢”的形象之美和意境之美，统一更新企业文化新理念 VI 视觉识别元素。在公司大堂、厂史展厅、部门门牌、部门人员动态牌、企业内部材料如汇报材料、工作总结、PPT 等场景中，规范使用中国烟草 VI；替换厂史展厅原福建中烟文化理念内容，替换原宣传栏、走廊、室内媒介相关内容；设计制作党建创新成果、行业会议精神解读等展板 10 块，更换户外文化牌 30 块，更新文化长廊图片 59 张，设计制作文化墙 2 面，营造浓厚文化氛围。

2021 年，公司以支撑品牌发展为出发点和落脚点，实施厂史展厅改造、五一大道改造。在厂史展厅中融入建党百年元素及福建中烟企业文化精神、龙烟公司企业文化理念元素，打造党员政治生活馆、文化体验馆，编制《龙烟厂史展厅手册》，拓宽企业文化理念体系传播面与覆盖面。同年，福建中烟规范七匹狼品牌 VI 形象，龙烟公司全面执行，在终端、活动、会议以及其他场景应用中，规范品牌素材运用和设计要求，积极维护品牌形象的统一性和唯一性，在用户、客户和利益相关者心中，注入全新的“七匹狼”品牌形象。

新品牌 LOGO：

标志组合：

最新的品牌色以渐变色为基调，“海纳百川”意味着没有一个颜色可以代表大海，但大海却能包含所有的蓝色。

四、传播文化理念的文体活动

2012 年，以“凝聚人心、激发活力”为工作方向，创新活动形式，开展员工喜闻乐见的文体活动。2011 年底至 2012 年初，组织开展“贺甲子，行节约”主题宣传教育活动，在广大员工中倡导低碳、环保、生态理念。组织 30 名长跑运动爱好者加入福建中烟方阵参加第十届厦门国际马拉松赛，为企业品牌宣传贡献力量；与龙岩市委办联合举办联谊晚会；与龙岩移动公司开展羽毛球、篮球系列友谊赛；卷包车间举办英雄榜揭榜仪式暨“感恩故事大讲坛”演讲比赛和“青春 传承 感恩 奉献”文艺晚会；组织开展“通运杯”篮球赛；制丝车间举办“喜迎十八大，青春展风采”文艺晚会；举办“喜迎十八大，青春献龙烟”暨2012年迎新晚会；等等。

2013年，通过组织田径运动会、趣味运动会、登山活动，组队参加市运会、广播操比赛等形式，丰富职工业余文化生活。

2014年，组织“三八”女职工趣味运动会、“庆五一”登山活动、“庆中秋迎国庆”职工文体比赛活动、“全民健身与奥运同行”万人健康跑活动、“祖国在我心中”歌咏比赛，参赛人员包含公司领导、在职员工、离退休人员，活动不仅丰富了员工的业余生活，也进一步提升企业的凝聚力。针对中华传统特色文化，开展拔河赛、包汤圆、包粽子等活动，在员工中弘扬中华传统文化，进一步培养员工“吃水不忘打井人”“厉行节约、反对浪费”的精神。公司注意把握离退休老党员、老干部的思想脉络，在退休职工中开展“我为党旗添光彩、凝心聚力促发展、同心共筑中国梦”庆“七一”系列活动。在广大通讯员中组织开展“好书漂流”活动，进一步为通讯员构建自我学习、自我提升的平台。全年发放管理、古籍、哲学、历史、心理学等类图书227册。

2015年，开展各类文体活动29次，持续开展“安康杯”劳动竞赛活动，组织员工参加广场舞比赛、万人健康跑活动、桥牌赛、乒乓球团体赛等活动。在中华传统节日期间，持续开展志愿服务，营造良好文化氛围。在纪念抗日战争70周年之际组织开展“我心目中的七匹狼战将”评选活动，建立“七匹狼品牌文化传播微信群”，成员320名，传播影响人数6万余人。为进一步加强企业文化传播与深植，公司认真总结企业文化管理培训工作的缺点与不足，进一步加强培训工作改进，特别是授课形式的改进，先后多次召开项目会议，研究讨论改进方案，制定以户外拓展训练与文化理念相结合的培训模式，组织两期企业文化管理知识户外拓展培训班，培训班组骨干近100人，培训内容不仅包含企业文化管理、卓越绩效模式知识，还包含了龙烟企业文化理念体系，通过户外拓展的模式进一步强化学员学习记忆、提升团队凝聚力，实现企业文化向基层渗透的目的，培训总体满意率达96%。此外，顺利完成品牌班组文化理念文字稿收集、审稿、印发工作，策划实施开展班歌创作和MV视频展播大赛。

2016年，根据“十三五”企业文化职能规划要求，制定2016年企业文化传播深植方案，开展部门文化理念上墙、文化理念微故事征文大赛、标兵微故事视频拍摄、文化理念PPT演讲比赛、企业文化理念体系知识网络竞赛等活动，举办第三期企业文化管理知识拓展培训班，编制公司通用员工行为规范手册，开展内容包含品牌微故事、品牌随手拍、微信软文设计、“和·睿·行”文化理念动漫设计、H5动态网页设计等在内的“成功从古田开始”主题系列文化活动；开展劳动模范形象展示、厂史知识竞赛、青年歌手大赛、老照片展、一句话庆生视频展播、班组文艺会演等庆祝建厂65周年系列活动。公司大力推进企业文化落地，各部门、车间拍摄制作班组自创歌曲15首，并制作发放班歌专辑光盘。公司持续开展“安康杯”劳动竞赛活动，积极推进班组建设，表彰一批在精益管理方面做出突出贡献的先进集体和先进个人。

2017年，结合重点项目，先后组织开展班组岗位行为规范户外拓展培训、企业文化和品牌文化网络知识竞赛、企业文化管理知识户外拓展培训和弘扬“工匠”精神软文征集等一系列企业文化深植活动。公司重点策划“孝老敬亲”手机摄影大赛“共产党员在龙烟”、“七匹狼（红）”创牌20周年宣传、纪念全民族抗战爆发80周年有奖竞答活动、“建军90载，古田耀军魂”“龙烟情，中国红”、砥砺奋进的五年、中共十九大精神专题宣传等活动。持续开展“安康杯”劳动竞赛活动，定期开展职工文化体育活动，组织职工参加龙岩市运动会、女职工趣味活动、行业职工书画大赛、职工球棋类比赛等活动。组织班组骨干前往客家博览园开展班组岗位行为规范户外拓展培训。开展企业文化、品牌文化网络知识竞赛，提升员工的品牌认知度，促进企业文化与品牌文化的协同发展。组织各部门员工共计44人前往七彩蓝田开展企业文化管理知识户外训练。

2018年，开展“亮党员身份、做合格党员”系列活动，打造“红土先锋党员工作室”特色品牌，大力弘扬“劳模精神”“劳动精神”“工匠精神”和“志愿精神”。组织第十二届职工运动会、“强身健体共创文明风尚，心手相牵共享幸福时光”主题系列文体活动、“学习十九大，经典咏流传”第二届青年歌手大赛、“弘扬中华传统文化，传承传统美食技艺”元宵节包汤圆活动、“三八”国际劳动妇女节女职工电影专场活动、“践行核心价值观，文明悦动绿色行”庆“五一”健步走活动、“‘月’来‘月’好龙烟梦，多姿多彩团青情”、中秋“追月”奔跑系列活动、“传承红色基因，绽放青春芳华”减压系列活动等文娱体育活动，丰富和活跃职工文化生活，提升职工的幸福指数。以“老年健身康乐家园”为阵地，组织开办醉美夕阳歌队声乐合唱培训班、第八期太极拳（扇）培训班及腰鼓培训班，积极组织门球、气排球、网球队员参加各级老体协文体联谊展示活动。不断推进“文化养老”从品牌转向品质化建设，努力打造“老龙烟”网络“微”家园，通过网络拓宽与老同志的情感交流通道，让老同志共享信息化成果带来的便利与温暖。

2019年，持续深入推进制度建设、劳动竞赛、班组建设、系列文体活动、品牌团建活动、网络群建“六个服务体系建设”工作的开展，组织各类文体活动、志愿活动、竞赛活动30余次，做好表彰先进、帮扶慰问等工作，致力于为民服务解难题，激发职工内生动力。在推进办公、生产现场企业文化氛围营造方面实现文化可视性，统一更新厂区主干道及办公楼公共区域的宣传展板，设计制作各具特色的部门党建文化宣传栏，配合完成公司大堂“红古田厅”、职工红色书吧等建设，为建党98周年、中华人民共和国成立70周年、“不忘初心、牢记使命”主题教育以及古田会议90周年进行全厂范围内的主题文化氛围营造。拓展横向宣贯渠道，增强文化立体性。通过开展“智创·质合”主题文化实践活动，实施员工帮助计划（EAP）项目，开展“共担质+”质量文化试点，打造“企业文化+”体系，让企业文化在横向宣贯上实现最大化的延伸和拓展。

2020年，深入推进福建中烟企业文化新理念宣贯工作，积极营造“海纳百川、敢拼会赢”的良好氛围，在全公司开展福建中烟企业文化新理念宣贯成果征集活动。共征集海报作品22幅、书法作品13幅、微故事23篇、图片故事19个、微课件9个。同时，加强企业文化与生产经营融合，推动品牌文化建设。进一步深化文化理念与岗位相结合、与生产相适应，以“鼓浪扬帆”首箱下线为契机，推出“鼓浪扬帆”品牌宣贯活动，下半年在“狼的智慧”微信公众号举办3期“鼓浪扬帆”推文PK赛，分别以“提质降耗”“质量月”“我和我的龙烟”为主题，以赛促宣贯。同年，组织开展“以正确政绩观助推高质量发展”主题征文大赛、“树立正确政绩观，践行文化新理念”主题演讲比赛，引导党员干部牢固树立正确政绩观。

2021年，把庆祝建党100周年、建厂70周年作为贯穿全年宣传工作的主线，持续聚焦党史学习教育、“十四五”规划、生产一区贮丝房改造项目，组织开展庆祝中国共产党成立100周年“七一”主题活动、建厂70周年“厂庆日”主题活动，策划组织“党史百年 红色龙烟”建厂70周年职工文艺会演，改造厂史展厅、“丰帆”广场，丰富红色体验元素，积极营造爱党爱国爱企的浓厚氛围。积极组织“红古田”杯第二届职工岗位技能竞赛以及各类文体活动、志愿服务、竞赛活动120余次，激发职工内生动力。同时，以建厂70周年为契机，举办“视觉龙烟”纪念建厂70周年及“金叶红帆”党建品牌标识设计大赛、“追寻龙烟记忆，见证奋进风采”摄影作品大赛，系统策划“我与党旗同框”、彩虹路“龙烟大事记”厂史长廊、建厂70周年立体雕塑、“表白龙烟”打卡墙、草地牌等主题宣传。依托各类活动探索企业文化落地传播的可视化、故事化，收集、整理、发布了一批优秀的企业文化故事作品与企业文化书法作品。

五、职工关怀计划（EAP）

2016年，龙烟公司启动职工关怀计划（EAP）策划工作，运用“IS-PDCA”方法论指导工作开展，完成相关信息收集工作，查询相关理论、实践文章10余篇，为确保该项目便于操作、取得实效提供有效支撑。

2017年5月，组织各党支部开展职工幸福指数测评工作。测评工作采取问卷调查和访谈形式，调查问卷由幸福感调查、心理健康状况、班组长管理风格等3项测试组成，共涉及工作环境、管理情境、个人状态、家庭生活、生活压力、社交关系等170项体验指数，近800名职工参加此次测评，为帮助员工提升情绪管理能力，改善组织气氛和组织管理提供科学依据。6月，发布《员工幸福指数调研报告》，分别从部门、性别、年龄、学历等角度分析员工幸福程度，经测评，员工整体幸福指数平均分7.19分，依据分析结果提出提升员工幸福度解决措施，为未来EAP项目实施奠定理论基础。

2018年11月，启动员工帮助计划（EAP）招投标工作。

2019年，正式开展员工帮助计划（EAP），为员工提供心理咨询服务，鼓励员工遇到心理困惑时积极寻求帮助。对有需要的员工进行专业的心理解压、干预与心理咨询。通过相关活动，给予员工心理关怀，提升工作效率。公司党委积极落实关爱职工举措，努力增强职工获得感和幸福感，通过走访慰问困难职工，提升食堂餐饮服务品质，抓好绿化养护等厂区环境建设，开展丰富多彩的文体活动，提升人文关怀、心理健康指导的力度。同时探索“红色EAP”项目，以《构建“红色EAP”思想政治工作新模式》为研究内容，将员工帮助计划（EAP）项目与我党我军群众工作、思想工作的历史经验结合起来，将心理学的理论知识和工具方法有机地融合到党建工作中，打造具有龙烟特色的思想政治工作新模式。

2020年，探索运用“红色EAP”思想政治工作新模式。将心理学的方法理论与党建思想政治工作相结合，提升公司领导班子与党（总）支部书记群体在调查研究、谈心谈话方面的技巧与方法，更好地发掘并引导职工解决心理问题困扰，形成《龙烟公司领导班子调查研究半结构化访谈提纲》《龙烟公司党支部书记谈心谈话心理学实操手册》。为有需求的职工提供针对性的专业指导、培训及多种形式的咨询，提升广大职工的心理健康意识与心理资本水平，形成《龙烟公司员工心关爱定制手册》。2—3月，围绕“启动疫情防控员工心理关怀应急响应机制”项目工作包，针对员工复工前后可能遇到的心理问题分条列项逐一解析，编制员工复工心理自助手册，帮助员工塑造积极健康的复工心态，形成强信心、暖人心、聚民心的文化氛围。4月起，围绕领导班子调查研究模块展开工作，完成“领导班子调查研究方案策划”“领导班子团体辅导技术培训”“领导班子调查研究半结构化访谈提纲设计”3项工作包，生成《龙烟公司领导班子调查研究半结构化访谈提纲》。5月，支部书记谈心谈话模块工作与领导班子调查研究工作同步推进，完成“支部书记谈心谈话方案策划”、“基层党支部积极心理学活动日”（两场）、“党支部抽样访谈”、“谈心谈话思想经营能力提升专项培训”及“谈心谈话思想经营能力提升定制手册”等各项任务，生成《龙烟公司党支部书记谈心谈话心理学实操手册》。下半年，职工群众关心关爱模块与前期两大模块集结完毕，分别针对员工压力应对及情绪管理开展三场主题团辅活动，帮助员工了解和认识情绪在沟通中的作用，消除压力在工作生活中的不良影响。项目组还对各场团辅收集的反馈情况进行整合，编制《龙烟公司员工心关爱定制手册》，用以指导员工积极应对工作压力、情绪管理、亲子教育、家庭关系等方面的心理问题。此外，多次开展线上普惠性心理健康宣传、线上心理咨询及线下驻场咨询活动，其中，线上宣传49期，参与线上咨询64人次，驻场咨询39人次。5月，启动危机干预应急预案，在最短时间内对有危机干预需求的员工提供一对一心理干预，形成《EAP员工心理危机应急处置情况》报告，为后期工作提供材料。

2021年，持续推进员工帮助计划，全年累计开展10次驻场心理咨询；制作36期主题专栏推文；开展“525阳光龙烟”“暖冬行动”等主题活动。

六、厂史出版发行

2012年，龙烟公司在筹备庆祝建厂60周年之际，决定编纂《龙岩烟草工业有限责任公司发展史（2007—2011）》，成立龙岩烟草工业有限责任公司发展史编纂委员会和编辑室。1月，编写和送审篇目大纲。2—4月，按章节内容由公司相关部门开始搜集资料、撰写初稿。5—8月，编辑室开始审稿，对重点章节重新撰写，三易其稿并送龙岩市方志办审核后，进行总纂并形成公司发展史初稿。9—10月，分送龙岩市方志办评审和公司发展史编纂委员会审核。11—12月，又进行一次全面修改、纠错补遗，并进行图文排版。

2013年1—4月，《龙岩烟草工业有限责任公司发展史（2007—2011）（蓝本）》，由公司发展史编纂委员会终审定稿。5月，送方志出版社审稿。7月底付梓。

在排版送审即将付印之际，国家烟草专卖局局长姜成康、福建省烟草专卖局局长卢金来、福建中烟工业有限责任公司总经理李跃民为该书作序；福建中烟工业有限责任公司副巡视员赖鞍山审阅全书，提出修改意见。

《龙岩烟草工业有限责任公司发展史（2007—2011）》，回顾了2007—2011年，龙烟经过管理体制改革，提高精细化生产制造水平，建设精品“七匹狼”卷烟专用生产线改良技术装备，提升工艺技术水平和现代企业管理能力，实现“万宝路”牌卷烟本土化生产，实施用工分配制度改革，公司年产值首次突破“百亿元”大关，成为龙岩市首家年产值超百亿元企业，取得跨越式发展的光辉历程，为龙烟积累珍贵的精神财富，为龙烟今后的高质量发展提供宝贵经验。

七、工业旅游

2020年，公司围绕高质量发展战略目标，积极探索基于卷烟工业企业的品牌培育新模式，将“生态型精品卷烟制造基地”愿景升级为“生态体验型精品卷烟制造基地”，打造具有龙烟“红土情、蓝海梦、金叶魂”特色体验式工业旅游的平台，为“七匹狼”卷烟品牌提质赋能，助力福建中烟市场营销。工业旅游平台建设以工厂参观者的群体特点和价值需求为切入点，以增强企业与零售户、消费者的连接为着眼点，探索开发“工业＋旅游”模式。通过开辟工厂“体验化”路径，组织区域体验活动，再加上规范化讲解，让参观者对企业文化、品牌内涵、生产工艺、福建卷烟产品特点和真假烟辨识知识等产生沉浸式的体验。与此同时，公司升级“七匹狼”生态工业园区景观氛围，通过“红古田厅”“彩虹路”和“五一大道”等景观设施的改造，增强参观视觉体验，营造工业旅游体验氛围。另外，公司持续加强与龙岩文旅汇金集团、福建中烟市场营销中心、市电信分公司等相关单位的合作交流，将工业旅游主题和古田精神、红土文化、客家文化以及企业的生态文化相结合，把龙岩“七景区”旅游景点（古田会址、永定土楼、长汀古城、漳平永福等）纳入工业旅游整体行程统一策划、精心布局，着力构建烟草工业旅游模式。

2021年3月22日，“福建中烟·山海之旅”启动仪式在龙烟公司人工湖畔举行，福建中烟市场营销中心、龙烟公司、龙岩市烟草专卖局（公司）、文旅汇金集团等有关领导及首批福州零售客户共50余人参加。图为推杆仪式现场（余硕宁 摄）

2021年，公司持续深化建设沉浸式体验的工业旅游体系。结合规划要求，以福建中烟新七匹狼“1131”品牌框架为基础，充分融合闽西红土文化，深度挖掘品牌内涵，讲好龙烟故事，策划“七匹狼生态工业体验之旅”系列线上直播活动内容；构建游客批次管理模式，完善参观接待机制，针对不同游客群体设计开发个性化参观路线；补充完善厂区道路、绿化、停车场、二区人工湖等视觉感官设施，提升厂区形象，深入打造龙烟公司特色生态体验平台，建立卷烟工厂与零售客户、消费者的多元互动模式，以卓越的体验品质与客户管理，持续改进全过程质量管理、现场管理，打造品牌共创、价值共生、内外兼修的价值生态系统。卷烟工业旅游模式自2020年开展以来，至2021年底，共接待福建中烟重点零售客户和消费者及行业内外单位交流3800余人次，获得来宾的一致好评。

第五节　融媒体建设

2012—2021年，融媒体建设工作坚持党的领导，提高政治站位，聚焦新形势下宣传思想工作举旗帜、聚民心、育新人、兴文化、展形象的使命任务，按照公司党委安排部署，以树立企业优质形象、提升舆论导向力度为目标，积极抓好内外部宣传工作，在载体上努力扩宽宣传口径，在内容上重点加强主题策划，充分运用公司传统媒体，努力构建新媒体矩阵，进一步把党的大政方针政策、党中央重大决策部署以及国家局、省公司党组的部署要求宣传好，把龙烟公司的发展优势和特色亮点呈现好，积极传播正能量，激发正效应，积极营造和谐稳定的舆论氛围，不断巩固和发展宣传工作良好局面。

一、内部宣传

2012年，及时安排通讯员、编辑、记者、摄影人员对公司的重大事件进行全程跟踪报道，全年完成的公司重大事件宣传报道工作有：1月，公司年终工作总结会；2月，国家烟草专卖局局长姜成康考察龙烟，龙烟产值“超百亿”暨年终工作表彰会，生产工艺设备技术改造项目评审会；3月，公司领导班子“一报告，两评议”工作；5月，干冰膨胀烟丝生产线技术改造项目奠基典礼及项目进度，箱储片烟电子标签应用规范标准项目，省委领导考察精品线；2—6月，申报政府质量奖系列工作；8月，“通运杯”第一届职业技能竞赛；9月，干冰膨胀烟丝生产线技术改造项目主体结构封顶仪式；10月，福建中烟“通仙杯”首届物流技能竞赛；11月，“喜迎十八大”各项活动。

《龙烟人》报编辑部不断提升办报水平，充分发挥喉舌作用。编辑部根据公司党委下发的年度宣传工作部署，全年共出版发行《龙烟人》报23期，发布各类新闻信息、美图美文600余条，新闻图片300余幅。同时，编辑部为不断提升办报水平，在基层通讯员中广泛征集办报改进意见建议，并就办报方向、版面风格、专题报道等方面进行深入研讨，形成加强选题管理，加大深度报道、评论文章的力度，挖掘高质量新闻图片，加强专题策划等改进意见，并予以贯彻落实。

改进与提升《每周一语》《同行观察》内容的针对性，紧紧围绕公司发展，以“十二五”规划、党的十八大精神为中心，将言论视角、行业动态与龙烟发展实际紧密联系起来，全年累计编发《每周一语》51期、《同行观察》12期。年初，完成企业宣传栏版面更新工作，展出龙烟成立60周年优秀摄影作品；3月，在生活区宣传栏开展反邪教专题宣传；4月，完成公司大堂宣传栏更新工作，宣传2012年度福建中烟生产经营方针目标以及公司“着力九个重点，推进两项创新，实现一种转变”的重点工作；6月，开展“6·5”世界环境日宣传活动，开展“践行‘两个至上’、做到‘三个始终’、树立‘五种意识’”宣传工作；9月，开展迎接中共十八大宣传工作；制定并下发公司零星宣传制作管理办法，进一步规范和完善零星宣传制作工作制度和审批流程。

注重队伍建设，加强基层通讯员队伍培训与交流工作。组织召开2011年度优秀通讯员表彰会，表彰20名优秀通讯员。在积极鼓励通讯员投稿的同时，加强通讯员培训力度；在OA平台挂出《新闻采写技巧与报纸版面编辑使用讲座》培训课件，供通讯员学习；选送通讯员外出参加各类新闻、摄影培训，全年共选送27名通讯员外出参加《中国烟草》杂志社、福建省烟草专卖局、福建中烟举办的培训班，着力提升通讯员写作和摄影能力。在文学爱好者中开展“感恩与传承”文化故事征文和“好书漂流”活动，并制定发布活动管理办法，增强活动的可操作性与延续性，受到广大文学爱好者好评。

2013年，坚持紧密结合公司生产经营情况和宣传主题采编新闻通讯。全年编发《每周一语》51期、《同行观察》12期，出版发行《龙烟人》报23期，发布各类新闻信息500余篇、新闻图片300余幅，重点报道“卓越1.0”管理系统、流程梳理优化、干冰膨胀线建设、企业文化管理内训班、质量月、安全月等一批在公司内具有重大影响力的项目与工作，策划“标兵风采”“优秀共产党员”等专版，开辟“学习党的十八大精神心得体会”“微观‘生态’”“标兵风采征文”“龙烟正能量”等专栏，跟踪采写2013年零点行动、“联挂帮”工作调研、龙岩市劳动模范蒋景强先进事迹等通讯报道，进一步营造“全员关心、全员参与公司发展”的良好氛围。

2014年，持续发挥宣传喉舌作用，全年共编发《每周一语》49期、《同行观察》12 期，出版发行《龙烟人》报 23 期，发布各类新闻信息 400 余篇，新闻图片 300 余幅，重点报道第二批党的群众路线教育实践活动、精益管理、一区技改、流程梳理、能源管理体系、全员改善活动、企业文化管理内训班、班组文化建设等一批在公司内具有重大影响力的项目与工作，策划了车间晚会集锦、金叶复烤公司成立 10 周年、标兵风采（优秀员工）、QC 活动、龙烟成立 63 周年等专版，开辟党的群众路线教育实践活动、龙烟正能量、庆“三八”国际妇女节、聚焦“精益生产”、安全生产等专栏，重点采写 2014 年零点行动、“联挂帮”工作、志愿服务、企业文化建设等通讯报道。微信公众号“龙烟快讯”正式上线，并以“接地气”的文风、形式多样的版面、内容丰富的线上活动，受到广大职工的好评，2014 年自账号开通后，累计发布 96 期消息，拥有 1800 余名粉丝。继续在广大通讯员中开展“好书漂流”活动，进一步为通讯员构建自我学习、自我提升的平台，全年发放各类图书 227 册。金叶复烤、机关七支部、卷包车间等基层党支部，自主设计创办《金叶动态》《和·畅》《共享》内刊，在宣传基层党支部的同时，也为凝聚人心、鼓舞人心做出了贡献。

2015 年，共编发《每周一语》42 期、《同行观察》12 期，出版发行《龙烟人》报 24 期，发布各类新闻、通讯近 400 篇，刊登图片近 200 幅，重点报道一区技改、“三严三实”教育实践活动、全国文明单位创建工作、省政府质量奖申报、流程梳理、能源管理体系、班组文化建设、精益十佳创建等一批在公司内外具有重大影响力的项目与工作，策划创优对标、精益数据分析、班组建设等专版，开辟寻找聚焦“精益管理”、最美女职工、一区技改进行时、学习贯彻党的十八届四中全会精神等专栏。多媒体信息发布平台“龙烟微 TV”在 4 月正式上线，在公司内设置 24 块电子屏幕，放置地点集中于办公楼大堂、电梯、车间休息室等人流密集处，内容以公司新闻、品牌文化、精益管理、班组建设等视频为主，安排专人负责视频剪辑制作工作，确保视频推送更加及时，内容更加精美。进一步加强宣传管理，改进新闻报道工作，大幅压缩各类会议新闻发稿字数、篇幅，严格控制会议横幅的制作与悬挂以及各种宣传材料印刷数量，制定并实施《零星宣传制作供应商评价方案》，明确供应商服务、成品验收等评价内容及准则。组织公司员工拍摄《传奇古田》宣传片，内容不仅结合古田红色历史，同时将龙烟元素加入其中，为进一步加强“古田 1929”品牌宣传提供助力。实施宣传视频采购项目工作，完成微电影剧本撰写、修订工作。

微信公众号“龙烟快讯”自开通以来，始终坚持抓好内容编排、主题策划、美工设计工作，进一步加强消息的可读性与趣味性的发掘，在 2015 年重点策划“古田 1929”上市、一张图让你读懂 2015 年党委工作、一区技改、精益管理、七匹狼20周年等专题，全年累计制作推送88期《龙烟快讯》。将“龙烟快讯”升级为“龙烟俱乐部”多功能微信平台，丰富平台内容，扩大宣传范围，配合品牌宣传，组织开展纪念抗日战争70周年“我心目中的七匹狼战将”评选活动，建立“七匹狼品牌文化传播”微信群，拥有成员320名，传播影响人数6万余人。2015年“龙烟俱乐部”微信公众号拥有粉丝13000余名。

2016年，在传统媒体方面，共编发《每周一语》41期、《同行观察》16期，出版发行《龙烟人》报共23期，发布各类新闻、通讯400余篇，刊登图片300余幅，重点策划龙烟2015年大事记、龙烟发展回眸、“精益十佳”标兵单位纪实、表彰大会、节支降耗、“龙烟俱乐部”微信公众号成长记、龙烟第十一届职工运动会、龙烟建厂65周年等一批在公司内具有重大影响力的事件与工作，开设采茶灯广场舞比赛侧记、“胶片春节”摄影作品展示、部门重点工作成效面面观、劳动最光荣、质量月、庆中秋、爱心义卖活动等专版，开辟精益改善、“两学一做”、精益标兵风采、安全生产、“走进龙烟看精益”系列报道等专栏，更换文化长廊图片30幅。定期更新公司内、生活区宣传栏内容，全年累计更新更换近30个版面。在厂区和生活区增设社会主义核心价值观和福建省“八不行为规范”宣传牌80余张。

在新媒体方面，“龙烟俱乐部”微信公众号全年重点策划“年味”“数”党委工作、“两学一做”、美食“自”做、寻找忠实“粉丝”“六一”专辑、“‘十二五’回顾‘十三五’展望”、运动会、无偿献血活动、纪念中国工农红军长征胜利80周年知识竞赛等近130个专题，发布《龙烟快讯》93期。

在视频拍摄制作方面，公司首部微电影《寻狼诀》在龙岩电视台公共频道黄金时间播出，该微电影以公司职工李大辉见义勇为下水救人的真实事迹为蓝本，演员遴选自公司各部门，以其精良的制作获得第一届烟草行业十佳微视频评选活动福建区排名第一的好成绩；献礼建厂65周年宣传片《龙烟公司“十二五”成果回眸》经过剧本创作、现场拍摄、后期制作、修改审核，在庆祝建厂65周年班组文艺汇演中正式发布。“龙烟微TV”拍摄制作完成12位精益标兵风采纪录片，协助各部门、车间拍摄制作班组歌曲15首，并制作下发班歌专辑光盘。协助福建中烟拍摄“成功从古田开始”重走长征路自驾游活动宣传片和卷烟纸滑托盘宣传片。此外，“龙烟微TV”全年制作发布109个视频，内容以公司新闻、文体活动、品牌文化、精益管理等为主。

2017年，微信公众号“龙烟俱乐部”更名“狼的智慧”，结合公司重点工作、党建工作、精神文明建设、时事热点等，推出更多互动交流栏目与专题，重点策划“孝老敬亲”手机摄影活动、共产党员在龙烟、“七匹狼（红）”创牌

20周年、纪念全民族抗战爆发80周年有奖竞答活动、“建军90载，古田耀军魂”、“龙烟情，中国红”、砥砺奋进的五年、中共十九大精神专题宣传等近160个专题。结合公司重点项目进行软文报道，制作发布2017年党委工作意见、“我为品牌保驾护航”大讨论、解读“深度保养”、安全月及质量月等专题通讯。全年累计制作推送《龙烟快讯》59期。

“龙烟微TV”全年制作发布99个视频，内容以公司新闻、品牌文化、精益管理、班组建设为主。其中，制作2期《东方烟草报》约稿视频，分别是315主题系列视频《买烟》和宣传精益系列《1分变10秒》。制作《遇见更好的自己》，参加行业内短视频比赛，并获得三等奖。协助各部门、班组拍摄2016年度标兵视频。拍摄制作《共产党员在龙烟》主题宣传片，宣传片以7名“精益标兵”党员日常工作细节为展现形式。为进一步培养壮大龙烟视频制作队伍，加强原创作品创作力量，举办2期视频拍摄和剪辑培训班，公司各部门视频通讯员近70人参加了培训。

《龙烟人》报纸共出版发行20期，发布各类新闻、通讯500余篇，刊登图片500余幅，重点策划目标绩效一体化管理探索、2016年龙烟精益面面观、“我为品牌保驾护航”大讨论、深度清洁保养、“勇立潮头、勇挑重担、勇往直前”主题实践活动、“质量月”活动等一批在公司内具有重大影响力的专题，开辟“两学一做”、精益标兵风采、“光盘行动”、职工论坛等专栏。

2018年，《龙烟人》报纸共出版发行12期，发布各类新闻、通讯208篇，刊登图片290幅，重点报道了“公司第二次党代会胜利召开”“红坊片烟醇化库建设项目举行开工仪式”“龙烟公司启动项目化管理”“公司党委隆重举行庆祝中国共产党成立97周年暨‘两先两优’表彰大会”等一批在公司内具有重大影响力的事件，开辟“深入学习贯彻党的十九大精神”“新时代 新担当新作为”“创新工场的工作法则”“见证者——我眼中的改革开放”等专栏，策划“2017年龙烟精益理念宣贯报告”“2017班组建设尽展龙烟之最”“演绎龙烟‘最强音’、念好保养‘四字诀’”“寻匠人·承匠心”“2018年各部门半年工作亮点纷呈”“2018年安全月”“2018年质量月”“‘十三五’规划解读”“重阳节”等专版。对《龙烟人》电子版进行恢复、优化设计，10月，优化后的《龙烟人》电子版和手机版正式上线运行，方便广大职工的阅读。全年共发布《龙烟快讯》79期。

“狼的智慧”微信公众号结合时事热点、传统节日、精神文明建设、党建工作、公司重点工作等，重点策划学习宣传贯彻中共十九大精神知识竞赛、“龙烟女将多豪杰 巾帼从不让须眉”三八节专题、党员应知应会微课堂、“匠

人匠心 龙烟精造”五一专题、“主题党日”系列报道、“念好保养‘四字诀’演绎龙烟‘最强音’”、安全月、月末大保养、降耗月、质量月、教师节、聚焦项目化管理、《平“语”近人——习近平总书记用典》等专题，发布推文240篇。充分利用“世界杯”热度，并借助福建中烟“世界杯”宣传互动活动，精心编排相关内容，与粉丝良性互动。

“龙烟微TV”制作发布103个视频，内容以公司新闻、品牌文化、精益管理、班组为主。其中，制作一期《东方烟草报》约稿视频——精益大拜年《干吗干吗呀》，并被“精益烟草”微信公众号单独推送。制作党员先锋教育片《你的幸福 我的使命》《“画”说平凡中的闪光》并参选行业微视频比赛。制作企业文化视频《龙烟青年说》，展示新员工风采。协同离退办制作一期离退休人员林锐元专题片，拍摄制作公司离退休党建工作宣传片《为党旗增辉，为夕阳添彩》。5月，组织开展两期新闻视频配音培训，特邀龙岩人民广播电台资深播音员亓欣老师进行授课，公司各部门视频通讯员近100人参加培训。

2019年，强化全媒体建设，依托“狼的智慧”微信公众号、“龙烟微TV”、《龙烟人》报、《龙烟快讯》等宣传平台，开展多种形式的线上线下互动活动，增进文化交互性。策划开展了庆祝中华人民共和国成立70周年“我和我的祖国”主题征文大赛、“为你写诗——写给祖国的三行情诗”活动、“红色记忆 魅力光影”摄影作品大赛，纪念古田会议召开90周年系列活动之“成功从古田开始”微信推文制作大赛。《龙烟人》报共出版发行12期，发布各类新闻、通讯207篇，刊登图片205幅；《龙烟快讯》共发布65期，“狼的智慧”微信平台共推送推文316篇，“龙烟微TV”共发布视频105个。

2020年，以奋力夺取疫情防控与生产经营双胜利为宣传主线，持续聚焦企业精准扶贫工作亮点、企业2020年重点工作、政绩观教育、爱国主义教育等内容，着力选树先进典型，策划开展了“以正确政绩观助推高质量发展”主题征文大赛、“鼓浪扬帆”微信推文PK赛、“同心抗疫聚力量 奋斗有‘影’展风采”职工摄影作品线上征集活动，策划开设“众志成城 抗击疫情”、质量月、安全月相关专栏，组织拍摄“走正确的路”系列微视频。《龙烟人》报共出版发行12期，发布各类新闻、通讯223篇，刊登图片245幅；《龙烟快讯》共发布48期，“狼的智慧”微信公众号共推送推文326篇，“龙烟微TV”共发布视频148个。通过制作中共十九届五中全会精神解读、行业会议精神解读、党建创新成果等展板，更换户外宣传牌，更新文化长廊图片，设计绘制文化墙，牢牢把握舆论引导的时度效。

2021年，把庆祝中国共产党成立100周年、建厂70周年作为贯穿全年宣传工作的主线，持续聚焦党史学习教育、“十四五”规划、生产一区贮丝房改造项目、《龙烟人》创刊30周年、选树先进典型等主题，在《龙烟人》报、“狼的智慧”微信公众号开设“党史学习教育”专栏，累计发布党史知识、基层党建推文101期；开展“学党史、悟思想”线上微信答题挑战赛活动，553人次参与竞赛；开设“生产一区贮丝房改造”专栏，登载消息、通讯、图片等39篇；开设“凡人微光”专栏，对企业先进典型进行深度报道；以建厂70周年为契机，开展“视觉龙烟”纪念建厂70周年及“金叶红帆”党建品牌标识设计大赛、“追寻龙烟记忆，见证奋进风采”摄影作品大赛，系统策划“我与党旗同框”、彩虹路“龙烟大事记”厂史长廊、建厂70周年立体雕塑、“表白龙烟”打卡墙、草地牌等主题宣传。

以视频宣传为切入点，“龙烟微TV”拍摄《共同奔赴的信仰》党建宣传片1部、《金叶红帆铸辉煌》企业宣传片1部、《岁月访谈》建厂70周年系列纪录片4部、《表白龙烟》建厂70周年系列微视频18个。《龙烟人》报共出版发行14期，发布各类新闻、通讯211篇，刊登图片196幅；《龙烟快讯》共发布43期，“狼的智慧”微信公众号共推送推文484篇，“龙烟微TV”共发布视频189个，牢牢把握舆论导向，强化意识形态阵地建设。

开展基层党组织宣传职能研究与落地项目，组织基层党组织宣传职能履行现状线上调查，建立基层党组织宣传委员和通讯员培训机制并制定方案，开展宣传委员专题培训和基层党组织通讯员培训。修订完善意识形态阵地管理制度，印发2021年度宣传思想工作实施方案，指导各基层党组织开展宣传工作。完善各基层党组织在公司内外部媒体的宣传报道情况分析机制、基层党组织学习教育机制、基层党组织思想政治工作研究机制和基层党组织思想动态收集、办理、反馈机制。

二、外部宣传

2012年，紧紧围绕树立企业良好形象开展宣传工作。加大对外宣传力度，努力拓展对外宣传报道渠道，遴选优秀稿件对外投稿，全年在《中国烟草》杂志、《东方烟草报》、《福建中烟报》、《福建烟草》杂志、《闽西日报》、《海峡都市报》、腾讯网等行业内外媒体上刊登各类新闻、图片等累计达200余篇，稿件数量和质量较以往有显著提高。

2013年，积极做好公司外部网站更新维护工作，及时发布各类新闻、通讯，策划编排“践行‘两个至上’、做到‘三个始终’、树立‘五种意识’”教育实践活动、卓越“1.0”管理系统、“1263”党建工作机制、“胶片春节”等8个宣传主题，在《中国烟草》杂志、《东方烟草报》、《福建理论学习》杂志、

《福建中烟报》、《福建烟草》杂志、《闽西日报》等行业内外媒体刊登各类公司新闻、图片等累计230余篇。

2014年，在公司外部网站策划编排“风清气正、清廉龙烟”、深入开展党的群众路线教育实践活动、龙烟人最喜爱的道德经典名言、公司方针体系及诠释、标兵风采展、争创“精益十佳”、“全国文明单位”创建工作掠影、中共十八届四中全会关键词等7个宣传主题。在《东方烟草报》、《福建中烟报》、《福建烟草》杂志等行业内外媒体刊登各类公司新闻、图片等累计230余篇。

2015年，在公司外部网站策划编排中共十八届四中全会关键词、纠正不良习气树立清风正气、“全国文明单位”创建纪实、精益管理、“胶片春节”摄影展、春节安全、精益标兵风采展、优秀共产党员、中共十八届五中全会精神、精益管理、“十三五”规划等13个宣传主题。在地方媒体、《东方烟草报》、《福建中烟报》、《福建烟草》杂志、国家局及省公司网站等行业内外媒体刊登各类公司新闻、图片等累计274篇。

2016年，在公司外部网站发布各类新闻、通讯近800篇，内容涉及企业新闻、行业动态、媒体看龙烟、党的建设、荣誉表彰、文明礼仪、文明花絮、标兵风采、文学艺苑、爱心行动等10个专题。在地方媒体、行业报刊、国家局及省公司网站等行业内外媒体刊登各类公司新闻、图片等累计达291篇。

2017年，在公司外部网站发布各类新闻、通讯近700条，在地方媒体、行业报刊、国家局及省公司网站等行业内外媒体刊登各类公司新闻、图片等累计200余篇。

2018年，积极做好外网更新和对外投稿工作，外网发布各类新闻、通讯923篇，内容涉及学习宣传贯彻中共十九大精神、公司各类精神文明创建活动等。在地方媒体、行业报刊、国家局和省公司网站等行业内外媒体刊登各类公司新闻、图片等累计达352篇。

2019年，在公司外部网站发布新闻、通讯611篇，在《中国烟草》杂志发表稿件2篇，在《东方烟草报》发表稿件16篇，在《福建中烟报》发表稿件107篇，在福建中烟网站发表稿件133篇。

2020年，在公司外部网站发布新闻、通讯264篇，在人民网发布稿件2篇，在“学习强国”学习平台发布3篇，在国家局网站发布3篇，在《中国烟草》杂志发表2篇，在《东方烟草报》发表17篇，在福建中烟网站发布69篇，在《福建中烟报》发表89篇。

2021年，在行业内外主流媒体发表稿件16篇，其中人民网3篇，《中国烟草》杂志、中国烟草资讯网各1篇，《东方烟草报》11篇，《闽西日报》专版1篇；

在福建中烟网站发布 84 篇，在《福建中烟报》发表 61 篇，在“e 企看”平台发布专栏 62 篇，图片新闻 126 篇；在公司外部网站发布新闻、通讯 109 篇。

第六节 人民武装与综合治理

一、人武部建设

公司始终坚持党管武装的基本原则，以新时期军事战略方针为指导，加强国防后备力量建设。紧紧围绕上级赋予公司人武工作任务，较好地发挥了企业民兵在巩固国防和促进生产经营工作的作用。

2012—2021 年，在落实民兵编组工作时，龙烟人民武装部始终做到“三个结合”，即把编组任务与行政组织相结合。职工都分布在不同的作业车间，为理顺组织领导体制，将民兵班、排分编到各个作业车间，连、排干部分别由骨干担任，保证编组合理，干部齐全，人员落实。把编组任务与生产任务相结合，与生产班组统一起来。把民兵班按生产班组为单位编成，生产班组同时又是民兵班，保证组织指挥关系的顺畅，促进各项民兵工作的落实，又实现民兵组织与生产任务同步发展。把民兵编组与提高快速反应能力相结合。为了实现民兵组织形式与企业管理模式相结合，厂武装部根据企业发展的特点、规律，摸索建立一套与企业生产相协调的民兵训练、管理机制。普通民兵按生产任务和要求，分散配置到不同的生产岗位上，抽调人员训练时不会影响生产运行。基干民兵应急分队集中到厂经警队中，确保日常训练与应急处突相结合。这种“分聚结合”的编组形式，兼顾了企业生产和民兵活动的正常开展。

二、综合治理

龙烟“平安单位”创建工作坚持打防结合、预防为主和“谁主管、谁负责”的原则，根据创建“平安单位”建设的要求，以无刑事案件、无领导责任事故、无火灾事故、无群体性事件“四无”为目标，结合公司工作实际，完成大量工作。2012—2021 年，龙岩市在创建“平安单位”工作考评中，均被龙岩市综治委评为平安单位。

三、治安保卫及车辆管理

着重做好“防火、防盗、防事故、防破坏”的四防工作，严格动火审批程序的管理和跟踪，纠正违章动火。及时发现处理门、窗、水、电、气等安全隐患，查处员工违规携带公司物资，严格外来人员和物资出入的通行管理，严格落实《物资放行申请单》审批制度，对厂区车辆停放进行规范管理。2012—2021 年，公司从未发生任何重大安全事故，保证企业安全稳定。

2012 年，配合相关部门做好对卷烟专卖品（香烟、香精商标、有奖卡）的监督、销毁和有奖产品生产守卫等工作，派出人员计 36 人次。

2013 年，组织做好制丝膨胀生产线 CO_2 泄压操作、消防监控员资格取证等培训工作，先后有 6 人取得消控员职业资格证书；完成红炭山和东肖库区车辆道闸系统安装，为库区车辆进出管理提供技术保障。

2014 年，8 人取得压力容器特种设备操作证。

2015 年，根据员工车辆增长幅度较快的实际情况，对部分员工更换车辆产生的信息失真进行了整理补充，合理增设停车位。

2016 年，开展保安班组建设，明确班组建设方向，完成《同心圆班组》品牌班组的歌曲制作。

2017 年，重新规范设置道路停车区域和安全标志，对公司车辆、职工车辆重新整理登记，对违反规定的车辆实行抄牌、照相（每月）、考核，对摩托车违章停放实行锁车登记管理。

2018 年，修订《保安（消控）人员管理考核表》《厂区、库区巡更系统使用规定》《人脸识别考勤管理办法》《库区门卫工作流程及工作监督考核流程》等管理文件，进一步明确各岗位工作职责，加强经济保安队伍监督检查，严格要求，规范文明用语、着装规范、劳动纪律、岗位责任等规定。配合专卖办、生产管理部销毁有奖卡片 2 次，协助卷包车间销毁不合格产品 7 个批次。

2019 年，重新梳理公司车辆信息登记流程，重新规划公司停车位，解决车辆日益增加、车位不足导致的乱停放及不规范问题，设置公司应急停车位，通过提前申请，解决突发集中开会、培训乱停、乱放问题。

2020 年，针对公司出厂物资管控不够严密问题，及时修订制度，出厂物资除成品卷烟及红狼公司废品处理站运出物资外，其余出厂物资一律采取“两单一交接”的方式运输出厂。

2021 年，改造厂区停车场，优化停车位的设置，新增了 92 个停车位（共计 712 个），对道闸系统进行升级改造，开发访客系统，落实访客预约要求，实现人员进出信息可追溯功能，同年完成保安业务外包工作。

第八章　民主管理与群团组织活动

第一节　企业民主管理

龙烟公司不断加强企业民主管理，进一步健全以职工代表大会为基本形式的企业民主管理制度，丰富和创新企业民主管理形式，保障职工参与企业管理和监督的民主权利，保障广大职工对企业改革和生产经营的知情权、参与权、表达权、监督权，充分调动职工的积极性、主动性、创造性，凝聚广大职工的智慧和力量，从而实现科学决策、正确决策，推动企业更好地改革发展。

一、职工（工会会员）代表大会

2012—2021 年，龙烟召开 28 次职工（工会会员）代表大会，会议召开次数为 2002—2011 年的 2.3 倍，充分发挥职工代表参政议政的作用，履行职工（工会会员）代表职责，凡属职代会职权范围内的事项，均向职代会报告，并由职代会审议、通过或决定。听取并审议历年生产经营工作报告、业务招待费使用情况报告、企业年金投资及管理情况报告、补充医疗保险理赔情况、工会工作报告、工会财务工作报告、工会经费审查工作报告等多项报告；审议通过《企业年金实施办法（修订稿）》《职工各类假期及其待遇的管理规定》《关于〈补充医疗保险管理办法〉的调整补充规定》《职工各类假期及其待遇的管理规定》《员工违纪违法行为处理规定》《企业年金方案》《设备维修队伍深化改革行动方案》等管理办法；评议公司工会开展工作、建设职工之家情况；评议公司工会主席、副主席履行职责情况；审议并签订《集体合同》《工资集体协商合同》《女职工特殊劳动保护专项集体合同》。

不断发挥党员的先锋模范引领作用和先锋模范团队的品牌优势，根据公司发展要求，从实际出发，不断地创新思路，开拓进取。宣传弘扬劳模精神，大力弘扬爱岗敬业、争创一流、艰苦奋斗、勇于创新、淡泊名利、甘于奉献的劳模精神，在全公司乃至全社会大力营造关心劳模、爱护劳模、学习劳模、争当劳模的良好氛围。2013 年第一届第六次职工代表大会，审议并通过《关于推荐廖材河同志评选福建省劳动模范的提案》《关于推荐蒋景强同志评选龙岩市劳动模范的提案》；2014 年第一届第九次职工代表大会审议并通过《关于推荐廖材河同志评选全国五一劳动奖章的提案》《关于推荐刘禄涛同志评选福建省五一劳动奖章的提案》；2018 年第二届第二次职工代表大会，会议审议《关于推荐廖材河同志评选省劳动模范的提案》；2019 年第二届第六次职工代表大会审议并通过《关于推荐姜志强同志为 2019 年福建省五一劳动奖章候选人的提案》《关于推荐姜志强同志为 2019 年龙岩市劳动模范候选人的提案》，第二届第八次职工代表大会《关于推荐卢志敏同志为福建省五一劳动奖章候选人的提案》；2020 年第二届第九次职工代表大会审议并通过《关于推荐郑东文同志为 2020 年全国劳动模范候选人的提案》。

二、办事公开民主管理

根据国家局《关于继续深入推进“两项工作”的意见》(国烟办〔2012〕27 号)和《关于印发烟草行业办事公开民主管理工作规范（试行）的通知》（国烟办〔2012〕49 号）精神，进一步规范企业办事公开民主管理工作。不断调整《办事公开民主管理公开目录》，实现与采购工作深度融合。以企业门户、公共触摸屏、职代会、企务公开栏等为公开载体，向全体职工（或目标群体）及时公开“三项工作”、“三重一大”、生产经营与专卖管理及其他涉及职工切身利益的事项信息，不断规范权力运行，切实保障职工的知情权、参与权、表达权和监督权，引导职工有序参与民主监督与管理。持续开展办事公开民主评议工作，督促各部门及时、完整公开信息，对公开信息进行收集整理归档，定期开展办事公开民主管理自查工作，定期跟踪检查，充分发挥监督检查职能。

建立办事公开民主管理制度，根据上级及公司生产实际，5 次修订《办事公开民主管理实施办法》，明确各关键环节公开内容，进一步细化采购业务全过程等公开内容和规范公开事项，新增办事公开民主管理工作职工评议、检查监督、问责情况等公开内容。2017 年制定并发布《办事公开民主管理工作联络员管理办法》，明确部门职责，落实岗位责任。

2012 年，为方便生产一线员工查询公司办事公开民主管理信息，完善员工意见反馈系统，加强民主监督，在公司办公楼、车间一区和二区大堂分别设立公共触摸式显示屏，将公司企业文化、办事公开民主管理和公开栏等有关信息，统一并入公共触摸式显示屏，以完善办事公开民主管理信息的传播。

为将物资采购与标准化系统中的有关内容提取到办事公开民主管理系统，提高公开效果，2014 年、2018 年两次升级办事公开民主管理信息系统，通过建立办事公开民主管理信息系统、优化公司公共电子触摸屏，利用办公自动化系统的公告、邮件、公文、标准化文件、办事公开民主管理专栏、座谈会等形式，扩大办事公开信息的传播，增强职工对公司各方面的了解，方便广大职工通过各种渠道表达诉求、反馈意见，参与民主管理工作，完善职工诉求表达机制，与实现载体有机融合。

2013 年，结合公司实际，修订完善办事公开民主管理相关制度，改进信息系统，强化办事公开民主管理工作，推进公司办事公开民主管理标准化建设。该年度，公司被评为“2009—2012 年度福建省厂务公开民主管理工作先进单位”和“2009—2012 年度福建省厂务公开民主管理工作示范单位”。

2011—2021 年度办事公开民主管理公开情况表

表 8-1

年度	公开信息数（条）	点击量（人次）
2012	1270	958
2013	1361	1019
2014	1622	1233
2015	2927	600
2016	2334	1282
2017	3779	1399
2018	3899	286
2019	2362	181
2020	2852	1141
2021	2483	1286

第二节　工会建设

2012—2021 年，公司工会紧扣公司中心任务，组织职工建功立业；不断强化自身建设，突出维权、参与、创新职能；突出工会维护职责，努力为职工群众谋利益，工会工作在深化中完善，在改进中提升，在创新中发展，促进了职工队伍素质的提升和生产经营目标的全面实现。

群团工作部集体照（廖晓明　摄于 2023 年）

一、强基固本，全面推进工会自身建设

工会组织与工会干部队伍建设 2012—2016年，持续开展“分工会工作竞赛”活动，不断规范完善考核办法，组织修订《基层分工会管理考核办法》，了解和掌握分工会的动态，鼓励分工会创新活动内容和形式，不断增强分工会的活力。

坚持定期召开工会委员会会议、女职工委员会会议。2012—2021年，共召开56次工会委员会会议，讨论决定工会工作的重大问题。审议通过历年工会经费收支预算、工会各项管理制度、《集体合同》《工资集体合同》《女职工特殊保护专项集体合同》以及职工班组建设、文体活动、岗位技能竞赛申报开支预算等关系职工切身利益的议题。

2015年组织学习全国总工会《关于加强基层工会经费收支管理的通知》（总工办发〔2014〕23号）及福建省总工会等相关文件精神，并结合公司工会经费收支情况展开讨论，调整确定2015年工会经费主要支出事项及标准。讨论并通过福利物品及其他物品的采购、职工球棋类竞赛活动等议题。

2016—2021年度，对历年春节前慰问困难职工名单、春节职工慰问品采购商家、职工（含退休）去世慰问金等问题进行讨论。2017年对公司十一届运动会议题进行讨论并确定。

深化制度建设，全面加强工会工作的规范化建设。审议并修订《工会家访慰问制度》《班组建设管理考核办法》等2个管理办法，制定《工会委员会议事规则》《工会经费使用与管理办法》《职工文体活动兴趣小组管理办法（试行）》《职工代表大会提案管理办法》《职工疗休养管理实施办法》《集体合同管理办法》《工会工作先进个人评选办法（试行）》《工会经费采购管理办法》《工会固定资产管理办法》《职工膳食管理委员会管理办法》等11个管理办法，进一步规范群团工作流程、确定工会经费使用范围和标准、明确报销流程，规定工会委员会议事内容、规则、程序、纪律，明确职工文体活动兴趣小组管理的过程和要求等。

分工会和二级职代会（工代会）换届选举工作 2017年12月下旬至2018年1月初，公司全面进行分工会委员会和二级职代会（工代会）换届选举。各基层分工会充分发扬民主，严格按照《工会基层组织选举工作暂行条例》，圆满地完成换届选举的各项工作。公司8个基层分工会采用无记名差额选举的方式，共选出新一届分工会主席、委员58名。平均年龄38岁，具有大学本科以上文化程度的占89.7%，党员占81%，一般职工占48.3%，女委员占36.2%。同上届相比，委员的整体素质明显提高，代表的结构更趋合理，较好地体现代

表性、先进性和广泛性。2018 年，为强化工会组织建设，成立公司工会第二届女职工委员会，调整充实工会劳动保护监督检查委员会、工会劳动法律监督委员会和劳动争议调解委员会。此次换届选举工作进一步健全了公司的基层工会组织，优化了班子结构，为基层分工会注入新生力量，为公司工会工作再上新台阶奠定良好的组织基础。

提升干部素质，激发群团内生动力　组织群团干部参加全省卷烟工业系统工会干部培训班，学习中国工会十七大精神、工会干部的心理健康与心理调适、公文写作、《福建省基层工会经费收支管理实施办法》等，组织举办公司工会干部及职工代表履职能力提升专题培训，提高广大专兼职工会干部、职工代表的政策理论水平、业务素质和履职能力。组织开展工会干部情商培训、职工家风家教培训、PPT 制作技能培训、工会法律法规培训、全市基层工会财务人员培训班、全市工会劳动法律监督员培训班、职业病宣传周培训教育暨安全设施演示观摩、“安康杯”竞赛现场观摩暨“安全生产月”安全教育培训、“安康杯”新《中华人民共和国安全生产法》教育培训等。不断提升工会干部的法治思维和服务能力，提升群团干部的政治素养、业务能力、服务意识。

二、工会维权机制建设

推进集体合同工作　龙烟工会持续就劳动报酬、工作时间、休息休假、劳动安全与卫生、补充保险和福利、女职工和未成年工特殊保护、职业技能培训、劳动合同管理等事项开展集体协商；协商一致的集体合同草案或专项集体合同草案提交职工代表大会讨论审议。2012—2021 年，共签订 3 轮《集体合同》《女职工特殊劳动保护专项集体合同》，每年开展工资集体协商并签订《工资集体协商合同》。同时，持续开展集体合同履行情况专

2019 年 4 月 23 日，庆祝“五一”国际劳动节暨全国五一劳动奖和全国工人先锋号表彰大会在北京人民大会堂举行。龙烟公司制丝车间一区乙班荣获 2019 年“全国工人先锋号”殊荣。制丝车间一区乙班班长张俊俊作为“全国工人先锋号”获奖代表赴北京领奖（张俊俊 提供）

项检查工作，保证集体合同、工资集体协商和女职工特殊利益专项合同的各项条款落到实处，并及时发现和纠正存在的问题，充分发挥民主渠道，及时发现问题和解决问题，创建更加和谐稳定的劳动关系。

协调企业劳动关系 对照《“龙岩市和谐企业”考评细则（暂行）》中的考评标准逐条逐项对照自查，调整创建和谐企业活动领导机构，制定创建和谐企业工作实施方案，多次组织召开工会委员会进行审议、修订、完善相关配套工作制度，不断推进和谐企业建设。

公司在获得首批“龙岩市和谐企业”的荣誉称号之后，于2012年初荣获“福建省和谐企业”的称号。

三、群众性经济技术活动

组织“安康杯”竞赛 龙烟工会会同公司安全保卫部，持续组织开展“安康杯”竞赛活动，为了使公司“安康杯”竞赛活动更贴近公司生产经营实际，对上年考核情况进行认真分析，进一步修订完善“安康杯”竞赛活动考核内容，以开展各种安全文化活动为手段，加强过程管理，定期开展阶段性检查与工作交流，促进班组安全建设和管理，将职工广泛参加与提高安全健康知识水平相结合，不断促进公司的安全、稳定、和谐发展。

2017 年，2 个班组分别荣获精益安全示范班组一等奖、二等奖；10 个岗位分别荣获精益安全示范岗位二等奖、三等奖；4 个视频分别荣获安全教育培训视频比赛二等奖、三等奖。

2018 年，公司获全省卷烟工业系统“2018 年度‘安康杯’竞赛优胜单位”荣誉称号，以及“精益安全示范车间一等奖”“精益安全示范班组一等奖”“职工安全教育视频培训课件一等奖”等 24 个奖项，所获奖项数量在福建中烟各直属单位中名列前茅。龙烟公司、卷包车间丙班分别被福建省总工会、福建省应急管理厅评为“2018 年度福建省‘安康杯’竞赛先进单位”“2018 年度福建省‘安康杯’竞赛先进班组”。

2020 年，荣获“2018—2019 年度全国‘安康杯’竞赛优胜单位”称号，省公司 2020 年度“安康杯”竞赛安全管理标准化示范班组一等奖 1 个、三等奖 2 个，安全管理标准化示范岗位一等奖 1 个、二等奖 4 个、三等奖 3 个，“我身边的安全小故事”演讲稿征文一等奖 2 篇、二等奖 3 篇、三等奖 4 篇，“我身边的安全小故事”演讲比赛第一名、第二名。

2021 年公司获省公司 2021 年度“安康杯”竞赛安全生产标准化管理示范班组一等奖 4 个、二等奖 1 个、三等奖 1 个，安全生产标准化管理示范岗位一等奖 2 个、二等奖 3 个、三等奖 4 个，特色安全行为规范一等奖 3 个、二等奖

3个、三等奖10个。

职工经济技术创新　龙烟工会深入基层开展工会经济技术创新调研工作，围绕中心工作，以分工会为主体，广泛开展群众性劳动竞赛、合理化建议和“五小”等职工创新创效活动，提高服务发展水平。定期组织开展全公司职工岗位技能大赛活动，将岗位技能大赛与学习技能、岗位练兵紧密结合，将学、练、赛融为一体，提高职工职业技能和整体素质。多次组织员工参加省公司宣传创意征集活动，获奖总数名列福建中烟各直属单位前列。

2017—2021年市级以上“五小”创新大赛奖项一览表

表8-2

年份	项目名称	奖励等级	项目主要完成人	颁发单位
2017	烟梗预处理加工工艺及系统	2017年福建省百万职工“五小”创新大赛一等奖	苏福彬、张伟、李晓刚、廖和滨、徐巧花、蒋家森、郭剑华、江琳	福建省总工会
	叶丝回潮系统	2017年福建省百万职工“五小”创新大赛二等奖	苏福彬、张伟、江家森、温炜琼、郭剑华、李晓刚、徐巧花、廖和滨、江琳、张益锋	
	一种风力送丝系统的物料损失测量系统及方法	2017年福建省百万职工“五小”创新大赛三等奖	廖和滨、邓宏博、李晓刚、江家森、张伟、徐巧花、曾向阳、江琳、苏福彬、陈满金	
	消除滚筒式烘丝机进料中断现象	2017年福建省百万职工“五小”创新大赛三等奖	张海烽、何妮妮、李跃贵、陈秋荣	
	减少大线烘丝干尾量	2017年福建省百万职工“五小”创新大赛三等奖	叶金发、向松、林天勤、郭昇阳、丁聪、廖颖洁	
	降低部门搬运用工成本	2017年福建省百万职工“五小”创新大赛三等奖	赖如超、龚欣、游艺蓉	

续表 8-2

年份	项目名称	奖励等级	项目主要完成人	颁发单位
2017	电子秤前物料流量的控制优化	2017 年度职工“五小”创新成果大赛一等奖	江琳、李晓刚、徐巧花、张伟、廖和滨、苏福彬	福建中烟工业有限责任公司
	一种用于卷烟机喂丝的风力送丝装置及控制方法	2017 年度职工“五小”创新成果大赛一等奖	李晓刚、廖和滨、陈晓杜、江家森、张小杭、曹琦、江琳、章韦玮、郭天文	
	原料出库质量检查工序合二为一	2017 年度职工“五小”创新成果大赛二等奖	林志兴、游文海、吴少军、张增基	
	包装机大条透明纸 u 形刀对应辊快换装置	2017 年度职工“五小”创新成果大赛二等奖	谢庆添、郑东文、陈文明、吴伟	
	烟丝箱的结构优化	2017 年度职工“五小”创新成果大赛二等奖	李武镇、黄许立、胡斌、李文灿	
	一种仓库管理方法和系统	2017 年度职工“五小”创新成果大赛三等奖	郭天文、邱崇坤、卢文俊、蓝占明、杨振宏、林慧	
	多次申请模式的物料托盘入库方法	2017 年度职工“五小”创新成果大赛三等奖	郭天文、林慧、邱崇坤、卢文俊、蓝占明、吴洪亮	
	斜皮带校准工具的改善	2017 年度职工“五小”创新成果大赛三等奖	陈满金	
	切丝机均匀进料控制优化	2017 年度职工“五小”创新成果大赛三等奖	江琳、李晓刚、徐巧花、张伟、廖和滨、苏福彬	

续表 8-2

年份	项目名称	奖励等级	项目主要完成人	颁发单位
2018	卷烟成品入库系统	2018年福建省百万职工“五小”创新大赛一等奖	郭天文、李文灿、卢文俊、黄许立、陈晓杜、曹琦、连彬、李政敏、林郁	福建省总工会
	小盒透明纸包装机辅助剔除装置项目	2018年福建省百万职工“五小”创新大赛二等奖	谢庆添、郑东文、吴伟、陈文明	
	一种卷烟生产质检数据采集方法及系统	2018年福建省百万职工“五小”创新大赛二等奖	曹琦、吴永辉、林郁、林苗俏、苏玲、郭天文、林慧	
	基于批次质量保障的测量设备准确性研究	2018年福建省百万职工“五小”创新大赛二等奖	陈满金、江泉、卢贵龙	
	确保自动导航小车准确接货的物料托盘入库方法和系统	2018年福建省百万职工“五小”创新大赛二等奖	郭天文、邱崇坤、林慧、陈晓杜、何兴昌、陈玮、卢文俊、刘财远	
	一种制丝投料系统及方法	2018年福建省百万职工“五小”创新大赛三等奖	郭天文、李文灿、陈晓杜、林郁、吴永辉、曹琦、刘财远、邱崇坤、林慧、陈玮、卢文俊	
	滤棒库输送系统改造	2018年福建省百万职工“五小”创新大赛三等奖	林庆亮、黄许立、李文灿、郭天文、李武镇、陈少波	

续表 8-2

年份	项目名称	奖励等级	项目主要完成人	颁发单位
2018	提升GDX6GDX6S包装机透明纸裹包外观质量	2018年福建省百万职工“五小”创新大赛三等奖	贺志华、傅明明、陈函、晋宙飞	福建省总工会
	一种YF17A烟支存储斜向通道导板定位座装置项目	2018年福建省百万职工“五小”创新大赛三等奖	林攀、邱勇杰、谢诗辉、江志革、何瑞、郭建灿	
	研制COMFLEX—ML卸盘机防倒盒装置项目	2018年福建省百万职工“五小”创新大赛三等奖	游东峰、曹俊焱、邱崇智、张志彬、吴俊春、游东贤	
	制丝线加香加料系统计量精度的校准方法	2018年福建省百万职工“五小”创新大赛三等奖	江泉、陈满金	
	包装机C600烟包输入输送带压带装置	2018年福建省百万职工“五小”创新大赛三等奖	邱儒超、郑东文	
	卷烟成品入库系统	2018年度职工“五小”创新成果大赛一等奖	郭天文、李文灿、卢文俊、黄许立、陈晓杜、曹琦、连彬、李政敏、林郁	福建中烟工业有限责任公司
	小盒透明纸包装机辅助剔除装置项目	2018年度职工“五小”创新成果大赛二等奖	谢庆添、郑东文、吴伟、陈文明	

续表 8-2

年份	项目名称	奖励等级	项目主要完成人	颁发单位
2018	一种卷烟生产质检数据采集方法及系统	2018 年度职工“五小”创新成果大赛二等奖	曹琦、吴永辉、林郁、林苗俏、苏玲、郭天文、林慧	福建中烟工业有限责任公司
	基于批次质量保障的测量设备准确性研究	2018 年度职工“五小”创新成果大赛二等奖	陈满金、江泉、卢贵龙	
	确保自动导航小车准确接货的物料托盘入库方法和系统	2018 年度职工“五小”创新成果大赛二等奖	郭天文、邱崇坤、林慧、陈晓杜、何兴昌、陈玮、卢文俊、刘财远	
	一种制丝投料系统及方法	2018 年度职工“五小”创新成果大赛二等奖	郭天文、李文灿、陈晓杜、林郁、吴永辉、曹琦、刘财远、邱崇坤、林慧、陈玮、卢文俊	
	滤棒库输送系统改造	2018 年度职工“五小”创新成果大赛三等奖	林庆亮、黄许立、李文灿、郭天文、李武镇、陈少波	
	提升 GDX6GDX6S 包装机透明纸裹包外观质量	2018 年度职工“五小”创新成果大赛三等奖	贺志华、傅明明、陈函、晋宙飞	
	一种 YF17A 烟支存储斜向通道导板定位座装置项目	2018 年度职工“五小”创新成果大赛三等奖	林攀、邱勇杰、谢诗辉、江志革、何瑞、郭建灿	

续表 8-2

年份	项目名称	奖励等级	项目主要完成人	颁发单位
2018	研制 COMFLEX—ML 卸盘机防倒盒装置项目	2018 年度职工“五小”创新成果大赛三等奖	游东峰、曹俊焱、邱崇智、张志彬、吴俊春、游东贤	福建中烟工业有限责任公司
	制丝线加香加料系统计量精度的校准方法	2018 年度职工“五小”创新成果大赛三等奖	江泉、陈满金	
	包装机 C600 烟包输入输送带压带装置	2018 年度职工“五小”创新成果大赛三等奖	邱儒超、郑东文	
2019	MAX1—8 接装机最后烟支切割装置的改进	2019 年福建省百万职工“五小”创新大赛优秀成果一等奖	王己锋、黄建龙、吴俊春、邱勇杰、张初标、邱广阳、卢永锋、黄清发	福建省总工会
	ZJ17 中支卷烟设备的改造	2019 年福建省百万职工“五小”创新大赛优秀成果二等奖	邱勇杰、谢诗辉、郭建灿、林攀	
	包装设备电磁离合器的螺钉限位拉簧复位装置项目	2019 年福建省百万职工“五小”创新大赛优秀成果三等奖	谢庆添、陈文明、邱儒超、吴伟、邓辉、郑东文、江茜、章建伟、朱祖峻	

续表 8-2

年份	项目名称	奖励等级	项目主要完成人	颁发单位
2019	物料入库系统及方法	2019 年福建省百万职工“五小”创新大赛优秀成果三等奖	郭天文、曹琦、李文灿、邱崇坤、林郁、林慧、吴永辉、刘财远	福建省总工会
	一种烟用接装纸耐唾液色牢度的检测方法	2019 年福建省百万职工“五小”创新大赛优秀成果三等奖	邹冠驰、陈风、黄其妹、郑伟涵	
	减少卷烟辅料的消耗	2019 年福建省百万职工“五小”创新大赛优秀成果三等奖	邓春宁、吴忠云、陈庆城、黄夏妮、蒋景强、饶伟、吴雯华	
	一种卷烟包装设备条盒包装机胶缸防松脱装置	2019 年福建省百万职工“五小”创新大赛优秀成果三等奖	邱儒超、吴伟、谢庆添、郑东文、江茜、陈文明、邓辉、戴永津、邱镇川	
	ZJ17 卷烟机废水松纸片吸除装置气源控制改造	2019 年福建省百万职工“五小”创新大赛优秀成果三等奖	谢诗辉、邱勇杰、林攀、郭建灿	
	提高缺条检测设备的运行可靠性	2019 年福建省百万职工“五小”创新大赛优秀成果三等奖	邓春宁、饶伟、吴忠云、章韦伟	

续表 8-2

年份	项目名称	奖励等级	项目主要完成人	颁发单位
2019	MAX1—8 接装机最后烟支切割装置的改进	2019 年度职工“五小”创新成果大赛一等奖	王己锋、黄建龙、吴俊春、邱勇杰、张初标、邱广阳、卢永锋、黄清发	福建中烟工业有限责任公司
	ZJ17 中支卷烟设备的改造	2019 年度职工“五小”创新成果大赛二等奖	邱勇杰、谢诗辉、郭建灿、林攀	
	包装设备电磁离合器的螺钉限位拉簧复位装置项目	2019 年度职工“五小”创新成果大赛二等奖	谢庆添、陈文明、邱儒超、吴伟、邓辉、杨婕、郑东文、江茜、章建伟、朱祖峻	
	物料入库系统及方法	2019 年度职工“五小”创新成果大赛二等奖	郭天文，曹琦，李文灿，邱崇坤，林郁，林慧，吴永辉，刘财远	
	一种烟用接装纸耐唾液色牢度的检测方法	2019 年度职工“五小”创新成果大赛二等奖	邹冠驰、陈风、黄其妹、郑伟涵	
	减少卷烟辅料的消耗	2019 年度职工“五小”创新成果大赛三等奖	邓春宁、吴忠云、陈庆城、黄夏妮、蒋景强、饶伟、吴雯华	
	一种卷烟包装设备条盒包装机胶缸防松脱装置	2019 年度职工“五小”创新成果大赛三等奖	邱儒超、吴伟、谢庆添、郑东文、江茜、陈文明、邓辉、戴永津、邱镇川	
	ZJ17 卷烟机废水松纸片吸除装置气源控制改造	2019 年度职工“五小”创新成果大赛三等奖	谢诗辉、邱勇杰、林攀、郭建灿、陈祥荣	

续表 8-2

年份	项目名称	奖励等级	项目主要完成人	颁发单位
2019	ZJ17 卷烟机蜘蛛手负压控制装路的研制	2019 年度职工“五小”创新成果大赛三等奖	游东峰、邱勇杰、谢诗辉、郭建灿、林攀、李光峰	福建中烟工业有限责任公司
	不合格烟包剔除装置的优化改进	2019 年度职工“五小”创新成果大赛三等奖	陈满金	
	Passim 卷烟机增加光电式搓板堵塞检测装置项目	2019 年度职工“五小”创新成果大赛三等奖	陈祥荣、蒋景强、饶海荣、杨学良、陈卡、程华桂、林成斌、陈东梁	
	提高缺条检测设备的运行可靠性	2019 年度职工“五小”创新成果大赛三等奖	邓春宁、饶伟、吴忠云、章韦伟	
	烟草物料包检测装置和方法、烟草物料处理系统	2019 年度职工“五小”创新成果大赛三等奖	郭天文、李晓刚、廖颖洁、江琳、曹琦、詹和滨、詹建胜、郭剑华、邱崇坤	
	一种 ZJ17 接装机胶前刮纸器装置	2019 年度职工“五小”创新成果大赛三等奖	林攀、邱勇杰、谢诗辉、郭建灿、游东峰、李光峰	
2020	GDX6 包装机涂胶系统刮胶装置的改进	2020 年福建省百万职工“五小”创新大赛优秀成果二等奖	贺志华、陈函、郑东文、苏振茂、晋宙飞、杨添锦、郑巍	福建省总工会
	ZJ17 卷烟机水松纸拼接引纸装置的研制	2020 年福建省百万职工“五小”创新大赛优秀成果三等奖	巫少通、邱勇杰 1、谢诗辉、何端、吴永振	

续表 8-2

年份	项目名称	奖励等级	项目主要完成人	颁发单位
2020	ZJ17 卷接机组封闭式自动供胶装置的研制	2020 年福建省百万职工“五小”创新大赛优秀成果三等奖	林攀、邱勇杰 1、谢诗辉、何端、郭建灿、江志革、李光峰	福建省总工会
2021	“共担质 +”龙烟质量文化体系建设	2021 年福建省百万职工“五小”创新大赛优秀成果二等奖	江晴、林冬梅、林苗俏、陈风、李珮珺	
	烟叶仓库绿化植物对烟草甲成虫的防虫效果对比研究	2021 年福建省百万职工“五小”创新大赛优秀成果三等奖	乐承星、张增基、刘景川、徐仰高、游文海、沈禄恒、赖兰凤、谢丽萍、苏钟福、罗凯、张益兰	
	PROTOS M5 卷接机组 MAX 供胶系统研究改进	2021 年福建省百万职工“五小”创新大赛优秀成果三等奖	王已锋、王启兵、陈镕、张小杭、黄建龙、蒋景强、吴俊春、卢永锋、周武、邱广阳、余滨、翁旭元、欧金乐、张初标、卢振国	
	高架库出入库系统	2021 年福建省百万职工“五小”创新大赛优秀成果三等奖	郭天文、黄许立、郑松潘、李晓刚、刘财远、吴永辉、陈桂平、陈玮	
	“平安龙烟”移动应用	2021 年福建省百万职工“五小”创新大赛优秀成果三等奖	张彩文、林郁、马庆文、江楠、龚欣、江石河、谢清华、李永建、杨佳	
	降低香精香料损耗率	2021 年福建省百万职工“五小”创新大赛优秀成果三等奖	李甘添、叶伟华、张亚博、唐弘慧、孙璐、陈秋荣、张炜	
	“共担质 +”龙烟质量文化体系建设	2021 年度职工“五小”创新成果大赛一等奖	江晴、林冬梅、林苗俏、陈风、李珮珺	福建中烟工业有限责任公司

续表 8-2

年份	项目名称	奖励等级	项目主要完成人	颁发单位
2021	烟叶仓库绿化植物对烟草甲成虫的防虫效果对比研究	2021 年度职工“五小”创新成果大赛一等奖	乐承星、张增基、刘景川、徐仰高、游文海、沈禄恒、赖兰凤、谢丽萍、苏钟福、罗凯、张益兰	福建中烟工业有限责任公司
	PROTOS M5 卷接机组 MAX 供胶系统研究改进	2021 年度职工“五小”创新成果大赛二等奖	王己锋、王启兵、陈镕、张小杭、黄建龙、蒋景强、吴俊春、卢永锋、周武、邱广阳、余滨、翁旭元、欧金乐、张初标、卢振国	
	高架库出入库系统	2021 年度职工“五小”创新成果大赛二等奖	郭天文、黄许立、郑松潘、李晓刚、刘财远、吴永辉、陈桂平、陈玮	
	“平安龙烟”移动应用	2021 年度职工“五小”创新成果大赛二等奖	张彩文、林郁、马庆文、江楠、龚欣、江石河、谢清华、李永建、杨佳	
	降低香精香料损耗率	2021 年度职工“五小”创新成果大赛二等奖	李甘添、叶伟华、张亚博、唐弘慧、孙璐、陈秋荣、张炜	
	GD 包装机烟包拉线质量视觉检测系统的研究与开发应用	2021 年度职工“五小”创新成果大赛二等奖	侯永超、张志彬、蒋景强、钟凌、王启兵、温茂荣、杨学良、陈卡、邓春宁、陈永辉	
	新型烟叶三级筛分系统的研究与应用	2021 年度职工“五小”创新成果大赛二等奖	卢志敏、廖和滨、张伟 3、江琳、袁建明、李晓刚、林天勤、陈满金、卢国华、陈晓峰	

续表 8-2

年份	项目名称	奖励等级	项目主要完成人	颁发单位
2021	柔性烟丝掺配设备自主设计与运用	2021 年度职工“五小”创新成果大赛二等奖	陈秋荣、李腾旭、孙璐、张自燚、叶伟华、李小城、游艺蓉	福建中烟工业有限责任公司
	一种衡量卷烟风力送丝系统优劣的评价方法	2021 年度职工“五小”创新成果大赛二等奖	廖和滨、陈满金	
	构建信息系统建设项目风险防控机制	2021 年度职工“五小”创新成果大赛三等奖	何兴昌、谢永樑、吴永生、蓝占明、伍晓宇、刘雄辉	
	RTS—SL 烟支缓存装置的设计	2021 年度职工“五小”创新成果大赛三等奖	郭建灿、邱勇杰 1、谢诗辉、何端、林攀、李光峰、卢武宇、江志革	
	GDX6S 预切式商标叠供料系统提升器的改进	2021 年度职工“五小”创新成果大赛三等奖	贺志华、陈函、俞晓东	
	堆垛机任务分配的方法以及装置	2021 年度职工“五小”创新成果大赛三等奖	郭天文、李文灿、曹琦、刘财远、林慧、卢达辉	
	包装机拉线防跳线装置	2021 年度职工“五小”创新成果大赛三等奖	钟茂华、郑东文、邱宏、吴伟、邓辉、陈文明、王群文、方鸿、章建伟、谢庆添、施建翔、张蔚敏、戴永津、简文渝	

续表 8-2

年份	项目名称	奖励等级	项目主要完成人	颁发单位
2021	动力废水站调节池变风量联控系统设计	2021 年度职工“五小”创新成果大赛三等奖	陈镕、邓春宁、王己锋、王增东、郭忠明、蔡圣熔、游龙华	福建中烟工业有限责任公司
	提高制丝车间储丝柜底带保养的合格率	2021 年度职工“五小”创新成果大赛三等奖	张纯晖、陈秋荣、魏丹	
	“清风扬帆，一路廉行”廉洁教育游戏	2021 年度职工“五小”创新成果大赛三等奖	黄海、谢清华、姜国新、刘鹏志、江楠、唐弘慧	

加强班组建设 公司工会坚持以思想认识的提高推动班组建设的深入开展，积极组织班组建设经费预算和卓越班组培训工作；持续组织年度班组建设总结评比会，通过 PPT 演示和讲解，交流与分享班组建设先进经验和优秀成果；开展年度优秀班组、优秀班组长的评选工作；公司工会不断完善班组建设考核办法，规范班组建设经费管理，各分工会定期召开班组会，定期组织形式多样的班组活动，自下而上由各车间（部门）每季度进行自我考评，公司班组建设领导小组办公室组织进行年度考评。2012 年 12 月，卷包车间丁班获得龙岩市总工会授予的 “工人先锋号”称号。2013 年，卷包车间启动“创建卷包车间卓越班组管理模式”项目，逐步建立起促进车间生产绩效和提升的班组管理模式。2014 年，组织相关部门人员多次到车间调研班组建设情况，对根据《卷烟工厂班组建设规范》制订的《班组建设实施办法》征求意见和建议，组织召开班组建设制度评审会，对《班组建设实施办法》进行审议，文件于 2014 年初正式发布并实施。2015—2020 年，持续优化《班组建设实施办法》，不断推进班组建设与日常工作有机融合，实现公司班组建设有效提升，推动班组建设工作向广度和深度发展。

四、实施“送温暖”工程

加大关心关爱员工工作力度 公司各级工会精心打造服务职工品牌，努力实施关爱职工行动。进一步建立健全救助帮困送温暖工作长效机制，做到“四季如春”、扎实开展，把党和企业的关怀与温暖及工会组织的真情送到困难职工心坎上。坚持和拓展帮扶送温暖。定期开展工作调研，了解职工的意愿和呼声，对发现的问题及时进行督促整改；上通下联，两级工会尽心尽职做好职工信访、帮助调解职工家庭纠纷、协助办理职工家属丧事，以及日常送温暖、家访谈心、扶贫帮困活动。各基层分工会积极履行职责，及时准确反映职工的呼声和诉求，建立健全困难职工档案，对生活困难、病伤住院、家有丧事的职工及时慰问，让职工真切感受到企业党政和职工之家的温暖。持续出资组织职工参加龙岩市职工医疗互助活动，提高职工医疗保障水平。开展职工疗休养工作，2017 年组织 27 名劳动模范、一线优秀职工外出疗休养。

2013—2021 年度龙烟工会关心关爱员工实施情况表

表 8-3

年份	元旦、春节“两节”慰问		日常家访慰问		发放家属抚恤金		协助办理职工医疗互助	
	人数（人）	金额（万元）	人数（人）	金额（万元）	人数（人）	金额（万元）	人数（人）	金额（万元）
2013	79	7	98	6.10	374	21.091	169	13.989
2014	233	38.44	164	8.05	375	21.103	171	15.088
2015	117	31.40	184	8.22	377	21.988	148	12.787
2016	85	26.6	165	7.39	378	22.685	159	13.998
2017	91	27.4	151	6.83	379	22.973	160	14.056
2018	92	29.7	90	4.62	381	23.067	156	14.4967
2019	91	28.3	212	9.03	390	25.185	191	21.1496
2020	92	44.6	179	7.96	370	27.3832	141	18.2570
2021	60	32.4	203	9.06	369	26.67	136	14.57

发挥职工膳食管理委员会的职能作用 讨论并制定管理工作标准，定期召开工作例会，走访供应商“菜篮子”基地，推进职工食堂餐饮服务质量的提升。

保障会员职工享有正常福利待遇 落实《福建省基层工会经费收支管理实施办法》，让职工会员应有的福利待遇落实到位。持续组织开展元旦和春节、劳动节、中秋节和国庆节工会会员节日慰问品采购发放工作。坚持开展为职工赠送生日蛋糕活动。开展为荣退会员职工服务活动，各分工会（或工会小组）

为年度内退休职工举办荣退座谈会暨欢送仪式、发放退休纪念品。

建设妈妈小屋　2015 年，根据上级工会开展“妈妈小屋”建设文件精神，公司工会前期对制丝、卷包和物流等部门进行需求调查，最终确定在卷包二区一楼建设“妈妈小屋”。11 月初，由公司工会和卷包车间等部门精心布置的“妈妈小屋”正式投入使用。小屋内配置沙发、茶几、桌椅，配备冰箱、储物柜，并设立由屏风围成的私密哺乳室，提供了饮水机、暖奶器、电插座、装有各类孕期及哺乳期消耗品的爱心百宝箱和育儿展板和杂志等物品，给“妈妈”们提供了一个舒适、温馨的休息场所，让光临小屋的妈妈们倍感温暖。2018 年，新增卷包二区、办公楼两处妈妈小屋。

五、评先表彰、弘扬先进

龙烟工会充分发挥先进典型的示范带动作用，激励广大干部职工以先进为榜样，学习积极进取、勇于创新、争先创优的可贵精神，学习爱岗敬业、埋头苦干、刻苦钻研的良好作风，学习精于技艺、淡泊名利、甘于奉献的优秀品质。不断激发广大职工的工作积极性、主动性和创造性。大力弘扬劳模精神、劳动精神、工匠精神，在各自岗位上展示新作为、创造新业绩。

2012 年 4 月 26 日，龙岩市总工会举行全国、省五一劳动奖状、奖章“工人先锋号”颁奖仪式举行，公司总经理廖材河（右三）获颁“福建省五一劳动奖章”（赖志祥 摄）

2012 年度，表彰公司 2012 年度公司标兵 11 名、先进职工 67 名、“优秀班组”3 个、“降耗先进班组”6 个、“降耗先进机组”3 个、“优秀班组长”3 名、“质量之星”7 名、“技术能手”14 名、“龙岩市 2012 年职工技能大赛维修电工获奖选手”1 名。

2013 年度总结表彰会，表彰公司 2013 年度“公司标兵”11 名、“先进职工”65 名、“优秀班组”3 个、“降耗先进班组”6 个、“降耗先进机组”3 个、“优秀班组长”3 名、“质量之星”7 名“技术能手”19 名。

2013 年，公司成立“郑东文劳模工作室”，为弘扬劳模精神、发挥劳模作用提供有效载体。劳模工作室围绕公司生产经营活动中的重点和难点问题，带领团队有的放矢地开展创新和攻关活动。2013年，劳模工作室申报高速机科技项目5项、QC项目8项、专利55项，编纂《GDX6S包装机教材》《PROTOS1—8卷烟机教材》等3本行业统编教材，建立GDX6S包装机和PROTOS—M5卷烟机的行业鉴定题库，带出2支德才兼备、锐意创新、结构合理的维修人才队伍。

2014年度，表彰“精益班组”4个、“精益物耗班组”6个、“精益物耗机组”3个、“精益标兵”11名、“精益先进职工”70名、“精益班组长”4名、“精益质量之星”7名、“精益技术能手”15名、“精益全员改善先进个人”10名。

2015年度，表彰2015年度“突出贡献奖”先进集体3个、“精益班组”4个、“精益物耗先进班组”6个、“精益物耗先进机组”3个、“精益标兵”12名、“精益先进职工”70名、“精益班组长”4名、“精益质量之星”7名、“精益技术能手”7名、“精益全员改善先进个人”10名等。

2016年度，表彰“突出贡献奖”先进集体3个、“精益班组”4个、“精益物耗班组”6个、“精益物耗机组”3个、“精益标兵”12名、“精益先进职工”70名、“精益班组长”4名、“精益质量之星”7名、“精益技术能手”7名、“精益全员改善先进个人”10名。

2017年度，表彰“精益班组”4个、“精益物耗班组”6个、“精益物耗机组”3个、“精益标兵”12名、“精益先进职工”78名、“精益班组长”4名、“精益质量之星”7名、“精益技术能手”23名、“精益全员改善先进个人”10名。

2018年度表彰“精益班组”4个、“精益物耗班组”6个、“精益物耗机组”3个、“精益标兵”13名、“精益先进职工”74名、“精益班组长”4名、“精益技术能手”6名、“精益全员改善先进个人”10名。

2019年度，表彰“先进集体”2个、“精益班组”6个、“精益物耗班组”6个、“精益物耗机组”3个、“精益标兵”14名、“先进职工”151名、“精益班组长”6名、“精益质量之星”12名、“精益全员改善先进个人”10名。同时，多个集体和个人受到上级表彰：制丝车间一区乙班被中华全国总工会授予2019年“全国工人先锋号”荣誉称号；制丝车间技术组组长林天勤被国家烟草专卖局授予“全国烟草行业第七届劳动模范”荣誉称号；党委书记姜志强于4月29日被龙岩市委、龙岩市人民政府授予2019年“龙岩市劳动模范”荣誉称号，龙烟公司及卷包车间丙班分别被福建省总工会、福建省应急管理厅评为“2018年度福建省‘安康杯’竞赛先进单位”“2018年度福建省‘安康杯’竞赛先进班组”，龙烟公司被授予“2018—2019年度全国‘安康杯’竞赛优胜单位”“全国厂务公开民主管理先进单位”称号；郑东文被授予“全国劳动模范”称号；党建工作部、制丝车间被授予“全省卷烟工业系统先进集体”称号，吴永生、苏东冬、詹建胜、王启兵 4 人被授予“全省卷烟工业系统岗位标兵”称号。

2020 年度，表彰“先进集体”2 个、“精益班组”3 个、“精益物耗班组”6 个、“精益物耗机组”3 个、“精益标兵”15 名、“精益先进职工”140 名、“精益班组长”3 名、“精益质量之星”12 名、“精益全员改善先进个人”10 名、“精益技术能手”26 名。

2021 年度，表彰“先进集体”2 个、“精益班组”7 个、“精益物耗班组”6 个、“精益物耗机组”3 个、“精益标兵”16 名、“精益先进职工”152 名、“精益班组长”7 名、“精益质量之星”14 名、“精益技术能手”16 名、“精益全员改善先进个人”10 名、“精益安全卫士”7 名、“精益安全之星”10 名。

六、工会文体活动

龙烟工会坚持把开展丰富多彩的群众性文化体育活动，作为凝聚职工人心、鼓舞士气的重要手段，大力推进企业文化建设，营造和谐文化氛围。

2013 年 6 月 14—15 日，公司举办第十届职工运动会（卢威 摄）

2012—2021 年，定期举办企业第十、十一、十二届职工运动会，定期举办女职工趣味运动会；组队参加龙岩市第十四、十五、十六届运动会；组队参加福建中烟第一届职工运动会；组队参加福建省总工会直属企业工会第二届职工线上运动会等。

组织修订《职工文体兴趣小组管理办法》，规范兴趣小组管理，充分发挥职工文体活动兴趣小组的作用，组织开展小型多样、趣味性强、职工广泛参与的各类文体活动，活动项目涉及篮球、足球、羽毛球、网球、乒乓球、气排球、围棋象棋、瑜伽、健身、书画、摄影摄像、融媒体、读书等等。指导各分工会和班组（工会小组）搞好职工文体活动，指导各业余文体协会全面地开展活动。基层分工会、工会小组因地制宜地开展小型多样、趣味性强、职工参与面广泛的各类文体活动。同时，积极组织参加地方和上级组织的各项文体活动。2012 年，举办第八届职工气排球暨羽毛球、乒乓球、围棋比赛，各分工会共组建93个代表队，共计506名职工参加了比赛；组织160余名职工积极参加由龙岩市政府主办，龙岩市体育局承办的“全民健身与奥运同行”万人健康跑活动；以“庆中秋，迎国庆”主题活动为载体，深入了解职工思想动态，倾听职工的心声，了解职工当前所关注的热点难点问题，积极寻求改进措施，营造和谐文化氛围。2013年，开展“龙烟人相约中国梦”庆中秋迎国庆登山活动，积极参加由龙岩市政府主办、龙岩市体育局承办的“全民健身与奥运同行”万人健康跑活动。2014年，组织公司全体员工进行“庆五一”登山活动，共有1751名职工参加活动；在“中秋、国庆”期间，组织各分工会开展形式多样的“庆中秋迎国庆”职工文体比赛活动；此外，还积极组队参加龙岩市工会系统乒乓球赛和全省卷烟系统羽毛球选拔赛，公司代表队获龙岩市首届工会系统乒乓球团体赛一等奖；组队参加龙岩市“中达杯”桥牌精英赛，公司代表队获得第二名；组织160余名职工积极参加由龙岩市政府主办、龙岩市体育局承办的“全民健身与奥运同行”万人健康跑活动。2015年，组织公司女职工参加龙岩市、区总工会联合举办的“三八”国际劳动妇女节女职工广场舞比赛，共有17个队参加比赛，获得第六名；组织190余名职工积极参加由龙岩市政府主办、龙岩市体育局承办的“全民健身，全民共享”主旋律的万人健康跑活动；积极组队参加福建省全民健身运动会新罗赛区第三十一届“龙川杯”桥牌赛，公司代表队获得第五名；组织参加2015年龙岩市第二届七匹狼杯桥牌锦标赛，获得第三名；组织参加省公司组织的“古田1929”杯乒乓球团体比赛，获得第一名；组织参加“省安杯”桥牌年终双人赛，获得第一名；组织开展公司第九届职工球棋类比赛。2016年，组织参加中国电信第十一届厦门桥牌俱乐部联赛，获得联赛三区第一名的好成绩。2016年7月29—31日，在由龙岩市新罗区文体广电新闻出版局和龙岩市新罗区体育总会主办的福建省全民健身运动会新罗赛区第三十二届“龙川杯”比赛中，公司代表队荣获第一名。2016年，公司在紫金山体育公园举行2016年福建省全民健身运动会——龙岩卷烟工业系统“紫金山体育公园杯”羽毛球比赛；根据市总工会文件要求，做好职工书画及摄影作品上报工作，其中黄爱炜、吴敏、张韬等摄影作品入选并获奖；组织参加2016年“龙岩市首届万人彩跑暨与奥运同行”万人健康跑活动。2017年，组织参加全国“中华”杯第四届烟草行业职工书画大赛；组织开展中国女性生殖健康讲座；组织举办第十届职工球棋类比赛，共设立气排球、乒乓球、羽毛球和围棋4个比赛项目，200余名职工参与了比赛活动。2018年，组织举办“强身健体共创文明风尚，心手相牵共享幸福时光”主题系列文体活动、“学习十九大，经典咏流传”第二届青年歌手大赛、“弘扬中华传统文化，传承传统美食技艺”元宵节包汤圆活动、“三八”国际劳动妇女节女职工电影专场活动、“践行核心价值观，文明悦动绿色行”庆“五一”健步走活动、“‘月’来‘月’好龙烟梦，多姿多彩团青情”中秋“追月”奔跑系列活动、“传承红色基因，绽放青春芳华”减压等系列活动，丰富和活跃职工文化生活，提升职工的幸福指数；组队参加全省卷烟工业系统职工法律法规知识竞赛决赛，荣获团体二等奖。2019年，着力打造两个系列活动，即“坚定青春心向党、建功发展高质量”系列活动与庆祝中华人民共和国成立70周暨“韵动龙烟”全民健身系列活动；组织举办了“凝心聚气汇能量、力拔山河谱新篇”新春开工拔河比赛、异地青年员工“闹元宵”暨“我家乡的年味”分享活动、“蹄疾步稳踏上新征程、巾帼竞芳凝聚‘她力量’”女职工健步走活动、“欢庆五一佳节、文化温暖生活”主题观影活动、“万‘粽’一心聚奋斗力量、和衷共济传家国情怀”端午包粽子活动、“不忘跟党初心、牢记青春使命”青工素质拓展爱国主义教育主题观影活动等文娱体育活动，丰富和活跃职工业余文化生活。组织参加福建中烟“我和我的祖国”职工书画大赛作品征集活动，共选送7幅作品参赛，获得书法类一等奖、二等奖、三等奖各1项，绘画类二等奖、三等奖各1项；选送2名职工参加福建中烟“时代新人说——我和祖国共成长”主题演讲比赛，分获一等奖、优胜奖。2020年，拓宽群众性活动载体，适应新冠肺炎疫情变化趋势，灵活运用线上线下平台开展活动，线上运用“狼的智慧”微信公众号、简道云、省公司管理创新平台等，组织开展了庆祝“三八”国际妇女节女职工线上知识竞答活动、职工摄影作品线上征集活动、职工朗诵比赛作品征集活动、10天阅读挑战赛活动，组织参加省公司“扬帆中支”宣传创意征集活动、全员营销活动、高价位中支新产品开发创意征集等；线下组织开展了品牌大讲堂、亲子共读、短视频创作大赛、工业旅游讲解比赛、端午节包粽子、中秋包月饼等活动。2021年，参加上级文体活动取得丰硕成果，协同福建中烟组织开展职工摄影竞赛作品征集、庆祝建党100周年职工书画大赛、“海丝杯”法律知识竞赛、网络安全知识竞赛、青年职工“学党史、强信念、跟党走”主题讲座、“青百人才”营销实践活动等系列活动；组队参加福建中烟职工篮球和羽毛球比赛，获篮球比赛团体第一名、羽毛球比赛团体第二名；代表福建中烟参加福建省总工会直属企业工会第三届运动会羽毛球比赛获男双冠军；组队参加龙岩市第十六届运动会，95名运动员参加7个项目的竞赛；组队参加龙岩市广场舞比赛，公司获得“优秀组织奖”，选送的节目《古田密码》获得决赛优秀奖。克服疫情限制，积极组织各项文体活动。组织开展爱国主义教育影片观影、庆祝“三八”国际妇女节品牌战略及质量知识线上竞答、女职工代表座谈会、消费者调查问卷题目征集、青年文学交流、亲子歌唱比赛、端午节包粽子、企业文化新理念软硬笔书法比赛、回顾经典读书分享、爱国主题教育公益电影放映活动、党史故事分享会、法制宣传、厂庆日陆地冰壶比赛等系列文体活动。

第三节　共青团建设

一、青年思想政治工作

2012—2021 年，共青团龙岩烟草工业有限责任公司委员会（以下简称龙烟团委）始终将青年团员的思想教育和引领摆在重要位置，通过持续推进主题教育、发挥典型示范引领作用、构建团属舆论宣传阵地等方式，开展青年思想教育和引领工作，激发思想共鸣、凝聚观念共识，从而增强青年对党对团的崇高荣誉感。

十年来，龙烟团委以建设学习型组织为活动契机，采用集中组织与分散学习相结合的方式，认真组织团员青年深入学习有关会议精神，组织开展中国共产党成立 100 周年、中华人民共和国 70 周年、中国共青团成立 90 周年、庆祝五四运动 100 周年活动，喜迎中共十八大、十九大系列活动，加强青年团员的理想信念教育，团结、引领广大团员青年践行“国家利益至上，消费者利益至上”的行业共同价值观，学习贯彻公司生产经营方针，了解行业发展趋势，增强对公司战略目标的认识，既保持危机意识，又对公司发展树立信心。

同时，龙烟团委努力改进、创新工作方式，加强团委青年思想政治工作的号召力和引导力，除了开展常规的学习教育外，还尽可能地去尝试适应青年“口味”的引导。如用一场读书分享会，感受文化的力量；讲一堂微团课，传承红色精神；演一支舞蹈，表达对祖国的爱和祝福；再或者，以五四评优评先表彰、先进青年访谈交流、优秀青年宣传报道等形式树立青年榜样，发挥典型示范引领作用。

2020 年以来，龙烟团委着力推进团组织工作标准化、规范化，激发青工资源潜力。组织团干、团员参加上级组织青工培训，观看福建中烟青年职工成长成才主题讲座，并开设共青团干部技能提升培训、党史学习教育系列专题学习等，共组织 20 余场次培训、学习，受教育达 400 余人。

二、组织建设

在加强团组织自身团干部队伍建设和过程中，龙烟团委以“基层团组织建设年”为契机，进一步加强基层团组织建设，完善团委组织架构，进一步落实

“党建带团建”的要求，加强团干部队伍建设，紧跟企业智慧化建设，探索智慧化团建工作，建立和维护组织、团干、团员“身份信息档案”，从而不断提升团的组织力。

为主动适应新常态，推进工会、共青团协同创新发展，不断提高群团组织服务大局、服务发展、服务职工的能力和水平。2018 年，工会和团委进行了机构整合，合并设立为群团工作部，列为公司职能部门。

为增强团组织内生动力，促进优秀人才脱颖而出，助推共青团工作迈上新台阶，龙烟团委副书记沿用在公司范围内的公开选拔聘用机制，2012—2021 年共公开竞聘选拔 3 次，竞聘过程中成立由公司领导和人力资源部、群团工作部、党建工作部等部门组成的竞聘领导小组和办公室，遵循公开、公平、公正、严肃、竞争、择优的原则，以《党政领导干部选拔任用工作条例》《中国共产主义青年团章程》和公司有关规定为依据，全程跟踪、严格把关、确保选拔出的优秀人才与团委副书记职位匹配。经过公开报名、资格审查、笔试面试、竞聘演讲、组织考察等环节后，经公司党委研究决定、报共青团龙岩市委批准，2012—2018 年，谢海滨任公司团委副书记；2018—2020 年，何妮妮任公司团委副书记，兼任群团工作部（工会办公室）副主任；2020—2021 年，陈城任公司团委副书记，兼任群团工作部（工会办公室）副主任。

严格按照规章制度，办好办细团组织换届工作，认真落实各级团组织团干竞聘相关事宜，以严肃、严谨的竞聘流程强化仪式感的塑造。2012 年 10 月，下发关于基层团组织换届选举的通知，通知明确了此次换届选举的指导思想、工作程序、候选人条件等相关要求，各团（总）支部书记、副书记的产生均严格按照基层组织选举规则的要求，部分支部采用公开竞聘的形式，为优秀人才脱颖而出创造平台，真正使一批思想素质好、业务能力强、在青工中有较高威信的优秀人才走上了共青团的岗位，不仅实现了党组织认可、青工满意的统一，并且为公司未来的发展提供了一批青年后备力量。2019 年，针对公司组织机构改革，基层团组织构成和团员队伍变化的实际情况，龙烟团委重新整合基层团组织，形成了 2 个团总支（卷包、制丝）、3 个团支部（机关、动力、红狼）的建制。

十年来，龙烟团委高度重视选树典型工作，积极将公司选树典型工作与上级团组织选树推优工作相衔接，2019 年，龙烟团委获得福建省“五四红旗”团委标兵称号。此外，李大辉获得“福建省、龙岩市‘见义勇为先进个人’一等奖”以及“第十二届福建青年五四奖章标兵”称号，并被选为中华全国青年联合会第十二届委员会委员；1 个集体获得“福建省青年突击队”称号，2 个集体获得“福建省青年安全示范岗集体”称号，1个集体获得“龙岩市五四红旗团支部”称号；1人获得“福建省优秀共青团干部”称号，1人获得“福建省优秀共青团员”称号，7人获得“福建省青年岗位能手”称号，4人获得“龙岩青年五四奖章”称号，3人获得“龙岩市优秀共青团干部”称号，4人获得“龙岩市优秀共青团员”称号，9人获得“龙岩市青年岗位能手”称号。

2012—2021年龙烟团委组织或个人获得省市级及以上荣誉汇总表

表8-4

获奖年度	获奖集体或个人	奖项名称	颁奖单位
2012	金叶复烤团总支	2011年度龙岩市五四红旗团支部	共青团龙岩市委
2012	曾晓磊	2011年度福建省优秀共青团干部	共青团福建省委
2012	李兰馨	2011年度龙岩市优秀共青团员	共青团龙岩市委
2013	张韬	2012年度龙岩市优秀共青团干部	共青团龙岩市委
2013	李大辉	2013年度福建省青年岗位能手	共青团福建省委
2014	李恺	2013年度“龙岩青年五四奖章”个人	共青团龙岩市委
2015	陈函	2014年度福建省青年岗位能手	共青团福建省委
2015	李大辉	第十二届福建青年五四奖章标兵	共青团福建省委
2015	林豫璋	2014年度龙岩青年五四奖章	共青团龙岩市委
2016	魏镇	2015年度“龙岩市优秀共青团干部”	共青团龙岩市委员会
2016	章韦伟	2015年度福建省青年岗位能手	共青团福建省委
2016	一区在线技改青年突击队	2015年度福建省青年突击队	共青团福建省委
2017	张志彬	2016年度福建省青年岗位能手	共青团福建省委
2017	林慧（自荐）	2017年度龙岩市优秀团员	共青团龙岩市委员会

续表 8-4

获奖年度	获奖集体或个人	奖项名称	颁奖单位
2018	章韦伟	2017 年度龙岩青年五四奖章	共青团龙岩市委员会
2019	林慧	2018 年度福建省优秀共青团员	共青团福建省委
2019	廖颖洁	2018 年度龙岩青年五四奖章	共青团龙岩市委员会
2019	陈卡	2018 年度福建省青年岗位能手	共青团福建省委
2020	王启兵	2019 年度全国青年岗位能手	共青团中央
2020	公司团委	2019 年度福建省“五四红旗”团委标兵	共青团福建省委
2020	郑榕祥	2019 年度龙岩市优秀共青团员	共青团龙岩市委员会
2020	何妮妮	2019 年度龙岩市优秀共青团干部	共青团龙岩市委员会
2020	制丝车间二区甲班	2019 年度福建省青年安全示范岗集体	共青团福建省委
2020	制丝车间二区乙班	2019 年度福建省青年安全示范岗集体	共青团福建省委
2020	王已锋	2019 年度龙岩市青年岗位能手	共青团龙岩市委员会
2020	李大辉	2019 年度龙岩市青年岗位能手	共青团龙岩市委员会
2020	王已锋	2019 年度福建省青年岗位能手	共青团福建省委员会
2020	陈卡	2019 年度福建省青年岗位能手	共青团福建省委员会
2021	黄聪聪	2020 年度龙岩市青年岗位能手	共青团龙岩市委员会
2021	王钦章	2020 年度龙岩市青年岗位能手	共青团龙岩市委员会
2021	何晓玲	2020 年度龙岩市青年岗位能手	共青团龙岩市委员会
2021	许艺滨	2020 年度龙岩市青年岗位能手	共青团龙岩市委员会
2021	姜鹏彬	2020 年度龙岩市青年岗位能手	共青团龙岩市委员会
2021	罗佳	2020 年度龙岩市青年岗位能手	共青团龙岩市委员会
2021	赖兰凤	2020 年度龙岩市青年岗位能手	共青团龙岩市委员会
2021	姜鹏彬	2020 年度龙岩市优秀共青团员	共青团龙岩市委员会

龙烟团委根据《福建省推荐优秀团员作为党的发展对象工作细则（试行）》的要求，坚持28周岁以下团员、青年入党都必须经过团组织推荐的原则，按照推优工作程序向党组织推荐优秀团员作为党组织发展对象。同时团委还定期开展团干培训交流会，不断提高团干部的思想政治素质和业务水平。为树立优秀典型，引领广大青年团员创先争优，2012—2021年，龙烟团委共表彰40个先进集体，643名先进个人。

三、青年活动

龙烟团委紧紧围绕“党建带团建”的指导思想，紧跟党建步伐，结合青年岗位建功目标，带领各级团组织开展攻关活动，号召团员青年发挥主人翁作用，主动破解技术“瓶颈”和工艺难题，把青年朝气蓬勃的精神状态转化为推进公司改革发展的强大动力，为公司高质量发展创造更多价值。

作为青年建功“领航员”，龙烟团委努力搭建各类平台，开展内容丰富、形式多样的活动，提升青工综合素质。2012—2021年，结合生产实际，积极组织青年参与公司科技创新、质量改进、小改小革、合理化建议等各类创新工作；找准班组建设与团青工作契合点，积极开展学业务、提素质活动；深化青年岗位能手评比活动，加大对岗位能手的宣传，引导广大团员青年争做岗位能手。2012年，持续开展“火狼小组”知识讲堂、“微笑服务”岗位活动等特色活动。进一步提升青年突击队、青年岗位技术能手、青年科技攻关、青年安全生产示范岗等创建活动成效。2015年，在一区技改伊始，成立青年突击队，有队员33人，为推动技改工作顺利完成提供有力保障，也为青工成长成才、展示自我提供平台。2016年，组织召开青工与劳模交流座谈会，会议邀请8位公司管理、技术、技能领域的专家能手担任嘉宾，向青工分享了自己对企业发展的回忆、自我成长的经历及成长过程的感悟，并对青工提出的成长困惑进行了解答，就青工如何走好成长之路提出了建议。2017年，组织青工围绕生产经营等工作开展“我为龙烟做贡献”团支部主题实践活动，六项团支部主题实践活动在“五四”表彰会上进行成果发布。2019年，组织广大青工参与“质+小创”工艺活动，开展“提质增效促发展、青春奉献展风采”岗位之星评选、“聚焦卷烟新品、我为品牌代言”活动，搭建服务平台，发挥青年突击队和生力军作用，助力青工成长成才。2020年，通过协助开展省公司“五个一”青年人才培养计划、全员营销活动、公司工业旅游讲解团队培养等工作，深入挖掘青工潜能。通过一系列在团内营造立足岗位建功立业氛围的活动，每一位青年团员将在本职岗位上创造属于自己的价值，并发挥出青年团员突击队和生力军作用，给予青年能够自我实现的价值感。

“要做青年朋友的知心人，更要做青年工作的热心人。”龙烟团委牢记为党育人的根本任务，时刻紧密联系青年，及时主动搭台子、引路子，当好青年成长“服务员”的重要角色。十年来，龙烟团委坚持通过每季度政工例会、团支部书记联席会、网络调查等形式，多渠道了解和掌握不同岗位、不同年龄阶段青年的思想动态，了解青工的需求，及时反馈，并将青工的实际需求与企业发展相结合，积极开展各项主题活动，切实服务青工的成长需求，促进青工队伍的和谐稳定。2013 年，着力打造“服务型团队”，不断加强青工队伍建设，不仅为新进职工提供接收包裹、寻租住房、答疑解惑等帮助，还通过编写青工职业发展小手册，介绍职业发展体系与发展，为新晋职工更快更好地适应、融入龙烟大家庭奠定坚实基础；随着信息时代的到来，龙烟团委与时俱进，全面开启“新员工关怀”行动，为新进职工量身打造衣、食、住、行全方位攻略，并以推文形式发布在“狼的智慧”公众号，方便职工随时随地查看。2014 年起，坚持“党建带团建”的工作方针，在每年五四青年节来临之际，组织召开青工交流座谈会，收集青工意见，通过现场面对面、心贴心的沟通解答、会后持续解决等方式，在公司管理层与普通青工间架起沟通交流的桥梁与纽带。对于超龄离团青年，通过举办离团青工座谈会、离团仪式，让所有离团青年感受到团组织的关怀和温暖。此外，龙烟团委关注异地青年的心理动态，依托“我们的节日”专题活动开展异地青年员工“闹元宵”暨“我家乡的年味”分享活动、一对一结对子共享年味活动等，让青年们都感受到公司大家庭的相守相伴。

在组织开展文体活动方面，龙烟团委积极分解并开展与青工相关的文明创建工作，动员青年团员共同助力全国文明单位创建，坚持以“凝聚人心、激发活力”为工作方向，开展青工喜闻乐见的文体活动，并不断创新活动形式。2012 年，组织开展“贺甲子，行节约”主题宣传教育活动，在广大员工中倡导低碳、环保、生态理念。组织 30 名长跑运动爱好者加入福建中烟方阵参加第十届厦门国际马拉松赛，为企业品牌宣传贡献力量；组织开展与市委办的联谊晚会；与市第一医院团委开展青工联欢活动；与龙岩移动公司开展羽毛球、篮球系列友谊赛；卷包车间与三华彩印公司团支部在富健俱乐部举办主题为“华彩三月，卷绎青春”联谊活动；卷包车间团总支开展英雄榜揭榜仪式暨“感恩故事大讲坛”演讲比赛；卷包车间团总支举办“青春 传承 感恩 奉献”文艺晚会；团委组织开展“通运杯”篮球赛；制丝车间举办“喜迎十八大，青春展风采”文艺晚会；团委组织开展“喜迎十八大，青春献龙烟”暨 2012 年迎新晚会等。2014 年，开展拔河赛、包汤圆、包粽子等富有中华传统特色的活动，在员工中弘扬中华传统文化的同时，进一步培养青工“吃水不忘打井人”“厉行节约、反对浪费”的精神；举办“祖国在我心中”歌咏比赛，参赛人员包含公司领导、在职员工、离退休人员。2016年，协同团市委组织开展全市企事业单位青工联谊活动以及与人保财险龙岩分公司联合开展青工联谊活动，共有26名青工参加活动。2019年，召开“五四”表彰暨“激昂青春、红心向党”微团课比赛，“致敬青春、向心同行”主题团日活动、“欢庆五一佳节、文化温暖生活”主题观影活动、“微团课”演讲比赛、“万‘粽’一心聚奋斗力量、和衷共济传家国情怀”端午包粽子活动、“不忘跟党初心、牢记青春使命”青工素质拓展、“时光青春、整装再出发”超龄离团仪式暨青工趣味活动和爱国主义教育主题观影活动等文娱体育活动，丰富和活跃职工业余文化生活；积极参加上级举办的各项文体活动，取得丰硕成果；组织选送节目参加“青春心向党·建功新时代”福建省各界青年纪念五四运动100周年主题会演活动。2020年，组织开展微团课大赛、2019年入职青工周年仪式暨心路历程PPT演讲比赛、品牌大讲堂、亲子共读、短视频创作大赛、工业旅游讲解比赛、端午节包粽子、中秋制作月饼等活动，丰富和活跃职工业余文化生活。2021年，积极参与组建龙岩新时代文明实践红古田基地，着力打造“开放、友好、贡献”的多元阵地，吸引50余家市级以上文明单位前来开展活动全市200多家单位的志愿服务队汇聚于此，举办文明实践活动78场、志愿服务活动336场，招募志愿者1865名，志愿服务总时长超4000小时。

2019年9月24日，公司组织开展“不忘初心、牢记使命”一线岗位实践志愿服务。图为公司党委书记姜志强率先垂范，带头清洁设备（余硕宁 摄）

以开展中国共产党成立100周年、中华人民共和国成立70周年，中国共青团成立90周年活动、纪念五四运动100周年活动，喜迎中共十八大、十九大等富有时代气息的活动为载体，提升青年团员爱岗敬业、无私奉献的意识。2019年，龙烟团委积极组织筹备共青团纪念五四运动100周年专题活动，选送节目“歌舞青春、共谱华章”情景歌舞表演参加“青春心向党·建功新时代”福建省各界青年纪念五四运动100周年主题会演活动，组织选送《乘风起航》

《不忘初心》2 个节目参加福建中烟“礼赞新中国、奋进新时代”职工文艺会演。获得广泛好评。2021 年，龙烟团委承接“党史百年　红色龙烟”大型晚会及快闪活动人员配备、节目排练、质量跟踪、后勤保障工作，12 月 30 日，晚会在龙岩侨声影剧院上演，取得圆满成功。

四、青年品牌工作

龙烟团委积极担当，主动作为，集结青年力量，做优做强青年品牌工作，以培养青工使命感、责任感和奉献意识为出发点，以青年志愿服务活动为载体，擦亮志愿服务“金字招牌”。2012—2018 年，积极组织青工前往医院、社区、福利院、贫困山区学校开展志愿服务活动，累计组织开展 100 余次志愿服务活动，出动青年志愿者 1600 余人次。如，向东肖福利院捐赠 2 台空调，并组织志愿者开展志愿服务活动；青年志愿者配合书法协会为职工义务写春联活动；分别组织公司青年志愿者前往龙岩市街心广场、东肖福利中心开展志愿者服务活动，以实际行动喜迎学雷锋日；动力车间团支部组织开展无偿献血活动、“迎三八、送温暖”义务维修电脑活动；制丝车间与质管部前往东肖福利院开展“用心关爱，关注成长”主题活动；组织开展“通运志愿服务走进社区”活动；卷包车间组织志愿者前往永定县特殊学校，开展“开启童心，让爱飞翔”助残活动；先后两次组织“服务进社区”活动，制丝车间、卷包车间先后组织青年志愿者前往胡坑烟区、康乐养老院、市第三医院等地开展志愿服务活动。由原先打扫卫生、配钥匙、量血压等简单服务形式向节日慰问、发放健康手册、交流谈心、维修电脑等新形式转变。

2018 年，龙烟团委积极响应上级号召，全面进驻“志愿汇”App，从志愿者管理培训、时长记录、荣誉激励、相关政策和法律保障等五个方面深入推进志愿服务信息化、制度化建设。截至 2021 年，龙岩烟草工业有限责任公司志愿服务队共有志愿者人数 978 人，累计志愿时长 4737 小时，累计签到活动次数 302 次，志愿服务活动频率和人员参与面大幅增加，不仅积极参与龙岩市组织的“暖冬行动”“学雷锋服务一条街”“志愿服务驿站”等活动，还联合市交警支队成立“文明交通志愿服务队”，定期组织青年志愿者前往中心城区开展文明交通协管、文明出行劝导活动，在公司更是常态化开展义写春联、爱心捐书、无偿献血、重阳义诊、便民服务、生态环保志愿服务以及运动会志愿服务等活动。

在抗击新冠肺炎疫情中，龙烟团委号召全体团员青年一切行动听指挥，积极为抗击疫情做贡献。一支由 100 余名龙烟青年组成的防疫突击队，他们有的争做联络“生力军”，每日收集职工身体异常情况信息，汇总统一上报部门；

有的争做宣传“排头兵”，线上解读和宣传《龙烟职工健康防护指南》，制作防疫工作相关横幅、快讯、推文、板报；有的争做厂区“守门人”，每天准时到岗对高峰期间进厂人员和食堂就餐人员严格执行体温检测，守护厂区平安。

十年来，龙烟团委扎实推进龙岩共青团落实“我为群众办实事”实践活动，为青少年成长提供新助力，通过持续做好爱心助学活动，吹响龙烟“希望工程”号角。2012—2021 年龙烟团委继续响应龙岩市“希望工程・圆梦行动”项目，代表公司捐款共计 90 万元，资助贫困学生人数 694 人（具体明细见表 8–4）。同时，携手北京市烟草专卖局，组织前往小澜村开展爱心助学活动，向小澜小学捐赠提供 4 万元的课桌椅以及 50 台教学电脑，极大改善了学校教学硬件；在永定开展“七匹狼通运学子”金秋助学活动，共资助 15 名贫困大学新生、42 名贫困高中生，捐助资金超过 10 万元；资助长汀、连城、武平的困难大学新生 12 名。龙烟团委还注重将爱心活动与青工的思想教育相结合，选派部分团干、青工前往爱心助学活动现场、帮扶村参与捐赠活动，参观、感受当地孩子的学习的环境和贫困生活，增强青工的责任感、使命感。

2012—2021 年龙烟公司资助贫困学生情况表

表 8–5

年份	名称	资助金额（万元）	资助贫困学生人数（人）
2012	“7 匹狼通运学子” 助学金	15	69
2013	“7 匹狼通运学子” 助学金	15	37
2014	“7 匹狼通运学子” 助学金	15	52
2015	“古田 1929” 希望工程助学金	22	100
2016	“古田 1929” 希望工程助学金	26	110
2017	“古田 1929” 希望工程助学金	26	80
2018	“古田 1929” 希望工程助学金	26	80
2019	“古田 1929” 希望工程助学金	26	56
2020	“古田 1929” 希望工程助学金	26	52
2021	希望工程助学金	28	58

公司团委根据青工特点，坚持与时俱进，不断完善网络传播平台，坚持做好每季度一期的电子团刊——《青春日记》的制作与发布工作，2012—2016年累计发布20期，以专题的形式，图文并茂地记录了青工工作、文化生活精彩瞬间。为适应新时代融媒体运营，龙烟团委于2012 ~ 2019年开通并运营新浪微博、腾讯微博，内容时时更新，第一时间发布公司快讯、团委动态、文明礼貌短语和小故事等，累计发布信息3200条，倡导网络正能量，把好意识形态风向标。2019年起，龙烟团委暂停更新外部宣传端口，将宣传工作全面合并至公司“狼的智慧”公众号。

第四节 学会与协会工作

福建省烟草学会龙烟公司分会、龙烟公司科学技术协会（以下简称“两会”）于1991年7月28日成立，“两会”成立为促进龙烟科技工作与提高企业的技术创新、工艺创新能力结合，加快科技成果向生产力的有效转化，加强学术交流提供了平台。

一、总则

“两会”认真执行福建省烟草学会章程、组织通则，其宗旨是：以经济建设为中心，坚持科技是第一生产力的思想，团结和动员广大科技工作者和经济工作者，倡导献身、创新、求实、协作的精神，发挥桥梁和纽带作用，为促进烟草科技事业的发展和公司的科技进步做出积极的贡献。

二、科技管理

科技创新组织机构 2012年11月，龙烟公司发布关于调整第六届科学技术委员会、专家委员会成员的通知。根据《科学技术委员会、专业委员会管理办法》的规定，调整科学技术委员会（设主任1名，副主任1名，下设成员12名），专家委员会（设主任1名，副主任2名，下设成员36名），科技办成员（设主任1名，副主任1名，下设成员2名）。

2018年7月，龙烟公司发布关于成立第七届科学技术委员会和专家委员会的通知，明确科技委、专家委以及科技办公室的主要职责：科技委是公司科学技术方面的最高决策机构，专家委是公司科学技术方面的评议、咨询和参谋组织，科技办公室负责处理公司科技委和专家委的日常事务。调整科技委成员（设主任1名，副主任2名，下设成员9名）；调整专家委员会成员（设主任1名，常务副主任2名，副主任委员9名，特邀委员3名），并将专家委员分为七个专业领域；调整科技办公室成员（设主任1名，副主任1名，下设成员

4名）。

2021年，龙烟公司发布关于调整创新管理组织机构的通知，调整公司创新管理委员会、专业管理委员会和创新管理办公室成员，优化部分职责，增设创新专家委员会。创新管理委员会设主任1名，由公司党委书记担任；设副主任1名，由总经理担任；下设委员15名。专业管理委员会共分为六组，分别为：设备装备委员会、质量工艺委员会、信息技术委员会、人资党建委员会、生产管理委员会以及综合管理委员会，每个委员会设组长1名、副组长1名、专员1名以及若干一级委员、二级委员。创新专家委员会设主任1名，副主任1名，专员1名，下设成员10名。创新管理办公室设主任1名、副主任1名，下设成员25名。

科技创奖 2012年，公司共申报科技项目42项，经专家梳理及评审，共36项列入2012年公司科技计划项目；推荐15项项目参加中烟公司科技项目立项评审，列入2012年中烟公司科技项目计划共11项。在科技管理实施中，公司坚持适度、灵活多变的原则，遵循“规范管理、持续改进”的方针，加强科技管理和激励制度建设，形成一系列文件，主要包括项目管理办法、专家委管理办法、科技进步奖奖励办法、科技先进集体及科技个人评比办法等相关内容的文件，进一步使科技管理和激励工作规范化、制度化、程序化，并在实施过程中不断根据实际情况和发展情况进行完善、改进。共评选出3个科技先进集体及20名科技先进个人，并获龙岩市科技进步二等奖1项，通过龙岩市科技局验收2项。

2013年，组织当年创新项目申报、立项评审和推荐，开展项目过程检查。科技项目方面，部门申报32项，公司同意立项24项公司级、7项部门级；推荐省公司申报11项，立项9项，结转17项，合计26项；11月组织公司项目验收，通过验收18项，省公司科技项目验收通过5项。公司科技项目申报评奖34个，共评出二等奖5个，三等奖10个，鼓励奖10个，完成奖9个。共计达成科技成果34项、行业标准2个、科技（管理）论文80篇、专利111项、软件著作权13件。

2014年，公司申报科技项目32项，此次立项评审原则以鼓励创新为主，项目评审等级分为公司级、部门级，经专家评审，共24个评为公司级项目，5个项目评为部门级项目。合计2014年公司在研的中烟公司科技项目共24项；组织9项参加中烟公司科技项目验收，均通过验收；组织并通过2项龙岩市科技局项目评审；组织参加福建中烟科技进步奖评奖，获奖情况为：与福建中烟合作项目一等奖 1 项，与厦烟合作二等奖 1 项、三等奖 1 项、鼓励项 2 项。

2015 年，组织公司创新项目立项评审，申报并立项 13 个公司级科技项目，推荐申报省公司科技项目 7 项；申报公司科技进步奖 28 项，经专家评审，共计获得二等奖 4 个、三等奖 9 个、鼓励奖 14 个、完成奖 1 个。

2016—2017 年，在组织架构方面，龙烟根据行业特点和自身要求，建立以公司一把手为主任、各部门主要负责人为成员的科技领导小组——科技管理委员会，负责组织公司创新发展规划、重大技术攻关、技术创新和成果转化工作的实施；委员会下设办公室，由企业管理部主任兼任办公室主任，专门负责创新管理制度的制订、创新工作的开展、创新项目的过程管理、验收、创新成果转化、创新奖励等日常工作。在制度完善方面，近两年，公司对《创新项目管理办法》《创新激励管理办法》《科技委、专家委管理办法》《科技先进个人、先进集体评比办法》《QC 小组活动管理办法》《全员改善管理办法》等管理制度全面进行优化，从创新项目的管理、创新成果的奖励、专家的保证、创新个人和集体的激励等方面来持续完善公司的创新体系。在机制优化方面，龙烟 2017 年开始探索项目化管理，尝试将项目立项和成果评奖进行解绑，宽容失败、鼓励创新。持续完善专业带头人和技术专家制度，林郁、李晓刚成为省公司技术带头人、张伟为省公司技术专家，蒋景强、郑东文被评选为省公司第一批“精工带头人”，林天勤、黄闽龙、邱勇杰、黄建龙被评选为省公司第一批“精工能手”。注重技能人才培养，组织开展职业技能鉴定、职业技能竞赛，自主开发培训教材和题库，积极培养一批具有“工匠精神”的技能队伍。2 名电气维修工参加福建省电工职业技能竞赛（省级一类赛），获得了职工组第 2 名和第 3 名的优异成绩；钟茂华获得冀闽鲁豫桂烟机设备操作职业技能竞赛包装 GDX2 机型第 2 名。成立创新工作室，带领自主团队，开展“制丝梗线双加料系统设计、制造、编程、安装调试”“制丝车间 A1 切丝机自主维修”“制丝烘丝温度传感器在线 PLC 校准系统的设计和实施”“提高小包透明纸烟包密封度的稳定性研究”“COMFLEX—SL 三维监控系统的自主研发”等自主项目，为公司的科技人才育成和科技创新孵化提供重要补充。共完成科技成果 27 项，其中省公司级成果 15 项，龙岩市级成果 2 项；获得授权专利 79 件，其中发明专利 41 件；参加 7 个行业标准制订；发表科技论文 117 篇，其中核心期刊论文 7 篇；QC 成果 45 项，其中国家优秀 QC 成果 8 项。2016 年和 2017 年获得轻工业质量信得过班组及优秀质量管理小组活动优秀企业。

2018 年，公司组织参加科技项目验收共 11 项，其中 9 项通过验收。组织创新（科技）成果评奖，共 14 个项目参加评奖，获一等奖 1 个、二等奖 2 个、三等奖 5 个、鼓励奖 6 个。

2019 年，开展省公司项目立项、验收和评奖工作，提交各类申报材料 115 份，荣获一等奖 1 个、二等奖 5 个、三等奖 3 个；开展外部荣誉申报，编写提交“基于战略的管理体系全面整合创新实践经验”，申报中质协“2019 年度质量标杆”；编写提交“基于大数据的过程质量智能化精益控制”，申报中企联“第二十六届全国企业管理现代化创新成果”。

2020 年，获得福建中烟科技进步奖二等奖 2 个、三等奖 3 个，公司内部评选科技进步奖成果 21 项，其中技术创新成果 7 项、管理创新成果 11 项、推广应用成果 3 项，表彰创新先进个人 20 人。在第九届福建中烟职业技能竞赛暨“七匹狼杯”第二届烟机设备操作职业技能竞赛中获一等奖 5 个、二等奖 6 个，卷接与成型和制丝获团队奖。职工王启兵获全国青年职业技能大赛维修电工组第 19 名，获得“全国青年岗位能手”称号。

2021 年，以六大专业委为过程管理主体，以专家委指导提升对外创奖质量，创新管理组织机构运行日渐成熟。公司项目立项 105 项，省公司科技项目立项 25 项（其中重点项目 7 项、一般项目 17 项），组织省公司科技项目验收 10 项，获得省公司科技进步奖二等奖 2 项，2021 年公司共申报专利 86 项，其中发明专利 45 项、实用新型专利 41 项；授权专利 48 项，其中发明专利 16 项、实用新型专利 32 项。

2011—2021 年市级以上管理项目奖项一览表

表 8-6

年份	项目名称	奖励等级	项目主要完成人	颁发单位
2017 年	构建龙烟公司改进流程优化管理机制	第一届管理创新奖重点项目三等奖	罗旺春、林彬、郭沁、江石河、张学宝、卢婉舒、黄魁翊、张文、吴永生、饶伟、廖清亮、卢建峰、卢洪光、邱敏、谢勇、徐仰高	福建中烟工业有限责任公司

续表 8-6

年份	项目名称	奖励等级	项目主要完成人	颁发单位
2017 年	推行作业成本核算，优化成本管理控制	第一届管理创新奖职能级创新型项目一等奖	张志英、张德坤、陈萍娥、贺水平、林兆江、邹甫、刘雄辉、何兴昌、卢金莲、孙昕、陈伟、戴雪琴、郭向方、邓小梅、曾宪洪、方德兴、沈永炎、陈燕华、郭钰枫、简俊堂	福建中烟工业有限责任公司
	基于数据挖掘和应用的财务信息分析平台建设	第一届管理创新奖职能级创新型项目鼓励奖	张志英、陈萍娥、张德坤、何兴昌、贺水平、林兆江、卢金莲、孙昕、陈伟、戴雪琴、郭向方、邓小梅、曾宪洪、方德兴、沈永炎、陈燕华、郭钰枫、简俊堂	
	生产绩效多维分析系统应用研究		张玮、罗旺春、马庆文、张德坤、陈萍娥、刘佳莉、张聪生、彭海华、罗旌阁、魏镇、张建伟、林兆江、贺水平、苏铃、李珮珺、黄哲源、马志远、赵阳、张楷兴、魏海锋、许可、黄夏妮	
	精益改善深化机制研究建设	第一届管理创新奖职能级精益项目一等奖	林启红、李容恩、苏东冬、陈志平、谢仁聪、郑嘉惠、罗旺春、赖征升、邱健 2、陈登峰、黄许立、胡斌、江楠、刘雄辉、孙璐	
	制丝一区大小线生产衔接效率影响因素分析与提升	第一届管理创新奖职能级精益项目三等奖	钟文焱、林启红、张俊俊、赖如超、郑文、卢洪光、郭剑华、马庆文、吕忠宣、龚欣、陈妍、廖颖洁、张海烽、李跃贵	
	构建制丝出丝率统计与分析模式	第一届管理创新奖职能级精益项目鼓励奖	马庆文、张海烽、陈妍珣、余根丽、林天勤、卢贵龙、徐志刚、卢洪光、赖如超、林慧、杨振宏、林曦、陈萍娥	

续表 8-6

年份	项目名称	奖励等级	项目主要完成人	颁发单位
2017 年	控制元素分析法在保障“招标采购‘真招实招’”机制有效性的应用研究	第一届管理创新奖职能级基础管理项目二等奖	游小虎、郑振育、张启东、饶伟、马建强、卢晓红、邹勇、刘鹏志、刘雄辉、陈文钦、陈晓红、苏慧彬、许小玲、江 楠、卢纯珏、陈伟	福建中烟工业有限责任公司
2018 年	卷包车间烟用胶水合理化管控	第二届管理创新奖职能级精益项目鼓励奖	邱敏、李荣恩、许泽霖、徐昱、王韵兰	
	减少小线松散回潮后片烟结块率		林豫璋、卢洪光、向松、张海烽、张自燚、宋旭东、曲修虎、张纯晖、张俊俊	
	提高 1140 线 RC80 入口烟丝温度合格率		黄津焕、胡溪、赖如超、叶伟华、钟晓盛、温炜琼、姜国新、陈妍珣、徐志刚、卢建敏	
	提高大线烘丝机出口水分的 QI 得分	福建中烟工业有限责任公司	张自燚、郑文、阙辉鉴、向松、林天勤	
	减小大线烘丝入口水分标偏		向松、郭剑华、林豫璋、张自燚、宋旭东、曲修虎、马建化	
	减少大线烘丝干头干尾量		林天勤、曲修虎、叶金发、卢贵龙、丁聪、马建化、梁荣春、向松	
	基于领导关注的问题闭环管理平台研究建设	第二届管理创新奖职能级基础管理项目三等奖	廖材河、罗旺春、谢仁聪、陈志平、江楠、严荣金、刘佳莉、张玮、林彬、刘雄辉	

续表 8-6

年份	项目名称	奖励等级	项目主要完成人	颁发单位
2018 年	卷烟产品产量数据质量风险管控平台搭建	第二届管理创新奖职能级基础管理项目三等奖	连彬、郭天文、卢文俊、章韦伟、郭笑花、张文、张伟国	福建中烟工业有限责任公司
	构建制丝车间日生产安排模式	第二届管理创新奖职能级基础管理项目鼓励奖	赖如超、张俊俊、吕忠宣、林启红、叶伟华、卢维鑫	
	“四种形态”应用机制建设		游小虎、马建强、刘鹏志、卢晓红、王晓武、刘涵、李兰馨、陈登峰	
2019 年	数据架构梳理及相关 IT 改造规划	第三届管理创新奖重点项目二等奖	张玮、刘佳莉、詹灿芬、罗旺春、蓝占明、林彬、郑松潘、彭海华、徐昱、张建伟、江石河、张学宝、陈萍娥、林兆江、贺水平、马庆文、连彬、张聪生、严荣金、陈志平、刘雄辉	
	以目标为导向的制丝 OEE 数据保障与应用项目	第三届管理创新奖职能级创新型项目三等奖	詹建胜、赖如超、李汉瑞、刘喜利、廖颖洁、阙辉鉴、叶伟华、卢贵龙、张俊俊、张光垚、姜裕坤、卢维鑫、张海烽、林豫璋、陈扬	
	构建基于生产价值链的成本控制体系		陈萍娥、詹灿芬、张德坤、孙昕、贺水平、林璐琪、潘小敏、张伟国、林曦、陈燕华、戴雪琴、邓小梅、曾宪洪、方德兴、沈永炎、郭钰枫、简俊堂	
	制丝作业管控系统建设	第三届管理创新奖职能级创新型项目鼓励奖	张光垚、赖如超、李汉瑞、钟文焱、卢洪光、阙辉鉴、郑文、吕忠宣、郭剑华、马庆文、王晓武、黄鸿蔚、束丹青、刘喜利、何妮妮、张益锋、徐志刚、苏兴亮、叶伟华、林慧	

续表 8-6

年份	项目名称	奖励等级	项目主要完成人	颁发单位
2019 年	减少 1140 膨胀线风选后干冰结团量	第三届管理创新奖职能级精益项目鼓励奖	雷璨、张益锋、温炜琼、李腾旭、廖明华、魏海锋、宋旭东、黄庭彪	福建中烟工业有限责任公司
	物流设备点检规范的优化	第三届管理创新奖职能级基础管理项目鼓励奖	李武镇、苏雅钟、黄许立、高寿泉、黄维新、李文灿、马志远、黄哲源、林庆亮、吴少军	
2020 年	中细支卷烟关键制造技术研究	第四届管理创新奖重点项目鼓励奖	姜志强、林苗俏、陈妍珣、邱勇杰、范清宇、余根丽、江家森、林冬梅、陈风、王喜春	
	构建基于流程的全面风险管理体系	第四届管理创新奖职能级创新型项目二等奖	林彬、卢婉舒、邱梅胜、郭沁、蓝占明、吴永生、游秀红、蔡圣熔、谢清华、卢洪光	
	片烟垛位化管理体系的建立		刘景川、林郁、包可翔、游文海、乐承星、沈禄恒、邱崇坤、赖兰凤、谢丽萍、吴少军	
	基于群智创新的众包管理模式研究与应用	第四届管理创新奖职能级创新型项目三等奖	谢永樑、张彩文、蓝占明、吴永生、罗旺春、马庆文、谢仁聪	
	基于信息平台的供应商管理模式研究与应用	第四届管理创新奖职能级创新型项目鼓励奖	陈盛慈、卢建峰、陈风、苏铃、卢达钊、邱崇坤、曹琦	

续表 8-6

年份	项目名称	奖励等级	项目主要完成人	颁发单位
2020 年	构建制丝数据化管理分析运用机制	第四届管理创新奖精益项目三等奖	张俊俊、赖如超、张光垚、张自燚、李腾旭、李小城、林曦	福建中烟工业有限责任公司
	龙烟创新体系整体升级优化	第四届管理创新奖职能级基础管理项目三等奖	郑嘉惠、蓝占明、谢仁聪、吴永生、詹建胜、罗旺春、陈满金	
	构建党员积分管理体系	第四届管理创新奖职能级基础管理项目鼓励奖	胡斌、刘理建、陈斯佳、黄海、熊淦源、巫洪海、张伟 2	
	卷烟生产过程虫情综合防控研究		姜志强、罗旺春、陈风、张自燚、范清宇、郝冀中、雷振宇	
	采购法律风险管控机制优化	第四届管理创新奖职能级基础管理项目鼓励奖	卢纯珏、黄魁翊、陈志平、苏慧彬、许小玲、陈伟	
	基于制丝柔性生产模式的综合性研究		叶伟华、赖如超、李汉瑞、李甘添、张海烽、陈扬、孙璐	
	批次质量管理追溯与评价应用	第四届管理创新奖成果推广应用项目鼓励奖	王喜春、曹琦、林苗俏、詹露、郭天文、郑松潘、邱小梅	
	基于“三闭环”的分级内审管理模式	第四届管理创新奖成果推广应用项目鼓励奖	郭沁、林彬、蓝占明、卢婉舒、邱梅胜、吴永生、谢永樑	

续表 8-6

年份	项目名称	奖励等级	项目主要完成人	颁发单位
2021 年	中细支卷烟关键制造技术研究	第五届管理创新奖重点项目二等奖	林苗俏、姜志强、钱继春、林冬梅、王喜春、余根丽、范清宇、邱勇杰 1、陈妍珣、陈风、江家森、邹冠驰、苏铃、李珮珺、邱广阳	福建中烟工业有限责任公司
	员工职业成长积分体系构建与应用	第五届管理创新奖职能级创新型项目一等奖	熊淦源、邱健、苏东冬、陈登峰、谢仁聪、赖征升、郑嘉惠、吴永生、蓝占明、黄小鸥、陈赛蓉、江楠、张彩文、王俊皆、黄河	
	设备维修队伍激励约束机制优化构建与应用	第五届管理创新奖职能级创新型项目三等奖	张益兰、饶伟、吴忠云、谢小芳、刘喜利、钟凌、李汉瑞	
	构建制丝设备维护人员“五阶成长”模式		刘喜利、苏兴亮、林天勤、阙辉鉴、李汉瑞、詹建胜、赖如超	
	基于业财融合的财务管理机制探索和应用	第五届管理创新奖职能级创新型项目鼓励奖	陈萍娥、张德坤、孙昕、陈燕华、潘小敏、林璐琪、蒋剑清	
	面向创新情报的知识管理模式研究与应用		谢永樑、吴永生、郑嘉惠、何兴昌、蓝占明、谢仁聪、陈满金	
	构建原料智能仓储管理体系		乐承星、徐仰高、游文海、沈禄恒、刘景川、苏钟福、蓝秋贵	
	制丝车间“工段制”管理模式的探索与应用		李汉瑞、赖如超、卢维鑫、王瑞安、林豫璋、张海烽、陈登峰	
	构建 5C 管控模式，提升质量保障能力	第五届管理创新奖职能级创新型项目鼓励奖	钱继春、林冬梅、李珮珺、林苗俏、陈风、江晴、余根丽	
	企业微应用敏捷开发模式的研究与应用		张彩文、江楠、何兴昌、刘财远、陈桂平、谢永樑、黄海	

续表 8-6

年份	项目名称	奖励等级	项目主要完成人	颁发单位
2021 年	探索“红色EAP”思想政治工作新模式	第五届管理创新奖职能级创新型项目鼓励奖	杨佳、刘涵、王俊皆、陈斯佳、李兰馨、胡斌、徐仰高	福建中烟工业有限责任公司
	卷包车间安全管理综合平台		何文彪、林敬炬、方上旭、姚义、洪雷、李恺、饶伟	
	制丝生产品牌布局保障及组织策略优化可行性研究	第五届管理创新奖职能级精益项目二等奖	叶伟华、张自燚、李汉瑞、赖如超、陈扬、唐弘慧、陈秋荣、龚欣、黄津焕	
	深化应用质量风险管控方法	第五届管理创新奖职能级精益项目三等奖	余根丽、陈风、刘景川、陈守义、熊健刚、林冬梅、陈妍珣	
	一体化现场管理体系建设		杨振宏、廖清亮、江石河、郭沁、李海彬、林玥、邓炜杰	
	烟草环保综合治理机制研究与建设	第五届管理创新奖职能级精益项目鼓励奖	刘志平、袁建明、江琳、张伟3、卢国华、杜瑜、李丽霞	
	构建公司隐患排查治理体系		陈瑜平，曾祥文，阙志平，何文彪，谢永雄，邱安迪，廖云升	
	维修绩效优化与检维修体系构建应用		贺志华，张小杭，饶伟，钟凌，郑东文，蒋景强，邱广阳	
	以目标为导向的制丝 OEE 数据分析与应用	第五届管理创新奖成果推广应用项目三等奖	廖颖洁，赖如超，李汉瑞，詹建胜，张光垚，谢永樑，蓝占明	
	项目化管理机制构建与推广应用	第五届管理创新奖成果推广应用项目鼓励奖	谢仁聪，郑嘉惠，严荣金，张彩文，卢婉舒，刘佳莉，谢永樑	
	QC 活动管理机制的推广与应用		郑嘉惠，蓝占明，谢雅，游艺蓉，谢仁聪，吴永生，吴伟	

2011—2021 年获市级以上科技项目奖项表

表 8-7

项目名称	奖励等级	项目主要完成人	颁发单位
面向按单生产、柔性制造的卷烟企业制造执行系统	2011—2013 年度科技进步奖二等奖	王道宽、林荣欣、吴志文、卢子奎、黄宏、林慧、林德民、马庆文、王汉龙、郭天文	福建中烟工业有限责任公司
精品“七匹狼”专用线试验小线的设计及优化	2011—2013 年度科技进步奖三等奖	张伟 3、廖和滨、李晓刚、徐巧花、洪伟龄、刘志平、江家森	
提高叶丝干燥过程稳定性技术研究与应用	2011—2013 年度科技进步奖鼓励奖	林天勤、钟文焱、郭剑华、詹建胜、马建化	
虚拟化技术的应用和研究		邹甫、刘雄辉、江楠、韩晓樱、陈玮	
精品“七匹狼”卷烟专用生产线香料自动配送系统	2012 年度科学技术奖三等奖	林荣欣、张伟、李晓刚、徐巧花、江石河	龙岩市人民政府
柔性化试验平台技术研究	2013 年度科学技术奖三等奖	林郁、李晓刚、张伟、廖和滨、徐巧花、陈庆平、李跃锋	
构建全面规范化生产维护（TnPM）设备管理体系	2014—2015 年度科技进步奖三等奖	张益兰、饶伟、谢小芳、郭剑华、赖大斌、谢勇、胡斌	福建中烟工业有限责任公司
一区配方库自动化物流系统优化		李文灿、郭天文、黄许立、邱崇坤、陈丹丹、卢庆垣、苏雅钟	

续表 8-7

项目名称	奖励等级	项目主要完成人	颁发单位
干冰膨胀烟丝箱式存储物流自动化系统设计研究	2014—2015 年度科技进步奖三等奖	林郁、刘雅君、李晓刚、王鹏、张伟、陈勇进、廖和滨	福建中烟工业有限责任公司
提高叶片处理过程工艺保障能力技术研究	2014—2015 年度科技进步奖鼓励奖	林天勤、熊淦源、江家森、郭剑华、廖颖洁	
基于 KDF4 成型机的滤棒质量稳定性研究与设备运行可靠性分析		张益兰、张小杭、吴俊春、黄建龙、王己锋	
密集型箱式储运系统的应用与研究	2014 年度科学技术进步奖二等奖	林郁、李晓刚、张伟、廖和滨、苏福彬、江琳	龙岩市人民政府
企业信息安全防护的研究和应用	2014 年度科学技术进步奖三等奖	林郁、吴洪亮、陈玮、刘雄辉、邹甫	福建中烟工业有限责任公司
基于柔性的生产集成管控平台技术研究项目成	2015 年度科学技术进步奖三等奖	林郁、林慧、李晓刚、詹建胜、刘财远	
龙烟制丝一区在线改造工艺设计及设备选型定制	2016—2017 年度科技进步奖二等奖	张益兰、张伟 3、李晓刚、廖和滨、徐巧花、江家森、苏福彬、江琳、郭剑华、陈秋荣	福建中烟工业有限责任公司
卷烟制造全过程质量一体化集成系统设计		廖材河、姜志强、林苗俏、曹琦、吴永生、李珮珺、苏铃、李汉瑞、马庆文、郭天文	

续表 8-7

项目名称	奖励等级	项目主要完成人	颁发单位
基于制丝工艺保障在线检测设备适时监测系统的构建	2016—2017 年度科技进步奖三等奖	林天勤、江晓敏、马建化、卢贵龙、曲修虎、陈满金、江泉	福建中烟工业有限责任公司
面向精细化的制丝生产线自动控制技术研究及应用		张益兰、林郁、李晓刚、江琳、张伟 3、张炜、张伟 2	
基于三维交互技术的电气集成系统的自主开发		廖材河、蒋景强、杨学良、陈卡、许海涛、陈祥荣、邓春宁	
Garbuio 切片机切薄片功能的开发应用	2016—2017 年度科技进步奖鼓励奖	林天勤、刘喜利、张自燚、赖建安、张志阳	
PROTOS—M5 卷烟机烟支成型参数及烟丝结构与烟支质量的关系研究		张益兰、张小杭、王已峰、邓宏博、黄建龙	
面向系统寻优的生产绩效数据模型研究与实现		罗旺春、陈志平、张　玮、陈萍娥、张志英	
基于 RFID 纸滑托盘在卷烟工商联运中的应用	2019 年度科技进步奖三等奖	林郁、吴少军、黄维新、苏振东、李政敏、郭天文、黄许立	中国物流与采购联合会
AGV 国产化与智能化的研究与应用	2020 年度科技进步奖二等奖	卢达辉、林郁、李文灿、曹琦、黄许立、吴少军、高寿泉、马庆文、郭天文	
卷烟工业企业智能物流系统的研究与应用	2020 年度科技进步奖三等奖	林郁、郭天文、吴少军、李文灿、黄许立、曹琦、马庆文	

续表 8-7

项目名称	奖励等级	项目主要完成人	颁发单位
基于 RFID 纸滑托盘在卷烟工商联运中的应用	2020 年度科技进步奖二等奖	林郁、李政敏、郭天文、卢文俊、李文灿、苏雅钟、林志兴、黄维新、马庆文、徐仰高	福建中烟工业有限责任公司
提高龙烟一区制丝设备保障能力应用研究		林天勤、罗登炎、廖颖洁、刘喜利、李汉瑞、张炜、詹建胜、卢贵龙、曲修虎、陈妍珣	
卷包柔性风力送丝平衡系统应用与研究	2020 年度科技进步奖三等奖	张益兰、李晓刚、廖和滨、张伟 3、江琳、苏福彬、徐巧花	
卷烟成品防霉控制技术研究		李珮珺、林苗俏、王喜春、苏铃、林冬梅、罗旺春、江家森	
烟草行业工业控制系统安全研究和应用		林郁、吴洪亮、冯明辉、陈玮、曹琦、彭海华、陈桂平	
烟丝库调度策略研究		郭天文、林郁、邹 甫、马庆文、卢达辉、李文灿、邱崇坤	
GD 高速包装机小盒拉线视觉检测系统的研发与应用	2021 年度科技进步奖二等奖	蒋景强，钱继春、王启兵、侯永超、杨学良、陈风、邓春宁、钟凌、雷振宇、张志彬	
数字孪生技术在烟机设备上的研究与应用		蒋景强，张志彬、陈卡、王启兵、马建化、钟凌、杨学良、邓春宁、温茂荣、许海涛	

三、主要活动

学术交流　2012 年，共计提交 6 篇论文参加中国烟草学会征文，提交 2 篇论文参加福建省烟草学会“科技创新与现代烟草农业学术论文”，其中一篇获优秀奖。

2013—2014 年，在各种刊物上发表的科技论文共计 150 篇；积极组织参加中国烟草学会、省烟草学会等上级单位组织的论文交流活动；组织参加24篇论文参加福建省烟草学术年会征文，获一等奖1篇、二等奖2篇、三等奖3篇、优秀奖2篇。收到CORESTA会议论文1篇。

2015年，参加福建省烟草学会调研活动。

2016年，参与中国烟草协会学术交流的论文有4篇，论文名称分别为《基于多因素分析的烘丝机入口含水率预测模型的建立与应用》《ZB45型包装机小盒商标纸叠供料离合器改进》《RC80叶丝回潮系统的优化改进》《下吸式风力喂丝系统参数化建模的研究及应用》，其中邓梅东的《ZB45型包装机小盒商标纸叠供料离合器的改进》获2016年度中国烟草学会年度论文评选二等奖、苏福彬的《RC—80叶丝回潮系统的优化改进》获2016年度中国烟草学会年度论文评选三等奖、廖和滨的《下吸式风力喂丝系统参数化建模的研究及应用》获2016年度中国烟草学会年度论文评选三等奖；参与福建省烟草学会学术年会学术交流的论文有1篇，论文名称为《GDX1包装机商标纸上胶机构的改进》。

2019年，参与福建省烟草学会学术年会学术交流的论文有3篇，论文名称分别为《MAX1—8接装机最后切割装置的改进》《YJ27接装机切纸轮刮刀装置的改进》《“七匹狼”卷烟品牌文化重修之路思索》；参与第十三届烟草检测技术国际研讨会学术交流的论文1篇，论文名称为《卷烟分段吸阻无损检测方法的建立》。

2020年，参与中国烟草学会征文的论文有1篇，论文名称为《MAX1—8接装机最后切割装置的改进》；参与第三届大数据与应用统计国际学术研讨会的论文有1篇，论文名称为*Application of Machine Learning in Cigarette Quality Evaluation Method*。

2021年，参与中国烟草学会征文的论文有1篇，论文名称为《PROTOS M5卷接机组MAX接装机上胶系统的改进》，该篇论文获中国烟草学会征文一等奖；参与第四届电子器件与机械工程学术会议的论文1篇，论文名称为*Research on Strategies and Algorithms*；参与第七届机械制造技术与工程材料国际学术会议的论文1篇，论文名称为*Design of Data Acquisition System in Tobacco Industry Based on Industrial Internet of Things*；参与第二届人工智能技术与应用国际学术会议的论文1篇，论文名称为*Emotional Analysis of Cigarette Consumers Based on CNN and BiLSTM Deep Learning Model*。

科技创新成果 2021年9月，被中国烟草总公司授予行业“十三五”科技创新工作先进集体称号。

附录 1

2012—2021 年龙岩烟草工业有限责任公司荣获市（厅）级以上奖项和荣誉称号

企业获市（厅）级以上奖项和荣誉称号一览表

表 1

奖项或荣誉称号	颁发单位	颁发时间
模范职工之家	福建省总工会	2012 年 12 月
2009—2012 年度福建省厂务公开民主管理工作示范单位	福建省推行厂务公开工作小组	2013 年 3 月
2013 年全国质量管理小组活动优秀企业	中国质量协会、总工会、妇女联合会、科学技术协会	2013 年 9 月
2013 年科学技术奖二等奖。《柔性化试验平台技术研究》	龙岩市人民政府	2013 年 12 月
2013 年度会计信息质量先进单位	福建中烟工业有限责任公司	2013 年 12 月
“通仙杯”福建烟草工商物流技能竞赛团队一等奖	福建省烟草专卖局（公司）、福建中烟工业有限责任公司	2014 年
2014 年福建省“安康杯”竞赛先进单位	福建省总工会、安全生产监督管理局	2014 年
2012—2013 年龙岩市守合同重信用企业	龙岩市人民政府	2014 年 1 月
2012—2013 年度福建省守合同重信用企业	福建省工商行政管理局	2014 年 2 月
2011—2013 年度全省内部审计先进集体	福建省内部审计协会	2014 年 10 月
2014 年度会计信息质量先进单位	福建中烟工业有限责任公司	2014 年 12 月
烟草行业优秀政研会	中国烟草职工思想政治工作研究会	2015 年
全国文明单位	中央精神文明建设指导委员会办公室	2015 年 2 月

续表 1

奖项或荣誉称号	颁发单位	颁发时间
2014 年纳税贡献十强企业	中共龙岩市委、龙岩市人民政府	2015 年 3 月
2014 年福建省用户满意企业	福建省质量管理协会	2015 年 4 月
2014 年福建省用户满意产品。（七匹狼）卷烟	福建省质量管理协会	2015 年 4 月
2014 年纳税百强	国家税务总局福建省税务局、地方税务局	2015 年 4 月
第四届“福建省政府质量奖”	福建省人民政府	2015 年 4 月
烟草行业卷烟工厂标兵单位（2012—2014 年度）	中国烟草总公司	2015 年 4 月
2015 年福建省质量管理小组活动优秀企业	福建省质量管理协会、总工会、妇女联合会、科学技术协会	2015 年 7 月
2015 年度会计信息质量先进单位	福建中烟工业有限责任公司	2015 年 12 月
烟草行业“精益十佳”标兵单位	中国烟草总公司	2015 年 12 月
2014—2015 年度龙岩市守合同重信用企业	龙岩市人民政府	2016 年 3 月
2015 年福建省用户满意企业	福建省质量管理协会	2016 年 4 月
2015 年福建省用户满意产品。（七匹狼）卷烟	福建省质量管理协会	2016 年 4 月
2014—2015 年度福建省守合同重信用企业	福建省工商行政管理局	2016 年 5 月
“两学一做”知识竞赛三等奖	中共福建中烟工业有限责任公司党组	2016 年 7 月
2016 年度中国设备管理大会、第十四届全国 TnPM 大会　六项改善案例奖三等奖	中国设备管理大会组委会	2016 年 9 月
2016 年度全国烟草行业“精益十佳课题”。《精益生产绩效指标模型设计及应用》课题	国家烟草专卖局	2016 年 11 月

续表 1

奖项或荣誉称号	颁发单位	颁发时间
第十届管理行动奖优秀奖	商业评论（中国管理第一刊）	2016 年 11 月
“成功从古田开始”主题系列文化活动组织奖	福建中烟工业有限责任公司	2017 年 2 月
烟草行业离退休干部工作先进集体	中国烟草总公司	2017 年 3 月
2016 年福建省用户满意企业	福建省质量管理协会	2017 年 4 月
2016 年福建省用户满意产品。（七匹狼）卷烟	福建省质量管理协会	
全国文明单位	中央精神文明建设指导委员会	2017 年 11 月
标准化良好行为 AAAA 级证书	福建省质量技术监督局	2017 年 11 月
2017 年度制造业“十强”企业	中共龙岩市委、龙岩市人民政府	2018 年 1 月
2017 年度突出贡献企业	中共龙岩市委、龙岩市人民政府	2018 年 1 月
2016—2017 年度龙岩市守合同重信用企业	龙岩市龙岩政府	2018 年 3 月
2017 年福建省用户满意企业	福建省质量管理协会	2018 年 4 月
2017 年福建省用户满意产品。（七匹狼）卷烟	福建省质量管理协会	2018 年 4 月
标准创新贡献奖。烟叶仓库磷化氢熏蒸系列行业标准三等奖	中国烟草总公司	2018 年 6 月
2016—2017 年度福建省守合同重信用企业	福建省工商行政管理局	2018 年 7 月
2018 年中国设备管理大会暨第十六届 TnPM 大会 老骥伏枥设备综合奖	中国设备管理大会组委会	2018 年 9 月
2018 年中国设备管理大会暨第十六届 TnPM 大会 设备维护工具创意奖三等奖	中国设备管理大会组委会	2018 年 9 月
2018 年中国设备管理大会暨第十六届 TnPM 大会 设备管理金点子奖一等奖	中国设备管理大会组委会	2018 年 9 月

续表 1

奖项或荣誉称号	颁发单位	颁发时间
2018 年中国设备管理大会暨第十六届 TnPM 大会 设备管理文宣创意奖三等奖	中国设备管理大会组委会	2018 年 9 月
2018 年中国设备管理大会暨第十六届 TnPM 大会 TnPM 六项改善案例奖二等奖	中国设备管理大会组委会	2018 年 9 月
2018 年中国设备管理大会暨第十六届 TnPM 大会 TnPM 六项改善案例奖三等奖	中国设备管理大会组委会	2018 年 9 月
2018 年福建企业 100 强	福建省企业与企业家联合会、福建日报社、省广播影视集团	2018 年 10 月
全面质量管理推进 40 周年（1979—2019）杰出推进单位	中国质量协会	2019 年
2018 年福建省用户满意企业	福建省质量管理协会	2019 年 1 月
2018 年福建省用户满意产品。（七匹狼）卷烟	福建省质量管理协会	2019 年 1 月
2018 年度制造业“十强”企业	中共龙岩市委、龙岩市人民政府	2019 年 2 月
2018 年度福建省“安康杯”竞赛活动先进单位	福建省总工会、省应急管理厅	2019 年 5 月
第 17 届国际 TnPM 企业联盟大会 TnPM 六项改善案例奖一等奖	星际维修联合会（IMA）、全国 TnPM 大会组委会	2019 年 9 月
第 17 届国际 TnPM 企业联盟大会 TnPM 六项改善案例奖三等奖	星际维修联合会（IMA）、全国 TnPM 大会组委会	2019 年 9 月
第 17 届国际 TnPM 企业联盟大会 TnPM 卓越班组奖	星际维修联合会（IMA）、全国 TnPM 大会组委会	2019 年 9 月
第 17 届国际 TnPM 企业联盟大会设备管理金点子奖二等奖	星际维修联合会（IMA）、全国 TnPM 大会组委会	2019 年 9 月
2019 年福建制造业企业 100 强(第 25 名）	福建省企业与企业家联合会、省广播影视集团、省社会科学院	2019 年 10 月

续表 1

奖项或荣誉称号	颁发单位	颁发时间
2019 年福建企业 100 强（第 48 名）	福建省企业与企业家联合会、省广播影视集团、省社会科学院	2019 年 10 月
2019 年党员教育微视频征集评选活动三等奖。《平凡的一天》	中共福建中烟工业有限责任公司党组	2019 年 11 月
2019 年度基层党建创新实践成果案例评比优秀奖。《构建“党建 5+”新模式，凝心聚力促发展》	中共福建中烟工业有限责任公司党组	2020 年 1 月
2019 年福建省用户满意企业	福建省质量管理协会	2020 年 1 月
2019 年福建省用户满意产品。（七匹狼）卷烟	福建省质量管理协会	2020 年 1 月
全国“安康杯”竞赛优胜单位	中华全国总工会、应急管理部、卫生健康委员会	2020 年 3 月
2019 年度制造业“十强”企业	中共龙岩市委、龙岩市人民政府	2020 年 3 月
福建省五四红旗团委标兵	共青团福建省委	2020 年 5 月
全国文明单位	中央精神文明建设指导委员会	2020 年 11 月
2020 年福建制造业企业 100 强（第 26 名）	福建省企业与企业家联合会、广播影视集团、社会科学院	2020 年 11 月
2020 年福建企业 100 强（第 52 名）	福建省企业与企业家联合会、广播影视集团、社会科学院	2020 年 11 月
2020“不忘初心，敢拼会赢”党员教育微视频二等奖。《走正确的路》	中共福建中烟工业有限责任公司党组	2020 年 11 月
2020 年福建省用户满意企业	福建省质量管理协会	2021 年 1 月
2020 年福建省用户满意产品。（七匹狼）卷烟	福建省质量管理协会	2021 年 1 月
2020 年度龙岩市“红领行动”市级党建示范点	中共龙岩市委	2021 年 5 月

续表 1

奖项或荣誉称号	颁发单位	颁发时间
“不忘初心、牢记使命”福建卷烟工业系统庆祝建党 100 周年党史学习教育知识竞赛一等奖	中共福建中烟工业有限责任公司党组	2021 年 6 月
“十三五”科技创新工作先进集体	中国烟草总公司	2021 年 9 月
2021 年福建制造业企业 100 强（第 27 名）	福建省企业与企业家联合会、省广播影视集团、省社会科学院	2021 年 10 月
2021 年福建企业 100 强（第 55 名）	福建省企业与企业家联合会、省广播影视集团、省社会科学院	2021 年 10 月
2018—2019 年度福建省守合同重信用企业	福建省市场监督管理局	2021 年 12 月
2020—2021 年度全国企业文化优秀成果二等奖	中国企业联合会企业家协会	2021 年 12 月
第 28 届全国企业管理现代化创新成果二等奖	全国企业管理现代化创新成果审定委员会	2021 年 12 月
2021 福建省用户满意企业	福建省质量管理协会	2022 年 3 月
2021 福建省用户满意产品。（七匹狼）卷烟	福建省质量管理协会	2022 年 3 月
2021 年度制造业“十强”企业	中共龙岩市委、龙岩市人民政府	2022 年 4 月
2016—2020 年烟草行业普法工作先进单位	国家烟草专卖局	2022 年 5 月

公司内部单位获市（厅）级以上奖项和荣誉称号一览表

表 2

获奖单位	奖项或荣誉称号	颁发单位	颁发时间
精帼队	2012 年福建卷烟工业系统“通仙”杯气排球比赛女子组冠军	福建中烟工业有限责任公司	2012 年 9 月
精睿队	2012 年福建卷烟工业系统“通仙”杯气排球比赛男子组冠军	福建中烟工业有限责任公司	2012 年 9 月
制丝车间一区甲班	2013 年全国质量“信得过”班组	中国质量协会、总工会、妇女联合会、科学技术协会	2013 年
卷包车间甲班	2013 年全国质量“信得过”班组	中国质量协会、总工会、妇女联合会、科学技术协会	2013 年
物流部设备维保班	2013 年福建省优秀质量“信得过”班组	福建省质量协会、总工会、妇女联合会、科学技术协会	2013 年 7 月
卷包车间甲班	2013 年福建省优秀质量“信得过”班组	福建省质量协会、总工会、妇女联合会、科学技术协会	2013 年 7 月
制丝车间一区甲班	2013 年福建省优秀质量“信得过”班组	福建省质量协会、总工会、妇女联合会、科学技术协会	2013 年 7 月
卷包车间丁班	2014 年全国质量“信得过”班组	中国质量协会、总工会、妇女联合会、科学技术协会	2014 年
制丝车间一区乙班	2014 年度全国质量“信得过”班组	中国质量协会、总工会、妇女联合会、科学技术协会	2014 年
卷包车间丁班	2014 年福建省优秀质量“信得过”班组	福建省质量管理协会、总工会、妇女联合会、科学技术协会	2014 年 7 月

续表 2

获奖单位	奖项或荣誉称号	颁发单位	颁发时间
制丝车间一区乙班	2014 年福建省优秀质量“信得过”班组	福建省质量管理协会、总工会、妇女联合会、科学技术协会	2014 年 7 月
物流部设备维保组	2014 年福建省优秀质量“信得过”班组	福建省质量管理协会、总工会、妇女联合会、科学技术协会	2014 年 7 月
制丝车间一区 1140 膨胀烟丝线班	2015 年全国质量“信得过”班组	中国质量协会、总工会、妇女联合会、科学技术协会	2015 年
制丝车间一区 1140 膨胀烟丝班组	2015 年福建省优秀质量“信得过”班组	福建省质量管理协会、总工会、妇女联合会、科学技术协会	2015 年 7 月
卷包车间丙班	2015 年福建省优秀质量“信得过”班组	福建省质量管理协会、总工会、妇女联合会、科学技术协会	2015 年 7 月
工会委员会	2014 年度工会财会工作先进单位	福建省总工会	2015 年 12 月
制丝车间一区甲班	2016 年全国质量“信得过”班组	中国质量协会、总工会、妇女联合会、科学技术协会	2016 年
卷包车间乙班	2016 年全国质量“信得过”班组	中国质量协会、总工会、妇女联合会、科学技术协会	2016 年
制丝车间一区甲班	2016 年全国轻工业质量“信得过”班组	中国轻工业联合会质量分会	2016 年 7 月
技术改造办公室	“十二五”科技创新工作先进集体	福建中烟工业有限责任公司	2016 年 7 月
制丝车间	“十二五”科技创新工作先进集体	福建中烟工业有限责任公司	2016 年 7 月

续表 2

获奖单位	奖项或荣誉称号	颁发单位	颁发时间
卷包车间乙班	2016 年福建省优秀质量“信得过”班组	福建省质量管理协会、总工会、妇女联合会、科学技术协会	2016 年 7 月
党委办公室	福建卷烟工业系统“成功从古田开始”主题系列文化活动红星奖章。《寻狠诀》文化微电影	福建中烟工业有限责任公司	2017 年 2 月
小水滴 Team	2017 年度全国烟草行业精益改善团队大赛“月度精益改善团队”	国家烟草专卖局经济运行司、《东方烟草报》社有限公司、福建中烟工业有限责任公司	2017 年 12 月
制丝车间一区甲班	2018 年全国轻工业质量“信得过”班组	中国轻工业联合会质量协会	2018 年 7 月
卷包车间丁班	2018 年全国轻工业质量“信得过”班组	中国轻工业联合会质量分会	2018 年 7 月
制丝车间二区乙班	2018 年福建省先进（二等奖）奖质量“信得过”班组	福建省质量管理协会	2018 年 7 月
制丝车间一区乙班	全国工人先锋号	中华全国总工会	2019 年 4 月
制丝维修班	2019 年全国轻工业优秀质量管理小组、质量信得过班组成果发布暨培训交流会，发布质量信得过班组成果	中国轻工业联合会质量分会	2019 年 7 月
卷包甲班	2019 年全国轻工业优秀质量管理小组、质量信得过班组成果发布暨培训交流会，发布质量信得过班组成果	中国轻工业联合会质量分会	2019 年 7 月
制丝车间一区 1140 膨胀烟丝线班组	2019 年福建省一等奖质量“信得过”班组	福建省质量管理协会	2019 年 7 月

续表 2

获奖单位	奖项或荣誉称号	颁发单位	颁发时间
卷包车间甲班	2019 年福建省一等奖质量“信得过”班组	福建省质量管理协会	2019 年 7 月
人力资源部	工人先锋号	福建省总工会	2020 年 3 月
党建工作部	全省卷烟工业系统先进集体	福建中烟工业有限责任公司	2020 年 4 月
制丝车间二区后勤保障班	2020 年福建省一等奖质量“信得过”班组	福建省质量管理协会	2020 年 8 月
卷包车间一区丙班	2020 年福建省一等奖质量“信得过”班组	福建省质量管理协会	2020 年 8 月
卷包车间二区甲班	2020 年福建省一等奖质量“信得过”班组	福建省质量管理协会	2020 年 8 月
制丝车间一区甲班	2020 年福建省一等奖质量“信得过”班组	福建省质量管理协会	2020 年 8 月
制丝车间党总支	全省卷烟工业系统 20210 年度“不忘初心，敢拼会赢”党建创新实践活动二等奖、最佳发布奖。《以“三下机台”工作机制助推党建与业务深度融合》	中共福建中烟工业有限责任公司党组	2020 年 11 月
卷包车间党委	全省卷烟工业系统 20210 年度“不忘初心，敢拼会赢”党建创新实践活动二等奖。《“双元四式”组合法 为基层党建与维修变革“双赋能”》	中共福建中烟工业有限责任公司党组	2020 年 11 月
企管党支部、党建党支部	全省卷烟工业系统 20210 年度“不忘初心，敢拼会赢”党建创新实践活动三等奖。《党建工作管理体系构建方法研究与应用》	中共福建中烟工业有限责任公司党组	2020 年 11 月

续表 2

获奖单位	奖项或荣誉称号	颁发单位	颁发时间
审计派驻办	2017—2019 年度全省内部审计先进集体	福建省内部审计协会	2020 年 12 月
卷包车间一区乙班	2021 年福建省一等奖质量“信得过”班组	福建省质量管理协会	2021 年 8 月
质量管理部检验班组	2021 年福建省一等奖质量“信得过”班组	福建省质量管理协会	2021 年 8 月
制丝车间维修班	2021 年福建省一等奖质量“信得过”班组	福建省质量管理协会	2021 年 8 月
信息技术部	“十三五”科技创新工作先进集体	福建中烟工业有限责任公司	2021 年 10 月
质量管理部	“十三五”科技创新工作先进集体	福建中烟工业有限责任公司	2021 年 10 月
卷包车间党委	2021 年度“不忘初心，敢拼会赢”党建创新实践活动二等奖。《聚焦“十米产能服务圈” 延伸党员联系群众的“幸福半径”》	中共福建中烟工业有限责任公司党组	2022 年 1 月
企管党支部、党建党支部	2021 年度“不忘初心，敢拼会赢”党建创新实践活动三等奖。《基于流程的党业融合新方法研究与应用》	中共福建中烟工业有限责任公司党组	2022 年 1 月
动力车间党支部	2021 年度“不忘初心，敢拼会赢”党建创新实践活动三等奖。《构建“我们在，你放心”服务机制以党建“红心”引领业务“匠心”》	中共福建中烟工业有限责任公司党组	2022 年 1 月
制丝党总支	2021 年度“不忘初心，敢拼会赢”党建创新实践成果优秀奖。《学史力行办实事 调研走出新“丝”路》	中共福建中烟工业有限责任公司党组	2022 年 1 月

续表 2

获奖单位	奖项或荣誉称号	颁发单位	颁发时间
纪检监察党支部	2021 年度“不忘初心，敢拼会赢”党建创新实践成果优秀奖。《“三廉三提”筑沃土 “廉洁之花”遍地开》	中共福建中烟工业有限责任公司党组	2022 年 1 月
动力车间党支部	2021 年度“不忘初心，敢拼会赢”主题实践活动优秀视频党课。《聆听初心故事 传承红色精神》	中共福建中烟工业有限责任公司党组	2022 年 1 月

个人获市（厅）级以上奖项和荣誉称号一览表

表 3

姓名	奖项或荣誉称号	颁发单位	颁发时间
廖材河	福建省五一劳动奖章	福建省总工会	2012 年 4 月
郑东文	福建省优秀高技能人才	中共福建省委组织部、省人力资源和社会保障厅、省公务员局、省人力资源开发办公室	2012 年 4 月
王晓武	2012 年度期刊征订发行工作优秀个人	中国烟草杂志社	2012 年 8 月
李晓刚	福建卷烟工业系统第一批技术装备方向专业带头人	福建中烟工业有限责任公司	2012 年 10 月
黄许立	“通仙杯”第一届物流岗位技能竞赛机械维修竞赛一等奖	福建中烟工业有限责任公司	2012 年 10 月
黄许立	“通仙杯”第一届物流岗位技能竞赛设备操作竞赛一等奖	福建中烟工业有限责任公司	2012 年 10 月

续表 3

姓名	奖项或荣誉称号	颁发单位	颁发时间
李晓刚 罗旺春 马庆文 林慧 吴永生 曹琦 郭剑华 马建化	龙岩市专利奖三等奖。《一种卷烟制丝生产流程的自动控制方法》	龙岩市人民政府	2013 年 3 月
张韬	2012 年度《东方烟草报》优秀通讯员	《东方烟草报》社有限公司	2013 年 3 月
蒋景强	龙岩市劳动模范	龙岩市人民政府	2013 年 4 月
王晓武	2011—2012 福建省优秀政研会工作者	福建省思想政治工作研究会	2013 年 10 月
郑东文	全省优秀共产党员	中共福建省委	2014 年 6 月
郑嘉惠	2014 全国质量管理小组活动优秀推进者	中国质量协会、中华全国总工会、妇女联合会、科学技术协会	2014 年 9 月
陈 函	福建省青年岗位能手	共青团福建省委	2015 年 1 月
陈萍娥	福建卷烟工业系统账务审计岗位技能竞赛（会计理论项目）“会计岗位技术能手”	福建中烟工业有限责任公司	2015 年 11 月
贺水平	福建卷烟工业系统账务审计岗位技能竞赛（会计理论项目）“会计岗位技术能手”	福建中烟工业有限责任公司	2015 年 11 月
钟文焱	2015 年优秀论文一等奖。《基于多因素分析的烘丝机入口含水率预测模型的建立与应用》	中国烟草学会	2015 年 12 月

续表 3

姓名	奖项或荣誉称号	颁发单位	颁发时间
杨学良	第6届职业技能竞赛暨“古田杯”第1届烟机设备电气修理职业技能竞赛三等奖	福建中烟工业有限责任公司	2015年12月
姜志强	龙岩市优秀党务工作者	中共龙岩市委	2016年6月
林慧	“十二五”科技创新工作先进个人	福建中烟工业有限责任公司	2016年7月
李晓刚	“十二五”科技创新工作先进个人	福建中烟工业有限责任公司	2016年7月
张伟	“十二五”科技创新工作先进个人	福建中烟工业有限责任公司	2016年7月
林天勤	“十二五”科技创新工作先进个人	福建中烟工业有限责任公司	2016年7月
徐巧花	“十二五”科技创新工作先进个人	福建中烟工业有限责任公司	2016年7月
姜志强	福建省优秀党务工作者	中共福建省委	2016年7月
黄许立	2016年度“精益十佳”个人	福建中烟工业有限责任公司	2017年1月
蒋景强	2016年度“精益十佳”个人	福建中烟工业有限责任公司	2017年1月
赖如超	2016年度“精益十佳”个人	福建中烟工业有限责任公司	2017年1月
陈志平 罗旺春 谢仁聪 江楠 刘雄辉 刘佳莉 张玮	2016年度“精益十佳”课题。《基于互联网思维的群智创新模式构建及应用》	福建中烟工业有限责任公司	2017年1月

续表 3

姓名	奖项或荣誉称号	颁发单位	颁发时间
罗旺春 陈志平 张玮 张志英 饶伟 陈萍娥 何兴昌 徐楚锟 邱敏、 卢洪光 刘雄辉	2016 年度“精益十佳”课题《精益生产绩效指标模型设计及应用》	福建中烟工业有限责任公司	2017 年 1 月
陈满金 李兰馨	“精益大家谈”优秀论文三等奖。《把好资金闸 圈投好项目》	福建中烟工业有限责任公司	2017 年 1 月
陈满金	“成功从古田开始”主题系列文化活动三等奖。《成功从古田开始》	福建中烟工业有限责任公司	2017 年 2 月
谢喜珍	“成功从古田开始”主题系列文化活动红星奖章。《一包烟飘出的思绪》	福建中烟工业有限责任公司	2017 年 2 月
张韬	2016 年度思想政治工作优秀论文三等奖。《基于卓越绩效模式的企业文化管理成熟度评价研究》	福建中烟工业有限责任公司、福建省卷烟工业职工思想政治工作研究会	2017 年 3 月
郑东文	全省卷烟工业系统第一批“精工带头人”	福建中烟工业有限责任公司	2017 年 4 月
蒋景强	全省卷烟工业系统第一批“精工带头人”	福建中烟工业有限责任公司	2017 年 4 月
蒋景强	行业培训师教学技能竞赛卷烟工业组三等奖	中国烟草学会	2017 年 9 月

续表 3

姓名	奖项或荣誉称号	颁发单位	颁发时间
龚欣	2017 年度全国烟草行业精益改善达人大赛“月度精益改善达人”	国家烟草专卖局经济运行司、《东方烟草报》社有限公司、福建中烟工业有限责任公司	2017 年 12 月
杨学良	2017 年全省电工职业技能竞赛（职工组）二等奖；	福建省人力资源和社会保障厅	2017 年 12 月
廖材河	2017 年度突出贡献企业家	中共龙岩市委、龙岩市人民政府	2018 年 1 月
廖材河	福建省劳动模范	中共福建省委、福建省人民政府	2018 年 4 月
蒋景强 邓宏博 邓春宁 郑佳惠 陈文钦 卢新润 张美玲 程华桂	龙岩市专利奖二等奖。《物料输送状态检测装置》	龙岩市人民政府	2018 年 4 月
李晓刚	全省卷烟工业系统第二批专业带头人（装备技术领域）	福建中烟工业有限责任公司	2018 年 6 月
张增基	中国烟草总公司标准创新贡献奖三等奖。《烟叶仓库磷化氢熏蒸系列行业标准》	中国烟草总公司	2018 年 6 月
张韬	2017 年度政研论文二等奖。《探索企业发展与党的建设深度融合，争创全面从严治党新作为》	福建省卷烟工业职工思想政治工作研究会	2018 年 7 月

续表 3

姓名	奖项或荣誉称号	颁发单位	颁发时间
张增基	中国烟草总公司科学技术奖三等奖。《基于四段式气调法绿色醇化技术的片烟提质保质关键技术研究及应用》	中国烟草总公司	2019 年 1 月
姜志强	2018 年度突出贡献企业家	中共龙岩市委、龙岩市人民政府	2019 年 2 月
陈满金	“共享 . 共赢”主题文化实践活动微故事、文化案例优秀作品二等奖。《数据达人，精细管家》	福建中烟工业有限责任公司	2019 年 2 月
谢喜珍	“共享・共赢”主题文化实践活动微故事、文化案例优秀作品三等奖。《让职业精神在工作中闪光》	福建中烟工业有限责任公司	2019 年 2 月
王琳	“共享 . 共赢”主题文化实践活动“和 . 睿 . 行”企业文化理念新诠释和新“品牌观”精句优秀作品三等奖	福建中烟工业有限责任公司	2019 年 2 月
张志彬 蒋景强 陈卡 钟凌 杨学良 邓春宁 王启兵 温茂荣 钟小琳	2019 年度 TnPM 高峰论坛暨设备智能维护大会　设备 / 资产管理信息化应用案例奖一等奖。《COMFLEX—SL 数字化孪生系统自主研发与输送系统优化》	中国设备管理协会国际合作交流中心	2019 年 3 月
林天勤	全国烟草行业第 7 届劳动模范	国家烟草专卖局	2019 年 4 月
姜志强	龙岩市劳动模范	中共龙岩市委、龙岩市人民政府	2019 年 4 月

续表 3

姓名	奖项或荣誉称号	颁发单位	颁发时间
罗伟明	“中国梦·劳动美”第 9 届职业技能竞赛暨“七匹狼杯”第 2 届烟机设备操作职业技能竞赛制丝 A1 机型一等奖（第 1 名）烟草技术能手	福建中烟工业有限责任公司	2019 年 7 月
卢志敏	“中国梦·劳动美”第 9 届福建中烟工业有限责任公司职业技能竞赛暨“七匹狼杯”第二届烟机设备操作职业技能竞赛包装 ZB45 机型一等奖(第 1 名)、福建卷烟工业系统烟草技术能手	福建中烟工业有限责任公司	2019 年 7 月
罗逸敏	“中国梦·劳动美”第 9 届福建中烟工业有限责任公司职业技能竞赛暨“七匹狼杯”第二届烟机设备操作职业技能竞赛卷接 ZJ17 机型二等奖（第 3 名）	福建中烟工业有限责任公司	2019 年 7 月
葛阳	“时代新人说——我和祖国共成长”主题演讲比赛优胜奖。《藏在岁月里的成长赞歌》	福建中烟工业有限责任公司	2019 年 8 月
王启兵	2019 年全省电工职业技能竞赛职工组一等奖	福建省人力资源和社会保障厅	2019 年 8 月
郑东文	2019 年度“八闽工匠年度人物”提名奖	福建省总工会	2019 年 9 月
王启兵	2019 年中国技能大赛、第 15 届“振兴杯”全国青年职业技能大赛电工第 19 名	共青团中央、人力资源和社会保障部	2019 年 10 月
王已锋	2019 年学术论文三等奖。《MAX1—8 接装机最后切割装置的改进》	福建省烟草学会	2019 年 11 月

续表 3

姓名	奖项或荣誉称号	颁发单位	颁发时间
吴小淦	2019 年学术论文三等奖。《“七匹狼”卷烟品牌文化重修之路思索》	福建省烟草学会	2019 年 11 月
李晓刚	中国商业联合会科学技术奖全国商业科技进步奖一等奖。《品牌专用制丝生产线核心技术研究与应用》	中国商业联合会	2019 年 12 月
蒋景强	“师道 . 传承”福建卷烟工业系统第一届内训师教学技能竞赛（技术技能组一等奖）	福建中烟工业有限责任公司	2019 年 12 月
葛阳	“师道 . 传承”福建卷烟工业系统第一届内训师教学技能竞赛二等奖	福建中烟工业有限责任公司	2019 年 12 月
谢丽萍	“师道·传承”福建卷烟工业系统第一届内训师教学技能竞赛三等奖	福建中烟工业有限责任公司	2019 年 12 月
王启兵	第 20 届全国青年岗位能手	共青团中央、人力资源和社会保障部	2020 年 1 月
陈盛慈	2019 年优秀论文一等奖。《基于供应链质量协同的烟用材料质量管理体系研究与应用》	中国烟草学会	2020 年 1 月
王已锋	2019 年优秀论文二等奖。《MAX1—8 接装机最后切割装置的改进》	中国烟草学会	2020 年 1 月
罗伟明	福建省金牌工人	福建省总工会	2020 年 3 月
卢志敏	福建省五一劳动奖章	福建省总工会	2020 年 3 月
姜志强	2019 年度突出贡献企业家	中共龙岩市委、龙岩市人民政府	2020 年 3 月
张益兰	2019 年度龙岩市“产业发展项目建设年”活动成绩突出个人	中共龙岩市委、龙岩市人民政府	2020 年 3 月

续表 3

姓名	奖项或荣誉称号	颁发单位	颁发时间
王启兵	全省卷烟工业系统岗位标兵	福建中烟工业有限责任公司	2020 年 4 月
王启兵	福建省技术能手	福建省人力资源和社会保障厅	2020 年 6 月
王启兵	第十届职业技能竞赛暨“七匹狼杯”第二届电气修理职业技能竞赛“倍福 IPC 组”二等奖、全省卷烟工业系统烟草技术能手	福建中烟工业有限责任公司	2020 年 10 月
曲修虎	第十届职业技能竞赛暨“七匹狼杯”第二届电气修理职业技能竞赛“西门子 PLC 组”三等奖	福建中烟工业有限责任公司	2020 年 10 月
马建化	第十届职业技能竞赛暨“七匹狼杯”第二届电气修理职业技能竞赛“西门子 PLC 组”三等奖	福建中烟工业有限责任公司	2020 年 10 月
郑东文	全国劳动模范	中共中央委员会、国务院	2020 年 11 月
王已锋	福建省青年岗位能手	共青团福建省委	2020 年 12 月
王启兵	福建省金牌工人	福建省总工会	2021 年 3 月
林天勤	第四届“龙岩工匠”	龙岩市人民政府	2021 年 4 月
葛阳	“敢拼会赢·奋斗有我”青年党员演讲比赛优秀奖	中共福建中烟工业有限责任公司党组	2021 年 10 月
李文灿	“十三五”科技创新工作先进个人	福建中烟工业有限责任公司	2021 年 10 月

续表 3

姓名	奖项或荣誉称号	颁发单位	颁发时间
廖和滨	“十三五”科技创新工作先进个人	福建中烟工业有限责任公司	2021 年 10 月
詹建胜	“十三五”科技创新工作先进个人	福建中烟工业有限责任公司	2021 年 10 月
张小杭	“十三五”科技创新工作先进个人	福建中烟工业有限责任公司	2021 年 10 月
廖儒庆 杨学良	2021 年福建省第二届工业机器人技术应用技能大赛职工组二等奖	福建省工业和信息化厅、省人力资源和社会保障厅、省教育厅、省总工会、团省委、中华职业教育社	2021 年 10 月
廖儒庆	2021 年福建工信系统工业机器人技术能手	福建省工业和信息化厅	2021 年 11 月
杨学良	2021 年福建工信系统工业机器人技术能手	福建省工业和信息化厅	2021 年 11 月
张志彬	2021 年福建工信系统工业机器人技术能手	福建省工业和信息化厅	2021 年 11 月
何文清	2021 年福建工信系统工业机器人技术能手	福建省工业和信息化厅	2021 年 11 月
王巳锋 王启兵 蒋景强	2021 年一类优秀学术论文。《PROTOS M5 卷接机组 MAX 接装机上胶系统的改进》	中国烟草学会	2021 年 12 月
王巳锋 王启兵 蒋景强	2021 年学术年会三等奖。《PROTOS M5 卷接机组 MAX 接装机上胶系统的改进》	福建省烟草学会	2021 年 12 月
张增基	2018—2021 年度全省卷烟工业系统优秀内训师	福建中烟工业有限责任公司	2021 年 12 月

续表 3

姓名	奖项或荣誉称号	颁发单位	颁发时间
陈萍娥 许俊琳 陈海琼 林云帆 傅宇 梁伟华 储昭宪	财务管理课题竞赛一等奖。《构建业财一体化的标准业务事项库》	福建中烟工业有限责任公司	2021 年 12 月
沈永炎 陈萍娥 贺水平 罗舒榕 蒋剑清 曾诗潔	财务管理课题竞赛三等奖。《龙岩烟草产业物流用地整合政策研究》	福建中烟工业有限责任公司	2021 年 12 月
罗舒榕 蒋剑清 曾诗潔 于茜	财务管理课题竞赛优秀奖。《试制辅料结算流程优化研究》	福建中烟工业有限责任公司	2021 年 12 月
钱继春	2021 年度突出贡献企业家	中共龙岩市委、龙岩市人民政府	2022 年 5 月

附录 2

2012—2021 年中共龙岩烟草工业有限责任公司委员会领导一览表

表 4

姓名	民族	性别	籍贯	出生年月	职务	历任时间
廖材河	汉	男	福建龙岩	1972 年 7 月	党委副书记（主持工作）	2010 年 12 月至 2012 年 8 月
					党委副书记	2012 年 8 月至 2017 年 7 月
					党委书记	2017 年 7 月至 2019 年 7 月
姜志强	汉	男	福建永定	1974 年 10 月	党委书记	2012 年 8 月至 2017 年 7 月
					党委副书记	2017 年 7 月至 2019 年 7 月
					党委书记	2019 年 7 月起
钱继春	汉	男	江苏海安	1975 年 12 月	党委副书记	2021 年 7 月起
李海民	汉	男	福建永定	1965 年 11 月	党委副书记	2010 年 8 月至 2012 年 8 月
刘禄涛	汉	男	福建永定	1969 年 8 月	党委副书记 纪委书记	2012 年 8 月至 2017 年 8 月
熊淦源	汉	男	福建永定	1965 年 11 月	党委副书记	2017 年 10 月至 2021 年 7 月
詹灿芬	汉	男	福建永定	1971 年 4 月	纪委书记	2017 年 10 月起

附录 3

2012—2021 年龙岩烟草工业有限责任公司行政领导一览表

表 5

序号	姓名	民族	性别	籍贯	出生年月	职务	历任时间
1	廖材河	汉	男	福建龙岩	1972 年 7 月	总经理	2010 年 12 月至 2017 年 8 月
2	姜志强	汉	男	福建永定	1974 年 10 月	副总经理 总经理 董事长	2012 年 8 月至 2017 年 7 月 2017 年 8 月至 2019 年 7 月 2019 年 7 月起
3	钱继春	汉	男	江苏海安	1975 年 12 月	副总经理（主持生产经营日常工作） 总经理	2019 年 11 月至 2021 年 7 月 2021 年 8 月起
4	陈聪玉	汉	女	福建上杭	1959 年 11 月	副总经理（正处级） 调研员	2009 年 11 月至 2012 年 12 月 2012 年 12 月至 2014 年 11 月
5	姜林忠	汉	男	福建永定	1967 年 12 月	副总经理	2010 年 8 月至 2017 年 7 月
6	肖 建	汉	男	四川宣汉	1975 年 10 月	副总经理	2010 年 8 月至 2017 年 10 月
7	林 郁	汉	男	福建龙岩	1966 年 09 月	副总经理 调研员兼副总经理	2011 年 4 月至 2017 年 8 月 2017 年 8 月至 2020 年 6 月
8	熊淦源	汉	男	福建永定	1965 年 11 月	副总经理 一级业务经理	2011 年 4 月至 2017 年 10 月 2021 年 7 月起

续表 5

序号	姓名	民族	性别	籍贯	出生年月	职务	历任时间
9	张益兰	汉	男	福建永定	1968 年 3 月	副总经理	2012 年 8 月起
10	方 军	汉	男	安徽合肥	1978 年 8 月	副总经理	2017 年 10 月至 2023 年 3 月
11	罗旺春	汉	男	福建连城	1972 年 1 月	副总经理	2017 年 10 月至 2019 年 11 月
12	巫洪海	汉	男	福建永定	1977 年 03 月	副总经理	2017 年 10 月起
13	饶 伟	汉	男	福建龙岩	1971 年 11 月	副总经理	2020 年 7 月起

附录 4

2012—2021 年龙岩烟草工业有限责任公司工会主席一览表

表 6

序号	姓名	民族	性别	籍贯	出生年月	职务	历任时间
1	刘禄涛	汉	男	福建永定	1969 年 8 月	工会主席	2010 年 12 月至 2017 年 8 月
2	熊淦源	汉	男	福建永定	1965 年 11 月	工会主席	2018 年 2 月至 2023 年 3 月

附录 5

2012—2021 年中级以上专业技术职称人员名表

表 7

（一）高级专业技术职称名表

工程系列：

序号	姓名	性别	专业技术任职资格	取得资格日期	备注
1	吴永生	男	高级工程师	2012 年 9 月	—
2	陈满金	女	高级工程师	2012 年 9 月	—
3	徐巧花	女	高级工程师	2012 年 9 月	2019 年 1 月外调
4	廖材河	男	高级工程师	2013 年 10 月	2019 年 7 月外调
5	詹建胜	男	高级工程师	2014 年 9 月	—
6	钟文焱	男	高级工程师	2014 年 9 月	2017 年 10 月外调
7	廖和滨	男	高级工程师	2015 年 10 月	—
8	郭剑华	男	高级工程师	2015 年 10 月	—
9	郭天文	男	高级工程师	2017 年 11 月	—
10	陈秋荣	男	高级工程师	2017 年 11 月	—
11	林苗俏	男	高级工程师	2018 年 11 月	—

经济系列：

序号	姓名	性别	专业技术任职资格	取得资格日期	备注
1	肖建	男	高级经济师	2014 年 9 月	2017 年 10 月外调
2	姜志强	男	高级经济师	2016 年 9 月	—
3	詹灿芬	男	高级经济师	2020 年 2 月	—

审计系列：

序号	姓名	性别	专业技术任职资格	取得资格日期	备注
1	连彬	女	高级统计师	2014 年 10 月	—
2	严荣金	男	高级统计师	2015 年 8 月	—

续表 7

政工系列：

序号	姓名	性别	专业技术任职资格	取得资格日期	备注
1	刘禄涛	男	高级政工师	2016 年 9 月	2017 年 8 月外调
2	刘涵	女	高级政工师	2017 年 11 月	—

农业系列：

序号	姓名	性别	专业技术任职资格	取得资格日期	备注
1	张增基	男	高级农艺师	2021 年 2 月	—

档案系列：

序号	姓名	性别	专业技术任职资格	取得资格日期	备注
1	廖美莲	女	副研究馆员（档案）	2014 年 12 月	—

会计系列：

序号	姓名	性别	专业技术任职资格	取得资格日期	备注
1	张丹青	女	高级会计师	2012 年 9 月	—
2	方德兴	女	高级会计师	2015 年 9 月	—
3	方军	男	高级会计师	2018 年 10 月	—

（二）中级专业技术职称名表

工程系列：

序号	姓名	性别	专业技术任职资格	取得资格日期	备注
1	谢仁聪	男	工程师	2012 年 5 月	—
2	江泉	女	工程师	2012 年 5 月	—
3	邱崇坤	男	工程师	2012 年 5 月	—
4	卢建峰	男	工程师	2012 年 5 月	—
5	邱崇伟	男	工程师	2012 年 5 月	—
6	苏兴亮	男	工程师	2012 年 5 月	—

续表 7

序号	姓名	性别	专业技术任职资格	取得资格日期	备注
7	陈庆城	男	工程师	2012 年 5 月	
8	黄启盛	男	工程师	2012 年 5 月	
9	雷振宇	男	工程师	2012 年 5 月	
10	卢武宇	男	工程师	2012 年 5 月	
11	温茂荣	男	工程师	2012 年 5 月	
12	卢文俊	男	工程师	2012 年 5 月	
13	胡荣汤	男	工程师	2012 年 5 月	
14	李新锋	男	工程师	2012 年 5 月	
15	黄文星	男	工程师	2012 年 5 月	2007 年 12 月外调
16	张小杭	男	工程师	2012 年 9 月	
17	苏福彬	男	工程师	2012 年 9 月	
18	韩晓樱	女	工程师	2012 年 9 月	2011 年 5 月外调
19	苏东冬	男	工程师	2013 年 5 月	
20	张俊俊	男	工程师	2013 年 5 月	
21	杨振宏	男	工程师	2013 年 5 月	
22	沈钦伟	男	工程师	2013 年 5 月	
23	赖胜先	男	工程师	2013 年 5 月	
24	卢国华	男	工程师	2013 年 5 月	
25	吴少军	男	工程师	2013 年 5 月	
26	廖云升	男	工程师	2013 年 5 月	
27	曾祥文	男	工程师	2013 年 5 月	
28	张岩峰	男	工程师	2013 年 5 月	
29	黄许立	男	工程师	2013 年 5 月	
30	陈守义	男	工程师	2013 年 5 月	
31	廖颖洁	男	工程师	2013 年 5 月	
32	卢贵龙	男	工程师	2013 年 5 月	
33	张益锋	男	工程师	2013 年 5 月	
34	钟发明	男	工程师	2013 年 5 月	
35	熊胤	男	工程师	2013 年 5 月	

续表 7

序号	姓名	性别	专业技术任职资格	取得资格日期	备注
36	谢永樑	男	工程师	2013 年 5 月	
37	张健	男	工程师	2013 年 5 月	
38	蓝祥锋	男	工程师	2013 年 5 月	
39	陈函	男	工程师	2013 年 5 月	
40	杨添锦	男	工程师	2013 年 5 月	
41	谢诗辉	男	工程师	2013 年 5 月	
42	沈伟坤	男	工程师	2013 年 5 月	
43	王己锋	男	工程师	2013 年 5 月	
44	吴金华	男	工程师	2013 年 5 月	
45	郑文	男	工程师	2013 年 5 月	
46	赖征升	男	工程师	2013 年 5 月	
47	徐开智	男	工程师	2013 年 5 月	2015 年 1 月外调
48	梁伟明	男	工程师	2013 年 5 月	2015 年 1 月外调
49	邓宏博	男	工程师	2013 年 5 月	2015 年 1 月外调
50	余滨	男	工程师	2013 年 8 月	
51	林嘉	男	工程师	2014 年 6 月	
52	张泳锐	男	工程师	2014 年 6 月	
53	黄夏妮	女	工程师	2014 年 6 月	
54	江琳	男	工程师	2014 年 6 月	
55	陈玮	男	工程师	2014 年 6 月	
56	刘斌	男	工程师	2014 年 6 月	
57	林庆亮	男	工程师	2014 年 6 月	
58	马志远	男	工程师	2014 年 6 月	
59	叶伟华	男	工程师	2014 年 6 月	
60	曲修虎	男	工程师	2014 年 6 月	
61	苏建才	男	工程师	2014 年 6 月	
62	江海威	男	工程师	2014 年 6 月	
63	阙辉鉴	男	工程师	2014 年 6 月	
64	陈祥荣	男	工程师	2014 年 6 月	

续表 7

序号	姓名	性别	专业技术任职资格	取得资格日期	备注
65	熊健刚	男	工程师	2014 年 6 月	
66	张初标	男	工程师	2014 年 6 月	
67	卢新润	男	工程师	2014 年 6 月	
68	张玉明	女	工程师	2014 年 6 月	
69	刘海源	男	工程师	2014 年 6 月	
70	贺志华	男	工程师	2014 年 6 月	
71	游龙华	男	工程师	2014 年 6 月	
72	戚龙盛	男	工程师	2014 年 6 月	
73	钟练肇	男	工程师	2014 年 6 月	
74	宋旭东	男	工程师	2014 年 6 月	
75	钱鼎瑛	男	工程师	2014 年 6 月	2016 年 1 月外调
76	黄哲源	男	工程师	2014 年 6 月	2018 年 8 月外调
77	吴伟	男	工程师	2014 年 9 月	
78	李武镇	男	工程师	2014 年 9 月	
79	游文海	男	工程师	2015 年 5 月	
80	吕忠宣	男	工程师	2015 年 5 月	
81	张纯晖	男	工程师	2015 年 5 月	
82	丁聪	男	工程师	2015 年 5 月	
83	李容恩	女	工程师	2015 年 5 月	
84	李强	男	工程师	2015 年 5 月	
85	陈文明	男	工程师	2015 年 5 月	
86	洪雷	男	工程师	2015 年 5 月	
87	卢振国	男	工程师	2015 年 5 月	
88	周武	男	工程师	2015 年 5 月	
89	傅明明	男	工程师	2015 年 5 月	
90	邱广阳	男	工程师	2015 年 5 月	
91	黄达	男	工程师	2015 年 5 月	
92	高寿泉	男	工程师	2015 年 5 月	
93	陈红梅	女	工程师	2015 年 5 月	2018 年 8 月外调

续表 7

序号	姓名	性别	专业技术任职资格	取得资格日期	备注
94	陈彰耀	男	工程师	2015 年 5 月	2018 年 1 月外调
95	黄思扬	男	工程师	2015 年 5 月	2016 年 1 月外调
96	陈城	男	工程师	2016 年 6 月	
97	陈镕	男	工程师	2016 年 6 月	
98	余根丽	女	工程师	2016 年 6 月	
99	李珮珺	女	工程师	2016 年 6 月	
100	苏铃	女	工程师	2016 年 6 月	
101	吴贤彬	男	工程师	2016 年 6 月	
102	何妮妮	女	工程师	2016 年 6 月	
103	兰佛荣	男	工程师	2016 年 6 月	
104	陈晓杜	男	工程师	2016 年 6 月	2017 年 10 月外调
105	林豫璋	男	工程师	2017 年 6 月	
106	刘财远	男	工程师	2017 年 6 月	
107	温炜琼	男	工程师	2017 年 6 月	
108	张美玲	女	工程师	2017 年 6 月	
109	胡安平	男	工程师	2017 年 6 月	
110	秦丹飞	男	工程师	2017 年 6 月	
111	卢星	男	工程师	2017 年 6 月	
112	洪毅强	男	工程师	2017 年 6 月	2017 年 12 月外调
113	黄海	男	工程师	2018 年 5 月	
114	罗锦元	男	工程师	2018 年 5 月	
115	陈桂平	女	工程师	2018 年 5 月	
116	蔡圣熔	男	工程师	2018 年 5 月	
117	张自燚	男	工程师	2018 年 5 月	
118	李跃贵	男	工程师	2018 年 5 月	
119	向松	男	工程师	2018 年 5 月	
120	徐志刚	男	工程师	2018 年 5 月	
121	张海烽	男	工程师	2018 年 5 月	
122	卢维鑫	男	工程师	2018 年 5 月	

续表 7

序号	姓名	性别	专业技术任职资格	取得资格日期	备注
123	黄津焕	男	工程师	2018 年 5 月	
124	巫少通	男	工程师	2018 年 5 月	
125	陈卡	男	工程师	2018 年 5 月	
126	杨学良	男	工程师	2018 年 5 月	
127	郭建灿	男	工程师	2018 年 5 月	
128	张志彬	男	工程师	2018 年 5 月	
129	许海涛	男	工程师	2018 年 5 月	
130	谢庆添	男	工程师	2018 年 5 月	
131	范超	男	工程师	2019 年 12 月	
132	林攀	男	工程师	2019 年 12 月	
133	张楷兴	男	工程师	2019 年 12 月	
134	赖建安	男	工程师	2019 年 12 月	
135	钟茂华	男	工程师	2019 年 12 月	
136	苏承湖	男	工程师	2019 年 12 月	
137	邱儒超	男	工程师	2019 年 12 月	
138	陈天骥	男	工程师	2019 年 12 月	
139	邱勇杰 1	男	工程师	2019 年 12 月	
140	蓝晓晨	男	工程师	2019 年 12 月	
141	姜裕坤	男	工程师	2019 年 12 月	
142	李丽霞	女	工程师	2020 年 12 月	
143	邹冠驰	男	工程师	2020 年 12 月	
144	卢志敏	男	工程师	2020 年 12 月	
145	袁建明	男	工程师	2020 年 12 月	
146	涂琦彬	男	工程师	2020 年 12 月	
147	李小城	男	工程师	2020 年 12 月	
148	雷璨	男	工程师	2020 年 12 月	
149	孙璐	女	工程师	2020 年 12 月	
150	柴源	男	工程师	2020 年 12 月	
151	林国彬	男	工程师	2020 年 12 月	

续表 7

序号	姓名	性别	专业技术任职资格	取得资格日期	备注
152	林成斌	男	工程师	2020 年 12 月	
153	王启兵	男	工程师	2020 年 12 月	
154	黄建龙	男	工程师	2020 年 12 月	
155	吴家伟	男	工程师	2020 年 12 月	
156	邓卫卫	男	工程师	2020 年 12 月	
157	谢明盛	男	工程师	2020 年 12 月	
158	刘庆锋	男	工程师	2020 年 12 月	
159	姜志珊	男	工程师	2021 年 7 月	
160	刘景川	男	工程师	2021 年 7 月	
161	侯永超	男	工程师	2021 年 7 月	
162	钟小琳	女	工程师	2021 年 7 月	
163	李光峰	男	工程师	2021 年 7 月	
164	邱崇智	男	工程师	2021 年 7 月	
165	陈东梁	男	工程师	2021 年 7 月	
166	王增东	男	工程师	2021 年 7 月	

会计系列：

序号	姓名	性别	专业技术任职资格	取得资格日期	备注
1	陈萍娥	女	会计师	2014 年 10 月	
2	郭钰枫	女	会计师	2015 年 9 月	
3	贺水平	男	会计师	2016 年 9 月	2021 年 1 月外调
4	杨承志	男	会计师	2017 年 9 月	
5	陈燕华	女	会计师	2017 年 9 月	2021 年 1 月外调
6	沈永炎	男	会计师	2018 年 9 月	
7	曾詩潔	女	会计师	2019 年 9 月	
8	林芳君	女	会计师	2020 年 9 月	

续表 7

教师系列：

序号	姓名	性别	专业技术任职资格	取得资格日期	备注
1	林芳琳	女	一级教师（小学）	2018 年 8 月	

经济系列：

序号	姓名	性别	专业技术任职资格	取得资格日期	备注
1	陈晓玲	女	经济师	2012 年 11 月	
2	郭笑花	女	经济师	2012 年 11 月	
3	邱健	女	经济师	2012 年 11 月	
4	陈赛蓉	女	经济师	2012 年 11 月	
5	黄洁	女	经济师	2012 年 11 月	
6	游文海	男	经济师	2012 年 11 月	
7	詹露	女	经济师	2012 年 11 月	
8	胡斌	男	经济师	2012 年 11 月	
9	蔡圣熔	男	经济师	2012 年 11 月	
10	李政敏	男	经济师	2012 年 11 月	
11	赖如超	男	经济师	2012 年 11 月	
12	叶伟华	男	经济师	2012 年 11 月	
13	张海烽	男	经济师	2012 年 11 月	
14	郭笑萍	女	经济师	2012 年 11 月	
15	邱梅胜	男	经济师	2012 年 11 月	
16	杜铃	女	经济师	2012 年 11 月	
17	洪雷	男	经济师	2012 年 11 月	
18	高寿泉	男	经济师	2012 年 11 月	
19	丘蔚青	女	经济师	2012 年 11 月	
20	谢爱斌	女	经济师	2012 年 11 月	2021 年 12 月退休
21	钟练肇	男	经济师	2012 年 11 月	

续表 7

序号	姓名	性别	专业技术任职资格	取得资格日期	备注
22	郭飞麒	男	经济师	2012 年 11 月	
23	阙禧添	男	经济师	2012 年 11 月	
24	肖建	男	经济师	2012 年 9 月	2017 年 10 月外调
25	刘静宇	女	经济师	2012 年 9 月	2018 年 5 月外调
26	苏东冬	男	经济师	2013 年 11 月	
27	林彬	男	经济师	2013 年 11 月	
28	吴小淦	男	经济师	2013 年 11 月	
29	刘康	男	经济师	2013 年 11 月	
30	李海彬	男	经济师	2013 年 11 月	
31	吕忠宣	男	经济师	2013 年 11 月	
32	游艺蓉	女	经济师	2013 年 11 月	
33	卢纯珏	女	经济师	2013 年 11 月	
34	姜国新	男	经济师	2013 年 11 月	
35	熊胤	男	经济师	2013 年 11 月	
36	张伟国	男	经济师	2013 年 11 月	
37	张玉明	女	经济师	2013 年 11 月	
38	戚龙盛	男	经济师	2013 年 11 月	
39	谢培宽	男	经济师	2013 年 11 月	
40	姜裕坤	男	经济师	2013 年 11 月	
41	张洪彬	男	经济师	2013 年 11 月	
42	苏永生	男	经济师	2013 年 11 月	
43	陈红梅	女	经济师	2013 年 11 月	2018 年 8 月外调
44	简忠伟	男	经济师	2013 年 11 月	2017 年 3 月外调
45	郑斐文	女	经济师	2013 年 11 月	2019 年 1 月外调
46	张玮	女	经济师	2013 年 8 月	
47	张文	男	经济师	2013 年 8 月	2019 年 12 月外调

续表 7

序号	姓名	性别	专业技术任职资格	取得资格日期	备注
48	蒋剑清	女	经济师	2014 年 11 月	
49	林玥	女	经济师	2014 年 11 月	
50	翁恒	女	经济师	2014 年 11 月	
51	江韵	男	经济师	2014 年 11 月	
52	陈斌	男	经济师	2014 年 11 月	
53	林东华	男	经济师	2014 年 11 月	
54	廖茜	女	经济师	2014 年 11 月	
55	戴文俊	男	经济师	2014 年 11 月	
56	汤继莹	女	经济师	2014 年 11 月	
57	陈萍娥	女	经济师	2014 年 9 月	
58	徐楚锟	男	经济师	2014 年 9 月	2018 年 8 月外调
59	郭沁	女	经济师	2015 年 11 月	
60	杨佳	女	经济师	2015 年 11 月	
61	章虹	女	经济师	2015 年 11 月	
62	林苗	女	经济师	2015 年 11 月	
63	龚欣	男	经济师	2015 年 11 月	
64	林曦	女	经济师	2015 年 11 月	
65	魏镇	男	经济师	2015 年 11 月	
66	刘佳莉	女	经济师	2016 年 11 月	
67	薛丽	女	经济师	2016 年 11 月	
68	黄宇斌	男	经济师	2016 年 11 月	
69	张建伟	男	经济师	2016 年 11 月	
70	郑露	女	经济师	2016 年 11 月	
71	苏铃	女	经济师	2016 年 11 月	
72	谢丽萍	女	经济师	2016 年 11 月	
73	连婷婷	女	经济师	2016 年 11 月	

续表 7

序号	姓名	性别	专业技术任职资格	取得资格日期	备注
74	陈扬	男	经济师	2016 年 11 月	
75	林璐琪	女	经济师	2016 年 11 月	
76	郭思正	男	经济师	2016 年 11 月	
77	陈志华	男	经济师	2016 年 11 月	
78	陈德容	男	经济师	2016 年 11 月	2019 年 1 月外调
79	谢仁聪	男	经济师	2017 年 11 月	
80	曾詩潔	女	经济师	2017 年 11 月	
81	杨婕	女	经济师	2017 年 11 月	
82	赖志娟	女	经济师	2017 年 11 月	
83	黄其妹	女	经济师	2017 年 11 月	
84	于盈	女	经济师	2017 年 11 月	
85	邓琳	女	经济师	2017 年 11 月	
86	章俊祥	男	经济师	2017 年 11 月	
87	姜维娜	女	经济师	2017 年 11 月	
88	张学宝	男	经济师	2017 年 11 月	2021 年 1 月外调
89	廖媛桢	女	经济师	2018 年 11 月	
90	廖佳	女	经济师	2018 年 11 月	
91	邱晨	女	经济师	2018 年 11 月	
92	陈斯佳	女	经济师	2018 年 11 月	
93	陈盛炜	男	经济师	2018 年 11 月	
94	严丽金	女	经济师	2018 年 11 月	
95	江晴	女	经济师	2018 年 11 月	
96	余根丽	女	经济师	2018 年 11 月	
97	郭莉	女	经济师	2018 年 11 月	
98	蒋洁阳	女	经济师	2018 年 11 月	
99	邹冠驰	男	经济师	2018 年 11 月	

续表 7

序号	姓名	性别	专业技术任职资格	取得资格日期	备注
100	王琳	女	经济师	2018 年 11 月	
101	温璐明	女	经济师	2018 年 11 月	
102	刘理建	男	经济师	2018 年 11 月	
103	江鹏	男	经济师	2018 年 11 月	
104	孙璐	女	经济师	2018 年 11 月	
105	欧金乐	男	经济师	2018 年 11 月	
106	李永建	男	经济师	2018 年 11 月	
107	章晨霖	男	经济师	2018 年 11 月	
108	苏泽菲	女	经济师	2018 年 11 月	
109	谢敏野	男	经济师	2018 年 11 月	
110	李恺	男	经济师	2018 年 11 月	
111	赖志兴	男	经济师	2018 年 11 月	
112	陈旺开	男	经济师	2018 年 11 月	
113	许婷婷	女	经济师	2018 年 11 月	
114	黄有凤	女	经济师	2018 年 11 月	
115	黄河	女	经济师	2018 年 11 月	
116	陈城	男	经济师	2019 年 11 月	
117	毛昱澄	女	经济师	2019 年 11 月	
118	卢文富	男	经济师	2019 年 11 月	
119	姜志珊	男	经济师	2019 年 11 月	
120	刘汉锋	男	经济师	2019 年 11 月	
121	乐承星	男	经济师	2019 年 11 月	
122	苏钟福	男	经济师	2019 年 11 月	
123	陈衍璠	男	经济师	2019 年 11 月	
124	廖炜荣	男	经济师	2019 年 11 月	
125	李晓凤	女	经济师	2019 年 11 月	

续表 7

序号	姓名	性别	专业技术任职资格	取得资格日期	备注
126	廖黎光	男	经济师	2019 年 11 月	
127	张雪珍	女	经济师	2019 年 11 月	
128	章郁婷	女	经济师	2019 年 11 月	
129	胡恬菲	女	经济师	2019 年 11 月	
130	王裕群	女	经济师	2019 年 11 月	
131	卢婉舒	女	经济师	2020 年 11 月	
132	陈森森	男	经济师	2020 年 11 月	
133	黄彩彬	男	经济师	2020 年 11 月	
134	张光垚	男	经济师	2020 年 11 月	
135	卢志敏	男	经济师	2020 年 11 月	
136	王龙昌	男	经济师	2020 年 11 月	
137	卢文龙	男	经济师	2020 年 11 月	
138	尹华	男	经济师	2020 年 11 月	
139	陈鎏谕	女	经济师	2020 年 11 月	
140	柯梦雅	女	经济师	2021 年 10 月	
141	林鸿	男	经济师	2021 年 10 月	
142	邱怡倩	女	经济师	2021 年 10 月	
143	苏加琳	女	经济师	2021 年 10 月	
144	李小城	男	经济师	2021 年 10 月	
145	罗相豫	男	经济师	2021 年 10 月	
146	翁旭元	男	经济师	2021 年 10 月	
147	许泽霖	男	经济师	2021 年 10 月	
148	王俊翰	男	经济师	2021 年 10 月	

美术系列：

序号	姓名	性别	专业技术任职资格	取得资格日期	备注
1	卢鉴文	男	工艺美术师	2013 年 11 月	2017 年 8 月外调

续表 7

农艺系列：

序号	姓名	性别	专业技术任职资格	取得资格日期	备注
1	谢喜珍	女	农艺师	2012 年 5 月	
2	沈禄恒	男	农艺师	2013 年 5 月	
3	刘景川	男	农艺师	2020 年 6 月	
4	乐承星	男	农艺师	2021 年 7 月	

审计系列：

序号	姓名	性别	专业技术任职资格	取得资格日期	备注
1	邱艳	女	审计师	2013 年 12 月	
2	蒋剑清	女	审计师	2015 年 10 月	
3	童文艳	女	统计师	2012 年 12 月	
4	魏镇	男	统计师	2015 年 10 月	

政工系列：

序号	姓名	性别	专业技术任职资格	取得资格日期	备注
1	李兰馨	女	政工师	2013 年 5 月	
2	王鸿	女	政工师	2013 年 5 月	
3	陈德容	男	政工师	2013 年 5 月	2019 年 1 月外调
4	廖绍金	男	政工师	2013 年 5 月	
5	黄爱炜	女	政工师	2014 年 6 月	
6	黄河	女	政工师	2014 年 6 月	
7	张韬	男	政工师	2015 年 6 月	
8	郑士怀	男	政工师	2015 年 6 月	
9	谢海滨	男	政工师	2016 年 6 月	
10	陈斯佳	女	政工师	2018 年 6 月	
11	黄小鸥	女	政工师	2020 年 12 月	
12	杨佳	女	政工师	2020 年 12 月	
13	余硕宁	男	政工师	2021 年 7 月	

附录 6

龙烟 2012—2021 年主要经济指标完成情况表

表 8

指标名称 \ 年份	单位	2012 年	2013 年	2014 年	2015 年	2016 年	2017 年	2018 年	2019 年	2020 年	2021 年
其中：高价高端 [零售价 300 元 / 条以上]	万支	65061	53954	68688	61009	38713	41067	74780	84677	87390	137155
一类卷烟 [100 元（含）/ 条以上]	万支	532487	578755	733340	749432	671757	751667	803146	896612	1019207	1243252
二类卷烟 [70 元（含）至 100 元 / 条]	万支	995468	1048772	1222551	1311415	1220698	1227653	1335386	1245824	1457288	1409360
三类卷烟 [30 元（含）至 70 元 / 条]	万支	1458543	1320536	1388687	1350319	1255877	1247522	1361305	2076255	1926703	1827717
四类卷烟 [16.5 元（含）至 30 元 / 条]	万支	1320463	1617120	1408246	1031851	771579	777019	673201	248684	168918	82344
五类卷烟 [16.5 元 / 条以下]	万支	402547	278695	202451	471882	441073	403758	271505	0	0	0
全员劳动生产率	万支 / 人·年	3225	3377	3384	3155	2759	2716	2752	2823	2963	3153
工业总产值（出厂价）	万元	1235975	1321152	1462907	1413067	1261008	1290869	1401673	1478597	1594382	1764919

续表 8

年份 指标名称	单位	2012 年	2013 年	2014 年	2015 年	2016 年	2017 年	2018 年	2019 年	2020 年	2021 年
工业增加值（出厂价）	万元	1059216	1135747	1244713	1204075	1076463	1073810	1165874	1236703	1343729	1515256
产品销售收入	万元	1224223	1274818	1345423	1388059	1282118	1318385	1373198	1543788	1606592	1760664
税利合计	万元	992684	1037600	1088001	1130215	1033725	1033792	1069460	1184947	1268887	1371890
其中：税金	万元	869114	914688	967685	1035543	958224	976667	1018551	1121021	1153917	1261307
利润总额	万元	123570	122911	120316	94672	75501	57126	50908	63926	114970	110583
年末固定资产原值	万元	455533	491001	485238	497501	500859	502067	474556	484663	483698	525359

说明：2019 年 4 月开始，公司对“七匹狼（古田）”“七匹狼（豪情）”“石狮（软富健）”“七匹狼（锋芒）”“万宝路（硬红 2.0）”卷烟价格进行调整，其中“七匹狼（古田）”“七匹狼（豪情）”卷烟类别由四类调整为三类，当年度产量全部按三类卷烟计算；“石狮（软富健）”卷烟类别由五类调整为四类，当年度产量全部按四类卷烟计算；“七匹狼（锋芒）”卷烟类别由二类调整为一类，当年度产量全部按一类卷烟计算；“万宝路（硬红 2.0）”卷烟类别由二类调整为一类，当年度产量全部按一类卷烟计算

附录 7

制丝、卷包、动力车间集体照荟萃

制丝车间行政人员，二区甲班、乙班集体照（卢汉燊　摄于 2023 年 7 月）

制丝车间一区甲班、一区乙班、1140膨胀烟丝班集体合影（罗学东　摄于2023年7月）

制丝车间维修班合影（罗学东　摄于2023年7月）

卷包车间领导班子集体照（姚义　摄于2023年7月）

卷包车间一区甲班（郭哲煜　摄于 2023 年 7 月）

卷包车间一区乙班（郭哲煜　摄于 2023 年 7 月）

卷包车间一区丙班（郭哲煜　摄于 2023 年 7 月）

卷包车间一区保障班（郭哲煜　摄于 2023 年 7 月）

卷包车间二区甲班（姚义　摄于 2023 年 7 月）

卷包车间二区乙班（姚义　摄于 2023 年 7 月）

卷包车间二区丙班（姚义　摄于 2023 年 7 月）

卷包车间二区保障班（姚义　摄于 2023 年 7 月）

动力车间集体照（姚义　摄于 2023 年 7 月）

后 记

龙烟具有编修史志的优良传统。在编纂此书之前，已经出版了4本共110万字的厂史（或企业发展史）。浩繁卷帙的史志，为企业留下一笔宝贵的精神财富。

沐雨栉风，薪火相传。2021年11月15日，龙烟迎来创办70周年，为了纪念这一厚重的日子，全面记录最近十年企业走过的光辉历程，公司党委决定续编企业发展史。

2022年10月成立公司编纂委员会及下设办公室，拟定本书的篇章结构和项目实施方案，并以岩烟工〔2022〕139号文下发执行。整个项目分三个阶段推进，2023年12月出版发行。

本书采用史志相结合的方式编纂，在章节内容的编排上，既延续前四本大体按业务模块和工作流程设置的做法，又根据企业的发展形势做必要的优化和调整，突出了党对企业的全面领导，把"党的建设"独立成章；增加三个"五年规划"及高质量发展的篇幅；充实企业管理创新与技术创新章节的内容，并把抗击百年不遇的新冠肺炎疫情列为单独一节加以记述。全书约65万字。是历次编修史志中时间最短、篇幅最大、内容最全面的一次。

2012—2021年，是我国进入新时代的头十年，也是龙烟发展史上充满挑战和机遇的十年。在习近平新时代中国特色社会主义思想的引领下，龙烟全面加强党的建设，守正创新、大胆改革，在推动卓越绩效管理和精益生产、提升生产技术水平、增强企业软实力，实现数字化、智能化、精益化卷烟工厂目标等方面迈出重大步伐，取得重大成就。

我们在编纂十年企业发展史的过程中，深深为这个伟大的时代所感动，为勤劳智慧的龙烟人所感动，为龙烟创造的辉煌业绩所感动，因此，尽管篇幅较大，但依然难以详尽记述这十年改革发展的光辉历程。由于编纂人员水平所限，加上时间较紧，书中难免存在不少疏漏和遗憾。对此，我们诚恳盼望广大读者提出宝贵意见，以便不断积累经验，进一步提高编纂工作水平。

《龙岩烟草工业有限责任公司发展史（2012—2021）》编辑室

二〇二三年八月